OS
FUNDADORES
DA FILOSOFIA
OCIDENTAL

PALESTRAS DE
LEONARD PEIKOFF

EDITADO POR
MICHAEL S. BERLINER

OS FUNDADORES DA FILOSOFIA OCIDENTAL

De Tales a Hume

Tradução
Mariane Schilling Saraiva

COPYRIGHT © FARO EDITORIAL, 2025
FOUNDERS OF WESTERN PHILOSOPHY: THALES TO HUME.
COPYRIGHT © 1972, 2023 BY LEONARD PEIKOFF
THE MORAL RIGHTS OF THE AUTHOR HAVE BEEN ASSERTED.

Todos os direitos reservados.

Nenhuma parte deste livro pode ser reproduzida sob quaisquer meios existentes sem autorização por escrito do editor.

Diretor editorial **PEDRO ALMEIDA**
Coordenação editorial **CARLA SACRATO**
Assistente editorial **LETÍCIA CANEVER**
Tradução **MARIANE SCHILLING SARAIVA**
Preparação **TUCA FARIA**
Revisão **BARBARA PARENTE**
Diagramação **OSMANE GARCIA FILHO**
Imagem de capa **ESTÚDIO FARO**

Na medida em que os esforços para localizar os detentores dos direitos autorais não tenham sido bem-sucedidos, a editora terá o prazer de incluir quaisquer créditos necessários em qualquer reimpressão ou edição subsequente.

Dados Internacionais de Catalogação na Publicação (CIP)
Jéssica de Oliveira Molinari CRB-8/9852

Peikoff, Leonard
   Os fundadores da filosofia ocidental : de Tales a Hume / Leonard Peikoff ; tradução de Mariane Schilling Saraiva ; edição de Michael S. Berliner. — São Paulo : Faro Editorial, 2025.
   608 p.

   ISBN 978-65-5957-789-7
   Título original: Founders of Western Philosophy: Thales to Hume

   1. Filosofia I. Título II. Saraiva, Mariane Schilling III. Berliner, Michael S.

25-0420   CDD 100

Índice para catálogo sistemático:
1. Filosofia

1ª edição brasileira: 2025
Direitos de edição em língua portuguesa, para o Brasil, adquiridos por FARO EDITORIAL

Avenida Andrômeda, 885 — Sala 310
Alphaville — Barueri — SP — Brasil
CEP: 06473-000
www.faroeditorial.com.br

SUMÁRIO

Introdução à Edição Brasileira de Fundadores da Filosofia Ocidental: de Tales a Hume 9

Nota da tradutora 13

Prólogo 17

Prefácio do Editor 19

De Leonard Peikoff 21

PALESTRA I
O Primeiro Problema: Existem Absolutos? 23

- Tales 34
- Heráclito 36
- Parmênides 44
- Zenão 49
- Pitágoras 51

PALESTRA II
O Triunfo da Metafísica de Dois Mundos 67

- Os Atomistas 69
- Os Sofistas 78
- Sócrates 86
- Platão 91

PALESTRA III
Os Resultados Neste Mundo 113

PALESTRA IV
Uma Revolução: O Nascimento da Razão (Parte I) 159
Aristóteles 160

PALESTRA V
Uma Revolução: O Nascimento da Razão (Parte II) 209

PALESTRA VI
A Filosofia Perde a Confiança 265
Epicuro 268
Os Estoicos 276
Os Céticos (Pirro de Elis) 290
Neoplatonismo (Plotino) 295

PALESTRA VII
A Filosofia Torna-se Religiosa — e Recupera-se (Parte I) 315
Jesus Cristo 316
São Paulo 318
O Período da Patrística 319
Santo Agostinho 320
A Idade das Trevas 340
A Idade Média/Os Escolásticos 342
Tomás de Aquino 350

PALESTRA VIII
A Filosofia Torna-se Religiosa — e Recupera-se (Parte II) 361
Transição para o Renascimento 371
Duns Escoto 372
Guilherme de Ockham 374
Razão e Fé 376

O Renascimento 379
Leonardo da Vinci 380
A Reforma Protestante (Martinho Lutero e João Calvino) 383
Copérnico 389
Johannes Kepler 390
Francis Bacon 391
Galileu 395
Nicolau Maquiavel 401
Thomas More 402

PALESTRA IX
A Nova Brecha Entre a Mente e a Realidade 415
Thomas Hobbes 416
René Descartes 439

PALESTRA X
A Brecha Se Aprofunda 463
Baruch Spinoza 465
Gottfried Wilhelm Leibniz 480
John Locke 488

PALESTRA XI
... e a Tentativa Fracassa 513
Bispo Berkeley 514
David Hume 527

PALESTRA XII
Respostas Objetivistas a Problemas Filosóficos Selecionados .. 559
A Validade dos Sentidos 561
O Problema do Caso Limítrofe 581
O Erro do Método da Dúvida Cartesiana 589

INTRODUÇÃO À EDIÇÃO BRASILEIRA DE FUNDADORES DA FILOSOFIA OCIDENTAL: DE TALES A HUME

Ao escrever esta introdução para a edição brasileira de *Fundadores da Filosofia Ocidental: de Tales a Hume*, a faço com um sentido de propósito bem claro. Este livro, editado por Michael Berliner e baseado nas clássicas palestras de Leonard Peikoff, apresenta uma oportunidade única para leitores no Brasil se familiarizarem com os fundamentos históricos da filosofia ocidental por uma perspectiva racional. Ao fazer isso, ele abre caminhos para o crescimento pessoal, clareza de pensamento e uma compreensão mais profunda do mundo em que habitamos.

Minha jornada com a filosofia começou com uma insatisfação com a visão de mundo que minha formação profissional me deu. Olhar o mundo pela ótica do direito me deixava insatisfeito. Procurei então entender a realidade sobre a qual se aplicava o direito por uma perspectiva econômica, que, porém, também me pareceu insatisfatória. Foi somente quando encontrei as obras de Ayn Rand que eu entendi que o que estava me faltando era uma compreensão filosófica.

A primeira obra da Ayn Rand publicada no Brasil foi *Quem é John Galt?* editada com apoio do *Instituto Liberal do Rio de Janeiro* em 1988. Depois, o *Instituto de Estudos Empresariais*, em Porto Alegre, do qual Winston Ling, André Loiferman e eu éramos associados, apoiou a edição de *A Virtude do Egoísmo*. Em 1991, nós três fundamos o *Ateneu Objetivista* e publicamos *A Nascente* e *Objetivismo — A Filosofia da Ayn Rand*, esse escrito por Leonard Peikoff. Assim que desde os anos 90, muitos se beneficiaram de uma literatura básica sobre o Objetivismo.

O Objetivismo de Ayn Rand serviu então, para um leigo em filosofia como eu, como um mapa para quem entra pela primeira vez em uma cidade. Certamente muito esquemático e menos complexo do que aquilo que tenta representar, mas ainda assim um guia útil, eu diria, fundamental, que me permitiu me orientar e me familiarizar com essas ideias e pensadores novos para mim. Similarmente, entendo as palestras de Leonard Peikoff agora apresentadas com este livro, não como um trabalho acadêmico, mas como uma ferramenta prática para viver — um meio de navegar pelas complexidades da realidade e dar sentido às experiências do leitor pela perspectiva dos criadores da filosofia do Ocidente. Seus ensinamentos podem ser aplicados à vida diária, através da transmissão dos valores que fizeram a nossa civilização o que ela é, nos permitindo entender nosso lugar no mundo e lutar pelo nosso próprio florescimento.

A importância de entender a história da filosofia ocidental não pode ser exagerada. De Tales, que primeiro buscou explicar o mundo natural por meio da razão em vez da mitologia, a Hume, cujo ceticismo desafiou noções estabelecidas de conhecimento, cada um dos filósofos tratados por Peikoff tece um fio na intrincada tapeçaria do pensamento ocidental. As ideias destes filósofos moldaram não apenas o discurso acadêmico, mas também a própria estrutura de nossas sociedades. Ao estudar suas obras, podemos apreciar a evolução das ideias que levaram ao individualismo moderno, à liberdade e à inovação.

Este livro serve como um guia por essa rica história. É mais do que apenas uma antologia de textos filosóficos; é um convite para se envolver com os pensadores que influenciaram profundamente a civilização ocidental. Cada capítulo fornece insights sobre os argumentos dos filósofos e o contexto em que eles escreveram, ao mesmo tempo que destaca a relevância dessas ideias em nossas vidas contemporâneas. O texto nos encoraja a questionar, refletir e aplicar a razão aos inúmeros desafios que enfrentamos hoje.

Para muitos, a filosofia pode parecer assustadora ou esotérica. Muitas vezes, ela é relegada aos corredores da academia, desconectada das experiências cotidianas das pessoas comuns. No entanto, como Peikoff enfatiza, a filosofia não é apenas para acadêmicos; é para todos. Ela nos equipa com as ferramentas intelectuais para analisar nossas vidas, fazer escolhas racionais e cultivar um senso de propósito. Ao abraçar essa tradição filosófica, podemos entender melhor nossos próprios valores e aspirações, aumentando assim nossa capacidade de felicidade e realização.

No Brasil, um país rico em diversidade cultural e vitalidade intelectual, as ideias oferecidas neste livro têm um significado particular. Os desafios enfrentados por indivíduos em nossa sociedade — estagnação econômica, conflitos políticos e agitação social — exigem uma perspectiva filosófica que enfatize os direitos individuais, o interesse próprio racional e a busca pela felicidade. Ao nos basearmos nos princípios filosóficos articulados por esses fundadores do pensamento ocidental, podemos cultivar uma mentalidade que incentiva não apenas o sucesso pessoal, mas também, através da prudência, como melhor podemos contribuir para o progresso da nossa sociedade.

Um dos aspectos mais transformadores do envolvimento com a filosofia é sua capacidade de inspirar o pensamento crítico. Em um mundo inundado de informações, é fácil cair na armadilha de dogmas ou crenças não examinadas. O estudo da filosofia nos encoraja a questionar suposições, a desafiar narrativas predominantes e a forjar nossos próprios caminhos com base na razão e nas evidências.

Isso é particularmente importante em uma época em que pessoas e instituições em posição de autoridade intitulam de desinformação muito daquilo que contraria seus interesses, como se elas tivessem um acesso privilegiado à verdade.

Como alguém que experimentou o profundo impacto dos ensinamentos de Rand e Peikoff, posso atestar o poder transformador da filosofia. Isso se refletiu, por exemplo, na perspectiva decididamente filosófica que dei à minha pesquisa em economia como meus livros sobre a "Ontologia e Função da Moeda" e sobre a "Teoria Representacional do Capital". Mais diretamente, os princípios delineados em suas obras me inspiraram a assumir a responsabilidade pela minha própria vida, a pensar criticamente sobre minhas escolhas e a lutar por uma vida que reflita meus valores. O estudo da história da filosofia enriqueceu minha compreensão do mundo e me forneceu a estrutura intelectual necessária para navegar em suas complexidades.

Convido você, caro leitor, a mergulhar neste livro com a mente aberta e a disposição de se envolver com as ideias apresentadas. Que sirva como um trampolim em sua própria jornada filosófica, enquanto você explora as questões da filosofia perene que preocupam pensadores há séculos. Que você encontre nestas páginas o incentivo para pensar de forma independente, abraçar o poder da razão e seguir seu próprio caminho para o florescimento.

Bem-vindo ao mundo da filosofia — que ela enriqueça sua vida como enriqueceu a minha.

13 de outubro de 2024, Indianápolis, EUA.

LEONIDAS ZELMANOVITZ,
Senior Fellow do Liberty Fund e Professor no Hillsdale College.

NOTA DA TRADUTORA

Em 1990, na Califórnia, eu tive o privilégio de ter aulas pela primeira vez com o Dr. Leonard Peikoff. Ele estava apresentando seu livro *Objetivismo: A Filosofia de Ayn Rand*, que ainda não havia sido publicado. Nessa obra ele explicou a filosofia de Ayn Rand, o Objetivismo, de uma forma integrada e organizada com uma prosa clara e didática. A filosofia Objetivista deriva seu nome da visão que a realidade existe independe da consciência humana, e o conhecimento é "objetivo", ou seja, o conhecimento é baseado em fatos da realidade adquiridos através dos nossos sentidos e raciocínio. "Objetivo" neste contexto em contraste com "subjetivo", ou seja, a noção de que a consciência pode criar a realidade e o conhecimento é adquirido através da nossa consciência, independentemente dos fatos da realidade; ou também, em contraste com "intrínseco", a ideia de que o conhecimento é adquirido através de ideias inatas com as quais nascemos.

Nessas palestras sobre os fundadores da filosofia Ocidental, transformadas em livro, o Dr. Peikoff não tem como propósito fazer o estudante saber todos os fatos sobre os filósofos da história, decorar datas ou anedotas filosóficas. Estas palestras têm como finalidade ajudar o estudante a integrar o conhecimento, mostrar o denominador comum e as diferenças dos filósofos que mais influenciaram a história, e que continuam a influenciar nossa cultura até o presente. Achar o denominador comum dos erros e acertos do passado nos permite ter a chance de corrigir os erros no presente.

Nestas palestras o Dr. Peikoff expõe as respostas dos filósofos a questões fundamentais, em vários campos da filosofia, como por exemplo algumas abaixo:

1. Na metafísica: Existem outros mundos ou somente um? Quais argumentos foram usados para tentar comprovar a existência de Deus? Existe uma realidade? Se ela existe, é material ou imaterial? A consciência precede a existência? Sobre a lei da causalidade, existem fatos que ocorreram sem causa e que poderiam ter ocorrido de outra maneira?

2. Na epistemologia: O conhecimento é possível ao homem? Se o conhecimento é possível, ele é intrínseco, deriva de intuições de ideias inatas com as quais nascemos, ou de nossas experiências e raciocínio lógico? Nossos sentidos são válidos e nos dão conhecimento da realidade? Nossos conceitos são abstrações flutuantes independentes da realidade, são construções semânticas arbitrárias, ou se baseiam em um processo de raciocínio a partir das nossas percepções? Pode-se provar uma verdade pela lógica, pela experiência, ou por ambas? A razão sozinha é suficiente para alcançarmos o conhecimento?
3. Na ética: Somos seres passivos ou podemos ativamente mudar nossa conduta e mudar nossos destinos? Somos seres portadores do pecado original com uma natureza malévola, determinados pela nossa natureza ou condições, ou temos escolhas e livre-arbítrio? Devemos nos sacrificar neste mundo para alcançar a glória em outro? A ética deve ter como padrão a felicidade do indivíduo, a felicidade da sociedade, o próprio prazer, ou a vida?
4. Na política: Existe algum padrão para resolver disputas entre os homens ou a força é a única coisa a que podemos recorrer, justificando assim uma tirania? A verdade é acessível apenas a uns poucos privilegiados, já que a massa de homens é irracional e precisa ser ditada?

O Dr. Peikoff escreve que "Quando você chega à política, a moral a ser tirada é que você não pode discutir com nenhum filósofo. Se você aceitou suas conclusões em metafísica e epistemologia, quando chegar à política, ele simplesmente o pegará pela mão e o levará aonde quer que vá. É inútil discutir política com alguém, a menos que você primeiro discuta metafísica e epistemologia, e *uma vez que você discuta metafísica e epistemologia*, você ficaria surpreso ao ver que as divergências políticas se resolveriam em poucos minutos".

No último capítulo o Dr. Peikoff responde tais questões sob o ponto de vista Objetivista e responde à questão se existe uma alternativa às filosofias descritas no livro, "uma filosofia que diria que existe uma realidade objetiva, *essa*, que todos os homens podem conhecê-la pelo uso de seus sentidos e sua razão, que nem o ceticismo subjetivista nem o misticismo sobrenatural são verdadeiros? Uma filosofia que estabeleceria as bases para uma ética da felicidade racional do homem na terra, e uma política de individualismo e liberdade? Existia tal filosofia? Sim".

Conhecimento é poder, como disse Francis Bacon, e com este conhecimento da história da filosofia, deixo aqui aos estudantes as palavras imortais de Ayn Rand: "O mundo que você almeja pode ser conquistado, ele existe, ele é seu."

NOTA DA TRADUTORA

Nesta tradução eu uso algumas palavras com letras maiúsculas para fins didáticos, que deveriam ser, pelo português correto, com letras minúsculas, como Aristotelismo, Platônico, Nominalismo, Racionalismo etc. Pelo mesmo motivo coloquei várias passagens do texto em negrito, pois o objetivo desta tradução é facilitar ao estudante de filosofia brasileiro o entendimento mais amplo da história da filosofia.

Por fim, quero agradecer ao Sr. Winston Ling, que possibilitou a edição deste livro no Brasil.

MARIANE SCHILLING SARAIVA
mbsaraiva@yahoo.com

Outubro de 2024

PRÓLOGO

No início da década de 1980, enquanto eu era estudante universitário, fiquei dividido entre fazer pós-graduação ou faculdade de direito. Foi nessa época que ouvi pela primeira vez as palestras de Leonard Peikoff sobre a história da filosofia Ocidental, de Tales a Hume. Foi um *tour de force*, abrangendo as ideias essenciais dos filósofos mais significativos e influentes, desde os primórdios da filosofia na Grécia antiga até ao século XVIII, e influenciou a minha decisão, no ano seguinte, de prosseguir na pós-graduação o estudo sério da história das ideias. Essa história nas mãos do Dr. Peikoff não consistia em episódios ou unidades discretas e desconexas; pelo contrário, foi uma apresentação integrada do desenrolar da história da filosofia, com as principais figuras de cada período respondendo aos que vieram antes deles e influenciando os que vieram depois. Além disso, o Dr. Peikoff vinculou as ideias abstratas desta história ao "mundo real", agindo como um "psicoterapeuta filosófico" (em sua apropriada descrição) diagnosticando a civilização ocidental.

Acabei concluindo meu doutorado em filosofia, com especialização em filosofia grega antiga e especialmente em Aristóteles. Nas últimas três décadas, como historiador da filosofia, dediquei a maior parte da minha investigação às árvores individuais (e, por assim dizer, às suas raízes, ramos e folhas); mas nunca perdi a floresta de vista, em grande parte devido à minha introdução ao assunto.

"A filosofia não é uma frivolidade do intelecto", como o Dr. Peikoff iniciaria mais tarde a sua obra-prima, *Objetivismo: A Filosofia de Ayn Rand*, "mas um poder do qual nenhum homem pode abster-se". Qualquer pessoa interessada na história deste assunto de importância crucial tem a sorte de ter este curso disponível em forma de livro e nada melhor do que começar aqui.

ROBERT MAYHEW
Universidade Seton Hall
Março de 2023

PREFÁCIO DO EDITOR

As palestras apresentam as ideias dos filósofos que moldaram a civilização Ocidental, o significado e as consequências práticas dessas ideias, a sua influência não identificada nas mentes dos homens modernos — e uma análise crítica, que fornecerá uma defesa contra muitas das falácias intelectuais predominantes nos dias de hoje. O curso termina com uma palestra sobre a resposta Objetivista a problemas filosóficos selecionados.

Assim diz o anúncio na edição de 14 de agosto de 1972 da *The Ayn Rand Letter* para o curso de Leonard Peikoff, *Fundadores da Filosofia Ocidental: De Tales a Hume*. O curso de doze palestras, começando em 14 de setembro de 1972, aconteceu no Hilton Hotel, 6th Ave. e 53rd St., na cidade de Nova York e foi imediatamente oferecido mundialmente em fita para grupos de dez ou mais pessoas, mediante aluguel.

Como o curso foi apresentado oralmente, foi necessária uma quantidade significativa de edição para tornar o livro mais acessível ao público leitor. Apresso-me a acrescentar, no entanto, que não editei para conteúdo filosófico ou histórico, nem reescrevi com base na premissa de "Isso é o que acho que o Dr. Peikoff quis dizer". Eliminei a repetição e uma série de expressões coloquiais e fiz algumas mudanças gramaticais. Também movi algumas perguntas e respostas para as palestras que contêm esses tópicos, e mantive algumas respostas que repetiam o material nas palestras, na premissa de que o Dr. Peikoff considerava esse material importante o suficiente para justificar a repetição. Também adicionei as notas de rodapé, incluindo citações de fontes secundárias. Não apresentei o material citado dos filósofos discutidos pelo Dr. Peikoff: não só existem múltiplas traduções dos filósofos não britânicos, mas as pesquisas na web facilitam a localização e comparação de diferentes versões. O material entre colchetes foi adicionado por mim, exceto onde indicado como apartes do Dr. Peikoff durante as palestras. Toda a pontuação é minha, porque o Dr. Peikoff não viu nem a transcrição original nem a versão editada, e eu tive acesso apenas às gravações das palestras ao vivo, e não a nenhuma das notas ou manuscritos do Dr. Peikoff. **Uma transcrição palavra por palavra da gravação do curso reside nos Arquivos Ayn Rand, e as gravações de áudio de todas as sessões estão disponíveis gratuitamente no site do Instituto Ayn Rand sob o título do curso História da Filosofia.**

Gostaria de agradecer a Donna Montrezza, minha colega de longa data, por sua leitura e edição diligentes e cuidadosas e por seus comentários úteis na difícil tarefa de transformar material oral em escrito. Obrigado também a Simon Federman pelo seu hábil trabalho de produção e a Ziemowit Gowin pela criação do índice altamente valioso.

MICHAEL S. BERLINER
Março de 2023

DE LEONARD PEIKOFF

Muitas vezes as pessoas pedem uma versão escrita dos meus cursos com palestras orais, sob a premissa — com a qual concordo — de que as palestras escritas são muito mais acessíveis ao aluno. A escrita, contudo, é neste contexto virtualmente uma língua diferente da fala; uma transcrição bruta de um discurso extemporâneo, por mais excelente que seja, está quase sempre repleta de defeitos e confusões de um tipo ou de outro — e por isso também é frequentemente enfadonha. Para transformar um curso expositivo num livro preciso, claro e valioso, é necessária uma enorme quantidade de edição demorada, tarefa que só pode ser executada por um indivíduo com a motivação, o conhecimento do assunto e as competências editoriais necessárias. A minha idade e as minhas prioridades tornam para mim impossível realizar tal tarefa.

Decidi, portanto, autorizar várias pessoas que possuam as qualificações necessárias a editar e publicar em forma de livro alguns dos meus cursos, e a fazê-lo inteiramente sem a minha participação. Embora eu confie nesses editores na medida em que os conheço, não participei de seu trabalho em nenhum estágio — nenhuma discussão orientadora, nenhuma leitura de transcrições, nem mesmo uma olhada nos primeiros rascunhos ou na cópia final. Mesmo um olhar poderia revelar erros, e eu não poderia então evitar a necessidade de ler mais, etc., que é precisamente o que está fora de questão.

Na minha opinião, o curso teórico deste livro é de real valor para os interessados no assunto. Mas ao lê-lo, tenha duas coisas em mente: Michael Berliner é um editor excelente e comprovado — e não tenho ideia do que ele fez neste livro.

P. S.: Se você encontrar e desejar apontar erros aparentes no texto, envie um e-mail para o Dr. Berliner em mberliner@aynrand.org. Se você gosta deste livro, devo acrescentar, não me dê muito crédito. Meu curso proporcionou, digamos, o espírito, mas o Dr. Berliner deu-lhe a carne necessária para viver.

PALESTRA I

O PRIMEIRO PROBLEMA: EXISTEM ABSOLUTOS?

Quero começar pedindo que você imagine que acabou de fazer uma viagem a Marte, onde encontra uma raça de homens que são iguais a nós em todos os aspectos físicos e psicológicos, e observa uma coisa peculiar sobre eles, a saber, que eles andam apenas com as mãos. Isto é totalmente sem sentido. Suas mãos estão rasgadas e sangrando. Seus corações estão batendo forte. Seus rostos estão vermelhos. Esta é uma insanidade generalizada e que invoca a miséria. Sua primeira pergunta seria "O que poderia explicar esse tipo de comportamento?".

Tenha isso em mente e depois olhe para o nosso mundo na Terra. Se olharmos para o domínio da arte, veremos que a escola dominante representa manchas, que a historiadora de arte Mary Ann Sures divide em duas categorias: as limpas e as confusas. Você verá que a música moderna representa uma progressão de ruídos ininteligíveis, e que boa parte da literatura moderna é uma sucessão ininteligível de letras do alfabeto, que o teatro alterna entre personagens e latas de lixo, e se envolve em orgias com o público. No domínio da educação, veremos que os professores são militantemente contra o ensino e a favor do ajustamento social e/ou do poder estudantil, que se opõem aos fatos ou ao ensino das leis, que consideram o pensamento como anormal e que diga ao Joãozinho para expressar seus sentimentos, e como resultado ele não consegue ler. Se olharmos para o domínio da religião, veremos que existem cerca de trezentas seitas beligerantes, todas reivindicando a sua visão da outra dimensão apropriada por meio da revelação, e que um dos conflitos cruciais neste campo é entre o Oriente, onde adoram vários tipos de animais, e o Ocidente, onde adoram o papa. Você verá que o mais recente desenvolvimento na filosofia declaradamente Cristã é o ateísmo, a visão de que Deus está morto. Na era da energia atômica e das viagens espaciais, ouvimos trechos do Gênesis transmitidos do espaço sideral. Se olharmos para o domínio da ciência moderna, uma escola diz-nos que causa e efeito já não são válidos; outro nos diz que a teoria da luz refutou a lei da identidade. Quase todos nos dizem que a ciência se baseia em pressupostos arbitrários, tal como a religião, e não mais objetivamente válidos. Muitos nos dizem que não existem leis, apenas estatísticas. Alguns comentam que a última descoberta é que os elétrons podem se mover de um lugar para outro sem atravessar o espaço intermediário.

Esta é uma breve amostra. Quais são os resultados desta irracionalidade desenfreada? Bem, se olharmos psicologicamente, veremos que a percentagem de neurose e psicose no Ocidente atingiu proporções epidêmicas. Se olharmos para isto politicamente, veremos a escalada da violência, a ameaça de guerra nuclear, a difusão da escravatura a nível mundial, os assassinatos políticos cruéis e sem sentido, e a marcha inexorável por parte do Ocidente em direção a alguma versão do fascismo ou do comunismo.

Se você deseja um barômetro filosófico do estado da cultura, há três perguntas que lhe dirão: o que as pessoas consideram certo? O que elas consideram realista? O que elas consideram humano? Dizem-nos hoje que nada é certo, exceto a morte e os impostos, e os céticos nem sequer têm certeza disso. Dizem-nos que os personagens de Tennessee Williams, ou aqueles que habitam as latas de lixo, são realistas, mas Cyrano de Bergerac não é. Diriam a nós que Eleanor Roosevelt é humana, mas John Galt não é.

Afirmo que isto é mais louco do que o exemplo de Marte com o qual comecei, e que a questão, portanto, é: por quê? Mas é mais complexo do que isso, porque existem grandes coisas, coisas boas, coisas racionais no mundo e particularmente na civilização Ocidental. Restam os elementos racionais na ciência moderna, o que é uma enorme conquista. Existe o legado da Revolução Industrial. Há os restos da herança política individualista da América e os restos da arte Romântica do século xix, lado a lado com todo o resto.

Como devemos entender tudo isso? Como devemos entender uma mistura tão incrível? Se você quer um símbolo que não seja mais eloquente do que dez mil outros que poderiam ser usados, o que eu considero um símbolo dessa mistura é um arranha-céu da cidade de Nova York com tudo o que isso implica, com o décimo terceiro andar rotulado como "quatorze", porque treze é um número de azar.

Este é um símbolo da mistura de tecnologia moderna e antigo misticismo numerológico. Por quê? Houve períodos melhores no passado — por que não duraram? Onde procuraremos uma explicação para tudo isso? A resposta é: na história da filosofia. Se você quiser saber o porquê, considere uma analogia. Suponha que você fosse um psicoterapeuta e tivesse um paciente, um indivíduo de premissas mistas, em parte racional, em parte irracional, e que ele estivesse se sentindo torturado, tropeçando e você quisesse entendê-lo. A primeira coisa que você precisa fazer é entender a causa de seus problemas. Você teria que entender quais são suas premissas ruins, por qual razão ele as mantém e como ele as manteve. Então você teria que orientá-lo a desenraizar suas premissas ruins e substituí-las pelas corretas. Para fazer isso, a coisa crucial que você teria que fazer é sondar o passado do paciente, porque o seu presente só pode ser plenamente compreendido como um desenvolvimento e resultado do seu passado. Por ser uma entidade contínua, ele constrói conclusões sobre conclusões e, portanto, é urgente compreender os acontecimentos cruciais da sua vida passada. Você teria que entender esses eventos, as conclusões que ele tirou deles. Você teria que ver como e por que, ao longo de seu desenvolvimento, ele foi levado a formar e aceitar certos erros, e então a construir sobre eles, agravando assim seus problemas originais, sufocando progressivamente suas melhores premissas, tornando-se mais e mais distorcido, confuso, indefeso. Seria preciso reconstruir os principais pontos do desenvolvimento intelectual deste paciente, desde a infância.

Esta analogia se aplica a toda uma cultura. O substituto do paciente neurótico de premissas mistas é a civilização Ocidental, o mundo em que você vive. O substituto do psiquiatra é cada um de vocês. Você vive nesta cultura; sua vida e futuro dependem de milhares de maneiras do seu futuro. Se você busca valores neste mundo, você tem a responsabilidade com sua própria vida e valores de corrigir o curso do mundo, de colocá-lo no caminho certo novamente. Para lutar pelos seus valores num mundo como o nosso, você deve considerar-se um psicoterapeuta de toda uma cultura. Tal como no caso de um indivíduo, o mesmo acontece e ainda mais no caso de toda uma civilização, que se desenvolve ao longo do tempo. O seu estado atual num determinado momento não pode ser compreendido exceto como uma consequência do seu passado. Os erros de hoje baseiam-se nos erros do século passado e, por sua vez, no anterior, e assim por diante, até à infância do mundo Ocidental, que é a Grécia antiga. Para entender quais são exatamente os erros fundamentais do mundo de hoje, por que esses erros se desenvolveram, como eles colidiram e estão submergindo progressivamente as suas boas premissas, para entender, portanto, o que fazer para *curar* o paciente, é preciso reconstruir a história intelectual do mundo Ocidental.

Não quero perder tempo agora para dar muitos exemplos. Vou lhe dar apenas um, esquematicamente. Como você explicaria o fenômeno da educação progressista, exceto por referência a John Dewey? Porém, Dewey simplesmente aplicou à educação os princípios de William James, e James fez uma dedução óbvia de Hegel, e Hegel é uma variante menor de Kant, e Kant estava tentando responder a Hume, que foi a última consequência consistente da tendência inaugurada por Descartes e Locke, que estavam simplesmente reformulando, de uma forma um pouco mais secular, os princípios de Agostinho, que estava reformulando de uma forma um pouco mais religiosa os princípios de Platão, que tentava responder ao dilema colocado por Heráclito e Parmênides, que partiu de quatro frases de Tales, com quem começaremos esta noite.

A história da filosofia é como o relatório biográfico de um psicoterapeuta filosófico sobre uma civilização. É, portanto, uma precondição para a compreensão e, portanto, para a mudança da natureza e do curso atual da civilização. Esse é o primeiro e principal propósito de qualquer curso de história da filosofia.

Há um segundo propósito. A história da filosofia *não* é como a história da ciência. Não é um interesse histórico, de antiguidades — não é um assunto morto. As únicas questões com as quais uma história da filosofia lida adequadamente são questões vivas, fundamentais, questões perenes da filosofia. No curso de uma história adequada da filosofia, você apresentou todas as posições principais sobre todas as questões principais que já foram formuladas na filosofia Ocidental. Consequentemente, é valioso em seus próprios termos como uma introdução a todo o tema da filosofia. Em particular, é útil porque apresentarei a vocês não apenas as conclusões dos vários filósofos, mas também os argumentos que eles oferecem em favor dessas conclusões.

Quase todos os erros filosóficos que estão a minar o mundo foram originalmente — e ainda hoje são — avançados pelos seus apoiantes com uma série de argumentos, alegando provar que o ponto de vista em questão é verdadeiro. De fato, estes pontos de vista não poderiam ter adquirido o poder que têm sobre a mente das pessoas se não tivessem esta estrutura de aparentes argumentos de apoio, que dá aos erros pelo menos a aparência de plausibilidade e racionalidade. Portanto, se quisermos combater os erros, é preciso conhecer claramente os principais argumentos apresentados em favor deles. Você tem que ouvir o caso do Diabo apresentado tão fortemente quanto o caso permitir. Você tem que ter certeza de que sabe sobre cada questão o que realmente é verdade e o que há de errado com os argumentos apresentados para a visão errônea. Se você não souber disso, então você não estará em condições de lutar com sucesso contra os erros. Portanto, em cada caso, apresentarei tão vigorosamente quanto puder os argumentos pelos quais os vários pontos de vista são defendidos pelos seus apoiadores, particularmente aqueles argumentos que ainda hoje são difundidos em termos da sua aceitação pública. No momento apropriado, apresentarei a vocês a crítica Objetivista. Para as palestras de abertura, adiarei todas as críticas. Minhas críticas virão essencialmente ou na seção sobre Aristóteles, que cuidou de muitos erros, ou na última palestra sobre as respostas Objetivistas, onde tratarei de tudo o que não foi abordado até então. No final, portanto, espero que você tenha não apenas uma maior compreensão das causas do mundo de hoje, mas também um arsenal filosófico para o ajudar a combater com sucesso o que precisa ser combatido e a defender o que precisa ser defendido.

Por se tratar de uma história da filosofia, será apropriado contar-lhes muito brevemente em que consiste a filosofia. A palavra "filosofia" vem de duas palavras gregas, *phile* que significa "amar" e *sophia* que significa "sabedoria", então etimologicamente significa "o amor à sabedoria". No começo a filosofia era o assunto que você estudava, se você estudava alguma coisa; não havia outra matéria. Qualquer indivíduo que amasse a sabedoria e quisesse adquirir conhecimento era, por esse fato, um amante da sabedoria; ele era um filósofo. Os filósofos antigos, portanto, todos tinham opiniões sobre coisas que hoje não consideraríamos como filosofia, mas como ciência (como física, matemática, biologia, etc.). Mas, progressivamente, à medida que cada uma destas disciplinas adquiriu por si própria um certo estoque de informação, ela se separou e se estabeleceu por conta própria. A matemática foi a primeira a fazê-lo e, subsequentemente, muitas centenas de anos depois, a física e a química, e assim por diante as outras matérias.

O que é filosofia como usamos o termo hoje? Essencialmente, consiste em cinco divisões principais. Uma é a *metafísica*, e esse é o ramo da filosofia que estuda a natureza do universo como um todo. A metafísica abrange dois tipos de questões: primeira, quais são os principais ingredientes do universo? Existe outra dimensão ou apenas essa? Existe apenas matéria, ou também existe mente, ou existe apenas mente, ou o quê? O segundo tipo de questão da metafísica: existem leis que sejam verdadeiras para *tudo* o que existe? Por exemplo, alguns filósofos dizem que a lei de causa e efeito é verdadeira para tudo e, portanto, é metafísica.

A próxima divisão é a *epistemologia* — o ramo da filosofia que define a natureza e os meios do conhecimento humano. Ela se preocupa com todas as questões da ordem "Como você sabe que sabe?". Por onde começa o conhecimento? Os sentidos são válidos? O homem possui algum meio de conhecimento além dos sentidos, como, por exemplo, a razão? Se sim, o que é a razão? Como funciona? Se você disser "pela lógica", o que significa ser lógico? Se você disser "por conceitos", o que *são* conceitos e como eles estão relacionados à experiência sensorial? Se você diz que o homem tem alguma faculdade de conhecimento além da razão e dos sentidos, então qual faculdade? Como, por exemplo, fé? Revelação? LSD? Intuição feminina? Etc. Quais são as reivindicações de qualquer um desses candidatos aos meios de conhecimento? O homem pode adquirir conhecimento? Existe alguma coisa fora da província de conhecimento do homem? Tudo isso é epistemologia.

Há uma ramificação da metafísica e da epistemologia, que é útil conhecer apenas para fins de filosofia antiga, e isso é algo que podemos chamar de *psicologia filosófica*. Não é realmente um ramo separado da filosofia. É realmente a aplicação da metafísica e da epistemologia à visão de um filósofo sobre a natureza do homem — a natureza filosófica básica do homem, não observações experimentais que seriam psicologia científica — mas psicologia filosófica. Isso lidaria com questões como: o homem tem livre-arbítrio ou é determinado? Qual é a relação entre razão e emoções? Coisas dessa ordem. Ao apresentar Platão e Aristóteles, apresentarei as suas opiniões sobre o homem sob o título da psicologia deles, embora se possa chamar isso de aplicação da sua metafísica e epistemologia à teoria da natureza do homem.

Depois, há a *ética*, ou moralidade (usarei os dois termos como sinônimos) — o ramo da filosofia preocupado em definir um código de valores para orientar as escolhas e ações humanas.

Também há a *política* — a aplicação da ética às questões sociais; o ramo da filosofia que define a natureza adequada da sociedade e, particularmente, a função adequada do governo.

Finalmente, há a *estética*, que é o ramo da filosofia preocupado com a arte, a natureza e o propósito da arte, e os padrões pelos quais ela deve ser avaliada objetivamente. Não discutiremos estética, exceto de forma muito periférica neste curso. Vamos nos concentrar nos quatro grandes: a metafísica e a epistemologia que são a base de qualquer filosofia, a ética é a aplicação de como um indivíduo deve viver, a política é a aplicação da ética às questões sociais.

A filosofia, portanto, consiste realmente em três questões básicas: "O que existe?" — isso é metafísica. "Como você sabe?" — isso é epistemologia. E por último "E daí?" — isso é ética e política. Se você quisesse uma definição geral de filosofia, eu simplesmente repetiria tudo em uma frase da seguinte forma: **Filosofia é a disciplina que estuda a natureza do universo, os meios do homem de conhecer o universo e, nessas bases, um código de valores para orientar as ações e instituições humanas.**

Nos primórdios da filosofia, eles não tinham sistemas filosóficos completos com visões organizadas em todos esses ramos; eles tinham apenas ideias isoladas sobre questões separadas e individuais (pelo menos até onde sabemos pelos poucos fragmentos que restam). O primeiro filósofo sistemático global, que tem opiniões organizadas em todos os ramos, é Platão. Depois dele, todos os grandes filósofos têm filosofias sistemáticas.

Antes de começarmos, um ponto sobre a divisão cronológica da história da filosofia — para que você tenha uma perspectiva do que está por vir e não fique em suspense, imaginando quem virá a seguir. A história da filosofia é dividida em três grandes períodos: Antigo, Medieval e Moderno. O Período Antigo é datado do século VI a.C. até cerca do século VI d.C., um período de cerca de mil e cem anos ou mil e duzentos anos. Foi oficialmente declarado morto em 529 d.C., quando todas as escolas pagãs (ou seja, não Cristãs) foram formalmente fechadas, e a filosofia não Cristã foi proibida no Ocidente. A filosofia Medieval é o período em que a filosofia Cristã domina a cena, e começa duzentos ou trezentos anos depois de Jesus, por volta do século IV ou V d.C., e domina o campo inteiramente até a Renascença no século XV d.C.; então, por mil anos. A filosofia Moderna é o período que vai da Renascença — do século XV até o presente. Por convenção, o século atual (aquele em que você vive) é chamado de filosofia "contemporânea" (o que não abordaremos neste curso, pois paramos no século XVIII). Isto nos dá um grande programa; temos cerca de dois mil e quatrocentos anos para cobrir, do século VI a.C. até os anos 1800, e temos doze palestras, o que significa uma média de duzentos anos por palestra. Podemos ser gratos pela Idade das Trevas porque cobriremos centenas de anos num segundo.

Dentro da filosofia antiga, existem quatro divisões principais. Há um grupo de pessoas sobre as quais sabemos muito pouco que veio antes de Sócrates e que são, portanto, muito logicamente chamados de Pré-socráticos. Sobre a maioria dessas pessoas, não sabemos quando nasceram ou quando morreram, mas simplesmente que estavam vivas e trabalhando em algum ano, e isso é chamado de *floruit*, o que significa que estavam florescendo neste ano, e você supõe que eles nasceram trinta, quarenta ou cinquenta anos antes e/ou morreram trinta, quarenta ou cinquenta anos depois. Não temos obras interligadas desse período, apenas pequenos trechos, fragmentos. Do pai da filosofia, Tales, temos quatro frases. De Heráclito temos cento e trinta frases, e assim por diante. Isso é extremamente difícil de interpretar, mas não entraremos nas dificuldades acadêmicas. Olharemos para esses filósofos nesta e na próxima palestra. Então chegamos a dois filósofos que são realmente uma unidade — Sócrates (o professor de Platão, cujos anos são 469–399 a.C.) e depois Platão (427–347 a.C.). Como eu disse, iremos tratá-los como uma unidade e consideraremos Sócrates como um homem que deu a Platão algumas ideias muito seminais, que ele passou a desenvolver. Depois trataremos de Aristóteles (384-322 a.C.), aluno de Platão durante vinte anos, que então desenvolveu um sistema filosófico diametralmente oposto a Platão. Finalmente veremos um grupo de filósofos de segunda categoria que se estendeu por centenas de anos, à medida que a filosofia antiga diminuía e morria. Eles incluem os seguidores de Epicuro, os Estoicos, os Céticos, os Neoplatônicos e vários outros, e são chamados coletivamente de pós-Aristotélicos, a fase final da filosofia antiga, e cobriremos todos eles em uma palestra.

A filosofia Medieval tem duas eras principais: a Agostiniana e a Tomista. A Agostiniana recebeu o nome de Santo Agostinho (354-430 d.C.), que representa a tentativa de desenvolver o Cristianismo em bases Platônicas. Isso domina o cenário por centenas e centenas de anos, até a época da segunda era principal, a Tomista, sob a influência de Tomás de Aquino (1225-1274 d.C.), que representa a tentativa de combinar o Cristianismo com a filosofia de Aristóteles, dessa forma (como veremos) abrindo a porta ao colapso da influência cristã e ao desenvolvimento da Renascença.

Os séculos XV e XVI não têm nada de interessante. Eles representam a época em que o mundo moderno voltou à escola para estudar filosofia antiga, e descobrir o que aconteceu do que eles perderam do conhecimento durante o período medieval. Assim, uma filosofia moderna de qualquer tipo distinto começa no século XVII e divide-se em duas escolas famosas: os "Racionalistas", criados por René Descartes no século XVII, e os "Empiristas", criados por John Locke e culminando em David Hume. Então, esse é um levantamento cronológico do que esperar. Agora vamos mergulhar desde o início.

Por que dizemos que a filosofia e a ciência começaram com os gregos no século VI a.C.? Afinal, já existiam seres humanos havia muito, muito tempo antes disso. Houve civilizações florescentes e, ao redor da Grécia, havia os Fenícios, os Egípcios, os Babilônios e muitos outros, e eles adquiriram uma boa quantidade de conhecimento primitivo em áreas como astronomia, matemática e assim por diante. Mas nenhum deles, exceto os gregos, tinha algo que você chamaria de "filosofia". Eles tinham filosofia implicitamente, é claro — todo ser humano tem algum tipo de código de valores e visão da realidade e do conhecimento. Mas estas civilizações não gregas sustentaram estas opiniões essencialmente por implicação. Na medida em que a filosofia era explícita, era metafórica, enormemente mística, mitológica, repleta de parábolas e dogmas, e assim por diante, nada que se pudesse chamar de tentativa autoconsciente, sistemática, crítica ou racional de levantar e responder questões filosóficas. Neste último sentido, a filosofia, como disciplina autoconsciente, um fenômeno racional, começou no século VI a.C., na Grécia.

O que impediu todas essas outras civilizações de desenvolverem a filosofia? Duas coisas: no que diz respeito à sua visão da realidade, elas acreditavam que a verdadeira realidade era alguma outra dimensão, superior a esta. Elas acreditavam, portanto, que nada neste mundo era inteligível. Este mundo era uma série de eventos operados pelos deuses nos bastidores em outra dimensão e, portanto, não havia como tentar explicar ou compreender este mundo. Tudo o que você podia fazer era curvar-se, orar e implorar, porque este mundo era basicamente um subproduto de outra dimensão. Elas tinham a mesma visão em relação à ética: a moralidade era apenas uma série de injunções dos deuses apropriados, e não era possível compreender a moralidade através da razão, assim como não se poderia compreender os fenômenos físicos. Portanto, não havia possibilidade de compreender o mundo. Em outras palavras, eram culturas sobrenaturais e significavam isso.

Uma consequência disso foi um segundo ponto de vista que as impediu de desenvolver a filosofia: elas sustentavam que esta vida, e esta terra, não são apenas ininteligíveis, mas também más. Se você quiser saber a perspectiva delas (e isso varia até certo ponto dependendo da civilização, mas é uma afirmação bastante justa), imagine que você está preso em uma cela de prisão. Normalmente, você não terá paixão por descobrir a estrutura molecular das barras ou a viscosidade do ar, e assim por diante — você desejará sair da cela. Essa será sua principal preocupação. Essa era a principal preocupação da maioria das culturas não gregas. Isto talvez seja mais bem tipificado em relação ao Egito. O que você pensa são as pirâmides, e elas são um monumento não à vida, mas à morte, e o importante no Egito não era quão boa era a vida que você poderia viver, mas quão boa era a morte que você poderia ter. Por outras palavras, estas culturas anteriores levavam a religião a sério, e o resultado foi a completa estultificação, o fracasso no desenvolvimento da capacidade filosófica.

A Grécia foi, no entanto, uma exceção. Como afirmou um comentador (M.T. McClure), a Grécia era "um oásis quase completamente rodeado por costumes bárbaros e práticas selvagens".[1] Por quê? O que a respeito dos gregos tornou o "oásis" possível? Duas coisas: uma política e uma religiosa. Politicamente, o que isso significa é que, por volta do século VI a.C., os gregos, devido a vários fatores, alcançaram um grau comparativo de liberdade política. As poderosas monarquias dos séculos anteriores deram lugar às cidades-estados mais livres e, nesse clima, a filosofia e a ciência puderam desenvolver-se. (Devo observar entre parênteses que onde quer que o governo tenha permanecido forte, a filosofia nunca criou raízes. O exemplo clássico disso é Esparta, que nunca teve um pensamento filosófico, pelo que se pode dizer pelo que deixaram de legado.)

O outro fator no desenvolvimento grego foi a religião. Eles tinham uma religião muito peculiar, baseada nos deuses do Monte Olimpo. De acordo com essa visão, os deuses não foram os criadores do mundo; eles não eram governantes ou diretores do mundo. Os gregos acreditavam — *todos* os gregos acreditavam — que o universo sempre existiu, que era um fenômeno natural, que os deuses eram um desenvolvimento evolutivo natural, junto com todo o resto. Os deuses, portanto, não poderiam interferir de forma alguma no funcionamento do universo. Os gregos tinham um ditado (que é duvidoso, mesmo assim o tinham): "Nada em excesso." A ideia era que isso também se aplicasse aos deuses: eles têm o seu próprio lugar, e desde que mantenham o seu lugar, tudo bem, mas se saírem do controle, a realidade irá consertá-los. Assim, os deuses eram, na verdade, homens simplificados. Na verdade, eles eram irmãos mais velhos do homem; eles não eram algo que você tinha antes. Eles não eram onipotentes, não eram oniscientes, você não deveria temê-los. Como resultado, os gregos sustentavam que este mundo é inteligível e que era um bom lugar para se viver. Você conhece as estátuas dos gregos — esse é o conceito *deles* do que é realista. Eles pensavam que este era um mundo bom, um lugar amigável e feliz onde se poderia obter prazer e tranquilidade durante a vida na Terra e, portanto, queriam fazer algo da vida na Terra. Porém eles acreditavam em uma espécie de imortalidade sombria, mas não ansiavam por isso. Por exemplo, numa das obras de Homero, o fantasma de Aquiles diz, numa declaração muito representativa, que preferiria viver na terra como escravo de um homem, mesmo de um homem pobre — e era uma grande vergonha ser o escravo de um homem pobre — em vez de ser o rei e governante de todo um outro mundo. Essa é uma atitude tipicamente grega, uma atitude muito pró-esta-vida. (Houve exceções, como veremos mais tarde, mas esta foi a tendência dominante.) Por estas razões — porque o conhecimento era possível, porque valia a pena, os gregos desenvolveram um amor pelo conhecimento. Eles desenvolveram um *phile* para *sophia*. Eles levaram as ideias a sério e tivemos pela primeira vez o desenvolvimento de uma civilização de pensadores.

Sobre o que eles pensavam? As primeiras coisas que os interessaram foram dois fenômenos diferentes. Enfatizo que se encontravam num período em que não sabemos essencialmente nada — ainda não existe filosofia, nem ciência sistemática, portanto as primeiras observações serão, pela sua natureza, muito elementares. As duas primeiras coisas que lhes interessaram foram a *mudança* e a *multiplicidade*. Vamos explicar o que queremos dizer com cada um desses conceitos porque eles aparecerão ao longo do curso. Por "mudança" queremos dizer *qualquer coisa* que aconteça, mental ou física — qualquer ocorrência, qualquer evento, qualquer movimento, qualquer atividade. Inverno e depois primavera e depois verão e depois outono, e assim por diante, num ciclo — isso é mudança. Uma coisa nasce e cresce e atinge a maturidade, e depois morre, decai e vira pó — isso é mudança. Vida e morte, acordar e depois dormir, o dia vira noite, as coisas molhadas ficam secas, as coisas frias ficam quentes e as coisas claras ficam escuras, etc. Você sabe sobre rios correndo para onde estão indo e deslizamentos de terra — a ideia é clara.

O que os interessou na mudança? Vou dar um exemplo que eles obviamente não usaram, não possuindo fósforos feitos em Nevada. Entrarei em um processo de mudança diante de seus olhos e acenderei um fósforo. Este é um processo de mudança. Observe este fósforo que eu tenho. Quando eu bato nele, ele passa por um processo de mudança, na verdade, dois deles — havia algo branco, tremeluzente e quente, e agora desapareceu, e algo preto tomou seu lugar, e está quente. Este é um exemplo simples de mudança, e a questão que os gregos queriam saber é: como podemos dar sentido a isto? De onde veio a chama? Não estava lá, e agora está. De onde veio a fumaça? Não estava lá, e agora está. Para onde foi a ponta branca? A ponta fria, dura e branca que estava lá e agora não está? Como passamos de um estado para outro estado? Como os dois estados estão relacionados? Essa foi a primeira pergunta que fizeram a respeito do fenômeno da mudança.

Agora, no que diz respeito à multiplicidade — o que isso significa e qual era a questão? Multiplicidade é uma palavra para "muitos". Os gregos ficaram impressionados com o fato de que há muitas coisas que constituem o mundo físico — há sapatos, navios, lacre, repolhos e reis; se existissem apenas repolhos, essa questão não teria surgido, mas existem todos os tipos de coisas diferentes. A pergunta que eles fizeram foi: "Qual é a relação entre todas essas coisas diferentes?" Deveria haver, pensavam eles, algum tipo de denominador comum unindo ou ligando todas essas coisas diferentes. Será que, na verdade, perguntaram eles (sem usar esses exemplos), será que a única coisa a dizer sobre as bananas é que elas são feitas de matéria de banana, e só? Os tomates são feitos de tomate, e é isso? Não, eles disseram, isso é impossível. Deve haver algum tipo de relações unindo todas essas coisas, tornando-as parte de um universo. Afinal, algumas delas se transformam em outras — portanto, as duas coisas estão interligadas; a água se torna gelo. Então, tem que haver algo em comum para que uma delas se torne a outra. Como vamos determinar isso?

TALES

Neste contexto, podemos apresentar o pai da filosofia, o homem que apresentou as primeiras respostas a estas questões e, tanto quanto sabemos, foi o primeiro a colocá-las. Seu nome era Tales e ele floresceu em 585 a.C. Como eu disse, só nos restam quatro frases dele, então você pode se tornar uma autoridade mundial em Tales. Ele veio de uma cidade na Ásia Menor chamada Mileto e, portanto, a escola que ele fundou é chamada de Milesianos. Ele apresentou essencialmente a seguinte hipótese (agora estou reconstruindo, mas parece justificada) — ele apresentou a ideia de que existe uma coisa fundamental que compõe o universo inteiro, tudo — bananas, filósofos, lacre e todo o resto é feito desse ingrediente que ele chamou (ou que posteriormente foi chamado) de "matéria do mundo", a matéria que compõe o mundo e tudo o que nele há. **Esta visão — de que existe apenas uma coisa que constitui o mundo — passou a ser chamada de "Monismo", devido à visão de que existe uma dessas coisas.**

O PRIMEIRO PROBLEMA: EXISTEM ABSOLUTOS?

O raciocínio de Tales parecia ser que, se houvesse uma coisa, poderíamos explicar como tudo está relacionado. Todas as muitas coisas serão apenas muitas formas diferentes de uma única coisa.

Portanto seremos capazes de explicar a mudança, porque a mudança será uma forma de aquela coisa se tornar outra forma daquela coisa. Então teremos um denominador comum unindo tudo. Claro, não há garantia para a visão de que existe apenas uma dessas coisas. Mas a abordagem que ele está tentando aqui foi de importância incalculável. É esta abordagem que, até hoje, constitui a essência da abordagem científica: a tentativa de encontrar a unidade no meio da diversidade, de encontrar denominadores comuns que nos permitam integrar toda uma riqueza de observações díspares. Todo o processo da física, por exemplo, começou com uma série de leis, e então Newton aparece e mostra que é possível reduzi-las a apenas algumas leis, e para Einstein reduzir a ainda menos leis, e assim por diante, buscando constantemente a unidade diante da diversidade. O mesmo se aplica à química, que pegou as infinitas substâncias do mundo e tentou encontrá-las em noventa ou cem elementos ímpares, e então os físicos entraram e tentaram reduzir esses elementos a oito ou dez blocos de construção, e assim por diante. Essa tentativa foi inaugurada por Tales. O que ele procurava, se usarmos a terminologia grega, era o *um entre muitos*. Outra forma de descrevê-lo é: *o permanente em meio à mudança, a coisa que está sempre lá*, e da qual todas as coisas mutáveis são simplesmente formas diferentes.

Quanto à visão de Tales sobre o que *é* o um em muitos, o que é a matéria do mundo, é muito primitiva: ele sustentava que era água. Às vezes ele é descrito jocosamente como um "hidromonista", mas isso é levar a terminologia ao ponto de insanidade. Ele sustentou essa visão com base em observações, que são sensatas dentro do seu quadro de conhecimento. A água era a única coisa que ele conseguia observar e que podia assumir a forma sólida, líquida e gasosa. A água parecia ser capaz de se transformar em ar, porque quando você colocava um pouco dela no prato, no dia seguinte ela havia sumido e tudo o que restava era ar. (Isso, claro, é a evaporação, um fenômeno que ele não conhecia.) A Terra parecia transformar-se em água, porque se cavarmos na terra, encontraremos água. (Essas eram fontes subterrâneas, que eles consideravam como terra se transformando em água.) A água pode tornar-se sólida, como na forma de gelo. A água seca e às vezes você encontra pequenas criaturas vivas se contorcendo, o que sugere uma conexão central entre a água e a vida, e assim por diante.

Por todos esses motivos, ele disse que a água é a única entre muitas. Ele está errado, mas a importância de Tales está na pergunta e na categoria da resposta, não na resposta específica. Foi ele quem (1) estabeleceu a ideia de uma

abordagem *naturalista* do mundo, em vez de uma abordagem sobrenatural, (2) dispensou o sobrenatural, com os deuses como princípios explicativos, e (3) introduziu a ideia de que existem leis naturais na natureza das coisas que governam o que acontece — que podemos explicar todos os fenômenos que observamos por referência a uma realidade lógica. Ele também sugeriu, por implicação, que a precondição indispensável de tudo isso era a observação dos sentidos — que só isso nos diria a natureza da realidade.

Tudo isto está implícito nas quatro frases que ele nos deixou, mas estava essencialmente lá. Portanto, é o "Pai da Filosofia".

Ele teve vários sucessores na escola Milesiana, que deixaremos de lado sem mencionar — você pode obtê-los em um livro de história, se quiser. Alguns deles não eram tão bons quanto ele, e alguns deles eram mais avançados, e especulavam que o mundo não era água. Um deles pensou que era ar, um deles pensou que era terra, e outro teve sua própria visão estranha sobre o que era. Mas, de qualquer forma, esse é um detalhe que podemos deixar de lado. A ciência e a filosofia, embora muito primitivas, foram bem iniciadas.

HERÁCLITO

Agora chegamos ao próximo filósofo na progressão — Heráclito. Ele não é um Milesiano; ele é um pré-Socrático que fundou sua própria escola. Da perspectiva Objetivista, ele é o primeiro vilão na história do pensamento Ocidental. Ele também é o primeiro filósofo de influência duradoura, no sentido de que suas opiniões particulares ainda são difundidas hoje: ninguém hoje é hidromonista, mas há todo tipo de Heraclitianos vagando por aí. Heráclito floresceu por volta de 500 a.C. Temos cerca de cento e trinta fragmentos, e eles são tão obscuros que mesmo no mundo antigo ele tinha o apelido de "O Escuro", porque costumava proferir declarações aforísticas e enigmáticas sem explicação, do tipo oracular.

A essência das opiniões de Heráclito é um ataque ao que Aristóteles, mais tarde, definiu como as leis básicas da lógica. Ora, obviamente, ele não poderia ter atacado explicitamente as leis da lógica, porque as leis da lógica não eram conhecidas até o século IV a.C., quando Aristóteles as definiu. Mas, em retrospectiva, podemos dizer que a essência daquilo a que Heráclito queria chegar, e que todos os seus seguidores prontamente tornaram explícito, é um ataque total à lei da identidade e à lei da contradição. Por enquanto, vou apenas dizê-los de forma sucinta, e explicar adequadamente sua natureza e importância quando chegarmos a Aristóteles. **A *lei da identidade* é a simples visão de que tudo o que existe é o que é;**

tudo o que existe possui uma natureza, possui uma identidade; é algo e não é nenhuma outra coisa. A é A. A *lei da contradição*, um corolário da lei da identidade, diz: bem, então, se as coisas são o que são, uma coisa não é o que não é; nada pode ser A e não A ao mesmo tempo e no mesmo aspecto. Se você tem 1,80 metro de altura, então você tem 1,80 metro de altura; você também não pode *não* ter 1,80 metro de altura. Você pode crescer, mas em um determinado momento você pode ter apenas uma altura. Aristóteles afirmava que essas leis eram a base de todo raciocínio lógico, a base da ciência, a base da sanidade.

O argumento de Heráclito é que essas leis estão fora de questão (não explicitamente, mas esse é o significado). Por quê? Bem, disse ele, todos estão tão interessados na mudança que proponho mostrar que o fenômeno da mudança é incompatível com estas leis da lógica. Contudo, dito de outra forma, o fenômeno da mudança exige a existência de contradições, exige coisas que são e não são ao mesmo tempo. Bem, se for verdade, gostaríamos de saber como. Usarei o mesmo exemplo que dei do fósforo e, desta vez, derivarei dele a conclusão de Heráclito. Vou agora submeter este fósforo a um processo de mudança, e pedir-lhes que o observem atentamente, e a certa altura veremos se conseguimos mostrar, do ponto de vista de Heráclito, por que acaba sendo contraditório. Agora eu apenas risco esse fósforo; este ainda é o mesmo fósforo que tive há um segundo. Eu não peguei o fósforo original, joguei fora e substituí por um novo; isso seria uma substituição, mas eu não fiz isso. Eu ainda tenho o mesmo fósforo. Agora vou fazer com que passe por um processo de mudança. Aqui está um processo de mudança — enquanto acendo o fósforo. Obviamente, ainda é o mesmo fósforo — não substituí por outro. Mas obviamente *não* é o mesmo fósforo, porque mudou — a ponta agora está quente, antes era fria, e agora é preta e antes era branca. Segundo Heráclito, este fósforo é, portanto, o mesmo que era no início, porém mudou, *não* é o mesmo que era no início. **Ao mesmo tempo (ou seja, após a mudança), *é* o que era, mas *não é* o que era — é, e não é — é o mesmo, e não é o mesmo — é A, e não A ao mesmo tempo, o que é uma contradição.**

Poderíamos dar outro exemplo? Ah, sim, os Heraclitianos podem dar todos os tipos. Por exemplo, pegue qualquer um de vocês. Lembre-se do bebezinho que nasceu há vinte, quarenta anos, seja lá o que for — você é igual a esse bebezinho, a mesma entidade? Bem, obviamente que você é. Quero dizer, não pegamos aquele bebezinho e trouxemos alguém novo. Você é isso. Não substituímos. Você é o mesmo. Por outro lado, o que há de igual em você? Como diriam os Heraclitianos, seu conteúdo mental é certamente completamente diferente (seus valores, ideias e assim por diante). De acordo com certos biólogos, cada célula do seu corpo muda a cada sete anos, então não há nada fisicamente deixado igual. Então, você é completamente diferente mental e fisicamente, e ainda assim é obviamente o mesmo. Você é o mesmo, e não é o mesmo. Você é A, e não A.

Se quisermos que isso seja aplicado a Tales, a forma como o próprio Heráclito parecia argumentar é a seguinte: Tudo é água, diz Tales. Então, após uma mudança, a água ainda é água. Mas desde que mudou, não é mais água. É, e não é. Por outras palavras, podemos generalizar: onde quer que haja mudança, no final da mudança temos a mesma coisa. É isso que está envolvido no fato de ser uma mudança e não uma substituição. Sempre que há mudança, no final da mudança temos uma coisa diferente, porque isso é inerente à sua mudança. Portanto, no final da mudança, temos a mesma coisa e não a mesma coisa e, portanto, a mudança envolve necessariamente uma contradição.

A mudança é o fato mais óbvio que existe. Ninguém poderia negar que ela existe. A única conclusão a que podemos chegar é que o mundo está repleto de contradições. O mundo está cheio de coisas que existem e que não existem. Na verdade, você pode dizer ainda melhor: o mundo está cheio de coisas que são e não são, do que foram e não foram, e do que se tornarão e não se tornarão. Como B.A.G. Fuller resume a visão de Heráclito: "A natureza essencial [da realidade] consiste em ser ao mesmo tempo igual a si mesma e diferente de si mesma. Pois, para mudar, uma coisa deve tornar-se diferente de si mesma. Se permanecer igual a si mesma, não mudou. Mas também, depois de ter mudado, deve continuar a ser a mesma coisa, caso contrário não houve mudança, mas simplesmente a substituição de um objeto por outro. Uma coisa mutável então é uma identidade de opostos. É, e não é o que era, e o que será."[2]

Você pode pensar que esse é um ponto de vista primitivo, que tem uma falha óbvia (mesmo que você não saiba imediatamente o que é), mas que há algo obviamente errado com ele, e que certamente ninguém, após o desenvolvimento da tecnologia moderna a ciência e a lógica Aristotélica e assim por diante, poderia alguma vez ter sido enganado por isso. Então vou ler uma citação para vocês. Quem disse o seguinte? "A lei da contradição é afetada pela falsidade. Diz que nada pode ser e não ser. Mas qualquer coisa que possa mudar desafia-a — pode ser e não ser com a maior facilidade."[3] Bem, esse não é Heráclito. Esse é F.C.S. Schiller, um dos principais pragmáticos americanos, que lecionou durante muitos e muitos anos no século XX na Universidade do Sul da Califórnia. Ou se você quiser outra citação: "A vida consiste precisamente e principalmente nisto: que um ser é a cada momento ele mesmo e ainda outra coisa. A vida é, portanto, também uma contradição que está presente nas próprias coisas e processos, e que constantemente se origina e se resolve; e assim que a contradição cessa, a vida também termina e a morte chega."[4] Heráclito puro aplicado à vida. Este é Friedrich

Engels, o ajudante de Karl Marx, e o que os marxistas fizeram foi essencialmente uma valsa de três passos, do ponto de vista de Heráclito.

Quanto ao que há de errado nisso, pense nisso. Vou deixar isso para Aristóteles, que cuidou disso definitivamente. Então, se você não descobrir uma resposta até lá, com certeza a receberá. Passemos ao próximo ponto de Heráclito.

Ele levou a mudança muito a sério. Todos naquela época, como vocês sabem, procuravam a substância do mundo, a única entre muitas. Heráclito procurou, assim como todos os outros. Mas ele disse que não conseguiu encontrar nada que estivesse em todo lugar. Não poderia ser a água, porque há coisas que *não são* a água e, pela mesma razão, não poderia ser a terra, não poderia ser o ar, e assim por diante. Há, disse ele, apenas uma coisa que posso encontrar em todo o lado, sem qualquer exceção: o próprio processo de mudança. Tudo está mudando, lentamente ou rapidamente, mas no mínimo tudo está mudando. Portanto, disse ele, se realmente quisermos conhecer a chave da realidade, se quisermos o fenômeno metafísico (é claro, ele não usou essas palavras), **a essência da realidade é a mudança**. Essa é a essência metafísica. A palavra que ele usou é "Tornar-se", geralmente escrito com "T" maiúsculo. Tornar-se — tudo está se tornando, mudando, evoluindo, se desenvolvendo, em processo. Visto que ele fez isso metafísico, segue-se que isso se aplicava a tudo — não apenas a paus e pedras, mas a lacre e reis e a todas as obras do mundo — então, Heráclito considerou que tudo está mudando, em todos os aspectos, a cada instante. A mudança governa tudo. Portanto, nada permanece o mesmo por dois instantes consecutivos em qualquer aspecto.

Sua famosa frase que ilustra isso é "Ninguém pode entrar duas vezes no mesmo rio, pois sempre há água fresca fluindo". Para ele esse é o paradigma da realidade. Você tenta colocar o pé no rio da próxima vez, e ele está diferente — mudou, e *tudo* é assim. Há muitos exemplos óbvios de mudanças aos quais ele poderia apelar — deslizamentos de terra, vulcões, terremotos, crescimento biológico, as lentas mudanças da erosão e assim por diante — mas você pode perguntar: "Bem, o que um seguidor de Heráclito faria com tal coisa como esta mesa?" Esta parece ser a coisa mais pacífica, silenciosa, imóvel e imutável que você poderia perguntar a respeito. A mesa simplesmente fica lá. O que está acontecendo? Bem, Heráclito pode pessoalmente ter tido um pouco de dificuldade com isso, mas seus seguidores não piscam quando você lhes dá um exemplo desse tipo, porque, eles dizem: "Quando observada a partir de seus rudimentares sentidos humanos, a mesa parece que está imóvel. Mas se pudéssemos vê-la como a ciência moderna nos revela, veríamos que esta mesa é um turbilhão de atividade. Há todos os tipos de partículas subatômicas ocupadas correndo de um lado para o outro, em todas as trocas de fronteiras. Há cargas elétricas percorrendo-a, e pulsações de energia, e raios cósmicos", e você pode, você sabe, pegar qualquer ficção científica barata e colocar o que quiser lá — a ideia é que, na verdade, essa mesa é um turbilhão de atividades, e é a crueza dos sentidos humanos que torna esta atividade indetectável para nós. Mas esse é o defeito dos nossos sentidos. Podemos, no entanto, generalizar com segurança e dizer que *tudo*, mesmo as coisas aparentemente mais estacionárias, está em constante mudança.

A partir deste ponto, Heráclito tirou uma conclusão de grande importância: não existem *coisas* nenhumas. Nenhuma entidade. Por exemplo, uma mesa, uma pessoa, uma montanha, um cigarro, uma planta. Para a pessoa normal, parece evidentemente óbvio que existem todos os tipos de coisas, todos os tipos de entidades. Mas Heráclito observou que se aceitarmos o seu princípio de que tudo está mudando em todos os aspectos a cada instante, não existem entidades.

Como isso acontece? Suponha que ele lhe peça para encontrar uma entidade (numa realidade, lembre-se, que ela está em constante mudança). Você aponta para esta mesa e diz: "Aí está." Mas assim que você pronuncia o "está", a mesa desaparece completamente. Desapareceu no fluxo, é completamente diferente do que era. Nada fica parado por um instante. Portanto, tente encontrar algo e diga: "Há uma coisa", e você simplesmente chega ao "–coi" e a "coisa" desaparece. **Portanto, Heráclito resumiu esta ideia em dois famosos aforismos (que são dois de seus fragmentos): "Nada é, tudo está se tornando." O que é certamente uma afirmação paradoxal. O outro famoso é** *panta rhei*, **ou seja, "Tudo flui e nada permanece".**[5]

Vou ler para vocês uma passagem bastante longa de um historiador (Gordon H. Clark), que se superou na apresentação deste ponto. Ele é um comentarista moderno que resume a visão de Heráclito. Eu não poderia igualar seu nível de clareza neste ponto.

> Todas as coisas fluem. Nenhum homem pode entrar duas vezes no mesmo rio. Como ele poderia? Na segunda vez que ele tentasse pisar, novas águas teriam descido do rio acima: a água não seria a mesma. Nem o leito e as margens seriam os mesmos, pois a erosão constante também os teria mudado. Se o rio é a água, o leito e as margens, o rio não é o mesmo rio. Em rigor, *não existe* rio. Quando a opinião comum nomeia um rio, supõe que um nome se aplica a algo que permanecerá ali por pelo menos algum tempo. Mas o rio permanece ali por pouco tempo. Ele mudou enquanto você pronuncia seu nome. Não há rio. Pior ainda, você não pode entrar duas vezes no mesmo rio porque não está lá duas vezes. Você também muda, e a pessoa que pisou na primeira vez não existe mais para pisar na segunda vez.
>
> As pessoas não existem. Quando alguém diz que algo existe, o significado é que esse algo não muda. Um objeto real deve ser um objeto imóvel. Suponha que

um escultor inteligente pegue um pedaço de massa de modelar infantil e comece a trabalhá-la rapidamente. Em breve assume a aparência do ursinho de pelúcia da criança. Se o escultor parasse, poderíamos chamá-lo de ursinho de pelúcia. Mas ele não para. Seus dedos ágeis continuam trabalhando, e o urso momentâneo se transforma em uma pequena estátua de Zeus, apenas para desaparecer rapidamente na forma do Empire State Building. 'O que é?', nós perguntamos. A resposta não é que seja um urso, ou um deus, ou um edifício. Nestas circunstâncias, tudo o que poderíamos dizer é que se trata de massinha de modelar. Poderíamos chamá-la de argila porque a argila permanece a mesma durante as mudanças. Mas se a própria argila nunca permanecesse a mesma — se ela mudasse de argila para cera, para papel machê e assim por diante e nunca parasse de mudar, poderíamos chamá-la de nada. Nada; não existe, é irreal.[6]

Nada é. Tudo está se tornando. Mudança é coisa do mundo.

Este tipo de filosofia é chamado de filosofia de *processo* porque sustenta que processo, atividade, movimento, mudança são realidade. Não tome isso superficialmente como significando apenas que ele pensa que muitas coisas estão acontecendo no mundo. Que muitas coisas estejam acontecendo no mundo não é um ponto de vista filosófico; isso é uma homilia do *Reader's Digest*. A visão Heraclitiana é que *tudo* o que existe é mudança — um fluxo de atividades mutáveis, inquietas, transitórias, fervilhantes, borbulhantes, derretidas, fundidas e rodopiantes, crivadas de contradições, como se todo o universo estivesse mergulhado em uma espécie de liquidificador de alimentos cósmico, e simplesmente fluiu em todas as direções (e não fluiu, porque... você sabe).

O próprio Heráclito, aparentemente em uma tentativa de conseguir uma metáfora para capturar isso, pegou o fogo, porque o fogo era o mais próximo a que ele parecia ser capaz de chegar da ideia de movimento sem uma entidade — as línguas de fogo saltando e disparando, e ainda assim não há nada sólido ali para se segurar; parece ser a personificação visual do movimento puro. Portanto, nessa terminologia, ele disse que a substância do mundo é o fogo. Mas ele não quis dizer com "fogo" qualquer tipo de substância material, mas sim, puro processo ou atividade.

Devo salientar que Heráclito teve um seguidor no mundo antigo chamado Crátilo, discípulo de Heráclito e professor de Platão, então ele está entre os dois. Crátilo tirou uma conclusão perfeitamente óbvia deste princípio: ele parou de falar. Ele defendia a opinião de que ninguém deveria falar, alegando que não há como dar significado às palavras, porque a única maneira de dar significado às palavras é dando-lhes um referente, e não há nada a que as palavras possam se referir. Se você tentar dizer "mesa", quando disser "me–", ela terá desaparecido. Portanto, as palavras são apenas ruído, e um homem respeitável não emite ruído. De acordo com Aristóteles, de quem aprendemos sobre isso, Crátilo, em determinado momento de sua conversão, parou de falar e simplesmente balançava o dedo quando estava com fome, presumivelmente acenando para que os não Heraclitianos lhe trouxessem comida. (Veremos a resposta de Aristóteles mais tarde.)

Basta para os fragmentos de Heráclito que tratam da metafísica, e agora uma questão epistemológica relacionada com Heráclito. **Ele é o primeiro homem na história da filosofia a considerar os sentidos inválidos.** A razão é muito simples: pela evidência dos nossos sentidos, parece que existem coisas permanentes, imóveis e imutáveis. No entanto, diz ele, sabemos que isso não é verdade. Sabemos que tudo está mudando, e por isso devemos dizer que nossos sentidos são enganosos, são inválidos, são grosseiros demais para detectar o grau de mudança que realmente está ocorrendo. Às vezes, seus seguidores dizem que a mudança que está ocorrendo é análoga a deixar a água entrar em uma banheira por um cano e sair por outro na mesma proporção, de modo que um espectador incauto olhando para a superfície dirá que nenhuma mudança está acontecendo, mas, na verdade, duas mudanças opostas estão ocorrendo e se anulando. O ponto de vista deles é: **"Mostramos pela razão que a realidade está repleta de nada além da mudança, portanto rejeitamos os sentidos."**

Logo, uma distinção tremendamente importante está implícita em Heráclito, a distinção entre dois reinos — realidade e aparência. A realidade é aquilo que realmente existe. Na opinião de Heráclito, é uma grande mudança. A "realidade" dele é muitas vezes referida como "fluxo Heraclitiano", sendo essa uma forma de descrever nada mais que a mudança, que além disso está repleta de contradições. Portanto, existe a realidade e, por outro lado, existe o mundo tal como nos aparece, o mundo que os gregos chamavam de "o mundo da aparência". A realidade é conhecida pela razão, razão separada dos sentidos, razão em contradição com os sentidos. O mundo das aparências é o mundo que nos é dado pelos sentidos enganosos.

Esta dualidade entre realidade e aparência, e a sua correspondente dualidade epistemológica de razão versus sentidos, permeia toda a filosofia grega com uma ou duas exceções. Heráclito é o primeiro em que você a encontra. Qualquer um que subscreva esta visão e que diga que a razão é o que devemos seguir (razão neste sentido do termo, razão em *oposição* aos sentidos) é chamado de *Racionalista* filosófico. Portanto, Heráclito pode ser considerado o primeiro racionalista grego. Obviamente, isso não é "razão" em nenhum sentido Objetivista ou Aristotélico do termo, mas é assim que os termos são usados. Você verá que Platão também é um racionalista neste sentido.

Agora, para ser totalmente justo com o Heráclito histórico, gostaria de salientar que ele próprio acreditava (de forma bastante inconsistente com o resto da sua filosofia) que a mudança era na verdade ordenada, legal, inteligível. Ele foi, na verdade, um dos primeiros formuladores da visão de que os acontecimentos no mundo ocorrem de acordo com leis e podem ser compreendidos pela mente humana. Ele pensava que havia uma lei de mudança governando todas as mudanças específicas. Mas ele era, neste aspecto, um bom grego racional. Os gregos, quase sem exceção e por mais terríveis que se tornassem, tinham algo de bom a dizer. Só desde que o Cristianismo assumiu o controle é que temos filósofos que são irracionais de cima a baixo. Mas os gregos quase sempre têm algo de bom, e isso vale até para Heráclito. Infelizmente, o elemento bom nele não era tão influente quanto o seu lado fluente.

Não creio que deva apontar a prevalência do Heraclitianismo hoje. Qualquer um que diga que é um mundo em mudança e use isso em qualquer sentido que não seja totalmente inócuo é um Heraclitiano. Qualquer pessoa que diga que não existem absolutos, que tudo é relativo, é um Heraclitiano ortodoxo de pleno direito, porque "absoluto", num tal contexto, significa invariante, imutável no tempo ou lugar, algo que vale para todos os tempos e lugares. Para Heráclito isso não existe; não há absolutos. Se for verdade hoje, não será verdade amanhã, e assim por diante. O mesmo tipo de relativismo será gerado não apenas para o conhecimento em geral, mas para a ética e a teoria dos valores em particular. Não haverá absolutos na ética mais do que em qualquer outra coisa, um ponto de vista que o próprio Heráclito realmente sugeriu (mas simplesmente sugeriu num dos seus fragmentos, que o relativismo ético é a conclusão a se tirar). Se você já encontrou alguém que iguala "antiquado" a "falso", isso é o Heraclitianismo em ação, a ideia é (para tomar um exemplo que ouço com frequência): "A Constituição Americana, por exemplo, deve estar errada." Por quê? "Bem, foi formulada no século xviii." Então? "Bem, agora estamos no século xx." Ponto. Esse argumento é puro Heráclito. Se a pessoa tentasse dizer: "Nos anos seguintes, houve mudanças e assim por diante", bem, isso seria uma coisa, "mudanças específicas que exigem uma mudança específica". Ela estaria errada, mas pelo menos esse seria um argumento diferente. Mas se ela diz: "O tempo passou e o século xviii não pode ser aplicável ao século xx", por que não poderia? "Porque tudo flui e nada permanece." Esse é Heráclito.

A maioria dos céticos baseia-se parcialmente em Heráclito. "Como você pode dizer, que sabe que isso ou aquilo é realmente verdade? Talvez ontem fosse verdade, mas como saber sobre amanhã? Tudo muda, tudo está se tornando." John Dewey diz a certa altura que a lógica de Aristóteles não deve ser boa porque funcionou durante tanto tempo que precisamos de uma nova.

Como seria viver no mundo Heraclitiano? Bem, fisicamente você não vive e não pode. Mas você pode ter um bom proveito disso (a menos que tenha muita sorte) em sua existência social porque a maioria das pessoas, até certo ponto, vive socialmente em um mundo Heraclitiano. Muitas crianças vivem nesse tipo de mundo graças à irracionalidade desenfreada dos seus pais, cujo comportamento é caracterizado por contradições constantes, mudanças constantes, de modo que nada é verdadeiro de um momento para o outro. Essa é a receita perfeita para o mundo Heraclitiano. A maioria dos cidadãos, em relação ao governo de uma economia mista, vive exatamente nesse mundo Heraclitiano. Se você quiser um exemplo perfeito, a maioria dos empresários em relação às leis antitruste vive em um mundo Heraclitiano absolutamente claro. Quais são as suas reclamações sobre as leis antitruste? Uma delas é: "Tudo flui e nada permanece. As interpretações mudam de momento a momento e você nunca sabe o que vem a seguir." Outra é: "Tudo nesse mundo é, e não é. A competição é boa? Sim, porque o monopólio é ruim. A competição é boa? Não, porque as pessoas eficientes irão tirar os mercados dos ineficientes. É, e não é." Agora, isso é Heraclitianismo, e você vê aonde isso nos leva. Se você quiser um retrato maravilhoso disso, sugiro que releia a cena da *Revolta de Atlas* entre Cherryl e Dagny, onde Cherryl chega ao clímax de seu relacionamento com Taggart e diz que tudo está mudando, tudo está trocando, e ela não consegue aproveitar ou entender isso. Dagny diz a ela o que ela precisa saber em essência, e diz a ela que há filósofos trabalhando há séculos para trazer exatamente esse estado. O primeiro e mais influente dos filósofos a que ela se refere nesta cena é Heráclito.

PARMÊNIDES

Voltemo-nos agora para Parmênides, que floresceu cerca de vinte anos depois de Heráclito, por volta de 480 a.C., e que representa um ponto de vista filosófico diametralmente oposto. Parmênides vem da cidade de Eleia e, portanto, sua filosofia é frequentemente chamada de *Eleatismo*, ou filosofia *Eleática*. Parmênides é o primeiro (a julgar pelos fragmentos que temos) a apoiar sua convicção com argumentos fundamentados. Temos um poema inteiro dele, onde ele não apenas anuncia suas conclusões à maneira oracular de Heráclito, mas nos mostra o raciocínio que realmente adotou. Ele se opõe profundamente à visão de Heráclito, a visão de que tudo é uma identidade de opostos, ou de que nada *é*, tudo está se tornando. Toda a sua filosofia deriva de um princípio básico (que darei a você com minhas próprias palavras): **"O que é, é, e o que não é, não é; e o que não é, não pode ser,**

nem ser pensado a respeito." Essa é a essência de Parmênides. Se você quiser ouvir as formulações do próprio Parmênides sobre isso, citarei alguns de seus fragmentos:

> Venha agora, eu te direi, e ouça minha palavra e passe-a adiante: as únicas duas maneiras de pesquisar o que pode ser pensado. A primeira, a saber, que o que é, é, e que é impossível que não seja, é o caminho da crença, pois a verdade é sua companheira. A outra, a saber, que o que é, não é — isso, eu te digo, é um caminho que ninguém pode aprender, pois você não pode saber o que não é; isso é impossível, nem o pronunciar.

Como você pode observar, isso é um repúdio absoluto a Heráclito. Heráclito diz que tudo é e não é, e aqui Parmênides diz: absolutamente não. Se for, é, e se não for, não é. O que é, é, e o que não é, não é. Em relação aos Heraclitianos, ele tem palavras muito contundentes. Ele se refere a eles em um fragmento como "mortais que não sabem que vagam com duas caras. O desamparo guia o pensamento errante em seus peitos, e eles são levados adiante, perplexos como homens surdos e cegos, multidões sem discernimento que afirmam que é e não é, o mesmo e não o mesmo, e que todas as coisas viajam em direções opostas". Em outras palavras, fora com os Heraclitianos. Outro fragmento dele: "Pois isto nunca será provado, que as coisas que não são, são, e refreia o teu pensamento desta maneira de investigar".

O que isso significa, seu princípio básico? É a formulação mais antiga na história do pensamento daquilo que Ayn Rand, no discurso de John Galt (na *Revolta de Atlas*), formula como **"A existência existe"**, e o seu significado é o mesmo. Portanto, inclui os seguintes elementos: primeiro, existe uma realidade, à qual ele se refere como "o que é, aquilo que existe". A realidade existe, e *somente* a realidade existe. O que é, é, e *somente* o que é, é. O que não é, não é. Outro ponto implícito: o que não é, nunca pode ser pensado. Em outras palavras, todo pensamento deve ser pensado sobre a existência, sobre o que é. É impossível, segundo Parmênides, pensar sobre o que não é, ou saber o que não é, ou ter qualquer relação cognitiva de qualquer tipo com o que não é.

Se você duvida disso, faça um experimento mental agora mesmo — tente por um segundo não pensar em nada. Não me refiro às letras n-a-d-a, porque isso é alguma coisa, e não me refiro a uma parede preta — isso é alguma coisa. Eu quero dizer *nada*, absolutamente nada, o que não é. Vá em frente e tenha o pensamento. Veja, você não pode fazer isso, porque assim que você pensa, você pensa em *alguma coisa*, você pensa no que é. **Assim, a famosa frase de Parmênides: "Você não pode saber, nem expressar o que não é."** Está vazio; não existe "o que não é" e, portanto, você não pode pensar sobre isso. Esta é a visão que finalmente aparece no discurso de Galt como a visão de que a consciência é a faculdade de perceber aquilo que existe. Nesse sentido, a fonte mais antiga dessas ideias cruciais é Parmênides. Ele é, portanto, um filósofo extremamente importante e, nesse aspecto, extremamente bom.

Podemos expressar o ponto de vista dele de outra forma, a fim de nos prepararmos para as consequências que ele derivou das suas ideias. Se o pensamento é sempre sobre a realidade, sempre sobre o que é, então é insustentável e inválido sustentar um conceito de pura inexistência, em outras palavras, do que não é. Porque isso seria um conceito de nada; em outras palavras, não seria nenhum conceito. Seu ponto-chave a esse respeito é (para dizer de uma forma um tanto engraçada, mas esta é realmente a essência): não existe o nada, apenas algumas coisas. O pensamento sobre nada não é, então, um pensamento sobre nada; não é um pensamento. Todos os conceitos devem ser formados dentro da existência e referir-se à existência. Portanto, de acordo com Parmênides, qualquer teoria ou posição filosófica que em qualquer ponto exija um conceito de nada absoluto, de inexistência, é inválida e deve ser descartada imediatamente.

Nesta base, Parmênides fez uma série de deduções sistemáticas: a primeira é que o universo não deve ter sido criado; nunca poderia ter surgido. Por quê? Se houve um começo para o que é, então o que existia antes? Bem, se não fosse "o que é", teria que ser "o que não é". Mas o que não é, não é; não há nada e, portanto, nunca poderia ter havido um estado de nada precedendo um estado de alguma coisa. Em outras palavras, o universo sempre deve ter existido; não poderia ter sido criado. Fim para a visão religiosa. Posso dizer que, com base neste raciocínio, nenhum filósofo grego alguma vez acreditou que o universo tenha sido criado do nada. Essa é uma doutrina distinta e exclusivamente Judaica/Cristã, nunca aceita pelos gregos mais místicos.

Em segundo lugar, na outra direção, o universo deve ser indestrutível; nunca poderia sair da existência; porque se saísse da existência, o que sobraria? O que não é. Mas o que não é, não é, e nunca poderá ser. Portanto, o universo deve ser indestrutível; sempre existirá. Se juntarmos esses dois pontos, poderemos dizer que, segundo Parmênides, o universo é, portanto, eterno; não tem começo e não tem fim.

Terceiro ponto — concentrando-nos agora *dentro* do universo — pode existir algo como um vácuo, um espaço vazio? Completamente vazio, um verdadeiro zero, dentro do mundo físico. Ao que Parmênides responde: "Absolutamente não. O que não é, não é. Tudo o que existe é o que é, portanto, não existe vácuo." Mais tarde, isso veio a ser expresso em latim: "O universo é um *plenum*", o que significa que está solidamente compactado; a palavra real significa "cheio" — está completamente cheio. Não existem pequenos buracos, nem pequenos espaços, nem pequenos nadas; é uma grande placa de matéria, uma enorme bola de matéria compactada. Agora, por outras razões que são irrelevantes, ele passou a acreditar que tinha a forma de uma esfera, aparentemente porque pensava que não havia uma boa razão para que ele se projetasse numa direção, mas não na outra. Mas isso não vem ao caso.

Até agora, tendo apresentado várias de suas deduções, seu princípio "O que é, é" é realmente a lei básica da lógica e, nesse sentido, ele às vezes é chamado de "pai da lógica" (embora isso seja bastante indireto, porque ele não sabia que tinha algo a ver com o pensamento, como princípio que orienta o pensamento). Ele certamente lançou um ataque total contra Heráclito e destruiu a religião, então começou bem.

Entretanto, Parmênides tirou outra dedução do seu princípio básico, que, na sua opinião, era tão óbvia como todas as anteriores, e é aí que entra todo o problema. Ele tirou, como quarta conclusão, a ideia de que a mudança é impossível. Mudança de qualquer tipo — movimento, alteração, ocorrência de qualquer tipo. Portanto, de acordo com o seu ponto de vista, não existem coisas como falar, mover-se, escrever, nadar, planetas orbitando o Sol — tudo isso é uma ilusão gigantesca.

Como Parmênides chegou a tal conclusão? Vejamos um exemplo simples de mudança: uma semente que se transforma numa flor. No início da mudança, a semente representa o que é. E a flor no início? A flor não é. Ao final da mudança, o que aconteceu com a semente? Foi-se; é o que não é. O que aconteceu com a flor? Agora está aí, é o que é. Isso é verdade para todas as mudanças — algo desaparece e algo surge. O que isso significa? Ele concluiu que a mudança é uma dupla violação do seu princípio. Toda mudança é uma passagem simultânea do que é para o que não é e, do outro aspecto, do que não é para o que é. Mas não existe "o que não é", e você não pode pensar no que não é, portanto: fora. A mudança, segundo ele, é tão irracional quanto a ideia de o universo ser criado ou deixar de existir. Envolve referência ao que não é. E o que não é, não é. Portanto, concluiu, não há mudança alguma. O mundo está completamente imóvel em todos os aspectos.

Agora, você vê aqui que há um sentido em que ele está totalmente de acordo com Heráclito. Ambos concordam com o seguinte ponto de vista crucial: a mudança implica uma contradição; a mudança implica uma violação da lógica. Heráclito, do aspecto de que no final da mudança uma coisa é, e não é, o que era, e Parmênides do aspecto de que no final da mudança você tem o que *não* está se tornando o que é, e vice-versa, e isso é uma contradição, pois o que não é, não é.

Dada esta premissa comum, eles assumem pontos de vista diametralmente opostos. Heráclito diz: "A mudança é óbvia, portanto, para o inferno com a lógica." Parmênides diz: "A lógica é óbvia, portanto, para o inferno com a mudança." Mas o denominador comum é que você tem que fazer a sua escolha — ou é lógica ou mudança, ou identidade ou mudança.

Só para piorar um pouco as coisas, as duas coisas que eu disse e que preocupavam principalmente os gregos nesta fase inicial eram a mudança e a multiplicidade. Tendo negado a mudança, Parmênides passou, com aparentemente igual consistência, a negar a multiplicidade. Não há multiplicidade. Não há variedade de coisas. Por quê? Ele, como todos neste período inicial, era um monista. Lembre-se de que "monista" significa alguém que acredita que existe apenas *uma* coisa que constitui o mundo. Mas, além disso, ele acredita que o mundo é um plenário, solidamente compactado; não há espaços. Bem, então, ele perguntou, o que tornaria uma coisa diferente de qualquer outra? Como você traçaria um limite e diria: "Aqui está uma coisa e aqui está outra"? O mundo é uma laje sólida e indiferenciada, uma coisa que não tem espaços entre si, então não há nada que separe uma coisa da outra. Portanto, temos que dizer que a multiplicidade é uma ilusão. O mundo é apenas um pedaço de coisas indiferenciadas. Não há nada que distinga uma parte da outra. Novamente, não existem entidades, ou dito de outra forma, existe apenas *uma* entidade — *tudo*, que ele chamou de **"o Um"**, e você pode ver por quê. Não é mais o um entre muitos, porque "os muitos" já se foram; é apenas o Um. Esse, acredite ou não, é o ancestral do Deus Cristão. Através de diversas transmutações e permutações, o Um de Parmênides tornou-se o Deus do Cristianismo, mas demorou um pouco para que isso acontecesse.

Portanto, o mundo é apenas uma bola imóvel, imutável e indiferenciada de matéria compactada. Desnecessário dizer que não é assim que parece aos nossos sentidos. Parece que existe multiplicidade; parece que há mudança. Qual é a resposta de Parmênides? A mesma que Heráclito: os sentidos enganam; eles nos dão apenas o mundo das aparências, que não é a verdadeira realidade. A verdadeira realidade é o Um imóvel, e ela é alcançada pela lógica, não pelos sentidos. Portanto, novamente, temos o racionalismo epistemológico tanto de Parmênides quanto de Heráclito, mas chegando a conclusões opostas.

O que há de errado com seu raciocínio? Espere até chegarmos a Aristóteles, porque uma das principais tarefas de Aristóteles na metafísica era responder tanto a Heráclito quanto a Parmênides. Para fazer isso, Aristóteles esculpiu certos conceitos que ele originou e que usamos até hoje, e ele disse que esses são os únicos conceitos pelos quais podemos responder a Parmênides.

Você vê que as pessoas estão agora em uma posição filosófica muito terrível. Temos uma catástrofe quase no início da filosofia Ocidental: um filósofo com uma série de argumentos que pareciam persuasivos na época, para provar que tudo é mudança e que não existem coisas; e outro filósofo com uma série de argumentos que pareciam convincentes, para provar que nada muda e que existe apenas o Um imutável. O que vamos fazer para reconciliar estes dois filósofos, para tomar seus argumentos e de alguma forma dar sentido a tudo isto? Essa foi a tarefa da filosofia subsequente, que nunca foi devidamente respondida até a época de Aristóteles.

ZENÃO

Ainda não terminamos sobre Parmênides, porque ele teve um seguidor famoso, chamado Zenão (aproximadamente 490-430 a.C.). Zenão é famoso por inventar uma série de paradoxos que pretendem provar duas coisas: alguns deles pretendem provar que o movimento é impossível, cumprindo assim o princípio de Parmênides. Alguns deles pretendem provar que a multiplicidade é impossível. Todos envolvem o mesmo tipo de raciocínio, às vezes mais óbvio que outros. Não vou respondê-los agora, porque Aristóteles dedicou sua atenção a respondê-los e, no processo, disse algumas coisas muito valiosas sobre a natureza do infinito. Vou apenas apresentar a vocês dois dos paradoxos de Zenão, e vocês poderão ter uma ideia da posição terrível em que as pessoas se encontravam naquela época, porque não conseguiam responder a Zenão, e sabiam que algo devia estar errado.

A questão mais simples sobre o movimento é que é impossível atravessar uma sala. Por que é impossível atravessar uma sala? Considere: para atravessar uma sala, primeiro você precisa atravessar metade dela. Mas para cruzar metade dela, primeiro você tem que cruzar metade *disso* (um quarto, em outras palavras). Para cruzar *isso*, você tem que cruzar metade de um quarto (um oitavo). Também, claro, cruzar metade *disso* (um décimo sexto) e assim por diante. Ele pergunta: quantas vezes uma distância pode ser subdividida? A sua resposta foi: não há fim. Se você disser um milionésimo da distância, bem, sempre haverá um meio milionésimo da distância. Você pode dividir sem fim. **Em outras palavras, você pode subdividir infinitamente.** Mas como é possível cruzar um número infinito de distâncias, por menores que sejam? Porque atravessar qualquer distância levaria algum tempo, por menor que fosse, e cruzar um número infinito de distâncias levaria um tempo infinito, mas você morre em quarenta, cinquenta ou sessenta anos. Portanto, você obviamente não poderia atravessar uma sala, ou aliás *qualquer* distância. Portanto o movimento é uma ilusão.

Isto se aplicaria ao movimento de sua língua ao proferir o argumento. Para ir do palato superior ao palato inferior, a língua tem que percorrer metade da distância e assim por diante. Esse é o ponto de vista de Zenão.

Aqui está um de seus paradoxos sobre a multiplicidade: multiplicidade é a visão de que o mundo consiste em uma série de coisas. Por exemplo, você pode considerar isso no nível dos átomos ou das galáxias; isso não faz nenhuma diferença para o argumento. Zenão argumentará que isso é impossível. O mundo tem de ser uma placa indivisível e não um todo composto de partes. Por quê? Bem, diz ele, vou mostrar-lhe que a ideia de que o universo tem partes está repleta de contradições impossíveis. Por exemplo, vamos imaginar que o universo é um todo com muitas partes e que questionemos qual seria o tamanho do universo. Quantas partes tem o mundo, diz ele, de acordo com as pessoas que acreditam em tais coisas como partes? Se continuarmos a subdividir, quantas partes o mundo acabará tendo? Obviamente, diz ele, acabará com um número infinito de partes, porque cada magnitude é teoricamente divisível sem limites, por isso, se dividirmos o mundo em coisas de 30 centímetros de comprimento, poderemos dividir cada uma delas em duas coisas de 15 centímetros, e cada uma delas em quatro coisas de 3,75 centímetros, e assim por diante, e não há fim teórico. Então, se continuarmos, você terá que admitir que há um número infinito de partes. Se há um número infinito de partes, não importa quão pequena seja cada uma delas, devemos ter um universo infinitamente grande, porque infinito vezes qualquer quantidade é infinitamente grande. Assim, chegamos à conclusão de que *se* o universo consiste em partes, deve ser infinitamente grande. Mas vejamos a questão de outra forma: qual será o tamanho das partes últimas, dos constituintes finais, quando finalmente os alcançarmos? Agora, diz ele, tem que haver essas partes indivisíveis; caso contrário, não podemos falar de forma significativa sobre o mundo ser um todo composto por partes. Se você pretende afirmar que é um todo, deve haver partes. Isso significa que, em última análise, tem de haver algo que não seja mais divisível. Mas qualquer magnitude, como vimos, é divisível. Então, qual deve ser o tamanho das partes últimas para que sejam indivisíveis, mesmo em teoria? Elas devem ter tamanho zero. As partículas últimas, ou constituintes, do mundo, não devem ter magnitude. Mas se um universo tem partes que não têm tamanho, qual será o tamanho do todo? Obviamente não terá tamanho algum; um número infinito de zeros ainda é zero. Assim, se existe multiplicidade, por um lado, devemos ter um universo infinitamente grande com partes infinitas e, por outro lado, um universo infinitamente pequeno com partes sem tamanho. Isso é uma contradição impossível. Portanto, a premissa deve estar errada. Não há multiplicidade. **Portanto, Parmênides estava certo: só existe o Um. O universo é em princípio indivisível. Esse é o final.**

Isto envolve os mesmos tipos de questões relativas ao infinito e à subdivisão infinita que o outro paradoxo envolveu, e é necessária uma certa teoria da natureza do infinito para respondê-lo. Mas, enquanto isso, você pode presumir, pragmaticamente, que *você* é uma parte e que sua *casa* é outra, e que o movimento entre as duas é possível. Entretanto, como validamos isso filosoficamente, é algo que discutiremos mais tarde.

PITÁGORAS

Passemos agora à última escola pré-Socrática que consideraremos nesta palestra, a escola Pitagórica. Pitágoras floresceu por volta de 530 a.C., então, tecnicamente, ele está logo depois de Tales e antes de Parmênides e Heráclito. Pela ausência de documentos, não sabemos o que foi sustentado pelo próprio Pitágoras, distinto de seus seguidores, por isso é comum falar dos Pitagóricos como uma escola, e não tentar diferenciar qual deles foi o responsável por qual ideia em particular. Os Pitagóricos resistiram até o fim da filosofia pagã e passaram por várias modificações em seus pontos de vista, por isso é comum falar sobre os Pitagóricos iniciais, médios e tardios, mas vamos nos concentrar nos Pitagóricos médios.

Pitágoras fundou uma escola extremamente influente que teve efeitos esmagadores sobre Platão e, mais tarde, portanto, sobre o Cristianismo. Nem Platão, nem o Cristianismo, teriam sido possíveis sem Pitágoras e a sua escola, ou alguma equivalente.

Os primeiros Pitagóricos eram uma seita basicamente mística. Eles viviam de forma comunista, sem propriedade privada. Eles eram, na verdade, uma ordem religiosa ou irmandade. Eles eram, de longe, os mais sobrenaturais, os mais místicos de todos os pré-Socráticos. Na verdade, eles são os primeiros filósofos religiosos que encontramos neste curso. Portanto, devo dizer-lhe desde o início algo sobre a religião a que eles aderiram. Eles não eram adeptos da religião dos deuses do Olimpo. Eles não adotaram a visão antropomórfica dos deuses, a visão politeísta. Eles representavam uma tendência "um pouco" diferente — ou melhor, elimine o "um pouco" — uma tendência *enormemente* diferente na religião grega. Eles defendiam o que era chamado de religião de *mistério*, que é muito mais religiosa do que as divindades do Monte Olimpo jamais sonharam. Essa é realmente religiosa. Nos primeiros anos, era um culto raivoso, místico, sobrenatural, de ordem muito primitiva. Havia muitos cultos, e aqueles que os Pitagóricos subscreviam eram chamados de religião *Órfica* dos mistérios.

Então, o que o Orfismo ensinou? Orfismo não é uma filosofia; é um culto oriental de mistério importado para a Grécia e defendido apenas por uma minoria. Os Órficos pregavam princípios como: o homem tem duas partes, uma parte alta e uma parte baixa. A parte inferior é o corpo, a parte superior é a alma. Esses dois estão em eterno conflito um com o outro. A alma é semelhante a Deus, à outra dimensão. Antigamente, a alma era uma criatura semelhante a Deus, habitando outro mundo espiritual superior. Mas pecou. O resultado foi que caiu em desgraça e, como punição, foi incluído dentro de um corpo nesta terra. O corpo é, portanto, a prisão ou o túmulo da alma. Estamos destinados, cada um de nós, a passar por uma série de reencarnações. No final do nosso período terrestre, a nossa alma volta para o outro mundo, e recebe a recompensa ou punição apropriada (dependendo do seu comportamento), e então volta novamente — o que eles chamam de "roda do nascimento". Às vezes surge em outro corpo humano, às vezes em um corpo animal. Ela vive seu ciclo e volta novamente, girando e girando a roda do nascimento, até que (e esta era a esperança final deles) um dia a alma possa escapar do corpo e desta terra permanentemente, reunir-se de uma vez por todas com Deus, e alcançar assim a verdadeira felicidade e salvação. Na verdade, a ideia era: voltar para casa. Como você consegue fazer isso? Você tem que se envolver em um processo que eles chamam de *purificação*. Esse é essencialmente um processo de descontaminação da alma de quaisquer influências físicas. Você tem que viver uma vida boa, o que significa essencialmente uma vida ascética, uma vida que nega prazer. Lembro-lhe que estamos na Grécia antiga e, portanto, os Pitagóricos, no seu estado mais ascético, são hedonistas frenéticos em comparação com os Cristãos que ainda virão. Mesmo assim, foram eles que começaram. Você também deve se envolver nos rituais da religião Órfica de mistérios. Nos primeiros dias, esses rituais incluíam algo na ordem do que acontece agora fora da Broadway — orgias em massa, intoxicação, danças frenéticas, ritos de iniciação secretos (é por isso que eram chamados de religiões "misteriosas") — eram altamente primitivas, para dizer o mínimo. Aqui está uma descrição de um comentarista (B.A.G Fuller). O Orfismo adorava o deus Dionísio, que Fuller descreve com alguns detalhes. Num ato heroico de autoabnegação do comentador, abster-me-ei firmemente de comentar ou traçar paralelos com qualquer religião ocidental subsequente:

> [O deus Dionísio foi] elaborado nos Mistérios Órficos. Originalmente uma divindade Trácia da vegetação, e particularmente da vinha e do vinho, e da sensação de libertação da escravidão humana e de acesso à divindade que a intoxicação confere, ele foi adorado no início por ritos orgiásticos de danças frenéticas e embriaguez. Provavelmente no início, o seu sacerdote, em quem ele deveria estar encarnado, foi sacrificado e comido pelos seus adoradores, que assim participaram da *mana* ou força do seu deus. Mas antes de o culto entrar na Grécia, o sacrifício do sacerdote deu lugar ao de um animal sagrado, o touro selvagem, que agora se tornou o veículo para comunicar a substância divina do deus aos seus devotos.

Trazido do Norte para a Grécia, seu culto tornou-se mais civilizado e desenvolveu-se em uma teologia complicada. Primeiramente gerado por Zeus de uma mãe divina, Perséfone, ele [Dionísio] foi morto na forma de um touro selvagem pelos malvados Titãs e foi despedaçado e devorado por eles. Mas seu coração foi salvo e Zeus o comeu, e gerou Dionísio pela segunda vez, de uma mãe humana, Semele. Ela, exigindo ver seu amante divino cara a cara, foi consumida por um raio. Seu filho ainda não nascido foi preservado e colocado na coxa de Zeus, de onde, na plenitude dos tempos, foi gerado e feito Senhor do mundo. Os Titãs também foram mortos por Zeus com um raio e formaram o homem a partir de suas cinzas. Consequentemente, o homem é uma criatura dual, uma mistura da substância maligna dos Titãs e da substância divina do deus que eles devoraram. Sua alma, ou mente, é um fragmento de Dionísio, seu corpo é uma herança dos Titãs. A salvação consiste em libertar o divino dentro de nós da escravidão do corpo. Isto só pode ser conseguido através de uma longa série de reencarnações, ao final das quais, se ela tiver se purificado suficientemente, a alma poderá escapar da roda de nascimento e renascimento e reunir-se com sua fonte divina. Esta purificação, no entanto, só poderia ser efetuada juntando-se ao culto Órfico, auxiliando em seus mistérios e seguindo sua regra de vida.[7]

Histórica e filosoficamente, esta é a fonte primária da oposição entre alma e corpo na civilização Ocidental. Nenhum argumento melhor para essa oposição foi apresentado. Li recentemente que cerca de cinquenta por cento das mulheres no continente europeu sofre de algum tipo de frigidez sexual, causada em parte pela sensação de que o sexo é vulgar e materialista. Você sabe quantos empresários se sentem culpados porque estão atrás de dinheiro e são considerados "ganhadores de dinheiro" — veja quantas pessoas atacam o capitalismo porque é apenas físico. Se você perguntar qual é a raiz última dessa visão, ela remonta a esses contos sobre Dionísio, ao Órfico. Antes disso, tem uma longa, longa história.

Os Pitagóricos aderiram ao Orfismo. Eles acreditavam em dois mundos diferentes, o mundo de Deus e este mundo, o conflito alma-corpo. Eles ansiavam pela imortalidade e pela fuga do corpo. Eles acreditavam na reencarnação. Pitágoras teria visto um dia um cachorro sendo espancado e pediu ao homem que parasse, porque reconheceu pelos gritos um amigo seu de uma vida anterior. A religião Órfica é obviamente enormemente primitiva. Há toda uma série de tabus típicos. Aqui estão alguns exemplos: se você é um bom Órfico, deve obedecer aos mandamentos divinos de: abster-se de comer feijão, não recolher o que caiu, não atiçar o fogo com ferro, não andar em rodovias, não deixar que as andorinhas compartilhem o seu teto, quando a panela for retirada do fogo, não deixar marca dela nas cinzas, mas misturá-las, ao se levantar da roupa de cama, enrole-as e alise a impressão do corpo. Um comentador (John Burnet) diz: "Seria fácil multiplicar as provas da estreita ligação entre o Pitagorismo e os modos primitivos de pensamento, mas o que foi dito é suficiente para o nosso propósito."[8] Isso é certamente suficiente.

Esse tipo de coisa, posso dizer, era encarado com desconfiança pela maioria dos gregos. Certamente não fazia parte da corrente dominante das visões religiosas gregas, mas era considerada uma margem lunática. A questão é: como alguma dessas crenças entrou na história da filosofia? Por causa do calibre das crenças que existiram milhares e milhares de anos antes de Tales. A resposta é que Pitágoras também tinha um lado científico. Ele e a sua escola estavam preocupados com as mesmas questões que todos os outros pré-Socráticos, nomeadamente: qual é a natureza do universo, qual é a matéria do mundo? Neste contexto, eles destacaram alguns pontos válidos e extremamente importantes. O resultado foi que as suas descobertas científicas e o seu Orfismo místico foram propagados juntos como uma espécie de venda casada e, de fato, a combinação tornou-se muito influente.

Então, agora quero examinar seu lado mais filosófico. Eles fizeram a pergunta: qual é a natureza ou a essência do universo? O que é a matéria do mundo? É água, é ar, é fogo, é mudança? Não, eles disseram. Para entender a resposta deles, você precisa saber algo sobre seus interesses especiais e realizações. Os Pitagóricos foram realmente os descobridores da matemática de forma séria. Outras civilizações descobriram o conhecimento matemático, mas os Pitagóricos foram os primeiros a descobrir que a matemática está, de alguma forma, em toda parte. Eles trabalharam muito em teoria matemática. Você conhece o teorema de Pitágoras, ainda chamado assim até hoje. Eles descobriram muitas coisas interessantes sobre a conexão da matemática com os fenômenos *musicais*, algo que era absolutamente inédito antes da sua descoberta. Eles descobriram, por exemplo, que a harmonia na música (diferentemente do ruído) se baseia em proporções matemáticas, no comprimento da corda que está sendo tocada. Eles descobriram que as relações musicais podem ser expressas numericamente. Esta foi uma descoberta surpreendente. Até hoje usamos termos matemáticos para falar sobre relações musicais — falamos sobre o intervalo de uma quinta, ou de uma quarta, ou de uma oitava, e assim por diante. Eles descobriram que a matemática é relevante para a astronomia. Eles descobriram os primeiros indícios de que as leis matemáticas governam os céus. Eles descobriram que a matemática é de alguma forma relevante para a medicina — eles tinham a ideia de que a saúde física consiste na proporção matemática dos vários elementos do corpo, e que se você tiver a quantidade certa de cada um, você está saudável, mas se um cresce vorazmente e destrói o equilíbrio matemático correto, hoje diríamos, você tem câncer; eles diriam que você está doente, você está fora de harmonia. Sempre que examinavam os assuntos conhecidos naquela época — astronomia, matemática, música, medicina — encontravam um fato que não era conhecido — que, de uma forma ou de outra, o caráter distintivo e a ação das coisas são governados por relações numéricas, por leis matemáticas — em uma palavra, por números. Números surgiram em todos os lugares, e quem poderia esperar por isso? Consequentemente, fizeram o que Tales fez quando pensou que a água era a chave, ou o que Heráclito fez quando pensou que a mudança era a chave: agarraram-se à sua "coisa" particular com avidez e procederam a torná-la metafísica. Num salto gigantesco, eles generalizaram e disseram: "Você quer saber o que é a matéria do mundo? Você quer saber o que todas as coisas realmente são? Todas as coisas são números." **Esse é o famoso fragmento deles: "Todas as coisas são números."** Os números são a matéria do mundo.

Os comentaristas trabalharam durante séculos para tentar descobrir o que isso poderia significar. Porque, como se pode falar de números se não há algo sendo numerado? Suponha que eu aponte para este copo e você me pergunte: "O que é isso?" e eu digo: "São seis" Você diz: "Seis o quê?" Como você pode ter um universo feito de quantidade, sem que nenhuma *coisa* seja quantificada? Heráclito tem um universo de atividade sem que nenhuma coisa o execute, então por que Pitágoras não deveria fazer o mesmo? Muito disso é especulativo, porque não existem dados, fragmentos ou documentos sobreviventes que possam estabelecê-lo definitivamente. Mas algumas pessoas sugerem que, devido ao estágio primitivo do conhecimento, os Pitagóricos representavam os números por coisas físicas, por exemplo, três pedrinhas seriam três, e seis pedrinhas seriam seis, ou às vezes por pontinhos, da maneira que temos em dados. Então "seis" para eles significava seis pontinhos ou seis pedras dispostas de uma certa maneira. Em outras palavras, confundiram os números com as entidades físicas que os representam ou simbolizam. Então, às vezes, quando diziam: "Todas as coisas são números", eles queriam dizer: "Todas as coisas são compostas de minúsculas partículas físicas." Portanto, isto era como uma versão primitiva do que mais tarde se tornou a teoria atômica, mas os Pitagóricos nunca a desenvolveram.

Em parte, a explicação para isso é o seu Orfismo, o seu misticismo errante. Eles eram os verdadeiros místicos numerológicos e levaram isso a extremos fantásticos. Por exemplo, houve uma discussão entre os Pitagóricos sobre se a justiça era quatro ou nove. A ideia é que teria que ser um número quadrado, porque tinha que retornar igual por igual, mas se era duas vezes dois, ou três vezes três, eles ainda não haviam decidido. O casamento era cinco. O amor era oito, porque o amor é harmonia entre as pessoas, e a oitava é harmonia. O homem, se bem me lembro, era duzentos e cinquenta, plantas, trezentos e sessenta. Isso não faz sentido, e não requer uma explicação profunda. Esta é a fonte Ocidental daqueles arranha-céus, que mencionei anteriormente, que têm o décimo terceiro andar apagado. Só que isso não é justo, porque os modernos são piores que os Pitagóricos — se os Pitagóricos pensassem que treze era má sorte, parariam o edifício no décimo segundo andar; eles não introduziriam o subjetivismo e chamariam o décimo terceiro de quatorze.

Além dessas outras características, há um ponto crucial disfarçado nesta afirmação primitiva e mística. Esse ponto crucial é a grande importância da matemática na descoberta das leis do mundo, na compreensão do universo. Hoje, as pessoas consideram isso um dado adquirido. A física moderna teria sido impossível sem a descoberta de que as leis físicas têm de ser formuladas em termos matemáticos. Esta descoberta, na verdade, se desenvolveu a partir dos Pitagóricos. Embora não tenham *descoberto* nenhuma lei, foram eles que descobriram que a matemática era a pedra angular. Por exemplo, Kepler, no mundo moderno e no início da ciência moderna, o homem que descobriu as primeiras leis matemáticas do movimento planetário, não conseguiu encontrá-las durante anos, mas era um Pitagórico devoto e continuou a procurar no fundamento que todas as coisas são números e que deve haver leis matemáticas que governam os planetas e, com certeza, ele as encontrou. Neste sentido, a ciência moderna é, em parte, um desenvolvimento desta descoberta dos Pitagóricos. No entanto, só deu frutos na Renascença, quando foi combinada com outras teorias.

Mas para os nossos propósitos, o que é importante é o que os Pitagóricos *posteriores* **fizeram para dar sentido à teoria de que todas as coisas são números, de que os números são literalmente os ingredientes das coisas — pois perceberam que isso é demasiado primitivo. Então, eles adotaram a linha de que os números, ou relações numéricas, de alguma forma governavam o comportamento das coisas.** As coisas, diziam eles, são formadas, ou comportam-se, de acordo com números, e eles interpretaram isso num sentido muito literal e ainda bastante primitivo. Se você considerar as pessoas hoje dizendo, por exemplo, que a lei da gravidade governa o comportamento dos corpos — você entende hoje que esse uso da palavra "governar" é metafórico, ou seja, você não acha que exista uma lei desencarnada da gravidade em outra dimensão que diz às coisas, por assim dizer: "É melhor você seguir, ou então", como um rei governa seus súditos. Mas os Pitagóricos aparentemente pensavam assim. Quando disseram que os números governavam as coisas deste mundo, os últimos Pitagóricos aparentemente acreditaram que havia duas dimensões: um mundo de números, de relações numéricas, e então este mundo em que vivemos, que de alguma forma foi formado de acordo com o mundo de números. Quais são as características dos dois mundos? O mundo dos números não pode ser apreendido pelos sentidos. Você não pode perceber o mundo dos números — você pode perceber duas pessoas, mas não apenas "duas". O próprio dois é algo que você precisa compreender pela razão. Por outro lado, este mundo é um mundo apreensível pelos sentidos. Outro ponto de diferença: o mundo dos números é imutável. "Dois mais dois são quatro" continua para sempre, sem qualquer alteração. Quaisquer duas coisas podem vir a existir, crescer, decair, morrer e desaparecer; mas dois, como tais, duram para sempre. Dois são dois, dois mais dois são quatro e assim por diante. O mundo dos números é imutável, enquanto o mundo em que vivemos está em constante mudança. Portanto, temos um dualismo metafísico, duas realidades e, claro, a verdadeira é o mundo dos números.

Eles pensavam que tinham assim resolvido o problema colocado por Heráclito e Parmênides, porque forneciam um mundo para cada um. Heráclito disse que a verdadeira realidade deve estar em constante mudança. Os Pitagóricos disseram: "Tudo bem, há um mundo em mudança para você. Neste mundo, você está certo — tudo está fluindo." Parmênides disse, mas a verdadeira realidade tem que ser *imutável*. Eles disseram: "Você também está certo. A verdadeira realidade é o mundo dos números." Esta tentativa específica de resolver o dilema Parmenidiano/Heraclitiano através da repartição de dois mundos, um para cada, foi retomada dos Pitagóricos por Platão (de uma forma um pouco diferente, como veremos na próxima aula). De qualquer forma, os Pitagóricos tinham agora dado uma base filosófica à sua religião Órfica. Eles agora tinham o céu e a terra ligados aos seus dois mundos filosóficos (o mundo dos números e este mundo). Eles tinham uma base filosófica para a sua oposição entre alma e corpo. Eles tinham, por assim dizer, sintetizado a sua religião com a sua ciência e estavam felizes.

Alguns últimos pontos sobre os Pitagóricos. Um legado na epistemologia do Pitagorismo é a visão de que apenas a matemática se qualifica como conhecimento verdadeiro. Essa é uma visão comum entre alguns hoje em dia, expressa no fato de que se você não lhe der declarações com números, ele não as aceitará como científicas. Se lhe dissermos, por exemplo, que os seres humanos precisam de autoestima, essa afirmação é considerada "vaga, qualitativa, não científica, inexata". Mas se você disser que eles precisam de 3,9 unidades de autoestima, e que precisam de um ponto extra para cada vez que cometem um oitavo de um ato de imoralidade ou algo assim, então isso torna tudo matemático. Esse é um legado da fixação numérica Pitagórica.

No que diz respeito à ética, o principal legado deixado pelos Pitagóricos foi a dicotomia mente-corpo, ou alma-corpo, da qual eles são os fundadores na filosofia Ocidental: a ideia de que o objetivo final é escapar do corpo e fazer com que a alma seja pura. Veremos em Platão o desenvolvimento dessa visão. Você pode perguntar: "Bem, por que eles não cometeram suicídio se estavam tão ansiosos para escapar do corpo?" Eles tinham uma resposta para isso: "Deus dá e Deus tira." Na verdade, você pertence a Deus e, se cometer suicídio (estou parodiando), você estará violando os direitos de propriedade de Deus; cabe a Ele decidir se deixa ou não você voltar para casa. Bem, o que você deve fazer enquanto estiver na Terra? Você deve purificar-se afastando-se do físico. Como você vai fazer isso? Aqui, os Pitagóricos fizeram uma observação famosa: distinguiram três tipos de homens que comparecem aos Jogos Olímpicos. (Isso foi retomado por Platão e tornou-se a base de toda uma teoria da psicologia humana.) Três tipos de homens que variam em hierarquia do mais baixo ao mais alto. O mais baixo é aquele que está mais diretamente envolvido com o físico: o homem que vem para ganhar dinheiro, por exemplo, para comprar pipoca. O amante do lucro, o homem obcecado pelo todo-poderoso dracma — este é o mais baixo. Porém, acima do amante do lucro, estão os atletas, e eles são motivados enquanto atletas (de acordo com os Pitagóricos) não pelo desejo de dinheiro, mas por algo de *certa forma* mais espiritual, a saber, honra, fama, triunfo, glória. Eles ainda são materialistas até certo ponto porque ainda querem sua fama e glória neste mundo físico, mas pelo menos não estão chafurdando no físico bruto e, portanto, estão um degrau acima. Depois há o terceiro tipo, o tipo mais desligado do mundo físico, o tipo que não quer dinheiro nem fama: as pessoas nas bancadas, os espectadores, que só querem olhar para fora e ver o que está a acontecer, aqueles que têm *phile* por *sophia*, que desejam adquirir conhecimento de forma totalmente desinteressada. Esses são os que, se forem devidamente desinteressados, estão isolados do mundo físico (e certamente estão). Portanto, os Pitagóricos pregavam a importância suprema do conhecimento, mas tinha que ser um conhecimento "desinteressado" da filosofia e da ciência, inteiramente divorciado de quaisquer consequências físicas, práticas ou ações relativas à vida na Terra. Pregavam a filosofia, a ciência, o conhecimento, como um rito religioso, como um rito de purificação da alma, desde que fosse desinteressado, não comercial e não materialista. Esta é a primeira separação entre conhecimento e vida na filosofia Ocidental. É a ideia do conhecimento como um fim em si mesmo. Você verá em Platão o que acontece com isso e com toda a visão Pitagórica dos três tipos de seres humanos, onde ela se desenvolve em uma psicologia completa e termina com a visão de que deveria haver uma ditadura comunista completa. Isso, porém, é tudo o que diremos sobre os Pitagóricos. Eles são a primeira grande escola de duas realidades que conhecemos. Nesse sentido, são a mais antiga escola religiosa/sobrenatural da filosofia Ocidental. À medida que continuamos, traçaremos a linha que vai dos Pitagóricos a Platão até todo o eixo Cristão. Mas tudo isso, incluindo a oposição entre mente e corpo, o anseio por uma imortalidade em outro mundo, o desprezo por esta vida na Terra, remonta originalmente aos Pitagóricos Órficos.

O PRIMEIRO PROBLEMA: EXISTEM ABSOLUTOS?

Palestra I, Perguntas e Respostas •

P: Como poderia Parmênides pensar em uma forma para o universo? O que estaria fora dessa forma? O universo não teria que ser infinito sem forma?

R: Não, não seria. Concordo com Parmênides nesse ponto. (Não necessariamente com a ideia de que seja uma esfera; não pretendo saber que forma o universo tem.) Mas concordo com Parmênides, assim como Aristóteles concordou, e à sua maneira Einstein, se você quiser que eu lhe dê uma autoridade científica moderna, de **que o universo é finito e tem alguma estrutura e algum tipo de forma**. Isso não implica nada fora do universo. A resposta simples para "O que há fora do universo?" é *que não existe fora do universo*. "Fora do universo" é uma frase sem sentido. Não designa uma localidade que está vazia. Não designa nenhuma localidade. Não existe lugar "fora do universo". Tudo o que existe é o universo. Ao fazer essa pergunta, você necessariamente tem que se projetar como estando fora do universo, você está olhando para ele de fora, e você vê uma grande bola, e há todo esse espaço lá fora. Mas você não pode se projetar fora do universo; você só pode se projetar dentro do universo. Portanto, a partir dessa perspectiva, não há dificuldade em pensar no universo como finito, limitado, moldado, mas não podemos *visualizar* a sua forma, porque para o fazer, teríamos de ficar do lado de fora. O melhor que posso recomendar como exercício mental é imaginar um pontinho em sua mente e deixá-lo preencher de dentro para fora até ocupar toda a sua tela mental, e não tentar espiar além dele, e então você tem o universo.

P: O que significa "forma", então? Qualquer coisa que eu possa pensar que tenha uma forma, posso ficar do lado de fora e ver qual é a forma.

R: "Forma" significa a configuração relativa dos constituintes na delimitação. Eles têm uma configuração relativa um ao outro, independentemente de você poder sair e olhar para ela.

P: O pensamento Oriental teve alguma influência sobre os primeiros filósofos gregos?

R: Até onde sei — e enfatizo que não sei muito sobre filosofia Oriental (para dizer o mínimo) —, a filosofia Oriental influenciou principalmente o Pitagorismo. Não creio que tenha tido qualquer influência significativa sobre os Milesianos, sobre Heráclito, sobre Parmênides, sobre os Atomistas, sobre os Sofistas, ou sobre Sócrates. Influenciou Platão, através de Pitágoras. Mas isso é tudo que eu sei.

P: Se o universo fosse finito, e você pensasse que viajava em linha reta...

R: Entendi. Se você viajasse em linha reta pelo universo, não teria que chegar ao fim em algum momento, bater a cabeça no fim do universo e olhar para fora, e isso não implicaria que existe um lado de fora? A contradição com isso seria que *não existe* fora do universo e, portanto, obviamente, você não poderia fazer isso. Se você me perguntasse quais são as leis científicas que tornam impossível atravessar o universo direto e sair do outro lado, eu teria que encaminhá-lo a um cientista. A física Relativística é uma possibilidade, mas eu não comentaria sobre isso. É muito importante que você distinga claramente entre filosofia e ciência. A filosofia pode estabelecer os princípios básicos da realidade (se puder prová-los) e os princípios básicos de uma metodologia científica. Nessa medida, é capaz de exercer poder de veto em relação à ciência. Se um cientista apresenta alguma teoria que viola um princípio filosófico estabelecido, um filósofo tem o direito de mostrar que a sua teoria *deve* estar errada e que é melhor que o cientista tente novamente. Contudo, não é da competência do filósofo enquanto filósofo especular sobre as leis estruturais reais do mundo físico. Não há meios distintivamente filosóficos para fazer isso; isso tem que ser feito por meio de experimento e observação e, portanto, está fora da competência da filosofia. Portanto, recuso-me, por princípio, a ser arrastado para especulações científicas.

P: Por que o dualista deve escolher uma de suas realidades como a real, e a outra apenas como resultado de nossos sentidos distorcidos?

R: Bem, "realidade" significa "tudo o que existe", então duas delas seriam um grande problema. Portanto, eles têm que dizer que uma delas realmente não existe. Mas eles não podem dizer que é nada, e por isso criaram o conceito de "aparência", para lhe dar um semi status metafísico: de certa forma é. Para uma discussão mais completa, esperaremos até Platão.

P: Por que o mesmo argumento que Zenão usou para refutar um todo de *muitas* partes não se aplicaria a um todo de *uma* parte? Em outras palavras, por que o Um não poderia ser dividido infinitamente?

R: Se for divisível, seria mais de uma parte, e a ideia é que você pode chamá-la de parte se quiser, mas o crucial é que seja uma parte *indivisível*. Como é apenas um, é o todo e, portanto, não faz sentido falar que é "uma parte".

P: Existe vácuo ou o universo está completamente cheio de algum tipo de matéria?

R: Concordo com Parmênides. Acredito que o seu argumento sobre este ponto é irrespondível — que não existe o nada e, consequentemente, não existe tal

O PRIMEIRO PROBLEMA: EXISTEM ABSOLUTOS?

coisa como um verdadeiro vácuo, por outras palavras, um verdadeiro zero habitando a realidade em qualquer lugar. Isto *não* significa, contudo, que tudo esteja necessariamente repleto de matéria na forma como a conhecemos agora. É a que deve estar preenchida com *alguma coisa*. O que é que está preenchendo, não pretendo saber. Havia teorias no século xix de que os chamados lugares vazios do mundo eram preenchidos com éter, e que o universo estava solidamente preenchido, e que o éter era o meio por meio do qual a energia viajava, a ação a distância era capaz de acontecer, e assim por diante. Acredito, em última análise, que alguma forma dessa teoria, *alguma* forma, terá de ser sustentada em bases filosóficas. Mas, novamente, remeto-vos à distinção entre filosofia e ciência. Eu nem *sonharia* em especular o que está presente no que consideramos vácuo. Afinal, *não* sabemos tudo sobre o universo físico, e o fato de sermos capazes de bombear ou descobrir áreas com ausência da maior parte da matéria que podemos agora identificar, não prova por si só, a existência de um vácuo. Há muito tempo, alguns de nós usávamos o termo (com humor, posso dizer) "coisas pequenas", e "coisinhas" era o nome que dávamos àquilo que *é* onde nada não está. Mas o que é, não pretendemos saber.

P: Você diria que um grande problema para os pré-Socráticos era não compreender realmente a natureza do tempo e do espaço (por exemplo, os problemas de mudança e multiplicidade), e que o tempo e o espaço são mal compreendidos hoje?

R: O tempo e o espaço são mal compreendidos por algumas escolas de filosofia, mas Aristóteles deu a visão essencialmente correta deles, portanto, se são mal compreendidos hoje, isso por si só não provaria nada. Quanto a este ponto, certamente a questão do tempo e do espaço é relevante para os paradoxos de Zenão porque levanta a questão: o tempo e o espaço são infinitamente divisíveis? Mas em relação ao restante das perguntas deles, não vejo que isso seja um fator contribuinte. Acho que o maior problema deles era que não sabiam muito, e dificilmente podemos culpá-los por isso. Eles começaram e deram alguns saltos gigantescos em muito pouco tempo.

P: Gostaria de saber se algum dos primeiros filósofos gregos teve alguma influência na política da época.

R: Não conheço nenhuma influência que a metafísica grega primitiva tenha tido na política da época. Não estou muito familiarizado com a política da época. Pelo que posso dizer, era muito abstrato antes do século v a.C. Quando se chega ao século v a.C., as teorias tiveram influência direta. Como você verá, os Heraclitianos e os Sofistas daquele período tiveram efeitos políticos diretos, e Sócrates teve enorme influência sobre Platão e teve enorme influência até o século iv a.C.

Mas, quando se diz: "Todas as coisas são água" ou "Todas as coisas são números", não se pode fazer nada politicamente com isso.

P: A política da época influenciou a filosofia?

R: Até onde eu sei, apenas naquele período eles eram mais livres, como eu disse, portanto mais livres para olhar o mundo, pensar e encontrar respostas. Mas não consigo, nem de longe, imaginar como é que se poderia correlacionar os tipos de pontos de vista que discutimos hoje com sistemas políticos específicos. **De um modo geral, oponho-me à ideia de que as condições existenciais determinam os pontos de vista filosóficos. Acho que o contrário é verdadeiro.**

P: Você poderia elaborar a definição de filosofia, explicando por que os cinco ramos principais que você incluiu estão agrupados, enquanto a psicologia, a matemática, etc., são omitidas?

R: Sim. Existem dois denominadores comuns para os cinco ramos principais. Um deles é a universalidade do seu âmbito. O segundo é a sua necessidade como guias da ação humana, de *qualquer* ação humana. A filosofia é, acima de tudo, o assunto que tudo abrange. A Metafísica estuda o universo *inteiro*, não apenas qualquer espécie ou subdivisão, não apenas a matéria, a mente ou a vida, mas *tudo*. A Epistemologia não pergunta como você adquire conhecimento de física, química, astronomia ou culinária, mas de **tudo**. O mesmo se aplica aos outros ramos — a Ética não pergunta como deve viver um alfaiate, um açougueiro ou um fabricante de velas, mas como deve viver *qualquer* homem, como deve ser organizado *qualquer* governo, como deve ser julgada *qualquer* obra de arte. O elemento essencial da filosofia é que ela é *universal*, não especializada. É por isso que a filosofia lida com os tipos de questões sobre as quais *qualquer* pessoa pode pensar. Não requer informação especializada de uma subcategoria específica da realidade. O outro denominador comum é que todos estes ramos fornecem guias indispensáveis para a ação. A Metafísica não lhe diz diretamente como viver, mas dá-lhe a precondição — a natureza da realidade. Mas todos os outros ramos lhe dizem como agir. A Epistemologia diz: "Faça isso se quiser saber." A Ética diz: "Faça isso em suas escolhas." A Política diz: "Faça isso no seu governo." A Estética diz: "Faça isso na sua arte." Portanto, a essência da filosofia é dizer ao homem como funcionar, conceitualmente, existencialmente, socialmente, esteticamente. Esses são os dois denominadores comuns. Em contraste, todas as chamadas ciências especiais — psicologia, matemática, etc. — ou estão restritas a uma subcategoria da realidade, como o comportamento humano (que a psicologia costumava descrever), ou a matemática (que está restrita a relações quantitativas) — e elas não são

O PRIMEIRO PROBLEMA: EXISTEM ABSOLUTOS?

normativas; elas não dizem como você *deveria* se comportar em qualquer área, mas apenas descrevem como as coisas são.

P: Por que Heráclito não disse que a *lei* da mudança era a matéria do mundo, e não a mudança em si?

R: Em primeiro lugar, ele não tinha uma ideia muito clara do que consistia a lei da mudança; foi basicamente no sentido de que tem de haver um equilíbrio, e a mudança numa direção, na chamada forma ascendente, tem de equilibrar a mudança noutra direção, a maneira "descendente". Mas penso que o ponto principal é que a *lei* da mudança é apenas uma descrição de como a mudança funciona e, consequentemente, não é algo separado da mudança. Embora eu conceda a você que, de acordo com alguns comentaristas, a lei da mudança é reificada por Heráclito em uma entidade distinta da mudança, e muitas pessoas pensam que ela também é uma das fontes do Deus Cristão. Então, você pode jogar isso na panela junto com o Um de Parmênides, se quiser.

P: Visto que Heráclito invalidou os sentidos, por que meios ele descobriu as mudanças?

R: Ele diria "pela razão". Mas se você lhe perguntasse: "Bem, mas como funciona a razão se não começa com dados sensoriais?", ele teria dito: "Nunca pensei nessa questão." No entanto, eles criaram muitas maneiras pelas quais, segundo eles, *seria possível* chegar ao conhecimento pela razão, sem o uso dos sentidos. Uma das teorias mais famosas de Platão é especificamente uma tentativa de responder a essa pergunta. Mas estamos bem no começo. Se Heráclito tivesse pensado em todas as questões que sua teoria implicava, ele teria um sistema filosófico completo, e não estaríamos mais falando da importância de Platão, mas de Heráclito.

P: Você recomenda algum texto de história da filosofia para este curso?

R: A melhor história introdutória da filosofia que conheço é *The History of Western Philosophy*, de W.T. Jones; é lançado em uma coleção de quatro volumes, publicada pela Harcourt Brace. Cobre a orla para iniciantes e é perfeitamente respeitável. Outro bom e muito mais curto é o de Gordon H. Clark, chamado *Thales to Dewey*, e é aquele que citei que tem o excelente resumo do rio de Heráclito e por que ele não existe. As duas inquestionavelmente melhores histórias de filosofias já escritas, mas não são para iniciantes, mas são sem dúvida as melhores, são de Émile Bréhier, o famoso historiador francês da filosofia, que escreveu uma obra extremamente lúcida e detalhada, cobrindo tudo até a época de sua morte (em 1952), e que foi publicado pela *University of Chicago Press* em uma série de brochuras; e meu favorito pessoal,

Wilhelm Windelband, *A History of Philosophy* (e não *A History of Ancient Philosophy* — esse é diferente, o que é bom, mas não é o que tenho em mente), que considero uma verdadeiramente superlativa história da filosofia, e eu diria sem qualquer dúvida que aprendi mais história da filosofia com Windelband do que com todo o resto junto. Mas é uma leitura difícil, não porque não seja clara, mas porque está enormemente compactada e, para acompanhá-la, calculei, na primeira vez, em média, cerca de quarenta e cinco minutos para um lado de uma página. Se você quiser fazer alguma leitura em períodos específicos, há muitas boas histórias da filosofia antiga que são muito mais detalhadas. Penso, de imediato, em *A History of Ancient Western Philosophy*, Appleton Century, de Joseph Owens, muito erudito e detalhado. Há o trabalho maciço, com muito volume e espesso de W.K.C Guthrie; pela última vez que ouvi, ele publicou três volumes apenas sobre os pré-Socráticos, creio; e isso realmente lhe dirá tudo se você tiver esse tipo de interesse apaixonado por isso. Existem todos os tipos de antologias que oferecem pequenos ou bastante generosos trechos, sobre qualquer filósofo, ou sobre todos eles. Existem muitos trabalhos sobre os pré-Socráticos, mas, a menos que você tenha um interesse especial e me peça por eles em particular, não recomendo que você leia nenhum deles em particular. Certamente, se quiser fazer alguma leitura, leia alguns dos famosos diálogos de Platão; eles estão todos reunidos em um volume chamado *The Collected Dialogues of Plato*, editado por Edith Hamilton e Huntington Cairns, é do Pantheon Books, e é uma edição de um volume de tudo o que é de Platão. Acho que não precisamos continuar. Há a edição de Richard McKeon das obras de Aristóteles, ou você pode obter toda a série Oxford de doze volumes, se desejar. Se quiser ler as *Confissões* de Santo Agostinho, a melhor tradução é de RS Pine-Coffin. Há também o *Aquino* de bolso, se você quiser, editado pelo Padre Copleston, mas que deve prendê-lo por um tempo.

P: Quando você diz: "Aquilo que não é, não é", isso é um princípio sobre o nada?

R: Não, é um princípio que *nega* o nada. É um princípio que diz que não se pode ter princípios sobre o nada, porque não existe o nada. Então, não se trata *sobre* o nada; trata-se indiretamente sobre alguma coisa; diz-lhe uma coisa sobre alguma coisa, ou seja, alguma coisa é tudo o que existe.

P: Zenão derivou esta abordagem matemática de suas visões sobre o infinito, o tempo e o espaço?

R: Até onde eu sei, Zenão originou as implicações dos paradoxos que apresentou. Não houve nenhum trabalho realizado sobre a natureza do infinito, do tempo ou do espaço naquele momento.

O PRIMEIRO PROBLEMA: EXISTEM ABSOLUTOS?

P: Você consegue pensar em nada se pensar nisso em relação a alguma coisa?

R: Eu diria que, em certo sentido, sim, você pode, mas não no exemplo que você usa. Acredito que o argumento de Parmênides é válido em relação aos vácuos e, portanto, não tomaria isso como um exemplo do seu ponto de vista. Mas há um sentido, eu diria (falando por mim mesmo agora, não por Parmênides) em que se *pode* pensar em nada, num sentido qualificado ou relativo, em relação a alguma coisa. Por exemplo, posso dizer de forma perfeitamente significativa: "Não tenho nada no bolso." Obviamente, quero dizer, *em relação a algum tipo específico de existência* — não tenho dinheiro, ou não tenho pêssegos, ou não tenho bananas, ou o que quer que seja. Por referência a qualquer forma de existência que seja o padrão, posso referir-me à ausência dessa forma de existência. Nesse sentido relativo e limitado, se pode falar sobre o nada. Mas Parmênides estava falando do nada *absoluto*; não a ausência de um tipo específico de algo, mas o zero absoluto. Nesse sentido, acho que ele está correto. Agora, não quero terminar com a pauta do nada, então temos um minuto se eu puder receber uma pergunta sobre alguma coisa.

P: Você diz que uma das dificuldades dos antigos filósofos gregos foi a incapacidade de diferenciar entre vários tipos de mudança.

R: Que tipos de mudanças você tem em mente? Como locomoção versus crescimento e assim por diante? [O questionador responde: Sim.]

Você está me perguntando se eu diria que um dos problemas dos primeiros filósofos foi sua incapacidade de diferenciar vários *tipos* de mudança? Certamente, eles *não* diferenciaram, e certamente foi um grande avanço quando Platão e Aristóteles começaram a classificar e dizer que há mudança de lugar (locomoção) e mudança de substância (quando uma coisa passa a existir, como a flor versus a semente), e mudança de quantidade (quando algo fica maior), e mudança de qualidade, e assim por diante. Quando chegamos a Aristóteles, temos uma visão sofisticada de todos os tipos de mudança. Você descobre que muitos dos problemas que eles enfrentaram desaparecem porque estavam confundindo um tipo de mudança com outro. Nesse sentido, sim, isso era um problema. Mas eu nunca gostaria de dizer nada que implicasse que eles deveriam ter agido de forma diferente, ou que isso fosse uma crítica a eles, porque afinal de contas, este é o jardim de infância da humanidade, e eles são, independentemente dos seus erros, os heróis que deram os primeiros passos. Então, quero dizer, certamente se eles soubessem o que aconteceu séculos depois, teriam sido melhores, mas por outro lado, se não tivessem feito o que fizeram, os séculos posteriores não poderiam ter se desenvolvido. Assim, quando alguém no século XX diz: "Tudo flui e nada permanece", tenho uma atitude completamente diferente da que tenho em relação a Heráclito.

P: Se, de acordo com Heráclito, tudo é fluxo e nada existe, como podem existir leis definitivas de mudança e por que estas não estão sujeitas a mudanças? Isso não é logicamente contraditório?

R: Sim, certamente é. Ele não deveria ter dito isso, mas esse era o seu melhor lado grego surgindo em meio ao seu Heraclitianismo.

P: Se, de acordo com "Nada é, e tudo está se tornando" de Heráclito, como pode ser que a citação que você leu na última palestra de um comentarista moderno sobre este assunto tenha definido "massa de modelar" como ainda sendo apenas massa de modelar depois de passar por uma série de mudanças na forma?

R: Você entendeu mal a citação. Ele disse que você só poderia chamá-la de "massa de modelar" se ela não deixasse de ser massa de modelar. Mas ele continuou dizendo que no mundo Heraclitiano, mesmo isso não permaneceria o mesmo, então a massa de modelar se transformaria em papel machê, e isso se transformaria em outra coisa, e em outra coisa, nada permaneceria constante e, portanto, nada é. É simplesmente um mal-entendido da citação.

---

1 MT McClure, "A Concepção Grega da Natureza", *Philosophical Review*, março de 1934.
2 B.A.G Fuller, A History of Philosophy, Volumes 1–2 (Nova York: Harcourt Brace, 1955), p. 51.
3 F.C.S Schiller, *Logic for Use* (Londres: G. Bell & Sons, 1929), p. 381.
4 Friedrich Engels, *Anti-Dühring*, 1877.
5 Observe esta advertência: "Πάντα ῥεῖ" (panta rhei), isto é, "tudo flui", parece não ter sido escrito por Heráclito ou não ter sobrevivido como uma citação dele. Este famoso aforismo usado para caracterizar o pensamento de Heráclito vem de Simplício, um Neoplatonista, e de *Crátilo* de Platão, onde é traduzido como "tudo se move".
6 Gordon H. Clark, *Thales to Dewey: A History of Philosophy* (Boston: Houghton Mifflin, 1957), p. 19.
7 Fuller, *A History of Philosophy*, p. 22.
8 John Burnet, *Early Greek Philosophy*, 3ª edição (Londres: Adam and Black, 1920), pp.96-97.

PALESTRA II

O TRIUNFO DA METAFÍSICA DE DOIS MUNDOS

Os filósofos que examinamos, embora extremamente influentes em toda a filosofia posterior, não tinham sistemas filosóficos completos para oferecer. Eles tinham pistas, ideias individuais, observações e argumentos específicos — e estes foram aceitos por muitos filósofos posteriores — mas estes primeiros pré-Socráticos não tinham abordagens definitivas, sistemáticas e abrangentes da filosofia que ainda tivessem elaborado. Vamos agora examinar as primeiras abordagens sistemáticas da filosofia realmente desenvolvidas e elaboradas, as primeiras tentativas de sistemas completos ou, pelo menos, abordagens globais da filosofia. Analisaremos três tipos de filosofia que foram formuladas na Grécia e que perduram até hoje, com legiões de apoiantes até ao presente. Os três tipos são ***Materialismo, Ceticismo* e *Idealismo***. Direi uma palavra no início definindo cada uma dessas três abordagens básicas.

Materialismo é um termo técnico em metafísica. Não significa "uma preocupação com dinheiro ou sexo". É a visão de que a realidade é basicamente matéria em movimento e que todos os chamados fenômenos não materiais ou mentais devem ser explicados inteiramente em termos físicos e materiais.

Ceticismo é a visão de que nenhum conhecimento objetivo ou certo, de qualquer coisa, por qualquer pessoa, é possível. Em outras palavras, o que chamamos de "conhecimento" é na verdade uma suposição, um palpite, um sentimento subjetivo, uma probabilidade, ou como você quiser chamá-lo — mas não o verdadeiro conhecimento.

Idealismo, novamente, é um termo técnico em filosofia; isso não significa "devoção ao bem". É a visão, novamente da metafísica, de que a realidade é basicamente imaterial, e que o mundo material não é um primário irredutível, mas na verdade um subproduto ou expressão de algo mais fundamental, algo que é de caráter imaterial.

Observo, para registro, que essas três não são as únicas abordagens possíveis da filosofia. Aristóteles não pertence a nenhuma delas, nem o Objetivismo. Mas disso falaremos mais adiante.

Todos esses três que veremos agora são derivados de vários dos primeiros filósofos que examinamos anteriormente. De certa forma, você pode dizer que o *Materialismo* está implícito na visão de Tales de que tudo é água, uma vez que a água é uma forma de matéria (embora Tales se encontre muito cedo para ter compreendido ou declarado as implicações materialistas de sua afirmação, e seja altamente duvidoso que ele teria aceitado o materialismo se tivesse percebido que ele estava implícito em sua declaração). Os principais porta-vozes gregos do materialismo são os Atomistas.

O *Ceticismo* é principalmente um derivado de Heráclito. Você se lembra de seu discípulo Crátilo, que parou completamente de falar alegando que não havia nada a que se referir. O seu maior expoente é a escola Sofista, a última escola pré--Platônica. Não os chamo de "pré-Socráticos", porque são contemporâneos de Sócrates do século v a.C.

O *Idealismo*, na Grécia, é essencialmente um derivado do ponto de vista Pitagórico, com grande impulso ou apoio de Parmênides e Heráclito. O seu maior expoente é Platão, ajudado por certas sugestões de Sócrates.

Destes três movimentos, devo dizer desde o início que o idealismo de Platão foi incomparavelmente mais influente no mundo antigo, no mundo medieval, no mundo moderno e no século XX do que o materialismo ou o ceticismo por si só jamais foi. Na verdade, uma das grandes atrações que Platão ofereceu aos seus seguidores, e faz até hoje, é que a sua abordagem à filosofia lhes permitiu escapar das abordagens materialistas ou céticas. Portanto, examinaremos brevemente primeiro o materialismo e o ceticismo como pano de fundo geral e depois começaremos com Platão.

OS ATOMISTAS

Voltemo-nos para os materialistas, isto é, os Atomistas, como eram chamados na Grécia. Vimos o problema levantado pela oposição entre Heráclito e Parmênides: "Tudo é mudança e isso é tudo o que existe" versus "não há mudança, apenas o Um imóvel". Vimos os Pitagóricos tentarem resolver o problema postulando dois mundos — um que é de fluxo constante, este mundo (e que deveria satisfazer Heráclito na sua opinião), e um que é imutável (e que deveria satisfazer Parmênides). Então, houve uma tentativa de conciliar essas duas visões.

Os Atomistas são o resultado de um tipo muito diferente de tentativa de reconciliar Parmênides e Heráclito, uma tentativa muito diferente daquela dos Pitagóricos. Os Atomistas pertenciam a uma abordagem geral chamada *Pluralismo*.

Os Pluralistas eram um grupo de filósofos que concordavam com elementos de Parmênides e elementos de Heráclito, como segue: eles concordaram com Parmênides que a matéria que constitui a realidade deve ser incriada, indestrutível, eterna, imutável. Eles concordaram que não pode haver "o que é" tornando-se "o que não é", ou vice-versa — não existe "o que não é". Dito de outra forma, eles concordaram que nada realmente novo pode surgir ou deixar de existir. Mas eles concordaram com Heráclito que existe mudança, processo, ação, movimento, devir, e consideraram isso um fato óbvio demais para ser negado. A questão era: como podemos conciliar essas duas visões?

Eles tiveram esta ideia: "E se abandonássemos o monismo?" **O monismo, se você se lembra, é a visão de que existe apenas *uma* substância do mundo (que tudo, por exemplo, é água ou ar ou o que quer que seja).** Suponhamos que abandonemos essa visão e digamos, em vez disso, que existem *muitas* substâncias diferentes que constituem o mundo. (O nome "pluralismo" vem da ideia de muitos materiais.) Vamos dotar cada um desses materiais por si só com todas as características Parmenidianas, de modo que, em si, cada um deles seja imutável, eterno, indestrutível, como uma pequena miniatura do universo Parmenidiano. Entretanto, disseram eles, a única coisa que permitiremos que essas coisas façam é se movimentarem no espaço; isso é tudo — permitiremos que mudem de posição; permitiremos a *locomoção* como o único tipo de mudança permitida. Não permitiremos, portanto, qualquer alteração interna nos materiais — nenhuma mudança nas suas qualidades individuais. Assim, argumentaram eles, a locomoção não viola o princípio de Parmênides, porque não requer que nada de novo venha a existir ou deixe de existir. A locomoção envolve apenas um rearranjo das matérias que sempre existiram em novas combinações, uma constante mistura e dissolução (como dizem) das matérias em diferentes arranjos. Portanto, nunca teremos o caso de "o que é" se tornar "o que não é", ou vice-versa. Explicaremos todos os outros tipos de mudança exclusivamente como sendo, na realidade, um processo de mudança de posição e, portanto, de rearranjos mutáveis dessas substâncias imutáveis. Se você quiser pensar desta forma, pegaremos o Um de Parmênides e o esmagaremos em um monte de pequenas coisas separadas, e explicaremos toda mudança, crescimento, transformação, desenvolvimento como meramente um processo no qual essas coisas eternas constantemente mudam e se reorganizam. Portanto, não precisaremos de qualquer referência à inexistência como o início ou o fim do processo de mudança. O ponto-chave será: nada de novo passa a existir.

A questão era: o que são essas muitas matérias? Os primeiros pluralistas são principalmente de interesse histórico. O primeiro defensor desta abordagem foi Empédocles (490–435 a.C.). Ele não era muito original em seu conceito do que eram as coisas; ele apenas pegou as várias matérias de seus antecessores e as combinou em uma única visão. Ele disse que havia quatro tipos básicos de matéria, quatro "raízes", como ele as chamava — terra, ar, fogo e água — e todo o resto são apenas combinações e rearranjos dessas quatro.

Empédocles teve um sucessor, Anaxágoras (nascido por volta de 500 a.C.), que discordou dele. Embora também pluralista, ele argumentou, com efeito, o seguinte: "Você diz que não deveria haver nada de novo surgindo. Você diz que, de acordo com sua filosofia, você nunca tem o que *não* está se tornando o que *é*. Mas eu não vejo isso. Pelo que sei, do seu ponto de vista, você está violando o princípio básico de Parmênides o tempo todo. Consideremos, por exemplo, tomates, bananas, tabaco, giz, carne, ou cabelo, etc. Você diz que essas coisas são formadas quando a terra, o ar, e assim por diante, entram em diferentes combinações. Mesmo assim, todas essas coisas que mencionei são diferentes da terra, do ar, do fogo e da água. Elas têm qualidades diferentes — sabores diferentes e cores diferentes e sons diferentes e odores diferentes, então algo novo está realmente surgindo quando ocorrem várias mudanças. O sabor da banana passa a existir e, quando a banana se desintegra, ela deixa de existir, e assim por diante." Temos que ser consistentes aqui. Para que realmente não haja novas qualidades na realidade (e esse é o princípio Parmenidiano básico), deve haver muito mais do que quatro materiais. Deve haver um *número* indefinido de coisas. Deve haver tantas coisas diferentes quanto tipos diferentes de coisas. Tem que haver matéria de tomate, com *suas* qualidades distintivas, e matéria de banana, matéria de carne, matéria de cabelo, matéria de tabaco, etc. Cada uma delas terá que ser considerada irredutível, inexplicável em termos de qualquer outra coisa, um ingrediente básico de realidade. Agora, ele disse, "se adotarmos esta visão, e dissermos que pequenos pedaços de todas essas coisas estão na verdade em tudo..." — "pequenas sementes", como ele disse — "estão realmente em tudo", você poderia dizer: "Mas eu não vejo matérias de banana e tomate quando olho para o cabelo de alguém", e a resposta seria: "Apenas pequenas sementes estão lá, e seus sentidos são muito grosseiros para detectá-las; seus sentidos enganam você; você vê apenas as coisas dominantes." Mas suponhamos que pequenos pedaços, pequenas sementes, de tudo estivessem em tudo. "Então", diz ele, "a mudança seria realmente apenas um rearranjo, e nada de novo viria a existir. Se queimássemos madeira, por exemplo, e a convertêssemos em cinzas, bem, não surgiriam novas qualidades, porque, para começar, a substância das cinzas estava sempre na madeira, e tudo o que aconteceu foi que um certo rearranjo tornou-nos capazes de perceber as cinzas e obscureceu temporariamente a madeira, que ainda está lá." O mesmo se aplica para todas as alterações. "Isto", disse ele, "é a única coisa a fazer, se quisermos obedecer ao princípio de Parmênides".

Por outro lado, este foi um beco sem saída para a tarefa empreendida por Tales. Foi um colapso total, porque Tales queria encontrar a unidade no meio da diversidade — ele queria encontrar o um em muitos — e aqui terminamos com a diversidade, com os muitos como absolutamente irredutíveis e inexplicáveis. É uma teoria sem esperança, que seria o fim da ciência. Tudo o que você pode dizer sobre os tomates é que eles são feitos de matéria de tomate e assim por diante para todo o resto. No entanto, parecia decorrer de Empédocles, se quisermos ser consistentes com Parmênides.

Neste ponto, os Atomistas entraram em cena. Os dois atomistas famosos são Leucipo (que viveu em algum momento do século VI a.C.), e quase nada se sabe sobre ele; o muito mais famoso é Demócrito (que, pelo que sabemos, viveu um século inteiro, de 460 a 360 a.C.). Esses dois também eram pluralistas. Eles concordaram que o mundo era composto de muitos elementos, cada um deles, por si só, minúsculo demais para ser visto, e que toda mudança era apenas a mistura e a dissolução, a reorganização desses elementos.

Mas, disseram eles, a teoria de Anaxágoras é inútil; o que podemos fazer para sair disso? **Eles criaram uma teoria que estava destinada a ser fantasticamente influente. Eles disseram que temos de distinguir dois tipos de características que as coisas físicas possuem, dois tipos de características basicamente diferentes — as** *qualidades* **e as** *quantidades* **— as características qualitativas versus as características quantitativas (matemáticas ou numéricas).** Entre as qualidades estavam coisas como cores (vermelho, laranja, amarelo, etc.), sons (altos, suaves), odores, sabores, temperaturas (quentes, frias), texturas (ásperas, suaves, etc.). Essas são as qualidades. **Nas quantidades estão os atributos, que são matematicamente mensuráveis** (e aqui você vê uma influência óbvia dos Pitagóricos). Incluem (1) Tamanho (a quantidade exata de extensão de uma determinada partícula); (2) Formato (é triangular, retangular ou o quê?); (3) Movimento ou repouso, e a que taxa (está parado ou em movimento e, em caso afirmativo, a que taxa?); e (4) Número (é uma partícula ou são dez partículas que compõem um pêssego). **Essas são as quatro grandes quantidades — tamanho, forma, estado de movimento e número.**

Com base nesta distinção, disseram eles, só há uma saída para o dilema de Anaxágoras, e essa saída é retirar completamente as qualidades das coisas no mundo, dizer que as coisas no mundo físico têm, na verdade, apenas características quantitativas — apenas tamanho, forma, movimento e número. Porque, se você disser que qualidades como cores, odores, sabores, temperaturas são reais, então você tem duas escolhas, e é um desastre em qualquer direção: ou você tem que dizer que *algumas* delas são reais, mas não todas (e isso é, em princípio, a posição de Empédocles — algumas qualidades são reais, e o resto não; mas então as outras emergem, passam a existir e deixam de existir, e isso é proibido por Parmênides); ou então você tem que dizer que *todas* as qualidades são reais, todas são igualmente básicas e eternas (e essa é a posição de Anaxágoras, que é sem solução). Bem, a nossa única alternativa, se quisermos escapar aos desastres implícitos em dizer que algumas qualidades são reais ou que todas as qualidades são reais, é dizer que nenhuma qualidade é real. Diremos que a realidade em si é exclusivamente quantitativa. As várias matérias que constituem a realidade têm apenas tamanho, forma, movimento, número. **O que chamamos de "qualidades" é apenas a forma como o que realmente existe nos afeta; são apenas os efeitos subjetivos sobre os seres humanos, apenas a maneira como as coisas nos parecem.** Se adotarmos essa visão, disseram eles, seremos capazes de explicar a mudança sem violar Parmênides. Quando a madeira se transforma em cinza, nenhuma qualidade nova ocorre na realidade, porque na realidade não há nenhuma qualidade. A *aparência* de novas qualidades está ocorrendo em *nossas mentes*, como resultado de diferentes rearranjos de partículas puramente quantitativas existentes no mundo. Portanto, a realidade consiste em um número enorme — na verdade infinito — de pequenas substâncias, ou partículas, que possuem apenas essas características quantitativas.

Como chamaremos essas partículas? Cada uma delas é absolutamente Parmenidiana; é um pequenino Um Parmenidiano; que está solidamente compactado em qualquer partícula; é um pleno, completamente cheio — não há pequenos buracos nele. Então, se você tentasse enfiar a ponta de uma faca, ou mesmo de uma agulha, em uma dessas partículas, não conseguiria, porque ela está solidamente compactada. É completamente impossível de cortar. Como a palavra grega para "incortável" é *a-tome*, resultou que estas pequenas partículas são *átomos*. Portanto, eles assumiram a opinião de que toda mudança nada mais é do que mudança espacial da posição atômica. Daí o nome "Atomismo", que agora substitui o pluralismo porque os antigos pluralistas caíram em descrédito. Esta se tornou a forma sofisticada de pluralismo.

A questão é: como você diferencia um átomo de outro? Visto que não possuem nenhuma qualidade, o que faz de um átomo um átomo e o separa de outro? A resposta foi que devia haver espaço vazio entre eles, porque se não houvesse espaço vazio — se tudo fosse uma mistura de átomos solidamente compactados — então seria o mesmo que um grande átomo. Em outras palavras, estaríamos de volta ao Um de Parmênides. Portanto, além dos átomos, deve haver espaços vazios entre eles. Também, disseram eles, existem *dois* constituintes que constituem a realidade — os átomos e o *vazio*, sendo o vazio os espaços vazios que separam os átomos. O vazio é uma violação grosseira do princípio de Parmênides; é um flagrante "o que não é" ali presente como um constituinte da realidade. Eles tentaram contornar isso dizendo: "Ah, não, isso não é uma violação de Parmênides; só que existem dois tipos de realidade, a realidade plena e a realidade vazia", mas essa é uma saída bastante ruim. De qualquer forma, o universo são átomos e o vazio, e isso é tudo.

Como funcionam esses átomos? O que determina como eles se comportam? A resposta foi: eles operam exclusivamente como resultado da pressão física e do impacto de outros átomos. Eles se chocam e colidem estritamente de acordo com o que hoje chamamos de "leis da mecânica". Isso às vezes é chamado de "metafísica da bola de bilhar". Se você imaginar que uma pessoa bateu nas bolas de bilhar, atingiu-as, e elas agora estão apenas andando de um lado para o outro, esmagando-se umas às outras e movendo-se para a frente e para trás estritamente de acordo com a lei mecanicista — de acordo com os Atomistas, *tudo* funciona dessa maneira; tudo o que acontece é exclusivamente de acordo com as leis da mecânica.

O que significa, antes de tudo, que nada acontece por acaso. Eles se opunham totalmente à ideia de que algo sem causa pudesse acontecer; tudo é determinado pelas configurações atômicas e pelas diversas pressões e reações, pela lei mecânica. Isso também significa, disseram eles, que nada acontece com um propósito, ou um fim, ou um objetivo, porque os átomos (ou bolas de bilhar, se você quiser pensar nessa analogia) não se movem para entrar na bolsa lateral; eles se movem simplesmente como *resultado* das forças que operam sobre eles. Em outras palavras, as leis da mecânica não têm propósitos, nem objetivos.

Você pode ficar tentado a pensar: "Bem, as bolas de bilhar se movem dessa maneira, mas o homem que maneja o taco foi motivado por um princípio de comportamento diferente — ele tinha um propósito (seja divertir-se, ou mostrar sua habilidade, ou ganhar dinheiro, ou passar o tempo, ou o que quer que seja). Mas veja, se você é um atomista e adere a essa filosofia, você diz que o homem que empunha o taco opera exatamente segundo o princípio como as bolas de bilhar funcionam — uma vez atingido, ele também é um sistema trêmulo de átomos, certos átomos atingiu-o nos lugares apropriados, e isso fez com que partes de seu corpo começassem a tremer, e isso fez com que ele pegasse o taco, e isso fez com que assim por diante, e em um determinado ponto, o movimento fosse comunicado às bolas, que começam a se empurrar para a frente e para trás, e então batem na mesa, e outras se empurram, e assim por diante, e é isso.

Uma metafísica como esta é chamada, tecnicamente, de "materialismo mecanicista". Cada uma dessas palavras tem um significado. "Materialismo" já defini como a visão de que a matéria é a realidade fundamental e que qualquer coisa não material é um derivado ou subproduto a ser explicado inteiramente em termos físicos. **"Mecanicismo" é a visão de que tudo acontece de acordo com as leis** da mecânica. **Em outras palavras, contrasta com a visão conhecida como** *teleologia*. **Teleologia é a visão de que o propósito opera em algum lugar do universo.** Os teleologistas não concordam entre si sobre onde. Um teólogo religioso dirá que o universo como um todo tem um propósito e que tudo tem um propósito. Um tipo de teólogo mais naturalista dirá que não, apenas certas partes do universo têm um propósito — por exemplo, apenas criaturas vivas ou apenas criaturas conscientes ou, concebivelmente, apenas seres humanos. Mas, em qualquer caso, os mecanicistas negam o propósito em qualquer nível e em qualquer lugar; simplesmente não existe tal coisa. O comportamento proposital é um mito. Essa é a essência do significado da metafísica do materialismo mecanicista. Estes são os primeiros materialistas mecanicistas da história.

Visto que isto é apresentado como uma metafísica, abrange tudo, inclusive o homem. Segue-se que o homem é governado por um determinismo estrito e rígido. **O determinismo está implícito no materialismo, porque não há mente para fazer escolhas; e está implícito no mecanicismo, já que tudo acontece de acordo com as leis da mecânica.** Então, eles são deterministas duplos. Eles são os primeiros deterministas ortodoxos, sistemáticos, de princípios e autoconscientes da história filosófica.

Se você lhes perguntasse: "Mas vocês não acreditam em algo como mente ou alma?", eles diriam: "Ah, sim, acreditamos na alma, mas a alma é feita de átomos da alma, e é a presença desses átomos específicos que dá origem à vida e à consciência." Devo mencionar que eles também acreditavam em deuses, aparentemente porque as pessoas sonhavam com deuses, e nesta época primitiva, eles pensavam que se algo aparece para você em um sonho, deve ter alguma contrapartida na realidade. Mas os deuses, insistiram eles, também eram feitos de átomos, que eventualmente pereceram da mesma forma que os seres humanos. Eles não tinham características divinas, eram indiferentes aos homens e, a certa altura, seus vários átomos se dividiram e se formaram em novas combinações, e esse foi o fim dos deuses. Assim, para efeitos práticos, os atomistas são ateus, embora você descubra que eles acreditavam em deuses de um tipo totalmente não religioso e insignificante.

Os átomos da alma, enfatizo, são completamente físicos. Seguindo essa filosofia, você poderia ter um bom punhado de alma. Os átomos da alma são finos, redondos, lisos, polidos, móveis, disseram. Eles estão difundidos em todo o mundo. Quando um aglomerado deles entra em uma combinação de átomos mais grosseiros e começa a tremer, então você tem uma entidade viva — ou mesmo consciente — se estiver adequadamente organizada. A consciência nada mais é do que um tremor dos átomos da alma. Periodicamente você tem uma ligeira deficiência deles — alguns deles foram expulsos; isso se chama ir dormir. Às vezes há um êxodo repentino durante o dia — isso é desmaio. A certa altura, todos eles partem permanentemente — isso é morrer. Não existe imortalidade nesta filosofia. A morte é desintegração, após a qual não resta mais "você". Seus vários constituintes atômicos vagam de acordo com as leis da mecânica, para participar de novas combinações, e você é obliterado, e ponto-final, já que *você* é apenas a combinação. Isto é o que diz respeito à metafísica dos Atomistas.

E quanto à sua epistemologia? Mencionarei apenas um ponto aqui, a saber, a atitude deles em relação aos sentidos. Você se lembra de que Heráclito pensava que os sentidos eram inválidos e distinguia entre realidade e aparência; e o mesmo fizeram, em seus próprios terrenos, Parmênides e os Pitagóricos. Os sentidos nos enganam. Os Atomistas defendem a mesma visão. Eles afirmam que você não pode confiar nos sentidos. Por quê? A julgar pelos sentidos, parece que as coisas têm cores. Nada me parece mais claro do que esta toalha de mesa ser verde. No entanto, na realidade, sabemos (se esta teoria estiver correta) que não existem cores; o verde é um efeito subjetivo em mim. Nada parece mais claro do que a sensação de frescor, mas sabemos que na realidade não existem temperaturas. Nada parece mais claro do que estou ouvindo um som agora (ou seja, minha própria voz), mas não há sons, não há sabores e não há texturas. Tudo o que existe é tamanho, forma e assim por diante. Portanto, os sentidos são enganosos.

Demócrito usa o termo "convenção" (ele o copia da escola Sofista) para representar qualquer coisa que seja produto da constituição subjetiva do homem, em oposição aos fatos da realidade. Os gregos frequentemente contrastavam o que vinha da convenção e o que vinha da natureza, ou realidade. Usando essa terminologia, Demócrito diz numa citação famosa: "Por convenção, doce é doce. Por convenção, amargo é amargo. Por convenção, quente é quente. Por convenção, frio é frio. Por convenção, cor é cor. Mas, na realidade, existem átomos e o vazio. Isto é, supõe-se que os objetos dos sentidos sejam reais, e é costume considerá-los como tais, mas na verdade não o são. Apenas os átomos e o vazio são reais." Os Atomistas subscrevem a mesma dicotomia entre a realidade, conhecida pela razão, e a aparência, conhecida pelos sentidos. Eles realizam o que vimos em muitos outros casos e, portanto, filosoficamente, também são Racionalistas.

Aqueles de vocês que conhecem alguma filosofia moderna saberão que esta distinção entre o que os atomistas chamavam de "quantidades" e "qualidades", embora nunca tenha chegado a lugar nenhum no mundo antigo e medieval, foi adotada na época da Renascença por quase todos os cientistas e filósofos influentes. Foi aceita por Galileu, Descartes, Spinoza, Leibniz, Locke. **John Locke deu-lhe o seu nome moderno: em vez de lhe chamar "qualidades versus quantidades", chamou--lhe *"as qualidades primárias versus as qualidades secundárias"* (sendo as**

primárias as quantidades, as secundárias sendo os efeitos subjetivos sobre nós). Esses filósofos fizeram disso a base para invalidar os sentidos. Então, vamos encontrar isso novamente. Sua fonte são os atomistas gregos e é enormemente influente quando chegamos à filosofia moderna. Vou deixar isso por enquanto. É uma questão complexa desvendar o que há de errado com isso; há vários fatores diferentes envolvidos, e vou apresentar a visão objetivista sobre esta questão na aula doze, num momento em que você estará especialmente ansioso para saber a resposta, porque verá as catástrofes que ocorrem no mundo moderno desta distinção.

Quero fazer um comentário final antes de deixarmos a metafísica atomística. Não se deixe enganar pela ideia primitiva dos átomos, porque numa forma mais sofisticada, esta teoria é enormemente comum hoje em dia, particularmente entre psicólogos, que estão desesperados para serem considerados científicos, e que consideram isso como uma exigência de que sejam materialistas. Talvez o principal exemplo seja B.F. Skinner, mas existem muitos, muitos outros. Hoje eles não falam sobre átomos da alma, mas o que eles concordam, em relação aos Atomistas, é a visão de que podemos explicar todo o comportamento humano sem referência à mente ou à consciência. Claramente eles discordam entre si se as partes relevantes da matéria são genes, ou cargas elétricas, ou ER (conexões estímulo-resposta), ou reflexos, ou super-reflexos. Mas tudo isso é irrelevante filosoficamente. São apenas formas mais sutis da teoria de Demócrito. Filosoficamente, porém, é idêntico a Demócrito. Cientificamente é mais sofisticado, mas filosoficamente é idêntico.

Quanto ao que há de errado com o materialismo mecanicista como filosofia, vou encaminhá-lo para algumas leituras, primeiro, ao artigo da Sra. Rand sobre Skinner em *The Ayn Rand Letter*.[9] Você pode consultar *History of Western Philosophy*, de W.T. Jones, volume 1, que contém um capítulo sobre Atomismo, onde apresenta muitas das críticas que lhe são aplicáveis. Posso recomendar *The Nature of Thought*, de Brand Blanshard, que tem um capítulo muito bom atacando e dissecando o Behaviorismo ("behaviorismo" é o nome do materialismo mecanicista aplicado à psicologia moderna). Eu também poderia recomendar *Matter and Spirit*, de J.B. Pratt, que tem muitas, muitas coisas erradas, mas também tem muitos pontos positivos no ataque ao materialismo.

Como teoria da *física* (não da metafísica, mas da física), o materialismo mecanicista foi uma ideia brilhante. De fato, a ciência moderna começou quando alguém teve a ideia de combinar Demócrito com Pitágoras — isto é, de procurar leis mecanicistas que fossem matematicamente formuláveis. (Mas eles só entenderam isso na Renascença, como veremos quando chegarmos lá.) Mas, como metafísica, é completamente inválido, porque nega a existência da mente. Como tal, é imediatamente autorrefutável, como têm apontado os seus oponentes desde a antiguidade até aos dias de hoje. Se não existe uma mente capaz de observar evidências e raciocinar de acordo com as leis da lógica, então as conclusões de cada homem expressam nada mais que reações mecanicistas cegas. Cada homem é então uma máquina — ele é um fantoche físico guiado pelas leis do movimento. Suas conclusões são ditadas por fatores como a densidade de sua língua, a viscosidade de sua saliva, as cargas que percorrem seu sistema nervoso, etc. Ele é um pequeno sistema de bola de bilhar, chacoalhando e tremendo por necessidade mecanicista. Ninguém nesta filosofia, portanto, poderia alguma vez afirmar ser guiado pela lógica, pela razão, pela evidência, porque não há mente que possa compreender, pensar ou relacionar a evidência. Como, então, alguém poderá decidir qual de todas as posições conflitantes sobre todos os diferentes assuntos é verdadeira? A situação é esta: você chacoalha do jeito que tem que chacoalhar, e eu tremo do jeito que tenho que tremer, e é isso. Ninguém pode dizer que sua posição é de conhecimento, simplesmente que é assim que ele deve tremer. Por outras palavras, o materialismo implica ceticismo e, nesse aspecto, é autorrefutável. Você nem poderia saber que o *materialismo* era verdadeiro se não tivesse uma mente para adquirir conhecimento.

OS SOFISTAS

Deixemos os Atomistas e passemos aos Sofistas, que não eram tanto uma escola, mas uma classe profissional no século v a.C. *Sophia* significa "sabedoria", então um sofista, se você seguir a etimologia, é um homem sábio, um conhecedor. **No entanto, o que eles sabiam e o que ensinavam, se resumirmos, era como fazer amigos e lisonjear a multidão e, assim, ganhar poder político.** Apelaram, acima de tudo, a candidatos inescrupulosos a cargos públicos e ensinaram-lhes todos os truques de debate, todas as falácias, todos os truques confusos que puderam imaginar, para que o aspirante a político pudesse enganar o seu oponente. Eles eram como Dale Carnegies degradados, no nível político. O resultado foi que adquiriram má fama, e a palavra "sofista" passou a ter as atuais conotações negativas. **(As conotações negativas são, devo dizer, em parte imerecidas, porque foram consideradas opróbrios por aceitarem dinheiro para ensinar filosofia, o que foi considerado uma violação do princípio moral — e aparentemente ainda o é, por muitas universidades.)**

Os principais Sofistas foram Protágoras (o pai do Sofismo, 480 a 410 a.C.) e Górgias (483–375 a.C.). Você já deve ter ouvido falar de outros, como Trasímaco e Cálicles, mas os principais são Protágoras e Górgias.

Filosoficamente, os Sofistas são os primeiros céticos declarados da história (se ignorarmos Crátilo, que nunca *diria* nada). Eu lhe dei a definição de "ceticismo": nenhum conhecimento objetivo ou certo é possível a ninguém, sobre qualquer coisa; nada pode ser conhecido. Como, você pergunta, eles sabem disso? Que argumentos eles apresentam? Principalmente eles baseiam seu ceticismo em um ataque total aos sentidos. Quando digo "total", quero dizer total. Eles pretendiam provar que toda percepção sensorial, por *qualquer* criatura, é necessariamente inválida. Este é um argumento muito mais abrangente do que o tipo *Reader's Digest* — quero dizer com isso o tipo obviamente popular. Por exemplo, existe o argumento da ilusão — você sabe, você coloca um pedaço de pau na água e ele parece torto, e é realmente reto — e há uma certa mentalidade que conclui que, portanto, os sentidos não são confiáveis. Também há o argumento das alucinações — você vê uma adaga diante de você, ou ratos cor-de-rosa, depois de tomar uma bebida, e eles não estão realmente lá — e há uma certa mentalidade que conclui que os sentidos não são confiáveis. Esses argumentos são argumentos muito pobres. Eles não parariam ninguém seriamente por cinco minutos. Os Sofistas não hesitaram em usar esses argumentos, mas essa não era a essência do seu argumento. O caso deles era um argumento muito mais importante. Foi uma tentativa total de mostrar que *toda* percepção sensorial está errada. Não apenas que podemos ser enganados por uma ilusão ou alucinação ocasional, mas que nunca se pode confiar em nada proveniente dos sentidos. Por quê? Aqui está o famoso argumento.

Sempre que percebemos, o que percebemos depende de dois fatores. Primeiro, depende do objeto que está sendo percebido. Isso é óbvio. Se eu olhar para uma pessoa, esse é um objeto, e terei uma experiência diferente da que teria se olhasse para uma jarra de água e assim por diante. Se eu ouvir Rachmaninoff, terei uma experiência diferente da que teria se ouvisse Beethoven; estou ouvindo um objeto diferente. Isso é óbvio. **Mas o ponto crucial é o ponto dois: o que você percebe, dizem eles, depende não apenas do objeto, mas também da natureza do seu aparelho sensorial, da natureza e da condição do seu aparelho sensorial.**

Por exemplo, o homem daltônico e o homem com visão normal olham para o mesmo tapete, e um diz que é vermelho e o outro diz que é cinza. Eles estão olhando para o mesmo objeto, mas sua experiência é influenciada pelo tipo de aparato sensorial que possuem. Você prova um pedaço de torta de cereja e tem um gosto doce. Você então fica resfriado ou fuma quatro maços de cigarros e cobre a língua adequadamente e prova a torta, e ela tem um gosto amargo — o mesmo objeto. Você olha para o sol da terra e parece ter o tamanho de uma moeda de cinquenta centavos; você viaja cada vez mais perto dele, e ele fica cada vez maior. O tamanho que você experimenta varia de acordo com a condição, neste caso, a distância até o objeto. Ou você pega três copos de água — um gelado, um meio quente e um fervendo — e você faz com que uma pessoa mergulhe a mão no copo gelado e depois no morno, e ela diz: "Oh, que calor"; e você faz outra pessoa mergulhar a mão na água fervente e depois na mesma água meio quente, e ela diz: "Oh, que frio" — mesmo objeto, experiência diferente, dizem os Sofistas, porque o aparelho sensorial é diferente. Você pode fazer isso com qualquer pessoa, com qualquer qualidade sensorial. Se quiser um exemplo, coloque o dedo suavemente na pálpebra e pressione, e você verá dois de mim.

Os Sofistas sustentam que não podemos seguir a regra da maioria nesta questão. E se houvesse uma raça de marcianos, com os dedos amarrados nos olhos ao nascer, para que vissem dois de tudo? Você diria que a maneira de saber se há realmente um ou dois é fazer uma contagem da população, e se há mais marcianos do que nós, há dois, e se há mais de nós do que os marcianos, há um? Obviamente, isso não faria sentido. Você não pode seguir a regra da maioria em epistemologia.

A que conclusão chegamos então? Quem está certo? Eles disseram que só há uma conclusão justa a se chegar: *ninguém* está certo, porque ninguém pode perceber a realidade, exceto conforme processada por seu aparelho sensorial específico. Ninguém jamais percebe a realidade diretamente. Você não pode simplesmente pegar sua consciência e envolvê-la em alguma coisa. Os impulsos precisam ser emitidos, os quais passam por seu aparato específico, e o tipo de aparato que você possui afeta o que você finalmente experimenta do outro lado.

Portanto, tudo o que podemos saber é como a realidade nos aparece por causa dos nossos sentidos. Se os nossos sentidos diferem, as aparências diferem. Portanto, nunca poderemos dizer — *ninguém* jamais poderá dizer — qual *é* o caso objetivamente, na realidade. **Tudo o que você pode saber é *o que aparece para você*, e *agora*, porque amanhã seus sentidos podem mudar.** Em outras palavras, você nunca pode dizer "É" — você sempre deve começar suas frases com "Parece-me". Não há como saber como as coisas realmente são. **Tudo o que conhecemos são as nossas próprias experiências subjetivas, os efeitos privados do mundo lá fora, sobre cada um de nós. Uma vez que estes efeitos variam de indivíduo para indivíduo, de espécie para espécie, de tempos em tempos, cada um de nós vive no seu próprio mundo privado e subjetivo, e temos de dispensar toda a conversa sobre "realidade".**

Alguns deles chegaram ao ponto de dizer: "Podemos muito bem nos livrar de toda a ideia de realidade — como você sabe que tal coisa *existe*, já que você nunca a percebe?" Outros não eram tão radicais e sustentavam que existe uma realidade, mas qual é a diferença, já que, de qualquer maneira, é incognoscível?

Este é o argumento mais influente já apresentado contra a validade dos sentidos; na verdade, é o *único* argumento influente já apresentado contra a

validade dos sentidos. Embora rejeitada por Aristóteles, foi aceita integralmente por Platão e depois por toda a era Cristã, por quase todos os filósofos modernos, sem exceção, e numa forma cósmica e gigantesca ampliada, é a base de toda a filosofia de Kant. Portanto, é urgentemente importante que você saiba o que há de errado com esse argumento.

Por favor, observe que duas coisas são verdadeiras e não podem ser contestadas: é verdade que a percepção é impossível sem órgãos sensoriais, e é verdade que o tipo de órgãos que você possui, de alguma forma, afeta o tipo de experiência que você tem. Isso é verdade. A partir dessas premissas, Protágoras tira a conclusão: "Você nunca pode perceber a realidade." Então, o que há de errado com seu raciocínio? Pense nisso e trataremos disso na *aula doze*.

Para onde vão os Sofistas a partir daqui, tendo aniquilado (na visão deles, pelo menos) os sentidos? Você pode dizer: e a razão? A razão não poderia nos dar conhecimento da realidade, mesmo que os sentidos nos enganem? Os primeiros racionalistas teriam assumido exatamente essa posição, e Platão posteriormente assumirá essa posição. Mas os Sofistas não. Eles defendem a opinião de que a razão depende da evidência dos sentidos (o que é bastante correto). Mas se os sentidos dão a cada um de nós apenas o nosso próprio mundo privado e subjetivo, então as nossas chamadas conclusões racionais são, cada uma delas, verdadeiras apenas para esse indivíduo privado, apenas para o seu mundo privado — são verdadeiras apenas *para ele*. A principal marca de um Sofista no mundo de hoje é qualquer pessoa que coloque a palavra "para" depois da palavra "verdadeiro". Existem dois tipos de pessoas — as pessoas que dizem: "Isso é verdade" e as pessoas que dizem: "Isso é verdade — para mim, para você, para ele, para ela, para isso, para nós, para...", etc. Assim que alguém coloca "para", esta é a dica de que ele é um subjetivista, que ele não acredita que você possa fazer uma declaração sobre a realidade, que todo mundo tem seu próprio mundinho particular, e em seu pequeno mundo, pode haver um Deus e, portanto, é verdade para você, mas no meu pequeno mundo não existe e, portanto, não é verdade para mim, e assim por diante. Isso remonta ao ponto de vista Sofista. A maioria das pessoas hoje nem consegue defender esse ponto de vista; os Sofistas pelo menos a derivaram de uma epistemologia geral.

Nem era a deficiência dos sentidos a única coisa que eles consideravam contra a razão. Eles também apresentaram *o argumento do desacordo*. Este argumento é muito simples: todos discordam sobre o que é racional; quem pode dizer o que é realmente verdade? Tales diz que tudo é água; Heráclito diz que não, é fogo e mudança; Parmênides diz: ah, não há mudança alguma; e Pitágoras diz que é um mundo de números, e os Atomistas dizem, ah, não, são pequenas partículas. Os Sofistas, neste momento, chegam e dizem que isto é impossível. Se os seres humanos tivessem uma maneira de chegar à verdade, eles concordariam, e se não concordassem, isso deveria apenas mostrar que a razão é incapaz de chegar à verdade. A propósito, esse argumento é *enormemente* difundido, quase tão difundido quanto falacioso.

Os Sofistas tinham ainda uma terceira objeção à razão: sendo seguidores de Heráclito, sustentavam que tudo está em constante mudança. Nada, portanto, é absoluto. Portanto, mesmo que, por algum milagre de sorte, você descobrisse a verdade, ela não *permaneceria* verdadeira por dois segundos, de qualquer maneira. Nada é verdade por dois instantes consecutivos, então você não pode nem dizer "Parece"; você tem que dizer: "Parece-me agora".

Duas declarações famosas expressam essa visão. **Uma delas é a famosa afirmação de Protágoras, o manifesto do subjetivismo: "O homem é a medida de todas as coisas, das coisas que são, que elas são, e das coisas que não são, que elas não são." Por "homem" aqui, ele se refere a cada homem individual subjetivamente. Em outras palavras, se você acredita, se sente, que algo é assim, *é* assim... para você agora, e se não acredita, *não é* para você agora, e assim por diante. Esse é o famoso "O homem é a medida de todas as coisas." Isto é subjetivismo completo e relativismo completo.** Não existem absolutos, nem verdades objetivas. A formulação ainda mais sucinta vem de Górgias, que foi o exemplo perfeito de um cético do século XX transplantado para a Grécia antiga. Ele escreveu um livro (todos escreviam livros sobre a natureza, sobre a realidade, sobre a natureza da realidade), então seu livro, na verdadeira tradição Sofista, foi intitulado *Sobre a Natureza*, com subtítulo, *ou O Inexistente*. Ele manteve três proposições básicas: uma, nada existe; dois, se alguma coisa existisse, você não poderia saber; três, se você pudesse saber, não poderia comunicá-lo. Isso é o que você chama de *ceticismo*! É inútil perguntar-lhe se ele existe. Ele sabe as coisas que afirma? Ele comunicou isso? Não adianta perguntar isso a ele, porque ele dirá "Não". Ele dirá que é altamente provável que nada exista. Se você perguntar a ele como ele sabe disso, ele dirá: "É altamente provável que seja altamente provável que nada exista", e assim por diante. Isso é o que costumavam chamar no mundo antigo de *redução ao balbucio* — o cético finalmente ficaria no canto e diria: "É altamente provável que seja altamente provável que seja altamente provável" e assim por diante.

Como acontece com todos os céticos, os Sofistas orgulhavam-se de serem esclarecidos, de terem escapado às superstições e aos dogmas do passado — eles disseram: "Sabemos *com orgulho* que você não pode saber nada, e não pretendemos ter qualquer conhecimento."

Este é um ciclo histórico e estamos no fim de uma era. Como verá, toda a história da filosofia passa por ciclos como este — uma era construtiva que desmorona num ceticismo total e depois num ceticismo ainda mais profundo, em comparação com o qual até Górgias parece ser um defensor da cognição. Isso foi repetido inúmeras vezes. Há um paralelo fascinante com a história dos países com economias mistas, ou seja, haverá um período construtivo, um boom, e depois uma crise, uma depressão, e depois outro período construtivo (frequentemente com especulação inflacionada), após o qual haverá uma depressão mais grave. Esse tem sido todo o padrão da história da filosofia. Sempre que você atinge o ceticismo completo, você termina o primeiro ciclo, e como as pessoas não conseguem viver de acordo com isso, é nesse momento que aparece um novo filósofo de grande importância, porque é ele quem diz à humanidade o que fazer. Direi que no século XX o ceticismo atingiu o nível mais intenso de sempre, o que é um bom augúrio para o futuro de um novo período construtivo.

Passemos, para concluir, à ética dos Sofistas, porque eles tinham opiniões muito definidas sobre este assunto. A ética pode vir da razão? Obviamente não; a razão é deficiente. Pode vir de Deus? Obviamente não. Lembre-se, os **Sofistas, como bons céticos, não são ateus, porque os ateus afirmam saber algo com certeza, a saber, que Deus não existe; os céticos são agnósticos, os Sofistas são agnósticos — eles não sabem de uma forma ou de outra se existe um Deus**. Mas, de qualquer forma, eles não sabem se *Ele existe*, então não adianta a ética. A questão é: de onde vem a ética, então? Não pode vir da realidade, não pode vir de Deus, e a resposta deles é muito simples: *não vem* — vem do nada — não existe ética objetiva. Não há base para isso, nem fonte disso, e o homem não tem faculdade cognitiva para compreendê-la. Portanto, eles são, como seria de esperar, subjetivistas éticos completos e relativistas éticos completos.

O homem é a medida de todas as coisas, inclusive de todas as coisas boas. Você diz a eles, mas você não reconhece certas virtudes que o homem deveria seguir? Resposta: a virtude é uma convenção social arbitrária. A posição deles é que se você *sente* que algo é bom — e por "alguma coisa" quero dizer qualquer coisa, seja tomar um sorvete ou massacrar um continente — se você sente que é bom ou certo, *é* bom, para você, agora. Todos os desejos são eticamente iguais, porque não há nada a seguir, *exceto* desejos e paixões arbitrárias. Se eles estivessem iniciando sua ética de forma sistemática, a primeira proposição seria "Eu quero isso, seja lá o que for". Se você perguntar a eles, bem, e os fatos ou a realidade? A resposta seria "Quem sabe alguma coisa sobre os fatos ou a realidade?". Se você disser, seus desejos não deveriam ser racionais? A resposta seria "O que é racional para você não é racional para mim. O homem é a medida". Assim temos uma ética (colocando-a na terminologia Objetivista) de adoração declarada ao capricho. De acordo com os Sofistas posteriores, quanto mais intensos forem os seus caprichos, melhor. A vida ideal, diziam eles, é aquela em que você deve arder de desejo apaixonado e arbitrário, de *qualquer* tipo, e depois sair e satisfazê-lo por qualquer meio que seja. Todos os desejos e todos os meios de satisfazê-los são igualmente válidos. Viva de acordo com seus desejos. Esse é o elemento natural em você, é o que lhe é dado pela natureza, pela realidade. Toda a conversa, os argumentos, os raciocínios e a filosofia são artificiais, convencionais, apenas ditames arbitrários da sociedade. Assim os Sofistas são profundamente anti-intelectuais (como teriam de ser, considerando o intelecto completamente impotente), e acreditam que a maneira de alcançar a moralidade, tal como a constroem, é simplesmente expressar as suas paixões (uma visão que foi adotada intacta por muitas escolas de psicoterapia contemporâneas, exatamente esta mesma visão, exceto que em vez de dizerem: "Esta é a maneira de ser moral", eles dizem: "Esta é a maneira de ser desinibido e saudável").

Os Sofistas posteriores contribuíram com outro ponto porque surgiu a questão: o que acontece se os seus desejos entrarem em conflito com os desejos de outra pessoa e você tiver que lidar com outros seres humanos — o que você faz, então? A resposta foi: esmague-a com um porrete antes que ela esmague você. Em outras palavras, existe apenas um método de lidar com outros homens: a força física bruta. É inútil tentar discutir com os homens ou convencê-los pela razão. Como a razão é impotente, o único "argumento" é um porrete. Trasímaco, em particular, é famoso por esta visão. É a primeira vez que temos na filosofia a visão de que o poder faz o certo.

De acordo com os Sofistas, há apenas um problema com o que as pessoas chamam de "imoralidade" — como mentir, trapacear, roubar, estuprar, assassinar, etc. — o único problema é que você é pego. Mas suponhamos, disseram eles, que você pudesse assumir uma aparência de virtude — você poderia ingressar em algumas organizações de caridade apropriadas, de modo que parecesse que você era um bom cidadão cumpridor da lei, e fazer sacrifícios apropriados em templos religiosos e, portanto, subornar os deuses. Suponha que você pudesse vestir essa cobertura externa de virtude e, ao mesmo tempo, viver uma vida subterrânea de vício estrondoso. Bem, eles disseram, isso seria fantástico. Você teria então o melhor dos dois mundos — as recompensas da virtude (a aprovação social) e os prazeres do vício. Ou, se não conseguir fazer isso, que tal tentar tornar-se um ditador — coloque a polícia e os militares do seu lado e então não terá de se preocupar com qualquer retaliação. Continuaram, esta não é simplesmente a nossa teoria; *todos* os homens são assim. Esta é a natureza humana. Por que, então, a maioria dos homens diz que você não deveria viver assim? Por que a sociedade diz que você não deve trapacear, roubar, matar e estuprar? A resposta deles foi: a sociedade é hipócrita e covarde. As pessoas que compõem a sociedade desejam secretamente esse tipo de vida, mas têm medo. Elas imaginam que se fizerem isso e começarem a regra "Matar outras pessoas para conseguir o que deseja", alguém fará isso com elas e as vencerá. Portanto, elas se reúnem e dizem: "Vamos chegar a um acordo — desistirei de qual seria a vida ideal de matar você se você desistir de qual seria a vida ideal de me matar, e então seguiremos estas regras." Mas, disseram elas, a sociedade faz isso estritamente por medo, covardia e hipocrisia, e não por convicção. Todo homem se revoltaria, como um Sofista adorador de caprichos, se pensasse que poderia escapar impune.

A famosa história que ilustra isso é contada por Platão, que se opôs profundamente aos Sofistas, e é a **história do Anel de Giges**, um personagem mítico, mas é usada como parábola para ilustrar um ponto. Giges era um pastor que havia descoberto um anel, e esse anel tinha o poder mágico de que ao virar a pedra para o chão você ficava invisível (então era como uma antecipação do homem invisível de H.G. Wells). Os Sofistas diziam que se tivéssemos o anel mágico de Giges, a vida seria magnífica. Você poderia então causar tumultos. Você poderia fazer o que quisesses, satisfazer todos os desejos e estaria em um estado perfeito. Sustentavam que todo mundo é assim, e a única dúvida é: você tem coragem de se aproximar dessa condição ou vai ser covarde?

Deixe-me ler para você a apresentação dessa visão feita por Platão. Seus diálogos representam diferentes pontos de vista que ele tenta responder, e esta é uma famosa descrição de Trasímaco falando no diálogo de Platão, *A República*, livro 2.

> Suponha que existissem dois anéis mágicos desse tipo, e um fosse dado ao homem justo e o outro ao injusto. Ninguém, acredita-se comumente, teria uma força mental tão férrea a ponto de permanecer firme em fazer o que é certo, ou manter as mãos longe dos bens de outros homens, quando poderia ir ao mercado e destemidamente servir-se de tudo o que quisesse, entrar em casas e dormir com qualquer mulher que ele escolhesse, libertar prisioneiros e matar homens à sua vontade e, em uma palavra, andar entre os homens com os poderes de um deus. O chamado homem justo não se comportaria melhor que o outro; ambos seguiriam o mesmo caminho. Certamente esta é uma forte prova de que os homens só fazem o que é certo sob compulsão. Nenhum indivíduo pensa nisso como algo bom para ele pessoalmente, uma vez que comete erros sempre que pensa que tem o poder. Tendo plena licença para fazer o que quisessem, as pessoas considerariam um homem um tolo miserável se ele se recusasse a prejudicar seus vizinhos ou a tocar em seus pertences, embora em público eles mantenham a pretensão de elogiar sua conduta por medo de serem eles próprios injustiçados.

Você precisa se tornar um verdadeiro especialista em injustiça, para poder escapar impune.

Este ponto de vista recebe um nome filosófico e é chamado de *egoísmo*. É chamado de "egoísmo" porque os Sofistas certamente não pregam que você deve se sacrificar por Deus ou pelos outros, e dizem que você deve alcançar a sua própria vantagem, e esse deve ser o seu único objetivo. Veja, é *egoísmo* — quero dizer, você teria que classificá-lo assim, em oposição ao altruísmo ou ao sacrifício por Deus ou algum outro tipo de teoria — **mas é o egoísmo que é completamente relativista, cético e subjetivista. Um dos piores erros, uma das piores tragédias da filosofia ocidental, é que o egoísmo, no seu início, estava ligado a estas outras visões.** O resultado é que, desde então, o egoísmo tem sido associado a dois pontos cardeais: um, à adoração dos caprichos, à ideia de que o egoísta é o homem que segue arbitrariamente as suas paixões subjetivas aonde quer que elas o levem. E dois, brutalidade — a ideia de que um egoísta é alguém que atropela os outros. Veja bem, a adoração arbitrária dos caprichos e a brutalidade são tudo o que resta quando você abandona a razão. Como os sofistas eram egoístas que abandonaram a razão, foram os primeiros a dar ao egoísmo a imagem e o conceito que ele tem até hoje na mente de muitas pessoas. Houve exceções, no entanto. Aristóteles era um egoísta de um tipo radicalmente diferente — mas foi do interesse dos séculos do Cristianismo ignorar a existência de Aristóteles e apresentar o Sofismo como o único conceito de egoísmo. **Assim, nos meios de comunicação de massa de hoje, se alguém é referido como "egoísta", isso é tomado como sinônimo de que ele é um adorador bruto de caprichos.**

Este é o tipo de posição que Platão tentará responder. Acima de tudo, ele estava preocupado em responder aos Sofistas.

SÓCRATES

Deixe-me agora começar com Sócrates e Platão, os dois filósofos que se propuseram a responder aos Sofistas e a fundamentar o conhecimento objetivo e a moralidade objetiva. Entre eles, **fundaram a primeira filosofia completa, o primeiro sistema completo, incluindo uma apresentação integrada em metafísica, epistemologia, ética, política, estética**. Assim, finalmente ultrapassamos a era dos fragmentos e dos antecedentes e chegamos ao início da nova era construtiva.

Primeiro, algumas palavras sobre Sócrates (470–400 a.C.). É muito difícil separá-lo de Platão porque Sócrates não deixou escritos; ele é conhecido principalmente pelos diálogos de Platão. É impossível dizer exatamente quantos desses diálogos são historicamente precisos e até que ponto são palavras que Platão colocou na boca de Sócrates, depois da morte de Sócrates. Você pode encontrar comentaristas e intérpretes que vão de um extremo ao outro. Alguns deles dizem que Sócrates não existiu, que ele foi um mito inventado por Platão e Xenofonte. Outras pessoas dizem que não existiu um pensador como Platão, que ele foi apenas um secretário que anotou o que Sócrates tinha a dizer. Mas penso que, neste caso específico, a moderação é a melhor política, e concordo com o ponto de vista padrão, que é o de que os primeiros diálogos de Platão, escritos quando ele era jovem, representam o Sócrates histórico no seu conjunto, e o chamado os diálogos intermediários e posteriores de Platão representam Platão. Mas isso realmente não faz nenhuma diferença, porque se você quiser contornar esse problema, chame-o de filosofia "Socrática-Platônica" e não se preocupe em atribuir crédito ou culpa.

Se interpretarmos Sócrates desta forma, o seu interesse estava basicamente na ética, e não na metafísica. Ele foi o primeiro grande moralista do mundo ocidental, um defensor da ética objetiva absoluta, um arquioponente dos Sofistas. Ele próprio não tinha um sistema ético completo, mas tinha uma série de ideias e abordagens éticas características que foram posteriormente recolhidas e desenvolvidas por Platão e por Aristóteles de diferentes maneiras. Na próxima palestra, examinaremos alguns desses princípios éticos socráticos típicos em conexão com a nossa discussão da ética de Platão.

Mas quero dizer algumas palavras sobre o método de filosofar de Sócrates, a fim de familiarizá-los com uma descoberta dele, muito fundamental, de tipo epistemológico, que é um pano de fundo indispensável para Platão.

Obviamente, Sócrates empregou o método Socrático, o método conversacional, o método de perguntas e respostas. Em essência, ele apanharia um ateniense desavisado (geralmente de um tipo pomposo e ignorante, mas que pensava que sabia muito) — ele o apanharia em sua casa ou no mercado, envolveria o homem em uma conversa filosófica e perguntaria o que pareciam ser perguntas perfeitamente inofensivas. Ele obtinha respostas impensadas e aparentemente óbvias, e então começava a raciocinar e dizia: "Se você dissesse isso, isso não aconteceria?", e o homem diria que sim; "Então isso não aconteceria?", sim; "E quanto a isso?" — e o homem começa a se sentir bastante inquieto porque não queria dizer isso, mas não vê como pode sair dessa, dado o que disse — e em não muito tempo, o homem parava completamente; e a tradição era que ele ficasse totalmente sem fala e não conseguisse pronunciar uma palavra.

O motivo de Sócrates, aparentemente, era que ele tinha uma missão divina, e sua missão era ser uma mutuca filosófica, para despertar as pessoas de seu sono irracional e complacente. Ele *não* era um cético, mas estava preocupado em fazer as pessoas realmente pensarem e questionarem as suas suposições precipitadas e as suas ideias impensadas e os seus clichês convencionais e as suas formulações desleixadas. Sua famosa frase a esse respeito é "**A vida não examinada não vale a pena ser vivida**".

O infeliz resultado do seu método de procedimento foi que ele era altamente impopular em Atenas. Ele fez muitos inimigos poderosos, principalmente porque um bando de jovens o seguia por aí, devorando o espetáculo dele demolindo os cidadãos proeminentes. Um membro desse bando era Platão. Você provavelmente conhece as consequências de tudo isso: Sócrates foi preso, acusado de corromper a juventude e adorar falsos deuses. Ele foi levado a julgamento, um julgamento famoso. Pediram-lhe que se defendesse e ele recusou-se a admitir que tinha feito algo de errado. O costume da época era que o promotor e o réu propusessem, cada um, uma pena, e então o tribunal votasse qual pena deveria ser aplicada. O promotor exigiu a morte. Perguntaram a Sócrates: "Que penalidade você propõe?", ele disse que pensa que o único resultado apropriado de sua ação é que ele seja mantido no luxo até o fim de seus dias pelo Estado pelo serviço que lhes prestou. Desnecessário será dizer que o tribunal votou pela morte por cicuta, e esta foi posteriormente administrada. Então, ele é o primeiro mártir filosófico. **Se você quiser ler sua história, ela está contida em três diálogos de Platão:** *A Apologia*, **que é o julgamento de Sócrates; o** *Críton*, **que é o episódio em que um amigo de Sócrates tenta fazê-lo escapar da prisão, mas Sócrates recusa alegando que essa era a vontade do povo e, embora discorde dela, acredita que ele está moralmente obrigado a obedecer à lei do povo; e depois o terceiro diálogo, o** *Fédon*, **em que são contadas as últimas horas de Sócrates, e termina com ele bebendo cicuta e ficando paralisado.**

A questão é: o que ele encontrou de tão crucial em seu método filosófico? **O que Sócrates descobriu? Ele descobriu, no decurso das suas discussões com as pessoas, que a razão pela qual as pessoas estavam tão confusas, tão cronicamente em desacordo e caindo no subjetivismo e no ceticismo, era que os seus conceitos não eram claros, que os seus conceitos eram indefinidos.** Por exemplo, elas discutiam se um certo homem era justo, mas discutiam vigorosamente sem qualquer definição de "justiça". Sócrates pergunta: "Como seria possível resolver esta disputa objetivamente sem uma definição?" Os Sofistas diriam, bem, é uma questão de opinião; para mim ele é justo, para você ele não é. Sócrates diria que não se pode fazer a pergunta até que se tenha uma definição de "justiça". Você tem que saber o que é comum apenas aos homens, às ações justas, aos governos justos, que os torna justos. Depois de ter essa definição, não haverá dificuldade em aplicá-la a um caso específico. Uma vez conhecidas as definições dos nossos conceitos, podemos resolver todas as disputas em casos particulares. Isso é verdade não apenas no caso da justiça, mas de *todos* esses casos. Um determinado país é uma democracia? Bom, não adianta discutir até saber o que *é* uma democracia, e uma vez sabendo, é muito fácil responder. Você está apaixonado? Não há como responder a menos que você saiba o que é o amor — o que é comum a todos os casos de amor? Depois de saber, é fácil responder. O mesmo para o que é religião, o que é coragem, etc.

Ao descobrir a importância da necessidade de definições, nessa medida, Sócrates é o pai da definição. Ele não usou o termo e não deu as regras; ele simplesmente descobriu a necessidade urgente delas. Então, vamos prosseguir com isso.

O que você quer quando pede uma definição? Você deseja uma declaração das características comuns a alguma classe. Você quer aquelas características possuídas por *cada* membro da classe, em virtude das quais eles são membros *daquela* classe, e não de outra. Ao definir, você não se concentra em um exemplo específico; você não tenta apenas descrevê-lo. O que você faz é concentrar-se no que é comum a todo um grupo de particulares. Então, por exemplo, se você está tentando definir "triangularidade", você não faz um estudo exaustivo de um triângulo no quadro-negro e diz: "Bem, é branco e tem uma hipotenusa de três polegadas, e tem um ângulo reto e assim por diante." Você examina todos os triângulos em sua mente e pensa: "Agora, o que é comum a todos eles, com base no qual os classificamos como triângulos?"

Para introduzir uma terminologia que só surgiu mais tarde, mas que é apropriada aqui, você se concentra, quando deseja uma definição, não em particulares, mas em *universais*. Por "universal" queremos dizer aqui algo muito específico: aquele conjunto de propriedades que é comum a todos os membros de uma classe e que é a base de uma classificação. Não nos referimos a *verdades* universais, como a lei da gravidade; queremos dizer universais no sentido de propriedades universais que percorrem uma classe. Deixe-me dar alguns exemplos.

Aponto para um livro, e outro livro, e outro livro — esses são três particulares — o que é o universal? Aquele conjunto de propriedades comuns a todos os livros com base no qual os chamamos de "livros". Se você quiser uma única palavra para o universal — em inglês você normalmente tem que colocar um sufixo nela — você tem que dizer algo como "bookness" ou "bookhood" (o que é muito ruim). Se você quisesse usá-lo da maneira como os gregos falavam sobre ele, você falaria sobre "a ideia dos livros", ou "a essência dos livros", ou "o livro universal". O mesmo se aplica às pessoas, e se aplica sempre que você tem uma classificação. Por exemplo, movo minha mão, e essa é uma particularidade no domínio do movimento; você move a cabeça, e isso é outro particular; a terra gira em torno do sol, e isso é outro particular. O que é o comum, o que é o universal? Movimento. Ou aponto para este tom de verde, e esse é um particular, e esse tom de verde é um particular, e esse tom de verde é um particular, uma qualidade particular. O que há de comum em todos eles? O verde seria o universal. Isso se aplica às relações — esta xícara está em cima da mesa, meu corpo está em cima do palco, este chão está em cima do anterior. O que é o universal neste caso? Se você quisesse cunhar uma palavra grotesca, diria que é "em cimadisse", a relação de uma coisa estar acima de outra.

O que Sócrates estabeleceu foi que o problema crucial do conhecimento humano era o conhecimento dos universais. Onde quer que tenhamos uma palavra, temos um universal, exceto para nomes próprios ("John Smith" não é um universal, mas sim um particular, a menos que você esteja usando "smith" para significar alguém envolvido em uma determinada ocupação, com um pequeno "s", e então é um universal). **Sócrates acreditava, e Platão acreditava, e Aristóteles acreditava que aquilo que tornava o homem distinto dos animais, tudo o que havia de distintivo nele, derivava de sua capacidade de compreender os universais. Eles disseram que é isso que significa dizer que o homem é um ser racional — ele pode abstrair, pode apreender denominadores comuns, pode conceituar, pode classificar — e, portanto, pode generalizar, pode apreender leis, pode aplicar a todos os outros particulares que ele nunca conheceu as informações que obtém apenas de alguns particulares. Ele pode prever o futuro, pode satisfazer seus desejos e controlar seu ambiente. Mas se retirarmos essa capacidade crucial, a capacidade de compreender os universais, ficamos com os animais, que apenas são capazes de perceber os particulares e reagir a eles, mas não conseguem abstrair os universais e, portanto, não conseguem tirar conclusões, não conseguem formular princípios e são comparativamente indefesos.** Um cachorro, por exemplo, gosta de um osso; ele gosta de vários ossos. Agora, a questão é: por que não lhe ocorre abrir uma loja de ossos, ou iniciar uma ciência dos ossos (osteologia) e descobrir de onde vêm os ossos e como obtê-los? O problema é que o pobre cão não consegue ter a ideia de "ossidade"; ele pega esse osso, e depois o próximo, ele esquece o primeiro, e depois o próximo, e assim por diante. Assim, o problema dele é que ele está enredado em particulares e não consegue chegar aos universais.

Para colocar a questão numa terminologia mais moderna, Sócrates foi quem realmente descobriu pela primeira vez no Ocidente a importância do conhecimento *conceitual*, distinto do conhecimento *perceptivo*. O conhecimento conceitual era o conhecimento dos denominadores comuns, o conhecimento dos universais. Se pudermos validar o conhecimento dos universais, disse Sócrates, então não teremos dificuldade em responder aos Sofistas. Porque os Sofistas andam por aí argumentando: "O que este homem deveria fazer, o que ele não deveria fazer?" Eles nunca resolveram o problema; eles dizem que é tudo subjetivo. O que está errado? Eles não perguntam: o que é o *homem*, o homem como tal agora — que tipo de ser ele é, que características são comuns a todos os homens e peculiares a eles, em virtude das quais *são* homens? Os Sofistas dizem que os homens variam, as circunstâncias variam, e é verdade que os homens variam, mas *o homem* permanece o mesmo. Se não nos restringíssemos à percepção de particulares — **se nos concentrássemos no universal, ou na essência (que é essencialmente um sinônimo de universal aqui), então teríamos meios para responder a questões sobre homens individuais. Em outras palavras, os seres humanos têm que subir ao estágio conceitual.** Uma vez que compreendamos os universais conceitualmente e vejamos os particulares como simples instâncias ou exemplos deles, teremos padrões universais, definições universais, e isso será o fim de todas as nossas divergências e do nosso subjetivismo. Portanto, falar em validar o conhecimento humano é falar em adquirir conhecimento de universais. Esse é essencialmente o legado deixado por Sócrates na epistemologia, embora ele não tenha utilizado nenhuma dessas terminologias. ("Universal", "particular", "definição", etc., são todos termos posteriores.)

PLATÃO

Agora vamos examinar Platão (427–347 a.C.). Um dos discípulos de Sócrates, Platão escreveu bastante, muito do qual se perdeu. O que temos é principalmente (além de algumas cartas) uma série de diálogos, vinte e tantos diálogos, e ele escreveu dessa forma para reproduzir e perpetuar o método de conversação de seu mestre. **Você sabe que Platão fundou a primeira universidade do mundo ocidental, a Academia, e, portanto, no mundo antigo, seus seguidores eram frequentemente chamados de "os Acadêmicos". Seu lema estava supostamente estampado nas portas: "Não entre aqui ninguém ignorante em geometria", o que pode sugerir a influência de Pitágoras em Platão. Sua principal obra, em termos de popularidade e conhecida por quase todo mundo, é** *A República*.

Para lhe dar crédito, Platão é sem dúvida um dos dois filósofos mais influentes de todos os tempos (o outro é Aristóteles). Ele é o primeiro grande gênio filosófico da história humana, e digo isso deliberadamente, não da perspectiva da verdade de suas ideias, ou mesmo da racionalidade delas (**porque o Objetivismo discorda** *inteiramente* **do Platonismo, com suas conclusões e sua abordagem**). Mesmo assim ele é um dos maiores gênios filosoficamente, de três maneiras: (1) em sua habilidade abstrata, que foi superlativamente maior do que qualquer outra pessoa na história do pensamento, exceto Aristóteles; (2) em sua originalidade — ele foi o homem que essencialmente criou a filosofia a partir das tentativas e sugestões que lhe dei até agora; e (3) no seu poder de integração sistemática — ele foi o primeiro a reunir tudo numa visão abrangente do homem, da realidade, do conhecimento, da vida, da ética, da política, da arte. Esta é uma conquista que não deve ser subestimada.

Platão estava totalmente de acordo com a visão de Sócrates de que o conhecimento crucial necessário ao homem era o conhecimento dos universais. Ele próprio, no entanto, tirou disto conclusões metafísicas que Sócrates, até onde sabemos, não o fez. Quero seguir Platão passo a passo aqui, porque esta é a parte mais crucial de sua filosofia. É a base de sua metafísica distinta, mundialmente famosa e incrivelmente influente.

Começamos então com a premissa de que os universais devem ser cognoscíveis; caso contrário, estaremos de volta à posição dos animais e dos Sofistas. Se os universais devem ser cognoscíveis, podemos concluir imediatamente uma coisa: eles devem realmente existir; devem ser reais, porque Parmênides deixou perfeitamente claro que *não se pode saber o que não existe*. Portanto, se os universais são cognoscíveis, eles devem existir. O que levanta a questão: onde eles existem? Como eles existem? Para Platão, este é um problema grave. Mais tarde foi chamado (por razões perfeitamente óbvias) de *o problema dos universais*.

Você pode dizer antecipadamente que não vê nenhum problema. Já que, para que você entenda Platão, preciso fazer com que você veja um problema, deixe-me dizer-lhe o que provavelmente está em sua mente. Você provavelmente está pensando: você diz que os universais existem nos particulares. "Humanidade", você diria, por exemplo, é apenas um nome para todas as características semelhantes possuídas por homens individuais, não algo acima dos homens individuais, como se você tivesse Tom, Dick e Harry, etc., e depois outro alguém chamado "humanidade". Então, você diz, onde está o problema? Quando você pensa em universais, você está realmente pensando em particulares de um determinado ponto de vista.

Platão diz que não, isso está errado. Ele propõe argumentar que os universais e os particulares têm características radicalmente diferentes e, portanto, devem, em lógica, ser tipos de coisas radicalmente diferentes. Os universais não podem ser nomes para aspectos de particulares; é isso que ele vai defender.

Seu método aqui é: como você sabe que Smith e Jones são duas pessoas diferentes? Suponha que alguém diga: "Smith é apenas um nome para partes de Jones." Você diria: "Bem, olhe, eu sei que Smith e Jones são duas pessoas diferentes porque Smith é encanador, Jones é filósofo, Smith é rico, Jones é pobre, etc." Você faz uma lista de todas as características diferentes e diz que elas têm que ser duas entidades completamente diferentes porque têm características completamente opostas.

Platão propõe fazer exatamente isso com os universais e particulares. Ele encontrará toda uma lista de diferenças, opostas completas, em todos os aspectos, e mostrará como os universais não poderiam ser um nome para grupos de particulares quando eles são completamente opostos. **A conclusão a que chegaremos é**

que deve haver dois mundos: um mundo que tenha características de particulares e outro que tenha características de universais.

Como os universais e os particulares diferem? Platão faz quatro pontos. Lembre-se de que os gregos eram fascinados pela multiplicidade, por isso vejamos a questão do ponto de vista da multiplicidade, do um e dos muitos. Quantos particulares existem em uma determinada classe? Quantos homens, por exemplo? Obviamente, milhões. Se não nos preocuparmos em quantificar, iremos apenas chamá-los de "muitos". Quantos universais existem nessa classe? Quantas humanidades? Obviamente, uma. Quantos triângulos, triângulos particulares? Um número infinito. Quantas triangularidades? Obviamente, apenas uma, diz Platão. Suponha que você provasse um teorema sobre a triangularidade, sobre todos os triângulos em outras palavras, e alguém lhe dissesse: "Bem, isso é verdade para esta triangularidade, mas não é verdade para aquela" — você olharia para ele, perplexo, e diria, "O que você quer dizer? Não existem duas triangularidades, existe apenas *uma*". **O universal *é* o que é comum a todos os diferentes particulares. É o denominador comum unificador.** É, se voltarmos à frase inicial, "o um entre muitos". Então, na sua lista, você pode colocar "um por categoria" em universais e em particulares, "muitos".

Agora vamos para o segundo ponto. Os gregos não eram apenas fascinados pela multiplicidade, mas também pela mudança. E quanto ao contraste entre universais e particulares do ponto de vista da mudança? Platão diz que os particulares estão obviamente mudando. Eles passam a existir, permanecem por um tempo, decaem, envelhecem, apodrecem e desaparecem. Na verdade, ele acredita, como Heráclito, que os particulares mudam o tempo todo, em todos os aspectos, a cada instante, que este mundo é uma corrente de fluxo Heraclitiano, imutável, eterno, indestrutível, imutável. Como ele defende isso? Pense na ideia de "humanidade" ou na ideia de "triangularidade" — somos capazes de formular leis invariáveis. Por sua própria natureza, o homem exige autoestima, e esta é uma lei imutável. Como isso seria possível a menos que a humanidade, aquilo de que trata a lei, fosse imutável, a menos que não mudasse? Ou podemos dizer: "Os triângulos devem ter uma soma angular de 180 graus" — como isso é possível como uma lei imutável, a menos que exista algo como a triangularidade imutável? Portanto, quando pensamos num universal, diz Platão, não estamos pensando em particulares, porque os particulares mudam em todos os aspectos, mas os universais continuam imutáveis.

Agora, ponto três — pense nisso do ponto de vista da constituição dos dois — os particulares são principalmente materiais ou físicos; os animais podem vê-los, ouvi-los, saboreá-los. Mas e os universais? Eles são acessíveis aos animais? Você pode ver humanidade ou "ossidade"? Obviamente não. O cachorro pode ver ossos, mas não consegue ver "ossidade". Portanto, a "ossidade" é de alguma forma abstrata, não é física, e isso é provado pelo fato de que não podemos apreendê-la pelos sentidos. Portanto, temos outro contraste — algo não físico (isto é, universal) e algo físico (isto é, particular).

Em quarto lugar, como consequência disso, como conhecemos as duas coisas diferentes: conhecemos os particulares por meio dos nossos sentidos, e conhecemos os universais não por meio dos sentidos, mas pela mente, pela razão, pela inteligência, pela capacidade de pensamento, o intelecto. Bem, diz Platão, a conclusão a tirar é inevitável. Como podemos negar que existem dois mundos diferentes — por um lado, um mundo em que existe um universal por categoria, imutável, imaterial, cognoscível apenas pela mente; e o outro, um mundo de particularidades físicas e sensoriais múltiplas e mutáveis? Eles não são iguais. Um não pode ser explicado apenas como um nome para o outro. No entanto, sabemos que os universais devem existir, devem ser reais. Conclusão: deve haver dois mundos, dois reinos: o mundo dos universais e o mundo dos particulares. Q.E.D. Esse é o primeiro argumento.

Existem muitos argumentos para esta metafísica em Platão. Se você quiser dar-lhes nomes (nomes que eu, e não Platão, lhes dei), você pode chamar este primeiro de *argumento das diferenças entre universais e particulares*. Darei mais três argumentos, todos levando à mesma conclusão sob diferentes aspectos.

Você pode chamar o segundo (ordem minha, não de Platão) de *argumento da perfeição*. Este começa: de onde tiramos nossos conceitos e padrões de perfeição? Em qualquer categoria, Platão usa principalmente exemplos matemáticos e éticos, como o triângulo perfeito ou o homem perfeitamente justo, mas aplica-se a qualquer categoria — a linha reta perfeita, um governo perfeito, uma banana perfeita, um colchão de molas internas perfeito, você escolhe. De onde tiramos nossos conceitos de perfeição? Você poderia dizer, vendo instâncias individuais perfeitas e depois abstraindo. Platão diz que não, você não poderia ter obtido o seu conceito de "perfeição" por este meio, porque *nada* neste mundo é perfeito — um princípio fundamental da filosofia de Platão. Não existe perfeição neste mundo. Por que não? Ele diz que isso é provado pelo fato de que as coisas neste mundo mudam — se algo mudasse, não poderia ser perfeito, porque se fosse perfeito, ficaria parado; nada lhe faltaria. Tomemos, por exemplo, um homem — suponhamos que um homem fosse perfeito, que não lhe faltasse nada, completamente perfeito. Ele não teria que comer, não lhe falta comida; ele não precisaria ir à escola, não lhe falta conhecimento; ele não teria que respirar, não lhe falta ar. Ele seria como o Deus cristão-judeu deveria ser — ele simplesmente ficaria ali sentado, imóvel, porque já é perfeito. Por outro lado, se as coisas mudam, isso significa que lhes *falta* alguma coisa — são imperfeitas, têm que crescer e desenvolver-se, etc., não são perfeitas.

Mesmo na matemática, dizem os Platônicos, você nunca encontrará a perfeição. Você conhece o exemplo padrão: você já viu uma linha reta perfeita? O Platônico dirá não; se você olhar a linha reta mais bonita através de um microscópio, verá pequenas oscilações, então não é perfeitamente reta. Mesmo fora isso, dirá o Platônico, você nunca viu um triângulo perfeito. Na verdade, eles vão mais longe: você nunca viu um triângulo de qualquer tipo. Se eu desenhar um triângulo em um quadro-negro, você dirá: "Isso não é um triângulo?" O Platônico diria que não — um triângulo é definido como uma figura plana delimitada por três linhas retas. O que tenho no quadro não é uma linha; uma linha é simplesmente uma extensão em uma dimensão; é um fenômeno tridimensional — sai do tabuleiro a uma certa distância e tem uma certa espessura; então se fosse apenas uma linha (que é como um triângulo é definido), teríamos que apagar o giz do quadro para nos livrarmos da espessura, e teríamos que apagar a largura dela, e claro, não teríamos mais nada. Em outras palavras, não temos um triângulo perfeito; nem sequer *temos* um triângulo. O que temos é uma aproximação grosseira de um triângulo, que não é um fenômeno sensorial segundo Platão. Se não conseguirmos um triângulo perfeito em matemática, não conseguiremos em lugar nenhum. Mas o que concluímos então? Devemos ter tirado nossos conceitos de perfeição de *algum* lugar porque *temos* esses conceitos. Criticamos as coisas como imperfeitas, e o fato de dizermos que algo é imperfeito pressupõe que saibamos de alguma forma em que consistiria a perfeição. Portanto, temos conhecimento no que consiste a perfeição, mas não poderíamos tê-la obtido neste mundo. De onde então? Platão diz que devemos ter conseguido isso contemplando outro mundo, um mundo que contém a personificação perfeita de tudo neste mundo, um mundo de arquétipos perfeitos, ou universais.

Observe que sempre que pensamos em um universal, normalmente temos em mente um representante perfeito e imaculado. Se eu disser: "Pensem no homem", bem, pelo menos para a maioria de vocês, John Galt, e não algum beneficiário da assistência social, virá à mente. Se você disser "universidade", com todas as devidas concessões para deterioração, provavelmente pensará em Harvard e não em uma faculdade de professores no Tennessee. Se você diz "o corpo humano", você pensa em um atleta olímpico, e não em algum Hulk inchado, etc. Então, a associação entre o universal e o perfeito é muito firme, muito forte, e Platão aproveita isso para concluir que o mundo de perfeição de que necessitamos é precisamente o mundo dos universais. **Ele conclui que deve *haver* um mundo de universais perfeitos, que contemplamos em algum momento antes desta vida, adquirindo assim os nossos padrões e conhecimento de perfeição, e assim, por contraste, sendo capazes de dizer que as coisas neste mundo são imperfeitas.**

Observe, portanto, que não estabelecemos apenas através deste argumento específico o mundo dos universais, mas duas outras coisas. **Estabelecemos *ideias inatas*, conhecimentos que possuímos em nós desde o nascimento, porque tivemos que nascer com esse conhecimento da perfeição, já que o temos, e**

porque (como ele afirma ter provado) não poderíamos tê-lo adquirido durante esta vida. Então, tinha que vir de outro mundo, e isso significa que tínhamos que ter conhecimento desde o nascimento. **Assim, lançamos as primeiras bases para a teoria das ideias inatas na epistemologia.** Em relação a outro ponto, provamos que a alma deve ser independente do corpo porque a alma deve ter estado neste outro mundo, separada e antes da formação do corpo. Portanto, lançamos as bases para estabelecer a imortalidade da alma. Então, esse argumento traz uma série de temas Platônicos.

Passemos ao argumento três, que chamo de o *argumento da ordem do conhecimento*. Parte da questão: o que, em lógica, você teria que saber primeiro: os universais ou os particulares? Você pode pensar que primeiro conhece os particulares e depois chega aos universais por meio da abstração do que eles têm em comum. Platão diz que isso está absolutamente errado. Ele diz que é impossível conhecer os particulares, classificá-los, categorizá-los, a menos que você conheça os universais de antemão. Ele faz uma crítica elaborada à teoria de que se chega aos universais por um processo de abstração. O defensor da visão Aristotélica de que se chega aos universais pela abstração dos particulares diz: se você quiser definir "justiça", por exemplo, ou chegar ao conhecimento da justiça em geral, a maneira de fazê-lo é coletar diante de sua mente todos os casos particulares de justiça, ou pelo menos um grande número, e então abstrair e ver o que eles têm em comum. Ao que diz Platão, isso é algo impossível de se fazer, porque se você *não* soubesse de antemão o que era a justiça, como saberia o que era uma instância específica dela? Como você saberia quais coisas reunir e formar a abstração? Como você saberia quais particulares agrupar?

Platão diz que temos uma questão realmente complicada. Para definir um universal, temos de reunir as instâncias que temos diante de nós (por exemplo, no caso da justiça) e depois compreender o que é comum. Mas estamos nesta posição: se soubéssemos de antemão o que é comum, nunca teríamos que perguntar, porque conheceríamos todas as definições de antemão. Se não sabemos de antemão, então não temos ideia de *como* investigar, porque não sabemos o que coletar ou agrupar. Suponha que eu lhe dissesse para sair e encontrar a definição de "gloop" e você dissesse: "Como?" e eu digo: "Encontre todos os gloops específicos e abstraia o que eles têm em comum." Você diria: "Isso é ridículo, não sei o que procurar." Platão diz que estamos nesta posição paradoxal. De alguma forma, temos que conhecer os universais de antemão para podermos organizar os particulares, e ainda assim *não* os conhecemos de antemão; se o fizéssemos, seríamos capazes de obter as respostas, e obviamente não podemos. Temos que saber e não saber, e como isso é possível?

Ele diz que só há uma solução: deve haver, novamente, um reino de universais, independente deste mundo, que conhecíamos antes desta vida. (Claro, aqui ele está se baseando na roda de nascimento Pitagórica mencionada anteriormente.) Deve ser que nascemos com um conhecimento inato de todos esses universais, então, em certo sentido, nascemos oniscientes. Conhecemos todas as categorias e todas as relações, o que significa todas as leis; e nesse sentido, *temos* todo o conhecimento. Mas o conhecimento é inconsciente quando nascemos. Está no fundo do nosso subconsciente, para usar termos modernos. Você tem que passar por um processo especial para desenterrá-lo. Portanto, num certo sentido, sim, nascemos com isso, no sentido de que o temos, mas num certo sentido não, não o temos; temos que desenterrá-lo por meio de um processo deliberado. Em qualquer caso, o ponto está provado: deve haver um mundo de universais, e devemos ter tido conhecimento dele de alguma forma antes desta vida; caso contrário, ficaríamos boquiabertos como animais diante dos detalhes e não teríamos ideia de como proceder.

Agora o último argumento que examinarei — o *argumento da possibilidade do conhecimento*. O conhecimento deve ser possível, o conhecimento da realidade — essa é a premissa básica de Platão. A questão, portanto, é: como deve ser a realidade para que o conhecimento seja possível? Aqui ele tira as conclusões finais de todos os seus antecessores. Os Heraclitianos sustentavam que não se pode conhecer um mundo de fluxo, mas *este* mundo *é* um mundo de fluxo. Platão diz que é verdade. Portanto, para que a realidade seja cognoscível, ela deve ser imutável. Isso significa outro mundo. Heráclito e Parmênides disseram que se um mundo está mudando, então ele é contraditório, e você não pode conhecer o contraditório, porque ele é e não é. Platão diz que é verdade: para que um mundo seja cognoscível, ele deve ser feito de entidades consistentes, e isso significa entidades que não mudam e, portanto, novamente, um outro mundo imutável. Os Sofistas disseram que o conhecimento adquirido pelos sentidos é inválido, subjetivo, não é da realidade. Platão concorda. Portanto, diz ele, se quisermos ter conhecimento da realidade, deve ser um conhecimento adquirido por meios não sensoriais, e se for adquirido por meios não sensoriais, deve ser de um objeto imaterial, porque os objetos materiais podem ser conhecidos (em teoria) pelos sentidos; e se este tem que ser o tipo de mundo inacessível aos sentidos, deve ser imaterial. Sócrates dissera que o mais crucial a conhecer são os universais, e os universais têm todas as características que o mundo cognoscível tem de ter: são imutáveis, autoconsistentes, imóveis, imateriais. A conclusão deve, portanto, ser: se for para haver conhecimento da realidade, se isso for possível, deve ser de um mundo de universais, e não deste mundo. Portanto, o Pitagorismo vence em Platão: existem dois mundos. O conhecimento, o verdadeiro conhecimento, é o conhecimento do outro mundo, mas agora não é o mundo dos números — os números são apenas um pequeno constituinte — é o mundo dos universais, que inclui números e tudo o mais que tenha quaisquer instâncias, reais ou possíveis. Há razões para acreditar que, já muito tarde na vida, Platão voltou ao puro Pitagorismo e converteu os universais novamente em números, mas não é por isso que ele é famoso, então vamos tratá-lo como um Platônico (como isso é entendido).

Platão pensava ter a resposta final para todos os problemas dos céticos. Os Heraclitianos disseram que este mundo é um mundo de fluxo e não podemos falar ou adquirir conhecimento sobre ele. Platão disse que é verdade, mas existe um mundo imutável e cognoscível, o mundo dos universais. Os Heraclitianos diziam que este mundo é contraditório porque está em constante mudança. Platão disse que é verdade, mas existe uma realidade não contraditória, o mundo imóvel dos universais. Os Heraclitianos e os Sofistas disseram que não podemos confiar nos sentidos, e Platão disse que é verdade, mas há um mundo não material que podemos conhecer por meios não sensoriais, um reino sobrenatural de universais. **Esta é a solução de Platão para os problemas da filosofia anterior: existem dois mundos, o mundo dos universais (também conhecido como o mundo das essências), o mundo das Formas (com "F" maiúsculo), o mundo das Ideias (Ideias Platônicas), e o mundo inteligível, porque é o mundo que você apreende pela inteligência, pela mente.** Em contraste com isso, existe o mundo dos particulares, ou o mundo físico, ou o "mundo sensível" (como é chamado), sendo esse o mundo que você apreende pelos sentidos.

Deixe-me agora dar uma visão geral das diferenças entre os dois mundos. Para Platão, os universais são totalmente diferentes dos particulares deste mundo. Eles são independentes dos detalhes deste mundo e dos nossos pensamentos. Se você eliminasse todos os nossos pensamentos sobre humanidade, isso não afetaria a humanidade; a humanidade é real e imutável. Quer pensemos nisso ou não, não tem efeito sobre isso. Na verdade, se eliminássemos todos os homens em particular, isso não afetaria a "humanidade". A humanidade é imutável, é eterna, é indestrutível. Portanto, os universais devem ser pensados não como pensamentos e não como particulares, mas como entidades reais, coisas — objetos reais e externos. Eles não são físicos, mas são reais. É por isso que, embora a palavra de Platão para eles seja uma palavra grega para "ideia", é muito comum não os chamar de mundo das Ideias, porque "ideia" sugere um pensamento na mente de alguém. É por isso que a maioria das pessoas traduz a palavra "ideia" pela palavra "forma", que tem a virtude de ser totalmente sem sentido e, portanto, não induz as pessoas a pensarem erroneamente que as "Ideias" de Platão são ideias numa mente. Elas são universais flutuantes. Lá em cima, há "metrônisse" e "bananasplitisse", e você escolhe. Não há banana split. Não é sensorial. É a *essência* do banana split como tal. Enquanto aqui embaixo há coisas particulares e individuais. Quantas delas? Para cada classe de particulares existe um universal correspondente, para cada palavra abstrata que usamos e, sem dúvida, para muitas que ainda não descobrimos. Existe um universal assim para cada grupo de muitos neste mundo. Os universais são imutáveis, eternos; os particulares estão mudando, são temporais e Heraclitianos. Os universais são perfeitos e os particulares são imperfeitos — eles simplesmente se aproximam da perfeição das Formas. Os universais não são materiais. Devo salientar que elas também são não mentais, porque as mentes também são particulares — a sua mente, a mente dela, a mente dele. O que existe lá não é uma mente específica, mas a mentalidade, o universal que é comum a todas as mentes. Portanto, os universais não são mentais nem físicos. Eles são... universais. Enquanto as coisas aqui embaixo, se deixarmos de lado as mentes, são essencialmente materiais. Os universais podem ser conhecidos pelo pensamento, os particulares apenas pelos sentidos. Mas os particulares não são realmente cognoscíveis, de acordo com Platão, porque aqui neste mundo, tudo o que podemos ter são opiniões subjetivas. Nisso ele concorda com Heráclito e os Sofistas. O verdadeiro conhecimento é sempre o conhecimento das Formas, das Ideias, nunca dos particulares deste mundo.

Desses dois mundos, qual você acha que Platão considerava realmente real? Obviamente, o mundo das Formas — essa é a realidade. Por quê? Bem, por uma série de razões. Pergunte a si mesmo o que significa dizer que algo é real. Quais são os testes, por assim dizer, da realidade? Platão faz uma série de testes e, em cada teste, o mundo das Formas sai com louvor, e o mundo em que vivemos falha miseravelmente. Aqui estão quatro desses testes:

Primeiro, para ser real, uma coisa tem que existir. Por exemplo, você diz que Papai Noel não é real, ele não existe. Mas siga isso: de acordo com Platão, para que uma coisa exista, ela não pode ser contraditória (o que é verdade). Mas para que algo não seja contraditório, tem de ser imóvel (essa é a visão Heraclitiana, porque a mudança envolve uma contradição). O que podemos dizer então sobre as coisas deste mundo? Elas são reais? Elas são contraditórias, o que significa que são e não são. De alguma forma, diz Platão, são uma união do que é e do que não é. Elas são o ser e o não ser. Portanto, elas não são reais. Elas são parcialmente ilusórias. Elas têm o status de um sonho — está lá, mas não está; é e não é. Para Platão, o real deve, portanto, ser o imutável. Esse é o primeiro teste.

Segundo, podemos usar o teste de que uma coisa é real quando é cognoscível. Platão defendia com muita firmeza a visão de que a realidade é aquilo que é o objeto do conhecimento. Como vimos, se o conhecimento é da realidade, e o conhecimento é apenas do mundo das Formas, então o mundo das Formas é a realidade, não este mundo.

Com o terceiro teste, Platão iguala o real ao perfeito, ao ideal. Este é um uso da palavra "real" que sobreviveu até hoje — você serve a alguém um pedaço de torta de maçã e ele diz: "Isso é torta de maçã real"; ou você diz sobre ele: "Ele é um homem real"; ou havia um jornal que dizia: "O jornal para os nova-iorquinos reais". Obviamente, eles não queriam dizer "ao contrário dos nova-iorquinos alucinatórios"; por "real" eles queriam dizer "bom". Esse uso foi firmemente aceito por Platão. Então, também nesse aspecto, a equação do real com o ideal, o mundo das Formas surge como realidade.

Finalmente, usamos caracteristicamente a palavra "real" para representar o original, em oposição às imitações. Por exemplo, outra noite, alguém me disse que quando eu estava elogiando os "Potato Buds" (uma forma de purê de batata instantâneo), alguém me disse: "Oh, eles não são reais; isso não é realmente purê de batata." Eles não queriam dizer que fosse alucinatório ou inexistente, ou mesmo que não tivesse um gosto bom; eles queriam dizer que isso não é purê de batata *real, original, natural*, apenas uma imitação. Também nesse teste, o mundo das Formas é o original, e o mundo em que vivemos é apenas uma imitação, derivada ou uma projeção do mundo das Formas. Assim, também nessa questão de originalidade, o mundo das Formas emerge como realidade.

Qual é então o status deste mundo em que vivemos? Platão diz que é como um subproduto, um derivado, uma projeção ou um reflexo da verdadeira realidade. Se você quiser uma analogia, terá que se projetar em um parque de diversões olhando para um daqueles espelhos distorcidos. Nesta analogia, *você* representa o mundo das Formas, e o seu reflexo distorcido, retorcido e berrante representa a sua imagem imperfeita projetada no espelho. Para fazer um paralelo adequado, temos que assumir que o espelho é multifacetado, de modo que onde há um de você, há toda uma variedade de imagens, e uma pessoa ignorante olhando para elas pode confundi-lo e pensar que há muitas pessoas diferentes, mas na verdade há apenas uma. Só que a imagem está fragmentada. Agora temos que imaginar alguém ali com uma manivela girando essas facetas, de modo que as imagens pareçam estar correndo, mesmo que você esteja parado e imóvel. Essa é aproximadamente a visão de Platão sobre este mundo. Lá em cima, no céu Platônico, está a realidade única, imóvel, perfeita e imaterial. Mas projeta-se para fora e assume a aparência ilusória de um mundo de imagens imperfeitas, múltiplas e em movimento. Esse mundo é o mundo em que vivemos temporariamente.

Platão não usa o exemplo do espelho. Ele diz que este mundo é o mundo das Formas refletidas, ou projetadas, num meio, mas não num espelho físico. Em que ele acha que o mundo das Formas se projeta? Este é um ponto bastante técnico de Platão, mas apenas para satisfazer a sua curiosidade, mencionarei que num dos seus diálogos posteriores, o *Timeu*, ele raciocina da seguinte forma: este mundo, como conhecemos por Heráclito, deve ser uma união do que é e o que não é; deve de alguma forma ser uma união de realidade e irrealidade. Este mundo em que vivemos deve, portanto, ser um composto. As Formas, sabemos, representam o elemento da realidade. Mas o que representa o elemento de irrealidade que é uma parte essencial deste mundo? Precisamos de um nada, de um "o que não é", que de certa forma *é*. Este mundo, segundo Platão, deve surgir de uma união das Formas com um princípio de não ser que de alguma forma é. Isso é um grande problema. O que poderia ser, o nada que é (mais ou menos)? Platão seguiu aqui a sugestão dos Atomistas — a resposta é o *espaço vazio*. O espaço, segundo Platão, não é nada, mas existe, *é*. É, portanto, o substituto do espelho no meu exemplo; é o meio real que permite que as Formas assumam uma localização física (não as Formas em si, mas as suas imagens). O espaço, sendo estendido em três dimensões, sendo espalhado, é adequado para ser aquele elemento que dá caráter material, físico, às Formas imateriais. Portanto, este mundo é realmente as Formas brilhando no espaço vazio. Essa é a teoria final de Platão sobre a relação entre os dois mundos. Portanto, se eliminássemos o espaço vazio e destruíssemos este mundo, as Formas continuariam intocadas. Mas se fizéssemos alguma coisa com as Formas, este mundo desapareceria da mesma forma que a imagem no espelho desapareceria se você desaparecesse. Mas você não precisa se preocupar com isso, porque as Formas são imutáveis por natureza. Nada pode acontecer com elas.

Quanto à maneira como este mundo surgiu, Platão, sendo grego, não acreditava que ele tivesse sido criado *ex nihilo* (do nada) — ele acreditava que a matéria do mundo sempre existiu, as Formas estavam sempre se projetando no espaço e, portanto, a matéria em forma primitiva sempre existiu — mas ele conta uma história que é a precursora de muitas visões religiosas, **a história do Demiurgo**. Este é outro mito. Sempre que Platão conta um mito, isso significa: leve-o a sério, mas não literalmente. Significa que ele está tentando dizer algo que não sabe dizer, que está falando sério, mas não literalmente. O mito do Demiurgo é o seguinte: o Demiurgo é uma espécie de alma divina, mas muito limitada, que vagueia livre pelo universo. Não é uma Forma, e não é matéria, mas uma espécie de terceira categoria — uma espécie de deus, mas nada parecido com o Deus Cristão. Bom, um dia esse Demiurgo passou por aqui e viu toda essa matéria caótica, e sendo bonzinho, disse para si mesmo: "Não há alguma maneira de eu poder organizar melhor as coisas?" Assim, com um olho na perfeição do mundo das Formas, ele moldou e organizou a matéria, moldou-a como um arquiteto, para produzir tanta ordem, harmonia, simetria e perfeição quanto pudesse. Essa foi a verdadeira fonte da legalidade e da ordem do mundo que observamos. Esta é a forma mais primitiva (e influente) do que mais tarde se tornou o *argumento do design* para a existência de Deus (isto é, o mundo é tão ordenado que deve ter tido um ordenador, um designer). De qualquer forma, Platão insiste que o Demiurgo não é todo-poderoso. Ele fez o melhor que pôde, mas lembre-se, este mundo tinha um elemento muito recalcitrante em sua constituição, e esse elemento é: o nada, com o qual você não pode fazer nada; é deficiente. Consequentemente, havia uma certa imperfeição que tinha que permanecer neste mundo e que está além do poder de qualquer um, e essa é a razão pela qual o mundo é imperfeito — **é imperfeito porque parcialmente não está aqui**.

Agora você conhece a base e a essência da metafísica de Platão, mas há mais a dizer, porque ainda não apresentei o deus de Platão, ou, para ser exato, o ancestral daquilo que mais tarde se tornou o Deus do Cristianismo. Não foi o Demiurgo; ele aparece em apenas um diálogo e nunca mais volta. Temos que deixar este mundo e embarcar numa excursão ao mundo das Formas para descobrir mais detalhadamente o seu conteúdo e essa excursão começa na próxima palestra, que dedicaremos às consequências que Platão tirou da sua metafísica para a epistemologia, psicologia, ética e política.

Palestra II, Perguntas e Respostas

P: Como as Formas de Platão poderiam se projetar no mundo se fossem imóveis e incapazes de qualquer tipo de mudança ou ação?

R: É algum processo imóvel. Os Cristãos tinham exatamente o mesmo problema — Deus criou o mundo, e Deus, segundo eles defendiam em bases Platônicas, estava completamente imóvel. Como ele poderia criar o mundo se não fizesse nada? A resposta deles foi: ele fez isso da mesma maneira que as Formas de Platão foram projetadas. Para compreender isso, é preciso penetrar nos mistérios mais elevados que estão além dos problemas da razão humana.

P: Na história da filosofia, houve tanto o lado empirista quanto o lado racionalista da dicotomia razão-sentidos. Por que os gregos adotaram o lado racionalista, em vez do lado "os sentidos são válidos ou bons, e a razão não é"?

R: Essa é uma pergunta excelente, e minha resposta seria que essas duas visões apresentadas aqui são falsas. A visão de que a razão está certa e os sentidos estão errados, ou de que os sentidos estão certos e a razão é inútil — são ambas falsas. Mas é significativo que os gregos tenham adotado o lado racionalista, em vez do lado empirista, como está a ser usado nesta questão.

Eu diria que a resposta é: porque os gregos eram pensadores. Se você vai errar (e não quero dizer que alguns erros sejam menos errados que outros), mas se você vai errar, é muito melhor ser um racionalista, *em um certo respeito limitado*. Porque se você tomar o outro lado e disser que os sentidos são válidos, mas não pode confiar na mente, como fez David Hume, você estará então na posição de um animal ou de um cético. Você está na posição de dizer que ninguém pode saber de nada. Sob esse ponto de vista, o conhecimento é imediatamente interrompido — não se pode saber nada — porque um ser humano que nega a capacidade da razão elimina a possibilidade de desenvolvimento intelectual. Idealmente, a humanidade teria começado com o relacionamento adequado entre as duas faculdades. Mas se tivessem de começar errado, é perfeitamente compreensível que começassem por aceitar a validade do pensamento, e depois, se fossem levados a conclusões primitivas que parecessem desafiar a evidência, agarravam-se à sua razão tal como a entendiam e descartavam a evidência sensorial. Isso é profundamente errado, mas se você cometer um erro e continuar a pensar, não poderá abandonar o pensamento. Neste sentido, os racionalistas *sempre* foram filosoficamente superiores aos céticos (embora o Objetivismo repudie ambos). Eles sempre foram infinitamente mais influentes na humanidade. Os céticos criaram o próximo racionalista, só isso. Os Sofistas deram tempo para Platão aparecer, os céticos posteriores abriram a porta para Agostinho, os céticos da Renascença abriram a porta para Descartes, David Hume abriu a porta para Kant, etc. Todo o padrão tem sido que os céticos acabem com tudo, e o próximo racionalista entra para instituir sua própria nova forma de misticismo. Mas nesse aspecto, destes dois erros, são os racionalistas os únicos que pensam, e influenciaram a humanidade para o bem ou para o mal. Os céticos se desqualificam diante disso.

P: Se os Sofistas acreditavam que não se pode saber nada, como sabem o que é um desejo?

R: Uma pergunta perfeitamente boa, à qual só posso dizer que os Sofistas foram inconsistentes. Eles não eram devidamente céticos. Seus seguidores modernos são muito mais consistentes e dizem que não podemos falar sobre desejos porque não temos a menor ideia do que é um desejo, nem você pode saber quais são seus desejos — como você pode ter certeza de alguma coisa? Por exemplo, Kant diz que seus desejos reais são totalmente incognoscíveis para você; tudo o que você pode conhecer são os seus desejos conforme eles aparecem para você, os chamados desejos fenomenais, não os desejos "numênicos". Ele tem discípulos modernos que vão um passo além: "Como você sabe como seus desejos aparecem para você? Como você sabe que eles não aparecem para você de maneira diferente da maneira como *realmente* aparecem para você?" Portanto, você não pode saber de nada. Desse ponto de vista, Górgias, como eu disse, era um cético moderado e "bonzinho" comparado com o século XX.

P: Os Atomistas sustentavam que todos os átomos são iguais? Como os átomos da alma diferem dos átomos normais?

R: Não, eles são todos iguais no sentido de que todos possuem apenas as características de tamanho, forma, movimento e número. Mas os átomos da alma são mais finos (seja lá o que isso signifique — menores, eu acho), mais polidos, mais móveis — eles tremem muito — coisas assim.

P: Por favor, apresente algum argumento adicional contra o materialismo mecanicista.

R: A primeira pergunta a fazer é: Qual é o argumento *a favor* do materialismo? O que é defender isso? Se você tiver uma visão sem preconceitos da realidade, se você realmente se orientar pela observação, você observará que existe um mundo externo e um mundo interno. Temos consciência direta da matéria externa e da consciência em sua própria cabeça. O materialista padrão dirá: "Não sei do que você está falando quando fala sobre consciência ou mente. Não consigo provar, não consigo sentir, não consigo pesar, não consigo dissecar. *Posso* abrir sua cabeça e enfiar meus dedos em seu cérebro; isso é bom, sólido e físico, mas não consigo encontrar nenhuma mente e, portanto, é um mito." Esse argumento, na verdade, é fantástico. O que consiste em estabelecer as características da matéria como critério da realidade e depois dizer que como a mente não tem essas características, ela não é real. Se esse método de raciocínio fosse válido, você poderia fazer exatamente a mesma coisa ao contrário — você poderia fazer uma lista de todas as coisas que a matéria não tem. Por exemplo, você não pode psicanalisar elétrons ou matéria; você não pode discutir a motivação deles; você não pode discutir os sentimentos, as sensações, as premissas deles etc. Suponha que eu dissesse que, como você não pode fazer nada disso com a matéria, obviamente a matéria não existe, apenas a mente. A sua resposta imediata seria: "Como você pode pegar características da consciência e dizer arbitrariamente que toda a realidade deve satisfazê-las, quando existem obviamente dois tipos de coisas?" O mesmo princípio se aplica igualmente à matéria. Então o materialista voltará e dirá: "Sim, mas você não pode definir consciência. Tudo o que você pode fazer é fornecer sinônimos — você pode dizer que consciência é estar ciente, e assim por diante — ou listar suas propriedades. Mas você não pode dizer o que é." Ao que a resposta é: exatamente da mesma maneira você está nessa posição com a matéria. Você pode dar sinônimos — pode dizer que é material, é físico, tem extensão — mas não pode defini-lo em termos de outros conceitos, assim como não pode definir a consciência. Todas as definições pressupõem algumas primárias cognitivas que são as categorias básicas em termos das quais se define todo o resto, mas que não podem ser reduzidas ainda mais — na verdade, são os axiomas de definição. Há todos os motivos para sustentar que a consciência como fenômeno é descritivamente diferente da matéria e, consequentemente, que você não pode fazer mais do que dizer, se quiser saber o que quero dizer com consciência, você aponta ostensivamente, da mesma maneira que faz com a matéria, ou com o verde — agora, como você comunicaria o verde a alguém que não o conhecesse? Você teria que apontar vários casos e dizer: "Isso é verde." **Isso é o que chamamos de definição "ostensiva", uma definição por indicação.** É assim que todas as primárias são definidas. Como você definiria "existência"? Mesma coisa. Como tudo existe, você não consegue distinguir a existência de qualquer outra coisa. A única maneira de definir "existência" é simplesmente agitar o braço e dizer: "É isso", cobrindo tudo. O mesmo princípio é aplicável à consciência (não que ela cubra tudo, mas que você a compreenda por introspecção direta).

Deixe-me lembrá-lo de um ponto crucial: temos de distinguir o que a filosofia pode fazer e o que a ciência pode fazer. Eu e o Objetivismo não apresentamos teorias sobre a relação última entre a matéria como a conhecemos agora e a consciência. Pode ser o caso — digo que pode ser, não estou descartando isso — que a consciência seja um fenômeno que resulta de uma enorme complexidade de organização da matéria e, nesse sentido, seja um fenômeno derivado. Pode ser que exista, irredutivelmente, consciência e matéria como dois fenômenos distintos, que de alguma forma sempre existem, e se combinam de certas maneiras sob condições apropriadas. Pode ser que haja um terceiro, ou um décimo, fenômeno que ainda não conhecemos, do qual a matéria é um produto e a consciência é outro, ou uma forma e outra, alguma matéria do mundo que ainda está fora do nosso conhecimento, algum tipo de energia. Eu não sei, ninguém sabe e ninguém deve especular, dado o estado do nosso conhecimento atual. Nem a filosofia terá meios de responder a esta questão. Essa será uma questão a ser respondida pelas descobertas científicas apropriadas na física, na biologia e na psicologia. Eu não prejulgo essas questões. Digo que, em bases filosóficas, não se pode fugir do seguinte: **primeiro, existe a consciência, que não é redutível à matéria tal como agora entendemos o fenômeno da matéria; tem características próprias e método próprio de ser conhecida; e é um fenômeno tão real quanto a matéria física externa. Segundo, as conclusões da consciência são eficazes — têm efeitos sobre o comportamento real das entidades conscientes; terceiro, a consciência é, no caso**

humano, volitiva. A prova destes últimos pontos está na literatura Objetivista, e não vou entrar neles. Esses são os pontos da questão mente-corpo que são filosoficamente intocáveis. Não conheço as relações físicas ou metafísicas definitivas entre os dois, e isso não faz diferença *filosoficamente*.

O materialismo vem em duas variedades. Um é o *materialismo reducionista* e o outro é chamado de *epifenomenalismo*. O materialismo reducionista é o tipo mais grosseiro. Esse é o tipo de pessoa que afirma que o pensamento nada mais é do que um tremor das células cerebrais; o amor é um esguicho de sucos glandulares etc. Esta é uma confusão grosseira entre condições e identidade necessárias. Talvez seja verdade que certas glândulas precisam esguichar antes que você possa experimentar o amor. Isso não significa que o amor *seja* sua condição necessária. Obviamente, tem que ser algo diferente daquilo que lhe dá origem, ou por ele é pressuposto. Como disse um filósofo, não se pode argumentar com um homem que diz que o amor *é* um esguicho de sucos (isso é diferente de o amor ser *causado* por, ou *pressupor* um esguicho de sucos, mas o amor literalmente *é* um), porque, disse ele, argumentar contra uma posição, o que você tenta fazer é mostrar que isso leva ao absurdo, mas se alguém entra na sala e pronuncia um absurdo como sua posição formal, não há nada que você possa dizer.[10] Se alguém entrar e disser: "Minha opinião é que os elefantes são pêssegos, agora faça alguma coisa." Isso é materialismo reducionista.

A forma mais séria de materialismo é o epifenomenalismo, e essa é a visão de que *existe* algo como a mente que é distinta da matéria — mas é um subproduto completamente indefeso da matéria, é incapaz de iniciar qualquer ação, é um resultado passivo de processos físicos, é completamente determinado, completamente sem propósito — como um resíduo inútil que a natureza emite. Os problemas com isso são todos os problemas que indicamos e ainda mais. Se a mente é metafisicamente indefesa e não tem eficácia, então a teoria é autorrefutável — os seus defensores são estúpidos pelas suas próprias afirmações, ou melhor, eles têm mentes inúteis que não têm efeitos e, portanto, a sua mente não teve nada a ver com o movimento de suas mãos ou de suas línguas enquanto estavam ocupados propondo sua teoria. Na medida em que não há mente, não há possibilidade de escolha e, portanto, o materialismo implica necessariamente determinismo, e isso, como você deve saber pela literatura Objetivista, é totalmente autorrefutável. O determinista não pode saber nada, inclusive que está determinado. Na medida em que implica uma negação de propósito, é *também* autorrefutável — isso significa que não há maneira, em princípio, de distinguir entre um homem cuja mão treme por causa da paralisia e um homem cuja mão treme porque quer expressar um determinado pensamento, porque não existe *querer* expressar; tudo o que acontece não tem propósito, é causado mecanicamente. Se for esse o caso, ninguém tem o direito de esperar que você considere os resultados do tremor de paralisia dele. Além de tudo isso, há um fato simples, e muitas vezes é muito útil apelar para fatos em filosofia — não é uma prática comum, mas é muito desejável.

Eu digo a você que você não pode olhar para os fatos reais do mundo e alimentar por um momento a crença de que as ideias (fenômenos mentais) não têm efeitos, o que é a essência do materialismo. Não se poderia explicar os fatos do comportamento humano, isto é, o fato óbvio de que o comportamento é ditado por ideias, incluindo julgamentos de valor; que quando os homens mudam os seus valores, eles mudam as suas ações; que vão ao psicoterapeuta para mudar seus processos mentais, para agir de forma diferente, e só assim conseguem. Mas o conhecimento é uma necessidade vital, sem a qual um homem não pode atravessar a rua ou satisfazer as mínimas dores da fome. Esse conhecimento significa algo mental — a aquisição de consciência, de ideias, de informação. Você não poderia começar a entender a história humana, desde a Revolução Industrial até a autoflagelação do pior santo medieval, em bases mecanicistas-materialistas, que de alguma maneira, de alguma forma engraçada, os átomos começaram a tremer, e São Francisco mergulhava em um monte de neve toda vez que tinha desejo sexual — quero dizer, é simplesmente bizarro. Considero o materialismo mecanicista sem sentido. Acho que a filosofia de Platão é *infinitamente* mais sofisticada, mais ponderada, muito mais bem fundamentada — está errada, mas eu preferiria Platão a um materialista a qualquer momento.

P: Você não precisa saber de música para ter uma filosofia da música, e de pintura para ter uma filosofia da pintura?

R: Primeiro, deixe-me esclarecer uma coisa. Eu disse da última vez que em filosofia não era necessário nenhum conhecimento especial de qualquer área da realidade. Não disse isso como uma característica definidora, mas como consequência do fato de os princípios filosóficos serem universais; você pode encontrá-los em qualquer lugar. Então, não é que você não precise saber nada sobre a realidade, mas para onde quer que você olhe, por exemplo, seja o que for que você olhe, é o que é. Assim, você pode obter a lei da identidade dos pêssegos, da arte ou dos navios de guerra. Não é que você não precise olhar para a realidade, mas você pode encontrar princípios filosóficos em qualquer lugar, precisamente porque são universais.

Quanto à sua pergunta específica, sim, para fazer estética você precisa sim de conhecimento de artes, mas isso já é filosofia aplicada, isso é filosofia especializada. Essa é uma união de filosofia abstrata e um campo particular. Assim que você começa a aplicar a filosofia a uma determinada área, obviamente é necessário ter conhecimento especializado nessa área. Se você pretende ter uma filosofia da educação, a epistemologia por si só não lhe dará isso. Ela lhe dará a base, mas então você terá que pensar sobre que tipo de currículo é adequado, e em que idade as crianças devem aprender determinado conteúdo, e com que motivo etc. Se você pretende ter uma filosofia do direito, a política lhe dará a base, mas não lhe dirá o que a Constituição deveria dizer, e quantas sessões do Congresso deveria haver, e quantas casas do Congresso deveria haver, e quem detém os direitos do petróleo sobre que tipo de terra, e assim por diante. Então, você precisa conhecer muito material específico. O mesmo se aplica obviamente à filosofia da música, ou à filosofia da ciência, ou seja lá o que for. Eu estava falando sobre filosofia de forma abstrata, seus ramos básicos, não suas aplicações detalhadas.

P: Se o mundo é composto de partículas últimas, deve haver algo entre elas para que não haja vácuo. Este algo entre elas é feito de partículas ou é contínuo? Se for feito de partículas, então existe algo entre elas, e assim por diante?

R: Esta é uma pergunta para a qual, até onde eu sei, não existe um método filosófico de resposta. Eu não especularia sobre esse tipo de pergunta. Não sou físico e desprezo os metafísicos de gabinete que se tornam físicos. Se você quer se tornar um físico, então saia e descubra os fatos. Não acredito em fazer isso por dedução. Isso não pode ser feito dessa maneira.

P: Você considera a metafísica de Platão motivada principalmente por seu ponto de vista ético, isto é, sua oposição aos Sofistas?

R: Essa é uma pergunta para a qual não sei a resposta, nem sei se a resposta faria alguma diferença, e por isso estou relutante em especular sobre isso. Existem duas questões completamente diferentes: (1) O que um filósofo diz (e é verdadeiro ou falso), e (2) qual é o seu motivo? Agora, é uma loucura no que diz respeito aos motivos, a menos que eles tenham escrito algo que diga explicitamente que este é o seu motivo. Isso não faz nenhuma diferença. Suponhamos que Platão fosse motivado por uma paixão pelo Estado todo-poderoso, ou por uma paixão pela verdade tal como a via. Em ambos os casos, ele apresentou as ideias que fez pelas razões que fez, e elas tiveram a influência que tiveram. Portanto, é uma questão da sua avaliação pessoal e privada do caráter de Platão, que não vejo como tendo qualquer significado filosófico. Portanto, afasto-me completamente de questões sobre a motivação dos filósofos, a menos que estejamos especificamente num contexto psicológico (não filosófico), que não é o contexto destas palestras. Platão estava apaixonadamente preocupado com questões de valor. Ele pensava que o que tinha sido feito a Sócrates era perverso e maligno — a morte por cicuta — que havia algo fundamentalmente errado com Atenas, e que deveria ser reorganizada politicamente. Ele achava que os Sofistas eram depravados. Mas ele também era fascinado pela matemática, por questões sobre a natureza do universo, e desafio qualquer um a dizer que um interesse era maior que o outro, e foi isso que deu origem às suas opiniões, e como eu disse, não vejo a relevância.

P: Você disse que Sócrates foi o primeiro mártir filosófico. Você poderia nos contar sobre alguns outros?

R: Bem, isso é história anedótica, não filosofia. Aristóteles chegou perto de ser um, só que ele, tendo uma filosofia muito diferente da de Sócrates, não deixou isso acontecer. Na verdade, ele fugiu deliberadamente de Atenas numa época em que sabia que seria perseguido e, em vez de se submeter à vontade do povo, a sua famosa frase é: **"Não vou dar aos atenienses a oportunidade de pecar contra a filosofia duas vezes."** Galileu está muito perto de ser um mártir, tendo sido forçado a retratar sua opinião, e você conhece a famosa história de que depois que ele se levantou oficialmente de sua retratação sobre se a Terra se move em torno do Sol, ele sussurrou, ou supostamente sussurrou: "Mas ele se move, ele gira." Ele sussurrou, o que é perfeitamente justificável. Quero dizer, ele teria que estar louco para gritar isso em voz alta em uma época quando ele seria queimado na fogueira. Spinoza é um exemplo perfeito de mártir filosófico — o único grande filósofo judeu famoso na história do pensamento ocidental, que foi formalmente excomungado pelos judeus do seu tempo (não considero Marx um filósofo sério) com o argumento de que ele era ateu. O que de fato, à sua maneira espinosista especial, ele era e não era. Ele é simultaneamente ateu e o homem mais religioso da história do pensamento (mas falaremos disso quando chegarmos a ele). Mas ele certamente foi obrigado a passar pelo inferno por causa de suas opiniões. Houve muitos outros.

P: De acordo com Platão, qual é o status dos conceitos míticos, conceitos que não têm incorporação real neste mundo?

R: "Papai Noel" é um nome próprio, então não é um conceito. Mas suponha que você diga "unicórnio" ou "centauro" ou algo que possa ter muitas ocorrências. Um indivíduo não pode existir no outro mundo; apenas os universais podem. De acordo com Platão qual é o status deles? Sim, são universais que existem no outro mundo. Existe a condição de centauro, a de unicórnio e todo o resto. Existe até mesmo um círculo quadrado, de acordo com muitos Platônicos, com base no fato de que podemos pensar nessas coisas. Se pudermos pensar nessas coisas, deve haver alguma coisa; não podemos pensar sobre o que não é. Como não existem aqui, devem existir no mundo das Formas de Platão. Num diálogo tardio, o *Parmênides*, Platão levantou a questão de que tipo de universais existem. Ele tem Sócrates como porta-voz. Ele ficou perturbado com a pergunta porque parecia que devia haver todos os tipos de universais que ele não gostaria de ter no seu mundo perfeito. Por exemplo, tinha de haver universais do mal — tinha de haver podridão perfeita, porque a podridão é um universal — e Platão ficou perturbado com a ideia de que tinha de haver todas estas coisas corruptas, na sua forma perfeita, no outro mundo, mas pela lógica do seu argumento, tem que haver. Além disso, ele não gostou muito da ideia de que deve haver universais de lama, sujeira universal, unhas universais, e ele fez Sócrates dizer, neste ponto do diálogo, que ele sente que está sendo levado ao absurdo, e mesmo assim ele não sabe o que fazer com isso. Um dos oradores do diálogo, Parmênides, tranquiliza Sócrates e diz que ele só se incomoda com essas coisas porque ainda é jovem e, quando envelhecer, a implicação é que aceitará com equanimidade toda a variedade de coisas do outro mundo e não será perturbado por isto. Então, o próprio Platão estava em debate. Mas seus seguidores tornaram tudo abrangente — há bruxas lá em cima, e fadas, e tudo mais.

P: Com que é preenchido o espaço vazio de Platão, senão com matéria?

R: Bem, tecnicamente, o espaço vazio de Platão não é matéria, mas um *ingrediente* da matéria. A matéria é a união do espaço vazio com as Formas. No entanto, você poderia olhar para isso deste ponto de vista: se você perguntar a Platão qual é a essência da matéria (uma vez que ele acredita que todas as qualidades secundárias, isto é, cores, sons, sabores etc., são subjetivas da mesma forma que Demócrito e os Atomistas acreditavam), tudo o que resta à matéria são as características quantitativas (extensão e três dimensões). Extensão e três dimensões são precisamente o que é o espaço. Portanto, é muito comum que os defensores da visão de Demócrito defendam que a matéria é apenas quantitativa, reduzam a matéria ao espaço e digam que, portanto, lá fora, no mundo real, só existe espaço. Você pode encontrar isso em Platão, já que ele subscreve essa dicotomia. Agora, isso tem o efeito de dissolver completamente o mundo físico em nada, e é outra razão pela qual essa dicotomia entre as qualidades primárias e secundárias é desastrosa. Mas você pode encontrá-la em Platão.

P: Se a influência de Pitágoras é responsável pela premissa de que apenas afirmações quantitativas podem ser científicas, não é também a

influência de Pitágoras que dá origem ao misticismo filosófico e ao irracionalismo dos pensadores nas ciências abstratas?

R: Não sei bem o que você chama de "abstrato". Você quer dizer ciências *matemáticas*? Certamente é significativamente influência de Pitágoras o fato de os matemáticos terem tal tendência ao sobrenatural e ao misticismo. Isso é pronunciado entre os matemáticos particularmente modernos. Eles acreditam que seus axiomas não têm relação com a realidade, seus conceitos não têm relação com a observação, que eles começam em seu próprio mundinho de números, exceto que eles não acreditam que exista um mundo *real* de números que eles estão tentando aprender, que eles inventam à medida que avançam de acordo com seu capricho. Eles são uma espécie de união de Pitágoras e dos Sofistas — o homem é a medida de todos os números, os números são como são etc. — isso é matemática moderna, e é uma espécie de Pitagorismo subjetivista. Eu responsabilizaria Pitágoras? Em última análise, ele é o primeiro, mas há uma longa, longa cadeia entre eles, certamente incluindo Platão, os séculos do Cristianismo, Descartes, Leibniz, Kant e depois Hegel, então Pitágoras é comparativamente inocente.

P: Psicologia filosófica e epistemologia são sinônimos?

R: Não. A psicologia filosófica, no sentido em que a usei neste curso, é a teoria filosófica da natureza do homem, sua natureza básica. Inclui questões como: o homem tem livre-arbítrio ou é determinado? Ele é motivado por um propósito ou é simplesmente um ser mecanicista? As emoções são basicamente opostas à razão ou existe alguma relação entre as duas? Todas essas questões, de certa forma, são realmente resolvidas na metafísica e na epistemologia, portanto, "psicologia filosófica", como usamos o termo neste curso, é a aplicação à teoria do homem das suas conclusões na metafísica e na epistemologia. Não é realmente um assunto separado, apenas um dispositivo pedagógico conveniente. Epistemologia é especificamente a teoria da natureza e dos meios do conhecimento. Isso terá um efeito na sua visão do homem, mas não é exatamente a mesma coisa. Terá um efeito *crucial* — se você disser que a razão é impotente, essa é uma visão Sofista do homem (ou algo equivalente). Mas isso não significa que seja exatamente a mesma coisa.

P: Como Platão explica o fato de que determinados homens não são oniscientes, se todos os homens nascem sabendo tudo?

R: Em parte porque o conhecimento nasce no seu inconsciente e, portanto, é necessário um processo complexo para desenterrá-lo. Ele não vem à tona por si só. Essa é a epistemologia de Platão, como adquirir esse conhecimento e torná-lo real, e isso veremos na próxima aula. Mas a questão é que é necessário um processo complexo; ele não aparece sozinho. É um processo de tal natureza que se você estiver interessado no mundo físico e no prazer físico, você não o realizará. Você se afastará desse processo e se concentrará em dinheiro, sexo e coisas assim, e assim permanecerá ignorante por toda a vida. Mas se você seguir a epistemologia e a ética de Platão, um dia tirará a sorte grande e saberá tudo.

P: Existem materialistas não mecanicistas ou mecanicistas não materialistas?

R: Vamos analisar um de cada vez. Existem materialistas não mecanicistas? Sim, os marxistas. Os marxistas são materialistas *dialéticos*, não materialistas mecanicistas. Como materialistas, concordam que a realidade é essencialmente matéria em movimento. Mas, como defendem a dialética, eles não acreditam que as leis que controlam o desenvolvimento da matéria sejam as boas e antiquadas leis da mecânica galileana e da mecânica newtoniana. **Eles acreditam que as leis que controlam o mundo inteiro são a *tríade dialética de Hegel* — algo acontece, e depois o oposto, e então os dois se misturam, o que dá origem a um novo oposto, e assim por diante, e a realidade valsa em direção ao destino.** Esse é um tipo muito diferente de materialismo; não é materialismo mecanicista. Existem mecanicistas não materialistas? Não consigo imaginar em que consistiriam. Se mecanicismo é a visão de que tudo funciona de acordo com as leis da mecânica, não sei o que mais obedeceria às leis da mecânica além das coisas materiais. Se tudo ocupa aquela onda, então presumivelmente tudo é material, então não consigo imaginar o contrário.

P: O mecanismo é válido na física?

R: Se tudo o que você quer dizer com "mecanismo" é "a negação da teleologia aplicada à natureza inanimada", então eu diria que sim. Em outras palavras, o Objetivismo não subscreve a ideia de que o mundo inanimado é animado por um propósito. Afirma que o propósito é coextensivo à consciência e, portanto, é possível, no máximo, para os animais, e principalmente na forma de um objetivo conceitualmente direcionado, para o homem. Neste aspecto amplo, o Objetivismo subscreveria o mecanicismo na física. No entanto, assim que nos tornamos mais específicos e entendemos por "mecanismo" as leis de Galileu, as leis de Newton ou as leis de Einstein, ou o que quer que um determinado cientista lhe diga sobre os princípios pelos quais a matéria funciona, essa é uma questão para a ciência, não para a filosofia.

9 A crítica de Ayn Rand ao livro *Para Além da Liberdade e da Dignidade*, de Skinner, foi posteriormente reimpressa em seu livro *Filosofia: quem precisa dela?*
10 Fonte desconhecida.

PALESTRA III

OS RESULTADOS NESTE MUNDO

Na palestra anterior, apresentei a essência e a base da metafísica de Platão, mas ainda não o seu clímax, para não falar do resto da sua filosofia — a sua epistemologia, a sua psicologia, a ética, a política. Essa é agora a nossa tarefa.

Quanto ao clímax da metafísica de Platão, começarei com uma excursão ao mundo das Formas, para descobrir algo sobre as características da verdadeira realidade.

A primeira coisa a saber é que as Formas, segundo Platão, não são um conjunto desconectado de universais. Não é como se você tivesse uma coleção heterogênea de "bananisse", metrô, justiça etc., sem inter-relações. O fato é que as Formas estão todas conectadas por várias relações lógicas. Elas estão unidas em um sistema integrado. De fato, diz Platão, cada lei científica, cada teorema matemático é meramente uma afirmação de como certas Formas específicas estão logicamente interligadas. Se eu disser, por exemplo, "A soma dos ângulos de um triângulo é 180 graus", isso não é uma afirmação sobre qualquer triângulo em particular; é uma afirmação sobre triangularidade, triangularidade como tal. Diz que a triangularidade está intrinsecamente ligada ao ângulo de 180 graus, um laço lógico inevitável. Ou se eu disser: "Todos os homens são mortais", novamente, estou falando do homem como tal, e estou dizendo que o homem, por sua própria natureza, acarreta a mortalidade como tal. O mesmo acontece com qualquer lei ou princípio universal que possamos afirmar.

Para Platão, as ciências são tentativas de descobrir a estrutura do mundo das Formas, tentativas de mostrar a ordem, organização ou conexão que une as várias Formas. Como as ciências fazem isso? Cada ciência, diz Platão, começa com certas premissas básicas, certas afirmações básicas de como as Formas no seu campo particular estão relacionadas. Cada ciência prossegue deduzindo uma série de consequências destas premissas básicas. Cada ciência, neste sentido, é uma descrição de alguma parte do mundo das Formas. Isto é óbvio no caso da matemática — ela começa com certas premissas e depois deduz as suas consequências. É verdade no caso da ética: você deve começar em algum lugar, com algumas premissas básicas, e então deduzir todo o seu sistema. É verdade para a física: seja qual for a teoria da física que você tenha, ela começa em algum lugar com seus axiomas físicos e depois deduz as consequências. Cada ciência individual assume certas relações entre certas Formas, e então deduz as consequências.

Isto provoca um problema, diz Platão: a menos que possamos validar as premissas básicas de cada ciência, todo o nosso conhecimento permanece hipotético. Toda a nossa ciência é reduzida ao nível da suposição. Está na ordem "*Se* as premissas são verdadeiras, *então* tudo o que deduzimos delas é verdadeiro", mas como sabemos que as premissas são verdadeiras? Em cada campo, precisamos de axiomas *verdadeiros*. O que significa, diz Platão, que precisamos de algum ponto fundamental a partir do qual possamos deduzir os axiomas das várias ciências individuais.

Apenas imagine que você poderia encontrar uma Forma fundamental, uma que fosse autointeligível ou autoluminosa — em outras palavras, você não precisa de explicação, não precisa de prova dela — uma vez que você a compreenda, uma vez que você mentalmente entre em contato com ela, por esse ato você entende o que é e por que deve existir. Agora suponhamos, diz Platão, que tendo apreendido esta Forma única, pudéssemos ver absolutamente tudo o que mais seguia dela. Poderíamos deduzir dela todos os axiomas de todas as ciências individuais. Bem, diz Platão, se pudéssemos fazer isso, teríamos colocado todas as ciências em terreno absolutamente firme. Além disso, teríamos alcançado um resultado maravilhoso de unidade intelectual. Em vez de os psicólogos falarem a sua língua, os moralistas falarem a sua e os físicos falarem a sua, tudo de uma forma fragmentada, desconectada, desintegrada e muitas vezes contraditória, teríamos unido todas as áreas do conhecimento humano num todo, deduzindo a base de cada ciência separada a partir de um princípio fundamental. Afinal, diz Platão, vivemos num universo integrado. Deve haver, portanto, um princípio último do qual todo o resto decorre.

É crucial descobrir isso, por isso embarcamos novamente na busca pelo um entre muitos. Mas agora toda a busca é transferida para o mundo das Formas — estamos procurando a Forma suprema que une as muitas Formas. Platão acreditava que existia uma tal Forma, o axioma último do qual tudo o mais se segue — na verdade, se você a compreender, você será verdadeiramente onisciente, porque você aprende todas as outras Formas, e, uma vez que este mundo é apenas o reflexo no espaço do outro mundo das Formas, você teria, portanto, (na medida em que este mundo é inteligível) compreendido tudo o que há para saber sobre ele. Você teria explicado a totalidade da existência em todos os níveis se compreendesse esta Forma.

A realidade de Platão pode, portanto, ser comparada analogicamente a uma pirâmide, mas o que procuramos agora é o ápice, o clímax, o grande prêmio: a chave última da realidade. É claro que Platão não apresenta nenhum argumento para provar que a Forma suprema deve ser de natureza única, que deve haver apenas uma. Neste ponto, ele está simplesmente a refletir o monismo que era característico da maior parte da filosofia grega. É outro reflexo do desejo grego de reduzir muitos a uma Forma sobrenatural.

Qual poderia ser a natureza desta Forma fundamental? Sabemos que é para explicar todo o universo. É para ser a explicação de tudo. Isso levanta a questão: o que você considera uma explicação? Platão tem uma resposta firme para essa pergunta. **Platão é um teólogo completo. Lembre-se de que defini "teleologia" como a visão de que o propósito opera em algum lugar do universo, e talvez no universo como um todo (existem várias formas de teleologia, e ela é contrastada com o mecanicismo, a visão de que tudo acontece por lei mecânica, desprovido de propósito, à la perspectiva Atomista).** Platão é um teólogo universal. Ele acredita que *cada* evento no universo deve ser explicado em termos do propósito a que serve, em termos de algo que os eventos do mundo estão se esforçando para realizar, em termos de objetivos, de fins, de algum tipo de bem que tudo está visando. Platão considera os Atomistas completamente errados no seu conceito do que constitui uma explicação. Os Atomistas, diz ele, na melhor das hipóteses nos contam *como* as coisas acontecem. Dizem-nos que, nestas circunstâncias, é assim que as partículas da matéria se movimentam — estas são as leis *descritivas* que caracterizam o comportamento real do mundo físico. Os Atomistas apenas descrevem, diz Platão. Isso é verdade para qualquer mecanicista, diz ele. Se quisermos saber o *porquê*, e não apenas *como* — se quisermos explicação, e não apenas descrição — deve ser em termos de propósito, e "propósito" significa algum bem que tudo visa.

No nível humano, isso é óbvio. Se Bobby Fischer fizer uma jogada no xadrez, nenhuma explicação mecanicista irá explicar isso. Você pode falar sobre o tremor de seu córtex até ficar com o rosto roxo, mas não vai captar a *razão* pela qual ele fez aquele movimento, pois além de seu motivo, o objetivo que ele almejava (ou seja, derrotar Boris Spassky). Platão adota esse padrão de explicação para todo o universo. Essa é uma generalização injustificada, mas ele o faz, mesmo assim. Na sua opinião, a alternativa é o mecanismo Atomístico geral versus a teleologia geral, e ele escolhe a última. Consequentemente, ele chamou a Forma última de "a Forma do Bem", uma vez que o bem é aquilo a que tudo visa. Outra palavra para isso é "bondade" e, portanto, a expressão "bondade graciosa" é puro Platonismo.

Quais são as funções da Forma do Bem? Tem duas funções fundamentais em Platão, uma metafísica e uma epistemológica. Metafisicamente, é o propósito de toda a existência, o propósito do universo. Epistemologicamente, é *o* único axioma de todo conhecimento. Metafisicamente, para reafirmar, é a fonte da existência; é o que torna toda a realidade possível. Num modelo teleológico do universo, se você removesse o propósito, removeria tudo o que existe para servir ao propósito. Se Fischer não tivesse nenhum propósito, ele não jogaria xadrez; não poderia existir. Da mesma forma, se você sustentar que todo o universo existe para servir a um propósito, se você remover o propósito, todo o universo desaparecerá. Nesse sentido do termo, a Forma do Bem para Platão é a fonte de toda a existência. Epistemologicamente, como resultado, é a fonte de toda inteligibilidade. É o que torna qualquer coisa compreensível porque é o que leva aos axiomas das ciências e até o fim. A menos que alcancemos intelectualmente a Forma do Bem, a realidade permanece um mistério para nós — não entenderíamos por quê.

A este respeito, a Forma do Bem desempenha para Platão uma função enormemente semelhante à função que Deus desempenhou para a filosofia Cristã posterior. Deus, para o Cristianismo, é a fonte da realidade e a fonte última de inteligibilidade. Até que você o compreenda e, em termos Cristãos, "seu plano", você não poderá entender o universo. A este respeito, o Cristianismo assumiu a visão de Platão.

Entretanto a Forma do Bem de Platão ainda não é um deus. É, lembre-se, uma bondade universal — impessoal, inconsciente — é uma bondade universal abstrata. Não tem plano, nem vontade, nem consciência; simplesmente existe no mundo das Formas, e tudo luta por isso. Para tirar Deus da Forma do Bem de Platão, você tem que fazer adicionar uma personalidade (o que foi feito muito em breve).

O próprio Platão compara a Forma do Bem (apenas numa analogia) ao sol porque, diz ele, o sol, em certo sentido, permite que tudo exista na terra. Pelo menos permite a existência de seres vivos, fornecendo o calor e o sustento vital necessários; caso contrário, a terra esfriaria e morreria e, nesse sentido analógico vago, permitiria que a terra existisse; e, epistemologicamente, o sol torna tudo visível (isto é, na era anterior a Thomas Edison), e sem ele o mundo inteiro seria negro e ninguém poderia ter consciência disso. Nesse mesmo sentido, a Forma do Bem passa a ter essas duas funções aplicadas a todo o universo.

A questão filosófica mais urgente será "O que é o Bem?". Temos que conhecê-lo para compreender qualquer coisa, para tornar o universo inteligível. Qual é a resposta de Platão? Qual é a natureza do Bem? Qual é o propósito final de tudo? Infelizmente, não posso te contar. Não posso lhe dizer porque Platão defendia a opinião de que seus pensamentos mais profundos não deveriam ser expressos por escrito. Ele sustentou que a Forma do Bem é *inefável* — "inefável" é um termo técnico-filosófico que significa "fora do poder da conceituação humana, além da linguagem humana, da lógica, da discussão, dos conceitos". **Para compreender a Forma do Bem, você não faz nenhuma intelectualização; você deve transcender o** intelecto e ter uma intuição, ou uma visão — uma visão que, quando você a tem, é completa e cegamente autoiluminadora e que, se você não a tiver, não há nada que alguém possa lhe dizer. Para quem entende, nenhuma explicação é necessária; para aqueles que não entendem, nenhuma explicação é possível. Em ambos os casos, não explicamos.

Isto é misticismo, misticismo *técnico* (sendo o misticismo a visão de que o conhecimento é alcançável por outros meios que não a razão ou os sentidos). Neste aspecto, Platão é o pai do misticismo na filosofia Ocidental. À medida que o curso avança, você verá a extensão de seu legado, caso ainda não saiba disso. Devo dizer que o próprio Platão acreditava que havia um curso de ação definido que deveria ser seguido para ter essa visão especial. Embora ele não pudesse lhe dizer como era a visão, ele poderia lhe dizer os passos necessários para alcançá-la e os descreve em detalhes. Trata-se de um período rigoroso de formação essencialmente matemática, que se estende por décadas e se torna progressivamente mais abstrato. Platão achava que a matemática era muito valiosa porque quanto mais você se envolve em matemática superior, mais tênue se torna o seu vínculo com o mundo físico, e num certo ponto você corta completamente os seus laços, e nesse ponto você está livre para passar para a Forma do Bem. Você pode ver a influência do misticismo matemático Pitagórico em Platão.

Para resumir a metafísica de Platão: existe um mundo de Formas presidido pela Forma do Bem, todo ele refletido no espaço, gerando assim esta reflexão semirreal que chamamos de mundo físico, e se não somos Platônicos, nós erroneamente chamamos isso de realidade.

Voltemo-nos agora de forma mais sistemática para a epistemologia de Platão. Eu disse anteriormente que um dos principais objetivos da filosofia de Platão era responder aos Sofistas, mostrar que o conhecimento objetivo é possível. Mas aqui temos imediatamente uma questão: como poderemos conhecer as Formas? Afinal, elas constituem um mundo completamente diferente — um mundo imaterial e, como tal, não no espaço, nem no tempo — e, no entanto, aqui estamos nós na Terra, limitados pelos nossos corpos e pelos nossos sentidos. Como podemos entrar em contato com elas? A resposta de Platão: pelo pensamento. Mas a questão é: como o pensamento aqui embaixo entra em contato com as Formas lá em cima? Tenha em mente que "para cima" e "para baixo" são aqui apenas metáforas porque as Formas não estão em lugar nenhum; elas não são espaciais. Já tocamos na resposta para isso. Provamos, pelo menos na opinião de Platão, que devemos ter estado em contato com o mundo das Formas antes desta vida. Devemos ter vivido no mundo das Formas numa vida anterior. Platão acredita ter provado isso e, portanto, adota intacta toda a visão Órfica/Pitagórica, com a roda do nascimento e das reencarnações sucessivas — o objetivo final sendo a fuga. **Mas, em qualquer caso, as nossas almas conheciam todas as Formas e, portanto, todas as leis e, portanto, a nossa alma era realmente onisciente antes do seu nascimento neste mundo.** Quando, porém, foi imersa no corpo e lançada no fluxo Heraclitiano, sofreu o que os psicólogos modernos chamariam de "trauma de nascimento". O efeito é que a alma esqueceu todas as coisas que conhecia. Em termos modernos, todo esse conhecimento desceu para o inconsciente. Mas ainda está aí, ainda em nós, ainda é real. O que chamamos de "adquirir conhecimento", diz **Platão**, *não* é realmente adquirir *novo* conhecimento; é um processo de desenterrar do seu subconsciente ou inconsciente o que já existe.

Esta é a famosa teoria do conhecimento de Platão como reminiscência (*anamnese* **em grego).** Portanto, para Platão, definitivamente existe um **conhecimento** inato, um conhecimento que nasce em nós. Os sentidos, os sentidos físicos, não são meios de obter novos conhecimentos da realidade. Qual é então a sua função? Platão acredita que se você pegasse um bebê e mutilasse seus sentidos, ele seria capaz de seguir em frente alegremente e ainda se lembrar das Formas? Não. Platão diz que definitivamente precisamos dos sentidos nos estágios iniciais do conhecimento. Não para nos ensinar algo novo, mas para servir de estímulo — para refrescar nossas memórias. A melhor analogia que você pode imaginar (aquela que me ensinaram quando aprendi Platão pela primeira vez) é esta: imagine que vinte, trinta ou quarenta anos depois de terminar a faculdade, você se depara com um anuário velho e desbotado com fotos de seus colegas de classe, e seu neto está ocupado se empurrando para a frente e para trás, então você tem apenas um vislumbre fugaz de uma fotografia desbotada. Se você não conhecesse o homem da fotografia há vinte, trinta, quarenta anos atrás, nunca obteria nada com esse pequeno estímulo. Mas dado que você conheceu bem o homem, mesmo que o tenha esquecido completamente, esse estímulo corrupto, imperfeito e oscilante é suficiente para lembrá-lo; você diz: "Oh, sim, Jones, eu me lembro dele, não penso nele há anos." Para Platão, em essência, isso é verdade para todo conhecimento. Você vê alguns cavalos e diz: "Ah, sim, cavalo, agora isso volta para mim." Mas depois de um período inicial estimulando assim as suas memórias, o conhecimento subsequente é uma questão de olhar *para dentro* e não para fora. **É uma questão de afastar-se do mundo, de** *introspecção*. **Porque temos em nós todas as verdades, leis e conceitos básicos, e o que fazemos é procurá-los, encontrá-los e proceder à dedução lógica das suas consequências, independentemente de qualquer observação sensorial adicional.**

Essa visão do conhecimento é chamada de *Racionalismo*. Com Platão temos uma resposta totalmente elaborada à pergunta que já foi feita diversas vezes: como funciona a razão se não se baseia em dados sensoriais? Heráclito e

Parmênides e essas primeiras figuras eram racionalistas, mas se você lhes fizesse essa pergunta, eles não teriam resposta. Platão tem uma resposta. **Sua resposta é que a razão é capaz de adquirir conhecimento independente dos sentidos porque nascemos com ideias inatas.**

A partir da época de Platão, o "Racionalismo" adquire uma definição mais completa. Torna-se a teoria epistemológica de que o conhecimento pode ser adquirido apenas pelo raciocínio a partir de conceitos inatos e que a percepção sensorial é, em princípio, dispensável (exceto como estímulo). É chamado de "Racionalismo" porque Platão chamou de "razão" a faculdade que estudava os universais. É a ideia de que só a razão pode lhe dar conhecimento, independentemente dos sentidos. Devo dizer, para ser exato, que esta definição de "Racionalismo" é válida descritivamente para os filósofos deste campo até ao século xviii, altura em que Kant introduziu uma versão bastante diferente do Racionalismo, uma variação de Platão, mas, no entanto, uma versão significativamente diferente. Do século xviii até o presente, o Racionalismo é bem diferente e não aceita ideias inatas.

Que prova Platão oferece para ideias inatas? Em geral, existe apenas um argumento a favor das ideias inatas, e então é uma questão de todas as suas diversas formas. O argumento geral a favor das ideias inatas levantado pelos Platônicos, desde a Grécia até ao presente, é: "**Temos um certo tipo de conhecimento que** *não poderíamos* **ter adquirido através da observação sensorial. Mas nós temos este conhecimento. Portanto, deve ter sido adquirido em outro lugar. Devemos tê-lo obtido por algum meio além dos sentidos. Devemos nascer com isso. Deve ser inato.**" Então os vários subargumentos sob isto são especificações dos tipos de conhecimento que vários filósofos consideram que não poderiam ter sido adquiridos pela experiência. Por exemplo, o próprio Platão menciona o conhecimento da perfeição. Ele menciona o argumento da *ordem* do conhecimento, da capacidade do homem de definir e classificar, o que, em sua opinião, pressupõe que conhecíamos os universais antes desta vida e não poderíamos tê-los adquirido a partir de particulares sensoriais. Ele nos dá vários outros argumentos equivalentes. Um argumento famoso, embora muito fraco, é apresentado no *Mênon*, onde Sócrates diz a um homem que possui um escravo: "Traga-me o seu menino escravo" — este menino é completamente inculto — "e eu lhe mostrarei que ele possui conhecimento de teoremas geométricos complexos que ninguém jamais lhe ensinou. Vou extraí-los dele através de questionamentos criteriosos. Observe e veja que não vou dizer nada a ele, apenas vou interrogá-lo". Com certeza, Sócrates, por meio de uma série de perguntas (sem nada na forma declarativa, tudo interrogativo), faz o menino no final surgir com um teorema geométrico complexo. Sócrates tira a moral: "Veja, ele tinha isso dentro de si o tempo todo; ele só precisava ser lembrado disso." Desnecessário será dizer que, durante séculos, os críticos afirmaram que Sócrates lhe dava informações a torto e a direito e o fazia sob a forma de perguntas. Não é tão grosseiro quanto o seguinte, mas o que significa é: "Você não *vê* que a soma dos ângulos de um triângulo é 180 graus?" e o menino escravo diz: "Sim, sim, eu vejo". Então isso não é muito convincente, mesmo assim é famoso.

No *Fédon*, Platão dá quatro provas da imortalidade da alma. Mencionei uma delas anteriormente, ou seja, que a alma deve ter existido antes do corpo, e isso é prova da imortalidade da alma (se fosse válida), porque se pudesse existir antes, poderia muito bem existir *depois* do corpo, porque o ponto essencial num argumento da imortalidade é provar a *independência* da alma em relação ao corpo, e Platão teria feito isso. Ele apresenta outros três no *Fédon*, mas são argumentos muito pobres, por isso não tomarei seu tempo discutindo-os, exceto no período de perguntas, se vocês estiverem interessados.

Em qualquer caso, ele está convencido, para sua satisfação, de que estabeleceu a existência de ideias inatas, e isso se torna um desafio para Aristóteles explicar como todo conhecimento é possível sem ideias inatas. Aristóteles aceita esse desafio e passa a definir para cada categoria de conhecimento que Platão disse que *não poderíamos* obter a partir da experiência, como você o obtém a partir da experiência, como veremos quando chegarmos a Aristóteles.

Continuemos com a epistemologia de Platão, detalhando os passos que você deve seguir para relembrar e despertar todo o seu conhecimento. Você deve, diz Platão, passar por quatro estágios no caminho da ignorância ao domínio completo de todo o universo. (Devo corrigir que não é a ignorância real, mas "ignorância" entre aspas, a ignorância de um bebê que não se lembra de nada.) Ele ilustra isso com uma famosa linha dividida que tem quatro segmentos, e você sobe na linha através das quatro etapas.

O primeiro estágio ele chama de *estado de imaginação*. Este é o estágio em que você é totalmente ignorante, confuso e não iluminado. No que diz respeito à cognição, você considera todas as aparências superficiais pelo seu valor nominal. Para Platão, você é, na verdade, um bebê, pois este é o estágio em que os bebês começam: você não distingue entre sonhos e coisas físicas. Se você sonha que alguém bateu em você, você acorda bravo com essa pessoa, porque considera o sonho e a coisa física intercambiáveis. Você se olha no espelho e vê uma imagem, reflexo ou sombra sua, e pensa que é outra pessoa; você nem consegue distinguir entre imagens e coisas físicas. Em outras palavras, você está sendo bombardeado por um fluxo não identificado de sensações. A contrapartida moral deste primeiro nível de imaginação é onde você aceita tudo o que deseja, qualquer desejo, de forma totalmente impensada. Isto representaria a mentalidade moral de um animal (aquele que deseja e sai em busca do que quer, sem quaisquer questões de certo ou errado), ou de um Sofista (que faz a mesma coisa por uma questão de princípio filosófico). Esta é a mentalidade mais baixa que existe.

O segundo estágio é o *estágio da crença* ou o *estágio da opinião*. A esta altura, você já cresceu alguns anos e aprendeu a distinguir alguns fatos em relação ao mundo físico. Agora você pode perceber a diferença entre fato e fantasia, entre objetos físicos, por um lado, e sonhos ou imagens, por outro. Você chegou até ao nível em que fez uma variedade de observações empíricas dispersas e algumas generalizações grosseiras, aproximadas e grosseiras, na ordem das regras práticas empíricas. Nesta fase, não sabemos *por que* é que qualquer um destes fatos ou generalizações são verdadeiros e, portanto, não temos capacidade para ter a certeza de que continuarão a ser verdadeiros. Por exemplo, você observou que, se acompanhar um homem por tempo suficiente, ele cairá morto, mas não tem ideia de *por que* todos os homens são mortais — isso é simplesmente uma observação bruta. Ou se você se especializou em triângulos, continuou medindo-os e a soma dos ângulos continuou sendo 180, mas, pelo que você sabe, o próximo pode ser 179 ou 250? Então, você tem um certo grau de probabilidade aqui, mas não o conhecimento verdadeiro. É por isso que Platão chama isso de "estágio da crença" — você *acredita* em certas coisas, mas ainda não as conhece. Há outras razões pelas quais você ainda não tem conhecimento neste estágio: você está usando seus sentidos para estudar objetos físicos e, claro, eles não são reais, são contraditórios, estão em fluxo, eles não podem ser conhecidos e os sentidos são inválidos. Então, por todas essas razões, só temos *crença* neste estado específico. A contraparte moral neste nível específico seria o homem comum, que absorveu um certo conjunto de regras — você não deve matar, não deve trapacear, não deve contar mentiras — mas ele não poderia dizer a razão, ou provar que estas regras são universais, ou em que contexto elas são universais. Elas são apenas regras básicas de bom senso. Observe que sua opinião, ou sua crença (Platão usa as duas como sinônimos), pode estar certa ou errada. Mas mesmo que esteja certo, ainda é apenas uma opinião, uma crença; ainda não é conhecimento.

O estágio três, subindo na linha, é o estágio que ele chama de *pensamento*. Esse é o ponto, o palco, onde a ciência começa. O que significa que, tendo passado pelos estímulos dos estágios anteriores, agora somos capazes de nos afastar completamente do mundo físico, do mundo sensível, e focar nossa atenção nas Formas — Formas individuais e separadas a princípio, neste estágio específico. O que descobrimos é que cada vez que apreendemos qualquer Forma, ela ilumina e torna inteligível tudo o que observamos nos níveis anteriores. Assim que apreendemos uma Forma, isso explica *por qual razão* as regras que observamos empiricamente são verdadeiras.

Isto é verdade para todos os níveis — cada estágio explica o estágio anterior. Podemos ilustrar isso imaginando por um momento que, por algum motivo fantástico, você quisesse estudar as sombras de um cavalo físico específico. Você nunca tinha visto o cavalo; você estava observando os reflexos dele em um lago e decidiu estudá-los. Você poderia aprender alguma coisa estudando as sombras; elas podem seguir uma certa progressão em uma certa ordem, e você pode perceber que obviamente não se trata de uma banana envolvida aqui, e assim por diante. Mas você não poderia aprender muito. Tudo o que você aprendeu seria apenas uma série de observações grosseiras — as sombras se movem para um lado e para outro, mas você não sabe por que isso acontece. O que torna possível que você estude as sombras? O fato de existir um cavalo físico real. Suponha que você se vire e veja o cavalo real depois de anos estudando as sombras, você diria: "Ahá, isso dá sentido a tudo; agora vejo o que todas essas sombras estavam fazendo e por que faziam o que faziam." O nível superior ilumina e explica o inferior. Isso é exatamente verdade no terceiro nível em relação ao segundo, mas no terceiro nível, você descobre a "cavalice", e quando você chega lá e apreende a natureza abstrata dos cavalos como tal, então tudo o que você observou sobre aspectos físicos específicos dos cavalos agora se encaixa e você vê como isso decorre da própria natureza do cavalo.

Se você quiser um exemplo dos três estágios, um bebê seria o exemplo do estágio um — ele não sabe nada sobre cavalos; ele não consegue distinguir um cavalo físico de um cavalo de carrossel. A segunda etapa seria um fã de corridas, que descobriu que certos cavalos são bons para lama e outros não, e assim por diante, mas não conseguiu explicar por que e, portanto, é apenas uma probabilidade. O terceiro estágio seria o biólogo teórico (ou, se você quisesse uma ciência dos cavalos, o hipólogo), e ele deduziria da própria *natureza* do cavalo todas as regras anteriores. Ou, no que diz respeito aos fenômenos mecânicos, o primeiro estágio seria o do leigo que ignora completamente as coisas mecânicas; o segundo seria um mecânico de garagem, que sabe, por experiência prática, que se você bater nessa coisa em particular, o carro dará partida, e se você colocar óleo aqui, não, mas ele não sabe por quê; e o terceiro estágio seria o do físico teórico, que poderia lhe dizer as leis das quais suas observações empíricas particulares são dedutíveis. No nível moral, os três estágios seriam: o estágio mais baixo, o Sofista; o segundo estágio, o homem comum (que pode ter crenças corretas, mas inexplicáveis); e o terceiro estágio, o filósofo moral, que explica as razões por trás dessas crenças corretas. O princípio geral é: o abstrato, o universal, o geral — sempre explica o particular, dando-lhe a *razão* para o particular.

Nesta fase do pensamento, ou da ciência, estamos quase na fase da certeza, mas ainda não. Ainda não é o conhecimento verdadeiro, pela razão que mencionei no início, nomeadamente, vamos apenas até um certo ponto e depois nos deparamos com a parede branca dos axiomas das próprias ciências nesta fase, e eles ainda não estão validados; são apenas suposições, portanto toda a nossa estrutura é precária e não é conhecimento verdadeiro. Assim alcançamos o verdadeiro conhecimento, o estágio quatro, o *verdadeiro* conhecimento, onde apreendemos o pináculo, a Forma do Bem, e nesse ponto somos capazes de raciocinar ao longo de toda a cadeia e mostrar que tudo o que descobrimos *ascendentemente* segue dedutivamente da Forma do Bem. Neste ponto, temos a verdadeira compreensão do universo. Atingimos a sorte grande epistemológica. Assim, são quatro fases e a cada uma corresponde o seu tipo apropriado de objeto: (1) a fase de imaginar, que tem como contrapartida imagens — o homem perde-se num mundo de imagens de um bebê; (2) o estágio da crença, que estuda objetos físicos; (3) o estágio do pensamento, que estuda as Formas inferiores; e (4) o estágio do conhecimento, que apreende o Bem. Cada estágio torna possível a existência do inferior. Dá-lhe conhecimento do porquê e, assim, ilumina o estágio inferior.

Estas quatro etapas foram ilustradas por Platão numa famosa parábola, ou alegoria, que ele inventou. É uma história maravilhosa porque capta não apenas a sua epistemologia e metafísica, mas a essência de toda a filosofia Platônica. Não acredito que algum curso sobre Platão seja ministrado em algum lugar onde essa história não seja contada, e por isso quero reservar cinco minutos para contá-la a vocês. **É chamada de Mito (ou Alegoria) da Caverna e é apresentado em** *A República*.

Imagine, por exemplo, que todos vocês estão em uma caverna subterrânea escura, úmida e sombria, e imaginem que vocês são prisioneiros nesta caverna desde o momento em que nasceram. Você não pode se levantar e se movimentar, você está acorrentado pelo pescoço e pelos tornozelos, você só pode olhar para a frente, para a parede à sua frente. Atrás de você, sem que você saiba, há um grupo de pessoas que você nunca viu, e elas carregam vários objetos, e atrás delas há um fogo que lança o reflexo desses objetos na parede à sua frente, de modo que você vê apenas as sombras em movimento desses objetos na parede e é completamente ignorante dos objetos reais no fogo atrás de você. Agora vocês, os prisioneiros da caverna, necessariamente considerariam as sombras como realidade, porque nunca viram ou conceberam mais nada. Consequentemente, você atribuiria grande importância à proficiência na detecção de sombras. Você (estou elaborando um pouco aqui para torná-lo mais moderno, mas a ideia é de Platão) daria seu doutorado ao homem que fosse mais capaz de detectar as sombras, e você faria dele o presidente do país e daria honras aos especialistas em sombras porque, afinal, são eles os expoentes da capacidade de lidar com a realidade como você a vê.

Agora, diz Platão, libertemos um destes prisioneiros. Ele está muito rígido — ele está sentado ali há anos, acorrentado e, portanto, é doloroso. Quando o levamos para atrás, ele primeiro tem que proteger os olhos porque está muito claro lá atrás com essa grande fogueira. Porém, a certa altura, seus olhos se acostumam e ele diz: "Então é isso que está acontecendo mesmo. Eu estava apenas olhando para as sombras; todos nós estávamos iludidos", e ele fica surpreso, e lhe dizemos: "Você ainda não viu nada."

Nós o levamos pela longa jornada até a superfície da terra, e ele emerge do túnel subterrâneo e vê esse novo e fantástico reino com o qual ele nunca sonhou. Ele fica completamente impressionado com a variedade, a beleza e assim por diante, em comparação com a caverna escura e sombria. Isso, ele vê, é o que é realmente real, e o mundo das cavernas é apenas um apêndice sem sentido. Claro, ele não consegue enxergar muito bem no início. Como é realmente ofuscante, ele tem que manter os olhos baixos, mas depois de um tempo ele se acostuma com a luz e começa a se perguntar de onde vem toda essa luz. Finalmente ele olha para cima e vê o sol brilhante, a fonte suprema de energia e de vida, que tudo ilumina, e chegou ao fim da sua jornada. Ele não quer nada além de viver no mundo da beleza e da luz do sol, mas sente que é seu dever retornar à caverna para esclarecer seus companheiros prisioneiros e libertá-los de suas ilusões. Então, ele começa a descer. Mas ele tropeça porque agora não consegue enxergar muito bem no escuro. Mas ele volta para a caverna e encontra os prisioneiros discutindo animadamente sobre uma sombra ou outra. Ele entra correndo e diz: "Esqueça essa bobagem. Isso tudo são sombras. Eu vi a *verdadeira* realidade." Então, os prisioneiros lhe perguntaram: "Bem, como é?" Ele diz: "Não posso te contar. É incomunicável. Você não poderia imaginar isso. Você teria que ver por si mesmo." Bem, os prisioneiros são céticos e, se atualizarmos o mito, fazem-lhe um teste de sanidade porque acham que ele é louco. Como definem "sanidade" como a capacidade de lidar com a realidade (e, portanto, com as sombras), medem a capacidade dele de lidar com as sombras, e como seus olhos não estão mais acostumados com a escuridão, ele se sai mal e falha, e eles o matam (o que é uma alusão óbvia ao que as massas fizeram a Sócrates). Em outras palavras, eles estão irremediavelmente fora de sintonia com a realidade.

Esse é o famoso Mito da Caverna. Você vê o significado dele: os quatro estágios, as sombras e os objetos físicos na parte de trás correspondem aos dois primeiros estágios, imaginação e crença, e a ascensão à superfície da terra corresponde à ascensão ao mundo das Formas, e o sol é o substituto da Forma do Bem. As pessoas presas na caverna, que estão condenadas a acreditar que isso é realidade, são as massas da humanidade. Os poucos que conseguem escapar da caverna e ver a verdadeira realidade são os filósofos (desnecessário dizer, os filósofos *Platônicos*, não os Sofistas).

O que isso ilustra? Na visão de Platão, o conhecimento exige que você deixe este mundo, que afaste seu intelecto do físico, que reoriente toda a sua alma, disposição e interesses, que deixe o reino das sombras semirreal — se você quer conhecimento, não é deste mundo. Outro ponto que ilustra: o conhecimento crucial e final necessário é alcançar a Forma do Bem. Até que você saiba isso, você não poderá organizar seu conhecimento em uma visão compreensível da realidade e, portanto, você não terá como saber como viver uma vida adequada, porque você não sabe o que é o bem, para que serve tudo isso, qual é o propósito disso. Você não consegue entender nada sem esse conhecimento do que é o bem e, portanto, suas ações são imprevisíveis, aleatórias e autodestrutivas. Observe também que é um processo doloroso. É difícil, por causa da constante dor física na adaptação à luz. É difícil porque, para compreender isso, é preciso afastar-se de tudo o que é familiar — dos sentidos, do físico — e alcançar uma visão, o que leva anos e anos de preparação cada vez mais abstrata. O resultado é que a maioria dos homens nunca o alcança; eles nunca aprendem nem mesmo sobre o mundo das Formas, muito menos sobre a Forma do Bem. Eles passam a vida nas sombras.

Agora, exercite a sua engenhosidade e preveja as implicações políticas deste ponto de vista. Basta perguntar a si mesmo se o conhecimento crucial necessário para viver é doloroso, difícil, incomunicável — se você precisa de uma visão mística que apenas alguns serão capazes de alcançar — então quem estará qualificado para dizer aos homens como viver suas vidas, e governar seus assuntos políticos? Somente esses poucos. Esta é a base epistemológica da política de Platão. **É o primeiro exemplo de uma lei invariante da filosofia: o misticismo leva à ditadura.**

Se um oponente de Platão lhe dissesse: "Não acredito no seu mundo das Formas. Acredito em objetos físicos que posso ver, ouvir, saborear e assim por diante, e é isso que considero real", um verdadeiro Platônico diria que essa resposta revela tudo; que essa resposta é a prova de que você é uma das massas ignorantes presas na caverna e que, portanto, é inútil tentar argumentar com você. Mas você não precisa se preocupar, pois o peregrino da caverna promete voltar e lhe dar toda a orientação que você precisar. Essa é a essência da metafísica e da epistemologia de Platão.

Antes de nos voltarmos para sua ética, você pode ver no Mito da Caverna a direção geral que a ética de Platão tomará. Qual será o objetivo do homem moral? Obviamente, escapar da caverna, para alcançar o mundo superior da beleza, da verdade e da luz solar. Sua atitude para com a caverna (ou seja, para com este mundo) será de desdém, de desgosto, de desejo de sair. Como, na vida real, um homem escapa deste mundo? Seu corpo está condenado a permanecer neste mundo — é físico, faz parte do mundo sensível. Somente sua alma pode ir para o mundo das Formas. Isso acontece *quando o homem morre*. Consequentemente, o objetivo último de tal ética é a *morte*, ou seja, a fuga deste mundo, a libertação da alma do corpo, das sombras e das imperfeições.

OS RESULTADOS NESTE MUNDO

Você pode pensar que estou lendo algo sobre Platão, criticando-o implicitamente a partir da estrutura da ética Objetivista, então cito uma passagem do *Fédon* (é Sócrates falando, representando a visão de Platão):

> As pessoas comuns parecem não perceber que aqueles que realmente se aplicam à filosofia da maneira correta estão se preparando direta e automaticamente para a morte. Se isso for verdade, e eles realmente aguardaram a morte durante toda a vida, seria obviamente absurdo ficarem preocupados quando chegar aquilo para o qual eles vêm se preparando e aguardando há tanto tempo. Se um homem se treinou durante toda a sua vida para viver num estado tão próximo quanto possível da morte, não seria ridículo que ele ficasse angustiado quando a morte chegasse até ele? É um fato que os verdadeiros filósofos fazem da morte a sua profissão.

Você pode perguntar: por que não cometer suicídio? A resposta de Platão é a mesma dos Órficos antes dele, e dos Cristãos depois dele: eles criam este mundo, este outro mundo, que consideram magnífico, mas afinal, se você exortar seus seguidores ao suicídio, é muito difícil ter um movimento de massa. Portanto, o suicídio é proibido. Se Deus dá, Deus tira, é a ideia.

No entanto, o que você *pode* fazer durante a vida é libertar a alma, tanto quanto possível, do domínio do corpo. Em outras palavras, viva uma vida *ascética*. Aqui está outro breve trecho do *Fédon*, uma conversa entre Sócrates e outro filósofo:

> "Você acha que é certo que um filósofo se preocupe com os chamados prazeres da comida e da bebida?"
>
> "Certamente que não, Sócrates."
>
> "E quanto aos prazeres sexuais?"
>
> "Não, de jeito nenhum."
>
> "E as outras atenções que prestamos ao nosso corpo? Você acha que um filósofo atribui alguma importância a eles? Quero dizer coisas como se munir de roupas e sapatos elegantes e outros ornamentos corporais. Você acha que ele os valoriza ou os despreza, na medida em que não há necessidade real de ele entrar nesse tipo de coisa?"
>
> "Acho que o verdadeiro filósofo os despreza."
>
> "Então, em geral, você acha que um homem desse tipo não se preocupa com o corpo, mas mantém sua atenção voltada tanto quanto pode para longe dele e para a alma?"
>
> "É sim."
>
> "Portanto, é claro no caso dos prazeres físicos que o filósofo liberta a sua alma da associação com o corpo, na medida do possível, numa maior extensão do que os outros homens."

Platão tem uma legião de seguidores neste ponto, que se estende desde os primeiros Cristãos até aos hippies: no seu antimaterialismo, até às suas atitudes em relação aos seus próprios corpos e às roupas que vestem, a sua atitude básica é Platônica. (No entanto, eles não a aplicam ao sexo da maneira recomendada por Platão.) Devo dizer, em nome de Platão, que ele era muito mais organizado. Devo também salientar que os hippies fazem isso na mesma base metafísico-epistemológica de Platão, de quem eles a obtiveram (embora na verdade a tenham obtido diretamente das histórias em quadrinhos, mas, em última análise, de Platão) — ou seja, a ideia de que existe outra realidade que transcende a esta, e que você a compreende através da visão mística. No entanto, representam uma nova versão moderna do misticismo, em que a chave para a visão mística não são quarenta anos de matemática superior, mas uma dose de LSD. Isso, contudo, é simplesmente a transformação da matemática em química como a chave suprema. Isso não altera a filosofia envolvida.

Você vê aqui um paralelo exato que Platão traça explicitamente em sua epistemologia e em sua ética. Na epistemologia, os sentidos corporais nos enganam; o verdadeiro conhecimento vem da própria razão pura, separada do físico. Assim como os sentidos corporais nos enganam na epistemologia, os desejos corporais nos corrompem na ética. A verdadeira virtude reside em ser antifísico. Portanto, tanto o conhecimento quanto a virtude exigem a saída da caverna (em outras palavras, a saída deste mundo). Você vê aqui a influência Pitagórica-Órfica em Platão. Lembro-lhe que Platão é grego e não é totalmente consistente; alguns de seus diálogos são muito mais deste mundo, na medida em que ele escreve enquanto grego. A Grécia era uma civilização demasiada saudável para produzir algo como as aberrações que ocorreram quando o Cristianismo assumiu o poder.

Vejamos agora de forma mais sistemática a ética de Platão, tendo estabelecido os fundamentos gerais. Mas primeiro quero recuar um pouco no tempo e dizer algumas palavras sobre a visão de Sócrates sobre ética. Sócrates foi o professor de Platão e desenvolveu certas visões éticas próprias (bastante generalizadas, mas ainda assim muito importantes), que foram posteriormente retomadas e desenvolvidas por Platão e, de uma forma diferente, também por Aristóteles. Não farei uma apresentação completa dos pontos de vista de Sócrates, mas concentrar-me--ei naqueles que são essencialmente válidos, mencionando um erro ocasional, mas sem me concentrar nele.

Sócrates foi um defensor de um código de princípios éticos absoluto, objetivo e universal. Arquioponente dos Sofistas, ele acreditava que a ética era uma ciência, não uma questão de sentimentos e impulsos. Embora ele nunca tenha elaborado um sistema completo de ética, ele deixou pistas para isso. Talvez a sua pista mais importante tenha sido o paralelo que ele gostava de traçar entre a alma e o corpo. Consideremos por um momento o corpo — ele obviamente tem uma natureza definida e há, portanto, condições definidas que devem ser satisfeitas para mantê-lo saudável. Existem ciências definidas, cuja função é determinar essas condições. Existem, no mundo grego, a ginástica (o método de cuidar e exercitar o corpo e mantê-lo saudável) e a medicina (o método de curar as suas diversas doenças). Existem certas opções — você pode fazer abdominais ou flexões, por exemplo, ou comer um tipo de alimento com tantas vitaminas, ou outro tipo que tenha o mesmo número — existem opções, mas os *princípios* dos cuidados corporais são obrigatórios e não opcionais. Se você desobedecer a eles, você terá um corpo doente. Certas coisas podem dar-lhe prazer temporário — por exemplo, a droga — mas existe, no entanto, uma base objetiva para declarar que estas coisas são erradas, porque subvertem a vida do indivíduo ao destruir o seu corpo. O resultado é que, depois de alguns lampejos de prazer, temos o viciado em drogas devastado, o alcoólatra com tremedeiras e assim por diante. A regra geral é: condições físicas definidas devem ser satisfeitas para alcançar a saúde física e, portanto, o verdadeiro bem-estar corporal, e isso requer que você cuide do seu corpo cientificamente — exercer a razão e o autocontrole, em vez de agir por qualquer capricho ou desejo que você tenha.

Para Sócrates (e ele foi o primeiro a enfatizar isso), o mesmo se aplica à alma, e por alma queremos dizer o elemento psicológico ou espiritual do homem. A alma tem uma natureza definida e existem condições definidas necessárias para que ela seja saudável, condições universais derivadas da natureza da alma. Em termos modernos, não falamos de uma alma doente, mas reconhecemos o fenômeno a que ele se referia — falamos de um neurótico torturado, de um homem ansioso, culpado, deprimido, inseguro, dilacerado por conflitos etc. Isso é o que Sócrates chamaria de "alma doente". Você deve viver de uma certa maneira se quiser ter uma alma saudável, como prova o fato de que existem coisas como almas doentes. Você tem que viver virtuosamente, então você deve entender o que os gregos queriam dizer com "virtude": eles queriam dizer "excelente desempenho de função", qualquer que fosse a função. Se a função de uma faca é cortar, então uma faca afiada é uma faca virtuosa, uma faca com o poder de desempenhar a sua função. **Um homem virtuoso, portanto, é aquele que desempenha sua função corretamente e cuida de sua alma de acordo. Você não deve associar a virtude, como usada por qualquer um dos gregos, ao significado que ela passou a ter no Cristianismo. "Virtude", a palavra que usamos, tem a mesma raiz de "virilidade", e *vir* significa "homem" em latim. Como alguém salientou uma vez, é um comentário fascinante sobre o desenvolvimento da civilização que a palavra "virtude" tenha passado do significado de masculinidade num homem para castidade numa mulher. Esse é o legado do Cristianismo.**

A ética, para Sócrates, é a ciência de alcançar a saúde da alma. Está no nível da alma o que a ginástica e a medicina estão no nível do corpo. Portanto, existem princípios objetivos e absolutos na ética, tal como existem no caso do corpo. Se você os seguir, alcançará a felicidade. **Mas Sócrates insiste — e Platão e Aristóteles concordam com ele — que existem condições definidas impostas à natureza humana para a obtenção da felicidade. Não é, todos insistem, uma questão de agir de acordo com qualquer desejo que você tenha. A felicidade tem condições objetivas e universais.** Hoje é um discurso falso que as pessoas podem alcançar a felicidade da maneira que quiserem, que isso é arbitrário e subjetivo, mas os gregos estão certos (não os gregos Sofistas, mas a linha principal, de Sócrates em diante). Não é verdade que o caminho para alcançar a felicidade seja ter qualquer desejo arbitrário e depois satisfazê-lo. A prova disso é infinita. Sem as condições psicológicas adequadas, você pode ter uma paixão por dinheiro e adquiri-lo e acabar se tornando um neurótico miserável de Park Avenue, ou uma paixão pela fama e adquiri-la, e acabar como uma estrela de cinema em um sofá de Beverly Hills em psicoterapia para sempre, ou uma paixão pelo amor e adquiri-la, e acabar sendo um daqueles neuróticos que duvidam de si mesmos, e que se sentem uma fraude e um inútil, e que o amor o faz se sentir pior. Sócrates está certo: a miséria é a consequência de uma alma doente, ou não virtuosa, ou injusta. Junto com os gregos, em geral, ele exige provas quando se diz sobre um homem: "Ele está feliz." Eles consideram isso uma conquista porque significa que ele é um homem completamente moral. Eles não usam o termo "felicidade" como os modernos fazem. Portanto, se alguém conta três piadas numa festa e fica extremamente bêbado, não dizem que ele está feliz; dizem que ele está tendo uma excitação temporária. **Eles distinguem claramente — há duas palavras gregas diferentes, uma que significa "prazer", outra que significa "felicidade" — "prazer" é *hedone*, do qual obtemos "hedonismo", e "felicidade" é *eudaimonia*, que é uma expressão muito mais ampla, abrangendo toda a condição da alma.**

Decorre da visão de Sócrates que nenhum homem pode realmente ser prejudicado por ninguém, e ele diz isto porque, no sentido básico, o determinante crucial da sua alma e do seu estado depende dele, como ele se comporta; ninguém pode torná-lo infeliz neste sentido fundamental. Aqui devemos distinguir, como ele fez, entre o que podemos chamar de "felicidade interior" e "felicidade exterior" — as condições externas (como as pessoas o tratam) e o seu estado interior. Tal como Platão o descreve, Sócrates é um homem de tranquilidade interior, paz de espírito, serenidade — ele tem uma alma saudável. Se for verdade, outras pessoas podem difamá-lo, roubá-lo e até matá-lo, mas neste sentido profundo não podem alcançá-lo, não podem destruir a sua serenidade interior. Inversamente, os outros não podem lhe *dar* felicidade em nenhum sentido básico; eles podem lhe dar dinheiro, fama, amor etc., mas não a harmonia interior, ou a saúde que os torna agradáveis. Eu deveria dizer que "idealmente", para os gregos, é bom ter ambos, o interior e o exterior, mas o crucial é o interior, porque é isso que determina toda a sua direção. O crucial é ter uma alma saudável. Não apenas a vida, mas a boa vida. Nunca cometer injustiça, não importa o que aconteça, nunca cometer o mal, porque o mal é como veneno, no sentido literal — traz apenas sofrimento e autodestruição em seu rastro. Essa é a substância da contribuição Socrática para a ética.

Há mais um ponto Socrático crucial: a virtude requer *conhecimento*, da mesma forma que a medicina, a arquitetura ou qualquer arte prática requer *conhecimento*. É um recurso muito comum de Sócrates traçar um paralelo entre as várias artes práticas e a ética, a arte de viver. Requer conhecimento, conhecimento do fim adequado e dos meios para alcançá-lo. **Assim, o famoso princípio de Sócrates, "Virtude é conhecimento".** O que exatamente ele quis dizer com isso? Tanto quanto podemos julgar, ele quis dizer duas coisas bastante diferentes, uma delas eu diria que é correta, a outra falsa, ambas reunidas nesta famosa declaração. A primeira é que o conhecimento é uma condição *necessária* da virtude — conhecimento do que é necessário para a saúde da alma. Isto está obviamente correto, e há um paralelo exato, por exemplo, com a arquitetura — se você não tiver nenhum conhecimento, não será capaz de construir de forma sensata; seria uma questão de sorte, e seu prédio tem nove chances em dez de desabar (se você o levantar). Para Sócrates, o mesmo se aplica à arte de viver — se não conhecermos os princípios pelos quais viver, teremos uma vida que desmoronará. Esse é o ponto um em "Virtude é conhecimento". Aparentemente, porém, Sócrates também acreditava num segundo ponto desta fórmula, nomeadamente, que o conhecimento é uma condição *suficiente* da virtude. Em outras palavras, se você sabe o que é certo, você o fará automática e necessariamente. Você não tem escolha sobre isso. Não existe mal *deliberado*, apenas ignorância. Como ele afirmou provar que o conhecimento é *tudo* o que é necessário e que por si só garante a virtude? O seu argumento é o seguinte: ele diz que todos perseguem necessariamente aquilo que pensam que irá conduzir ao seu próprio bem-estar, ao seu interesse próprio, ao seu próprio bem, à sua felicidade. Devo dizer aqui que Sócrates, juntamente com a maioria dos gregos, assumiu sem dúvida que todos os homens são egoístas e querem alcançar a sua própria felicidade. Isto está errado, mas é uma prova da saúde comparativa da cultura grega. Se você combinar essa premissa com a definição de virtude de Sócrates ("aquilo que é indispensável ao bem-estar de um homem"), segue-se inevitavelmente a conclusão de que todo aquele que sabe o que é a virtude, e vê que ela leva ao seu bem-estar, irá necessariamente persegui-la e viver a boa vida, porque a única alternativa seria ele perseguir deliberada e voluntariamente a sua própria destruição. Segundo os gregos, isso é impossível. Portanto, disse Sócrates, todo aquele que não vive uma vida boa não conhece a natureza e as recompensas da virtude. Pecado é simplesmente ignorância. Depois de conhecer o que é o bem, você não pode traí-lo. Toda irregularidade é involuntária. Assim, você vê a importância urgente para Sócrates de estudar filosofia: ela lhe dá o conhecimento que o *faz* bom e, portanto, o *torna* saudável e, portanto, o *faz* feliz. O estudo da filosofia é, portanto, a chave, a *única* chave, para uma vida bem-sucedida.

Devo contestar brevemente que o conhecimento é suficiente para garantir a virtude, porque o efeito foi o de eliminar a distinção entre erros de conhecimento e violações da moralidade. Nesta visão, não existe comportamento volitivamente imoral, apenas ignorância involuntária. Atualmente há todos os tipos de pessoas desculpando todos os tipos de crimes alegando que "Ele não podia evitar, não era educado, não sabia melhor, se tivesse o conhecimento certo teria sido tudo bem". De todas as possíveis críticas que você poderia fazer a esta visão, limitar-me-ei a duas muito brevemente. Ela assume, em primeiro lugar, que todos os homens são egoístas racionais, agindo sempre em prol daquilo que acreditam ser o seu próprio bem-estar, algo que é comprovadamente falso. Qualquer pessoa que conhecesse a história do Cristianismo (que Sócrates não teve oportunidade de conhecer) veria isso. Eu não pretendo criticar apenas o Cristianismo; os ateus não são melhores. Você poderia simplesmente olhar para o estado do mundo e ler qualquer jornal sobre esse assunto. Tornar-se um egoísta racional é uma *conquista*, não um dom inato. A visão de Sócrates é uma versão do determinismo. Os seres humanos não estão determinados a serem racionais ou irracionais, egoístas ou não egoístas. Existem homens que são realmente indiferentes à sua vida pessoal e à felicidade. Existem homens que estão positivamente ansiosos por se destruir, por se sacrificar. O erro de Sócrates é projetar na natureza humana o egoísmo saudável geral pró-razão da civilização grega. É um erro nobre, mas é um erro.

Outra crítica: o fato de você saber algo não significa que você aplicará automaticamente esse conhecimento. Você pode saber que algo é bom para você e ainda assim se recusar a permitir que esse conhecimento entre em foco. O que digo aos meus alunos é um exemplo perfeito: você sabe que haverá uma prova amanhã, mas tem a capacidade de afastar esse fato desagradável da mente por meio de um ato de evasão. Sócrates implica que o seu conhecimento deve estar sempre operativo. Mas se você entende a teoria Objetivista do livre-arbítrio, é um aspecto essencial que você não apenas precisa saber, mas também *convocar* seu conhecimento e concentrar-se nele em qualquer situação por meio de atos consistentes de concentração. Isto é o que Sócrates deixa de fora. Então, ele está certo ao dizer que quando você sabe que algo é a coisa certa, e quando você se concentra voluntariamente nessa coisa, mantenha isso real para si mesmo, então, e naquele momento, você não tem escolha a não ser agir de acordo com o que você sabe. Mas isso não significa que sempre que você comete uma ação errada, você não tinha o conhecimento; poderia muito bem ter acontecido que você tivesse o conhecimento, mas optou por evitá-lo. Isso é inerente ao livre-arbítrio. Você nunca poderá se tornar uma pessoa automaticamente boa apenas enchendo-se de palestras suficientes sobre ética.

Chega das opiniões de Sócrates. Você vê que, com exceção de certos erros, sua visão geral é sólida, embora subdesenvolvida e generalizada. É verdade que o homem tem uma natureza e, usando os seus termos, a alma tem uma natureza. É verdade que a felicidade depende de ter uma alma feliz, de viver de acordo com a sua natureza, que a adoração Sofística dos caprichos é o meio para garantir a miséria. É verdade que o conhecimento da natureza e dos requisitos do homem, é indispensável à virtude e à felicidade.

Mas ainda não temos nada muito específico. Temos que saber qual é a natureza específica do homem ou da alma. Quais *são* seus requisitos? Quais *são* as leis da felicidade? Qual *é* o conhecimento de que precisamos? Assim, temos de recorrer a Platão para preencher o esquema generalizado de Sócrates e dele deduzir um conjunto concreto de virtudes.

Qual é então a visão de Platão sobre a natureza do homem, a natureza da alma? O que é a "psicologia" de Platão? (Não me refiro ao funcionamento de sua mente, mas sim à sua teoria da natureza da alma, da natureza do homem.) *Psique* é a palavra grega para "alma" e, portanto, "psicologia" é literalmente "teoria da alma". Você pode pensar nisso como a teoria da personalidade, a teoria do componente psicológico-espiritual do homem.

Para compreender a psicologia de Platão, é preciso lembrar sua metafísica. Há um dualismo acentuado entre o mundo das Formas perfeitas e o mundo dos particulares Heraclitianos. Segundo Platão, o homem é uma criatura ligada a ambos os mundos. Ele é uma criatura composta, de duas partes, alma e corpo. Sua alma (sua razão) pertence a outro mundo e veio de lá. Sua função essencial imaterial é estudar as Formas. Mas nesta vida, a alma está encerrada no corpo e, como resultado, o homem tem impulsos e desejos que uma alma desencarnada nunca teria; ele ama e deseja coisas físicas. Basicamente, há uma parte do homem que o impele para o mundo das Formas, para estudar, para pensar, para filosofar, e há uma parte que o puxa para este mundo, a parte influenciada pelo corpo. Portanto, deve haver duas partes na personalidade do homem, refletindo os dois mundos diferentes. O homem, para Platão, é uma criatura dualista, com uma natureza superior e uma natureza inferior. Sua natureza superior é sua razão, ou chame-a de "mente", a parte pensante, a parte que estuda as Formas e adquire conhecimento. Sua natureza inferior é o elemento irracional nele, e esse elemento são as emoções, os sentimentos. Esses, diz Platão, são sempre sentimentos e emoções pelas coisas deste mundo, pelo mundo sensível. Você não sente paixão por Formas abstratas. As emoções e os desejos são inerentemente deste mundo; eles são direcionados a particulares. Você pode sentir desejo por bananas, mas ninguém sente desejo por "bananisse". Então, neste ponto, ele está certo — as emoções são direcionadas para particulares.

Esses dois elementos, segundo Platão, estão presentes em *todo* homem. São componentes fundamentalmente independentes e, de fato, *opostos* que constituem a essência da alma do homem. Observe que eles são opostos por natureza. Qual é a prova disso? É o que podemos chamar de *argumento do conflito*, que Platão apresenta em *A República*, e que desde então tem funcionado como uma casa em chamas. Talvez seja mais bem ilustrado pela história de Philip e Mildred em *Servidão Humana*, de Somerset Maugham, supostamente ilustrando o eterno conflito entre a razão do homem e suas paixões. Essa é a história, muito brevemente: Philip é um artista e conhece Mildred, uma vagabunda da sarjeta, que, intelectualmente falando, ele acha repulsiva, mas ainda assim está preso em uma escravidão emocional sem saída por ela. Por outro lado, ele conhece Norah, uma garota legal que ele aprova intelectualmente, e é completamente indiferente a ela sexual e emocionalmente. Ele percorre o livro, lamentando a eterna situação do homem: suas emoções o puxam para um lado e sua razão para outro. Existem dez mil exemplos desse tipo escritos pelos seguidores de Platão. O argumento de Platão é que se um homem como este é impelido em duas direções opostas ao mesmo tempo, deve haver duas partes opostas diferentes em ação, duas fontes motivadoras independentes, autônomas, uma empurrando para um lado e outra para o outro.

Você vê aqui a influência da metafísica de Platão: se você defendesse uma metafísica da realidade única, nunca chegaria a tal conclusão. Você poderia facilmente explicar os conflitos sem considerar as emoções como elementos irracionais, separados da razão e funcionando de forma independente. Você explicaria os conflitos com referência às ideias contraditórias de uma pessoa, às premissas contraditórias. Você diria que a pessoa mantém uma contradição e está em conflito intelectual, e uma metade geralmente não está dentro de sua consciência, mas em princípio, se ela fizer uma introspecção adequada e se envolver na autoanálise, talvez vá para a psicoterapia, ela será capaz de trazer tudo à tona, livrar-se da contradição, restaurar a harmonia em sua vida emocional e prosseguir com seus negócios. *Mas*, se você abordar o homem antecipadamente com uma metafísica do dualismo e do conflito, encontrará esse conflito também no homem. Para Platão, portanto, na alma de cada homem existe um conflito básico entre razão e emoção.

Na verdade, é um pouco mais complicado porque Platão subdivide o elemento emocional inferior em duas partes, terminando com três. Ele chama o elemento mais inferior da parte inferior de *apetites*, aqueles desejos que estão grosseiramente ligados ao mundo físico — os desejos por coisas físicas como comida, abrigo, riqueza, dinheiro e sexo. Depois tem a parte mais alta da parte mais baixa, e é mais ou menos intermediária. Ele o chama de elemento *espirituoso* (nota "espiritual"). É a parte apaixonada e mais violenta da sua vida emocional, a parte que está acima dos apetites. Não está diretamente ligado às coisas físicas, mas ainda está orientado para este mundo, então não tem nada a ver com as partes altas. É responsável pela intensa raiva, indignação, ambição, ódio, desejo de poder, honra e glória. Se você perguntar por que Platão fez esta última subdivisão entre os apetites e os espirituosos, trata-se do mesmo argumento do conflito. Ele observou que o desejo sexual de um homem pode apontar em uma direção, e o homem pode sentir raiva violenta de seu próprio desejo sexual, caso em que sua indignação, seu elemento espirituoso, está se alinhando com sua razão, e ambos estão contra seu apetite. Por outro lado, o espirituoso pode saltar na outra direção. Ele, por assim dizer, mantém o equilíbrio de poder na alma. Se a voz da razão disser: "Você não deveria ter esse desejo específico", e o elemento espirituoso concordar com o ódio pela razão e emprestar seu peso aos apetites que estão acima dela, então o homem está praticamente cozido, veja você. Então, o espirituoso é como uma parte intermediária que pode ir para qualquer um dos lados.

Você pode ver aqui a influência óbvia de Pitágoras — lembre-se dos três homens nos Jogos Olímpicos, o amante do ganho, o amante da glória e da fama e o espectador — que agora foi ampliada em uma teoria completa da psicologia humana. A própria analogia de Platão é que dentro da pele de cada homem existem três criaturas — um homenzinho (representando a razão), um leão furioso (representando o espirituoso) e uma besta de muitas cabeças, babando e babando (representando os apetites).

Aqueles de vocês familiarizados com Freud verão que há uma estreita correlação entre a tricotomia de Platão aqui e a de Freud — pelo menos o *id* de Freud são os apetites de Platão traduzidos em latim. O próprio Platão sustentava que os apetites contêm, entre outras partes, desejos tão maus que não podemos enfrentá-los na vida real, e que eles surgem apenas em sonhos. Apresso-me a acrescentar, em defesa de Platão, que Freud é um irracionalista do século XIX e que, em comparação, a tricotomia de Platão é um modelo de virtude em relação à corrupção Freudiana.

O resultado, em qualquer caso, é que, para Platão, existe uma alma tripartida, três partes, três fontes de comportamento autônomas, separadas, distintivas e independentes, três fontes de ação no homem, de modo que o homem está em conflito metafisicamente, por sua própria natureza. Suas partes estão inerentemente em guerra umas com as outras; essa é a natureza humana, isso não é neurose. É esta teoria psicológica que coloca o problema da ética, e o problema é como alcançar a paz e a harmonia entre estas partes. A saúde da alma, para Platão, seria igual à coexistência pacífica entre o homem, o leão e a fera de muitas cabeças. A ética é a ciência que nos dirá como fazer. Como?

Como você deveria viver? Como você alcançará a harmonia da alma e, portanto, a felicidade? Platão diz que a resposta reside no fato de cada uma destas três partes da alma ter uma função específica, um trabalho específico a fazer, um propósito específico a servir no organismo como um todo. Se compreendermos a função de cada um, isso nos guiará sobre como usá-los adequadamente. A função da razão é adquirir conhecimento do mundo das Formas e, com base nesse conhecimento, governar as outras partes da personalidade e, portanto, guiar a vida do homem. Os elementos espirituosos e apetitosos são cegos; eles rugem e babam, respectivamente. Só a razão pode ver as consequências de uma ação, as condições de um objetivo, que pode planejar a longo prazo, por isso deve ser a razão que governa. Quando um homem adquiriu o conhecimento e a razão governa a sua vida, o homem como um todo, diz Platão, tem a virtude da *sabedoria*. Posso mencionar aqui como pano de fundo que os gregos reconheciam convencionalmente quatro virtudes cardeais, os substitutos das virtudes cristãs da fé, esperança e caridade. Platão vai mostrar como ele pode acomodar esses quatro padrões de acordo com seu esquema particular.

Qual é a função do elemento espirituoso? É a parte executiva da personalidade, a parte que o incita à ação. Platão sustenta que a própria razão desencarnada apenas contemplaria imóvel; isso nunca faria nada. Ele diz que nenhum homem jamais agiria de acordo com suas conclusões intelectuais teóricas. Portanto, na sua opinião, o elemento espirituoso (ou passional) é necessário para pôr um homem em movimento, a fazer alguma coisa, com base nas suas conclusões racionais. É aquilo que lhe dá o impulso, a energia, o entusiasmo para sair pelo mundo e lutar pelos seus valores, em vez de simplesmente se sentar e contemplá-los. A sua função própria é deixar-se guiar pela razão. Assim, agirá apenas por valores sancionados pela razão, e lutará em batalhas apenas aprovadas pela razão. Em outras palavras, tem que se alinhar ao lado da razão. Se assim for, diz Platão, um homem terá a virtude da *coragem*. Ele chama-lhe "coragem" porque pensa que o elemento espirituoso funciona de forma mais óbvia em campanhas militares. Quando um soldado é guiado pela razão, ele saberá exatamente quanto suportar, o que temer e o que não temer. Ele não agirá cegamente, assumindo riscos tolos, sem saber o que está fazendo, ou, por outro lado, dará meia-volta e correrá quando deveria ter se mantido firme. Nesse caso, ele não seria imprudente nem covarde; ele seria corajoso. Assim, Platão obtém a segunda virtude, a coragem.

Quanto ao elemento apetitivo, desempenha funções promotoras da vida. Essencialmente, é a preocupação com a alimentação, o sexo, o sustento material, e os bens físicos. Este é o elemento mais perigoso porque existe uma tendência crônica por parte da besta para o ímpeto. Existe uma tentação crônica de começar a desfrutar destas atividades como prazeres em si mesmas, em vez de apenas como um meio de promover a vida. Portanto, os apetites passam a dominar a maioria dos homens. Aqui novamente, diz Platão, devemos ser guiados pela sua função. Nunca devemos nos entregar a eles como fins em si mesmos, mas devemos submeter-nos voluntariamente ao domínio da razão. Devemos, para usar termos freudianos, manter o *id* sob controle. Se você fizer isso, você terá a virtude número três, a *temperança*. "Temperança", tal como usada na Grécia antiga, não significa abstinência completa; não tem o mesmo significado que a União Feminina Cristã de Temperança. Mas está um pouco mais próximo disso em Platão, em particular, porque ele é Platônico.

Suponha que essas três partes estejam agindo adequadamente, como descrevi — cada uma fazendo seu trabalho. Temos, com efeito, uma divisão psicológica do trabalho — cada um faz o que lhe convém e não interfere nos outros. O resultado é que temos uma personalidade integrada e harmoniosa. Então, diz Platão, o homem como um todo tem a virtude da *justiça*. Ele chamou-lhe "justiça" porque os gregos tendiam a pensar na justiça não como uma virtude entre outras, mas como sinônimo de virtude ou bom comportamento em geral. Por outro lado, a injustiça ou o mal seriam uma parte inferior da personalidade ganhando o controle, tomando as rédeas e crescendo de forma cancerígena e desproporcional. Assim, por exemplo, Platão diria que Hitler representa um câncer do elemento espirituoso (ânsia de poder); ou Don Juan representa o câncer do elemento apetitivo. Posso dizer que Platão diria igualmente que um industrial, como Henry Ford, representa um câncer do elemento apetitivo. A virtude é o câncer de alguma parte da alma — crescimento espiritual impróprio. Portanto, a resposta final de Platão aos Sofistas é que você não deveria viver desta maneira, da maneira que os Sofistas defendem, porque você está se matando espiritualmente, está minando sua alma, está instituindo uma guerra civil que levará à sua destruição. Aqui, veja você, ele deu um relato mais completo da visão de Sócrates sobre a saúde da alma. Ele agora desenvolveu essa visão em uma teoria completa sobre o que é a alma, e quais partes ela possui e, portanto, como ela deveria viver, e fez isso vinculando-a a toda uma base metafísica-epistemológica geral. **Se você agora fizer a Platão** a pergunta com a qual ele começou *A República*: "Se você der a um homem o Anel de Giges, como ele deve viver, quando pode escapar impune de um assassinato, se quiser?", Platão diria: não faça isso. Mesmo que você consiga se safar, não vale a pena, porque você obviamente está se destruindo no processo.

Note, portanto, que a resposta de Platão aos Sofistas equivale a isto: temos de nos afastar das preocupações da vida na terra; temos de reprimir as nossas paixões e os nossos apetites e concentrar-nos noutra super-realidade. A escolha que essas duas escolas oferecem é o subjetivismo que adora caprichos ou o ascetismo sobrenatural. Platão não diz que as emoções são consequências das suas premissas e que, se as suas premissas forem racionais, as suas emoções serão racionais e a sua personalidade será estável e saudável. Ele diz que as emoções são absurdas, elementos irracionais esperando para surgir e assumir o controle, e a saúde consiste em sentar-se sobre elas e não as deixar ficar muito violentas.

Os efeitos na civilização ocidental subsequente da visão de Platão sobre a natureza humana, e particularmente sobre a natureza e a fonte das emoções, são esmagadores. Aqui estão alguns dos resultados mais flagrantes que são de origem Platônica. O primeiro é um certo tipo de determinismo porque você não tem controle sobre o conteúdo de suas emoções, de seus gostos, de seus desgostos, de seus sentimentos, e de suas paixões. Eles são independentes do seu pensamento; eles são empurrados sobre você pelo seu corpo. Consequentemente, você está impotente para mudar seu caráter. Se acontecer de você nascer com apetites fortemente desenvolvidos, você fica preso a esse tipo de alma e não há nada que possa fazer. Para Platão, isto se torna a base para a divisão dos homens em três tipos, com personalidades inatamente diferentes. Devo mencionar que, em certos pontos, Platão sugere que, no outro mundo, você poderia escolher com qual alma nasceria; você escolheu sua alma, por assim dizer, no último momento antes de voltar na próxima vez; mas isso não lhe faz muito bem neste mundo.

Uma segunda consequência: porque as paixões em geral são más, e como todos os homens necessariamente as sentem até certo ponto, existe um calcanhar de aquiles na natureza humana, uma fraqueza fundamental: o homem tem emoções. Portanto, o terreno está preparado para a teoria do Pecado Original, a teoria de que existe uma fraqueza inerente, uma deficiência, um mal inerente ao homem desde o nascimento. Agora, em Platão, a base metafísica disto é a ideia de que *qualquer* coisa neste mundo, o homem, a banana ou o triângulo, é imperfeita, semirreal e contraditória, e o homem, portanto, também é imperfeito. Mais tarde, no período teológico, a fraqueza humana foi trapaceada para ser explicada através do Pecado Original de Adão, mas isso é apenas uma versão mitológica do Platonismo.

OS RESULTADOS NESTE MUNDO

Terceiro, se você defendeu a visão de que deveria viver inteiramente pela razão, você já ouviu alguém responder: "Como isso seria possível? E quanto ao lado emocional da natureza humana?" Se você já ouviu isso, isso é Platônico. A ideia é que as emoções existem, são basicamente antitéticas à razão, exigem alguma expressão e, portanto, um homem completamente racional teria que ser um homem sem emoções, o que é impossível. Lembro-me de ter conversado, anos atrás, com um Platônico, e eu era da opinião de que você deveria sempre agir pela razão, e ele me disse: "Isso é obviamente impossível. Suponha que você tenha uma garota no carro e esteja dirigindo até o topo de uma montanha para olhar a lua. Se você seguir a razão, o que você faria, discutiria astronomia com ela?" Isto é Platonismo automático da parte dele. Ele apenas presumia rotineiramente que ser racional significa não ter sentimentos, ser sempre impessoal. A razão é o *antissentimento*, o *antiemocional*, não apenas a observância escrupulosa dos fatos sem usar as emoções como evidência, mas a própria antítese da emoção. Portanto, a razão exige a destruição das emoções, o que, por não ser possível, as pessoas não podem viver de forma completamente racional. Essa visão Platônica está em toda parte.

Uma quarta consequência: a classificação das carreiras depende da parte da alma que está mais envolvida. Por exemplo, empresários, industriais, produtores aparecem como tipos de pessoas muito inferiores nesta visão, em comparação com filósofos ou cientistas *puros* ("puros" em oposição ao tipo aplicado), ou matemáticos "puros" (você notará que a palavra "puro" é um legado Platônico — eles não são corrompidos, veja você, pelas preocupações físicas grosseiras; eles estão desligados, de acordo com essa dicotomia, em sua própria superdimensão). Um deles é materialista, apetitivo e, portanto, irracional. Essa visão está em toda parte e influencia *toda* variedade de intelectuais. Para dar apenas um pequeno exemplo, a teoria de que os grandes capitalistas americanos que se fizeram sozinhos são barões ladrões. Não existem tais provas ou documentação para tais acusações, mas os historiadores que as proferiram e as pessoas que as aceitam esperam que tais histórias sejam verdadeiras em bases filosóficas porque sabem que estão a lidar, por definição, com um tipo de homem baixo, depravado e irracional. Eles sabem disso por Platão. Portanto, você não precisa examinar as evidências com muito cuidado; você simplesmente consegue que a Fundação Ford financie uma doação, e sai com algumas difamações, e é isso. Devo mencionar que o próprio Platão não incluiu artistas do lado bom desta dicotomia específica de carreira. Ele tinha vários motivos, que não vou perder tempo em abordar, mas os Platônicos posteriores incluíram artistas no lado espiritual, em oposição ao lado material, e eles também foram elevados a esta categoria superior (é claro, apenas enquanto eles não são populares, porque se são populares e suas obras vendem, são comerciais, e isso os afunda novamente).

Quinto — e quanto à atitude em relação ao dinheiro e à riqueza? E a ideia de que o amor ao dinheiro é a raiz de todos os males? Aqui está a descrição de Platão em *A República* de como o verdadeiro filósofo vive sua vida:

> Nenhum [dos verdadeiros filósofos] deve possuir qualquer propriedade privada além do estritamente necessário [Peikoff: a propriedade privada é materialista]. Além disso, ninguém deverá ter habitação ou armazém que não esteja aberto à entrada de todos à vontade. Obterão seu alimento nas quantidades exigidas por homens de temperança e coragem, e seus salários serão fixados de modo que haja apenas o suficiente para o ano, sem sobrar nada. E farão refeições em comum e viverão todos juntos como soldados num acampamento. Ouro e prata, diremos a eles, eles não precisarão, tendo as contrapartes divinas desses metais sempre em suas almas como uma posse dada por Deus, cuja pureza não é lícita manchar pela aquisição daquela corrente de impureza mortal entre a humanidade, que tem sido a ocasião de tantos atos profanos. Somente eles, de todos os cidadãos, estão proibidos de tocar e manusear prata ou ouro, ou de ficar sob o mesmo teto que eles, ou de usá-los como ornamentos, ou de beber em vasos feitos deles. Este modo de vida será a sua salvação.

Isso, eu acho, fala por si. Qual é a visão de Platão sobre sexo? Já aludi a isso antes, mas vou ler para vocês uma breve passagem, também em *A República*:

> "O prazer excessivo é compatível com a temperança?"
> "Como pode ser, quando perturba a mente tanto quanto a dor?"
> "É compatível com a virtude em geral?"
> "Certamente não."
> "Tem mais a ver com insolência e devassidão?"
> "Sim."
> "Há algum prazer que você possa nomear que seja maior e mais intenso do que o prazer sexual?"
> "Não, nem nada que seja mais parecido com frenesi."
> "Embora o amor seja legitimamente uma paixão que a beleza combinada com um caráter nobre e harmonioso pode inspirar em uma mente temperada e cultivada, ele deve, portanto, ser mantido afastado de todo contato com a licenciosidade e o frenesi, e onde existe uma paixão desse tipo legítimo, o amante e sua amada não devem ter nada a ver com o prazer em questão?"
> "Certamente que não, Sócrates."
> "Parece, então, que nesta comunidade que estamos fundando, você terá uma lei no sentido de que um amante pode procurar a companhia de seu amado

[Peikoff: Devo interromper para dizer que isso está escrito em uma discussão sobre o amor homossexual, mas os princípios são aplicáveis de forma mais ampla], um amante pode procurar a companhia de seu amado e, com consentimento, beijá-lo e abraçá-lo como um filho com intenções honrosas, mas nunca deve ser suspeito de qualquer familiaridade adicional, sob pena de ser considerado mal-intencionado, e sem qualquer delicadeza de sentimento."

"Eu concordo."

Agora que estamos no assunto do amor, deixe-me dizer algo sobre o *amor Platônico*. Você pode pensar, pela passagem que acabei de ler, que, de acordo com Platão, o elemento essencial é amar a alma ou o caráter do seu amado, mesmo que não seja o seu corpo. Mas isso não é verdade. Platão é muito explícito nisso. Até a alma está muito ligada a este mundo. Em seu diálogo *O Banquete*, Platão dá instruções sobre como o amor verdadeiro deve funcionar. A ideia é que você comece amando o corpo — esse é o tipo mais baixo de amor — e depois passe a amar a alma dele — e então vá para o próximo passo e passe a reconhecer que, afinal, o que você ama no corpo ou na alma é a sua beleza, e que a mesma beleza é comum a muitas outras coisas: a beleza das obras de arte, a beleza das descobertas científicas e assim por diante — e assim, em última análise, você vê que a coisa que você ama é a *beleza como tal*, a *Forma* da beleza, e não suas incorporações particulares. **Portanto, o amor Platônico é, tecnicamente, o amor pela Forma da Beleza, e como a Forma da Beleza é, para todos os efeitos práticos, igual à Forma do Bem, é o mesmo que o amor pela Forma do Bem. É um amor completamente sobrenatural e, como é popularmente entendido, a frase "amor Platônico" é terrena demais para Platão (a ideia de que você deve amar apenas a alma).** Temos outra escada, uma escada amorosa (toda a filosofia de Platão é uma série de escadas). Na metafísica temos a escada do ser: das imagens às coisas físicas semirreais até às Formas inferiores do Bem. Na epistemologia temos uma escada de cognição: da imaginação à crença, do pensamento ao conhecimento verdadeiro. Agora temos uma escada de amor: de um corpo particular para uma alma particular, para um conjunto inteiro de exemplos concretos de beleza onde quer que possam ser encontrados, para a própria Forma da Beleza. Assim como os sentidos despertam em nós a lembrança das Formas que tivemos em uma vida anterior, da mesma forma a percepção da beleza física, que excita o desejo sexual, também revive na alma a memória da beleza perfeita que é contemplada em uma vida anterior. Uma vez que você recorda esta beleza, isso inspira em você um anseio pela vida superior associada ao mundo das Formas. Portanto, o amor sexual e o anseio pela Forma da Beleza derivam realmente de um impulso básico. Mas o problema, diz Platão, é que a maioria dos homens se contenta com a forma mais baixa, mais grosseira e mais vulgar da sua satisfação, nomeadamente o sexo, ou, no máximo, o amor pessoal a outros seres humanos individuais, enquanto propriamente o seu amor deveria ser pelo inefável pináculo do mundo das Formas (que mais tarde se tornou a visão de que a virtude suprema é o amor a Deus).

Acho que já disse o suficiente para lhe dar uma ideia da ética de Platão. Então, concluamos a famosa política que ele baseia em sua ética. A primeira coisa a notar é que as três partes da alma não estão presentes em quantidades iguais em cada pessoa. Cada homem, diz Platão, tem uma certa quantidade de cada uma, mas elas não são igualmente desenvolvidas em todos os homens, a razão é que cada pessoa é simplesmente uma imagem ou um reflexo da Forma do Homem, e há variações entre as imagens como há entre quaisquer reflexões. Algumas refletem melhor que outras. Algumas estão mais distorcidas pelas influências deste mundo, mais misturadas com o não ser. Portanto, nessas pessoas, os elementos inferiores serão mais fortes. Em geral, esperaremos, talvez com alguns casos intermediários, encontrar três classes gerais, ou tipos, de homens: os homens nos quais a razão é o elemento dominante, e esse tipo são os filósofos; os homens em quem o espírito é o elemento dominante, e esse tipo são os soldados, os guerreiros, a classe militar; e depois os homens nos quais os apetites estão mais desenvolvidos, e estes são as massas na sua capacidade econômica, negócios e trabalho, produtores e trabalhadores.

Platão diz que essas distinções entre os homens são inatas e conta outro mito, o famoso *Mito dos Metais*, para ilustrar. Por exemplo, diz ele, imagine que alguns homens nascem com ouro na alma — esses são os filósofos. Alguns homens nascem com prata na alma — são os militares. Ainda alguns outros homens nascem com ferro e latão nas suas almas — e essas são as pessoas econômicas, a maioria. Esses três tipos de homens são determinados inatamente pelo tipo de metal espiritual que os constitui. Observe que isso não é necessariamente hereditário. Você pode ser uma alma de ouro e seus filhos podem ser de ferro e bronze. Ou o contrário também — você pode ser latão e ter vindo de um pai ouro ou prata. Platão não afirma que seja hereditário, mas é inato.

A questão da política para Platão é: quem deveria governar? A qual grupo deveríamos dar o controle? Deveríamos dá-lo aos homens na caverna, aos homens que são dominados pelos seus apetites ou pelo elemento espirituoso? Obviamente não; teríamos o caos. **O grupo que deve receber o poder de governo do Estado são os filósofos, porque são os únicos homens de razão, os únicos que conhecem a Forma do Bem, os únicos que sabem o que é certo e como agir, os únicos verdadeiramente apenas homens, os únicos cujas almas são saudáveis.** Todos os outros homens são, em vários graus, inerentemente irracionais, injustos, cegos, bestiais. Existe, portanto, um paralelo exato para Platão entre a alma individual e o Estado como um todo. Quando as partes inferiores dominam a alma individual, temos um Sofista furioso numa onda de autodestruição. Quando as partes mais baixas dominam o Estado, acontece a mesma coisa. **Portanto, Platão é um oponente declarado da democracia, do governo da maioria de qualquer tipo ou para qualquer propósito. Sua opinião é que assim como a razão deve governar a alma, os homens de razão (os filósofos) devem governar o Estado. Assim como a razão deve ter poder *ilimitado* na alma, deve ser o governante *absoluto*, também os filósofos devem ter poder ilimitado no Estado; eles devem ser os governantes absolutos. Os filósofos devem ser reis, reis absolutos. Esta é a famosa teoria de Platão sobre o *Rei-Filósofo*.** Teremos harmonia nas nossas vidas na terra, diz Platão, apenas quando os filósofos assumirem o poder total, ou então quando algum rei que já detém o poder absoluto se converter ao Platonismo. Essa é a única escolha, a única maneira de ter sanidade na terra. Platão realmente tentou converter um desses reis ao Platonismo, com evidente falta de resultados.

Afinal, diz Platão, por que deveríamos permitir às massas qualquer voz no governo do país? Governar é uma arte especializada. Pense nisso: o governo deve ter controle total sobre as artes plásticas, as ciências, as indústrias, as políticas externas etc. Como podemos abrir isso para massas sem treinamento, sem instrução e ignorantes? Imagine o que aconteceria se chegássemos ao projeto de edifícios em arquitetura por maioria de votos. Bem, diz Platão, aconteceria exatamente a mesma coisa se administrássemos o Estado por maioria de votos. Virtude é conhecimento, mas as massas não têm a virtude, não têm o conhecimento e, portanto, não podem comportar-se virtuosamente. A outra metade de "Virtude é conhecimento" responde à pergunta: "Mas é seguro confiar aos filósofos um poder tão absoluto?" Ah, sim, porque eles têm conhecimento absoluto e, portanto, *não podem* abusar do seu poder. Devem agir corretamente, pois o conhecimento garante a virtude. Então, está tudo certo.

Quando você chega à política, a moral a ser tirada é que você não pode discutir com nenhum filósofo. Se você aceitou suas conclusões em metafísica e epistemologia, quando chegar à política, ele simplesmente o pegará pela mão e o levará aonde quer que vá. É inútil discutir política com alguém, a menos que você primeiro discuta metafísica e epistemologia, e *uma vez* que você discuta metafísica e epistemologia, você ficaria surpreso ao ver que as divergências políticas se resolveriam em poucos minutos.

Você pode objetar a Platão e perguntar por que existem governantes no sentido que ele quer dizer. Ele mergulha e diz *quem* deve governar. Você poderia dizer: "Bem, por que não deixar cada homem governar sua *própria* vida por sua *própria* razão, e ter a função do Estado exclusivamente de proteger os direitos individuais de cada cidadão contra violação pela força e fraude?" Em parte, a resposta é que o próprio conceito de "direitos individuais inalienáveis" inerentes ao homem enquanto homem ainda não tinha sido descoberto (é pós-Aristotélico). Mas há uma resposta muito mais importante. Mesmo que tivesse sido descoberto, Platão o teria rejeitado, porque, na sua opinião, é *impossível* para a maioria dos homens viver a sua própria vida racionalmente. Eles estão na caverna dominados pelos seus apetites; eles são bárbaros selvagens de coração. Portanto, *qualquer* tipo de estabilidade *somente* é possível se houver um governo forte governado pela elite em que a razão é o elemento mais poderoso. **Você vê a progressão: (1) Este mundo é irreal, o verdadeiro conhecimento é de outro mundo; (2) A maioria dos homens é deste mundo e incapaz de uma visão mística; (3) Conclusão: a maioria dos homens é incuravelmente irracional, incapaz de viver sozinha. Portanto, precisamos ser governados por uns poucos autoritários que tenham conhecimento especializado. A lição: o misticismo leva à ditadura; o irracionalismo leva ao Estatismo.**

Em Platão, temos uma sociedade de três classes, exatamente paralela à alma individual. Os filósofos, a quem Platão chama de "guardiões" (porque são os guardiões do Estado) que desempenham todas as funções legislativas e judiciais e, quando estão devidamente no comando, o Estado como um todo tem a virtude da sabedoria. Os militares que desempenham as funções executivas. Platão chama-lhes de "auxiliares", os assistentes ou ajudantes dos guardiões, e quando desempenham adequadamente as suas funções, o Estado como um todo tem a virtude número dois, a coragem. Finalmente as massas são a terceira classe, a classe econômica produtiva, e a sua virtude primária é a temperança, que neste contexto significa obediência. Quando as três classes cumprirem adequadamente as suas funções próprias, o Estado como um todo terá a divisão correta do trabalho e a harmonia correta, e isso será, portanto, a virtude da justiça. Repito, para ser justo com Platão, esta não é uma sociedade de castas. Em outras palavras, você não está necessariamente na mesma classe que seu pai. Ele pode ter sido um filósofo e você terá que ser um trabalhador, ou vice-versa, subindo e descendo na escala. Platão elaborou toda uma série de testes, e todo um programa educacional, para escolher, na idade apropriada, quem realmente está em qual classe e deslocá-lo para cima e para baixo na escala social de maneira adequada.

Se você está preocupado com o abuso de poder absoluto dos filósofos, a resposta de Platão é em parte aquilo a que aludi — "Virtude é conhecimento" — uma vez que esses filósofos conhecem o Bem, eles perderam o interesse em tudo que poderia tentá-los a abusar de seu poder absoluto. Eles não querem dinheiro, fama, nada desse tipo; eles querem apenas sabedoria. Mas, diz Platão, só para ter a certeza dupla de que os guardiões não abusam do seu poder, vamos privá-los de toda a propriedade privada e, portanto, não podem ser motivados pelo dinheiro. Eles não têm permissão para ter nenhum dinheiro e, portanto, toda tentação é removida de seu caminho.

Suponhamos que tivéssemos construído esse Estado Platônico. Temos um ser humano enorme, como um único organismo gigante. Temos uma entidade inteira, com todas as partes de um ser humano individual, mas agora ampliada em enormes proporções. Cada uma das três classes corresponde às três partes, funcionando como uma entidade. Esta visão é conhecida como *teoria orgânica do Estado*, a visão de que o Estado coletivamente é um organismo separado e distinto, e que o indivíduo tem com o Estado a mesma relação que uma célula do corpo tem com o corpo. Originado por Platão, é uma forma particularmente virulenta de coletivismo.

Como isso se relaciona com sua metafísica? Segundo Platão, a individualidade não é real. Apenas os universais são reais e, no que diz respeito aos homens, os homens individuais, na medida em que são individuais, são irreais. O que há de real neles é apenas aquilo que têm em comum: a humanidade. A aparência de um monte de homens diferentes, lembre-se, está nas imagens. Eles não são reais metafisicamente. Eles não são indivíduos separados e autônomos. Todos nós somos apenas reflexos variados de uma entidade. Somos, portanto, todos, em última análise, metafisicamente idênticos. No fundo, a unidade da realidade e a unidade de importância é o grupo, o Estado, não o indivíduo. Na metafísica, os universais são reais, os particulares são ilusórios, o que significa que na política o coletivo é real, o individual é ilusório. **Esta é a base filosófica do coletivismo na política, sendo o coletivismo pleno a visão de que o grupo é a unidade da realidade e do valor. Esta, aliás, é uma das razões entre dezenas pelas quais a questão mais crucial na filosofia é o problema dos universais.**

Como cidadão, qual é a sua obrigação? Reconhecer sua identidade com todos os outros homens e agir de acordo. Qual é o comportamento errado que você poderia incorporar? Tratar-se como uma entidade autônoma e autossuficiente que vive para sua própria felicidade. Você deve viver para o bem-estar do Estado como um todo.

Mais uma vez, saliento que, como grego, Platão não é um altruísta total. Ele disse que você também poderia legitimamente se preocupar com sua própria felicidade, paralelamente. Ele disse que no Estado dele, isso não só produziria a felicidade coletiva, mas também a sua felicidade *individual*. Mas estas são concessões ao ponto de vista grego predominante e não são características de Platão. Enquanto Platônico, contrariamente ao que é grego, Platão é um adorador ativo e ardente do

Estado, um defensor da visão de que os indivíduos devem viver para servir o Estado e devem sacrificar sistematicamente a si mesmos e a sua felicidade pessoal. "O amor excessivo por si mesmo é o maior de todos os males." Qual é o ideal? Estou citando agora seu último diálogo, *As Leis*. O ideal é "que o privado e o individual sejam totalmente banidos da vida, e as coisas que são por natureza privadas, como olhos, ouvidos e mãos, se tornem comuns". Qual é a atitude de Platão em relação à propriedade privada, às preocupações privadas, ao tipo de pessoa que diria: "Isto é meu, aquilo é teu (seu)", o tipo de pessoa que está preocupada em estabelecer a propriedade, "Quem é o dono disso, de quem é isto?". Citando *A República*:

> A desunião surge quando as palavras 'meu' e 'não meu' e 'de outro' e 'não de outro' não são aplicadas às mesmas coisas em toda a comunidade. O Estado mais bem ordenado será aquele em que o maior número de pessoas utiliza estes termos no mesmo sentido e que, consequentemente, se assemelha mais a uma única pessoa. Quando um de nós machuca o dedo, toda a extensão dessas conexões corporais que estão reunidas na alma e unificadas é tornada consciente, e tudo isso compartilha como um todo a dor da parte que sofre. Por isso dizemos que não só o dedo, mas o *homem*, está com dor. O mesmo se aplica à dor ou ao prazer sentido quando qualquer outra parte da pessoa sofre ou é aliviada.
>
> Sim [diz o outro orador neste diálogo], concordo que a comunidade mais bem organizada é a que mais se aproxima dessa condição.
>
> Então, na nossa comunidade, acima de todas as outras, quando as coisas vão bem ou mal com qualquer indivíduo, todos usarão a palavra 'meu' no mesmo sentido e dirão que tudo vai bem ou mal com ele ou com os seus. As pessoas não irão despedaçar a comunidade aplicando cada uma a palavra 'meu' a coisas diferentes e arrastando tudo o que puderem para si próprias para uma casa privada onde terão a sua família separada formando um centro de alegrias e tristezas exclusivas. Em vez disso, todas as pessoas, na medida do possível, sentir-se-ão juntas e visarão os mesmos fins.

Esta é uma defesa formal e explícita da visão exata do homem e da sociedade que Ayn Rand dramatiza em *Anthem* e que, portanto, dificilmente é uma projeção extrema. É uma dramatização do ideal político de Platão (e não apenas do ideal político de Platão, mas de todos os coletivistas posteriores). **O ideal é que os homens formem uma unidade com todos os bens em comum. Neste aspecto, Platão é o pai do comunismo. É instrutivo observar que ele é o pai da religião Ocidental e do comunismo Ocidental, e que ambos estão maravilhosamente integrados na sua filosofia para formar um todo coerente (um pensamento muito útil quando**

se observa que os dois ramos de descendentes de hoje posam como antagonistas em guerra). Devo mencionar que Platão, no entanto, considerava o comunismo como o ideal, mas impraticável quando aplicado às massas, porque os apetites são tão fortes que elas não o aceitariam. Elas têm que ter suas próprias pequenas famílias e propriedades privadas e assim por diante, e Platão disse que podemos muito bem acalmá-las porque é inútil tentar fazê-las viver a vida ideal. No entanto, os verdadeiros filósofos vivem assim, segundo Platão. Como vimos, eles têm todas as propriedades em comum, e Platão insiste que eles também devem ter todas as esposas e filhos em comum. Mas isso não os incomodará, porque, como verdadeiros filósofos, eles não estão interessados em sexo de qualquer maneira, e, diz Platão, também ajudará a remover qualquer tentação concebível dos seus caminhos, porque não há mais a possibilidade de que sejam ambiciosos pelos seus filhos, que serão levados embora ao nascer, criados, supervisionados e educados pelo Estado. Platão acrescenta que haverá festivais anuais de acasalamento entre os filósofos, e que embora os filósofos inferiores sejam informados de que isso está acontecendo por sorteio — que o parceiro que você consegue é a sua boa ou má sorte — a verdade é que os mais velhos, a maioria dos filósofos mais antigos terá estudado a construção eugênica dos filósofos e acasalará aqueles que são eugenicamente melhores para produzir a raça mais elevada, e os outros simplesmente terão azar na sorte.

Você pode perguntar: os guardiões, os filósofos, não ficarão infelizes vivendo nesta vida, vivendo este modo de vida? Platão diz em resposta a isso: "Nosso objetivo ao fundar a comunidade não era tornar nenhuma classe especialmente feliz, mas garantir a maior felicidade possível para a comunidade como um todo. Não estamos tentando garantir o bem-estar de um grupo seleto. É como se estivéssemos colorindo uma estátua e alguém se aproximasse e nos culpasse por não colocarmos as cores mais bonitas nas partes mais nobres das figuras. Os olhos, por exemplo, deveriam ser pintados de vermelho, mas nós os tornamos pretos. Deveríamos considerar uma resposta justa dizer: 'Realmente, você não deve esperar que pintemos olhos tão bonitos que nem se pareçam com olhos. Isto se aplica a todas as partes. A questão é se, ao dar a cada um a cor adequada, tornamos o todo bonito. O mesmo acontece no presente caso. Você não deve nos pressionar para dotar nossos guardiões de uma felicidade que os tornará outra coisa senão guardiões.'"

Você vê o coletivismo completo da mentalidade Platônica: os indivíduos não são importantes; o que conta é o grupo. O grupo é algo que está acima dos indivíduos — pode ser feliz, mesmo que todos os seus constituintes estejam infelizes. A humanidade está recebendo tudo o que merece, mesmo que os homens sejam infelizes. Portanto, temos um organismo gigante com os homens da razão a viver comunisticamente, governando as classes mais baixas; as classes mais baixas assistidas pelos auxiliares espirituosos, sendo todos, tanto quanto possível, sistematicamente inculcados pelo desejo de servir ao Estado e obedecer aos governantes.

O que nos leva à questão: quais são as funções dos guardiões; que áreas da vida do homem eles devem controlar? Tudo. A teoria de Platão é total, e se você fizer disso um adjetivo, você será "totalitário". Ele se inspirou em Esparta, que era completamente estatista e muito admirada por Platão. A educação, diz Platão, deve ser totalmente controlada pelo Estado. Devemos ter uma censura completa da literatura, da música, da filosofia, e da ciência. Permitiremos que as pessoas ouçam apenas as ideias que são boas para elas, conforme julgadas pelas autoridades, os filósofos. Contaremos mentiras às pessoas, as chamadas *mentiras nobres*, ou seja, mentiras que são para o bem das pessoas, quando e como for necessário. Em outras palavras, vamos nos envolver em uma lavagem cerebral total. Não há objeção a isto, porque a razão das massas é tão fraca que elas não respondem aos argumentos, e por isso temos de condicionar emocionalmente as pessoas à obediência cega. Como diz um comentador sem compaixão, mas preciso, W.T. Jones, ao descrever este ponto: "É inútil, por exemplo, tentar explicar às massas a natureza orgânica do Estado e a necessidade correspondente de cada indivíduo subordinar o seu interesse imediato ao todo, pois elas não conseguem compreender tais conceitos abstratos. Mas a lealdade e o patriotismo são atitudes mentais facilmente inculcadas e servem ao mesmo propósito de produzir coesão social, autossacrifício, obediência ao comando etc. Agitar bandeiras, música patriótica, e contos sobre antepassados heroicos, devem, portanto, ocupar uma grande parte do currículo escolar. Não vem ao caso se as histórias contadas às crianças são falsas, desde que sejam inspiradas a uma conduta que é melhor para o Estado."[11] (Não posso resistir a apontar o flagrante paralelo entre isto e o Nazismo, entre dezenas de outros movimentos.) Jones continua: "Se, por um lado, cuidamos para que certas coisas sejam ensinadas, devemos ter cuidado para garantir que outras coisas *não* sejam ensinadas. Dado que toda a base desta educação é um apelo à emoção, e não ao intelecto, é de vital importância que os tipos errados de emoção ou desejo — medo, por exemplo, ou ganância — não sejam estimulados, que boas emoções não sejam associadas aos tipos errados de objetos (lealdade à família ou à classe, por exemplo, em vez da lealdade aos governantes como símbolo do Estado como um todo). Assim, no Estado de Platão, o ministério da propaganda e do esclarecimento público, e seu complemento, o ministério da censura, são de primeira importância." Assim são.

Desnecessário será dizer que todas as carreiras devem ser completamente controladas. Serão aplicados testes vocacionais, e o conselho de filósofos designados para orientação vocacional determinará sua capacidade e o designará para o trabalho que melhor se adequar ao Estado, *independentemente* de seus desejos. Se você disser: "Eu me oponho, e a minha própria felicidade? Eu não quero fazer esse trabalho específico", eles dirão: "Olha, você é uma célula do corpo da sociedade. Suponha que um homem tivesse que andar na lama para alcançar seu objetivo, e seu pé pudesse falar e lhe dissesse: 'Não quero me sujar', você diria: 'Você é um pé e, se necessário, você vai ficar sujo ou será cortado'. O mesmo se aplica a um indivíduo em relação ao Estado." Haverá, naturalmente, controles econômicos. Os extremos de riqueza têm de ser controlados, disse Platão — não podemos ter pobreza e não podemos ter riqueza extrema.

É totalitarismo completo. Em *As Leis*, Platão expõe os detalhes do totalitarismo, com leis específicas cobrindo tudo, desde o banimento dos ateus até as regras de comércio de vários tipos de mercadorias. Ele tem todo o padrão elaborado em detalhes exaustivos. A propósito, não é um diálogo popular entre os Platônicos, porque é flagrantemente totalitário. Eles preferem *A República*, que é mais antiga e um pouco mais tonta.

A filosofia de Platão tem sido o modelo para esquemas totalitários ditatoriais de todos os tipos. Ele é a rocha subjacente e à qual apelam os teocratas medievais, os defensores das monarquias absolutas no início do mundo moderno e os comunistas, fascistas e nazistas. Portanto, sugiro que você leia *A República*, onde está claramente delineado e muito fácil de acompanhar.

É comum por parte de pessoas que não gostam do totalitarismo, mas que aceitam inteiramente a ética e a metafísica básicas de Platão — em outras palavras, aceitam o ponto de vista altruísta-coletivista, mas não gostam do totalitarismo completo — é comum para elas dizerem: "Não vai funcionar. Não deveríamos ter esse tipo de sociedade. Seria bom, mas não vai funcionar." Claro, é verdade que não vai funcionar. Mas a razão pela qual não funciona é a ética antivida e a metafísica sobrenatural subjacente na qual a ética se baseia. A vida na Terra é impossível sob tal sistema, e tal sistema não funcionará. Mas não se pode combatê-lo dizendo que não funcionaria, não se aceitarmos os fundamentos de onde provêm. **Vou dizer melhor: você pode se surpreender ao saber que Platão foi o primeiro a *dizer* que isso não funcionaria, e até deu uma explicação de por que não funcionaria. Não funcionaria, disse ele, porque, afinal de contas, toda a minha filosofia política é *teoria*, e o que é bom na teoria não funciona necessariamente na prática. Ele originou essa frase também. Isso decorre diretamente da sua metafísica, porque quando teorizamos, em que nos concentramos? No mundo das Formas. Quando praticamos, quando agimos, em que mundo estamos? Neste mundo físico, imperfeito, transitório, apetitivo e sensorial. Portanto, não poderíamos esperar que todas as nossas teorias funcionassem perfeitamente aqui neste mundo. Na verdade, *devemos* esperar que *não funcionem* muito bem, devido a toda a inexistência, contradições** e imperfeições deste mundo. Portanto, *deve* haver uma dicotomia entre teoria e prática. Então, as pessoas que dizem que isso é bom na teoria, mas não funciona na prática, são Platônicos completos, mesmo que nunca tenham ouvido falar de universais. Essa dicotomia entre teoria e prática teve o seu próprio efeito devastador. Isso levou a dois tipos de homens: (1) Os homens autoproclamados práticos (que desprezam a teoria e o intelecto) e (2) Os homens autoproclamados teóricos (que desprezam a prática e o mundo físico e flutuam livremente em suas próprias dimensões oníricas dos construtos). Ambos os tipos separam o intelecto da vida. Essa é uma contribuição platônica fundamental. Mesmo que a minha teoria não funcione perfeitamente, diz Platão, é melhor do que qualquer alternativa que tenhamos. Devo dizer que ele ficou progressivamente pessimista em relação a isso à medida que envelhecia, mas nunca abandonou isso. A verdade é que não funcionaria na prática, porque a *teoria* em que se baseia é defeituosa, oposta à realidade. Mas para isso são necessárias uma metafísica e uma epistemologia diferentes.

Para concluir, quero salientar uma semelhança fundamental entre duas escolas que parecem ser exatamente o oposto: Platão e os Sofistas, que lutaram entre si desde a Grécia até hoje. Observe as semelhanças: o lado subjetivista-cético diz que não temos nenhum padrão para resolver disputas entre os homens. A única coisa a que podemos recorrer nas relações humanas é a força — temos de nos tornar tiranos na política. O místico Platônico diz que a verdade é acessível apenas a uns poucos privilegiados, que a massa de homens é irracional e precisa ser ditada, que temos de recorrer à força para lidar com eles — temos de ter uma política de tirania. Os Sofistas dizem: para o inferno com a teoria, nós a desprezamos, vamos sentir e matar. Platão diz que o intelecto só o levará até certo ponto, e então vamos ter uma visão e matar. Os amigos de Platão dizem que isto é injusto. Afinal, dizem eles, os Sofistas são tiranos em nome do egoísmo, enquanto os filósofos Platônicos ditam em nome do bem-estar altruísta das massas. Um lado mata, se o faz, por prazer pessoal e egoísta, enquanto o outro mata altruisticamente, para a felicidade da sociedade. Agora, não me proponho negociar sobre esta questão. Você está morto de qualquer maneira.

O que nos leva a uma questão importante: e quanto à possibilidade de uma filosofia que forneceria a base para uma *terceira* alternativa, uma filosofia que diria que existe uma realidade objetiva, *esta*, que todos os homens podem conhecê-la pelo uso de seus sentidos e sua razão, que nem o ceticismo subjetivista nem o misticismo sobrenatural são verdadeiros? Uma filosofia que estabeleceria as bases para uma ética da felicidade racional do homem na terra, e uma política de individualismo e liberdade? Existia tal filosofia? Sim. Chegaremos a ela na próxima palestra, quando nos voltarmos para Aristóteles.

Palestra III, Perguntas e Respostas

P: Como, se é que o fez, Platão conciliou a sua oposição à democracia com a aceitação da vontade da maioria por Sócrates?

R: Boa pergunta. Não conheço nenhuma forma pela qual estas coisas tenham sido reconciliadas por Platão, porque uma é a visão autoritária elitista e a outra é a visão de que a vontade da maioria é o padrão. Hegel, no entanto, encontrou uma maneira, e a maneira de Hegel conciliar os dois foi dizer que a elite que tem o poder absoluto são as massas, e não o são. Mas para "compreender" isso, é preciso compreender que Hegel repudiou a lógica Aristotélica.

P: Platão não considerou o que aconteceria ao seu Estado ideal se dois reis-filósofos discordassem?

R: Ele diria que não poderia existir tal coisa. Dois reis-filósofos, devidamente treinados (já que eles são guiados pelo mundo das Formas), terão que acabar, quando tiverem a visão última, com a mesma visão, já que só existe uma Forma do Bem, portanto não há possibilidade de desacordo.

P: Você distinguiu entre o que a filosofia pode e o que não pode descobrir a respeito da consciência e sua relação com a matéria. É da competência da filosofia determinar o *status* da consciência, isto é, se ela é uma substância ou entidade separada, ou um estado, ou atributo, ou ação de certas entidades vivas? Se esta é uma questão filosófica, qual é a resposta?

R: O único aspecto em que esta é uma questão filosófica é: a consciência deve, em *algum aspecto*, ter pelo menos um atributo de uma entidade, isto é, deve ser capaz de iniciar a ação. Deve ser capaz disso se quisermos preservar o princípio filosófico da *eficácia* da consciência, e da sua capacidade de dirigir o comportamento humano, ou o comportamento animal. Nesse aspecto, deve ser *semelhante* a uma entidade, mas qual é o seu status exato e a sua relação exata com qualquer coisa além disso, a filosofia não tem nada a dizer.

P: Como deveríamos ter compreendido os universais antes do nascimento? Por quais meios? Parece ser a ideia de que vimos o homem perfeito, mas como você vê a liberdade?

R: Uma pergunta perfeitamente boa, mas você faz uma certa concessão aqui: você pensa: "Bem, é bastante fácil ver o homem perfeito", mas lembre-se, o homem perfeito é *humanidade*, e isso não é físico. Portanto, é uma pergunta perfeitamente boa, mas não há resposta para ela. Tudo o que a epistemologia de Platão faz é retroceder um passo na questão de como adquirir conhecimento de conceitos. Você não pode obtê-los nesta vida, mas obtê-los em outra. Mas então a questão é: como você os colocou no outro? Platão diz que você os obteve de *alguma maneira*, o que é sempre verdade no caso de reversões ao sobrenatural. Exatamente o mesmo princípio se aplica à pergunta "De onde veio o mundo?". As pessoas pensam: "Bem, teremos uma resposta se dissermos que ele veio de Deus." Mas então a questão é: de onde veio Deus? Você está de volta aonde começou. O sobrenatural não explica nada. Portanto, Platão tem sido comumente criticado com base no fato de que sua teoria não responde à pergunta que foi projetada para responder.

P: A teoria das reminiscências de Platão não era diretamente oposta à evidência empírica?

R: Isso depende de como você interpreta "evidência empírica". Se considerarmos a evidência empírica como sendo a necessidade óbvia da percepção sensorial antes de podermos chegar ao conhecimento dos conceitos, Platão diria que acomodou esse fato em virtude do fato de necessitarmos dos sentidos como estímulo. Se você considerar sua "evidência empírica" com muito mais rigor e definir em detalhes o que acontece, então a teoria de Platão é incompatível com os fatos reais, como aponta Aristóteles, como veremos na próxima palestra.

P: Por favor, explique com mais detalhes os paralelos entre as teorias Platônica e Freudiana da personalidade, e a natureza das objeções Objetivistas às construções Freudianas.

R: Eu poderia dar uma palestra inteira sobre isso. Ambas estão erradas, mas há uma grande diferença na natureza dos erros, e a diferença é: para Platão, o elemento supremo dos três é a razão, dado que ele, em última análise, define a "razão" em termos místicos. No entanto, é a mente, a faculdade de pensar, a parte que julga, chega a conclusões e, até certo ponto, usa a lógica (pelo menos nos estágios inferiores). Para Freud, a razão é rebaixada ao nível *médio* da trindade. É essencialmente o Ego — tem exclusivamente uma função mediadora. Entre duas alternativas, longe de ser o *governante* da personalidade como em Platão, é apenas uma pequena marionete indefesa, oscilando entre as outras duas. Então, essa é uma visão profundamente mais antirracional. Além disso, qual é a natureza do terceiro elemento em Freud? **Platão, pelo menos, tem dois elementos emocionais, ambos representando você, suas emoções, e um elemento racional; então, nesse sentido, há um certo individualismo nisso — tudo faz parte de *você*. Freud, no entanto, tem o Id (que são suas paixões depravadas inatas), o Ego** (que é essencialmente sua faculdade de pensar e raciocinar) e o Superego, que são os *costumes da sociedade* que você interpôs e tornou parte de você. Ou seja, para Freud, o seu conflito básico não *envolve* sequer a razão, nem mesmo concebida *misticamente*. O conflito não é, como em Platão, entre paixão e razão, mas entre paixão arbitrária e sociedade arbitrária, entre sentimento e pessoas, com a realidade totalmente excluída de cena. A tricotomia de Freud é infinitamente mais corrupta, e não poderia ter sido formulada antes de Kant, no século xix, ou seja, teria sido filosoficamente impossível, antes que a realidade fosse completamente afastada de cena por Kant.

Quanto à natureza das objeções Objetivistas às construções Freudianas, a primeira coisa a mencionar é que a teoria de Freud é toda construção — em outras palavras, um dogma arbitrário, infundado, sem sentido, infundado e irracional, construído à medida que ele avançava, com as evidências reais observacionais distorcidas para apoiar as teorias mais bizarras (complexo de Édipo e instinto de morte, etc.). É, claro, completamente determinista, e o Objetivismo se opõe a esse ponto. Na medida em que defende o instinto (que lhe é essencial), é Platônico, representando a teoria das ideias *inatas*. Dado que, de fato, todos os impulsos para a ação pressupõem conhecimento ou consciência, qualquer teoria como motivação *inata*, ou impulsos *inatos*, significa ideias inatas. Portanto, essas são apenas algumas coisas óbvias. **Mas o que eu diria se alguém me perguntasse: "Qual é a sua objeção ao Papai Noel?" A minha resposta seria: "Qual é a sua razão a *favor* dele?" O ônus da prova recai sobre quem afirma que algo existe.** Até que tal evidência apareça, é um erro filosófico dignificá-la tratando-a com seriedade suficiente para tentar refutá-la.

P: Platão não é contraditório ao permitir a propriedade privada às massas, e ao mesmo tempo dizer que depois de ver o sol você tem que voltar para a caverna?

R: Não, você entendeu mal. Em primeiro lugar, apenas os filósofos veem o sol e, em segundo lugar, eles têm de descer e controlar a forma como vivem os homens na caverna. Mas não se pode esperar que os homens na caverna vivam da maneira certa. Tudo o que os filósofos podem fazer é manter algum tipo de controle sobre eles e garantir que não se deixem levar pela loucura. Portanto, temos "propriedade privada" para as massas exatamente no sentido que temos num estado fascista — isto é, propriedade privada no nome, sujeita ao controle governamental completo. Nesse aspecto, Platão é o pai simultâneo do fascismo e do comunismo — os guardiões que representam o elemento comunista, as massas que representam o elemento fascista.

P: No mundo das Formas, as Formas que estão intimamente relacionadas com a Forma do Bem são mais reais?

R: Sim, existem gradações de realidade no mundo das Formas. Quanto mais alto você chega, quanto mais perto você chega do mundo das Formas, mais real ele é. Há um continuum de realidade desde a imagem mais inferior, passando pelas coisas físicas, passando pelas Formas inferiores, até você tirar a sorte grande. Isso, traduzido para a linguagem religiosa, a Grande Forma tornou-se Deus, as Formas menores tornaram-se os anjos, e você teve toda uma hierarquia. Você tinha toda uma ciência da hierarquia dos anjos (quais eram melhores e quais eram mais baixos), e isso era a angelologia.

P: Platão originou a ideia de explicação teleológica na filosofia?

R: Não. Até onde eu sei, essa ideia foi originada por Anaxágoras, o pré-Socrático que mencionei em algumas frases — o homem que disse que tudo era pequenas sementes e que tudo tinha pequenas sementes de tudo. Ele também tinha a ideia de que existia algum tipo de mente cósmica, desativada em todo o mundo, motivada por um propósito próprio, e que essa era a explicação final. Nesse aspecto, Anaxágoras é realmente o pai da teleologia, mas isso é histórico demais para ser abordado neste curso.

P: Como Platão sabe que a Forma última é a Boa, e não a Má?

R: Essa é uma boa pergunta, para a qual não há resposta. A única coisa que você pode dizer é esta: **se você pretende ser um teólogo universal (e tentei indicar as razões para isso), é infinitamente mais saudável ser um tipo Platônico do que o tipo oposto. Existe o tipo oposto, mas, novamente, ele não poderia ter se desenvolvido antes do século XIX, e esse foi Schopenhauer. Schopenhauer afirma que tudo acontece com um propósito** *perverso*. **Ele é o que se chama de** *pessimista metafísico*. **Ele acredita que o objetivo de tudo é tornar a vida o mais miserável possível, então a coisa a fazer é sacrificar tudo e, esperançosamente, extirpar todo o universo.** Um pensamento tipicamente do século XIX. Comparado a isso, Platão é um amante da vida benevolente.

P: Platão tinha algum controle contra o elemento *espirituoso* (os militares) que abusava de seu poder (como fez com os reis-filósofos)?

R: A verificação estava na natureza do sistema: um homem só é admitido na classe espirituosa, na classe militar, depois de: (a) educação exaustiva — incutindo nele a necessidade de obediência absoluta aos filósofos — e (b) somente depois de passar por testes de caráter para provar que é um homem de prata.

P: Platão teve algum controle contra o elemento espirituoso que se manifestava nos guardiões?

R: Somente aqueles que mencionei — educação completa, completa ausência de propriedade, completa ausência de família privada e visão mística. Mas ele admitiu que os guardiões são imperfeitos como todos os outros. Foi por isso que Platão não tinha tanta certeza de que funcionaria. Mas, ele disse, o que você pode fazer quando lida com pessoas?

P: Você concorda com a distinção de Platão entre crença, ou opinião, e conhecimento? Você precisa saber o porquê para ter conhecimento ou ter certeza? Se assim for, isso não significaria que os gregos não podiam ter certeza de que o sol nasceria, ou que o homem era mortal (presumivelmente, veja você, porque eles não conheciam a explicação científica completa)?

R: Vou responder brevemente. Sim, concordo com a distinção de Platão entre crença e conhecimento, embora não com a interpretação Platônica disso como refletindo duas dimensões diferentes. Concordo que é preciso saber o *porquê* para chamar algo de conhecimento, ou seja, é preciso ser capaz de provar que isso deve ser verdade com base em fatos. Contudo, isso não significa que os gregos não pudessem ter certeza de que o sol nasceria ou de que o homem fosse mortal. Porque a questão é: o que você considera como prova? O que você considera como resposta à pergunta por quê? Aqui, o ponto crucial do Objetivismo é que o *conhecimento é contextual*. Você pode ter certeza dentro do contexto de uma certa quantidade de conhecimento e prosseguir para expandir seu conhecimento de acordo quando mais evidências surgirem. Você não precisa conhecer as últimas descobertas da biologia para saber que o homem é mortal, e você não precisa conhecer a teoria Newtoniana dos céus para saber que o sol nascerá amanhã. Se você tiver outras dúvidas sobre as condições de certeza e sobre a natureza de uma explicação, irei abordá-las em parte quando apresentar a visão da explicação de Aristóteles.

P: Qual seria a posição do complexo industrial-militar no mundo de Platão?

R: Para começar, esse é um conceito inválido; não designa nada na realidade. É um slogan esquerdista que tenta sugerir que existe algum tipo de ligação conspiratória entre as empresas e os militares para assumir o controle do país e tomar o controle do povo ("o povo", neste contexto, sendo aqueles que sobraram, aqueles que não trabalham e não estão preocupados com a defesa do país). Portanto, é interessante que tenha sido o Presidente Eisenhower quem introduziu isso. São sempre os Republicanos que fazem as piores coisas (quase sempre) e, portanto, simplesmente repudio isso. Mas, tentando por enquanto, como uma espécie de experiência mental hipotética e totalmente imparcial, ver o que Platão diria, ele diria que é um grande erro. Os militares deveriam estar absolutamente sob o domínio dos filósofos, assim como a classe industrial, mas os dois não deveriam ter ligações entre si. Portanto, acho que se poderia dizer que Platão é o pai dessa ideia, embora ele não tenha discutido a possibilidade de tal conspiração; que levou ao distanciamento da realidade dos intelectuais do século XX (até mesmo dos intelectuais do pós-Segunda Guerra Mundial; a cada década, a situação fica pior).

P: Se a parte do raciocínio de um homem for totalmente dominante e ele tiver uma parte inativa, espirituosa e apetitiva, isso seria chamado de câncer?

R: Ah, não, isso não seria chamado de câncer, porque um câncer não é apenas uma grandeza, mas uma grandeza imprópria, e a razão *não pode* ser grande demais.

P: Platão sustenta que não existem graus de verdade, apenas nenhum conhecimento ou onisciência?

R: Em última análise, ele afirma que — ou você sabe tudo ou não sabe nada — se usar "conhecimento" em seu sentido estrito. Ou você conhece a Forma do Bem ou não. Se não o fizer, então você tem probabilidade, você tem hipóteses, você pode ter sistemas completos elaborados, mas eles estão no ar; e nesse sentido, você não tem conhecimento verdadeiro. Mas ele faz uma distinção entre um bebê e um cientista, que não conheceria a Forma do Bem e ainda assim teria muitos dados acumulados sobre o mundo irreal e muitas hipóteses sobre as Formas. Então, nesse sentido, ele faz uma distinção cognitiva.

P: Se você tem uma alma basicamente apetitiva, é possível conseguir converter-se para uma vida moral, ou você está condenado à imoralidade pela natureza da sua alma?

R: Essa é uma boa pergunta, e penso que Platão estaria inclinado a responder sim, e não. Sim, do ponto de vista de que ele não apresenta o elemento determinista implícito em sua filosofia. Ele quer sugerir que os homens são realmente livres e que são responsáveis pelo que são. Mas não, no sentido de que ele acredita que você tem um caráter inato e, além do Estado que o molda, não há nada que você possa fazer a respeito. **Assim, tal como toda a religião ocidental que cresceu a partir dele, ele tem um pé no campo do livre-arbítrio e um pé no campo determinista. Você verá esse padrão repetidamente em toda a religião. Por um lado, por exemplo, Adão tinha que ter livre-arbítrio, porque caso contrário** seria uma zombaria o fato de Deus tê-lo punido por seu Pecado Original. Por outro lado, Deus é todo-poderoso, de acordo com o Cristianismo, e realmente determina tudo o que acontece e, portanto, ele mesmo é a *causa* do pecado de Adão e, portanto, Adão não teve escolha. O Cristianismo faz malabarismos com esses dois aspectos desesperadamente, com todos os artifícios possíveis para tentar dar sentido a isso, e é claro que não consegue.

P: Quando você tratou da epistemologia de Platão, você discutiu como existe um nível correspondente de moralidade para cada nível de epistemologia. Esse seria o seu ponto de vista ou é o ponto de Platão?

R: Os exemplos podem ter sido meus, mas a ideia de que existe um estado cognitivo e moral em cada nível é dele.

P: Como um filósofo sabe que viu a Forma última, quando na verdade a vê?

R: Você não pode deixar de vê-la. A resposta de toda a tradição Platônica é que a experiência que você tem quando a obtém é tão avassaladora, tão revolucionária, tão penetrante, que ninguém poderia estar enganado. Você conhece, por exemplo, os filmes de Hollywood sobre quando você está apaixonado, os sinos tocam? Bem, isso não é nada comparado ao que acontece quando você atinge a Forma do Bem.

P: O dever parece muito importante em Platão, porque os guardiões supostamente deveriam deixar seu belo mundo de luz solar para descer à caverna. Onde surgiu o conceito de "dever"?

R: Não se originou com Platão. Está implícito em Platão porque está implícito em qualquer ética que defenda o autossacrifício. Mas ter uma ética formal que declare que o certo e o errado são explicitamente uma questão de dever significa ter uma ética formal que declare que a felicidade é irrelevante para a ética — de qualquer tipo, a sua felicidade ou a felicidade de qualquer pessoa — e você deve obedecer cegamente a certas regras porque elas foram estabelecidas, ponto-final. Mas Platão não é tão corrupto. Está implícito, mas é contradito pelo seu lado grego pró-felicidade. As primeiras formulações no Ocidente de algo que se aproxima de uma moralidade de dever estão em (a) os Estoicos pós-Aristotélicos, que se aproximaram de uma moralidade de dever e em (b) os Cristãos mais religiosos, que disseram que o dever era uma questão de fidelidade aos mandamentos de Deus, não importa o que aconteça. Mas mesmo essas escolas não são realmente escolas de dever no sentido pleno, porque os Estoicos diziam que você alcançaria a felicidade se cumprisse o seu dever, e os Cristãos diziam que você alcançaria a felicidade sobrenatural no Céu se cumprisse o seu dever. **Portanto, foi somente com Kant que "dever" se tornou o conceito central dominante na filosofia. Kant lançou uma polêmica total contra a felicidade, como tal, que ele considerava um estado desprezivelmente baixo em relação à moralidade. Foi somente a partir dessa época que o dever se tornou o conceito central.** Kant tomou o que estava abaixo da superfície em Platão, nos Estoicos e no Cristianismo, e o que às vezes emergiu à superfície, e transformou tudo em um sistema de moralidade gigantesco, completo e explícito.

---

11 W.T. Jones, *Uma História da Filosofia* (Nova York: Harcourt, Brace & World, 1969), p. 178.

PALESTRA IV

UMA REVOLUÇÃO: O NASCIMENTO DA RAZÃO (PARTE I)

ARISTÓTELES

Até agora, foi-lhe oferecido o espetáculo de duas alternativas básicas na história da filosofia: a abordagem Heraclitiana-Sofista e a abordagem Pitagórica-Platônica. Em cada ramo principal da filosofia, estes dois têm as suas posições características. Na metafísica, um lado diz que não existe realidade objetiva, nada existe, tudo está se tornando. O outro lado diz que isso está errado; existem duas realidades: uma realidade verdadeira, que é imaterial e superior a esta, e este reflexo semirreal imperfeito em que vivemos. Na epistemologia, um lado diz que o conhecimento é impossível, é tudo uma questão de opinião, o homem é a medida de todas as coisas, só pode dizer o que parece ser no agora. Esse é o ponto de vista cético. O outro lado diz que isso é errado, que *existe* conhecimento objetivo e que se obtém entrando em contato com a dimensão superior, e não com os fatos deste mundo. Como Platão interpretou isso significava que você se lembra de suas ideias inatas (aquelas que adquiriu na vida anterior) e, em última análise, consegue isso por meio de uma visão mística de um princípio inefável. Na ética, temos o subjetivismo que adora caprichos, acompanhado pelo poder faz o certo, versus a afirmação de que a ética é objetiva, mas consiste em afastar-se da vida na terra, e se você se lembrar da citação do *Fédon*, "praticar a profissão de morrer", e se você se lembra de *A República* e *As Leis*, também de governar os homens pela força. Portanto, temos não realidade e duas realidades: ceticismo, misticismo e subjetivismo adorador de caprichos, ou sobrenaturalismo ascético.

E quanto à possibilidade de uma filosofia que defendesse uma realidade — essa mesmo — que sustentasse que o conhecimento objetivo é possível — o conhecimento deste mundo, obtido pela lógica operando com base na evidência dos sentidos — que diria que tal coisa existe como uma ética objetiva, e que seu padrão é a felicidade do homem na terra como um fim em si mesmo a ser alcançado sendo racional aqui na terra? Existe essa terceira alternativa? Sim. **Há um filósofo que estabelece pela primeira vez a base fundamental para uma filosofia racional, que não é nem cética nem mística. Esse filósofo é Aristóteles.**

Quando comecei a palestra sobre Platão, disse que ele era um grande gênio filosófico, e pelo menos em três aspectos: na sua originalidade, na profundidade e na grandeza do seu poder de abstração, e na sua capacidade de integração sistemática. Desejo agora dizer as mesmas coisas sobre Aristóteles. Ele foi tão original quanto Platão, de certa forma ainda mais, na medida em que não houve precursores significativos da abordagem de Aristóteles à filosofia, ao passo que Platão tinha os Pitagóricos para definir a sua direção geral, e muitos dos outros pré-Socráticos contribuíram para a visão de Platão. **Antes de Aristóteles havia apenas o misticismo Platônico, o subjetivismo Sofista e milênios de barbárie e ignorância.**

Aristóteles tinha uma capacidade de abstração filosófica tão profunda quanto Platão e, se julgarmos pelo escopo de suas obras que sobreviveram, ele tinha um poder ainda maior de integração sistemática e abrangente. Mas há ainda aqui outro fator, uma diferença crucial entre Platão e Aristóteles — para além da originalidade, profundidade e brilhante capacidade de integração comuns — e é que a filosofia de Aristóteles, na sua essência, é verdadeira. Isso faz de Aristóteles um fenômeno sem precedentes na história do pensamento. Dante, muitos séculos depois, chamou Aristóteles de "o mestre daqueles que sabem", e esta foi uma simples declaração da verdade exata. Durante o período medieval, após a redescoberta do pensamento de Aristóteles, ele foi caracteristicamente referido como "O Filósofo", e essa também foi uma afirmação exata. Porque se a verdade — quero dizer a verdade sobre questões essenciais e fundamentais — é uma parte vital da filosofia, então a filosofia de Aristóteles é a única filosofia (por outras palavras, a única filosofia verdadeira que fala de uma abordagem essencial e fundamental). **O Aristotelismo, nesse sentido, *é* filosofia. É a filosofia como uma ciência racional, em oposição a ver a filosofia como uma racionalização para caprichos subjetivos ou transes místicos. Aristóteles é *o* filósofo. Quaisquer que sejam os seus erros (e ele cometeu muitos, como veremos), o seu sistema tem sido a base e o alicerce sobre o qual todas as grandes conquistas humanas desde então foram construídas, e sem as quais nada teria sido possível — quer você tome o desenvolvimento da ciência moderna, a Revolução Industrial, ou a criação dos Estados Unidos da América.** Como observou Ayn Rand, a história do Ocidente tem sido, de certa forma, um duelo entre Platão e Aristóteles ao longo dos séculos. Sempre e em que medida o Platonismo foi dominante, os resultados na Terra foram misticismo, regressão, brutalidade e sofrimento. Sempre e na medida em que o Aristotelismo era dominante, os resultados foram razão, progresso, liberdade e felicidade humana.

Aristóteles nasceu em 384 a.C. em Estagira, na Trácia, uma colônia no norte da Grécia, e é frequentemente chamado de "o Estagirita", em homenagem ao seu local de nascimento. Aos dezoito anos foi para Atenas e ingressou na Academia de Platão (a primeira universidade do mundo Ocidental). **Ele estudou com Platão por cerca de vinte anos, até a morte de Platão.** Durante a maior parte desses anos, Aristóteles (a julgar pelas evidências disponíveis) foi um Platônico sincero. Ele acreditava no mundo das Formas, na imortalidade da alma, na roda do nascimento, e acreditava que a morte era uma libertação do corpo, onde a alma era capaz de voltar ao mundo perfeito e imutável. Ele acreditava que o conhecimento era reminiscência. Ele escreveu vários diálogos de tipo Platônico neste período, expondo esses temas típicos do Platonismo. Mas Aristóteles não foi apenas aluno de Platão — ele também foi Aristóteles. Gradualmente começou a questionar, uma questão de cada vez, a questionar e a rejeitar os pontos de vista de Platão, desenvolvendo finalmente a sua própria filosofia em oposição fundamental à de Platão. **Em 335 a.C., abriu sua própria universidade, o *Liceu*, em Atenas, em competição direta com a de Platão.** Como ele caracteristicamente instruía os estudantes, caminhando de um lado para outro com eles em um caminho coberto chamado *parapatos*, ele é frequentemente chamado de "o filósofo Peripatético".

Durante seus anos na escola, ele escreveu um número incrível de tratados para seus alunos sobre todos os assuntos então conhecidos, e sobre muitos que não eram conhecidos e que ele iniciou. Ele foi um dos poucos gênios universais na história da humanidade. Suas obras abrangem física, metafísica, lógica, epistemologia, ética, psicologia, biologia, retórica, teologia, política, estética e muito mais. Hoje, infelizmente, grande parte de seus escritos se perdeu. Resta apenas uma pequena fração de sua obra, mas o que temos ocupa doze volumes.

Uma palavra sobre seus escritos, caso você queira lê-los: quase todas as suas obras escritas para o público em geral foram perdidas, e o que temos hoje são, em grande parte, notas que supomos que ele fez para si mesmo e para seus alunos e não pretendia publicá-las. Na verdade, algumas pessoas consideram (e há uma certa plausibilidade nisso) que as obras que temos foram escritas por alunos de Aristóteles e que representam notas de aula que foram posteriormente compiladas e atribuídas a Aristóteles. De qualquer forma, as obras são concisas, altamente técnicas e de difícil leitura. Além disso, depois de séculos de confusão, várias pessoas acrescentaram vários trechos a elas, colando-os geralmente no meio de um completamente diferente assunto ou tratado. A ordem ficou toda misturada, e assim, por exemplo, elementos do Platonismo inicial de Aristóteles aparecem periodicamente em uma obra madura e fazem confusão no volume total. Geralmente, portanto, não se culpe se achar Aristóteles difícil de desembaraçar ou ler. Não é culpa sua e não é culpa dele. Tem o efeito de que Aristóteles é particularmente difícil de interpretar em vários casos devido à natureza fragmentária e evasiva do que temos. Nesses casos, na medida em que sejam relevantes para este curso, embora a minha apresentação seja geralmente a apresentação padrão, indicarei onde existem outras possibilidades de interpretação.

Comecemos com a epistemologia de Aristóteles, mas como prefácio, devo familiarizá-los com os fundamentos de sua metafísica como base para compreender sua epistemologia. **Já lhes dei o princípio fundamental da metafísica de Aristóteles — existe *uma* realidade, *esta* realidade, o mundo em que vivemos. Isso contrasta com a visão Sofista. Aristóteles acreditava que a realidade é objetiva, é absoluta, é o que é independente da consciência, independente dos pensamentos, das esperanças, dos desejos de alguém ou de todos. Em contraste com Platão, é antissobrenaturalista. Às vezes é chamado de "naturalista", uma palavra duvidosa, então você precisa entender o seu significado, ou seja, que existe esta realidade e nenhum mundo sobrenatural — nenhum mundo das Formas ou de universais.** No devido tempo, veremos os argumentos que Aristóteles oferece contra os Sofistas. Quanto ao mundo das Formas de Platão, as obras de Aristóteles contêm uma polêmica repetida contra elas. Darei apenas uma amostra, alguns de seus muitos argumentos atacando o mundo das Formas de Platão. Esses argumentos ajudarão você a entender a abordagem de Aristóteles à filosofia.

Para começar, diz ele, as Formas são uma teoria inútil, porque não explicam este mundo. Este mundo em que vivemos é um mundo de coisas particulares, que se movem, mudam e se desenvolvem. Como vamos explicar os acontecimentos deste mundo com referência a outro mundo que é definido como universais estáticos e imóveis? No entanto, este é o mundo que queremos compreender, e este é o mundo que precisamos compreender, e não algum outro mundo. Portanto, argumenta ele, o mundo sobrenatural de Platão é uma duplicação inútil. Aqui embaixo temos sapatos, navios e repolhos, e a ideia de Platão para dar sentido a isso é dizer: "Além disso, há outro mundo de calçados, navios e capuzes." Isso não faz sentido, diz Aristóteles. Novamente, se Platão tenta responder a isso dizendo: "Bem, sim, as Formas ajudam-nos a compreender este mundo, porque afinal de contas, este mundo de alguma forma reflete as Formas", Aristóteles diz: "A sua resposta é ininteligível. *Como* este mundo reflete as Formas? Tudo o que você usa, Platão, são metáforas vazias. Você diz que as Formas se projetam no espaço, ou que de alguma forma este mundo imita, compartilha ou participa das Formas, mas não está completamente claro qual é a relação real entre os dois mundos. Na verdade, você tem dois mundos separados, sem qualquer conexão real entre eles."

Aristóteles também usa a famosa *objeção do terceiro homem*. Esse argumento é o seguinte: Platão diz que sempre que você tem duas ou mais coisas semelhantes entre si, então o denominador comum existe separadamente, e as coisas são semelhantes porque todas compartilham ou refletem o mesmo denominador comum, a mesma Forma, de modo que Sócrates, Platão, Plotino, por exemplo, são todos semelhantes (tomando-os como exemplos de homens), e devem ser semelhantes porque existe uma humanidade que todos refletem. Bem, diz Aristóteles, Sócrates e a Forma do Homem têm algo em comum? Eles são semelhantes entre si? Se não, por que chamamos ambos pelo mesmo nome e dizemos a Forma do Homem, e Sócrates é um homem? Obviamente, deve haver algo semelhante. Mas se *há* algo comum a Sócrates e à Forma do Homem, então, pelo próprio princípio de Platão, deve haver ainda *outra* Forma que *ambos* refletem, e em virtude da qual ambos são semelhantes. Assim, se Sócrates é o homem um, e a Forma do Homem é o segundo, então deve haver um *terceiro* homem (e, portanto, o argumento do terceiro homem) e, claro, vai até o infinito. **Em outras palavras, afirma Aristóteles, a teoria das Formas leva a uma regressão infinita.** Deve haver uma Forma para o que os particulares têm em comum, e uma Forma para o que os particulares e a primeira Forma têm em comum, e assim por diante. Isso é impossível. Devo dizer, com justiça, que o próprio Platão foi o primeiro a levantar esta objeção no seu último diálogo, o *Parmênides*, e admitiu que não tinha resposta para ela. Aristóteles acrescenta: "Você não tem resposta porque sua teoria é inútil."

A principal objeção de Aristóteles ao mundo das Formas de Platão é que ele é autocontraditório. O que Platão faz é transformar os universais em coisas concretas, individuais e particulares. Isto, diz ele, oblitera toda a distinção entre o universal e o particular. Qual é essa distinção? Por particular entendemos uma coisa autocontida e fechada em si mesma: *isto*, *aquilo*, **isto é, uma coisa que existe em si mesma. Contudo, um universal, por definição, é o que é** *comum* **a uma série de particulares. É o conjunto de características possuídas por** *muitas* **instâncias diferentes. Portanto, não pode existir em si mesmo, mas apenas em outras coisas, apenas em particulares. Dizer, como faz Platão, que o universal é uma coisa separada que existe como uma entidade em si mesma é torná-lo uma coisa particular, o que significa tornar o universal um não universal, o que é diretamente contraditório.** Qual foi então o erro de Platão? Aristóteles diz que Platão confunde abstração com entidades, com coisas. Podemos separar as características comuns que permeiam um grupo de particulares das diferenças entre eles. Podemos fazer isso como um processo mental, como um processo de pensamento. Podemos formar uma ideia do que há de comum entre o grupo de particulares, ignorando as diferenças. Mas isto não significa, diz Aristóteles, que este denominador comum possa existir na realidade independentemente dos seus acompanhamentos particulares. É simplesmente uma abstração, resultado de uma consciência seletiva de nossa parte. Por exemplo, podemos olhar para um monte de superfícies coloridas de todas as formas diferentes que são, digamos, todas em tons de vermelho. Podemos focar no vermelho e ignorar as formas variadas, e podemos fazer uma abstração mental e chegar à ideia de "vermelho" *independentemente* da forma. Mas isso não significa que possa haver uma dimensão na qual a cor flutue livremente, *sem qualquer* forma. O mesmo se aplica a toda abstração.

Platão pensa que porque podemos separar dois elementos diferentes no pensamento, eles podem existir separadamente na realidade, um em uma realidade e outro em outra. **Esta é, diz Aristóteles, a *falácia da reificação*, que significa literalmente "fazer coisas", isto é, fazer uma *coisa* a partir do que é uma abstração.** Portanto, quanto ao argumento de Platão a favor do mundo das Formas, Aristóteles diz que se está cometendo a falácia da reificação. É verdade, por exemplo, que o universal é um e os particulares são muitos, mas isso ocorre porque estamos nos concentrando na única identidade que atravessa a classe e que *é* a mesma para cada exemplo. Mas isso não significa que estejamos pensando em uma única superentidade, apenas no elemento idêntico em todos os diferentes particulares. O mesmo se aplica ao ponto de que os universais são imutáveis e os particulares estão mudando. É verdade, diz Aristóteles, mas isso significa apenas que estamos a abstrair mentalmente todas as mudanças nos particulares e a concentrar a nossa atenção mentalmente no elemento permanente e duradouro que lhes confere um certo caráter. Estamos ignorando em nosso pensamento todos os acompanhamentos mutáveis (de modo que, por exemplo, determinados homens mudam, mas podemos concentrar-nos no pensamento no elemento deles que não muda, no elemento que eles têm em comum, por um processo de abstração). Portanto, é verdade que podemos pensar num elemento imutável, ignorando as muitas diferenças. Isso não significa que exista por si só em outra dimensão. A conclusão é que apenas coisas particulares, individuais e concretas existem na realidade e são as unidades da realidade.

Qual é, então, a posição de Aristóteles sobre os universais? Ele sustenta que os universais *são*, de certa forma, distinguíveis dos particulares. Nessa medida, Platão está certo. Os universais são *reais* — são a base do pensamento conceitual e são os *objetos* do pensamento conceitual. Nessa medida, Platão estava certo. Mas somente os particulares existem. Esse é o princípio essencial de Aristóteles. Como, então, interpretaremos os universais? A famosa resposta de Aristóteles é que os universais existem, são reais, mas existem apenas nos particulares. Existem, diz ele, dois elementos em cada coisa que existe. Cada coisa que existe é um composto metafísico composto de dois elementos. Por um lado, tudo é individual, particular, concreto, o que Aristóteles chama de "isto", e tem algo de único. Mas também tem uma certa natureza, e há certas características que partilha com outras coisas, com base nas quais podemos classificá-lo não apenas como "isto", mas como "tal", um certo *tipo* de coisa. Então, tudo é um "isto-tal", um particular de uma certa espécie, um indivíduo que pertence a uma determinada classe. Por exemplo, se eu apontar para o cavalheiro na primeira fila, você será, em certo aspecto, um indivíduo absolutamente único e irrepetível. Mesmo que, através de um método fantástico de ficção científica, criássemos outro indivíduo que fosse idêntico a você em todas as características físicas e psicológicas, de modo que não houvesse como distingui-lo qualitativamente, você ainda seria você e não ele, e ele ainda seria ele e não você. A individualidade é um elemento irredutível; há algo único em você. (Na próxima palestra, apresentarei a resposta completa sobre o que é essa coisa única.) Mas, de qualquer forma, há algo único em você. Por outro lado, obviamente você tem muitas características em comum com outras entidades com base nas quais o chamamos de "humano", "vivo", etc. Portanto, existem dois elementos, que às vezes são chamados de "elemento universalizante" e o "elemento particularizante (ou individuante)".

Aristóteles tem sua própria terminologia para esses dois elementos. Para o elemento universal, ele usa a palavra "forma" (emprestada de Platão). Para o elemento particular e individuante, ele usa o termo "matéria", que significa o isto, a singularidade de qualquer particular. Este é um uso Aristotélico muito especializado da palavra "matéria" e não significa "matéria" como usamos o termo hoje. Por enquanto, quero apenas apresentar o termo. Neste estágio preliminar, você pode pensar em "matéria" como representando aqueles aspectos de uma coisa que a tornam única e em "forma" como representando aqueles aspectos de uma coisa que ela compartilha com outras coisas.

Nestes termos podemos, diz Aristóteles, formular uma lei filosófica: nunca se pode ter matéria sem forma, ou forma sem matéria. Platão e Heráclito, cada um com a sua perspectiva, violaram esta lei. A perspectiva de Platão tem forma sem matéria em todo o seu Mundo dos Universais, sem particulares — a humanidade separada dos homens individuais etc. Heráclito cometeu o erro oposto — ele tem matéria, mas sem forma. Há *algum* tipo de coisa no mundo de Heráclito, mas não tem natureza, não tem identidade, não é nada — é e não é, e está em constante mudança. **A posição de Aristóteles é: não há matéria sem forma, não há forma sem matéria. Se algo existe, é *alguma coisa* (em outras palavras, tem forma), e se existe, existe como uma matéria real, particular *isto*, uma matéria concreta aqui e agora.** Isto é o que diz o ataque de Aristóteles ao mundo das Formas de Platão. A própria posição de Aristóteles sobre os universais recebe o nome técnico de *realismo Aristotélico*, indicando que os universais são reais, mas existem apenas nos particulares. A visão de Platão é chamada de *realismo Platônico* na teoria dos universais, por razões óbvias.

Tenho mais um ponto metafísico preliminar a apresentar: o que Aristóteles tem a dizer aos primeiros pré-Socráticos, que sustentavam que este mundo existe, mas que é apenas ações, processos, mudanças, e não entidades (de acordo com Heráclito)? Ou, voltando-nos para os Pitagóricos, que a realidade existe, mas na verdade são números ou quantidades? Numa famosa obra chamada *Categorias*, Aristóteles classifica os tipos básicos de existentes, uma espécie de inventário das categorias mais fundamentais da realidade. Nessa obra, ele considera que o constituinte fundamental da realidade é a *entidade*, a coisa, a coisa individual. As ações, insiste ele, são ações de entidades, ações de coisas. Você não pode ter uma sala cheia de corrida, a menos que haja alguma coisa funcionando, nem pode ter uma sala cheia de digestão, a menos que haja algo fazendo a digestão etc. **"Mudança", "ação", "movimento" são nomes para o que as entidades fazem. Elimine as entidades, você elimina a ação.** O mesmo princípio se aplica às quantidades — você não pode ter uma sala cheia com seis ou vinte mil, porque a questão é seis ou vinte mil, *do quê*? **Quantidades, em outras palavras, são quantidades de entidades.** Os constituintes fundamentais do mundo são entidades, que Aristóteles chama de "seres primários" ou "substâncias primárias". Isso significa "entidade", se você encontrar essa frase em Aristóteles. **Existem, diz ele, muitos tipos derivados de existentes que não são entidades, como ações, quantidades ou qualidades (por exemplo, vermelho, barulhento, bonito) ou relações (por exemplo, acima e abaixo, ou semelhante e diferente), e ele menciona várias outras categorias desse tipo. Mas o seu ponto principal é que todas estas são formas *derivadas* de existentes. Nenhuma dessas categorias pode existir separada das entidades.** Se não existem entidades, não existem ações, pois o que poderia estar realizando-as? Sem entidades não existem qualidades, pois o que estaria possuindo-as? A mesma pergunta serve para quantidades. Sem relações, por que entre quais entidades seriam essas relações? **Assim, para resumir este ponto, o mundo consiste em substâncias primárias, entidades individuais, cada uma delas particular com uma certa natureza, engajadas em diversas ações, possuindo diversas qualidades, mantendo certas relações entre si. Em outras palavras, a realidade é o mundo do bom senso. É o mundo cotidiano em que vivemos. Não é um reflexo, ou um fluxo, ou uma contradição, ou um sonho, ou um nada, ou uma série de essências, poluídas pelo espaço vazio. A realidade é este mundo tal como aparece aos sentidos humanos. Este é o mundo que queremos conhecer e compreender.**

Dado este esboço metafísico preliminar, e antes de prosseguirmos com a epistemologia de Aristóteles, vamos identificar um princípio metafísico fundamental implícito no que eu disse até agora (embora não explicitamente identificado pelo próprio Aristóteles). **Aristóteles é o verdadeiro autor do princípio da** *Primazia da Existência* **em oposição à** *Primazia da Consciência*. **Para aqueles que não estão familiarizados com esta distinção, vou explicá-la aqui brevemente, porque de outra forma não poderão apreciar o significado da filosofia de Aristóteles.**

A Primazia da Existência é a visão de que a realidade, coloquialmente, vem em primeiro lugar. É a primária metafísica. A realidade é o que é independente do conteúdo ou das ações de qualquer consciência. É a primária irredutível que estabelece os termos da consciência, e a consciência é apenas a faculdade de um homem ou de um animal para perceber, apreender, identificar e conhecer os fatos da realidade. Na primazia da existência, a consciência não tem poder para alterar os fatos da realidade. Não importa o quanto deseje, espere, tema, acredite, opine etc., isto não pode mudar magicamente a realidade. Os fatos são o que são, independentes da consciência.

A visão oposta é a Primazia da Consciência, e esta é a visão de que a consciência, de alguma forma, vem primeiro, e é a primária metafísica, a entidade irredutível que estabelece os termos da realidade. A realidade é de alguma forma uma ramificação, ou derivado, ou subproduto, das atividades ou conteúdo da consciência. Nesta visão, a consciência tem poderes mágicos, e tem o poder de produzir ou moldar a realidade. Os fatos não são o que são, mas sim o que a consciência dominante escolhe que sejam. Se você quiser um simples exemplo diário da primazia da consciência, qualquer ato de evasão implica isso. Você entra em seu quarto depois de um dia de trabalho e encontra sua esposa nos braços de outro homem, e acha isso uma experiência devastadora. Você não quer que isso seja verdade, então você foge — você apaga isso, você empurra isso para fora de sua mente. Qual é a sua premissa? "Isso é horrível demais para ser real. Se eu não enxergar, não existirá." Qual é a implicação? "Minha consciência controla a realidade. Os fatos são o que eu quero que sejam." Essa é a primazia da consciência na ação doméstica e diária. A questão aqui é que, em termos de abordagem filosófica, toda abordagem fundamental oposta à de Aristóteles representa a primazia da consciência, seja explícita e abertamente (como foi principalmente o caso no mundo pós-Kantiano moderno), ou então implícita e indiretamente (como era verdade em grande parte no mundo antigo). Mas se quisermos um exemplo explícito da primazia da consciência no mundo antigo, os Sofistas seriam esse exemplo: os sentimentos e opiniões arbitrários do homem são a medida de todas as coisas, segundo eles. O que isso significa? Significa que os fatos *são* aquilo que qualquer indivíduo arbitrariamente escolhe que sejam. Seus sentimentos e opiniões, o conteúdo de sua consciência, são onipotentes para ele e moldam a realidade, que de alguma forma se ajusta e se torna para ele tudo o que sua consciência dita. Essa é a primazia da consciência a nível individual — cada consciência individual tem primazia sobre a existência. Neste aspecto, todo subjetivismo, todo ceticismo, representa a primazia da consciência.

Ou consideremos o Platonismo — aqui, a primazia da consciência é indireta, mesmo assim real. Se o pai da primazia da existência é Aristóteles, então o pai mais influente da primazia da consciência é Platão. O que é o seu mundo de Formas, para citar apenas um ponto? O que são as Formas? Como Aristóteles foi o primeiro a observar, as Formas são na verdade abstrações, fenômenos pertencentes ao método do homem de organizar e apreender os fatos que lhe são dados pelos sentidos. Mas Platão as ergue em entidades separadas que moldam e controlam este mundo, o que significa que ele faz deste mundo um reflexo dos fenômenos da consciência. Esta é a primazia da consciência por implicação. Digo "por implicação" porque o próprio Platão não considerava as Formas como tendo qualquer ligação com a consciência e pensava nelas como entidades especiais não conscientes. Mas, na realidade, as abstrações são tudo o que são, e desta forma a sua filosofia reduz-se implicitamente à primazia da consciência. Vejamos o seu mito do Demiurgo — como explicamos a ordem neste mundo, pergunta Platão? Por que o mundo físico tem lei e ordem? A sua resposta é que uma alma — uma *consciência* — vagueava e desejava a ordem e a perfeição, e assim moldou o mundo físico de acordo com os seus desejos. Essa é a primazia da consciência. A lei e a ordem no mundo físico não são fatos naturais irredutíveis, mas sim a resultante das operações de uma consciência sobrenatural. Ou consideremos a própria abordagem de Platão à filosofia no nível mais profundo e no início. O seu ponto de partida são as exigências dos métodos humanos de aquisição de conhecimento: o homem deve saber, o conhecimento deve ser real, o conhecimento *conceitual* deve ser real. Agora, continua ele, o que deve ser a realidade para satisfazer, preencher e corresponder à necessidade do homem de um certo tipo de conhecimento? Como abordagem, essa é a primazia da consciência (novamente por implicação) porque o ponto de partida é: a consciência *necessita* de alguma coisa, *quer* alguma coisa, tem que ter alguma coisa (neste caso, um certo tipo de conhecimento); portanto, a realidade deve ter tal e tal natureza. Isso implica que a realidade é determinada pelo método que o homem utiliza para conhecê-la. Essa é a primazia da consciência.

Aristóteles é exatamente o oposto de Platão em todos esses pontos. Ele não apenas descarta as Formas e os Demiurgos de Platão, e as consciências sobrenaturais de todos os tipos, mas também se recusa a endossar a abordagem de Platão para todo o tema da filosofia. De acordo com Aristóteles, a questão com a qual você começa não é "O que deve ser a realidade para que possamos adquirir conhecimento dela?", mas "O que de fato *é* a realidade?". Então, dado que é assim, por quais processos podemos adquirir conhecimento sobre ela? Primeiro vem a realidade e depois passamos à questão: "Quais processos de conhecimento são adequados para adquirir conhecimento de tal realidade?"

O título desta palestra é "Uma Revolução: O Nascimento da Razão". Mas o significado metafísico disto é na verdade o nascimento da realidade (e quero dizer aqui a *descoberta* da realidade). Porque, neste sentido profundo, foi Aristóteles quem primeiro identificou a primazia da existência, a primazia da realidade. Todos os outros, à sua maneira, envolvem-se em teorizações desconexas e flutuantes. A certa altura chegam a uma contradição, a alguma conclusão em conflito com os fatos da realidade tal como são relatados pelos nossos sentidos, e passam a dizer: "Isto não é a realidade, mas a aparência. A verdadeira realidade é o mundo que faz jus às nossas teorias." Aristóteles recusa-se a endossar qualquer dicotomia entre realidade e aparência. A realidade é o que observamos, e quaisquer teorias que sejam contrárias a ela estão erradas. A atitude mais característica de Aristóteles surge quando ele lida com as teorias de vários pré-Socráticos, do tipo que diz: "Não há permanência" ou "Não há mudança", e Aristóteles responde: "Isso não pode ser. Zenão apresenta páginas inteiras de argumentos sobre por que você não pode atravessar uma sala." O procedimento típico de Aristóteles é apresentar os seus argumentos conscientemente, e depois diz, com naturalidade: "Mas *vemos* estas coisas, *são óbvias*, *são fatos*, e *fatos são fatos*." Então, como ele é um grande filósofo, ele passa a fazer picadinho dos argumentos que levaram à negação desses fatos. Nesse sentido, ele é preeminentemente o *realista* em filosofia. É por isso que tive que começar pelos rudimentos da sua metafísica, da sua própria visão da realidade, e só agora posso prosseguir para a sua epistemologia. Devo mencionar que Aristóteles não é um representante totalmente consistente da primazia da existência. Sempre houve nele um elemento Platônico contraditório e vestigial até o fim de seus dias, e isso você precisa saber para obter precisão histórica. Apontarei toques ocasionais nessas palestras, mas isso não é importante para ele enquanto Aristotélico, que é nossa principal preocupação nessas palestras.

Voltemo-nos agora sistematicamente para a epistemologia de Aristóteles. A primeira pergunta que fazemos é: por onde começamos no que diz respeito ao conhecimento? Que legado cognitivo temos ao nascer? A resposta de Aristóteles a essa pergunta é muito simples — nada. Não temos ideias inatas. Para *conhecer* a realidade é preciso entrar em contato com ela. Não há vida anterior a esta. Ao nascermos, portanto, somos, diz ele numa famosa comparação, como uma tábua em branco, uma *tabula rasa*, que significa simplesmente "uma lousa em branco". **Todo conhecimento, diz Aristóteles, deve começar com a experiência sensorial. Este ponto** de vista é frequentemente chamado de *Empirismo* e contrastado com o *Racionalismo*. O empirismo, neste sentido, é a visão de que todo conhecimento se baseia e deriva da evidência dos sentidos, ou seja, não existe conteúdo cognitivo inato. Nesse sentido do termo, é justo dizer que Aristóteles é um empirista (em contraste com um racionalista). Contudo, desde o século XVIII e a época de David Hume, o empirismo (por razões que veremos mais tarde) tornou-se sinônimo de Subjetivismo e Ceticismo. Tornou-se a visão de que podemos adquirir conhecimento *somente* através dos sentidos e que não existe tal faculdade como a razão. Nesse sentido do termo, Aristóteles não é um empirista, assim como não é um racionalista. Ele é racional (isto é, Aristotélico). Mas se usarmos "empirismo" no seu sentido pré-Humeano, podemos chamar Aristóteles de empirista. A sua filosofia é a primeira declaração influente na história do fato óbvio de que o conhecimento começa com a evidência dos sentidos. Conhecimento, para Aristóteles, é procurar descobrir os fatos do mundo, não fazer introspecção, não raciocinar a partir de construções. Se você chegar a uma conclusão supostamente racional que contradiga a evidência dos sentidos, você sabe que cometeu um erro em algum lugar. Todas as teorias devem tomar os fatos como ponto de partida. Você não pode descartar a evidência dos sentidos como um engano, porque é aí que começa o conhecimento. Os sentidos são válidos. Eles nos dão uma consciência da realidade como ela é.

Na sua defesa dos sentidos, Aristóteles foi o primeiro filósofo influente a dizer, em relação às ilusões, que devemos fazer uma distinção entre (1) o que os sentidos contribuem e (2) as interpretações fornecidas pela mente. Se você olhar para uma vara torta na água (uma vara que na verdade é reta, mas parece torta), todos os céticos ao longo dos séculos lamentam: "Oh, veja, nossos sentidos nos enganam porque parece torto e é realmente reto." Aristóteles diz que os sentidos não enganam. Eles lhe dão a evidência real dos fatos porque os sentidos *não podem* enganá-lo. O erro está na *conclusão* que você tira e na *teoria* que você apresenta para interpretar os dados, e você está dizendo que a causa disso é que a vara realmente se dobra na água, em vez de alguma outra explicação. Mas não culpe os sentidos pela sua interpretação intelectual confusa ou errônea. Esse é um ponto Aristotélico em defesa dos sentidos.

Quanto às questões mais profundas sobre os sentidos, ou seja, os argumentos dos Sofistas de que os sentidos são inválidos porque distorcem pela sua própria natureza, adiarei a resposta de Aristóteles, porque é necessário saber mais sobre a sua filosofia fundamental para compreender a sua resposta.

Vamos supor por enquanto que os sentidos sejam válidos. Os sentidos, entretanto, são simplesmente o *começo* do conhecimento. Devemos continuar a partir daí. Nesta medida, diz Aristóteles, Platão está absolutamente certo: devemos chegar a compreender os universais, e não apenas os particulares sensoriais. Temos de formar conceitos, temos de compreender denominadores comuns, para podermos classificar e sistematizar as nossas percepções e, assim, dar sentido ao mundo. Platão, contudo, estava errado na sua visão do processo pelo qual isto é feito. Platão pensava que era preciso ter conceitos antes de entrar em contato com os particulares para poder agrupar os particulares. Esse é o argumento que apresentei como argumento três, o *argumento da ordem do conhecimento*. Aristóteles diz que tudo isso está errado. Os conceitos, diz ele, podem ser apreendidos por um processo de abstração de particulares sem qualquer conhecimento prévio e, portanto, primeiro, você conhece os particulares e só posteriormente conhece os conceitos, nem precisa de conceitos para obtê-los, como afirmou Platão.

O processo, diz ele, é simples. Ponto A, você começa com a experiência sensorial. Em alguns casos, diz ele, a criatura viva não tem a capacidade de reter dados dos sentidos e, nesse caso, nunca avança. Ela vê um dado sensorial, e então desaparece, e vê o próximo, e isso é tudo. Supõe-se que o salmão seja assim, mas, diz ele, algumas criaturas vivas são capazes de lembrar experiências sensoriais passadas, têm memória e podem reter as suas percepções. No caso do homem e apenas do homem, ele não tem apenas percepção sensorial e memória, mas uma terceira capacidade: depois de repetidas várias percepções semelhantes, um homem tem a capacidade de detectar denominadores comuns entre elas. Ele tem a capacidade de abstrair, de se concentrar seletivamente nos denominadores comuns, ignorando as diferenças. É assim que formamos conceitos. Vemos um exemplo de verde, e outro, e outro, e a certa altura, você recebe a mensagem de que há algo semelhante nesses casos, e mesmo que suas formas, localizações e tamanhos sejam diferentes, você se concentra no elemento semelhante e você forma o conceito "verde" e assim por diante para todos os outros.

Não precisamos conhecer conceitos antecipadamente. No início somos, disse Aristóteles, bombardeados pelo caos sensorial. No começo não sabemos, e quando a coisa verde nos atinge, não temos ideia do que seja. É apenas algo, mas não temos ideia do quê. Se pudéssemos pegar esse bebê Aristotélico e de alguma forma conduzir uma discussão filosófica com ele e perguntar-lhe o que é isso, ele diria: "Não tenho a menor ideia", ao passo que, se você pegasse um bebê Platônico e perguntasse a ele, ele diria: "Bem, ainda não sei, mas em breve saberei que é verde e está na categoria 'cor', e assim por diante, porque eu sabia de tudo uma vez, apenas esqueci." Então, não precisamos de tudo isso. Tudo o que temos a postular, diz Aristóteles, é a capacidade básica de sermos capazes de reconhecer semelhanças quando elas nos atingem na cara, e de compreendê-las quando nos confrontam, e depois abstrair e ignorar as diferenças. Cada vez que fazemos isso, colocamos ordem em uma certa faixa de nossas percepções. Formamos classificações detectando identidades entre diferenças.

Se você perguntar a Aristóteles: "Mas por quê? Como é que os seres humanos têm este tipo de capacidade?" Aristóteles dá a mesma resposta sobre por que eles têm sentidos ou por que têm memória — é simplesmente um fato. Não é um fato que os filósofos devam tornar místico ou tentar explicar. **Sua famosa frase a esse respeito é "A alma é constituída de modo a ser capaz desse processo", e ele prossegue com seu trabalho. Fatos são fatos e não devem ser transformados em mitologia.**

Depois de formar um determinado conceito, isso permite reconhecer e identificar novas instâncias ao encontrá-las. Então, da próxima vez que uma coisinha verde aparecer, você pode dizer: "Ahá, eu sei o que é isso. É verde." Este processo continua em níveis progressivamente mais abstratos, quando você abstrai de suas abstrações — então você obtém "verde" e "vermelho" e assim por diante, e então "cor"; ou "homem" e "animal" e assim por diante, e depois "coisa viva"; ou "mesa" e "cadeira" e assim por diante, e depois "móveis". Você vai ainda mais longe. De "móveis" e "arte", você pode abstrair "objeto feito pelo homem", e de "pedras", "tomates" e "montanhas", você pode abstrair "objeto natural"; e ao combinar "feito pelo homem" e "natural", você obtém o mais amplo, ou seja, "coisa", "substância primária". Nas outras áreas você obteria "ação", "qualidade", "quantidade", "relacionamento", as "categorias", como ele as chamava, os universais mais amplos, o clímax no final do processo de abstração, as mais amplas abstrações em qualquer área. Por outras palavras, construímos o nosso aparato conceitual através de um processo de abstração sucessiva, que nos permite classificar os fatos que observamos, trazer ordem ao caos sensorial, identificar os fatos conceitualmente. Então, em vez de sermos bombardeados com formas, cores e sons ininteligíveis, dizemos: "Um homem acabou de morrer", "Um pedaço de gelo acabou de derreter", etc.

Insiro aqui a resposta de Aristóteles a Platão sobre a questão da perfeição porque é relevante e pode ser facilmente discutida em conexão com a sua visão da abstração. Lembre-se do argumento de Platão como eu lhe apresentei: nunca encontramos o perfeito neste mundo e, portanto, devemos ter obtido nosso conhecimento dele em outro mundo (por exemplo, todas as camas deste mundo têm algo errado com elas, por exemplo, um caroço). Bem, diz Aristóteles, deixando de lado todos os outros argumentos que você poderia usar, por que você não pode simplesmente abstrair do caroço? Por que você não consegue simplesmente descobrir, a partir de suas observações, o que é uma cama e qual é sua função, e então entender: "Ok, tem um caroço, vou ignorar isso", e dizer que uma cama perfeita seria uma cama exatamente como essa, mas sem o caroço? Por que você teve que encontrá-la em outra dimensão? A mesma coisa se aplica às linhas que se movem. Mesmo que fosse verdade que toda linha tem ondulações, os seres humanos têm o poder de abstrair essas ondulações. Quanto à visão de Platão de que não existe triângulo neste mundo porque um triângulo é formado por linhas retas e as linhas são apenas unidimensionais, e apenas o tridimensional existe neste mundo e, portanto, devemos ter encontrado o unidimensional em outra dimensão (devemos ter encontrado o unidimensional na quarta dimensão), Aristóteles diz que isso é falso: o unidimensional *existe* neste mundo, mas não existe separado das outras duas dimensões. Entretanto, a maneira de encontrá-lo é focar seletivamente — pegar qualquer superfície e ignorar sua extensão e focar apenas na extensão em uma dimensão, e aí está o real unidimensional, exatamente tão real quanto a cor é real, só que não existe flutuando livremente. Mas a cor também não. Então, por que precisamos de outra dimensão para isso? Em outras palavras, se você pode abstrair, você pode abstrair.

Para continuar, suponhamos que adquirimos um certo aparato conceitual e somos, portanto, capazes de descobrir uma série de fatos particulares. Será este o fim do conhecimento ou da ciência? Não, diz Aristóteles, na verdade isso é apenas o começo, porque o objetivo do conhecimento é compreender, explicar, descobrir por qual razão as coisas acontecem como acontecem — ver a sua necessidade. O objetivo da ciência, diz Aristóteles, é chegar ao estágio em que você ficaria surpreso se algo fosse *diferente* do que era. Quando você começa e é ignorante, tudo é uma grande surpresa para você. Você fica surpreso ao saber que a soma dos ângulos de um triângulo é 180 graus, ou que todos os homens são mortais etc. Você não consegue descobrir por que isso acontece. Quando você adquirisse conhecimento suficiente de geometria e matemática, ou biologia, você ficaria surpreso se algo mais acontecesse. Esse, diz Aristóteles, é o objetivo. Por outras palavras, chegar ao estágio em que se conhece as duas coisas cruciais, como ele diz, o "isso" e o "porquê", os fatos e as causas que os tornam o que são, as causas que os explicam. Mas isso levanta a questão: "O que você consideraria como explicação? Qual é a causa de uma coisa ter as características e o comportamento que tem?" Portanto, temos de olhar para a teoria da explicação de Aristóteles, que por sua vez depende da sua metafísica.

Antes de podermos procurar as causas, temos de saber quais são, de fato, as causas das ações das *coisas*, ou seja, o que faz as coisas agirem como agem? Por exemplo, se você acredita em um Deus todo-poderoso como a fonte de tudo, você então defenderá que a explicação deve ser teológica, ou seja, "Isso aconteceu porque Deus quis". Esse seria o ponto de vista Cristão. Ou se, como Platão, você acredita que a Forma do Bem inspira tudo e é a causa última, então sua explicação terá de ser em termos da luta de tudo pela Forma do Bem. No entanto, uma vez que Aristóteles nega qualquer domínio sobrenatural, o seu ponto de vista é que as coisas agem como agem por causa do que *são*, por causa da sua natureza, por causa dos tipos de coisas que realmente são na realidade. Por que é que esta coisa em particular ferve quando a elevamos a uma determinada temperatura? Porque é água, não areia. Por que essa explode? Porque é pólvora, não papel. Por que essa voa? Porque é um pássaro, não uma colher de chá. Em outras palavras, o que uma coisa é básica ou essencialmente determina suas características e seu comportamento. Para explicar qualquer coisa em particular, portanto, devemos saber a que classe ela pertence e quais são as suas características essenciais. Assim chegamos à questão: "Como descobriremos as características essenciais, a essência, de cada classe de coisas?" Como descobriremos o que faz da água, água, ou o que faz de um homem um homem? Que metodologia adotaremos para responder a estas questões e assim nos dizer como encontrar a essência de cada classe e explicar todas as outras características?

Ao perguntar como encontrar a essência, chegamos a outra teoria de Aristóteles, a sua *teoria da definição*, porque a definição de "definição" de Aristóteles é que uma definição é "a declaração da essência de uma classe". Em outras palavras, é a afirmação daquelas características fundamentais que fazem da classe o que ela é e a diferenciam de todos os outros tipos de coisas no universo. Para Aristóteles, é crucial descobrir as definições corretas de cada conceito, porque essas definições revelam a essência de algo, o que, portanto, permite compreender por que ele se comporta dessa maneira.

Como, então, você chega a definições corretas? Aristóteles escreveu muito sobre esse assunto e tinha muitas coisas cruciais a dizer, então posso dar um exemplo. Por exemplo, ele disse que todas as definições devem ter uma certa estrutura, e a estrutura deve consistir em duas partes. Suponha, por exemplo, que você queira definir "homem". Primeiro, você deve declarar o tipo geral de coisa que ele é. Ele é um *animal*. Isso lhe dá o tipo de coisa básica e fundamental que ele é. O que você fez então foi colocar o homem em uma classe mais ampla e geral, e essa classe é conhecida como *genus* (de onde vem a palavra "geral"). O que é um triângulo? É uma figura plana. O que é uma igreja? É um edifício. O que é capitalismo? É um sistema político etc. Mas obviamente o genus não é suficiente, porque existem outros membros do mesmo genus — existem outros tipos de figuras planas, outros tipos de edifícios etc., portanto, temos que adicionar mais um elemento que especifica como aquilo que estamos definindo difere de tudo o mais dentro do genus. O homem, por exemplo, é um animal com *capacidade de raciocinar*, e é isso que o distingue dos macacos e dos zangões. Um triângulo é uma figura plana, mas é delimitado por três linhas retas, ao contrário de círculos e quadrados. A palavra que representa o que é distintivo dentro do gênero é a *differentia* (de onde vem a palavra "diferenciar"). Se você tiver esses dois e os tiver escolhido corretamente, diz Aristóteles, terá alcançado a essência da classe. O genus garante que você está afirmando o tipo básico de coisa que é, e a differentia garante que você declarou algo que é verdadeiro *apenas* para esta classe, que você a diferenciou de todas as outras. Então, os dois juntos deram a você a essência da classe e disseram o que ela é de uma forma fundamentalmente distinta de todas as outras classes. É importante escolher o genus e a differentia *corretos*. Eu poderia dizer, "um cigarro é um porco com asas", e assim, dei um genus e uma espécie de differentia, mas esta dificilmente é uma definição válida, pelo que é necessária toda uma série de regras adicionais. Aristóteles entra em detalhes complexos e muito valiosos sobre esta questão. Mencionarei apenas duas de suas muitas regras para lhe dar uma ideia da natureza de sua visão e realização.

Para começar, diz ele, sua definição deve ser *comensurável* à classe que você está definindo. Em outras palavras, deve ser verdade *apenas* para os membros da classe e para *todos* esses membros. Portanto, você pode errar de duas maneiras nesta regra: sua definição pode ser muito ampla ou muito restrita; pode ocupar muito território ou não o suficiente. Por exemplo, suponhamos que eu dissesse: "o homem é um membro da realidade" — bem, como uma definição, que obviamente abrange tudo e, portanto, não define "homem". Não é muito melhor dizer que "o homem é um animal social" e, segundo este mesmo critério, as formigas? Ou dizer, "o homem é um bípede sem penas", uma coisa bípede sem penas (que é como alguns Platônicos certa vez definiram "homem", e de acordo com a lenda, um grupo de Aristotélicos passou e jogou um frango depenado entre eles para indicar que esta definição é muito ampla, que abrange muito território e que não pode ser a essência que faz do homem, homem). Por outro lado, o tipo muito estreito também está ao nosso redor hoje. Se eu disser "o homem é um americano que vive no século xx", isso é obviamente demasiado limitado. Ou "o homem é um ariano" (a definição nazista de "homem") ou "o homem é a entidade que sente amor compassivo, benevolente e autossacrificial pelo sofredor" (a definição editorialista de jornal de "homem"). Isso é muito restrito e não abrange todos os membros da espécie. As definições devem ser comensuráveis.

Mas isso não é suficiente. Passando a mais uma regra, não basta que a definição seja proporcional. A definição também deve indicar as características *fundamentais* da classe a ser definida. Existem coisas como características comensuráveis, mas derivadas, isto é, características verdadeiras para todos e apenas os membros de uma determinada classe. Mas não são básicas, mas sim o resultado de algo mais profundo que *é* básico. Por exemplo, suponha que eu diga: "o homem é o ser (supondo que não esteja ferido) com a capacidade de falar" ou "o ser com senso de humor". Ele tem essas qualidades porque tem razão e, portanto, elas não podem ser validamente uma definição de "homem", porque são *efeitos* de sua essência, não sua essência. Ou se eu disser: "um triângulo é a figura plana cuja soma dos ângulos é igual a 180 graus" — é verdade, é verdade apenas para triângulos, mas não é a definição de "triângulo", porque pode ser explicado por referência à *estrutura* de um triângulo, combinado com os axiomas da geometria. Ou se eu dissesse, "o capitalismo é um sistema que é altamente produtivo, próspero e traz a maior felicidade para o maior número" — isto, como você sabe do Objetivismo, é verdade para o capitalismo e apenas para o capitalismo, mas isso não é a essência do capitalismo, apenas a sua consequência. (Esse último exemplo, nem é preciso dizer, não é de Aristóteles.) Consequentemente, diz Aristóteles, devemos fazer uma distinção firme entre a essência — as características *fundamentais* comensuráveis — e as características derivadas. Aristóteles chamou essas características derivadas pelo termo técnico "propriedades", e por "propriedade" ele entende aquelas características comensuráveis que não são fundamentais, mas são resultados ou efeitos da essência da classe. Estou usando seus termos "essência/propriedade" — o que fazemos quando queremos compreender um fato é aprender a conexão entre a essência das coisas e suas propriedades. Isso é apenas uma reformulação do que afirmei antes, de que a natureza de uma coisa determina suas características e comportamento. Portanto, nas nossas definições, diz Aristóteles, devemos manter uma linha firme entre causas e efeitos, entre essências e propriedades. Se não o fizermos — se começarmos a incluir propriedades nas nossas definições e, assim, perdermos a distinção entre essência e propriedade — então nunca seremos capazes de explicar as propriedades e ficaremos irremediavelmente confusos.

Suponhamos que sabemos formular definições corretas, sabemos como expor a essência de alguma classe. Queremos saber isso porque a essência de uma classe determina suas propriedades, determina seu comportamento. Coisas com a mesma essência se comportarão da mesma maneira. Mesma natureza, mesmas propriedades. Existem — e estou introduzindo um novo tópico agora, mas obviamente relacionado — existem leis gerais na realidade que governam como as coisas se comportam. Essas leis, segundo Aristóteles, sempre assumem uma forma: uma coisa de tal e tal natureza tem tais e tais propriedades. Uma coisa de tal ou tal essência se comporta de tal ou tal maneira. Se pudéssemos descobrir estas leis gerais, poderíamos então explicar as observações iniciais que fizemos no começo. Observamos, por exemplo, que Sócrates é mortal. Mas se pudermos compreender a natureza do homem e depois dizer: "Todas as coisas desta essência — todos os homens — são mortais, e Sócrates é um homem", teríamos assim explicado o fato da sua mortalidade. Portanto, a essência da teoria da explicação de Aristóteles é: *a explicação consiste em ver os acontecimentos particulares que observamos como instâncias de um princípio geral que relaciona a natureza de alguma classe com o seu modo de ação*. Para compreender qualquer fato ou observação particular, devemos subsumi-lo a princípios gerais.

Há uma influência óbvia de Platão sobre Aristóteles neste ponto porque deriva de certa forma da linha dividida de Platão. Lembre-se de que quando você chega ao estágio três da linha dividida de Platão e alcança as Formas (os universais), elas iluminam e tornam inteligíveis os particulares. O ponto de vista de Aristóteles é, na verdade, o mesmo defendido por Platão, de que o geral explica o particular, mas agora expresso de uma forma científica despojada de metáfora e misticismo (mas Platão aqui recebe o crédito pelo insight, mesmo que enterrado numa estrutura mística).

A questão é: como descobrimos esses princípios gerais? Todos os homens são mortais ou, para variar o exemplo, todos os fogões quentes (supondo que estejam suficientemente quentes) queimam você (supondo que você mantenha os dedos perto deles por tempo suficiente), e assim por diante. Você não observa princípios gerais, mas eles são indispensáveis para explicar o que observamos. **Observamos apenas particulares. Deve então haver, diz Aristóteles, um processo de aquisição do conhecimento do princípio geral pela observação dos fatos particulares. Ele chama esse processo de *indução* (*epagoge* em grego), e é definido como "o processo de passagem do pensamento de particulares para um princípio geral"**. É, segundo Aristóteles, um procedimento fundamental do conhecimento humano, porque é a fonte última de todos os nossos princípios gerais. Os princípios gerais não são alcançados pela lembrança de outra dimensão, mas pela generalização a partir de particulares que realmente observamos. Portanto, há um paralelo exato entre a formação de conceitos e a chegada a leis gerais. Passamos das percepções aos conceitos, ou dos fatos individuais às leis gerais, em ambos os casos não pela lembrança, pela anamnese ou pelo misticismo, mas pela capacidade de abstrair. Como podemos fazer isso? "A alma está constituída de modo a ser capaz deste processo."

Aristóteles escreveu muito pouco sobre indução. Mas, deixando de lado algumas sugestões de Sócrates e Platão, ele foi o primeiro a reconhecer oficialmente que era indispensável ao conhecimento humano. Como todos os gregos, ele tinha um conceito primitivo de indução. **Ele tinha o que chamamos de *indução por enumeração simples*, que é indução por enumeração de casos, por exemplo, você vê o homem um morrer, o homem dois, o homem três, e depois de um tempo você diz: "Acho que todos os homens devem ser mortais."** Aristóteles não tinha conhecimento (nenhum dos gregos tinha, nem os medievais) dos métodos experimentais que são uma descoberta moderna. **Ele não conhecia a experimentação controlada, pela qual, em alguns casos, seria possível validar com segurança uma lei geral.** Consequentemente, ele não pensava que apenas por indução se pudesse provar a verdade de uma lei, porque, afinal de contas, ele estava ciente de que se poderia ter encontrado uma coincidência. Como você sabe que os casos que observou são realmente representativos de um princípio geral? Ou talvez houvesse uma condição necessária escondida de você que nem sempre funcionará e invalidará sua generalização. **Portanto, na opinião de Aristóteles (na falta dos conceitos mais sofisticados e modernos de "indução"), ele pensava que o melhor que se poderia obter por indução seria a *sugestão* de uma lei, que teria então de ser validada por outros meios. Nesse sentido, sua epistemologia é deficiente, e menciono isso para que fique registrado. A sua visão básica da indispensabilidade da indução está correta, mas requer complementação com uma teoria das regras de validação da indução. Não desejo sugerir que o método experimental moderno seja uma resposta completa a essa questão. É um guia parcial. A resposta completa a essa pergunta aguarda formulação. Nunca foi apresentado por escrito.**[12]

Suponhamos que chegamos às leis gerais por indução e as validamos. Agora podemos pegar nas nossas leis e aplicá-las a novos casos particulares, prevendo antecipadamente o que acontecerá porque conhecemos as leis e explicando o que observamos. Podemos agora ir na direção oposta: partindo de Sócrates, Platão, Plotino e vários outros homens, fomos *induzidos* a chegar à conclusão de que todos os homens são mortais. Agora podemos nos virar, quando encontrarmos Joe Blutz, e dizer: "Todos os homens são mortais, Joe Blutz é um homem, portanto, mesmo que ele não tenha morrido, sei que Joe Blutz também será mortal." **Esse processo de começar com o princípio geral e aplicá-lo a um caso particular é, obviamente, *dedução*. Portanto, o conhecimento, para Aristóteles, é o emprego integrado da indução e da dedução. A indução fornece as leis gerais básicas; a dedução usa essas leis para explicar e compreender casos particulares.** Você não para com suas primeiras induções. Você não para com "Todos os homens são mortais" ou "Todos os fogões quentes queimam", assim como no nível da formação de conceitos você não pararia com "verde", "vermelho" e "bananas". Você pergunta novamente *por que* essa lei geral é assim. E, diz Aristóteles, mais uma vez, através de um processo de indução mais amplo, encontra-se uma lei mais geral a partir da qual se pode deduzir a lei a que se chegou inicialmente por indução. Assim, por exemplo, chegamos pela primeira vez por indução à conclusão de que todos os homens são mortais, apenas pela observação de exemplos. Agora, ao ter um campo de visão mais amplo, observamos que cenouras, abelhas, porcos e gatinhos são mortais, e induzimos que "todas as coisas vivas são mortais". Assim, dizemos a nós mesmos: "Todas as coisas vivas são mortais e o homem é uma coisa viva; portanto, o homem deve ser mortal." Agora deduzimos, e assim explicamos, uma lei à qual chegamos originalmente por indução, e o processo continua. O processo de conhecimento, portanto, é um emprego sistemático e integrado de indução e dedução, aprofundando-se progressivamente nas leis da realidade, encontrando leis cada vez mais básicas por meio de induções cada vez mais amplas, cada nova indução permitindo-lhe deduzir o nível anterior, e assim por diante, cada vez mais a realidade sendo explicada a cada passo, de modo que suas leis sejam organizadas em uma cadeia sistemática de deduções.

Se Aristóteles tinha pouco a dizer sobre a indução, ele tinha muito a dizer sobre a dedução, e quero examinar muito brevemente a sua visão da dedução, porque é isso que lhe vale o título de **"Pai da Lógica" (ou seja, da lógica dedutiva)**. Pela primeira vez na história, ele faz esta pergunta: o que fazemos realmente quando defendemos uma conclusão afirmando premissas? Qual é a estrutura real do raciocínio humano quando nos envolvemos na dedução? Tomemos o exemplo simples: "Todos os homens são mortais; Sócrates é um homem" — essas são as nossas premissas, e com base nelas chegamos à conclusão: "Portanto, Sócrates é mortal." A nossa conclusão ("Sócrates é mortal") relaciona dois termos, "Sócrates" é um, "mortal" é outro. A nossa conclusão diz que existe uma ligação entre os dois: "Sócrates é mortal." De alguma forma, as nossas premissas justificam esta conclusão. Mas como? Observe, diz Aristóteles, que existe um terceiro termo além de "Sócrates" e "mortal" que aparece no argumento, a saber, o termo "homem". Aparece em cada premissa. Num caso, está ligado ao termo "Sócrates" quando dizemos: "Sócrates é um homem." Na outra premissa está ligado ao termo "mortal" quando dizemos "os homens são mortais". **O que fazemos, diz Aristóteles, no raciocínio, é descobrir esse termo de ligação, o que ele chama de *termo médio*, que relaciona os dois termos que conectamos na conclusão. O raciocínio, portanto, é na verdade a descoberta de um termo médio que liga dois outros. Portanto, todo argumento terá três termos: (1) o *sujeito* da conclusão (no exemplo que dei, a conclusão é "Sócrates é mortal", o sujeito será "Sócrates", e isso foi chamado pelos lógicos posteriores de termo *menor*); (2) o *predicado* da conclusão (neste caso, "mortal", que é chamado de *termo maior*); e (3) a ligação ou termo médio, que ocorre uma vez em cada premissa, mas não na conclusão, e é chamado de termo médio, o termo que nos permite fundamentar a conexão na conclusão. O próprio Aristóteles descobriu esse tipo de raciocínio, que chamou de *silogismo*.** Não lhe darei a definição dele, mas uma definição moderna (mas legítima) de "silogismo": **"Um silogismo é um argumento dedutivo com duas premissas. Contém apenas três termos, dois dos quais estão ligados na conclusão como resultado da ligação de cada um deles com o terceiro ou termo médio nas premissas."** O raciocínio, portanto, a explicação e, em última análise, a ciência, segundo Aristóteles, é sempre uma busca pelo termo médio correto, o termo que explica e prova a conclusão. Para dar um exemplo, suponha que você queira mostrar que os controles de preços estão errados — um termo é "controles de preços", o outro é "errado". Qual é o meio-termo que explica e prova? A resposta seria "compulsão". Então você diria: "Os controles de preços são uma forma de compulsão; a compulsão é errada; portanto, os controles de preços estão errados." Você continuaria. Por que a compulsão é errada? Qual é o termo médio entre "compulsão" e "errado"? Se você adotar a filosofia Objetivista, você dirá: "A compulsão é antimente, e a antimente é errada, portanto, a compulsão é errada", e assim por diante.

O termo médio nem sempre funciona corretamente. Por exemplo, "Os porcos são mortais; os homens são mortais; portanto, os homens são porcos" — tenho um termo médio, nomeadamente "mortal", mas certamente falhou na sua função. Ou "Os comunistas são ateus; você é ateu; portanto, você é um comunista" — temos três termos, mas a conclusão não segue. Então, quando isso acontece e quando não acontece? **Aristóteles respondeu exaustivamente para todos os tipos possíveis de silogismo, e existem, se bem me lembro, duzentas e cinquenta e seis variedades. Isso significa que ele teve que classificar todos os tipos que existem. O trabalho em que ele fez isso é os *Analíticos Anteriores*.** Ele teve que definir todos os tipos de premissas, porque faz uma grande diferença se você diz: "Todos os homens são mortais" ou simplesmente "Alguns homens são gênios", e se você tiver uma discussão com "alguns", todo o seu raciocínio será afetado por isso. Também faz uma grande diferença *onde* o termo médio é colocado. É o sujeito de uma premissa ou o predicado? Portanto, ele teve que definir todos os tipos de falácias que poderiam ser cometidas no raciocínio silogístico. Esta é a primeira vez que algo assim foi sonhado em ser feito. Ele formalizou e sistematizou as regras de raciocínio. Seus seguidores posteriores passaram a dar um nome, especialmente no período medieval, a todo tipo válido de silogismo, e ficaram tão familiarizados com eles que, assim que alguém pronunciava um argumento, chamavam o nome lógico para aquele determinado tipo de silogismo. Por exemplo: "Todos os homens são mortais; Sócrates é um homem; portanto, Sócrates é mortal" é *Bárbara*, e sempre que eles tinham tal discussão, alguém chamava "*Bárbara*", e há também Derio e Fesio e Braniteria etc. Aristóteles não foi tão longe — isso foi para seus seguidores Escolásticos. Mas a questão é que ele é o primeiro homem a pensar sobre o processo de pensamento e a definir as suas regras. Ele não disse a última palavra sobre este ou qualquer outro assunto (retiro o que disse; em certos assuntos ele disse a última palavra). Existem outros tipos de argumento dedutivo além dos silogismos. Mas Aristóteles está, no entanto, correto ao afirmar que o silogismo é o argumento dedutivo essencial. **Ele elaborou todo o assunto da lógica pela primeira vez. Ele identificou o tipo de raciocínio mais comum e crucial. Ele definiu pela primeira vez o que significa *provar* algo,** prová-lo ou explicá-lo, *objetivamente*, com base em fatos. Foi esse o sentido que eu quis dizer quando disse "o nascimento da razão" — significa especificamente o nascimento da razão, a razão como um método objetivo explícito, consciente e definido. Nesse sentido, ele é o pai da razão e da lógica.

Sobre o tema da prova, quero destacar outro ponto. Aristóteles observou que não é válido exigir prova de tudo. Porque, disse ele, em que consiste a prova? A prova é a demonstração de uma proposição por inferência a partir de premissas. Suponha que você tenha feito isso e alguém lhe diga: "Como você sabe que suas premissas são verdadeiras? Você tem que saber que as premissas são verdadeiras para estabelecer a conclusão, então me dê alguma prova de suas premissas." Suponha que você forneça uma prova e essa pessoa diga: "Ah, mas a sua prova em si tem premissas, e qual é a prova delas?" Entretanto, diz Aristóteles, não pode haver uma regressão infinita. **Deve haver pontos de partida para todo o conhecimento humano: axiomas básicos.** A alternativa seria que o conhecimento é impossível. Ou teríamos uma regressão infinita, o que é impossível, ou os nossos pontos de partida teriam que ser arbitrários, caso em que as nossas conclusões seriam igualmente arbitrárias. **Se não existissem axiomas que pudéssemos saber como verdadeiros sem a necessidade de prova, todo conhecimento seria hipotético.** Seria da forma: "Se isto, então...", mas nunca saberíamos se alguma coisa era realmente verdade. Isso seria uma contradição, e estaríamos na posição de dizer: "Alcançamos o conhecimento de que não existe conhecimento."

Deve haver, portanto, verdades básicas e evidentes, princípios de conhecimento. Aristóteles os chama de *archai*, que em grego significa "começo" ou "primeiro princípio" (no singular, *arche*). Estes são os alicerces do conhecimento humano. Destes, é impróprio pedir provas, porque são o fundamento último de todo o resto. Toda prova consiste em derivar desses *archai* suas consequências. *Negue-os e você eliminará o próprio conceito de "prova"*. Citando Aristóteles: "Exigir uma prova de tudo demonstra falta de educação." Por esse padrão, há hoje muitas pessoas sem instrução, sem excluir muitos doutores. Mas, disse Aristóteles, devemos especificar muito, muito cuidadosamente o que temos o direito de considerar como um axioma autoevidente e o que não temos. Ele escreveu muito sobre esse assunto — os tipos de axiomas, como eles passaram a ser conhecidos, em que momento axiomas diferentes passaram a ser conhecidos e assim por diante. Alguém poderia dar uma palestra inteira sobre sua teoria dos axiomas, porém abordarei apenas alguns pontos.

Aristóteles identifica dois tipos gerais de axiomas: (1) aqueles que estão na base de apenas *uma* ciência ou um ramo do conhecimento (por exemplo, "Se igual for adicionado a igual, o resultado será igual", que é um axioma geométrico ou mais amplo, um axioma matemático); e (2) os axiomas universais, os axiomas de que você precisa para saber *qualquer coisa* (por exemplo, as leis da lógica, às quais voltaremos em breve). A visão de Aristóteles é que em cada ciência existem axiomas especiais exclusivos, leis básicas de seu genus ou área de estudo particular. O objetivo final de uma ciência, uma vez que o seu propósito é compreender, é encontrar esses primeiros princípios definitivos. Você induz e induz e induz cada vez mais profundamente, mas não pode haver uma regressão infinita. É um universo finito. Consequentemente, diz Aristóteles, em cada ciência devemos, em última análise, alcançar as suas leis básicas. Ao alcançá-las, você as compreenderá como autointeligíveis e não exigirão explicação ou prova com referência a nada fora de si mesmas. Assim como na matemática, quando você finalmente alcança "Uma linha reta é a distância mais curta entre dois pontos", isso é autoluminoso, autointeligível, e a partir disso, em conjunto com outros semelhantes, você pode deduzir todos os teoremas geométricos. Ele acha que o equivalente ocorrerá em todas as disciplinas. Assim, alcançamos os axiomas últimos no *final* da nossa busca, de modo que aquilo que é o primeiro na realidade é o último a ser descoberto. Então, uma vez alcançado este primeiro princípio, damos meia-volta e viajamos para trás, deduzindo dele todas as leis e fatos que havíamos alcançado anteriormente por observação e indução. Você vê aqui a influência óbvia da linha dividida de Platão: você sobe a linha, atinge o topo, vira-se e deduz o que anteriormente não havia chegado dedutivamente. Mas há duas diferenças cruciais na versão de Aristóteles. Para começar, as definições básicas são, para Aristóteles, abstraídas, em última análise, da experiência sensorial e devem ser definidas objetivamente. Não há bondade mística que você alcance no final. Em segundo lugar, insiste Aristóteles, não existe um princípio último do qual todo assunto seja dedutível. Afinal, como o pai da lógica, ele sabe algo sobre a estrutura do raciocínio e diz que você não pode ter um termo na sua conclusão que não apareça nas suas premissas e, portanto, se quiser uma conclusão matemática, você tem que ter premissas especificamente matemáticas. Se você deseja uma conclusão no domínio da física, então suas premissas devem conter termos no domínio da física, e o mesmo para a psicologia etc. Portanto, o objetivo de Platão de um insight abrangente, do qual tudo flui, é um mito. Existem ciências distintas, cada uma com suas premissas básicas, e o objetivo de cada ciência é compreendê-las.

Nesta teoria, Aristóteles elaborou pela primeira vez a ideia de uma ciência específica. Antes de sua época, havia apenas *sophia*, sabedoria — se você quiser saber alguma coisa, estará sob o domínio do amante de *sophia*. Aristóteles é, portanto, não apenas o pai da lógica, mas da ciência, ou seja, da própria ideia de uma ciência específica, do ponto de vista de um assunto específico, delimitado e de uma metodologia científica objetiva.

Eu disse que existem axiomas universais pressupostos por todo conhecimento, não importa qual seja o assunto, e destes, os mais famosos são as leis da lógica, que, de certa forma, é a realização suprema de Aristóteles. Existe a *lei da contradição: nada pode ser A e não A ao mesmo tempo e no mesmo aspecto*. A lei do terceiro excluído: tudo é A ou não A em um determinado momento e sob um determinado aspecto. (É chamado de "terceiro excluído" porque o terceiro é excluído, e é A ou não A. Não pode ser uma espécie de A ou parcialmente não A. Portanto, ou é ou não é, mas não há meio-termo — é por isso que ele a chamou de lei do terceiro excluído, que é metafisicamente a antítese da "moderação" e do meio do caminho.) Quanto à *lei da identidade*, só para constar, *embora sempre acompanhe o outras duas a esse respeito como uma lei aristotélica*, e embora esteja obviamente em todo lugar em Aristóteles, *implicitamente*, como uma *lei formalmente definida*, a lei da identidade não foi descoberta, pelo que posso dizer, até o século XII d.C., por Antonius Andreas. Mas isso é apenas um pequeno problema — é sempre chamada de lei Aristotélica porque é obviamente o mesmo ponto essencial que a lei da contradição e do terceiro excluído, que Aristóteles definiu e nomeou.

Estas leis, diz Aristóteles, são leis de *toda* a realidade. Não são leis apenas da realidade na medida em que consiste em coisas vivas, ou da realidade na medida em que consiste em coisas quantitativas. São leis de tudo o que existe na medida em que existe. Na sua famosa expressão, são leis do "ser enquanto ser", ou seja, de tudo pelo fato de ser, seja o que for. **O conhecimento dessas leis é a precondição para qualquer aquisição de conhecimento em qualquer nível e em qualquer campo. Você não pode saber nada sem conhecê-las.** Não se poderia fazer o raciocínio mais rudimentar, porque, sendo as leis da lógica, estão pressupostas na passagem das premissas à conclusão. A primeira vez que você entende um argumento — se eu disser: "Todos os homens são mortais; Sócrates é um homem; portanto, Sócrates não é mortal" — ou você pode dizer que há algo errado com isso ou não. Se você não consegue, obviamente você está mal. Se você pode, é porque sabendo disso explicitamente ou não, você sabe que não pode dizer que todos os homens são mortais, mas aqui está um que não é, porque é um A e um não A. Nessa forma implícita, ninguém pode decolar cognitivamente se não conhecer as leis da lógica.

Como chegamos a essas leis? Obviamente não por raciocínio. Se tentássemos chegar a elas através do raciocínio, isso seria impossível — como poderíamos raciocinar se não conhecêssemos os princípios do raciocínio? Portanto, a única maneira de chegarmos a elas é através da abstração direta de fatos sensoriais evidentes. Você observa que esta xícara não é ao mesmo tempo vermelha e não vermelha, e esta mesa não é ao mesmo tempo verde e não verde, e esta senhora não é ao mesmo tempo alta e não alta etc. Em um determinado tempo, recebemos a mensagem: *tudo* deve ser consistente, nada pode ser A e não A. Isso é evidente.

Nas traduções de Aristóteles, a faculdade que apreende o que é autoevidente recebe o nome proibitivo e enganoso de *nous intuitivo*, sendo "nous" a palavra grega para "mente". Aristóteles foi chamado de "o nous da Academia de Platão" (em outras palavras, o "cérebro" da escola). "Intuitivo", conforme usado nas traduções de Aristóteles, não tem nenhuma conotação mística. Significa a mente humana na sua capacidade de compreender princípios autoevidentes, em oposição à mente dedutiva ou racional que tira conclusões desses princípios. Espero que você aprecie a importância e a indispensabilidade das leis da lógica, por isso não comentarei mais sobre elas. **Os títulos das três partes da *Revolta de Atlas* são, obviamente, o testemunho de Ayn Rand sobre sua visão da importância desta descoberta.**

Aristóteles também teve que lidar com os céticos, que disseram: "Pode ser evidente para você, mas não é evidente para mim. Eu não aceito essas leis. Talvez seja assim que você foi criado." O ceticismo moderno padrão que tem apenas dois ou três mil anos. Em um famoso capítulo da sua *Metafísica*, capítulo *Gama*, ou "Livro Quatro", como é chamado, Aristóteles oferece uma refutação clássica de tais oponentes das leis da lógica, e quero dar-vos aqui uma indicação disso. **Ele desenvolveu uma técnica brilhante para lidar com todos esses objetores e céticos em relação às leis da lógica. O seu raciocínio era o seguinte: se as leis da lógica são verdadeiramente o fundamento de todo o pensamento humano, então deveríamos ser capazes de demonstrar que mesmo o objetor tem de confiar nelas, que nem mesmo ele pode escapar delas, que essas leis são verdadeiramente inescapáveis. Assim, diz ele, proponho mostrar que mesmo o homem que nega as leis da lógica deve contar com as leis da lógica até mesmo para expressar a sua negação. Se você puder fazer isso, você cuidou dos objetores. Essa técnica é chamada de *técnica de reafirmação por meio da negação*, ou seja, o cético é obrigado a reafirmar as leis no ato de negá-las.** Como é que isso funciona? Aristóteles está repleto de dicas valiosas sobre como argumentar com os céticos, porque ele tinha os Sofistas ao seu redor (que eram bons, se não melhores, do que qualquer pessoa nesse departamento hoje, porque eram honestos, diretos e você poderia saber o que eles estavam falando). Então, diga ao cético para dizer alguma coisa, qualquer coisa, uma palavra — ele nem precisa dizer uma frase inteira — mas ele tem que dizer algo significativo, e não algo sem sentido. Se for significativo, tem de significar alguma coisa, tem de ter um significado e, por outras palavras, tem de excluir o seu oposto. Em outras palavras, tem que aderir à lei da contradição. Se o cético pronuncia "homem", então ele tem que significar "homem" como homem e excluir o não homem. Por quê? Porque A é A e não é não A. Se a lei da contradição não fosse verdadeira, não seria possível pronunciar uma palavra ou frase inteligível. Cada vez que você abrisse a boca, você não apenas diria "Sim", mas também "Não". Suas palavras não significariam o que significam; você não estaria dizendo o que está dizendo. Talvez a maneira mais simples de ilustrar esta técnica seja através da seguinte conversa hipotética. (Estou parafraseando a apresentação de Aristóteles.) O cético diz a Aristóteles: "A lei da contradição é falsa." Aristóteles diz: "Fico feliz em saber que você aceita isso." O cético diz: "O que você quer dizer com aceitar isso? Acabei de dizer que é falsa, está completamente errada, não acredito nela." Aristóteles diz: "Estou feliz que você seja um defensor tão ávido da lei da contradição." O cético diz: "Olha, eu disse meu ponto de vista, rejeito-a e acho que tudo está repleto de contradições de A e não A. Não posso ser mais claro do que isso. Se for falsa, é falsa. Afinal, A é A." Essa é a técnica da reafirmação através da negação, e é completamente inevitável. Segue-se, diz Aristóteles, que o verdadeiro oponente da lei da contradição não pode falar e não pode sustentar nada. Cito para vocês agora o livro *Gama* da *Metafísica*: "E, ao mesmo tempo, nossa discussão com tal homem é evidentemente sobre nada, pois ele não diz nada, pois não diz nem sim nem não, mas sim *e* não, e novamente ele nega ambos e não diz nem sim *nem* não, pois caso contrário já haveria algo diferente. Quem está nesta condição não será capaz nem de falar nem de dizer nada inteligível, pois diz ao mesmo tempo sim e não." Então lhe ocorre o pensamento: bem, e alguém como Crátilo, que apenas pensaria a contradição em sua própria mente, mas não falaria? Então, ele tinha esta frase: "E se ele não faz nenhum julgamento, mas pensa e não pensa com indiferença, que diferença haverá entre ele e um vegetal?" Ele quer dizer isso literalmente, não como um insulto, ou seja, seria um homem que renunciou à sua faculdade conceitual, na verdade, renunciou à sua consciência e, portanto, está de volta ao nível dos vegetais, que são entidades vivas desprovidas de consciência. Tal homem não pode sustentar nada, não pode distinguir nada, porque do seu ponto de vista nada é nada, isto é, não há identidade e, consequentemente, não há distinção entre nada e qualquer outra coisa. Da mesma forma, tal homem não pode realizar nenhuma ação. Aqui está uma passagem mais longa do livro *Gama* da *Metafísica*. É uma demonstração maravilhosa dos interesses e da preocupação de Aristóteles pela vida na Terra e pelo verdadeiro significado prático das teorias abstratas. Ele está falando sobre as pessoas que negam a lei da contradição e o que isso significaria na prática se vivessem de acordo com as teorias que pregam:

> É no mais alto grau evidente que nenhum dos que defendem esta visão, nem qualquer outra pessoa, está realmente na posição que ele afirma. Por que um homem caminha até Mégara e não fica em casa quando pensa que deveria caminhar até

lá? Por que, certa manhã, ele não entra em um poço ou em um precipício, se por acaso alguém estiver em seu caminho? Por que o observamos se protegendo contra isso? Evidentemente, porque ele não acha que cair seja ao mesmo tempo bom e não bom. Evidentemente, então, ele julga uma coisa melhor e outra pior. Se for assim, ele deve julgar uma coisa como sendo um homem e outra como não sendo um homem, uma coisa como sendo doce e outra como não sendo doce, pois ele não visa e julga todas as coisas da mesma forma quando, pensando ser desejável beber água ou ver um homem, ele passa a visar essas coisas específicas, mas deveria fazer o outro se a mesma coisa fosse semelhante a um homem e não a um homem. Mas, como foi dito, não há ninguém que não evite obviamente algumas coisas, e não outras. Portanto, ao que parece, todos os homens fazem julgamentos sem reservas. Se isso não é conhecimento, mas opinião [Peikoff: intervenho aqui: ele tem em mente os Sofistas que dizem: "Sim, fazemos julgamentos não qualificados, mas, afinal, isso é apenas uma suposição prática e pragmática que não representa conhecimento, apenas opinião de nossa parte"], os céticos deveriam estar ainda mais preocupados com a verdade, assim como um homem doente deveria estar mais preocupado com sua saúde do que aquele que é saudável, pois aquele que tem opiniões em comparação com o homem que sabe não está em um estado saudável no que diz respeito à verdade.

Portanto, aqui está o famoso resumo da sua visão da lei da contradição e das leis da lógica, que lerei apenas para resumir a posição de Aristóteles. É aquele citado [em parte] pela Sra. Rand no final do *Atlas*, onde Ragnar está lendo passagens do livro *Gama* da *Metafísica*.

O princípio mais certo de todos é aquele em relação ao qual é impossível estar enganado, pois tal princípio deve ser ao mesmo tempo o mais conhecido e não hipotético. Pois um princípio que todo aquele que entende tudo o que existe deve ter não é uma hipótese; e aquilo que todos que sabem alguma coisa devem saber, ele já deve ter quando se trata de um estudo especial. Evidentemente, então, tal princípio é o mais certo de todos; que princípio é este, prossigamos dizendo. É **que um mesmo atributo não pode ao mesmo tempo pertencer e não pertencer ao mesmo sujeito, e no mesmo aspecto."**[13]

Bem, isso foi Aristóteles sobre lógica, no que diz respeito a essas palestras. Deixe-me mencionar duas outras conquistas epistemológicas de Aristóteles. Ele foi o primeiro a dar uma definição formal de "verdade" que é válida, sendo a verdade o objetivo do raciocínio. A sua famosa definição passou posteriormente a ser chamada de *teoria da verdade por correspondência*, a ideia de que uma ideia é verdadeira se corresponder aos fatos, se afirmar a forma como as coisas realmente são. Suas palavras, pelo que me lembro, são: "Dizer daquilo do que é, que é, ou daquilo que não é, que não é, é verdade. Dizer daquilo do que é que não é, ou daquilo que não é que é, é falso." Isso é tudo. A verdade é a relação entre uma afirmação e a realidade quando a afirmação corresponde à realidade. Eu sei que isso parece apenas bom senso, e ninguém poderia apreciá-lo até que se mergulhasse em Kant, Hegel, Dewey e nos Pragmáticos. Só então você seria capaz de apreciá-lo, por isso desisto de qualquer tentativa de fazê-lo apreciá-lo agora, até e a menos que você esteja familiarizado com os seguidores de Kant.

O segundo breve ponto que gostaria de salientar é que Aristóteles foi o primeiro a organizar e definir de forma sistemática muitas falácias de raciocínio comuns e difundidas. Por exemplo, ele definiu e nomeou formalmente pela primeira vez as seguintes falácias: *petição de princípio, equívoco, pergunta complexa, generalização precipitada, composição, divisão, ignorantium elenchi* e uma série de outras. Você pode obtê-las em qualquer texto lógico ou no período de perguntas. Mas desde então tem sido a base para a classificação das falácias ensinadas nos cursos de lógica.

Em geral, e tendo em conta todas as omissões, ainda estamos em condições de avaliar a realização epistemológica de Aristóteles. Resumindo, ele foi o primeiro homem a reconhecer a base sensorial de todo o conhecimento e a validade dos sentidos, o primeiro a reconhecer a natureza da explicação científica, o primeiro a definir os princípios da definição, o primeiro a compreender a necessidade de indução, o primeiro a compreender a natureza e as regras da dedução e a criar o silogismo do zero (a sua teoria). Foi o primeiro a compreender, tanto no conteúdo como no método, o conceito de uma ciência específica. Ele também foi o primeiro a compreender a necessidade e a natureza dos axiomas e o primeiro a enunciar as leis da lógica. Ele não disse a última palavra sobre a maioria desses assuntos, mas disse praticamente a primeira. Ele é, portanto, o pai da razão e do método científico em todos os seus aspectos essenciais. Esta é a sua grande conquista imperecível no campo da epistemologia.

Mas isso foi apenas o que ele fez em epistemologia. Vamos agora dar uma olhada mais detalhada em algumas de suas ideias metafísicas. Voltemos ao assunto dos universais e particulares. Você deve se lembrar de que eu disse que para Aristóteles tudo o que existe é um particular, ou seja, é um "isto", e é também um certo tipo de coisa, um "tal". Tem propriedades comuns que compartilha com outras coisas com base nas quais podemos classificá-lo. Portanto, existem dois elementos que compõem cada coisa — um elemento particularizante ou individuante, aquele que a torna um "isto" (que Aristóteles chamou de "matéria"), e o elemento comum ou universalizante (que ele chamou de "forma") — dois aspectos que são separáveis no pensamento, mas não na realidade.

Aristóteles pergunta, com efeito: podemos especificar mais claramente o que queremos dizer com "matéria" e "forma"? A matéria, sabemos, é o que torna uma coisa particular, um "isto", o princípio da individuação. Mas o que há em algo que é único a ele? O que há dentro de uma determinada coisa que é o elemento responsável pela sua particularidade? O que torna uma coisa particular? Igualmente, diz ele, dizemos que a forma é o que torna uma coisa "tal", o que a torna um tipo de coisa. Mas qual é o elemento responsável pela universalidade? Qual é o elemento em comum? Então, queremos realizar uma dissecação metafísica das coisas em dois elementos e dizer exatamente o que são.

Para compreender a resposta de Aristóteles, imagine que eu o confronte com uma grande quantidade de tijolos (este é o meu próprio exemplo, mas é o que ele quer dizer), e peço-lhe que construa para mim uma série de casas com esses tijolos. Você pega um lote de tijolos, junta-os de uma certa maneira e tem uma casa. Observe que eu disse para colocá-los juntos de uma *certa maneira*, para dar aos tijolos uma certa estrutura — é isso que faz deles uma casa. Se você pegasse os mesmos tijolos e os juntasse de maneira diferente, você teria uma ponte ou uma cerca ou uma mesa ou o que quer que fosse, mas não uma casa. Suponha que você pegue outro lote de tijolos e faça outra casa, e assim por diante. Suponhamos que você construa dez casas — o que há de comum em todas elas? A mesma estrutura, o mesmo padrão de organização, a mesma forma de relacionar os elementos (os tijolos). E é por isso que são todas casas, em vez de pontes, mesas etc. Mas agora suponhamos que apontamos para uma casa em particular e dizemos: "Bem, o que torna essa casa essa casa, tão distinta de todas as outras?" A resposta óbvia seria que ela é feita deste monte de tijolos, e não daquele monte de tijolos, e o material desta casa, a matéria dela, é diferente e exclusivo dela. A estrutura é comum e faz dela uma casa, ou o material é único e faz dela *essa* casa. Podemos descer um pouco mais fundo e fazer a mesma coisa com os tijolos: pegue qualquer tijolo individual — ele também é feito de alguma coisa, algum material, digamos cimento. O que torna este tijolo em vez daquele? Foi feito *desta* bola de cimento úmido, e não *daquela* bola. O que o torna um tijolo, um certo tipo de coisa? A estrutura ou organização do cimento, em oposição a fazer uma estátua ou um vaso com esse mesmo cimento. Em geral, diz Aristóteles, tudo é feito de alguma coisa, de algum material, e esse material é organizado, estruturado, formado de uma maneira particular. A forma (que agora é sinônimo de estrutura) é o que dá à coisa seu caráter, sua peculiaridade, sua classificação. O material é o que lhe é único, o que o torna esta instância particular da sua classe, em oposição a todas as outras.

Portanto, Aristóteles identifica a distinção universal-particular com a distinção estrutura-matéria. O universal vem da estrutura, a particularidade das coisas. Assim, forma e matéria passam agora a significar matéria-estrutura (um ponto muito, muito crucial dele, com o qual o Objetivismo *não* concorda).

Se esta é a base para todos os universais (como é para Aristóteles), então obviamente os conceitos de "matéria" e "estrutura" devem significar mais do que apenas matéria física e estrutura espacial (como no exemplo que dei até agora dos tijolos da casa), porque existem universais de coisas *além* de entidades físicas, como tijolos e casas. Então, agora temos que ampliar muito a nossa noção do que queremos dizer com "matéria". "Matéria", para Aristóteles, significará qualquer conteúdo, qualquer recheio, qualquer preenchimento, por assim dizer, de qualquer tipo, e "forma" significará qualquer estrutura, qualquer organização, qualquer padrão de relacionamento que seja imposto a aquele recheio ou matéria, em virtude do qual a coisa tem alguma natureza específica. Tomemos um exemplo completamente não físico: dois silogismos, o de Sócrates que citei e outro que irei inventar. "Todos os alunos brilhantes obtêm nota A neste curso; você é um aluno brilhante; portanto, você tira A neste curso." O que torna cada um, um silogismo? Qual é o denominador comum? A estrutura dos termos. Em cada caso, temos três termos, um é o médio, um é o menor, um é o maior, e a organização é a mesma, e é isso que o torna um silogismo. Mas o que torna o silogismo de Sócrates *este*, em oposição ao silogismo de obter um A, aquele? O "recheio" é diferente. Em outras palavras, os termos particulares. Os termos de um são "Sócrates", "homem" e "mortal", e do outro, "alunos brilhantes", "tiram A" e "você". "Coisas" e "estrutura" aqui significam o conteúdo dos termos e a organização. **É por isso que, até hoje, a lógica Aristotélica é chamada de *lógica formal*, porque a descoberta de Aristóteles foi que a validade do seu raciocínio (*a validade*) depende exclusivamente da forma, da estrutura. Não faz nenhuma diferença qual é o conteúdo; se estiver organizado de uma certa maneira, a conclusão deverá seguir.** Isso não significa que a conclusão seja *verdadeira* (as premissas podem estar erradas), mas na questão técnica de saber se a conclusão é verdadeira, ela é ditada pela forma e não pela matéria.

Tomemos um exemplo diferente, um soneto. É necessária uma forma definida para ser um soneto; é isso que o torna um soneto. Um certo número de versos, esquema de rimas etc. Mas o que torna *este* soneto este e não *aquele*? Seu conteúdo particular, ou assunto, como diríamos. Portanto, para Aristóteles, "matéria" é usada num sentido muito mais amplo do que matéria física, uma vez que a matéria física é apenas um tipo de matéria (como Aristóteles usa o termo). "Matéria" significa o recheio, os ingredientes, a matéria-prima, seja ela a matéria física, ou por exemplo a matéria de um romance (que seriam os episódios, as situações, os personagens), ou a matéria de uma palavra (que seriam as sílabas ou as letras que a compõem), ou a substância do caráter de uma pessoa (por exemplo, suas paixões, seus pensamentos, suas tendências), ou a substância de um conceito — qual é a substância, ou a matéria, de um conceito? **Um conceito é uma certa organização imposta aos dados dos sentidos. São dados sensoriais integrados, organizados de uma determinada maneira.** Assim, um conceito é também uma estrutura imposta a uma matéria (neste caso, uma estrutura mental imposta a uma matéria sensorial). Em todos os casos, qualquer tipo de matéria será sempre organizada, reunida, estruturada de uma forma ou de outra, dando-nos um certo tipo de produto devido ao tipo de estrutura imposta à matéria (seja o produto uma casa, um silogismo, um romance, um conceito, tanto faz). Assim, para Aristóteles, todas as afirmações seguintes significam essencialmente a mesma coisa: tudo é particular de um certo tipo, tudo é matéria de uma certa forma, e tudo é composto de recheio, estruturado ou organizado ou formado numa determinada matéria.

Esse é o conceito básico da metafísica de Aristóteles, esta distinção forma-matéria, estrutura-matéria. Grande parte do resto da metafísica de Aristóteles consiste em aplicar esta distinção básica (que tem, devo apressar-me a acrescentar, validade em muitos contextos): consiste em aplicar esta distinção a vários problemas filosóficos cruciais, mostrando como, se compreendermos esta distinção, podemos responder aos muitos dilemas até agora não resolvidos. **Quero agora acompanhá-lo através de apenas um desses dilemas, e refiro-me ao problema da mudança. Você se lembra do problema legado por Heráclito e Parmênides: Heráclito disse que a mudança implica uma contradição porque no final (lembre-se de quando acendemos o fósforo) é a mesma coisa, mas não é a mesma coisa. Aristóteles diz que é verdade: é a mesma coisa e não é a mesma, mas em dois aspectos diferentes. Afinal de contas, existem dois elementos que constituem uma coisa — a coisa que a torna assim, e a coisa que a torna o tipo de coisa que é, que lhe confere as suas qualidades. Quando o fósforo muda, é o mesmo fósforo individual no final. Certo. Isso significa que a matéria é a mesma. Mas tem novas qualidades no final. É verdade. Isso significa que a matéria assumiu uma nova forma, que a matéria agora é diferente no que diz respeito à sua organização, e é por isso que agora é preta, quente e esfumaçada, em vez de pintada, fria e não enfumaçada. Portanto, não há contradição na mudança.**

A mudança, para Aristóteles, é simplesmente o processo em que a mesma matéria assume novas formas. O resultado *será* uma coisa que é a mesma coisa e diferente. Mas isso não é contradição se especificarmos os dois aspectos. Ou olhe para o problema da perspectiva de Parmênides. Parmênides perguntou como poderia haver mudança. O que não é está se tornando o que é e vice-versa. Quando a semente vira flor, no início a flor não existia, e no final é, e vice-versa, no início a semente é, e no final é o que não é. Portanto, a mudança realmente envolve um aparecimento milagroso do nada e um desaparecimento milagroso do nada, e isso é tudo. Aristóteles diz que o material básico sempre existiu — apenas mudou de forma. Quando a semente se transforma em flor, nada passa a existir ou deixa de existir. É apenas uma forma diferente imposta ao mesmo material fundamental. Aristóteles chega à conclusão de que a mudança não envolve uma contradição. Um mundo em mudança (e esta é a sua principal preocupação) é um mundo inteligível e compreensível. Contrariamente a Platão, Parmênides e Heráclito, ele recusa-se a degradar este mundo numa semirrealidade, misturada com o ser e o não ser, alegando que a mudança é contraditória. Ele diz que não, este mundo é totalmente real e não contraditório. **Quanto à ideia de que a mudança entra em conflito com a lei da identidade, ele também diz — além dos pontos que referi — que a verdade é exatamente o oposto: a mudança, diz ele,** *pressupõe* **a lei da identidade. Porque o que você quer dizer com "mudança"? Mudança é mudança de** *alguma coisa para alguma coisa*, **de uma identidade para outra. Se não houvesse identidade — se nada fosse alguma coisa e tudo estivesse repleto de contradições — então não seria possível haver mudança.** Mudança do quê? *De* quê? *Para* quê? Obviamente, seria impossível. Qual é a sua conclusão final? Você está certo ao dizer que este é um mundo em mudança, diz ele a Platão, mas a mudança é perfeitamente lógica e racionalmente compreensível.

Para Aristóteles, é muito importante examinar e compreender completamente o fenômeno da mudança, porque esse é o meio, diz ele, de salvar este mundo da degradação Platônica para um mundo semirreal e ininteligível. Portanto, ele dedicou muito tempo e atenção a uma análise do fenômeno da mudança, para tentar esculpir as categorias conceituais em termos das quais a mudança seria totalmente inteligível. Eu quero acompanhar sua análise da mudança por alguns minutos e apresentar alguns dos conceitos adicionais que ele criou para tornar a mudança totalmente inteligível.

A mudança, dissemos, é o processo em que a matéria assume novas formas. Portanto, podemos usar o termo "matéria" de maneira um pouco diferente daquela que indiquei até agora, e podemos começar a falar de uma coisa como um todo como sendo matéria *relativa a um estágio posterior de desenvolvimento*, relativa a uma forma futura que possa assumir. Podemos começar a falar de uma coisa como um todo como sendo matéria *para* algum estado futuro. Por exemplo, considere os tijolos se tornando uma casa. Primeiro, os tijolos por si só são matéria (ou seja, cimento), organizados de uma certa maneira num tijolo, dando forma. Mas agora, considere os tijolos não em si mesmos, mas em relação à casa em que se tornarão.

Se você olhar para eles dessa perspectiva, poderá dizer que, em relação à futura casa, os próprios tijolos são matéria. Em si, eles são matéria e forma. Mas em relação a casa, são matéria, ou seja, são matéria da casa que está por vir. A casa, relativamente aos tijolos, é forma, ou seja, é a nova forma imposta a essa matéria. Ou tomemos o exemplo favorito de Aristóteles, de uma bolota que se transforma em carvalho. Em si, abstraindo qualquer mudança, a chamada análise estática, uma bolota é uma combinação de forma e matéria como tudo o mais — seus vários compostos, que são sua matéria, organizados de uma certa maneira para fazer uma bolota. Mas as bolotas e vários outros produtos químicos do solo podem ser combinados, remodelados, adquirir uma nova forma e tornar-se uma árvore. Assim, em relação ao carvalho, a bolota é matéria, e é matéria para o carvalho. O carvalho em relação à bolota é forma, e é forma a nova forma dada à bolota.

Existem esses dois sentidos, o chamado *sentido estático*, no qual uma coisa é sempre matéria e forma, e o chamado *sentido dinâmico*, quando você pensa em uma coisa como matéria relativa à próxima forma, como uma forma relativa à matéria anterior. **Para evitar confusão, Aristóteles criou um novo conjunto de termos, um novo conjunto de conceitos, para representar a utilização dinâmica e mutável deste conceito — os termos *potencialidade* e *atualidade*.** Podemos dizer que os tijolos são importantes para uma casa, mas é mais claro dizer (embora signifique exatamente a mesma coisa), os tijolos são *potencialmente* uma casa. A casa, quando chega, é a *atualidade* dos tijolos, a atualização da sua potencialidade, aquilo que dá uma nova forma aos tijolos, aquilo que contém em plena realidade o que antes existia apenas potencialmente. Ou a bolota, podemos dizer, é potencialmente um carvalho: é matéria para um carvalho, e o carvalho é a realização, ou atualidade, da potencialidade da bolota. Vocês estão familiarizados com isso porque todos usam os termos "potencial" e "atual", mas esta foi a sua verdadeira gênese, na metafísica de Aristóteles. **Neste sentido, portanto, matéria é qualquer material que tenha potencialidades de reorganização, qualquer material que possa tornar-se ou fazer outra coisa. Forma é qualquer estrutura na qual essas potencialidades são atualizadas.** Portanto, a frase literal de Aristóteles será algo como "Um olho fechado é matéria para ver". Você pode traduzir isso? Isso significa simplesmente que um olho fechado tem a potencialidade de ver (supondo que não seja cego), e quando você abre o olho, você então tem a atualidade, a forma, enquanto anteriormente você tinha apenas a matéria. A ideia aqui é bastante simples, mas você precisa se acostumar com a terminologia. Ainda hoje sobrevive num sentido atenuado (o uso real de "matéria" por Aristóteles) — se proferirmos uma frase como "Ele tem coisas boas dentro dele", esse é o uso que Aristóteles faz do termo "coisas": Ele tem boas potencialidades. Ou se você disser: "Ele é um bom material para o futebol", esse uso de "material" é o sentido de Aristóteles. Ou "Ele é uma grande tora presidencial", esse uso de "madeira" é na verdade o sentido grego original literal porque a palavra grega original *hulé*, que Aristóteles usa para "matéria", numa época anterior a Aristóteles, na verdade significava "madeira". Todas essas são maneiras de dizer que ele tem potencialidades: e às vezes vemos quando ele atualiza suas potencialidades: "Bem, ele está realmente em forma hoje." Você vê, essa é a "forma igual à atualidade" Aristotélica.

Portanto, se usarmos a terminologia potencialidade-atualidade, poderemos dizer que a mudança para Aristóteles é a passagem da potencialidade para a atualidade. Assim, temos outra forma de responder a Parmênides. Parmênides disse que quando a semente se torna flor, nós temos nada se tornando alguma coisa (ou seja, a não flor se tornando uma flor). Aristóteles diz que isso é errado, porque não há nada que se transforme em algo; você tem um tipo de realidade, a realidade *potencial* (ou seja, a flor no início), tornando-se outro tipo de realidade, a realidade *real* (a flor no final). A mudança é, portanto, uma passagem de uma forma de ser para outra, do potencial para o real, tudo isso ocorrendo dentro dos limites da realidade e do que é, em nenhum momento dependendo do que não é.

Observe que tudo o que é matéria, relativo a um estágio posterior de desenvolvimento, é formado em relação a um estágio anterior. Tudo — sejamos muito precisos, *quase tudo*, e você verá algumas exceções na próxima aula — tudo é a forma de alguma matéria anterior (em outras palavras, a atualização de potencialidades anteriores) e, ao mesmo tempo, é matéria para uma forma futura. São potencialidades para uma atualização ainda futura. O universo consiste em entidades que realizam constantemente as suas potencialidades, passando da matéria para a forma, que é matéria para uma forma futura, e assim por diante. Você tem aqui toda uma cadeia, ou toda uma hierarquia, onde cada passo é sucessivamente mais formado do que o anterior. Por exemplo, comece com grama. A grama vem de alguma coisa, de alguma potencialidade (por exemplo, semente de grama). Assim, a semente do capim seria a matéria, a potencialidade, da qual o capim é a atualidade. Mas, em relação ao que está por vir, o capim *também* é potencialidade porque pode ser comido pela vaca e transformado em carne bovina. Dizemos que a grama é forma em relação à semente, mas matéria em relação à vaca, parte da qual ela pode se tornar. Então, a carne daquela vaca pode ser incorporada por nós e se tornar carne humana. Ou o carvalho é a atualidade em relação à bolota, a potencialidade em relação à madeira, e a madeira é a atualidade em relação às potencialidades do carvalho, que poderiam ser divididas, e assim por diante. Em relação aos navios que você construirá com madeira, a madeira é uma potencialidade. Ou tomemos um conceito — que é a atualidade das potencialidades dos dados dos sentidos e, por sua vez, uma vez que você tenha conceitos, você terá a potencialidade para uma nova organização, ou seja, combinar vários conceitos em uma premissa ou proposição, que é a atualidade das potencialidades de um conceito. Por sua vez, uma proposição é a potencialidade de ser combinada numa nova organização com outros princípios para formar um argumento completo, que por sua vez é a potencialidade de uma ciência completa.

Qual é o significado dessas cadeias? É o verdadeiro fundamento metafísico para a visão de que a realidade é legal e ordenada porque *a razão* pela qual uma coisa é matéria depende de sua natureza, daquilo que ela é realmente. Você pode fazer um navio de madeira, mas não de bolotas, e o homem pode viver de carne bovina, mas não de sementes de capim. Você pode fazer uma ciência a partir de silogismos, mas não a partir de dados sensoriais desorganizados. Em outras palavras, dentro de certos limites, a ordem desses ciclos de atualização é necessária. Não é verdade que tudo seja possível, "possível" significando "potencial". E como pai da potencialidade, Aristóteles insiste enfaticamente que não é verdade que tudo tenha qualquer potencialidade, e não é verdade, portanto, que qualquer coisa possa acontecer (*"poderia"* é apenas um sinônimo de "potencialidade"). Não é verdade que qualquer coisa possa ser seguida de alguma coisa, porque existem leis que regem o que ocorre no mundo. O mundo é uma estrutura ordenada, ou hierarquia, de coisas que estão relacionadas como matéria e forma. Portanto, se compreendermos as regras pelo método indutivo-dedutivo apropriado, poderemos prever, poderemos explicar o comportamento da coisa em termos da sua natureza e saber o que esperar. Não é um universo selvagem, caótico e sem lei. O que uma coisa *pode* fazer, suas potencialidades, depende e deriva do que ela *é*, de suas atualidades. As atualidades determinam as potencialidades, uma lei fundamental da metafísica Aristotélica. Essa é, na verdade, a verdadeira base metafísica da distinção que abordamos na epistemologia entre essência e propriedades, porque a essência é realmente a realidade da coisa, e a propriedade são as consequências dessa essência. Portanto, esta é realmente a base metafísica da teoria da explicação de Aristóteles — a *razão* pela qual uma coisa é matéria depende da sua forma.

Poderia acrescentar que esta é a base para uma prova formal da lei de causa e efeito. A prova é muito simples. Se combinarmos esta premissa com a lei da identidade, diremos que uma coisa num dado conjunto de circunstâncias pode (isto é, tem a potencialidade para) agir de apenas uma maneira, a maneira ditada pela sua natureza. Em qualquer conjunto de circunstâncias, uma entidade com uma determinada natureza tem apenas uma potencialidade e, portanto, é assim que deverá comportar-se. A mesma entidade nas mesmas circunstâncias irá, portanto, sempre se comportar dessa maneira (em outras palavras, mesma causa, mesmo efeito). Qualquer outra coisa envolve uma contradição da natureza da entidade, a atribuição a ela de uma potencialidade conflitante com a sua realidade. Essa é uma prova formal de causa e efeito perfeitamente irrespondível. Devo dizer que isto só está *implícito* em Aristóteles, da forma que acabo de indicar, mas não explícito. Este é um dos lugares onde o Platonismo de Aristóteles, a julgar pelos documentos sobreviventes, levou a melhor sobre ele e, em muitos lugares, ele indica que não subscreve o reino universal de causa e efeito. (Mencionarei alguns deles na próxima palestra.) Então, aparentemente, Aristóteles não tinha uma ideia clara do reino universal da lei no universo. Mas, de qualquer forma, ele legou aos seus seguidores as premissas fundamentais a partir das quais não é necessária muita inteligência para construir uma prova real.

A importância desta descoberta é que ela representa a abordagem da Primazia da Existência da lei de causa e efeito, em oposição à abordagem mística e cética. A abordagem mística típica de causa e efeito é dizer que a razão pela qual as coisas são tão ordenadas é porque Deus as quer assim, porque ele deriva causalidade, lei e ordem das atividades de um ser sobrenatural e projetista. Esse é o chamado Argumento do Design: "É claro que deve haver uma consciência sobrenatural, porque quem poderia fazer uma árvore se comportar tão bem se não fosse por Deus?" Essa é a abordagem da Primazia da Consciência à causalidade. Em contraste com isso, há a abordagem cética, que teve seus adeptos no mundo antigo (Anecodemos é um exemplo), e seu adepto mais famoso no mundo moderno, David Hume, que negou completamente a causalidade e disse que tudo o que sabe é que qualquer coisa pode acontecer a qualquer momento e se você jogar um centavo no ar, pelo que ele sabe, isso pode se transformar em Hegel. (É claro que ele não usou esse exemplo, não sendo imaginativo o suficiente para prever Hegel.) No entanto, um ponto de vista verdadeiramente Aristotélico é dizer que ambos os pontos de vista — o ponto de vista do milagre divino e o ponto de vista cético de Hume sobre a causalidade — são contraditórios, pois implicam a possibilidade de uma entidade agir em contradição com a sua natureza. Uma ou ambas as visões implicam isso e, portanto, ambas estão erradas.

Dissemos que a mudança é a matéria assumindo novas formas, isto é, a sua potencialidade sendo atualizada. Mas Aristóteles queria saber como isso realmente acontece — certamente a potencialidade não pode se atualizar. Tomemos como exemplo o barro que se transforma numa estátua ou os tijolos que se transformam numa casa. Examinemos mais de perto os fatores envolvidos em qualquer processo de mudança porque queremos saber o que procurar para compreender tal mudança. Deve haver algo para entender por que os tijolos não entram sozinhos em uma casa. Quantos fatores estão envolvidos em qualquer mudança? Temos que entender isso se quisermos entendê-lo completamente. Aristóteles responde numa famosa doutrina chamada as *quatro causas* de uma mudança. "Causa" aqui é *itea* em grego. Não é usado no sentido moderno, mas num sentido mais amplo. Para Aristóteles, "causa" significa qualquer fator necessário para que ocorra uma mudança, qualquer resposta à pergunta "por quê?". Então, na verdade, esta é a definição de "por quê?" de Aristóteles. O que você está perguntando quando pergunta "por quê?"? Ele diz que há apenas quatro coisas possíveis que você poderia querer dizer e apenas quatro respostas possíveis. A soma dessas quatro respostas é a resposta completa à pergunta "por quê?".

Tomemos um exemplo específico: suponhamos que um homem comece com um pouco de barro e o molde numa estátua de Aristóteles — podemos isolar os quatro fatores? Um fator óbvio é a argila com a qual começamos, a matéria com a qual começamos, e esse é o fator material, ou o que Aristóteles chama de *causa material*. Obviamente, temos a estátua no final do palco — ou seja, a nova forma que impusemos à matéria — e essa será a *causa formal*. Mas era necessário algo para passar da matéria para a nova forma, algum agente (neste caso, um escultor) para agir sobre a matéria para transformá-la ("transformar" é nossa maneira de dizer "dar-lhe uma nova forma"). Isto é o que Aristóteles chama de *causa eficiente*, ou seja, a fonte real do movimento, aquilo que o provoca. "Eficiente" não se refere a quão bem algo funciona. "Eficiente" vem de *facio*, a raiz latina que significa "fazer", então esta é na verdade a causa que faz a transição acontecer. Finalmente, diz Aristóteles, há um quarto fator — o escultor realizou estas ações e moldou a argila para um propósito, um fim, um objetivo. Por exemplo, ele queria decorar seu apartamento ou a ágora, ou queria comemorar Aristóteles, ou algo assim. Ele tinha, em outras palavras, um fim, em latim *fines*, e, portanto, a *causa final*, propósito. **Portanto, para Aristóteles, existem realmente quatro sentidos de "por quê?". Se eu apontar para esta estátua agora e disser: "Por quê? Por que isso é uma estátua?", você poderia dizer porque havia um pouco de argila ao redor (essa é a causa material), ou porque tem a forma de um corpo humano (essa é a causa formal), ou porque certas ações moldaram o barro (essa é a causa eficiente), ou porque alguém quis imortalizar Aristóteles (essa é a causa final).** Portanto, para compreender completamente uma mudança, diz Aristóteles, é preciso conhecer quatro fatores: o material com o qual você começou, a forma com que terminou, o agente que efetuou a transição e o fim ou objetivo do processo. Mudança é uma mudança de algo para algo, por algum meio, para algum fim ou objetivo.

Isto deveria levantar muitas questões em sua mente, porque estamos lidando com a metafísica de Aristóteles, então você deveria me perguntar adequadamente nesta fase: Aristóteles quer dizer que as quatro causas se aplicam *a todas* as mudanças? Toda mudança tem um fim, uma meta ou um propósito? Será então

Aristóteles um teleólogo, um teleólogo universal como Platão? Se for, como defende tal ponto de vista? Há muitas outras questões que deixamos sem resposta sobre a metafísica de Aristóteles. E quanto ao *Motor Imóvel*, o chamado Deus de Aristóteles, e como ele se encaixa? Como Aristóteles responde a Zenão? Quais são as opiniões de Aristóteles sobre o infinito? E sobre outros assuntos — como Aristóteles defende os sentidos contra o ataque básico dos Sofistas? Que problemas existem na filosofia de Aristóteles para os quais ele não tem resposta? E quanto à sua psicologia, à sua teoria da alma humana e à sua relação com o corpo humano? E sua ética e sua política? As respostas a todas essas perguntas e ainda a outras constituem o assunto da próxima palestra, mas você teve pelo menos uma amostra do gênio abrangente e do poder integrador de Aristóteles.

Palestra IV, Perguntas e Respostas

P: Por que estaria errada uma definição de "homem" como "um mamífero racional" ou "um ser vivo racional"?

R: Deixe-me colocar desta forma: não seria errado de acordo com a visão Objetivista de definição, que difere da visão Aristotélica de definição. Aristóteles acredita que as essências são intrínsecas. Isto é, ele acredita que as características que constituem a essência de uma entidade, ou da classe de entidades, são esculpidas pela natureza de forma totalmente independente do estado de conhecimento do homem. Portanto, quer conheçamos ou não certos fatos, a essência é fixada de uma vez por todas pela realidade, e é um fato inerente à entidade, da mesma forma que o são o comprimento, o tamanho e a forma. O Objetivismo não adota essa visão. O Objetivismo sustenta que as essências são objetivas, nem subjetivas nem intrínsecas, e que representam fatos da realidade (e, portanto, não são subjetivas), fatos categorizados pelos seres humanos de acordo com seu processo de aquisição de conhecimento. Portanto, para o Objetivismo, você sempre tem que perguntar em relação às definições e essências: Qual é o propósito cognitivamente? O objetivo é nos permitir distinguir nossos conceitos, diferenciar um conceito de outro. As características que farão isso em um estágio do conhecimento são bastante diferentes daquelas que farão isso em outro. Por exemplo, se você está num estágio muito primitivo e tudo o que conhece é "coisa", e pode dizer que o homem é uma coisa racional e outras coisas não, "coisa" é um genus perfeitamente respeitável. À medida que seu conhecimento se expande e você começa a querer fazer distinções mais importantes do que simplesmente "coisa" versus "não coisa", e você começa a distinguir coisas vivas de não vivas e animais de plantas, seu genus começa a se estreitar ao ponto onde é específico o suficiente para capturar o tipo de conhecimento do homem que é exigido pelo seu conhecimento atual e para diferenciar o homem de todas as outras coisas. Quão específico você é? Tão específico quanto necessário para integrar seu conhecimento. Se você é biólogo e trabalha constantemente com subdivisões de animais, é perfeitamente justificado dizer, "o homem é o mamífero racional", diferentemente de outros tipos, nesse contexto. Mas no quadro do conhecimento humano generalizado que não é especializado, "animal" é o genus que define "homem" de forma suficientemente específica, sem se tornar demasiado especializado. Portanto, o Objetivismo diria que, dentro da estrutura do conhecimento atual, é o melhor genus geral para "homem". Aristóteles, seguindo a influência Platônica, diz que a essência é esculpida pela natureza e, portanto, não pode haver essências contextuais ou definições contextuais. Embora Aristóteles tenha muitas *regras* valiosas de definição, tanto ele como Platão sustentam, em última análise, que a definição tem de se resumir a um ato de *nous*, isto é, de uma compreensão intuitiva. Aí, infelizmente, "intuição" é usada num sentido menos racional, como um insight direto, e isso torna toda a teoria vulnerável à acusação de ser implicitamente mística (o que não é a intenção de Aristóteles, mas é o efeito final). Obviamente, eu não poderia esperar tornar clara toda a visão objetivista e nem tentaria fazê-lo. Em resposta a uma pergunta sobre Aristóteles, remeto-vos para a Introdução à Epistemologia Objetivista da Sra. Rand, onde isso é discutido detalhadamente.

P: Aristóteles seria a favor de uma dicotomia analítico-sintético?

R: Se você interpretar isso como uma dicotomia entre o lógico e o fatual, então a resposta certamente é não, pois ele acredita que as leis da lógica são fatos da realidade. Mas na medida em que você interpreta isso como uma dicotomia entre verdades necessárias e contingentes, então sim, ele faz tal distinção, em parte porque acredita que as essências são intrínsecas. Nesse aspecto ele é um Platônico. Isto está de acordo com o ponto que mencionei anteriormente de que ele não acredita na necessidade causal universal. Para obter detalhes sobre isso, você terá que esperar até a próxima palestra ou ler meu artigo "A Dicotomia Analítico-Sintético", onde discuto o assunto.[14]

P: Quando você comentou que as leis da indução "não haviam sido escritas", você quis dizer que alguém as havia descoberto, mas ainda não as havia escrito?

R: Na minha opinião, o Objetivismo (isto é, a epistemologia de Ayn Rand) formulou os princípios da resposta ao problema da indução, mas esses princípios não foram escritos como aplicados especificamente à indução. Eu confio que um dia, durante todas as nossas vidas, eles o serão.

P: Você poderia nos dar uma indicação de qual seria uma defesa válida do princípio da indução? Envolve a lei da causalidade?

R: Se você quer dizer uma justificação do *procedimento* geral de indução, o próprio Aristóteles lhe dá o material para isso: você está justificado em generalizar porque, de fato, "causa e efeito" é uma lei da realidade e, portanto, as instâncias que observamos não são coincidências casuais, o que significa que podemos generalizar justificadamente. Mas se você me perguntar: "Como você sabe, em um caso particular, que a amostra que você observou é realmente representativa de uma lei e não apenas uma coincidência, ou algo que depende de uma condição necessária que você não identificou?", então você está me pedindo a teoria detalhada da prática real da indução, e é isso que sugiro que você leia no livro que mencionei na pergunta anterior, que ainda não foi escrito.

P: Quem foi o pai do altruísmo na filosofia?

R: Você ficaria surpreso se eu dissesse que a resposta é [Johann Gottlieb] Fichte? Essa é a resposta que defendo no meu livro *The Ominous Parallels*. Altamente condensado, o que isso significa é que o altruísmo, como a teoria formal de que a essência do bem é o sacrifício especificamente por outras pessoas, sem misturar sacrifício por Deus ou qualquer elemento de egoísmo — puro autossacrifício pelos outros — é um desenvolvimento pós-Kantiano. Foi prefigurado pelo Cristianismo e pelo Platonismo. Havia grandes partes disso, mas estava misturado com a ideia de que mais importante do que sacrificar pelos outros é sacrificar-se por Deus e misturado com a ideia de que há algo nisso para você, você obterá o outro mundo, ou o que quer que seja. A ideia de autossacrifício puro, altruísta e total pelos outros é um fenômeno pós-Kantiano. O primeiro altruísta famoso, influente e filosoficamente consistente é o primeiro famoso influente e consistente pós-Kantiano, Fichte. Então, você pode dizer que ou foi o Cristianismo no sentido de iniciar o elemento, ou Kant no sentido de aniquilar todo o resto, ou Fichte como o homem que realmente fez isso.

P: Aristóteles originou o conceito de "abstração" de particulares para compreender universais?

R: Havia pistas em Platão, na medida em que Platão disse que era preciso ter os estímulos dos sentidos para chegar à abstração. Mas, tanto quanto sei, como teoria formal da abstração (em oposição à simples lembrança de estímulos), sim, ele a originou.

UMA REVOLUÇÃO: O NASCIMENTO DA RAZÃO (PARTE I)

P: Na visão de Aristóteles de que o homem nasce *tabula rasa* e depois desenvolve conceitos a partir de percepções, ele incluiria o conhecimento introspectivo, bem como o extrospectivo, neste esquema?

R: Sim. Você não nasce com conhecimento de seus estados mentais, assim como não nasce com conhecimento de fatos físicos. Você tem que primeiro olhar e compreender os dados. A faculdade que faz isso, pensou ele, era chamada de "senso comum" (esse era o nome que ele dava à faculdade que é autoconsciente, capaz de introspecção e compreender a natureza das atividades mentais nas quais estávamos engajados). Assim, você precisa dos dados do senso comum, que chamaríamos hoje de "introspecção", que você então passa a conceituar da maneira normal.

P: Qual foi a contribuição mais influente de Aristóteles para o pensamento?

R: Se eu tivesse que selecionar uma, diria as leis da lógica.

P: Depois de formar uma definição, pode-se formar arbitrariamente uma palavra para esse conceito, ou a palavra é escolhida com base nas unidades do conceito?

R: Se você distinguir a palavra do conceito, então você deve entender por "palavra" o som ou forma particular usada, porque a palavra enquanto representa aquelas unidades particulares que ela integra é, obviamente, o conceito. Obviamente, você é livre para escolher qualquer ruído que desejar. Se você pegar um certo grupo e abstrato e formar a classe que agora chamamos de "homem", não há nada metafísica ou epistemologicamente sacrossanto no som "homem", em comparação com o som "mensch" ou "l'homme", ou "homo" ou "antropos", ou o que quer que seja. Portanto, o som é totalmente gratuito, pois você pode fazer o que quiser, desde que seja consistente. Mas se você entrar em uma linguagem desenvolvida e se propuser a falar com outros falantes dessa língua e disser: "No entanto, pretendo usar palavras de minha maneira especial e, daqui em diante, vou me referir a 'homem' como banana — agora quero que todos nesta regra se ofereçam para ganhar um bolo" — se você falar assim, está fora de questão.

P: Por favor, redefina um "silogismo".

R: Um argumento dedutivo contendo duas premissas e três termos, dois dos quais estão ligados na conclusão como resultado da ligação de cada um deles com o terceiro ou termo médio nas premissas. Essa é uma definição moderna. Aristóteles define "silogismo" de forma muito mais ampla, significando qualquer processo de raciocínio ou qualquer processo de raciocínio dedutivo, mas ele não estava familiarizado com o fato de que existem outros tipos de raciocínio dedutivo (ou não se concentrou neles). Mas um silogismo é na verdade um tipo mais específico de raciocínio.

P: De que forma o Objetivismo discorda da distinção entre forma e matéria?

R: Eu gostaria de guardar a visão do Objetivismo sobre Aristóteles até a próxima palestra, mas há muitos usos diferentes, não são todos iguais, ele não é consistente, e certos aspectos são perfeitamente sensatos, outros não. O Objetivismo discorda da ideia de que universal é forma, e que particular é matéria, é coisa. Isso discorda totalmente, e você verá na próxima aula que a formulação de Aristóteles o leva a um buraco terrível do qual ele não poderia escapar.

P: Aristóteles era uma espécie de atomista?

R: Ele concordou que a mudança envolve o rearranjo da matéria, mas no *seu* sentido de rearranjo, não apenas uma mudança espacial, mas uma mudança de forma, onde "forma" significa estrutura. Para Aristóteles, a mudança não se reduz à locomoção. Nesse sentido, Aristóteles não concorda com os Atomistas de que toda mudança é redutível à locomoção.

P: Aristóteles concorda com a existência do vácuo?

R: Não, Aristóteles nega a existência do vácuo.

P: Você poderia comentar sobre a crítica padrão da teoria da verdade por correspondência, a saber, que tal teoria é infrutífera porque nunca podemos sair de nossas mentes para validar que nossas ideias de fato correspondem à realidade?

R: Eu gostaria de saber qual é a base para tal premissa. Se mantivermos a opinião de todos os modernos — Descartes, Locke, Berkeley, Hume, Kant etc. — de que tudo o que percebemos são as nossas próprias experiências subjetivas, o nosso próprio conteúdo mental intelectual, que se torna um pequeno mundo dentro das nossas cabeças, e que estamos, portanto, isolados da realidade; obviamente, então, a teoria da correspondência não seria boa. Foi precisamente por esse motivo que Kant e os seus seguidores a rejeitaram: que a realidade é incognoscível. Mas qual é a justificação da premissa de que não percebemos a realidade diretamente, apenas os seus efeitos sobre nós? A resposta é o argumento que Protágoras apresentou e que eu apresentei neste curso. Se você sabe a resposta para isso, então não terá problemas com esse argumento. A resposta para isso está na aula doze.

P: Você sugeriria boas traduções de Aristóteles?

R: Existem dois tipos de tradução: há a tradução definitiva, a edição Oxford em doze volumes, editada por W.D. Ross, o mais famoso dos comentaristas Aristotélicos do século XX, e é essa que tenho lido para vocês. Essa é a tradução padrão, acadêmica, anotada e tão confiável quanto possível. Não é muito legível, mas isso não é culpa do tradutor. Ocasionalmente, surgem traduções como "Aristóteles para Estudantes de Pós-Graduação". Que eu conheça, não existe um "Aristóteles para Todos", mas existe um "Aristóteles para Estudantes de Pós-Graduação" que é mais legível, mas não muito bom. Lembro-me de uma de Richard Hope, uma tradução da *Metafísica* de Aristóteles um pouco mais livre que o habitual. Como alguém disse uma vez sobre as traduções de Aristóteles, que se você souber grego, geralmente poderá entender as traduções em inglês, mas as traduções em inglês são aquelas em que você realmente precisa trabalhar porque o grego é uma língua diferente do inglês e, consequentemente, o que elas podem fazer expressar de forma muito concisa requer toda uma circunlocução e paráfrase em inglês, porque as línguas são muito diferentes em sua estrutura. Portanto, uma frase que é curta e direta em grego continua indefinidamente em inglês, e você tem que lembrar cada parte separadamente e reconstruir tudo em sua mente. Isso pode ser feito, mas não é uma leitura para antes de dormir.

P: O que é Petição de Princípio?

R: Petição de princípio é a falácia lógica de usar ou presumir o que você está tentando provar antes ou como parte de sua prova. É assumir a coisa em questão. Uma forma comum disso é o raciocínio circular. Por exemplo, você vai a um banqueiro para pedir dinheiro emprestado e ele lhe diz que lhe emprestaria o dinheiro se soubesse que você é confiável, mas não tem nenhuma verificação de sua confiabilidade. Você diz: "Bem, tenho um amigo que me conhece há anos e ele atestará minha confiabilidade." O banqueiro diz: "Bem, isso seria ótimo, mas o problema é que não conheço seu amigo", e você diz a ele: "Bem, eu o conheço há anos, então não se preocupe. Eu atestarei por ele." Isso está andando em círculo, você vê. Seu raciocínio é: "Eu sou confiável e, portanto, ele é confiável e, portanto, eu sou confiável." Mas você está assumindo sua confiabilidade para provar isso. Isso é uma petição de princípio. Aristóteles sustentou (obviamente corretamente) que qualquer tentativa de provar as leis da lógica, diferentemente de afirmar que elas eram autoevidentes, seria uma petição de princípio, porque qualquer raciocínio depende das leis da lógica, e a essência do raciocínio é dizer: "Tais e tais premissas, e agora, uma vez que as leis da lógica são verdadeiras, segue-se tal e tal conclusão." Mas se você tentasse provar as leis da lógica, se elas fossem a conclusão do seu argumento, seu raciocínio seria então "Tais e tais premissas, e agora, uma vez que as leis da lógica são verdadeiras, portanto, as leis da lógica são verdadeiras". Você teria que usá-las para provar elas mesmo. Portanto, não existe prova das leis da lógica. Você não pode provar os princípios da prova. Tudo o que você pode fazer é apontar para a realidade. Se a pessoa vê, tudo bem, e se ela disser que não vê, você pode tentar a reafirmação através da técnica da negação, mas se ela ficar como Crátilo e disser: "Tudo bem, então não vou falar nada," você pode considerar que fez um bom dia de trabalho.

P: Qual é a diferença entre indução e abstração, se houver?

R: Como são usadas hoje, varia de escritor para escritor. Às vezes, diz-se que a abstração é o processo de formação de conceitos a partir de percepções, enquanto a indução é o processo de formação de princípios gerais a partir de fatos individuais. Mas esse uso não é de forma alguma padrão. "Abstração" às vezes é usada para *qualquer* processo mental que consiste em foco seletivo no qual você ignora uma parte dos dados e foca no resto. Nesse aspecto, a indução envolveria abstração, assim como a formação de conceitos. "Indução" é comumente usada para aplicar apenas as verdades proposicionais, para chegar a leis completas ("Todos os homens são mortais", etc.), enquanto "abstração" é usada tanto para a formação de conceitos quanto para o processo mental geral comum para a formação de conceitos e generalização.

P: De acordo com Aristóteles, as premissas primárias de uma determinada ciência são alcançadas por intuição (em outras palavras, os primeiros princípios que você alcança no final)?

R: Sim. Aqui está outro caso em que o Objetivismo discordaria de Aristóteles. Veja, ele modelou todas as ciências na matemática, o que foi em parte a influência Pitagórica-Platônica, mas em parte o fato de que a matemática foi a única ciência desenvolvida onde eles alcançaram os primeiros princípios, e então ele apenas presumiu que a mesma coisa seria verdade em física, na biologia etc., e que, portanto, haveria uma contrapartida na física para "Uma linha reta é a distância mais curta entre dois pontos". De fato, ele pensou ter encontrado princípios primários da física que, quando compreendidos, são autoevidentes, da mesma forma que os axiomas matemáticos, mas é preciso muito conhecimento para chegar a eles. Ele não tinha ideia da incrível complexidade da ciência, e muitas pessoas disseram que foi bom que ele não tivesse feito isso, porque se os gregos soubessem como seria fantasticamente complicado desenterrar todas as leis do mundo físico, eles teriam desistido. Talvez não. Mas, de qualquer forma, seria como pedir a uma criança iniciante na leitura que lesse os treze volumes do *Oxford English Dictionary* durante a noite. Seria demais, então você não pode pedir isso. Se você me fizer uma pergunta diferente: "Como a ciência chegaria a uma explicação final se não fosse por princípios intuitivos e evidentes que você alcança?" Eu diria que essa resposta será ditada pela sua resposta à questão da indução, porque, como parte de uma teoria completa da indução, você terá que entrar numa teoria de *formação de teoria*. Afinal, existem outras maneiras de chegar a princípios gerais além da simples generalização indutiva. Por exemplo, você não chega à teoria atômica por generalização indutiva. Assim, Aristóteles é deficiente ao não reconhecer plenamente na sua epistemologia a importância crucial da formação de teorias. **Por exemplo, você não chega à teoria atômica dizendo: "Observo que isto é feito de átomos, e isto é feito, e isto é feito, portanto tudo é feito de átomos." Você chega à teoria atômica de uma maneira bem diferente, dizendo: "Agora que observo muitos fatos individuais, o que os explicaria?" Então você levanta a hipótese de algo que *não* é diretamente observável no caso normal.** As regras para que tipo de hipóteses científicas são válidas ou não fazem parte da questão da indução e devem ser tratadas juntamente com o tópico da generalização indutiva. Quando você tiver a resposta aí — e ela será fornecida em última análise pela sua teoria da formação de conceitos, então é apenas uma questão de extrair os corolários da teoria da formação de conceitos — quando você tiver essas respostas, você saberá o que seriam os primeiros princípios e "acabariam" com uma ciência.

P: Você contrastaria o conceito de "explicação" de Aristóteles com a noção dos Positivistas de que a explicação é meramente uma descrição?

R: Sim, certamente. Os Positivistas — os seguidores de Auguste Comte, e toda uma série deles (que acrescentaram uma corrupção da lógica e se autodenominaram Positivistas Lógicos no século xx) — declaram, em essência, **que não existe tal coisa como explicação, que tudo o que você pode fazer é descrever fatos brutos e inexplicáveis. Você pode fornecer um resumo dos dados dos sentidos que passam pelos seus olhos, e talvez você possa generalizar e formar alguma regra geral que, por alguma razão inexplicável, por exemplo, este dado dos sentidos específico é seguido por este como uma regra normal. (Claro, você nunca pode ter certeza de acordo com eles, e é por isso que a escola é chamada de "Positivismo".)** Aristóteles repudia toda essa visão. A explicação é diferente da descrição, se "descrição" significa uma recitação e um resumo dos dados dos sentidos que você passa. A explicação é uma identificação conceitual das causas, em termos de princípios gerais e por referência à natureza da entidade atuante. *Não* é, portanto, algo acessível a uma simples mentalidade de nível perceptivo. É algo real e crucial no conhecimento humano e é aquilo que nos permite elevar-nos acima do nível animal. Num sentido mais amplo, pode-se dizer que as explicações são descrições, por exemplo, a teoria atômica é uma explicação de muitos fatos, mas a teoria atômica é uma descrição de um fato da realidade. Então, nesse sentido, tudo é uma descrição. Mas há uma grande diferença entre a descrição que é apenas uma descrição concreta dos dados dos sentidos e uma descrição que é um relato muito mais fundamental das causas daquilo que você observa. É este último sentido que é o de Aristóteles.

P: Você pode me dar uma linha de progressão dos pensadores Aristotélicos até hoje?

R: Os principais pensadores Aristotélicos — os *principais*, é tudo o que vou lhe contar — foram Aristóteles primeiro, e passando por cima de todos os seus seguidores menores na escola Aristotélica (alguns dos quais são muito bons, como Teofrasto, mas eles não têm muito a acrescentar), o próximo principal é Tomás de Aquino, que tenta misturar Aristóteles com o Cristianismo, mas que realmente conhece Aristóteles, e que em muitos pontos menores (menores, mas vitais) é melhor que Aristóteles, ou seja, ele é um verdadeiro filósofo, e tudo que você precisa fazer é aprender a lê-lo e extrair a religião, e ele é um filósofo fascinante. Existem alguns Aristotélicos da Renascença, nenhum deles muito importante (Pietro Pomponazzi pode ser o mais conhecido dos Aristotélicos da Renascença). Há John Locke, que é, no entanto — como a maioria dos filósofos britânicos — uma mistura heterogênea de quase todo mundo. Ele é um pouco de Agostinho, e um pouco de Descartes, e um pouco de Thomas Hobbes, e um pouco de Francis Bacon, e um pouco de Aristóteles, e está tudo misturado, como é típico da filosofia britânica. Mas se você o extirpar adequadamente, poderá encontrar um fio Aristotélico passando por Locke. Depois de Locke, a próxima é Ayn Rand. **Não há Aristotelismo hoje. Morreu completamente depois de Kant, cujo efeito específico foi aniquilar os últimos vestígios dele, e por isso não existe nenhum no século XIX, e no século XX até Ayn Rand. Esses são os principais. A verdadeira linha principal é Aristóteles, Tomás de Aquino, um quarto de Locke e Ayn Rand.**

P: A aceitação da existência como um axioma diz alguma coisa sobre a sua primazia? Afinal, a consciência também é um axioma.

R: Sim, isso acontece por implicação. Ao apresentar os axiomas da filosofia na ordem adequada, você deve começar com o axioma da existência. Você não poderia começar com o axioma da consciência, porque a primeira pergunta que alguém lhe faria se você dissesse: "Existe consciência" (que, aliás, é precisamente o que Descartes tenta fazer, como veremos mais tarde), a primeira pergunta que qualquer pessoa com bom senso lhe fará é: "Do que a consciência é consciente?" Então, primeiro você deve estabelecer a existência. Só então você poderá estabelecer o axioma da consciência. Nesse sentido, o estabelecimento do axioma da existência implica a primazia da existência.

12 A teoria da indução de Peikoff está incluída em *The Logical Leap*, de David Harriman (Nova York: Penguin, 2010).
13 Embora as passagens lidas pelo Dr. Peikoff e as passagens reimpressas em *A Revolta de Atlas* sejam ambas da tradução de W.D. Ross, o material que precede "Para tal princípio que todos..." difere.
14 Este artigo foi reimpresso em *Introdução à Epistemologia Objetivista*.

PALESTRA V

UMA REVOLUÇÃO: O NASCIMENTO DA RAZÃO (PARTE II)

Na última palestra, examinamos a epistemologia de Aristóteles e alguns dos fundamentos de sua metafísica. **No que diz respeito à metafísica, dissemos que a realidade, para Aristóteles, é este mundo, o mundo em que vivemos, o mundo das coisas individuais concretas e particulares tal como reveladas aos sentidos do homem.** Cada particular, cada substância primária, é composta de dois elementos — um elemento universalizante que constitui a base para classificá-lo em uma determinada classe e atribuir-lhe uma certa natureza, e um elemento que constitui a base de sua singularidade, aquele que o torna é um "isso". Lembre-se dos termos técnicos especializados de Aristóteles para estes dois elementos: "forma" e "matéria". A matéria é a substância ou material que constitui uma coisa, e a forma representa sua estrutura ou organização. Nestes termos, a mudança é o processo de a matéria assumir uma nova forma, pelo que a mudança não envolve de maneira alguma uma contradição e é eminentemente lógica, racional e cientificamente inteligível. Ou, utilizando a outra terminologia, poderíamos dizer que a mudança é a passagem da potencialidade para a atualidade, um processo que vimos que ocorre de forma ordenada, previsível e legal. Toda mudança envolve quatro fatores essenciais, quatro *causas*: *a causa material* (isto é, o material do qual procede a mudança), a *causa formal* (que é a nova estrutura imposta a esse material), a *causa eficiente* (que é a ação do agente que dá a nova estrutura ao assunto) e a *causa final* (o fim, ou objetivo ou propósito, do processo, a resposta final à pergunta "Por que isso ocorre?").

Dada esta breve recapitulação, retomemos este ponto e continuemos com a metafísica de Aristóteles. A primeira questão é: será esta análise das quatro causas da mudança aplicável a todas as mudanças de qualquer tipo? Porque, quando aplicada à ação humana, poder-se-ia dizer que a sua análise é obviamente sensata, em comparação, por exemplo, com o mecanismo dos Atomistas, que negam a realidade do propósito. Mas, você poderia perguntar, e quanto à mudança biológica inconsciente — por exemplo, uma bolota se transformando em um carvalho? O que dizer das mudanças não biológicas e inanimadas, como virar um balde de água no topo de uma colina e a água fluir colina abaixo? Como as quatro causas operam nessas áreas? Consideremos como exemplos os dois casos que acabei de mencionar: a bolota transformando-se em carvalho e a água fluindo encosta abaixo mecanicamente. As três primeiras causas (material, formal e eficiente) ainda se aplicam. Em ambos os casos, você parte de algo — a bolota ou a água no topo da colina — que é a causa material dessas duas mudanças. Em ambos os casos, você passa para uma nova forma — o carvalho ou a água no fundo — e essa é a causa formal. Em ambos os casos, a mudança é efetuada de alguma forma. Aqui, não preciso especificar, porque existem vários processos biológicos e/ou mecânicos de diferentes tipos atuando na "matéria" efetuando a mudança, e essas são as causas eficientes. Mas a grande questão é: e a causa final? Isso também se aplica a esses processos? Segundo Aristóteles, a resposta é sim.

Por que ele sustentou isso? Enquanto a matéria favorita de Platão era matemática, a de Aristóteles era biologia. Ele não foi apenas um grande filósofo, mas também um grande biólogo, e tendia a usar exemplos biológicos e depois a fazer generalizações metafísicas a partir deles. Na biologia, a doutrina das causas finais tem uma plausibilidade considerável. Por exemplo, observe a bolota em crescimento — observe a pequena bolota tornar-se um broto, e depois uma planta jovem, e assim por diante, através de todos os estágios intermediários, até se tornar uma árvore totalmente madura. Aristóteles pergunta: você pode explicar essa progressão de estágios simplesmente como uma reação cega a forças externas que não tem nenhum objetivo inerente, ou fim, pelo qual está se esforçando? Observe as ações de uma planta — elas são inconscientes, mesmo assim a planta se volta em direção à luz do sol e envia suas raízes em busca de água. Se você colocar uma pedra em seu caminho, dentro dos limites de tamanho apropriados, ela irá empurrar a rocha para tentar contorná-la. Parece evidente a partir destes e de inúmeros outros fatos, diz Aristóteles, que a planta tem um objetivo — viver, crescer, alcançar o seu pleno desenvolvimento, a sua forma, a sua atualidade. Não parece ser simplesmente um reator indiferente a estímulos externos. Ou consideremos as ações autorreparadoras do corpo de um animal. Você quebra o braço e os ossos se unem (a partir de certo ponto não há nada que o corpo possa fazer). Você corta o dedo e o corpo forma uma crosta, e a gente pergunta: por que isso acontece? Ele faz isso para manter os germes afastados. Essa é uma causa final, um fim, um objetivo. Contraímos uma doença (para dar um exemplo moderno), e o corpo produz anticorpos, e perguntamos por que — para combater a doença. Observe os órgãos do corpo de um animal — cada um deles tem uma função, que muitas vezes é descrita em termos de seu fim ou objetivo. Para que servem os pulmões? Para respirar. Para que serve o coração? Para bombear sangue etc. Parecia óbvio para Aristóteles que os órgãos e as ações das entidades vivas têm fins ou metas, que sua estrutura e funcionamento não parecem ser apenas o resultado de uma reação indiferente a fatores externos. Parecia-lhe óbvio que os seres vivos visam um fim, ou um objetivo, que se esforçam por isso tanto quanto podem, e o objetivo é desenvolver-se, crescer, atingir a sua forma ou realidade plena. Ele chama sua forma completa de *enteléquia*, que é a forma final completa de uma coisa viva, o carvalho em relação a uma bolota. Este objetivo lhe parece ser o principal fator que determina as ações de uma entidade viva.

Como você explicaria todo esse comportamento, exceto por referência a um fim ou objetivo que orienta o ser vivo? Suponha que perguntemos aos atomistas como eles explicariam isso. Eles diriam que é uma mistura e separação cega dos átomos devido a forças mecânicas. Aristóteles diz que se concedêssemos uma mistura mecanicista cega de átomos, isso poderia de fato produzir alguns casos de bolotas que se transformassem em carvalhos, mas por que é que isso acontece regularmente? O que mantém o processo nos trilhos tantas vezes? Na teoria do Atomismo, por que às vezes não acontece que, por meio de reações mecanicistas, os átomos que compõem uma bolota sejam embaralhados e saiam como cenouras, ou cartas de baralho, ou Hegel? Por que eles aparecem repetidamente e regularmente como carvalhos? Aristóteles admitiu que nem *sempre* surgem como carvalhos, porque existem bolotas atrofiadas. Sua expressão para isso é: "Eles acontecem sempre ou na maior parte." Mas tal regularidade, diz ele, implica um objetivo inerente ao processo de mantê-lo no bom caminho. Portanto, Aristóteles é um teólogo, isto é, um teólogo universal — ele acredita que para tudo o que existe, toda mudança tem uma causa final. No que diz respeito ao mundo inanimado, não entraremos em detalhes nesse ponto (sua física), mas parece que ele generalizou do comportamento humano e biológico para o mundo inanimado como um todo. Na sua opinião, o mundo inanimado é, em última análise, redutível a quatro elementos básicos, terra, ar, água e fogo — que ele acabou de substituir da física grega primitiva. Cada um desses elementos, acreditava ele, tem seu próprio lugar natural, sua própria localização no universo, e essa localização representa *sua* verdadeira forma ou realidade e, portanto, a causa final de cada mudança mecânica é, em última análise, redutível ao objetivo de os elementos para alcançar seu lugar natural. Por exemplo, o local natural da água é próximo a terra e, portanto, se você pegar a água no ar e virá-la de cabeça para baixo, virar o balde de cabeça para baixo, a água voltará ao seu local natural, e essa é a sua causa final. Por outro lado, o local natural do fogo é perto do céu, e é por isso que quando você acende um fósforo o fogo sobe em vez de descer, e assim por diante.

Para Aristóteles, portanto, tudo tem um fim ou objetivo, seja humano, biológico ou inanimado. O objetivo natural final de uma coisa é atingir a sua forma. *Nesse sentido, a causa formal e a causa final de toda mudança tornam-se a mesma coisa, a mesma forma.* Por exemplo, quando a bolota se transforma em carvalho, a causa formal é a nova estrutura, e a causa final é adquirir e desenvolver essa mesma nova estrutura. A forma como isto é normalmente colocado é que as causas formais e finais são para Aristóteles o mesmo fato único, a mesma forma, considerada a partir de duas perspectivas diferentes. Você a chama de "causa formal" quando considera a forma como já alcançada, e a chama de "causa final" quando considera a forma como almejada, mas ainda não alcançada. Isto é conhecido tecnicamente como a doutrina Aristotélica da identidade das causas formais e finais. É uma forma de expressar a sua versão particular da teleologia universal.

Há muitas objeções a esta visão de Aristóteles. Ele não se refere a comportamento intencional ou direcionado a um objetivo em um sentido consciente no caso de entidades inconscientes, e ainda assim é muito difícil saber o que exatamente significaria falar de uma "ação inconsciente direcionada a um objetivo". Se a "ação orientada para objetivos" for tomada pelo seu valor nominal, implica uma entidade com a capacidade de estar consciente de um estado futuro e de o perseguir. O que exatamente significaria buscar um estado futuro por uma entidade privada da capacidade de consciência de qualquer coisa (inclusive do futuro) permanece um mistério. Aristóteles não quer dizer que se trata de um esforço inconsciente, nem certamente que se trata de um esforço consciente nestes casos. Em última análise, parece que ele deve deixar o mecanismo, de tal comportamento direcionado a objetivos, em tais casos como ininteligíveis (pelo menos com base nos escritos sobreviventes que temos). Muitas pessoas têm argumentado que é possível dar uma explicação alternativa para a aparente intencionalidade dos fenômenos biológicos, uma explicação que na verdade nega que exista uma ação inconsciente intencional. Alguém poderia perguntar: "Não poderiam as entidades vivas ser construídas de tal maneira, ter tal natureza, que não importa o que aconteça com elas (dentro dos limites apropriados), sua reação necessária seja um curso de comportamento pró-vida, de modo que pareceria que eles estão perseguindo um fim, mas na verdade eles estão expressando a sua natureza?" Algumas vezes é citado o exemplo de um termostato a este respeito — está estruturado de tal forma que quaisquer que sejam as forças que operam sobre ele (dentro de certos limites), reagirá de modo a produzir uma determinada temperatura. Alguém não familiarizado com este mecanismo poderia dizer que o termostato tem um fim, porque atua sistematicamente para atingir um determinado objetivo, mas na verdade está simplesmente a expressar as leis da sua natureza sem perseguir ele próprio um fim. Em outras palavras, você pode usar o próprio conceito de Aristóteles de que a natureza, ou a realidade de uma coisa, determina seu comportamento, para explicar os fenômenos biológicos aos quais ele se refere. Não é necessária referência à causalidade final para manter tais fenômenos no caminho certo. Você só precisa de um tipo apropriado de causalidade eficiente.

Quero ser justo com Aristóteles, por isso devo mencionar que a questão da teleologia de Aristóteles, e como interpretá-la precisamente, é uma questão muito controversa. Eu lhe dei a interpretação tradicional padrão, mas outras são possíveis e têm alguma base nos escritos que chegaram até nós. Em particular, é possível interpretar a teleologia de Aristóteles como de forma alguma implicando qualquer esforço ou anseio inconsciente por um objetivo por parte de entidades inconscientes. Isso levantaria a questão: "Em que consiste então a teleologia e como você defenderia esta interpretação de Aristóteles?" Esta, no entanto, é uma questão técnica totalmente fora do escopo deste curso. Para aqueles que estão interessados, posso mencionar uma dissertação de doutorado que está sendo escrita exatamente sobre esse assunto pelo professor Allan Gotthelf, intitulada "A concepção de causalidade final de Aristóteles", e sei que ela estará disponível nas estantes da Universidade de Colúmbia em algum momento, na primavera de 1973. Remeto os interessados neste assunto a esse trabalho para uma discussão aprofundada das questões complexas envolvidas neste ponto.[15]

Antes de deixarmos o assunto da teleologia de Aristóteles, contudo, quero mencionar um efeito infeliz da teleologia de Aristóteles, nomeadamente, que ela o impediu de compreender explicitamente a ideia de um universo regido por leis naturais absolutas. Você se lembra de que eu disse na última palestra que, embora Aristóteles tenha estabelecido as bases para causa e efeito, ele próprio parecia, a partir dos fragmentos sobreviventes, não ter uma ideia clara de um reino universal de causa e efeito, porque ele observou que às vezes as bolotas *não* se transformam em carvalhos, mas ficam atrofiadas e, às vezes, os bebês *não* crescem e se tornam seres humanos saudáveis. Em outras palavras, às vezes o processo teleológico parece sofrer interferência ou ser interrompido. **Consequentemente, para Aristóteles, o que acontece no mundo físico não é absolutamente necessário. Certas coisas, disse ele, são necessárias *para* que o fim, a forma, sejam alcançados, mas ele sustenta que existem fatores acidentais ou fortuitos, que podem interferir ocasionalmente e assim violar a universalidade absoluta da lei natural. Consequentemente, para Aristóteles, as leis são sempre expressas na forma "isto e aquilo acontece sempre ou na maior parte". As exceções (sendo casos em que a causalidade final falha, na sua opinião) não podem ser compreendidas cientificamente e estão fora do domínio da ciência. Estes fatos acidentais, diz ele, são fatos "contingentes"**

brutos (essa é a palavra que mais tarde os designa), isto é, fatos que não podem ser explicados em última instância, dados brutos que temos de aceitar como fatos. Assim, como vê, até mesmo Aristóteles aceita uma forma de dicotomia **necessário versus contingente, e isso alimenta muito bem a posterior dicotomia analítico-sintético de Kant.** Se você pedir a Aristóteles que explique tais fenômenos acidentais ou fortuitos, ele dirá que, nesses casos, o desenvolvimento da forma foi frustrado pela matéria, pela resistência do elemento material. Essa é uma óbvia herança Platônica, um legado do mito do Demiurgo de Platão (se você se lembra), que tentou moldar a matéria até a perfeição das formas, mas encontrou certa resistência. Este tipo de elemento existe em Aristóteles. Desnecessário será dizer que esta é uma limitação muito má para a ciência, porque se aceitarmos esta doutrina, ela impedirá que o mundo seja totalmente inteligível. É por isso que enfatizei na última palestra que, embora Aristóteles tenha lançado as bases para a causalidade, ele próprio não tinha nenhuma ideia clara de que todo evento é necessário de acordo com leis universais estritas. Eu poderia mencionar outra raiz de sua crença no acaso, ou contingência, e é que ele aparentemente acreditava no livre-arbítrio, mas parece não ter certeza de como conciliar o livre-arbítrio com o reino universal de causa e efeito, e esse é outro elemento que alimenta sua visão de que há contingência, acaso, em ação no universo.

Uma última palavra sobre a teleologia de Aristóteles: é o que se conhece como *imanente*. Em outras palavras, cada coisa é metafisicamente egoísta. Não é o esforço para alcançar um propósito cósmico externo, como por exemplo na versão Cristã da teleologia, onde tudo se esforça para cumprir o propósito de Deus, ou para Platão, onde tudo se esforça para satisfazer uma Forma externa do Bem. Em Aristóteles, o fim de cada coisa é *imanente* a ela, ou seja, cada coisa se esforça para alcançar sua própria realização, atualizar suas potencialidades únicas, alcançar sua própria forma. Tudo está se esforçando para *se* realizar e isso é, portanto, muitas vezes referido como a *metafísica da autorrealização* no sentido mais amplo, abrangendo a água descendo a colina e as bolotas se transformando em carvalhos. Como você verá, isso se torna a base metafísica da ética de Aristóteles. É um universo de desenvolvimento no qual tudo se esforça para desenvolver-se, realizar-se, subir a escada da matéria à forma, tornar-se plenamente e na realidade real o que tem para se tornar.

Vamos fazer a pergunta: "O que faz tudo acontecer?" O que faz com que as coisas se esforcem para atualizar suas formas? O que mantém as coisas em movimento? Por que as bolotas se transformam em carvalhos, e o bebê está ocupado se transformando em homem, e a água flui colina abaixo, e o escultor molda suas estátuas etc.? Por que o universo não se esgota, não para, nem fica imóvel? **Qual é a causa do movimento? Por "movimento" nesta questão, queremos dizer *qualquer* mudança, *qualquer* acontecimento, *qualquer* ocorrência. Observe que para Aristóteles o movimento *sempre* existiu. O movimento é eterno. Nunca houve um tempo em que não houvesse movimento. A sua prova disso é que o próprio tempo é simplesmente uma medida de movimento. Um ano, por exemplo — se tomarmos a astronomia moderna — é o período da revolução da Terra em torno do Sol, e um dia é um período de rotação da Terra em torno do seu eixo. *Se parássemos completamente todo o movimento, não haveria anos, nem dias, nem segundos, nem tempo.* Se assim for, falar de um tempo em que não houve movimento seria falar de um tempo em que não houve tempo, uma vez que o tempo é a medida do movimento. Isso seria uma contradição. Consequentemente, **conclui Aristóteles, o tempo é eterno como medida do movimento e, portanto, o movimento é eterno.** Consequentemente, a causa do movimento que procuramos não é algo que inicia o movimento num determinado momento. Não, é o fator eterno (seja ele qual for) que está subjacente a todos os movimentos e explica por que *existe* um fenômeno como o movimento no universo. Qualquer movimento específico pode ser explicado por um movimento anterior. Por que isso aconteceu? ... por que este fez isso, e por que isso? ... por que este, e assim por diante. Mas o que queremos saber é: o que explica o fato do movimento como tal?

Então, vamos nos engajar aqui em uma cadeia de raciocínio com Aristóteles e chamar o fator (seja ele qual for) responsável pelo movimento de "o Motor". O que podemos inferir sobre isso? A primeira coisa é que deve ser um existente eterno, pois é a causa do movimento, e o movimento é eterno. Perguntemos se o Motor pode se mover sozinho. Resposta — não. Este Motor deve ser imóvel e até mesmo imóvel. Por quê? Se o próprio Motor fosse capaz de se mover, assim que se movesse, a questão seria "Como você explica *seu* movimento?". Teríamos uma regressão infinita. Se estamos tentando explicar o fenômeno do movimento, obviamente não podemos fazê-lo apelando para algo que se move ou é capaz de se mover, porque estaríamos andando em círculo, estaríamos cometendo uma petição de princípio, nós estaríamos assumindo o que estamos tentando explicar. **Se você deseja a fonte última do movimento — o *Motor Primordial*, veja você — então ele, seja lá o que for, deve estar além do movimento. Deve ser imóvel.**

Disso podemos inferir que não tem quaisquer potencialidades, porque qualquer coisa com potencialidades é capaz de mudar quando as suas potencialidades são realizadas ou atualizadas. Uma coisa que é imóvel é algo que deve ser desprovido de potencialidade. O que seria então? A única outra categoria é a *atualidade*. Portanto, isto deve ser pura atualidade, ou, para usar o outro termo, deve ser pura forma. Será uma coisa individual, não um universal Platônico. Mas não é uma matéria organizada de uma forma que possa ser organizada de maneira diferente. Portanto, será uma

UMA REVOLUÇÃO: O NASCIMENTO DA RAZÃO (PARTE II)

exceção ao princípio metafísico de "não há matéria sem forma e não há forma sem matéria" — será pura forma, pura atualidade. Portanto, também não será material ou físico no sentido moderno, porque qualquer coisa física é capaz de mudar.

Vamos observar outra coisa sobre esse Motor, do qual estamos criando lentamente um esboço do personagem. Seja o que for — e ainda não sabemos totalmente — deve ser perfeito, completamente perfeito. Porque sabemos que tudo está se esforçando para realizar sua potencialidade, para alcançar o estado mais elevado de atualidade. Sabemos que deve ser melhor ser atual do que potencial, e é por isso que tudo se esforça para alcançar a atualidade. Isto é inerente à teleologia, pelo menos conforme defendida por Aristóteles. Tudo busca o melhor estado, o estado de realização. Aqui, no Motor Primordial, temos um ser que não possui potencialidades não realizadas, um ser que é pura atualidade. Portanto, tirou a sorte grande metafísica: deve ser perfeito.

Você pode perguntar: como esse Motor causa movimento? Poderia alcançar e impulsionar o mundo? Não, porque não pode se mover. Não pode empurrar o mundo, não pode puxá-lo, nem sequer pode desejar, porque o desejo é uma forma de movimento, um movimento mental. Ele não pode nem dizer para si mesmo na linguagem do Motor Primordial: "Haja movimento", porque não pode falar, não pode querer, está imóvel, é verdadeiramente imóvel. Bem, qual é a solução para esse dilema? Como funciona para causar movimento?

Para entender a resposta de Aristóteles, é preciso saber algo sobre sua astronomia, que não era original dele, mas era uma visão grega padrão, que ele herdou dos cientistas da época, da mesma forma que um filósofo moderno poderia assumir a física Einsteiniana de os físicos. **Para Aristóteles, o universo é um ninho de esferas ocas, cristalinas e transparentes, conectadas ao longo de um eixo. Embutidos nas laterais dessas esferas estão os vários corpos celestes — o Sol, as estrelas, os planetas etc. A Terra, ele acreditava, está no centro e é estacionária. Estas várias esferas giram em torno da Terra, e a rotação, ou revolução, das várias esferas é responsável pelos movimentos que observamos do Sol, dos planetas e das estrelas fixas no céu. Existe, segundo Aristóteles (e essa também não é uma visão original para ele), uma alma, ou uma inteligência, ligada a cada uma das esferas. Estas esferas são, com efeito, semidivinas na visão grega. Elas são consideradas entidades vivas (a razão parece ser que os movimentos celestes eram tão perfeitamente ordenados e conhecidos há tanto tempo que parecia sugerir aos gregos que algum tipo de inteligência deveria estar guiando-os e mantendo-os em seu curso perfeito). Em qualquer caso, as várias revoluções destas esferas são responsáveis pelos movimentos que observamos, que são comunicados ao longo do eixo.**

Portanto, o problema do movimento reduz-se ao problema de fazer mover a esfera mais externa, a esfera na qual, segundo Aristóteles, as estrelas fixas estão inseridas. Se pudéssemos fazer com que a esfera exterior se movesse ou explicar o *seu* movimento (é claro, ela sempre *esteve* em movimento, mas se pudéssemos *explicar* o seu movimento), esse movimento seria eternamente comunicado ao longo dos vários eixos para o resto das esferas e, finalmente, para as coisas da terra. **Então, temos esse ninho de esferas com a mais externa guiada por uma inteligência, e além, está o Motor Imóvel perfeito.** Se você tiver algum poder de imaginação, deverá ser capaz de descobrir a solução. A inteligência ligada às esferas mais externas é capaz de ter consciência como uma inteligência e é particularmente capaz de estar consciente do Motor Primário — ela está *eternamente* consciente do Motor Primário. Está ciente da perfeição do Motor Primordial e deseja com todas as suas forças imitar essa perfeição, ou seja, ser a mais perfeita que pode ser. Você se pergunta: o que você faria se fosse uma inteligência conectada a uma esfera e quisesse fazer a coisa mais perfeita? Você se envolveria em movimentos circulares. Este é o melhor movimento porque é o único movimento eterno, mas se fosse em linha reta, já que o universo é finito, teria que girar em um determinado ponto, para que o movimento não fosse ininterrupto. O melhor movimento é dar voltas e mais voltas. Consequentemente, a famosa frase que você ouviu é uma descrição real da metafísica de Aristóteles: "É o amor que faz o mundo girar." Existe, de fato, um caso de amor cósmico — embora unilateral — entre a inteligência que move a esfera mais externa e o Motor Primordial, e seu movimento — uma vez girando — é então comunicado ao longo dos eixos para o resto das esferas, e para a Terra. Assim, o Motor Primordial causa movimento no mesmo sentido em que uma bela mulher colocada na frente da sala, que estava ela própria totalmente imóvel, poderia produzir movimento em sua direção por parte de certos membros da classe que desejassem imitar ou participar de sua perfeição. **O Motor Primordial é a causa do movimento no sentido de *causa final*.**

Qual é a natureza do Primeiro Motor? Devemos, diz Aristóteles, pensar nisso como uma mente, para que possamos agora começar a dizer "ele". O que as mentes fazem? Elas pensam. Mas este deve ser um tipo muito especial de processo de pensamento porque nenhum movimento é permitido. Assim, deve ser uma espécie de contemplação imóvel, não um processo de sensação, inferência ou raciocínio. Você pode chegar tão perto disso quanto nós, como seres humanos, podemos chegar se olhar imóvel para a ponta do meu dedo — não pisque e não tire nenhuma conclusão — apenas, sem um lampejo de atividade mental, olhe para um dedo imóvel. Assim que movo meu dedo, isso o apaga, isso introduz movimento mental em você e muda seu estado mental, então ele é desqualificado. **Mas se você consegue captar uma contemplação imóvel, é isso que o Motor Primordial faz.**

Qual é o objeto de sua contemplação? Só pode contemplar algo imóvel. A única coisa que está imóvel é o Motor Primordial. Consequentemente, Aristóteles chega à conclusão de que o Primeiro Motor pensa, ou tem consciência, apenas de si mesmo. Ele o descreve como pura autoconsciência, o pensamento pensando sobre si mesmo. Essa mente eterna, imutável, perfeita e totalmente egocêntrica, responsável pelo movimento do universo, Aristóteles frequentemente chama de *theos*, "Deus". Este é, portanto, considerado o Deus de Aristóteles.

Você vê que há aqui um forte elemento de Platonismo: a ideia de uma forma pura, imutável e perfeita é uma ideia Platônica. Representa a primazia da consciência de uma forma óbvia e flagrante — aqui está este Primeiro Motor, uma consciência pura desligada da realidade, responsável pelas atividades das coisas na Terra. Isto está em flagrante contradição com a abordagem distintiva de Aristóteles e representa uma herança Platônica. Mas você vê que mesmo quando ele é Platônico, ele também é Aristotélico. Até mesmo o seu Platonismo é modificado, porque este é um Deus que não faria muito bem a uma pessoa religiosa, se é que faria algum bem. **Este Deus não criou o universo. Ele permanece imóvel — o universo é eterno.** Você não poderia orar a esse Deus porque ele não podia te ouvir. Este Deus não poderia fazer milagres mesmo que *pudesse* te ouvir. Ele é completamente impotente. Ele não tem nenhum plano e nem sabe que o mundo existe. Ele não tem conhecimento nem poder. Ele é totalmente ignorante e impotente. De fato, Aristóteles discute-o principalmente na sua física, e por vezes diz-se que o Deus para Aristóteles é apenas uma nota de rodapé à física, não um conceito central. Aristóteles é frequentemente atacado, apesar do Primeiro Motor, com o fundamento de que lhe falta qualquer sentimento ou interesse religioso real, e isso é verdade. A melhor ilustração deste fato é que depois que ele chegou à teoria do Primeiro Motor, os astrônomos voltaram e lhe relataram que um componente do movimento não seria suficiente para explicar os movimentos observados dos corpos celestes, e como haviam calculado para isso, precisamos de quarenta e sete ou cinquenta e cinco componentes separados de movimento para explicar os corpos celestes, ponto em que Aristóteles anexou um capítulo dizendo que não existe um Motor Principal, mas quarenta e sete ou cinquenta e cinco deles. Alguns livros classificam seriamente Aristóteles como politeísta neste ponto. Isso mostra ao quão seriamente ele levou isso.

A resposta ao argumento de Aristóteles é que a sua questão básica é equivocada. A pergunta "Como você explica o movimento?" (no sentido que Aristóteles faz) é uma questão ilegítima. O fato do movimento, como tal, deve ser

considerado como uma primária irredutível, da mesma forma que o fato da existência, como tal, é uma primária irredutível. Você pode explicar qualquer existente particular em termos das ações de outros existentes, mas o fenômeno da existência, como tal, como Aristóteles entende, está simplesmente aí — é aí que você começa. Teria de ser dada uma explicação equivalente do fenômeno do movimento enquanto tal. Se você tentar uma explicação do movimento, a de Aristóteles será a única. A única explicação do movimento teria que ser em termos de uma coisa imóvel. Consequentemente, sua resposta é perfeitamente lógica se a pergunta for permitida. Devo dizer que este argumento é sem dúvida o mais doce argumento a favor de Deus já apresentado. É chamado de *Argumento Cosmológico*, o argumento do cosmos, e assume muitas formas na filosofia posterior, derivando, em última análise, deste ponto em Aristóteles e de certas sugestões de Platão, e veremos isso novamente em Tomás de Aquino.

Vimos até agora de que maneira os conceitos de "forma" e "matéria" são centrais para a metafísica de Aristóteles — eles são a base da sua visão dos universais e particulares, a base para a sua explicação da mudança, a base para a sua visão de causalidade e de um universo ordenado (embora ele próprio não fosse consistente neste ponto), e a base para sua definição de "Deus". Vamos dedicar cerca de um minuto para ver como Aristóteles usou os conceitos de "potencialidade" e "atualidade" para responder a Zenão. Tomaremos apenas um dos paradoxos de Zenão porque todos eles levantam essencialmente as mesmas questões. Lembre-se da afirmação de que você não pode atravessar uma sala porque primeiro você tem que atravessar metade dela, e depois metade dela, e assim por diante infinitamente, e, portanto, há um número infinito de distâncias que você tem que atravessar, e é claro que isso é impossível de fazer. **Todo o paradoxo depende, tal como todos os paradoxos de Zenão, da ideia de que pode realmente existir um número infinito de subdivisões da distância. Qual é a resposta de Aristóteles? Ele diz que isso é impossível. Nada, diz ele, pode** *atualmente* **(agora observe a palavra), nada pode** *atualmente* **ser infinito. Aqui devemos distinguir entre o infinito e o muito, muito grande. O infinito não é dez bilhões ou vinte trilhões de zilhões. O infinito é aquilo que é maior que qualquer quantidade particular, o que significa que não é nenhuma quantidade em particular, o que significa que é uma quantidade sem identidade, o que significa que é proibido pela lei da identidade. Tudo o que realmente existe, conclui Aristóteles, será sempre finito, limitado, específico em sua quantidade. Em que sentido, então, podemos falar de infinito? Apenas, diz ele, como potencialidade (e há outro uso do seu conceito).** Por exemplo, podemos continuar dividindo uma linha e subdividindo e subdividindo. Como potencialidade, não há limites, por isso podemos continuar a fazê-lo. Nesse sentido, a linha é infinitamente divisível como potencialidade. Mas o ponto-chave de Aristóteles é que não importa o quanto continuemos subdividindo, sempre teremos, na verdade, apenas um número finito de partes — duas partes, ou quatro partes, ou oito partes, ou vinte bilhões de zilhões de partes — mas sempre algum número específico de partes. O mesmo raciocínio se aplica à série numérica. Como potencialidade, é infinita e você pode continuar adicionando novos números. Mas, na verdade, quer você esteja pensando ou anotando no papel, você sempre tem algum número específico finito, mesmo se estiver contando em intervalos de um zilhão. **Não existe o infinito real e, portanto, os paradoxos de Zenão entram em colapso**. Alguns de vocês ficariam curiosos para saber como Aristóteles aplica isso ao espaço e ao tempo. Por que ele não considera nenhum deles realmente infinito? Terei prazer em responder isso no período de perguntas, se alguém perguntar.

Mas agora quero ver como Aristóteles utiliza os mesmos conceitos básicos — "forma" e "matéria", "atualidade" e "potencialidade" — na sua discussão sobre psicologia. Aqui a questão é: qual é a natureza da alma? Lembre-se de que *psique* significa "alma" em grego e, portanto, psicologia é a teoria da alma. Lembre-se da visão de Platão de que a alma é uma substância, uma entidade, uma entidade independente que existe temporariamente no corpo e é capaz de existência independente em outro mundo, e lembre-se de que Platão acreditava na reencarnação, toda a roda Pitagórica do nascimento. Havia um conflito para Platão, um conflito metafísico básico, entre a alma e o corpo (ou mais exatamente, entre a parte mais elevada da alma, que Platão chamava de "razão", e o corpo e os elementos da alma influenciados pelo corpo), e com base nisso Platão desenhou sua ética do ascetismo: o corpo é uma prisão, devemos fugir dos prazeres sensoriais, a filosofia é a prática de morrer, etc.

Consistente com sua abordagem básica da filosofia, Aristóteles deseja fornecer um relato deste mundo da natureza da alma — um relato naturalista, não sobrenatural. Ele começa com o significado grego comum do termo *psique*, ou "alma". "Alma", para o grego comum das ruas, significava "o princípio da vida". Não estava restrito aos seres humanos ou aos seres conscientes. Era o elemento responsável pela vida, fosse possuído por uma cenoura, um cachorro ou um homem, e quando aplicável, foi o elemento responsável pela cognição. Uma coisa que está viva, na língua grega, é uma coisa que tem alma. Ainda usamos essa língua hoje, embora se você não souber latim não estará familiarizado com ela. Chamamos uma coisa viva de coisa *animada*, sendo "animado" um derivado inglês da palavra latina *anima*, que significa "alma" em latim, a tradução do grego *psique*. Portanto, quando você diz que algo é inanimado, você está literalmente dizendo que falta alma, e esse é o uso original grego. Portanto, a alma, para Aristóteles, é aquilo que dá vida a uma coisa viva. Podemos compará-la à humanidade. A humanidade é a essência do homem, aquilo que faz de uma coisa um homem. Da mesma forma, a alma é a "vida" de um organismo, a essência de uma coisa viva, aquilo que a torna uma coisa viva.

O que torna uma coisa o tipo de coisa que é? É sempre a sua forma. Assim, se a humanidade é a forma de qualquer homem em particular, a alma é a forma de uma coisa viva. O corpo, inversamente, deve ser matéria de uma coisa viva. Portanto, a alma está para o corpo assim como a forma está para a matéria. Podemos expressar o mesmo ponto na terminologia potencialidade-atualidade. Suponhamos que temos um punhado de compostos químicos no valor de cerca de noventa e oito centavos, e eles são escolhidos de tal forma que juntos têm a potencialidade para a vida, não a atualidade, mas a potencialidade. Vamos organizá-los, reunindo-os de várias maneiras num corpo vivo e funcional. Nós atualizamos suas potencialidades. Devido à nova estrutura que impusemos, temos agora na atualidade o conjunto de capacidades e funções vitais que antes só tínhamos potencialmente. Isso, diz Aristóteles, é a alma, que ele define como "a atualidade de um corpo natural que contém potencialmente vida". Assim, a alma está para o corpo assim como a forma está para a matéria e a realidade está para a potencialidade. A certa altura, ele dá o exemplo de uma marca estampada na cera — a cera é o paralelo ao corpo, e a marca ou estrutura imposta a ela é o paralelo à alma. A alma para Aristóteles, portanto, não é uma coisa, não é uma entidade, mas um aspecto de uma entidade viva. É o nome daquelas capacidades vitais que derivam da organização da matéria de uma maneira específica.

A questão é: qual é a forma de um corpo vivo? O que o diferencia das coisas inanimadas? A resposta de Aristóteles é um conjunto específico de poderes ou capacidades biológicas, essencialmente, o poder de nutrição, de crescimento, de reprodução. Isso é o mínimo. Quando uma entidade possui esses poderes, ela está viva. Se a alma representa então a forma de uma coisa viva, os seus atributos distintivos, então a alma deve ser concebida não como uma substância ou uma coisa, mas antes como um conjunto, ou uma coleção, de capacidades vitais, porque são estas que diferenciam uma coisa viva. Assim, diz Aristóteles, se o olho fosse um organismo completo, a sua "oculidade", a sua atualidade, a sua alma seria o seu poder de visão. Se um machado fosse um organismo, a sua "qualidade de machado", isto é, as suas capacidades distintivas de machado, o seu poder de corte, seria a sua alma. A mesma coisa acontece com os seres vivos reais. Você não pode descobrir a alma dissecando a coisa e esperando extrair um fantasma imaterial que pertence a outra dimensão. É o nome dos modos e capacidades característicos de comportamento que tornam vivo um ser vivo. Isso é o que a alma é para Aristóteles.

Esta doutrina tem muitas consequências importantes. Para começar, Aristóteles tira explicitamente a conclusão de que não pode haver alma sem corpo — nenhuma forma sem matéria, nenhum poder de corte que flutue livre sem o machado material, nenhuma capacidade vital que flutue livremente sem a entidade que possui essas capacidades. Portanto, para Aristóteles, a reencarnação — a alma deixando o corpo e voltando para habitar um novo corpo — é positivamente bizarra, e ele nada mais é do que desdenhoso dessa doutrina. Para Aristóteles — e pela mesma razão — não existe imortalidade pessoal. Além disso, com esta doutrina, a base metafísica para qualquer conflito alma-corpo foi removida. Alma e corpo são dois aspectos de uma entidade integrada, ao contrário da visão de Platão. Apresso-me a acrescentar que há algum Platonismo na ética de Aristóteles, como veremos, mas não é tão intenso como em Platão, porque a base metafísica e psicológica para isto já desapareceu. Não existe outro mundo, não existe oposição metafísica entre alma e corpo e não existe imortalidade pessoal.

Até agora, dei apenas a introdução à teoria da alma de Aristóteles. Existem, diz ele, vários tipos de almas — por outras palavras, vários tipos de capacidades vitais — que devem ser descobertas através da observação dos tipos distintos de comportamento em que os seres vivos se envolvem. Existem três tipos básicos de alma, de acordo com Aristóteles. O nível mais primitivo são as entidades que apenas se alimentam, crescem, se reproduzem. Todas as entidades vivas têm esse tipo de alma, mas um tipo tem *apenas* essa: os vegetais (ou "plantas", como os chamaríamos hoje). Consequentemente, esse conjunto de poderes — nutrição, crescimento, reprodução — é chamado de alma *vegetativa*, ou às vezes de alma *nutritiva*. A seguir, observamos seres vivos que possuem todos os poderes vegetativos, mais a faculdade de percepção sensorial (em outras palavras, uma forma primitiva de consciência). Como resultado, essas entidades são capazes de experimentar prazer e dor quando os estímulos apropriados alcançam suas consciências e, como resultado, são capazes de experimentar desejo ou aversão e, em alguns casos, capazes de locomoção, de mover-se em direção ou contrário ao objeto em questão. A estes chamamos "animais", e eles têm o que infelizmente é traduzido como alma *sensível*, o que não significa um esteta, mas sim uma entidade viva com o poder da percepção sensorial. Observe que esta alma pressupõe a anterior. A alma nutritiva ou vegetativa é a precondição para manter qualquer entidade viva e torna possível o tipo superior de alma, que será biologicamente autossustentável e terá a capacidade de percepção sensorial. Observe que eu disse que isso torna *possível* o tipo superior. Consequentemente, podemos dizer que a alma animal é a atualização das potencialidades estabelecidas pela alma vegetativa. Então, nesse sentido, a alma animal está num nível mais elevado e representa um grau de atualização mais elevado do que as plantas. Finalmente, chegamos ao homem, que tem as capacidades precedentes mais a *nous*, a mente, a capacidade de pensar, de apreender universais ou formas abstratas, de raciocinar — ele tem a alma *racional*. Novamente, isso requer a alma anterior — se não tivéssemos experiência sensorial, não poderíamos abstrair, não poderíamos alcançar a razão — e, portanto, novamente, a alma sensível torna possível a alma racional, e a alma racional, quando emerge, é a realidade ou atualização dessas potencialidades e, portanto, está em um nível mais elevado do que a alma animal.

A obra central em que Aristóteles investigou cada uma dessas almas (ou conjuntos de capacidades vitais) é a *De Anima*, a tradução latina de *Da Alma*. Aqui quero dizer apenas algumas palavras sobre dois assuntos — as opiniões de Aristóteles sobre os sentidos e sobre a razão.

Primeiro, sobre os sentidos: Aristóteles foi o primeiro a definir os cinco sentidos, a especificar os seus órgãos e funções. Como mencionei na última palestra, foi ele quem sugeriu que o erro não se deve aos sentidos, mas à má interpretação da mente. Não tenho tempo para examinar suas realizações nesse sentido. Contudo, quero mencionar brevemente um elemento na sua explicação dos sentidos: como ele respondeu aos Sofistas. Lembre-se do argumento de Protágoras de que as qualidades que as coisas parecem ter (cor, som, sabor, calor etc.) as fazem apenas por causa dos órgãos dos sentidos de quem percebe, que essas qualidades não estão realmente nas próprias coisas, e que, portanto, nunca entramos em contato com a realidade como ela realmente é. Qual é a resposta de Aristóteles? A primeira coisa a dizer é que, a julgar pelas obras que sobreviveram, Aristóteles é inconsistente neste assunto. Às vezes ele parece concordar com os Sofistas — que se os sentidos humanos contribuíssem para o tipo de percepção que temos, isso invalidaria a percepção. Assim, parte do tempo, ele afirma que as qualidades que experimentamos (como cores, cheiros, odores etc.) existem nas próprias coisas, de forma totalmente independente da percepção humana. Esta visão é frequentemente chamada de *realismo ingênuo* ("realismo" por causa de sua ênfase na nossa percepção da realidade como ela é, "ingênuo" porque as pessoas que batizaram esta visão pensam que é um ponto de vista ingênuo). Os Sofistas parecem ter uma resposta óbvia ao realismo ingênuo. Protágoras pode dizer: "O que você quer dizer com essas qualidades que existem independentemente de nós? Elas dependem tão abertamente dos órgãos dos sentidos e variam de acordo com as variações dos órgãos dos sentidos — como você pode dizer que elas são independentes? Portanto, em parte do tempo, Aristóteles parecia conceder que, de alguma forma, essas qualidades são uma função da percepção humana, e então ele não parecia ser capaz de deixar claro como elas, no entanto, deveriam ser consideradas válidas. Sua melhor tentativa de lidar com essa questão envolveu o uso da potencialidade e da atualidade. O processo de sensação, diz Aristóteles em certos pontos, é um processo, em outras palavras, um tipo de mudança. Como tal, deve ser uma passagem da potencialidade para a atualidade. É, na verdade, uma atualização dupla, uma passagem *dupla* da potencialidade para a atualidade — uma que ocorre *no* órgão dos sentidos (o olho, o ouvido, qualquer um), e outra no *objeto* que está sendo sentido. Vamos analisá-los um de cada vez. Primeiro, a mudança no órgão dos sentidos.

Aristóteles observou — ou pelo menos pensou que o fez — que quando você percebe, o órgão sensorial apropriado passa a possuir a qualidade específica que está sendo sentida. Então, se você olha para fora e vê um objeto vermelho e alguém olha para o olho do observador, você pode ver na luz apropriada uma pequena imagem vermelha no globo ocular; parece que o próprio olho está temporariamente avermelhado. Ou se você colocar a mão em água quente para sentir a temperatura e depois tocar a própria mão, ela parece ter adquirido a qualidade que está sentindo, para se aquecer. Você mesmo pode projetar a experiência de provar a língua de alguém depois de comer uma torta de cereja, mas presumivelmente ela também adquire a mesma qualidade do sabor que está experimentando. Assim, do lado de quem percebe, a sensação para Aristóteles é um processo no qual a qualidade percebida é realmente reproduzida no órgão que percebe. O órgão, anterior à percepção, tem a capacidade, a potencialidade, de ser caracterizado pela qualidade X, e a sensação é o processo pelo qual essa qualidade se atualiza no órgão.

Há um processo equivalente ocorrendo no objeto, na coisa na realidade, aquilo que você está percebendo. Antes de você perceber um objeto vermelho, afirma Aristóteles, ele não é realmente vermelho. Nesta medida, os Sofistas estão corretos. **A vermelhidão real é de alguma forma uma função da nossa forma humana de percepção e não existiria se não existissem perceptores humanos, e o mesmo se aplica aos sabores, sons etc.** *Porém* — **e aqui está o seu grande desacordo com os Sofistas — o objeto na realidade tem de fato uma certa potencialidade: tem a potencialidade de ser percebido de uma certa maneira por um observador humano. Este é um fato real sobre o objeto.** É o tipo de objeto que *pode*, dado um determinado observador, ser percebido como vermelho, ou quente, ou o que quer que seja, em oposição ao tipo de objeto que de *fato não pode*, que só pode ser percebido como, por exemplo, amarelo ou frio, ou qualquer outra coisa. No processo da sensação, diz Aristóteles, esta potencialidade do objeto é atualizada. O objeto que pode ser visto, por exemplo, como vermelho, passa a ser realmente visto como vermelho. O objeto que tem potencial para ser percebido como frio torna-se um objeto que é *atualmente* percebido como frio. Assim, a percepção sensorial envolve uma dupla atualização das potencialidades do órgão dos sentidos e do objeto. A percepção, portanto, está em contato com a realidade porque na percepção o próprio objeto passa da potencialidade para a atualidade, e no final você o vê como realmente é, de modo que a vermelhidão não existe realmente exceto *quando* percebemos, mas quando percebemos na verdade existe porque a nossa percepção atualiza a potencialidade do objeto ser percebido como vermelho.

Aqueles de vocês que estão familiarizados com a teoria Objetivista da percepção sensorial serão capazes de ver que o coração de Aristóteles certamente está no lugar certo, e que se você desenvolvesse adequadamente sua posição, sua teoria sobre esta questão *seria* a mesma que a posição Objetivista. Contudo, devo dizer que, como o próprio **Aristóteles formulou esta resposta (e eu lhe dei a essência dela), ela não é totalmente satisfatória. Isso não impediria e não deteve os Sofistas. Você precisa dizer mais do que isso. Porque o retorno imediato deles foi: "Concordamos com você que, na percepção, um objeto que tem a potencialidade de ser visto como vermelho, na verdade, é visto como vermelho. Nesse sentido**", diz o Sofista, "**tudo bem — há uma passagem da potencialidade para a atualidade, mas a grande questão é: quando *vemos* o objeto como vermelho, isso significa que em si mesmo ele *é* realmente vermelho, independentemente de nós?**". "É claro", diz o cético, "**percebemos as coisas como as percebemos. Mas o que queremos saber é se as coisas em si são *atualmente* o modo como as percebemos, ou podemos apenas dizer que é assim que *vemos* os objetos, mas ninguém sabe o que eles realmente são em si mesmos, fora de nós? A esta objeção, Aristóteles não oferece nenhuma resposta explícita e defensável, pelo menos nas suas obras sobreviventes.** Neste sentido, as suas opiniões sobre os sentidos, embora certamente constituam um enorme passo na direção certa, são deficientes. Quanto à resposta Objetivista sobre esta questão, prometi-lhes isso na palestra doze.

Quero voltar-me brevemente para a concepção de Aristóteles do processo pelo qual a *nous*, ou razão, opera, isto é, o processo de pensamento abstrato, racional e conceitual que é característico do homem. Aristóteles pensou no processo de pensamento segundo o modelo da sensação. Assim como na sensação o seu órgão realmente adquire a qualidade que está sendo sentida — você realmente absorve, por assim dizer, a qualidade sensorial que está sendo percebida — o mesmo ocorre no nível do pensamento abstrato. No pensamento, diz Aristóteles, você na verdade suga para sua mente — você absorve, ou recebe — as formas das coisas, as essências abstratas, ou universais, e elas se tornam parte de você, assim como na experiência sensorial as qualidades sensoriais entram em seu órgão e tornar-se parte de você. De fato, por vezes, em termos do seu próprio esquema, Aristóteles contrasta pensar com comer, sendo comer uma das funções centrais da alma vegetativa. Ele faz isso com muita doçura, da seguinte maneira: ao comer, na nutrição, você absorve a matéria das coisas — você incorpora isso em seu corpo — mas a forma é irrelevante, então você metaforicamente cospe ou descarta a forma. Mas ao pensar, você faz o inverso — você absorve as formas das coisas, as abstrações, incorpora-as em sua mente, mas a matéria é irrelevante, então você a descarta ou ignora. Portanto, num sentido muito literal, pensar é um processo de se tornar *informado*. A forma abstrata realmente vem à sua mente. É daí que vem o termo "informação".

Aristóteles sustenta que a mente deve ser capaz de receber todas as formas, ou seja, nada no universo está fechado para ela e tudo é cognoscível por conceitos humanos. Qual deve ser então a natureza da mente em si, se ela é capaz de receber, sem qualquer distorção, as formas de tudo, de todos os tipos de formas, em todo o universo? Aristóteles parece responder que a mente não pode ter estrutura ou natureza própria. Porque, ele parece argumentar, se a mente tivesse uma estrutura ou natureza específica própria — se tivesse alguma identidade anterior ao ato de pensar — como poderíamos saber, pelo uso da razão humana, as coisas como elas realmente são no mundo? Se a mente humana tivesse uma natureza distinta própria, não estaríamos sempre abertos à objeção: "Bem, estamos então apenas a compreender o mundo tal como *nós, como seres humanos*, temos de o compreender, dado o nosso tipo particular de mecanismo de pensamento, então nosso conhecimento seria apenas subjetivo, verdadeiro apenas para os seres humanos?" Em outras palavras, a visão de que Kant oficializou sua filosofia milhares de anos depois. Aparentemente para escapar a esta conclusão, Aristóteles parece ter chegado à conclusão de que a mente humana — a faculdade conceitual abstrata — em si não tem natureza ou identidade alguma. Ele diz que, por si só, não é nada antes de começar a pensar e, portanto, não há nada que distorça ou altere os dados da realidade. Em si, diz ele, a mente é simplesmente *potencialidade*, a capacidade de receber as formas, mas nada na realidade. É, diz ele, o lugar das formas, e parece também ter sido influenciado por Platão nesta questão.

Se você se lembra, Platão queria um lugar, um meio, no qual suas Formas sobrenaturais pudessem ser refletidas, e argumentou que deveria ser um espaço vazio, nada, não ser. Platão defendeu isso, em parte, com base no fato de que apenas uma coisa sem qualquer forma própria seria adequada para receber todas as Formas. Aristóteles parece ter assumido esta doutrina e traduzindo-a da cosmologia para a psicologia e argumentou que a mente é como o espaço vazio de Platão — um nada que pode receber todas as formas. Esta, interrompo, é uma doutrina muito duvidosa da parte de Aristóteles. Se a mente não é nada em si mesma, como pode pensar? Como pode fazer alguma coisa? E quanto à lei da identidade, que decreta que tudo, inclusive a mente, tem uma identidade, que é algo, que tem uma natureza específica? Mas assim que você diz isso, os céticos se precipitam e dizem: **"Ah, se a mente tem uma natureza específica, você nunca poderá conhecer as coisas como elas são, apenas as coisas como são pensadas pela mente humana." Em outras palavras, eles chegam à conclusão Kantiana.** Há uma questão complicada aqui, e acho que você pode entender o problema de Aristóteles. Qual é a resposta correta? Anote isso também para a aula doze. É um breve adendo à nossa discussão sobre os sentidos, não levanta quaisquer questões novas e, uma vez compreendida a visão correta sobre os sentidos, a questão da mente neste ponto se encaixa sem dificuldade. Mais uma vez, quero dizer que as opiniões de Aristóteles sobre a questão da natureza da mente são obscuras nas obras que sobreviveram, e outras interpretações são possíveis. Eu lhe dei a interpretação padrão, que para mim parece razoável como uma interpretação de Aristóteles, mas não negaria que você poderia encontrar outros elementos em Aristóteles que definitivamente atribuem uma natureza específica à mente. Com base nos manuscritos existentes, Aristóteles é inconsistente nesta questão.

Uma última palavra sobre a teoria da mente de Aristóteles, um ponto que é apenas de interesse histórico, mas menciono-o para fins de precisão. A mente, de acordo com o relato até agora, é pura potencialidade, a capacidade de adquirir ou absorver as formas abstratas das coisas. Mas a potencialidade, como sabemos, não pode realizar-se. Lembre-se das quatro causas: o barro, a potencialidade da estátua, não pode moldar-se a si mesmo. Requer uma causa eficiente para agir sobre ele, para realmente transformá-lo, para realizar as suas potencialidades. Bem, diz Aristóteles, o mesmo se aplica à mente. Assim, se a mente é a pura potencialidade de adquirir as formas, deve haver outro aspecto da mente, um aspecto que opera na potencialidade, trazendo-a à atualidade. A mente, em seu sentido potencial, Aristóteles chama de *razão passiva*, e a mente, em sua capacidade de atualizadora, ele chama de *razão ativa*.

Nas obras que sobreviveram, há apenas algumas frases quebradas sobre a razão ativa, e é impossível, portanto, ter qualquer teoria coerente sobre o que ele quis dizer com isso. Tudo o que ele realmente nos diz (se é que podemos confiar na tradução, porque uma das frases-chave pode ser lida gramaticalmente de pelo menos quatro maneiras diferentes) é que a razão ativa é uma agência de raciocínio impessoal, uma espécie de faísca que opera para atualizar nosso potencial para conhecê-lo e levá-lo à realização. Não há, diz ele, nada de pessoal nesta razão ativa. É uma agência de raciocínio impessoal. Ele parece sugerir que é independente do corpo, que existia antes do corpo e sobreviverá à morte do corpo. Em outras palavras, é imortal. Este pequeno fragmento de Aristóteles é uma óbvia herança do Platonismo, até onde podemos julgar. **Esta visão sugere que existe um elemento imaterial da alma que antecede e sucede ao corpo e, portanto, está em conflito direto** com a teoria distintiva da alma de Aristóteles. Mas esta visão existe, e você deveria pelo menos saber dela, porque os Cristãos posteriores deram grande importância a esta razão ativa. "Veja", disseram eles, "até Aristóteles, o grande amante desta terra, acreditava na imortalidade". Mas o ponto importante é que mesmo admitindo esta doutrina, Aristóteles não acreditava em qualquer imortalidade *pessoal*. Não houve *você* que sobreviveu, apenas esta vela de ignição abstrata, que não tem significado psicológico e certamente nenhum significado religioso. Mas, de qualquer forma, não foi assim que a maioria dos medievais o interpretou. Veja você, entre o Primeiro Motor e a razão ativa, eles poderiam realmente ir à cidade para mostrar que Aristóteles é realmente compatível com o Catolicismo, afinal. Filosoficamente, isso é ridículo. Mas você pode ver que o Platonismo residual em Aristóteles fez com que a tarefa medieval de absorver Aristóteles no Catolicismo pelo menos parecesse possível de ser realizada.

Antes de completar o nosso resumo da sua filosofia básica, quero voltar brevemente à distinção matéria-forma tal como Aristóteles a aplicou à questão universal-particular e apontar um grande problema que levou a um grande buraco na filosofia de Aristóteles. Lembre-se de que tudo é composto por dois elementos, matéria e forma, material e estrutura, e lembre-se da casa feita de tijolos. A matéria é o princípio da individuação, isto é, o que torna uma coisa essa casa versus todas as outras, ou ela é feita desses tijolos — e a forma era o princípio da universalidade, o que tornava uma coisa um "tal", o que tornava um termo universal aplicável a ela, por que esses tijolos montados de uma certa maneira são chamados de casa versus ponte, parede etc., de modo que sempre que aplicamos uma abstração, um termo universal, estamos nos referindo à forma de uma coisa. Vamos seguir essa análise e ver onde vamos parar, porque acabamos em grandes apuros.

Suponha que alguém lhe diga: "Bem, você diz que o que torna esta casa essa aqui é que ela é feita desses tijolos e não daqueles. Mas o que torna esses tijolos esses tijolos? Ou vamos nos concentrar em um tijolo específico — o que torna este tijolo específico este aqui?" Mais uma vez, dividimo-lo em matéria e forma, e dizemos que este tijolo é feito desta bola de cimento, e é isso que o torna este. Então, esta casa é particular porque é feita destes tijolos, cada um dos quais é particular porque é feito do seu próprio pedaço de cimento. Mas continuamos com a mesma questão: o que torna este globo de cimento este, em oposição a qualquer outro? E novamente, nós continuamos. Suponhamos que causamos um curto-circuito no processo e finalmente terminamos. Suponhamos que digamos, com a física primitiva de Aristóteles, que os elementos irredutíveis últimos são a terra, o ar, a água e o fogo, e suponhamos que digamos que o cimento é uma certa forma que damos à terra. Portanto, o que torna esse globo de cimento *cimento* é que ele é *esse* pedaço de terra, organizado de uma certa maneira. Atingimos o elemento primitivo irredutível, eliminamos forma após forma e finalmente alcançamos os elementos básicos. Suponhamos, como Aristóteles, que digamos que foi a terra que finalmente localizamos. Temos a mesma pergunta novamente: o que torna este pedaço de terra *este*? Novamente, terá que ser uma união de forma e matéria. Sua natureza vem de sua forma (é o que ele compartilha com todas as outras parcelas da terra, ou seja, isso é o universal), mas o que o torna *este* pedaço de terra? Você dirá a matéria da terra. Mas agora a questão é: qual é a natureza da matéria, falando agora da terra como um elemento irredutível? Sua matéria será a matéria mais primitiva. Quais são as *suas* características, a matéria do elemento mais primitivo? Você deveria ser capaz de ver que não pode perguntar pelas características desta matéria primitiva, porque pedir características é perguntar que tipo de coisa ela é, e isso é perguntar que universais ela incorpora. Em outras palavras, você está pedindo pela forma. Todos os termos universais referem-se à forma. Assim, quando chegamos à matéria última, não pode haver nenhum termo universal aplicado a ela, não em si mesma. Deve ser uma coisa que em si não possui características. Lembre-se, todas as características vêm da forma, da forma como a matéria está organizada. A matéria é a fonte de "isto", não de "tal". Pois bem, quando se chega à questão básica, em si independente da organização que tem, ela não tem características, então em si deve ser indeterminada, ou seja, absolutamente única, desprovida de quaisquer qualidades, desprovida de qualquer identidade.

Aristóteles chama essa matéria última de *matéria-prima*. Não pode existir por si só, apenas com forma, e a forma mais primitiva impressa na matéria-prima fornece o elemento básico — terra, ar, água e fogo. **Você vê como Aristóteles chegou a esse ponto — isso está logicamente implicado em sua própria análise — mas isso representa o problema mais grave e insuperável para toda a sua teoria dos universais. Porque se a matéria-prima não tem identidade, então deve ser incognoscível. Aristóteles de fato diz exatamente isso. Ele diz que a matéria em si, a matéria individualizadora última, é incognoscível.** Mas se sim, como você pode conhecer indivíduos? Se o que, em última análise, os torna indivíduos é algo indeterminado e incognoscível, então tudo o que podemos saber sobre os indivíduos são as suas características *não* únicas, as suas características *não* individuais, as características que partilham com outras coisas. Tudo o que você pode saber são suas *formas*. Tudo o que você pode saber são universais. Assim, desta maneira, Aristóteles parece levado, apesar de si mesmo, a uma conclusão Platônica de que, em última análise, e visto deste ponto de vista, apenas as formas ou universais são cognoscíveis porque o princípio da individuação é em si mesmo incognoscível.

Este problema, que é apenas um de vários problemas colocados pela teoria dos universais de Aristóteles, indica um erro básico em toda a sua abordagem à questão dos universais. **Seu erro básico é erigir universais e particulares em dois elementos distintos dentro das coisas do mundo. Esse é o erro que o leva a concluir que sempre que empregamos um conceito (um termo universal), estamos nos concentrando apenas no elemento universal de uma coisa, na forma, com o resultado de que a particularidade de uma coisa se torna não conceitual, incognoscível.** O Objetivismo sustenta, pelo contrário, que é um erro básico tentar dividir as coisas em dois desses elementos, e que é uma questão inválida perguntar o que *torna* uma coisa particular. É uma tentativa inválida tentar encontrar algum elemento especial nas coisas que são metafisicamente responsáveis pela particularidade. A tarefa é impossível no início. Se você procurar um elemento individualizante, estará fadado ao fracasso, porque se esse elemento for indeterminado, isto é, nada em particular (como sugere Aristóteles), então como ele pode fazer alguma coisa, inclusive individuar? Como pode um nada em particular ter o efeito de torná-lo único e individual? Por outro lado, se o elemento é determinado — se é *alguma coisa* em particular — então ele é conceitualizável e, portanto, em outras palavras, representa a forma, os universais, aquilo que é comum a várias coisas, e não portanto o elemento individualizador após tudo. Então, a situação é que um elemento indeterminado não pode individuar, e um elemento determinado não pode individuar. A única conclusão racional é que não existe um princípio de individuação, e é um erro procurá-lo. **A individualidade, ou particularidade, segundo o Objetivismo, é um atributo irredutível de todos os existentes: *ser* é ser particular.** Cada aspecto de um particular é particular. Nesse sentido, você não pode ficar abaixo da particularidade metafisicamente e tentar descobrir o que é responsável por ela, assim como não pode ficar abaixo do movimento e tentar descobrir o que é responsável por ele. A particularidade é inerente ao fato de existir. Não precisamos, portanto, de um elemento especial nas coisas que seja responsável pela particularidade delas. Novamente, este é um legado óbvio do Platonismo na parte de Aristóteles. Ele tem a sensação de que, como os universais são reais, ele precisa acrescentar outro elemento para contrabalançar isso e dar uma base metafísica à particularidade. Mas isso é o resultado de começar como Platônico e só terminar como Aristotélico.

Uma teoria adequada dos universais não tentará interpretar os universais como elementos de particulares. Em vez disso, removerá os universais da metafísica e fará deles uma questão de epistemologia. Por outras palavras, interpretará os universais não como elementos nas coisas, mas como um método humano para organizar e integrar material perceptivo — um método que se baseia na realidade, corresponde à realidade, mas que é a forma humana de apreender as relações na realidade, não elementos especiais ou estruturas

formais inerentes às coisas lá fora. Como esta teoria seria elaborada em detalhe é extraordinariamente complexo, e é *a* questão filosófica mais complexa. O tempo não me permite dizer sequer uma palavra sobre isso neste curso. Para a teoria Objetivista dos universais, dos conceitos e da formação de conceitos, remeto-vos a duas fontes — a *Introdução à Epistemologia Objetivista* de Ayn Rand ou um curso que proponho ministrar, "Introdução à Filosofia Objetivista", em algum momento de 1974, que terá pelo menos uma palestra, possivelmente duas, sobre esta questão (juntamente com o resto do material).[16] Por enquanto, quero salientar que, embora o Objetivismo concorde com Aristóteles no ponto crucial de que os universais têm uma base objetiva não sobrenatural na realidade, o Objetivismo não interpreta essa base como sendo que os universais são elementos distintos, ou estruturas, em particulares. Neste sentido, existem diferenças fundamentais entre as teorias Objetivista e Aristotélica dos universais.

Para concluir a metafísica de Aristóteles, façamos um levantamento final do universo como um todo visto por Aristóteles, para destacar um último ponto. Observe que o universo de Aristóteles é uma estrutura hierárquica, uma série de níveis ascendentes, cada nível sendo matéria para o que está acima e forma em relação ao que está abaixo. No nível mais baixo está a matéria-prima (que nunca existe por si só). É pura matéria sem forma, pura potencialidade sem características reais. Aristóteles descreve isso como "a mera possibilidade de ser alguma coisa". Depois vêm os primeiros existentes atuais, os elementos primitivos e irredutíveis das coisas (que Aristóteles acredita serem terra, ar, água e fogo). Neste estágio, temos o primeiro existente real porque temos a forma — uma forma simples, mas mesmo assim forma — impressa na matéria-prima. Agora acima dos elementos estão os vários compostos inorgânicos. Esses compostos são organizações mais complexas dos elementos, por isso dão nova forma à matéria fornecida pelos elementos. Assim, os compostos são a atualidade em relação à qual os elementos são a potencialidade. Como sabemos pela psicologia de Aristóteles, esses compostos, adequadamente organizados (em outras palavras, com uma estrutura ainda mais complexa), dão origem a entidades vivas. Os compostos são potencialmente plantas, a matéria das plantas, e quando esta potencialidade é satisfeita, temos a nova forma, a nova atualidade, o próximo nível — as plantas, a alma vegetativa. Depois vêm os animais, a alma sensível, que como vimos é a atualização das potencialidades estabelecidas pela alma vegetal. Então surge o homem, a alma racional, que é a atualização das potencialidades estabelecidas pela alma sensível. Mas ainda temos lugares para ir. Existem algumas coisas ainda mais elevadas na escala metafísica. De acordo com Aristóteles, as próximas mais elevadas — superiores ao homem — são as inteligências que movem as esferas. Por que elas são superiores ao homem? Porque elas estão ainda mais próximas da atualidade pura, da forma pura, e só lhes resta uma potencialidade, isto é, a potencialidade do movimento circular, enquanto o homem é uma multidão de potencialidades não realizadas. Então, finalmente, tiramos a sorte grande, a realidade pura, o topo da hierarquia, o exato oposto da Matéria Primordial — Deus, o Motor Primordial. Assim, temos uma série de camadas de realidade — a matéria-prima, os elementos, os compostos, as plantas, os animais, o homem, as inteligências, o Motor Primário — cada etapa relacionada com a anterior como atualidade para a potencialidade, ou forma para a matéria.

Esta doutrina é obviamente influenciada por Platão. Lembre-se da escada do ser de Platão, cada nível sendo mais alto que o anterior, até o pináculo, que é a Forma do Bem. Como Aristóteles era um teleólogo, ele sustentava que tudo luta de alguma forma pelo bem, pelo perfeito, o que, nos seus termos, significava que tudo luta pela forma, pela atualidade. Em outras palavras, a realidade é melhor, mais próxima da perfeição, do que a potencialidade. Portanto, infelizmente, como aconteceu com Platão, o mesmo aconteceu com Aristóteles. Ele considera cada nível da pirâmide como mais elevado, como superior em termos de avaliação, ao anterior. Existem graus metafísicos de perfeição, ascendendo do nível perfeito mais baixo (que é a matéria-prima) até Deus (a forma pura, o absolutamente perfeito). Deste aspecto, Aristóteles adota a visão de que a forma é o bem metafisicamente, a matéria a fonte da imperfeição e da deficiência. Aqui, novamente, um legado Platônico óbvio, altamente infeliz, porque significa que, apesar do seu naturalismo e do seu mundanismo, a ética e a política de Aristóteles contêm influências antimateriais Platônicas definidas. Como ele nunca foi capaz de libertar-se completamente do seu Platonismo inicial, a ética e a política de Aristóteles, como veremos, nunca se tornaram completamente Aristotélicas, isto é, completamente racionais e deste mundo. Como outra consequência, todo este Platonismo em Aristóteles realmente ajudou os medievais na sua tentativa de se apropriar dele e reivindicá-lo para o Cristianismo. Mas essa história contaremos mais tarde.

Voltemos à ética de Aristóteles. De um modo geral, a ética de Aristóteles, como seria de esperar, não é nem do tipo místico nem cético. Ele não acredita que a ética seja uma questão de mandamentos ou de insights místicos sobre outra super-realidade espiritual. Ao contrário de Platão, a sua ética tenta ser naturalista, deste mundo. Está preocupado com os homens que vivem na terra e tenta guiá-los para um comportamento bem-sucedido aqui nesta vida, sem referência ao sobrenatural (seja como a validação de sua ética ou como o objetivo da vida). Contrariamente aos Sofistas, a ética de Aristóteles não é uma ética subjetivista em que vale tudo, onde todos os sentimentos devem ser postos em prática indiscriminadamente e onde o poder faz o que é certo. A moralidade, para Aristóteles, não exige um apelo ao sobrenatural, nem um colapso na adoração irracional de caprichos. Nesse sentido geral, sua abordagem da ética é naturalista e objetiva. No entanto, Aristóteles não sabia como implementar esta abordagem geral na forma de um código de ética racional, científico e comprovado. Ele sustentava que a ética não era uma ciência exata, onde se pudesse formular princípios precisos e dar provas matemáticas a partir de premissas lógicas. Na ética, pensou ele, só se pode formular regras verdadeiras de maneira grosseira e em sua maior parte, e não se pode dar provas formais. Por quê? Você lembra que a ciência tem que começar com fatos, a partir dos quais generalizamos, induzimos, chegamos aos princípios e viramos e deduzimos, sistematizamos. Quais são os fatos em ética? Quais são os dados para começar? **(Gostaria de observar que se Aristóteles tivesse feito uma análise da natureza da vida e da relação entre a vida e o conceito de "valor" na forma dada por Ayn Rand em** *Na Revolta de Atlas*, **então ele poderia ter chegado a uma ética objetiva baseada em fatos. Mas tal abordagem não é sugerida em nenhum lugar no que temos.)**

Aristóteles disse que temos de começar pela maneira como as pessoas realmente se comportam, com o que elas realmente valorizam. Esses são os dados, os fatos, da ética. Você pergunta: começamos com qualquer um? Não. Há certos homens que todos reconhecemos como sábios, bons e nobres, diz Aristóteles, e a ética baseia-se, em última análise, nas nossas percepções de como estes homens — os sábios e nobres atenienses — se comportam. Nós os observamos e podemos então generalizar, tentar eliminar inconsistências se encontrarmos alguma e fornecer uma estrutura metafísica para sistematizar seu comportamento. Mas afinal de contas, existem muitas flutuações mesmo entre homens sábios, muitas situações em que as nossas regras gerais aceitas têm exceções, por isso, na melhor das hipóteses, tudo o que teremos no final é uma descrição mais sistemática dos princípios morais que governam os melhores atenienses, não é uma ciência formal. Isto é tudo o que Aristóteles tenta fornecer. Mas como Atenas era uma boa cultura em muitos aspectos, Aristóteles diz muitas coisas que são válidas em ética. Mas no fundo e na base, ele não tem metodologia para validar as suas conclusões éticas. Em muitos pontos, como veremos, a sua resposta final a uma objeção é: "É assim que o homem sábio se comporta. Se você não vê isso, significa que você não foi bem-educado."

Como devemos proceder para sistematizar em ética? Aristóteles observa que os valores são hierárquicos. Todo mundo busca algumas coisas em prol de outras — você vem a essas palestras por uma questão de conhecimento — mas o conhecimento da filosofia antiga, medieval e do início da modernidade não é um fim em si mesmo. Você quer isso com um propósito, para guiar suas ações. Suponha que você tenha um propósito profissional. Sua carreira não é um fim em si mesma, mas você a deseja como um meio de sustentar sua vida, e assim por diante. **Deve existir algum fim último, algum objetivo final (diz Aristóteles), que desejamos por ele mesmo, e não simplesmente como um meio para outra coisa. Deve haver um fim em si mesmo, e isso é logicamente necessário porque, caso contrário, teremos uma regressão infinita. Você não pode valorizar tudo como um *meio* para atingir um fim, a menos que algo seja o fim, o valor último. Assim como primeiro deve haver axiomas, ou *archai*, deve haver um objetivo final.** Quando descoberto, servirá como padrão para avaliar todos os outros objetivos e valores. Portanto, a questão da ética é: qual é o fim e qual a melhor forma de alcançá-lo?

Podemos aprender certas coisas sobre o objetivo. Deve ser um fim em si mesmo, como dissemos. Deve ser autossuficiente, algo que, mesmo que só o tivéssemos, teríamos tudo o que vale a pena ter, porque tudo o mais que quisermos seria por ele. **O mais importante, deve ser possível, isto é, deve, diz Aristóteles, ser alcançável pelo homem na terra. Este é um ponto crucial da ética de Aristóteles. Devemos lembrar, diz Aristóteles, que estamos estabelecendo uma ética *para o homem* — estamos prescrevendo como esse tipo de entidade deveria se comportar. Devemos, portanto, tomar como dados os fatos da natureza humana, o tipo de entidade de que estamos falando.** Por exemplo, o homem por natureza tem um corpo. Não podemos então condená-lo por ter um corpo, porque isso é inerente ao ser humano, e é um fato pelo qual os moralistas devem começar. O homem tem emoções, tem desejos, é capaz de todo tipo de sentimentos, um fato pelo qual os moralistas devem começar. É ridículo, diz a abordagem Aristotélica, estabelecer como ideal a cessação de todos os sentimentos, tal como Platão virtualmente o faz. Isso é inerente ao homem. Você não pode condená-lo por ter emoções. Você não pode condená-lo por ser capaz de cometer erros. Você não pode condená-lo *por nada* que esteja em sua natureza. Seria o equivalente — tomando meu próprio exemplo de ética para cães — se disséssemos que a virtude suprema para um cão é estudar a teoria da relatividade. Você então dá ao cachorro um livro de Einstein, e ele o cheira, vai embora, volta aos seus ossos e você diz: "Veja, eu sempre soube que todos os cães eram podres por natureza — eles estão manchados por pecado porque preferem ossos a Einstein." Se um cachorro é assim por natureza, então *você* é o insensato ao apresentar essa teoria — não é culpa do cachorro.

Por esta abordagem Aristotélica (com a qual ele não é totalmente consistente), a doutrina do Pecado Original é inerentemente impossível. Se algo é inerente, não pode ser pecado. A ética deve prescrever valores e virtudes baseados nos fatos da natureza humana, passíveis de serem alcançados pelo homem aqui na terra. Segue-se, de acordo com Aristóteles, que o homem ao nascer não é nem intrinsecamente mau nem intrinsecamente bom, mas é moralmente neutro. Se ele se tornar bom, essa será sua conquista. Se ele se tornar mau, a culpa é dele. Ele não pode culpar a sua natureza ou as suas paixões — as paixões são fatos da natureza humana e, como tais, são neutras. É o que você faz com suas paixões, diz Aristóteles, o que você *faz* delas, que forma você dá a elas (sendo elas agora o assunto) — isso é o que determina a virtude moral.

Então, qual é o objetivo final que atende a essas características? *Felicidade* — é um fim em si mesmo, não um meio para um fim, e é autossuficiente (se tudo que você tivesse fosse felicidade, mas você realmente a tivesse, não lhe faltaria nada que valesse a pena ter). É possível se você agir corretamente para alcançá-la. A palavra grega para "felicidade" é *Eudaimonia*, e a ética de Aristóteles é, portanto, frequentemente chamada de ética *eudaimonística*. A palavra "Eudaimonia" não significa literalmente "felicidade", embora geralmente seja traduzida dessa forma. A palavra "felicidade", para nós, sugere um estado emocional de prazer duradouro na vida. A *Eudaimonia*, para Aristóteles, certamente incluía isso — ele enfatizou que o prazer era um componente essencial da *Eudaimonia* (a palavra grega para "prazer" sendo *hedone*). **Ele enfatizou que o homem da *Eudaimonia* desfrutava plenamente a vida — mas a *Eudaimonia* é mais ampla do que apenas o nível emocional. Implica uma vida bem-sucedida *em todos* os níveis, não apenas o prazer emocional, mas também a ação bem-sucedida, o pensamento desimpedido e, em geral, viver, funcionar e agir com sucesso.** Além disso, para o uso moderno, "felicidade" sugere principalmente um estado interior da pessoa, então, teoricamente, você pode ser feliz mesmo se for pobre ou perseguido pela sociedade etc. Para Aristóteles, porém, a *eudaimonia* requer não apenas esta felicidade interior (embora esse seja o ingrediente crucial, e ele é, a este respeito, um verdadeiro seguidor de Sócrates), mas requer também o que poderíamos chamar de "felicidade exterior". A *eudaimonia*, diz-nos ele, exige uma certa quantia de dinheiro, requer alguns amigos, requer liberdade e requer até uma aparência decente e filhos bem-comportados. Você vê, então, que é um estado que inclui tudo, e talvez seja mais bem traduzido como uma vida plena, rica, feliz, próspera e desimpedida de pensamento e ação na Terra. Mas vou chamar isso apenas de "felicidade".

Tendo isso como objetivo final, você verá que a ética de Aristóteles não tem nenhum traço da abordagem Cristã ou Kantiana posterior da ética, ou seja, que a ética é uma questão de lutar contra a tentação, de forçar seus impulsos básicos a fim de ser infeliz e fazer seu dever. Aristóteles aceita a ideia básica de Sócrates de que a virtude leva à felicidade. Aristóteles sustenta que o homem moral não tem conflito entre os seus desejos e as suas obrigações morais. O homem moral reconhece que se algo estiver certo, isso o deixará feliz. Ele deseja de bom grado fazer o que é certo para o bem de sua própria felicidade. O homem moral goza plenamente a sua vida, e a moralidade é de fato justificada precisamente porque lhe dá o conhecimento necessário para desfrutar plenamente a sua vida. Você vê como isso é oposto a toda a ética que veio depois, e até mesmo à de Platão, com sua pregação de autossacrifício para o Estado ou para o mundo das Formas.

A questão é: como alcançar a felicidade? Você não pode alcançá-la de qualquer maneira. Neste ponto, Aristóteles concorda com Sócrates contra os Sofistas. A felicidade requer viver de uma certa maneira. Como? É aqui que entra a metafísica de Aristóteles. Tudo o que existe tem uma natureza distinta, potencialidades únicas e distintas. A natureza da realidade, sabemos, é que tudo age para alcançar, para realizar, para atualizar suas potencialidades distintas, para passar da matéria à forma, para expressar na realidade aquilo que está potencialmente nela, para se realizar. Isto é inerente a cada coisa — o esforço pela sua plena realização. Se assim for, o que pode ser a vida boa — o que pode ser a *eudaimonia* para qualquer coisa — exceto para agir como a realidade e a sua própria natureza exigem? Suponha que você estivesse inventando uma ética para uma bolota. A única coisa que você poderia dizer a esta bolota é: "Olha, coopere de todo o coração com as leis da realidade e com a sua própria natureza. Esforce-se com todas as suas forças para atualizar suas potencialidades distintas e se tornar um carvalho. Porque se você tentar qualquer outra coisa" — suponha, por exemplo, que essa bolota conceba uma paixão ardente para se tornar um salgueiro — "ela estará fadada à frustração, à autonegação, à miséria". Uma bolota feliz, uma bolota de *eudaimonia*, seria aquela que trabalhasse para concretizar as suas potencialidades distintivas.

O mesmo é verdade para o homem. Ele também tem potencialidades únicas, e a boa vida, a *eudaimonia*, consiste em realizá-las. Qual é a potencialidade distintiva do homem? A psicologia de Aristóteles já respondeu isso: a razão, a *nous*. Para ser fiel à sua própria natureza e à natureza da realidade, então, o homem deve concretizar a sua potencialidade distintiva: a razão. A vida da razão é, portanto, a vida da felicidade. Mas o que neste contexto é a razão? Aristóteles distingue dois usos diferentes da "razão" — razão que é usada para guiar a vida, para regular as emoções, para nos dizer como agir, e que ele chama de *razão prática* — e razão que é usada para adquirir conhecimento como um fim em si mesmo, apenas para descobrir e contemplar a verdade por si mesma, sem qualquer referência às consequências práticas, e que ele chama de *razão teórica* ou *contemplativa*. (Afirmo que esta é uma distinção inválida, e direi algumas palavras mais tarde sobre isso, mas por enquanto sigamos Aristóteles.)

Se houver dois usos da razão, o prático e o contemplativo, então a vida da razão terá dois departamentos — o exercício da razão prática e o exercício da

razão teórica. Todo homem, para Aristóteles, deve exercer ambos, na medida do possível. Em cada caso haverá um uso adequado da razão, um uso virtuoso (e lembre-se, "virtude" para os gregos significa "excelência de função"). **Portanto, haverá dois tipos de virtudes. O uso excelente da razão prática nos dará o que chamamos de virtudes morais, e o uso excelente da razão contemplativa nos dará o que chamamos de virtudes intelectuais.** Vejamos brevemente cada uma delas, começando pelas virtudes da razão prática, as virtudes morais.

A razão prática, como disse, é a razão usada para guiar ou regular as ações, emoções e desejos do homem. Observe que para Aristóteles, assim como para Platão, as emoções são um elemento independente e não racional da personalidade que requer regulação pela razão. Mas para Aristóteles, porque acredita num só mundo, e porque não acredita num choque metafísico alma-corpo, ele não acredita que seja tão difícil controlar as emoções como Platão acredita. Ele não sustenta que exista uma guerra inerente entre a razão e as emoções. Ele acredita que se você usar a razão corretamente, poderá controlar suas emoções e viver de forma harmoniosa e feliz. Qual é o uso adequado, o uso virtuoso, da razão prática? Ao responder a esta pergunta, Aristóteles pensou ter detectado um princípio geral comum a todo comportamento prático virtuoso. **Tudo o que fazemos ou desejamos, diz ele, podemos fazer ou desejar em quantidades diferentes. Podemos pegar qualquer ação ou emoção humana e distinguir três valores em uma escala — o excessivo, o insuficiente e o certo. A Média Áurea.** O comportamento virtuoso sempre será a Média Áurea entre os dois extremos. Por um lado, o demasiado (o "excesso", como é chamado), por outro lado, o pouco (o "insuficiente", como é chamado). **Aristóteles, de uma forma muito engenhosa, elaborou isso assunto após assunto, agrupando os traços humanos em uma coluna tripla.** Darei apenas quatro de muitos exemplos.

Suponha que a pergunta seja: qual deve ser a sua atitude ao enfrentar ameaças? Por um lado, muito pouco medo, o tipo de pessoa precipitada que se arrisca sem sentido — não apenas andando desnecessariamente por uma colônia de canibais, mas fazendo isso nua — esse é o vício da imprudência, e isso é muito pouco medo. Por outro lado, existe o outro extremo, ou seja, o medo excessivo, do tipo que chamamos de "covarde". A virtude reside na posição da Média Áurea, na quantidade certa — nem muito pouco medo, nem muito, mas na medida certa — coragem, a pessoa corajosa. Ou qual deveria ser sua atitude em relação à comida, ao sexo, ao dinheiro? O insuficiente seria a pessoa que se volta completamente contra essas coisas, o asceta. Isso é um vício. É tanto um vício quanto a imprudência. Aristóteles não sabia como chamá-lo, porque de uma forma extrema não existia no mundo grego, e ele chama isso de insensibilidade. Tornou-se a virtude suprema, ou uma delas, no reinado do Cristianismo. Se Aristóteles soubesse da vida de São Francisco, por exemplo, Aristóteles ficaria horrorizado com o fenômeno. Mas no outro extremo estão as pessoas que são excessivamente zelosas com essas coisas, os esbanjadores autoindulgentes à la Sofistas, ou Giges quando ele recebe seu anel e se revolta. Qual é a virtude adequada aqui? A Média Áurea — não muita paixão por comida, bebida e dinheiro, roupas etc., nem pouca, apenas a quantidade certa — o que Aristóteles na tradição grega chama de "temperança". Aqui não significa "temperança" como na União Feminina Cristã de Temperança — significa um equilíbrio sensato entre os extremos. Qual deve ser sua atitude em relação às relações sociais? Por um lado, está a pessoa que lhes atribui muito pouca importância, o que chamaríamos de "misantropo" — Aristóteles chama isso de vício do "mau humor". Por outro lado, há o tipo de pessoa que é obcecada pelas pessoas, que é obsequiosa e corre por aí dizendo a todos: "Eu te amo, por favor, me ame" — o que chamaríamos de "metafísico social" — Aristóteles diz que esse é o vício de "subserviência". No meio, a Média Áurea, a quantidade certa — a pessoa racionalmente amigável, com a virtude da amizade. Qual deve ser sua atitude em relação a si mesmo? Por um lado, a pessoa que tem uma estimativa muito baixa — a pessoa que anda por aí dizendo: "Não presto, sou pobre, não valho nada" — essa pessoa tem o vício da humildade. No outro extremo está a pessoa que reivindica para si mais do que lhe é devido, que anda por aí dizendo: "Sou a melhor coisa que já existiu" — ela tem o vício da vaidade ou da presunção. A Média Áurea refere-se à pessoa que tem um respeito próprio elevado e conquistado, a virtude do orgulho.

Devo deixar a Média Áurea por alguns minutos, porque o orgulho para Aristóteles é a coroa das virtudes — o homem do orgulho, o homem da *megalopsique*, o homem com uma grande alma, que agora é traduzido como o "homem magnânimo", é o seu homem ideal em termos de virtudes morais. **A sua descrição no Livro Quatro da *Ética a Nicômaco* é a passagem mais viva da sua ética, muito famosa, por isso devo lê-la para vocês, embora apenas lhes dê alguns trechos. Isso lhes dará uma ideia do tipo de homem que Aristóteles admirava e recomendava. Ele está descrevendo a virtude do orgulho:**

> Ora, considera-se orgulhoso o homem que se considera digno de grandes coisas, sendo digno delas; pois aquele que faz isso além de seus merecimentos é um tolo, mas nenhum homem virtuoso é tolo. O homem orgulhoso, então, é o homem que descrevemos. Pois quem é digno de pouco e se considera digno de pouco é temperante, mas não orgulhoso; pois o orgulho implica grandeza, assim como a beleza implica um corpo de bom tamanho, e as pessoas pequenas podem ser elegantes e bem proporcionadas, mas não podem ser bonitas...

O homem orgulhoso, então, é um extremo no que diz respeito à grandeza das suas reivindicações, mas um meio-termo no que diz respeito à justeza delas, pois ele reivindica o que está de acordo com os seus méritos, enquanto os outros vão ao excesso ou ficam aquém... ora, o homem orgulhoso, visto que merece mais, deve ser bom no mais alto grau; pois o melhor homem sempre merece mais. Portanto, o homem verdadeiramente orgulhoso deve ser bom em grandeza e em todas as virtudes que parecem ser características de um homem orgulhoso. Seria muito impróprio para um homem orgulhoso fugir do perigo, balançando os braços ao lado do corpo, ou fazer mal a outro...

Se o considerarmos ponto por ponto, veremos o completo absurdo de um homem orgulhoso que não é bom. Nem, novamente, ele seria digno de honra se fosse mau; pois a honra é o prêmio da virtude, e é para o bem que ela é prestada. O orgulho, então, parece ser uma espécie de coroa das virtudes; pois isso os torna maiores e não é encontrado sem eles. Portanto, é difícil sentir-se verdadeiramente orgulhoso; pois é impossível sem nobreza e bondade de caráter. É principalmente com honras e desonras, então, que o homem orgulhoso se preocupa; e nas honras que são grandes e conferidas por homens bons, ele ficará moderadamente satisfeito, pensando que está vindo por conta própria, ou até menos que por conta própria; pois não pode haver honra que seja digna de virtude perfeita, mas ele a aceitará de qualquer forma, uma vez que não há nada maior para concederem-lhe; mas a honra vinda de pessoas casuais e por motivos insignificantes ele desprezará totalmente, já que não é isso que ele merece, e a desonra também, já que no seu caso não pode ser justa...

[O homem orgulhoso] não corre perigos insignificantes, nem gosta de perigos, porque honra poucas coisas; mas ele enfrentará grandes perigos e, quando está em perigo, não poupa sua vida, sabendo que há condições nas quais não vale a pena ter vida. [Peikoff: Eu interrompo: Chega da visão de Aristóteles sobre a questão de ser melhor vermelho do que morto.] Ele é o tipo de homem que confere benefícios, mas tem vergonha de recebê-los; pois um é a marca de um superior, o outro de um inferior... É também uma marca do homem orgulhoso não pedir nada, ou quase nada, mas dar ajuda prontamente e ser digno para com as pessoas que gozam de posição elevada e boa sorte, mas despretensioso para com os da classe média; pois é difícil e altivo ser superior às primeiras, mas fácil ser superior às segundas, uma atitude altiva sobre as primeiras não é sinal de má educação, mas entre as pessoas humildes é tão vulgar quanto uma demonstração de força contra os fracos.

Novamente, é característico do homem orgulhoso não visar as coisas comumente tidas em honra, ou as coisas nas quais os outros se destacam; ser preguiçoso e retrair-se, exceto quando estiver em jogo uma grande honra ou uma grande obra; e ser um homem de poucos feitos, mas de grandes e notáveis. Ele também deve ser aberto no seu ódio e no seu amor (pois esconder os próprios sentimentos, isto é, preocupar-se menos com a verdade do que com o que as pessoas vão pensar, é parte de um covarde) e deve falar e agir abertamente; pois ele é livre de expressão porque é desdenhoso e é dado a dizer a verdade, exceto quando fala com ironia ao vulgar. Ele deve ser incapaz de fazer sua vida girar em torno de outra pessoa, a menos que seja um amigo; pois isso é servil, e por esta razão todos os bajuladores são servis e as pessoas que carecem de respeito próprio são bajuladoras... Além disso, um passo lento é considerado próprio do homem orgulhoso, uma voz profunda e uma expressão nivelada... Tal é, então, o homem orgulhoso; o homem que fica aquém dele é excessivamente humilde.

Se você considerar isso à luz do que estava por vir filosoficamente — "o homem que fica aquém dele mesmo é excessivamente humilde" — você não pode acreditar. *Esta é uma das poucas passagens de adoração ao homem em toda a filosofia, e é apropriado que venha de Aristóteles,* **que foi, desnecessário dizer, desprezado por séculos de Cristãos por esta mesma passagem e esta mesma qualidade. Este, devo dizer, é um dos grandes parentescos entre Aristóteles e o Objetivismo.**

Voltemos à Média Áurea. Se você se lembrar dos quatro exemplos que dei, a moral que Aristóteles traça é que não é *o que* você faz ou deseja, mas o grau em que você o faz que determina a virtude e o vício. A virtude é uma questão de moderação, de não ir a extremos. Você pode ver, penso eu, que há uma validade de bom senso e, em certos pontos, até mesmo uma qualidade altamente admirável, no conteúdo das virtudes que Aristóteles endossa (e acabei de lhe dar alguns exemplos). As virtudes específicas que ele defende são geralmente sensatas e até nobres. Mas, como princípio de ética, deveria ser evidente para você que a Média Áurea é insatisfatória e inválida. Aqui estão algumas objeções óbvias.

Primeiro, observe que a trindade de atitudes que Aristóteles classifica num continuum não cai de fato num continuum. Os vícios em cada caso são diferenciados das virtudes por espécie, e não apenas em grau (como exige a doutrina de Aristóteles). O metafísico social obsequioso, por exemplo, não se diferencia de uma pessoa racionalmente amigável apenas por ter mais atitude desta última. O motivo e o interesse da pessoa obsequiosa pelas pessoas são diferentes em espécie, não apenas em grau ou quantidade. O mesmo é verdade em todos esses outros casos.

Segundo, se fosse apenas uma diferença de grau, não haveria argumento a favor da Média. Não há razão para que uma média seja válida apenas porque é uma média. O simples fato de uma atitude estar no meio de duas outras atitudes não mostra de forma alguma que ela seja desejável. Por exemplo, num extremo nunca cometemos adultério, mas no outro extremo cometemos adultério todas as noites com um parceiro diferente. A Média Áurea é a quantidade certa? Apenas a quantidade certa de assassinato? Apenas a quantidade certa de ódio invejoso?

Obviamente, o seu lugar num continuum é irrelevante. Aristóteles tenta abranger este tipo de caso e afirma, com efeito: "Essas coisas (como assassinato, adultério e assim por diante) já são extremos e, portanto, a doutrina do Meio-termo não se aplica. Você não pode ter um meio-termo extremo." Mas esta não é uma resposta válida da parte dele. Porque a questão é: como ele *sabe* que são extremos? Se seguirmos apenas a doutrina da Média, podemos definir três atitudes sobre assassinato, ou adultério etc., e então escolher a média. O fato é que Aristóteles sabia de antemão que o homicídio, por exemplo, é errado e, portanto, classificou-o como um extremo. Não é que seja um extremo e, portanto, errado, mas sim, é errado e, portanto, concluiu ele, um extremo — o que significa que as suas virtudes não são de fato derivadas da teoria da Média, mas sim, como ele próprio diz, das observações dos sábios atenienses. A doutrina da Média não é prova ou definição destas virtudes, apenas uma forma de expor o que sabemos por outros motivos e, como tal, é filosoficamente insignificante.

Depois há a questão: como saber qual é a média num caso particular? Suponha que uma pessoa diga para nunca comer chocolates e a outra — um fabricante de chocolate — diga para comer duzentas caixas por dia. Qual é a média áurea? Cem caixas por dia? A posição de Aristóteles sobre isso seria: "Não, não me refiro à média aritmética. Não me refiro exatamente ao meio do caminho. Isso seria bobagem. Quero dizer a quantia certa para uma determinada pessoa — o não muito e o não muito pouco, e isso varia de pessoa para pessoa. Por exemplo, no caso dos chocolates, depende da sua saúde, dos seus gostos, do seu dinheiro etc. A quantidade certa se você estiver de dieta não é a mesma que se não estiver." A Média, diz ele, é relativa a um conjunto particular de circunstâncias. Não é calculado pela aritmética. Mas então a questão é: como *saber*, dado um conjunto de circunstâncias, qual é a média? Você precisa saber se a doutrina será de alguma utilidade para você na orientação de sua vida. A posição de Aristóteles é que se você levar em conta todos os fatores relevantes em uma determinada situação, e se for bem-educado, você simplesmente saberá, ou seja, perceberá qual é a quantidade certa para você por meio do insight direto. Então a pergunta é: em que consiste ser bem-educado? Ser bem-educado, presumivelmente, significa ser educado através da Média Áurea. O Meio é o que uma pessoa bem-educada escolheria. Então, este argumento é inexoravelmente circular. Você vê novamente que ele não oferece uma ética científica, pois ela se baseia, em última análise, em suas observações sobre os bons e sábios atenienses. Não quero insistir mais na doutrina Média. Teve consequências muito infelizes. Embora eu deva dizer, para o bem de Aristóteles, que ele não originou a ideia de moderação, que era uma antiga tradição grega, "Nada em excesso", que remonta a muito antes de Aristóteles, e tudo o que ele fez foi sistematizá-la. Mas, em qualquer caso, essa doutrina grega específica, embora dada a influência de Aristóteles, teve consequências terrivelmente infelizes. Isso levou as pessoas a todo tipo de compromisso a ficar em cima do muro, a contradições e à evasão de princípios, embora nada disso fosse a intenção de Aristóteles. Basta pensar na forma como os termos "moderado" e "extremista" são usados nas eleições presidenciais americanas para ter uma ideia das consequências devastadoramente negativas da doutrina da Média Áurea (embora, como disse, Aristóteles certamente nunca teria imaginado seu uso pelos pragmáticos modernos).

Vejamos muito brevemente as *virtudes intelectuais*, isto é, o uso virtuoso da razão contemplativa. Neste uso da razão, buscamos o conhecimento por si só — essencialmente ciência, matemática, filosofia. Descobrimos e contemplamos a verdade como um fim em si mesma, sem qualquer preocupação com a ação prática ou com as consequências existenciais desse conhecimento. O conhecimento neste nível não é um meio para nada, mas sim um fim em si mesmo. Para Aristóteles, esta vida de contemplação é a encarnação mais elevada da vida da razão, superior ao exercício da razão nos assuntos práticos e o ápice da racionalidade. Esta é a vida que qualquer homem com inteligência adequada deve seguir, o que nos leva a outro erro na sua ética. Não me refiro à sua ênfase na aquisição de conhecimento, mas à ideia de que o conhecimento é um fim em si mesmo (em vez de ser um meio de ação humana e de vida). Por que ele cometeu esse erro? **Há muitas razões, e aqui estão algumas: em geral, nenhum grego — incluindo Aristóteles — compreendeu a relação entre conhecimento e vida, entre razão e vida. Isto é anterior à Revolução Industrial, e eu manteria como um fato real que seria impossível compreender a relação entre razão e vida, filosoficamente, antes da Revolução Industrial. Ninguém o fez, e eu diria que ninguém poderia fazê-lo, porque, nesta fase da civilização, as competências necessárias para sustentar a vida eram manuais e pareciam obviamente não intelectuais. Por outro lado, o conhecimento que parecia prazeroso e exigente de todos os poderes intelectuais de um homem (ciência, metafísica, física, matemática) parecia não ter valor prático, o que *não* acontecia naquele estágio inicial. Consequentemente, Aristóteles, juntamente com o resto dos gregos, concluiu que o conhecimento não era, em última análise, justificado pela sua utilidade na vida. Este é um erro, mas certamente compreensível no estágio de conhecimento em que ele estava escrevendo.** Além disso, há aqui um elemento definido de Platonismo, a exaltação da contemplação, o afastamento da ação, o burburinho da vida, e assim por diante, na contemplação privada da verdade. Sabemos que Aristóteles nunca se libertou totalmente deste elemento Platônico em qualquer ramo da filosofia. Claro, o Motor Primordial é relevante aqui, e esse é um dos principais efeitos do Deus de Aristóteles na sua ética. Nesta vida de contemplação, diz Aristóteles, você chega o mais perto possível da vida divina, porque tudo o que Deus faz é contemplar.

Por essas e ainda outras razões, Aristóteles acaba defendendo a vida contemplativa como a vida mais elevada e melhor. Infelizmente, ele até declara que os seres humanos são imperfeitos demais para viver essa vida perfeita. Não é, diz ele, na medida em que são humanos que podem viver assim, mas apenas na medida em que contêm um elemento do divino. Por outras palavras, ele contradiz a sua própria abordagem distinta, sucumbindo novamente a um elemento Platônico.

Esta doutrina do conhecimento como um fim em si mesmo teve consequências muito negativas. Tem o efeito de tornar a ética de Aristóteles impraticável para a maioria dos homens, restringida neste aspecto, pelo menos, a uns poucos que têm a riqueza e o lazer para contemplar. A maioria dos homens, porém, como reconheceu Aristóteles, tem de trabalhar, tem de agir. Portanto, eles não têm nem tempo, nem riqueza, nem capacidade para a vida contemplativa. Consequentemente, para eles, diz Aristóteles, a forma mais elevada de felicidade humana é impossível. Desta forma, e neste aspecto, Aristóteles termina com uma ética para poucos, semelhante neste aspecto a Platão.

Deixemos as virtudes morais e intelectuais e passemos a um último ponto relacionado com a ética de Aristóteles, nomeadamente, o egoísmo. Aristóteles é um egoísta completo em ética. Ele acredita que cada homem deve preocupar-se principalmente com a obtenção da sua própria felicidade, que deve ser alcançada pelo exercício da sua própria razão prática e teórica. Em contraste com Platão, não há nada em Aristóteles que defenda o autossacrifício, a autoabnegação, a exaltação de algo acima da sua própria felicidade na terra. Em contraste com os Sofistas, Aristóteles diz explicitamente que o verdadeiro egoísta é o homem da razão, não o bruto adorador de caprichos. O Sofista está, tanto para Aristóteles como para Sócrates, apenas empenhado em expressar o pior elemento de si mesmo, a parte que não é realmente ele — seus caprichos e paixões irracionais. Como tal, ele está destruindo o seu verdadeiro eu, a sua razão e, junto com isso, a sua única chance de realização e felicidade. Nesse sentido, Aristóteles é um defensor consistente do egoísmo racional, o único filósofo que o é em toda a filosofia (se estivermos falando dos principais filósofos, e não dos discípulos que papagaiam os mestres). Porque esta é uma questão tão urgentemente importante na ética, quero ler para vocês algumas passagens de Aristóteles, porque acho que vocês têm uma noção da filosofia ao ouvir algumas coisas em suas próprias palavras que não podem ser obtidas de nenhum resumo. Isto também vem da *Ética a Nicômaco*:[17]

> [O homem bom] deseja para si o que é bom e o que parece ser, e o faz... e o faz para o seu bem próprio (pois ele o faz pelo bem do elemento intelectual nele, que se pensa ser o próprio homem); e ele deseja viver e ser preservado especialmente no elemento em virtude do qual ele pensa. Pois a existência é boa para o homem virtuoso, e cada homem deseja para si o que é bom, enquanto ninguém escolhe possuir o mundo inteiro se primeiro tiver que se tornar outra pessoa... Ele deseja isso apenas com a condição de ser o que é; e o elemento que pensa parece ser o homem individual, ou sê-lo mais do que qualquer outro elemento nele. Tal homem [Peikoff: o homem bom] deseja viver consigo mesmo, pois o faz com prazer, uma vez que as memórias dos seus atos passados são encantadoras e as suas esperanças para o futuro são boas e, portanto, agradáveis.
>
> [Em contraste], os homens iníquos procuram pessoas com quem passar os dias e evitam-se; pois eles se lembram de muitos atos graves e antecipam outros como eles, quando estão sozinhos; mas quando estão com outras pessoas, esquecem. Não tendo nada de amável neles, eles não têm nenhum sentimento de amor por si mesmos."

Aqui está outro pequeno trecho, apenas um breve fragmento:

> A existência é para todos os homens algo a ser escolhido e amado, e existimos em virtude da atividade (isto é, vivendo e agindo) ... [O produtor] ama seu trabalho, portanto, porque ama a existência.

Quanto ao amor-próprio:

> Tal homem [o homem racional] pareceria mais do que o outro [o homem irracional] um amante de si mesmo; em todo caso, ele atribui a si mesmo as coisas que são mais nobres e melhores, e gratifica o elemento mais autoritário nisso e em todas as coisas obedece a isso... Portanto, o homem que ama esta [razão] e a gratifica é, acima de tudo, um amante de si mesmo... Portanto, o homem bom deve amar a si mesmo.

Você vê como isso se relaciona com a defesa do orgulho por Aristóteles como a coroa das virtudes. É também um elemento extremamente importante na sua ética, que entrou em eclipse e foi denunciado por todos os filósofos subsequentes e só ressuscitou muitos, muitos séculos mais tarde.

Não posso resistir a acrescentar que Aristóteles tinha uma notável teoria da amizade — a amizade egoísta — uma teoria fascinante, sobre a qual adoraria falar-vos porque exemplifica um dos melhores elementos da sua ética, mas, infelizmente, não há tempo para isso. Mas se você perguntar sobre amizade no período de perguntas, ficarei feliz em dizer algumas palavras sobre o assunto.

Para resumir o nosso breve estudo sobre a ética de Aristóteles, podemos ver, penso eu, que a ética de Aristóteles é muito misturada nos seus méritos. Na maior parte do tempo ele está no caminho certo. Você pode concordar com muitos pontos — sua defesa da felicidade na terra em oposição ao ascetismo e ao sobrenaturalismo Platônicos, sua ênfase na razão, na aquisição de conhecimento, no egoísmo, no orgulho — mas esses pontos, como você vê, estão inseridos em uma estrutura que está repleta de sobras do Platonismo, e isso reconhecidamente não é científico ou comprovado. Como tal, a ética de Aristóteles não era forte o suficiente para combater os rivais Platônicos e Sofistas neste campo. Portanto, para responder a uma pergunta que recebo o tempo todo, esta é uma das principais razões — esta deficiência da ética de Aristóteles — pela qual a sua filosofia não se tornou imediatamente uma grande influência sobre toda a filosofia futura. Quando a ética de um filósofo é fraca, não importa quantos pontos positivos ele tenha em metafísica e epistemologia, a sua influência sobre os homens será significativamente menor porque os homens sentem a influência de qualquer filosofia principalmente através da sua ética. Afinal, esse é o propósito principal da filosofia: ensinar os homens a viverem. Como analogia, se você oferecer aos homens uma magnífica máquina de combustão interna, mas eles não têm ideia de como usá-la e não há combustível para fazê-la funcionar, e a alternativa é um cavalo e uma charrete que realmente funcione (para não falar das promessas de um tapete voador místico, se pagarem o suficiente e frequentarem a igreja por tempo suficiente), escolherão o cavalo e a charrete ou o tapete voador em vez da máquina de combustão interna inutilizável. Portanto, você não deveria ficar muito surpreso ao saber que logo após sua morte, a filosofia de Aristóteles entrou em eclipse e levou muitos, muitos, muitos séculos para ser exumada. Mas essa é uma história que começaremos a contar na próxima palestra.

Para concluir, permitam-me dizer algumas palavras sobre a política de Aristóteles. Nos seus escritos políticos, Aristóteles geralmente contentava-se em descrever os Estados existentes no mundo antigo e em fazer recomendações para a sua melhoria no âmbito das suas premissas básicas. Aristóteles não foi um revolucionário político com ideias fundamentalmente originais em política — certamente não na ordem de Platão, que, independentemente do conteúdo das suas opiniões, foi um grande inovador na política, enquanto Aristóteles foi mais o documentador do que o cruzado. A sua política, portanto, é menos interessante e importante do que qualquer outra parte da sua filosofia. Para resumir: ele não era um grande coletivista como Platão. Ele opôs-se vigorosamente às opiniões comunistas e totalitárias de Platão, mas o próprio Aristóteles, nos seus próprios escritos políticos, também não era certamente um grande individualista. Uma coisa é dizer que a sua metafísica e ética lançaram as bases para as quais os seus seguidores subsequentes, séculos mais tarde, derivaram o individualismo — isso é verdade — mas a julgar pela política real que o próprio Aristóteles recomenda (que reflete os elementos mais Platônicos nele), devo dizer que, infelizmente, Aristóteles seguiu a sua Média Áurea na política. Ele assumiu uma posição que hoje seria descrita como uma variante do meio-termo. Por exemplo, ele se opôs à visão de Platão de que os poucos filósofos ideais deveriam ter poder absoluto — ele se opôs ao governo de especialistas Platônicos — mas, diz ele, isso seria ideal, mas é impraticável e utópico, porque há muito risco de degeneração na tirania (admitindo assim a Platão que isso seria ideal, mas impraticável). Ele também se opõs ao governo de especialistas, alegando que devemos ter um governo *de leis*, não *de homens* — essa é uma ideia central Aristotélica. Deve ser definida uma constituição que enuncie o que o governo pode ou não fazer. Deve haver leis. Não queremos um governo por decreto arbitrário. Nesse sentido, ele é o pai da ideia de governo constitucional.

Por outro lado, tal como Platão, Aristóteles não tem o conceito de que todos os homens tenham direitos individuais e inalienáveis, ou que a função do governo seja apenas proteger esses direitos. Como era comum na Grécia da época, ele pensava no Estado como a cidade-estado e pensava que este tinha uma variedade de funções próprias — educativas, culturais, religiosas, econômicas. Ele diz em algum lugar que o Estado deve cuidar para que haja restrições na quantidade de riqueza, para que não haja muito ou pouco nas mãos de qualquer pessoa — em geral, ele defende funções do governo bastante incompatíveis com qualquer coisa que uma política individualista advogaria.

Para Aristóteles, tal como para Platão, a questão importante da política é: que grupo deveria ter o poder dominante no Estado? Que grupo deveria ser capaz de controlar as políticas do Estado? Em resposta a esta questão, ele apresentou uma espécie de posição "média" (isto é, uma posição moderada) como o tipo de Estado mais prático e estável. Ele sustentou que não queremos um Estado onde os poucos aristocratas ricos da classe alta governem, porque isso pode degenerar em tirania ou oligarquia, e não queremos um Estado onde as massas, ou as pessoas mais pobres, governem, como na democracia, porque isso se torna um governo ilimitado da multidão, o que é inútil. Tanto Platão quanto Aristóteles eram oponentes ferrenhos da ideia de um governo ilimitado da multidão. Em vez disso, disse Aristóteles, o melhor Estado é um cruzamento entre o governo dos ricos e dos pobres, o governo de poucos e de muitos, um Estado governado nem pela multidão nem por uma elite de especialistas, mas por uma classe intermediária — o que hoje chamamos de "classe média". Aristóteles chamou este tipo de Estado de "sistema político" e defendeu-o como a melhor e mais prática constituição. Por outras palavras, uma grande classe média deveria manter o equilíbrio de poder e atuar como um controle sobre o que hoje seria chamado de "proletariado" na base e os poucos aristocratas potencialmente tirânicos no topo. Portanto, há um sentido definido em que Aristóteles difere da teoria totalitária do rei-filósofo de Platão e, como mencionei, Aristóteles opõe-se ao comunismo de Platão, mas em termos muito, muito mistos e bastante débeis. Lembre-se, Platão se opôs a "meu" e "teu"? Aristóteles diz que "meu" e "teu" são inerentes à natureza humana, e você só cria conflitos e ressentimentos se tenta comunizar propriedades e famílias. Melhor deixar a propriedade privada das pessoas e incentivá-las a desenvolver voluntariamente um espírito comunitário, para que compartilhem voluntariamente com outras pessoas. Para este público, tal resposta fala por si, mas não é uma resposta muito poderosa a Platão.

Devo, no entanto, salientar que, embora Aristóteles permita que os cidadãos do seu Estado tenham muito mais voz do que Platão, o Estado de Aristóteles, tal como o descreve, também se inclina no sentido de ser uma aristocracia dirigida por relativamente poucos, mesmo se não numa forma quase tão pronunciada como a de Platão. Por exemplo, Aristóteles, Platão e os gregos, em geral, defendiam a escravidão. Eles não tinham conceito de direitos inalienáveis. Aristóteles argumentou — e enfatizo novamente que ele não originou essa visão, nem foi distintivo ao defendê-la — que havia escravos naturais, homens que tinham a capacidade de compreender um argumento racional, mas não de exercer a razão de forma independente, que eram, em efeito, ferramentas vivas, e, disse ele, seria para seu próprio benefício e para o benefício de um mestre se servissem e trabalhassem para um mestre natural (em outras palavras, aqueles em quem a razão teórica está plenamente desenvolvida), porque o escravo ganha o benefício do contato com um homem plenamente racional para dirigi-lo, e o homem racional, isento da necessidade de trabalho servil, tem o tempo livre para a contemplação. Esta é uma falha grosseira e óbvia na visão de Aristóteles, mas enfatizo que não é uma falha na sua ética ou filosofia, mas sim uma falha na sua antropologia, ou seja, na sua visão da humanidade, e é uma falha que ele compartilhou com os gregos em geral. **Os gregos nunca compreenderam realmente (pelo menos não até a época dos Estoicos, uma escola posterior) que os seres humanos — todos os seres humanos — são metafisicamente iguais.** Os gregos do período clássico sustentavam que os homens estavam divididos em superiores metafísicos e inferiores metafísicos, um destinado a governar o outro. Isto é um erro, mas foi um erro na sua teoria da natureza do homem, e não um erro na sua ética. O seu erro ético é uma consequência disso, e eles tiveram alguma provocação para isso — eles eram a única civilização. Ao seu redor não havia outro mundo civilizado, mas um mundo de bárbaros rudes e ignorantes. Nessa fase do jogo, se você morasse na Grécia, você tinha uma certa justificativa para olhar ao seu redor e dizer: "Somos humanos e os estrangeiros são selvagens".

Devo também salientar que Aristóteles excluiu as mulheres da cidadania no seu Estado — não apenas escravas, mas também mulheres — por serem metafisicamente inferiores — mais uma vez, igualmente inválido, mas igualmente garantido por um estudo das mulheres sob a sua alçada. Ele chega ao ponto de incorporar isso em sua metafísica, numa doutrina que não tem importância alguma, mas diz que na concepção, quando homens e mulheres se unem para produzir um filho, a mulher contribui com a matéria (o elemento inferior), e o homem contribui com a forma. **Para ser exato, neste ponto, Platão estava à frente de Aristóteles — ele reconheceu a igualdade metafísica das mulheres com os homens.** Além disso, na qualidade de Platônico, Aristóteles geralmente desprezava os comerciantes, os mecânicos, esse tipo de pessoa, e diz que a vida deles é "ignóbil e inimiga da virtude", e eles também devem ser privados de cidadania ou de qualquer ato de participação no Estado. **Isto equivale à visão de Platão de que o grupo produtivo está fora do Estado ou está numa posição servil. Você vê, a partir desses pontos de vista, que há uma forte influência Platônica na política de Aristóteles.** Como não há muito valor nisso, não vou prosseguir com isso.

Vamos resumir Aristóteles como um todo. Ao analisar sua filosofia geral, você pode apontar muitos erros e muitos pontos negativos. Para revisar alguns: há seu relato inadequado da percepção sensorial, seu relato inadequado em muitos pontos sobre a natureza da mente, suas doutrinas de Deus, da teleologia, da contingência, da matéria-prima, da Média Áurea, da contemplação como um fim em si mesma, sua política deficiente e assim por diante. Você deve saber tudo isso se, como estudante do Objetivismo, reivindicar qualquer tipo de afiliação com Aristóteles, porque esses são fatos com os quais as pessoas irão confrontá-lo, e você ficará surpreso com o que Aristóteles poderia dizer.

Mas no processo de inventariar os seus pontos negativos, peço que não se esqueçam do que ele alcançou, e em que contexto. Partindo de uma cultura em que existiam apenas Platônicos e Sofistas, Aristóteles estabeleceu os princípios básicos de uma epistemologia científica: o papel dos sentidos, o papel da abstração, as leis da lógica, os tipos de raciocínio, as regras básicas de validade no raciocínio dedutivo. Ele estabeleceu os princípios de uma metafísica naturalista deste mundo: uma realidade, um mundo de particulares, de entidades agindo de acordo com suas naturezas, legais, inteligíveis, apreensíveis pelo homem. Na ética, os princípios de uma ética deste mundo, segundo a qual o objetivo do homem é alcançar a felicidade pessoal e o orgulho pessoal, exercendo ao máximo os seus poderes intelectuais. Sobre estes temas, Aristóteles não disse a *última* palavra, mas, como observei, muitas vezes disse a *primeira* de qualquer valor. A abordagem da filosofia pró-razão, pró-vida e pró-este mundo, em sua essência e em sua raiz, é criação de Aristóteles. É por isso que temos uma dívida de gratidão com ele, não importa quão grandes sejam os seus outros erros e heranças Platônicas.

O melhor resumo das realizações de Aristóteles — dos seus pontos positivos e dos seus erros — é dado pelo próprio Aristóteles, no final do que é hoje a seção final dos seus trabalhos sobre lógica. Ele está se referindo nesta passagem ao seu trabalho em lógica, mas suas observações são aplicáveis muito mais amplamente a toda a sua filosofia em todos os ramos. Esta passagem que tenho em mente é bastante extensa, mas creio que seja apropriado concluí-la lendo-a para vocês e dando a última palavra ao próprio Aristóteles para avaliar suas próprias realizações:

> É evidente que o nosso programa foi adequadamente concluído. Mas não devemos deixar de notar o que aconteceu em relação a esta investigação, pois no caso de todas as descobertas, os resultados de trabalhos anteriores que foram transmitidos por outros foram avançados pouco a pouco por aqueles que os empreenderam, ao passo que as descobertas originais geralmente proporcionam um avanço que é inicialmente pequeno, embora muito mais útil, do que o desenvolvimento que mais tarde resulta delas. Pois pode ser que em tudo, como diz o ditado, 'o primeiro começo seja a parte principal', e por isso também seja o mais difícil; pois na proporção em que é mais potente em sua influência, é menor em sua bússola e, portanto, mais difícil de ver: ao passo que, uma vez descoberto esse [fundamento], é mais fácil adicionar e desenvolver o restante em conexão com ele. Na verdade, foi isso que aconteceu com os discursos retóricos e com praticamente todas as outras artes; pois aqueles que descobriram seus primórdios os fizeram avançar apenas um pouco, enquanto as celebridades de hoje são herdeiras (por assim dizer) de uma longa sucessão de homens que os fizeram avançar pouco a pouco, e assim os fizeram progredir até sua forma atual... Nesta investigação [Peikoff: em outras palavras, lógica], por outro lado, não foi o caso de parte do trabalho ter sido completamente feito antes, enquanto outra parte não. Nada existia. Pois o treinamento ministrado pelos professores remunerados de argumentos contenciosos [os Sofistas] era semelhante ao tratamento do assunto por Górgias. Pois eles costumavam distribuir discursos para serem aprendidos

de cor [Peikoff: essa era a ideia deles de ensinar lógica.] ... Portanto, o ensino que davam aos seus alunos era pronto, mas difícil. Pois eles costumavam supor que treinavam as pessoas transmitindo-lhes não a arte, mas seus produtos, como se qualquer pessoa que professasse transmitir uma forma de conhecimento para evitar dores nos pés não devesse ensinar a um homem a arte de fabricar sapatos, ou as fontes de onde ele pode adquirir qualquer coisa desse tipo, mas deveriam presenteá-lo com vários tipos de sapatos de todos os tipos: pois ele o ajudou a atender às suas necessidades, mas não lhe transmitiu uma arte. No que diz respeito ao raciocínio, não tínhamos mais nada de data anterior para falar, mas fomos mantidos trabalhando por um longo tempo em pesquisas experimentais. Se, então, após a inspeção, vos parecer que, sendo a situação tal como existia no início, a nossa investigação está numa posição satisfatória em comparação com outras investigações que foram desenvolvidas pela tradição, deve permanecer para todos vós, ou para os nossos alunos a tarefa de nos estender o seu perdão pelas deficiências da investigação e pelas suas descobertas, os seus calorosos agradecimentos.[18]

Palestra V, Perguntas e Respostas

P: Você poderia entrar em mais detalhes em relação à visão de Aristóteles sobre o infinito com referência ao espaço e ao tempo?

R: Para começar, Aristóteles sustenta que o espaço e o tempo são ambos de natureza relacional. O espaço é uma relação entre entidades em lugares diferentes. Não é uma coisa, não é um gigantesco recipiente vazio, como sugeriu Platão. É simplesmente um nome para relacionamento que existe entre coisas em lugares diferentes. Portanto, o próprio universo não está rodeado de espaço, nem existe um "fora do universo", nem o universo tem um lugar. Aristóteles define "lugar" como "o limite mais interno de um recipiente". Por exemplo, aquela xícara está contida em um pequeno círculo imaginário na superfície da mesa, e esse é o seu lugar. **Como o universo não é contido por nenhuma entidade, ele não tem lugar — apenas existe. Os lugares e, portanto, os espaços, estão dentro do universo, e não o contrário. Portanto, como o universo é finito, qualquer espaço é necessariamente finito. Quanto ao tempo, já lhe dei a visão geral do tempo como uma relação, como a medida do movimento, o agora — o agora de uma entidade em movimento e, portanto, não pode haver tempo se não houver movimento.** Se fizermos neste momento a pergunta: "O universo como um todo está no tempo?" Aristóteles diria não e exatamente pela razão de que não está no espaço. **O tempo está no universo, mas o universo não está no** tempo. Para que o universo existisse no tempo, teria que haver um padrão de movimento *externo* ao universo como um todo, em relação ao qual você julga o universo e assim descobre sua duração. Mas não há nada externo ao universo, então a frase "externo ao universo" não tem sentido. Portanto, diz Aristóteles, não é verdade que o universo existiu por um período de tempo finito (o que implicaria a criação do nada), nem é verdade que o universo existiu por um período de tempo infinito (o que implicaria a criação da existência real do infinito, de um número infinito de segundos, o que ele nega, como eu disse) — o universo não está no período de tempo, finito ou infinito. **É eterno, o que tecnicamente significa "fora do tempo". As considerações de tempo são aplicáveis apenas às coisas dentro do universo.**

P: O Objetivismo sustenta que o homem é metafisicamente a forma mais elevada da existência?

R: Não, não conforme a pergunta está formulada. **O Objetivismo diz que não se deve fazer julgamentos de valor como parte da metafísica**, não da metafísica no sentido estrito de uma descrição da natureza do universo. Os valores pertencem à ética, portanto pertencem aos ramos avaliativos da filosofia. **Consideramos um erro Platônico básico (que Aristóteles partilhava até este ponto) atribuir juízos de valor intrinsecamente à realidade.** Defendemos que os valores são objetivos, não intrínsecos à realidade, ou seja, baseiam-se em fatos da realidade, mas pressupõem um determinado tipo de ser, e são concebidos para os propósitos desse ser. Se você fizer uma pergunta diferente — "O homem é a forma mais elevada da existência, dado um código de valores humano (um objetivo, mas humano)?" — então a resposta seria sim, ele é a forma mais elevada da existência pelos valores humanos. Mas então isso significa, dados os valores *humanos*, não do ponto de vista de Deus. Segundo esse mesmo princípio, se uma ostra estivesse em posição de fazer afirmações concorrentes, ela teria o direito de dizer que, do ponto de vista de uma ostra, uma ostra é a forma mais elevada de existência. O único aspecto em que se poderia dizer que o homem é superior a todos os outros seres vivos é que ele é o ser vivo mais eficaz. Nesse sentido, ele é o superior. Mas isso é usar um padrão *humano*, ou seja, "superior na arte da sobrevivência", e não é algo intrínseco à realidade. Não é como se Deus classificasse todo mundo, da ostra para cima ou para baixo.

P: Você poderia descrever brevemente e indicar o que deu origem à teoria da intuição intelectual de Aristóteles?

R: Posso certamente fazê-lo brevemente, dizendo que por "intuição intelectual" entende-se nada mais nada menos do que a visão de Aristóteles de que a

UMA REVOLUÇÃO: O NASCIMENTO DA RAZÃO (PARTE II)

faculdade conceitual tem o poder de apreender a verdade autoevidente quando a confronta. Quanto às razões para isso, eu as apresentei na última palestra.

P: É a falácia da "reafirmação através da negação" afirmar a premissa da primazia da consciência? Se não, como responder a um proponente desta doutrina de modo a apontar a sua falsidade?

R: Sim, é essa falácia. Todos os axiomas são estabelecidos em última análise — todos os axiomas filosóficos — pela técnica da reafirmação através da negação. Isto é, são estabelecidas principalmente pelo fato de serem autoevidentes. **Você não pode provar a ninguém a existência da existência, mas pode simplesmente apontar para a realidade e dizer: "Pronto, veja, isso é existência." Se ela disser: "Eu não vejo isso", você pode dizer: "Bem, em outras palavras, se nada existe, então você não existe, e sua negação não existe, e então você apaga a si mesmo. Você tem que pressupor que *alguma coisa* existe para dizer que *nada* existe."** Isso é verdade. Mas isso não é uma prova de que algo existe, porque é preciso assumir que algo existe para pronunciá-lo também. Você não pode ficar abaixo dos axiomas. Tudo que você pode fazer é apontar para eles. Então, se a pessoa tiver um traço de civilidade, ela verá que o fato é evidente e você poderá prosseguir. Caso contrário, você poderá deixá-la definir seu próprio status metafísico como inexistente e proceder de acordo.

P: O que você quer dizer com "pergunta inválida"?

R: É uma pergunta baseada em uma suposição injustificada. Suponha que eu lhe pergunte: "A que filme o universo está assistindo?" Você diria: "Bem, não há resposta e essa é uma pergunta inválida. O universo não pode assistir a um filme, porque isso implicaria que há algo fora do universo, e que o universo tem órgãos de percepção — ambos falsos. Essa suposição é, portanto, injustificada." Suponha que eu pergunte: "Quem criou o universo?" Isso pressupõe que algo ou alguém criou o universo, e a única questão é quem. Essa é uma pergunta injustificada, a menos que você consiga estabelecer que o universo foi criado; nesse caso, é apropriado perguntar: "Bem, quem fez isso então?" Mas só se você estabelecer isso.

P: Você disse que nenhum conceito de conhecimento utilitário era possível antes da Revolução Industrial. Você acredita que não houve abordagem equivalente ou parcial da Revolução Industrial anterior ao final do século XVIII ou início do século XIX em outras culturas?

R: Em primeiro lugar, você expressa minha opinião de maneira um tanto imprecisa. **Não acredito que o conhecimento estivesse totalmente divorciado dos** propósitos utilitários. **Aristóteles tem de fato a razão prática, que é especificamente a razão utilitarista. Eu disse que eles não entendiam como a ciência, a filosofia abstrata e a matemática estavam relacionadas com a vida.** Principalmente, o conhecimento de física, matemática, biologia, psicologia. Eles não conseguiam compreender isso antes da Revolução Industrial. Acredito que não houve equivalente à Revolução Industrial? Se você quer dizer com "equivalente" que nos primeiros tempos os homens usavam o conhecimento, eles o usavam para fazer descobertas em um determinado nível. Mas se você quer dizer que eles criaram o tipo de cultura que tornou flagrante e acessível a todos o papel imperativo da mente na sustentação real da existência humana, na sustentação da vida física real do homem, então, nesse sentido, foi apenas a Revolução Industrial que tornou isso possível. O que Aristóteles, por sua vez, tornou possível ao tornar possível a ciência moderna, por tornar possível o Renascimento. Desse ponto de vista, Aristóteles criou as circunstâncias que finalmente corrigiram a sua própria doutrina.

P: Quando se sustenta que a mente "absorve" a forma do objeto, isso não deixa o objeto sem forma, apenas matéria?

R: Não, isso é apenas metafórico — você não absorve literalmente na forma. Você absorve um *equivalente* da forma, ou seja, você tem a mesma forma *em espécie* em sua mente, mas não a mesma forma numérica literal, uma vez que a forma real permanece lá fora.

P: Por favor, dê a opinião de Aristóteles sobre a amizade.

R: Vou lhe dar apenas um breve resumo. A amizade, na visão grega, era qualquer atração ou relação mútua entre dois seres humanos, e era mais ampla do que o nosso uso atual. Na *Ética a Nicômaco*, Aristóteles define três tipos de amizade. Um, as amizades de utilidade. Isso é o que chamaríamos de relações comerciais, relações comerciais. Nesse caso, existem certas vantagens práticas que você deseja da outra pessoa e que ela deseja de você. Você não ama a pessoa por si mesma, mas deseja certas vantagens em seu relacionamento. Esse é o tipo mais baixo de amizade. É perfeitamente respeitável, mas não é muito.

Depois vem o que ele chama de amizades de prazer, o que chamaríamos de relacionamento social, no sentido de que você se deleita com o prazer social que obtém dessa pessoa em particular. Ela é alegre, divertida, espirituosa, engraçada, agradável de ir ao cinema, tem uma personalidade brilhante etc. Nesse ponto você se diverte com seu amigo, mas ainda não ama a pessoa por si mesma, mas por diversão. Este é essencialmente o tipo de relacionamento que as crianças têm quando têm amigos, ou que os adultos ainda não totalmente formados têm. Este tipo de amizade, diz Aristóteles, é comparativamente facilmente dissolvido se e quando, de fato (condensando), a pessoa fica sem piadas. Ele não diz isso, mas essa é a ideia.

Depois, há, finalmente, as *amizades dos bons*. Nesse caso, você ama a pessoa por ela mesma, pelo caráter dela, pelos valores que ela representa. Ela representa todas as coisas que você considera boas, e você a admira, e se ajudam mutuamente a viver uma vida boa. Sublinho que Aristóteles não era um Kantiano — ele não pensava que obter vantagens práticas de tal amizade a corrompesse, nem pensava que obter prazer de tal amizade a corrompesse. Ele não é um Kantiano que pensa que para ser um verdadeiro amigo você deve ser completamente altruísta e não tirar nada de prático ou prazeroso disso: há utilidade e há prazer nesse tipo de amizade. Mas a essência disso — e é o tipo de amizade extremamente importante — é a admiração moral mútua em um nível profundo entre dois seres humanos que são moralmente iguais. Aristóteles tira muitas conclusões fascinantes, fascinantes (à luz do Cristianismo que está por vir) em virtude de sua oposição diametral. É quase como se ele tivesse lido o Sermão da Montanha e se esforçasse para dizer o que pensava dele. Por exemplo, ele enfatiza que não se pode esperar ter muitos amigos assim, ou seja, não se pode dizer: "Eu amo a todos, sou amigo da humanidade como um todo." Você deve ter padrões, deve conhecer a pessoa intimamente, não ama o próximo como tal. Amizade ou amor é uma resposta aos valores e virtudes do indivíduo. E, diz ele, isso implica uma certa igualdade entre os dois. Um superior não pode sentir amizade por um inferior e vice-versa. Você deve mais aos seus amigos do que a estranhos (exatamente o oposto da visão de que você deveria amar especialmente seus inimigos).

Há um certo tipo de Cristão moderno chamado utilitarista, que diz que a maneira correta de agir é para a maior felicidade do maior número, então se você enxergar (e este é o exemplo típico que os utilitaristas dão) um prédio em chamas à sua esquerda, com dois estranhos nele, e um prédio em chamas à sua direita, com sua esposa dentro, você deve salvar os dois estranhos porque há o dobro de pessoas do que no outro. Aristóteles rejeitaria isso enfaticamente. Você deveria salvar seu amigo porque você deve mais a ele, ele é mais importante para você racionalmente do que os dois estranhos. E, diz ele, como você ama o homem *porque* ele é bom, se e quando ele se tornar mau, você dissolve a amizade. Você não perdoa de nenhuma maneira Cristã abrangente. Não é "Não julgue para não ser julgado", é "Julgue e esteja preparado para ser julgado", e se uma pessoa ou outra falhar, então a base do relacionamento desaparece.

Aristóteles continua perguntando se você pode ser amigável consigo mesmo nesse sentido. Ele diz que sim, se você for um bom homem. Ele diz que amigo é aquele que admira uma pessoa pelo seu caráter, que deseja tudo o que é para o bem-estar dessa pessoa, para o bem dessa pessoa, que vive com essa pessoa, que tem os mesmos gostos e as mesmas aversões, que sofre e se alegra junto com a pessoa. Tudo isso, diz Aristóteles, é mais verdadeiro no que diz respeito ao relacionamento do homem bom consigo mesmo. Ele se admira (você se lembra do homem de grande alma), trabalha para seu próprio bem-estar, sua própria felicidade, e tem os mesmos gostos e desgostos que ele (e aí ele pretende se contrastar com os vilões inconsistentes que fazem alguma coisa e sentem-se culpados por isso, ou desejam algo e sentem medo disso etc. — que são inconsistentes consigo mesmos). Quando este tipo de homem, portanto, tem amizade completa consigo mesmo (o que é outra forma de dizer que ele se considera o valor supremo), quando faz algo por um amigo, não é um sacrifício. Ele é egoísta porque ainda está obtendo o maior benefício para si mesmo — ele está defendendo seus valores, fazendo o bem, sendo racional, e isso é para sua própria felicidade final. A amizade, conclui ele, é baseada no amor-próprio, e você não pode admirar a bondade nos outros a menos que ela esteja presente em você mesmo, e se estiver presente em você mesmo, a primeira pessoa que você deve admirar é você mesmo. Portanto, esta é uma breve amostra do que é, em essência, uma doutrina excelente.

P: Existe alguma razão, ou algum aspecto, em que o Objetivismo discordaria de que o meio para alcançar a felicidade é atualizar as potencialidades distintivas de alguém?

R: Se você quer dizer com isso: "O Objetivismo discordaria de que o meio para alcançar a felicidade é viver pela razão?" então certamente não. O Objetivismo sustenta que a razão é o meio para a felicidade. Contudo, o Objetivismo não defende a razão simplesmente porque ela é distinta do homem. Aristóteles justifica a vida da razão essencialmente com base teleológica de que a razão é o esforço distintivo do homem, e à defesa da vida da razão feita por Aristóteles, a objeção é: bem, por que é que o fato de algo ser distintivo do homem, por si só, é um argumento para viver dessa maneira? Um filósofo muito superficial, cujo nome não mencionarei, uma vez me disse: "E se a característica distintiva do homem fosse um nariz comprido? Seguir-se-ia, então, que você deveria enfatizar a vida do nariz comprido só porque isso é distintivo?" Isso nem sequer é justo para Aristóteles, porque ele explicou, dada a sua metafísica, porque o distintivo era o que conta. Mas, de qualquer forma, de certa forma, esse tipo de objeção está aberto se rejeitamos a teleologia de Aristóteles. O Objetivismo diz que você deve viver pela razão porque a razão é um meio necessário para sustentar a vida e, portanto, para alcançar a felicidade. Mas o meio-termo crucial é o papel da razão na sustentação da vida: a razão é totalmente prática e não contemplativa naquele sentido desencarnado e sobrenatural. Essa é uma discordância básica com Aristóteles.

P: Você diz que Aristóteles foi o primeiro empirista influente no mundo ocidental. Isso significa que houve um antes dele?

R: Sim, de certa forma, os Sofistas são empiristas. Eles não acreditam em ideias inatas. Eles acreditam que tudo começa com a experiência. Acontece, porém, que eles acreditam que tudo *termina* também com a experiência, e que a experiência não lhes dá conhecimento. Então, eles são empiristas céticos, e foi exatamente nisso que David Hume mais tarde transformou todos os empiristas, e é isso que todos eles são hoje (com raras exceções).

P: Seria possível hoje um gênio universal como Aristóteles?

R: Não. Há muita coisa conhecida para que alguém seja capaz de abranger tudo hoje, e de fazer um trabalho original significativo em todos os campos, inclusive em todas as ciências especiais. Uma pessoa morreria antes desse tempo. A Renascença foi o último período em que os gênios universais foram possíveis. Mas você não precisa ficar desanimado — contente-se em ser um gênio em uma área. É muito difícil de fazer.

P: Qual é a visão objetivista da distinção de Aristóteles entre essências e qualidades, deixando de lado o fato de que Aristóteles considerava as essências intrínsecas e não subjetivas?

R: Se você deixar isso, e tudo o que isso implica, de lado, então o Objetivismo o subscreve. Distinguimos entre a essência e as consequências da essência. Quando, por exemplo, a Sra. Rand diz que é errado definir "capitalismo" como "o sistema que leva à maior felicidade para o maior número" — mesmo que isso aconteça — isso se baseia na ideia Aristotélica de que a essência é o fundamental, e as qualidades são suas consequências, e que é uma catástrofe epistemologicamente confundir os dois. Nesse sentido, o Objetivismo o subscreve. Mas as essências como intrínsecas (ligadas à sua ideia de que os universais são estruturas formais inerentes às coisas) são o cerne do aspecto metafísico dessa doutrina, e com isso, como indiquei, o Objetivismo discorda.

P: Quando você diz que nenhum homem é metafisicamente superior, você descarta a ideia de inteligência superior inata?

R: Não, não descarto, estou feliz que você me dê a chance de esclarecer isso. Quero dizer com "iguais metafísicos", a visão de que todos os homens (deixemos de lado aqui, porque não é relevante, homens realmente deformados) — o Objetivismo sustenta (e isso não é de forma alguma característico do Objetivismo) que todos os homens são metafisicamente iguais no seguinte respeito: não que sejam iguais em inteligência (pode haver ou não diferenças em inteligência, mas isso não foi estabelecido), não que sejam iguais em atributos físicos, não que sejam necessariamente iguais em caráter moral (Deus sabe que haverá enormes diferenças), mas serão iguais num aspecto crucial, nomeadamente, são todos membros da mesma espécie, têm os mesmos atributos definidores e todas as propriedades que isso implica. Portanto, o mesmo código moral é aplicável a todos eles. Portanto, todos eles têm oportunidades iguais ao nascer de alcançar a perfeição moral. Se alguém não o fizer, é uma falha voluntária, não uma deficiência congênita com a qual nasceu. Isto é tudo o que significa dizer que os homens são metafisicamente iguais. Isso não significa que eles tenham inteligência igual. A inteligência não é um pré-requisito da moralidade (isto é, uma inteligência elevada não o é). O pleno uso de sua inteligência é necessário para ser moralmente perfeito. Mas o pleno uso da sua inteligência é possível, mesmo que o seu nível de inteligência seja modesto.

P: Aristóteles considera a posse da autoconsciência essencial ou uma característica definidora da consciência?

R: Não, não que eu saiba. *Não* é uma característica definidora da consciência, porque existem criaturas no nível perceptivo que são conscientes, mas não demonstram qualquer autoconsciência. A autoconsciência é uma característica distintiva de uma consciência *conceitual*, que é capaz de se voltar e distinguir de outras coisas e formar a ideia de si mesma em relação a outras coisas e, portanto, é um atributo do nível conceitual. Aristóteles certamente acreditava que os seres humanos possuem essa faculdade. Ele atribuiu isso ao que chamou de "senso comum", que era o poder geral da consciência, que poderia girar sobre si mesmo. Ele próprio, até onde eu sei, atribuiu isso incorretamente ao nível perceptual de consciência. Mas não sei se ele diz em algum lugar que esse é um elemento essencial da consciência.

P: É um vício, segundo Aristóteles, acreditar em algo tão fortemente que exclui tudo o que possa ser contrário a ele?

R: Não. Ele não fez essa aplicação da doutrina da moderação. Em questões intelectuais, ele achava que você deveria acreditar forte, firmemente e como absoluto, naquilo que considera verdadeiro. Ele tinha convicções apaixonadas de que estava disposto a defender. A doutrina da moderação foi aplicada especificamente a questões emocionais.

P: Você poderia analisar por que é inválido procurar um princípio de individuação?

R: Veja desta forma: o princípio que você considera individual ou não? Se o princípio que você encontra é individual, então você está preparado para considerar sua individualidade como algo primário ou não? Se o fizer, então você já aceitou a individualidade como um fato inerente à existência, abaixo do qual você não conseguirá chegar. Do contrário, você entrou em uma regressão infinita de descoberta, de individuação do individuador do individuador etc. Há certos fatos que você não pode entender, e um dos legados do Platonismo em Aristóteles é a tentativa de chegar abaixo do que está abaixo do intangível.

P: O conceito de razão ativa de Aristóteles, como uma centelha impessoal, foi introduzido para evitar a acusação de que um motivo pessoal controlando o intelecto tornaria toda a cognição tendenciosa?

R: Pode ter sido. Não há nada nas obras sobreviventes que justifique ou contradiga isso. Tanto quanto podemos dizer, era explicitamente uma visão da sua parte derivada das quatro causas.

P: Aristóteles distinguiu por si mesmo entre epistemologia e metafísica?

R: Não, esses são termos posteriores. Aristóteles usou "analítica" para se referir ao que hoje chamamos de "epistemologia". Ele nem sequer tinha a palavra "lógica", pelo que me lembro. *Organon* foi o nome dado às suas obras lógicas, que era o *instrumento* do conhecimento. Portanto, "epistemologia" é um termo muito posterior. Da mesma forma, ele não tinha a palavra "metafísica". Ele a chamou de "filosofia primeira". Foi um termo posterior — acredito, do século II d.C. Veio, se bem me lembro, de Andrônico de Rodes, que estava compilando as obras de Aristóteles muitos séculos depois, e ele não sabia muito sobre filosofia, e encontrou os escritos de Aristóteles sobre o que chamamos de "metafísica" logo depois de ter compilado os escritos sobre física, e ele não sabia como chamá-los, pois não havia nome para isso, então ele o chamou em grego de "as coisas que encontrei depois da física", e daí surgiu a metafísica. Mas se ele os tivesse encontrado antes da astronomia, nós o chamaríamos de "pré-astronomia".

P: Por que a mente é potencialidade no homem e, ainda assim, a autoconsciência perfeita do Motor Imóvel (em outras palavras, sua mente) é pura realidade? Isso não é inconsistente?

R: Aristóteles diria que não, porque estas mentes funcionam de forma totalmente diferente, porque os seus modos de pensamento são diferentes. A mente humana passa da potencialidade para a atualidade — ela pensa num processo em movimento — enquanto Deus contempla estaticamente, e assim o seu método mental é radicalmente diferente do homem. Portanto, não é uma contradição dizer que a mente, num caso, é potencialidade, e a mente, no outro caso, é atualidade. Mas há um ponto adicional — a mente também tem um elemento de atualidade — a mente *humana*, para Aristóteles — que é a chamada *razão ativa*, que nesse aspecto é semelhante à mente de Deus. Aristóteles a descreve como pura atualidade, aquela centelha impessoal que opera nossas mentes. Desse ponto de vista, há um paralelo definido entre a mente humana e a mente divina, e muitos dos medievais construíram (injustificadamente) a razão ativa como meramente Deus em seu disfarce de influenciador do pensamento do homem, o que não está em Aristóteles. Um último ponto sobre a razão ativa: alguém perguntou: "O motivo de Aristóteles, em alguma parte, ao postular a razão ativa, foi preservar a objetividade do pensamento humano, dizendo que não somos guiados em nosso pensamento por paixões secretas freudianas ou marxistas, mas pela dedicação impessoal à verdade?" Eu não enfatizei isso. No texto tal como chegou até nós, não há tal ênfase, mas ao examinar esse ponto, vejo que é uma interpretação comum de Aristóteles. Não posso dizer em que se baseia, mas certamente seria compatível com a sua visão, e isso pode muito bem ter sido parte da sua motivação, embora eu não pense que a doutrina da razão ativa tal como se resume a nós seja a melhor maneira de defender a objetividade da mente.

P: Aristóteles teve algum efeito significativo nos vários séculos imediatamente após a sua morte?

R: Efeito significativo, no sentido que *eu* significaria "significativo", não. Várias de suas doutrinas individuais foram significativas, sua escola continuou, e ele teve alguns seguidores muito inteligentes (Teofrasto, em particular), mas nenhum efeito real de sua abordagem geral distintiva.

P: Você poderia explicar por que Aristóteles não teve nenhum impacto na cultura grega, que era muito racional, e como é que ele teve um impacto tão tremendo na cultura medieval que é dramaticamente menos racional?

R: Não tenho certeza se tenho uma resposta. Posso apenas dizer que o mundo grego já estava em colapso na época em que Aristóteles entrou em cena. A cidade-estado, que era o centro da civilização, estava morrendo. Então, já era tarde demais. Isso é o melhor que posso dizer de cara. Quanto ao período medieval, quando chegaram a Aristóteles, ele era um tesouro, o que não era no mundo grego. No mundo grego, eles tinham mil filosofias e centenas de anos de filosofias. Alguns deles apreciavam Aristóteles e outros não, mas ele não era uma revelação. Neste árido mundo medieval, Aristóteles impressionou apenas alguns (Tomás de Aquino, Alberto Magno, apenas um ou dois) como um tesouro fantástico, o que ele era. Em certo sentido, ele se destacou com maior relevo no mundo medieval do que no mundo grego. Mas você teria que dar o crédito a estes poucos homens.

Certamente não foi a corrente principal da filosofia medieval que o aceitou. A maioria explodiu com a ideia. Se você me perguntar: "Se não tivesse existido Tomás de Aquino, o que teria acontecido?" Não sei. O que teria acontecido se não houvesse Aristóteles? Tomás de Aquino é uma figura vital e crucial na história do Ocidente. Se não tivesse existido Tomás de Aquino, pelo que sei, ainda estaríamos em algum equivalente da Idade das Trevas ou do início da Idade Média. Mesmo assim, durou seiscentos anos, por que não deveria durar mil e duzentos? Portanto, você deve sua existência a Tomás de Aquino tanto quanto a Aristóteles, embora mais a Aristóteles, porque sem ele Tomás de Aquino não poderia ter existido. Mas, veja você, é preciso apenas um homem. Isso é tudo o que é preciso em cada época, e foi sem meios modernos de comunicação. Tomás de Aquino não podia ir à televisão e transmitir. Ele não conseguia nem escrever nos jornais. No entanto, cem anos após a sua morte, esse foi o fim do período medieval. Se você pôde fazer tanto naquele período com base em tal ignorância em cem anos, pense no que você poderia fazer em cinquenta — se os tivéssemos — hoje.

P: Você afirmou que uma filosofia não tem esperança de se tornar popular se tiver uma ética fraca. Por que então a filosofia de Kant, em oposição à de Aristóteles, teve a maior influência nos movimentos subsequentes? A ética de Aristóteles não é mais praticável e mais atraente para o homem comum?

R: Uma pergunta perfeitamente boa, mas você não me interpreta totalmente corretamente. Para começar, a ética de Kant tem certos atributos que a de Aristóteles não tem: é implacavelmente consistente e, portanto, tem a força de consistência absoluta de um tipo que ninguém mais tem, e que inclui a de Aristóteles, com sua mistura de elementos Platônicos e elementos Aristotélicos. Isso é uma grande vantagem para uma ética. Nada é mais crucial na moralidade do que a paixão que vem da consistência absoluta e implacável. Kant não esconde isso. Aristóteles não está na defensiva filosoficamente, mas não é muito entusiasmado com a ética, pois esse não é o seu forte. Ele não é preeminentemente um moralista. Portanto, falta à sua ética uma espécie de fogo, ou paixão, que surge apenas ocasionalmente, como na sua descrição do Homem Magnânimo. Em segundo lugar, a ética de Kant, por mais viciosa que seja, é universalmente praticável, isto é, ninguém pode praticá-la, mas noutro sentido, não foi concebida para nenhuma classe especial de homens. Todos podem destruir sua vida igualmente, se quiserem tentar. A de Aristóteles é definitivamente aristocrática, se a considerarmos como um todo, devido à ênfase na contemplação como um fim em si mesma, e pressupõe riqueza e alta inteligência etc. Portanto, necessariamente, pareceria irrelevante para a grande massa de pessoas.

Em terceiro lugar, de forma muito crucial — isto é talvez o mais importante, de certa forma tornando os dois pontos anteriores insignificantes — Kant lucrou com milênios de Cristianismo, mil e oitocentos anos de um contexto Cristão poderosamente estabelecido que era dado como certo, e ele simplesmente conduziu pessoas contra a parede dado esse contexto. Aristóteles deu os primeiros passos numa direção totalmente nova, sem qualquer ancestral ou contexto. Ele tinha antes de si apenas Platão ou os Sofistas. Você tem que entender este ponto: é muito, muito mais fácil para alguém hoje ser receptivo a uma filosofia que prega a razão do que seria se as mesmas pessoas com a mesma honestidade e a mesma inteligência existissem no século   a.C., porque pelo menos naquele período do conhecimento humano ser guiado pela razão era uma completa incógnita. Não havia teorias para dizer em que isso consistiria ou o que significaria na prática. Para viver declarada e conscientemente por uma filosofia da razão e saber o que isso significaria, você teria que ser um filósofo independente de primeira linha. Não seria possível ao homem decente da rua fazer isso. Ele não teria como descobrir todas as implicações e aplicações, nem como fazê-lo, nem como resolver todos esses intermináveis problemas. Foi só depois de séculos e séculos que adquirimos os rudimentos — e mesmo aí, a humanidade ainda hoje se encontra num deserto moral — mas agora temos depois de Aristóteles, da Revolução Industrial, da ciência moderna, do nascimento dos Estados Unidos da América e o desenvolvimento da linguagem etc., temos algumas diretrizes, e mesmo essas se mostraram insuficientes, pois, como vocês sabem, estamos em vias de perdê-las. Essa é a necessidade crucial do Objetivismo e da ética Objetivista. Mas você não pode perguntar: "Por que as pessoas da época de Aristóteles não o endossaram, porque afinal ele era melhor que o resto?" É simplesmente anacrônico historicamente. Isso não poderia ter acontecido. Não creio que isso pudesse ter acontecido mesmo que Aristóteles tivesse uma filosofia completamente consistente. Teria levado séculos e séculos para absorver tal revolução. Mas do jeito que estava, ele tinha uma filosofia inconsistente, e isso piorou as coisas. Mas concluirei esta resposta dando um ponto a Aristóteles, que é o seguinte: há um sentido em que Aristóteles sempre *venceu* na história humana — na medida em que as pessoas agem ou funcionam, elas *funcionam* numa base Aristotélica, na medida em que realizam qualquer coisa de valor. Nesse sentido crucial, o homem comum segue Aristóteles, mas não conhece Aristóteles e não sabe que não se pode combinar a *Ética a Nicômaco* e o Sermão da Montanha. Nesse mesmo sentido, ninguém pode viver de acordo com Kant — tudo o que podem fazer é destruir a si mesmos e à sociedade no processo. Isso é tudo o que quero dizer sobre essa questão.

UMA REVOLUÇÃO: O NASCIMENTO DA RAZÃO (PARTE II)

P: Por que Aristóteles não se popularizou como todos os outros (Estoicismo, Ceticismo, etc.]?

R: Essa pergunta me fazem o tempo todo. A única coisa que posso dizer é o que disse essencialmente até agora, a saber, que o efeito de uma filosofia é determinado pela sua ética. Se a sua ética for deficiente, isso será um golpe mortal na possibilidade de guiar os homens em geral. A ética de Aristóteles é deficiente, sendo marcada pelo Platonismo. Você deve entender uma coisa: tudo o que lhe apresentei sobre Aristóteles está correto, ou seja, não distorci nem o tornei melhor do que é. Mas vou lhe dizer uma coisa com toda a franqueza, se for de alguma ajuda para você neste contexto. Quando li Aristóteles pela primeira vez, não apreciei o seu valor. Eu não conseguia entender por que Ayn Rand admirava tanto Aristóteles. Digo em minha defesa que era adolescente e não sabia muita coisa. Mas não consegui entender. Ele disse algumas coisas boas, mas disse tantas coisas erradas que eu não conseguia entender. Em outras palavras, antes de ser Objetivista, eu não era capaz de apreciar Aristóteles. Penso que, em grande medida, isto se aplica à humanidade como um todo. Só podemos compreender os verdadeiros valores de Aristóteles, dada a natureza dos manuscritos que temos e a mistura como ele os apresenta, quando vemos as doutrinas distintivas apresentadas puras, como parte de toda uma filosofia integrada, incluindo, acima de tudo, uma ética e política integradas. Mas isso é uma retrospectiva. Para as pessoas da época, Aristóteles não parecia uma antecipação de Ayn Rand. Eles o viam como um filósofo de uma elite filosófica, escrevendo sobre uma cidade-estado que havia passado para a história, e a questão era o que fazer aqui e agora. Não digo que isso seja uma explicação completa. Não se pode ignorar o fato de que, por mais primitiva e ignorante que fosse a época, ali estava um gênio que foi ignorado, e deve haver alguma desonestidade por parte de algumas pessoas para explicar isso plenamente. Mas essa é uma área em que não me interessa entrar como filósofo.

---

15 A dissertação de Gotthelf foi publicada na edição de dezembro de 1976 da *The Review of Metaphysics* e novamente (com um "Pós-escrito de 1986") em Gotthelf e James G. Lennox, eds., *Philosophic Issues in Aristotle's Biology* (Cambridge University Press, 1986).
16 Este curso de doze palestras foi inaugurado na cidade de Nova York em 14 de setembro de 1974.
17 Livro Nove, da tradução de W.D. Ross.
18 Extraído de *Sobre Refutações Sofísticas*, Parte 34, de Aristóteles, tradução de Richard McKeon.

PALESTRA VI

A FILOSOFIA PERDE A CONFIANÇA

Na última palestra, completamos nosso esboço do ponto alto da filosofia grega — a filosofia de Aristóteles. Segundo Aristóteles, o homem vive num mundo totalmente real e cientificamente inteligível. Sua mente é competente para obter conhecimento objetivo deste mundo, da realidade, pelo uso da razão e da lógica, com base na evidência dos sentidos. A vida boa é a *Eudaimonia*, a felicidade, e ela é alcançável aqui na terra, e a coroa das virtudes humanas é o orgulho, que está corporificado no homem de grande alma, expressando a confiança do homem em si mesmo e na sua capacidade de lidar com a realidade.

Mas se você sabe alguma coisa sobre o desenvolvimento subsequente da filosofia, sabe que esta abordagem Aristotélica da filosofia não perdurou no mundo antigo. **Cerca de quinhentos ou seiscentos anos depois de Aristóteles, o Cristianismo começou a tornar-se dominante e pregava exatamente o oposto de todos esses princípios Aristotélicos. Pregava que o homem vive num mundo de sombras ininteligível e semirreal, em contraste com a realidade e perfeição de Deus, que o conhecimento depende da fé e da revelação, que a vida na terra é um vale de lágrimas em preparação para um destino sobrenatural após a morte, e que a humildade é a autoestima adequada do homem. Esta série de princípios juntos pavimentou o caminho para aquela longa noite da humanidade que hoje chamamos de Idade das Trevas e Idade Média.**

A questão é: como? Por quais passos a filosofia passou do auge de Aristóteles às profundezas do Cristianismo? Foi durante esses quinhentos ou seiscentos anos entre Aristóteles e o surgimento do Cristianismo como ponto de vista dominante que o homem caiu de joelhos, para permanecer lá por mais de mil anos. Por que e como? Assim, o nosso tema: a transição da confiança racional grega para a auto-humilhação mística Cristã.

Este período de transição é conhecido como *Helenístico*, ou por vezes *pós--Aristotélico*, e compreende quatro principais escolas pagãs não Cristãs que queremos examinar: os **Epicuristas, os Estoicos, os Céticos e os Neoplatonistas. Se você quiser dar um título a esta palestra, chame-a de "A longa e prolongada morte da antiga filosofia pagã". Só para constar, devo dizer que o material que abordaremos é, relativamente falando, muito menos importante do que abordamos no curso até agora. Alguns pontos individuais dessas diversas filosofias foram muito influentes e sobrevivem até hoje, portanto vale a pena cobrir o período. É absolutamente necessário saber disso se quisermos compreender a ascensão do Cristianismo. Mas, na sua essência, as filosofias deste período não são originais. São derivados de escolas anteriores, e os pensadores destes séculos são, sem exceção, mentes de segunda categoria. É por isso que, tendo dedicado cinco palestras ao período de Tales a Aristóteles (um período de duzentos e cinquenta anos), podemos agora cobrir numa noite quatro escolas que se estendem por cerca de seiscentos anos. Mas se você acha que isso é alguma coisa, espere até a próxima palestra, quando cobriremos mais de mil anos em uma noite. Há muita coisa que você poderia dizer, mas nada disso é crucial, então estou adotando o procedimento de que há tal e tal ponto aqui que poderia ser feito, e se você estiver interessado, você pode usar o período de perguntas para perguntar-me.

Em geral, a principal preocupação da maioria dos filósofos pós-Aristotélicos era o domínio da ética, a questão de como viver. Em parte, houve razões políticas práticas para isso. O mundo grego durante todo este período foi perdendo progressivamente a sua autonomia e domínio. Houve uma série de guerras e convulsões políticas, a velha e estável ordem cidade-estado grega estava a desaparecer no século II a.C., e a Grécia tinha perdido a sua autonomia e tornou-se apenas uma província de Roma. Nesta situação, os gregos sentiram que viviam num mundo caótico, onde já não eram donos do seu destino, já não controlavam o mundo que os rodeava. Não é exagero pensar nisso como algo da ordem da atmosfera da Inglaterra de hoje, em contraste com o século XIX: medo, ansiedade e insegurança caracterizaram progressivamente todo o período. Os filósofos estavam a abordar a questão de como alcançar a paz de espírito num mundo conturbado e inseguro, como ser salvos de todos os males e incertezas da vida tal como a viam, e como alcançar a salvação. A maioria destas filosofias pós-Aristotélicas são chamadas de "filosofias de salvação", porque o seu objetivo básico é dizer ao indivíduo como alcançar a salvação — por outras palavras, tranquilidade interior e paz no meio do caos de um mundo em dissolução. Há, portanto, um traço de malevolência subjacente a toda filosofia pós-Aristotélica. **O objetivo não é como alcançar uma vida plena em um universo racional, mas sim, como escapar de ser gravemente ferido em um universo caótico e até hostil.**

EPICURO

Contra esse pano de fundo, olhemos para Epicuro (342-270 a.C.) e para o seu discípulo mais famoso em Roma, Lucrécio, cujo famoso *poema De rerum natura (Sobre a Natureza das Coisas)* é uma expressão poética da filosofia de Epicuro. (Lucrécio é do século I a.C.) O objetivo de Epicuro, como o da maioria dos filósofos desse período, era alcançar a felicidade conforme ele a interpretou para o indivíduo. Ele pensava que havia dois medos principais que impediam o homem de alcançar a felicidade: o medo dos deuses (ou, em geral, os medos inculcados pela religião) e o medo da morte. Segundo Epicuro, os deuses nos são apresentados pelos religiosos como criaturas inconstantes, com poder de interferir na vida humana, de infligir favores ou punições por seu decreto arbitrário. Como alguém poderia ter qualquer sensação de segurança se você acredita em algo assim, se você acredita que está à mercê dos decretos arbitrários desses seres supostamente divinos? Como você nunca sabe o que vem a seguir, você necessariamente se sentirá ansioso e desamparado.

Quanto ao segundo medo principal, o medo da morte, ele disse que as pessoas temem porque lhes dizem que quando você morre sua alma vai para uma realidade desconhecida; a retribuição é imposta a você por algum padrão desconhecido. Na verdade, você é entregue a alguma dimensão inconcebível governada por poderes arbitrários. Temos que combater esses dois medos. Como? Precisamos de uma base filosófica apropriada para torná-los injustificados. Com base nisso, Epicuro olha para os sistemas filosóficos do passado e seleciona aquele que acredita ser mais adequado às conclusões éticas que deseja alcançar. Você vê o procedimento dele aqui: ele não origina um sistema de metafísica nem olha a realidade de forma independente. Em vez disso, ele olha para trás e seleciona o que considera mais conveniente para seus propósitos, dentre o que já foi formulado. Como tal, ele é um filósofo de segunda categoria (para ser generoso). Isso é verdade para todo o período pós-Aristotélico: o interesse independente pelas principais questões filosóficas, pela metafísica e pela epistemologia, desapareceu em grande parte. A era da verdadeira originalidade já passou e, a partir de então, eles tomaram emprestado dos seus antecessores e mexeram, fazendo pequenas modificações, no âmbito de sistemas e abordagens já estabelecidos.

Epicuro decidiu que o melhor sistema para seus propósitos era o Atomismo de Demócrito. Você se lembra dos pequenos objetos não cortáveis, os átomos, movendo-se através do vazio, estritamente de acordo com leis mecanicistas, funcionando como pequenas bolas de bilhar, e, nesta teoria, tudo é apenas uma combinação de átomos constantemente misturando-se e separando-se em diferentes combinações. A alma é feita de átomos, de átomos da alma, que são perfeitamente físicos, mas são átomos muito redondos, lisos e finos (teoricamente, você poderia ter um punhado de alma).

Esta metafísica livra-se dos dois medos. Os deuses são obviamente supérfluos. Epicuro ainda aceitava a existência de deuses, aparentemente porque eles apareciam às pessoas em sonhos, e ele não sabia como explicar isso se não houvesse deuses. Mas ele sustentava que os deuses são feitos apenas de átomos. Eles não têm poder para interferir nos seres humanos, pois eles também são apenas coleções atômicas. Ele pensava neles como uma espécie de raça glorificada vivendo em reclusão em algum lugar, sem capacidade ou desejo de influenciar ou afetar a vida humana. **Por razões práticas, portanto, o Epicurismo é uma abordagem ateísta da filosofia (como teria de ser o caso de qualquer materialista), embora, como disse, ele acreditasse nos deuses no sentido que acabei de mencionar.**

No que diz respeito à morte, não existe imortalidade na metafísica atomista. Você nada mais é do que uma certa combinação de átomos da alma e do corpo. Sua consciência, sua identidade pessoal, seu senso de "você" dependem de uma estrutura complexa de átomos da alma tremendo em uma estrutura complexa de átomos do corpo. A morte é a dissolução dessas estruturas. Os átomos flutuam em novas combinações. Você se desintegrou e não existe mais "você". Portanto, não há imortalidade, então, a morte não é nada a temer. Epicuro expressou este ponto particular numa forma famosa que não depende do seu Atomismo como tal. Ele colocou desta forma (esta não é uma citação exata, mas a essência de sua ideia): "Onde está a morte, você não está, e onde você está, a morte não está."[19]

A morte, portanto, disse ele, não diz respeito nem aos vivos nem aos mortos. Não diz respeito aos vivos, porque estão vivos, e não diz respeito aos mortos porque não estão. Consequentemente, o medo da morte é vazio. Quando chega, por esse fato, você se foi. Portanto, você nunca conhecerá nada além da vida, e não faz sentido temer um estado que você nunca conhecerá. Chega de medo da morte. Observo de passagem que este é um argumento perfeitamente válido e irresponsível, e é amplamente suficiente para responder aos Existencialistas de hoje, que vagam por aí gemendo neuroticamente sobre a morte como a ameaça metafísica catastrófica que paira sobre a vida humana e torna tudo sem sentido e absurdo. Eles nem sequer tentaram responder a Epicuro sobre este ponto.

O atomismo, portanto, diz Epicuro, alivia-nos dos nossos dois principais medos. Mas traz à tona um novo problema e um novo medo, nomeadamente, o Determinismo. Elimina o medo dos deuses — já não somos peões dos deuses — mas, diz Epicuro, seremos agora peões das leis da mecânica? Seremos agora robôs passivos sem livre-arbítrio, reagindo às leis inexoráveis da física sem qualquer controle sobre nossos próprios destinos? Será que escapamos de uma tirania, a tirania dos deuses, apenas para abraçar uma tirania igual, a tirania da mecânica? Devemos, diz Epicuro, encontrar um lugar para o livre-arbítrio no quadro de uma filosofia materialista e atomística. Como vamos fazer isso, já que não existe mente separada dos átomos que seja capaz de fazer escolhas? Como você pode ter livre-arbítrio em uma metafísica materialista?

Para compreender a sua resposta, deixemos esta questão por um momento e olhemos brevemente para a física de Epicuro. A certa altura, tentando explicar a origem do mundo, Epicuro levantou a hipótese de que há muito, muito tempo, quando os átomos estavam no seu estado mais primitivo — antes de se combinarem em mundos — eles estavam apenas caindo em linhas retas, uma espécie de chuva constante de átomos. Ele pensava isso porque não sabia nada sobre a lei da gravidade. Ele pensava que os átomos tinham o peso como uma propriedade inerente, que tinham um certo peso, tal como têm uma certa forma, em si próprios. Como tal, deixados por conta própria, eles simplesmente cairiam diretamente, porque as coisas com peso, como observamos aqui na terra, caem diretamente se não forem impedidas.

Seu problema era como reunir os átomos para formar mundos a partir dessa chuva inicial de átomos. Precisamos de algumas colisões entre os átomos. Como estavam no vácuo e viajando pelo vazio, todos eles (pensou ele) caem na mesma velocidade, de modo que nenhum deles jamais alcançaria os outros. A questão é: como eles ficariam juntos? Sabemos que eles devem ter ficado juntos porque agora existem em todos os tipos de combinações. Bem, disse ele, só há uma maneira: se de vez em quando certos átomos pudessem se mover lateralmente muito pouco, apenas o suficiente para colidir com uma linha adjacente de átomos em queda e iniciar um componente de movimento na direção lateral, geraríamos assim todos os tipos de colisões, os vários átomos se chocariam e se afastariam uns dos outros e, em última análise, por leis mecânicas estritas, causaríamos todas as combinações que criam o mundo dos sapatos, dos navios, da cera de vedação, das pessoas e planetas, etc. O problema então é fazer com que certos átomos se movam lateralmente.

Epicuro se perguntou por que eles fariam isso. De acordo com todas as leis da física, eles deveriam simplesmente cair, pois é isso que seu peso determina. No entanto, eles devem ir para o lado. Mas não há razão para eles irem para o lado. Dado este dilema, Epicuro pegou o touro pelos chifres e afirmou que de vez em quando, *sem motivo* — não que não saibamos o motivo, mas que mesmo se fôssemos oniscientes, não *haveria* razão, nenhuma causa — de vez em quando, alguns desses pequenos átomos balançam para o lado. Isto é completamente sem causa, metafisicamente puro acaso, um evento sem causa. Os átomos ocasionalmente entram em uma curva metafísica, por assim dizer. Essas guinadas laterais excepcionais e sem causa são chamadas de "desvios Epicuristas" e isso representa o abandono da lei universal de causa e efeito. Na maioria das vezes, os átomos obedecem às leis da mecânica e estão dentro das leis, mas desvios ocasionais são possíveis.

Na guinada, Epicuro pensou ter a solução para o problema do livre-arbítrio e do Determinismo. Porque, disse ele, não é verdade que somos peões de leis implacáveis. Nossos átomos de alma também podem desviar-se sem causa e quebrar as leis da mecânica, e podem escapar de seu destino de bola de bilhar oscilando periodicamente sem causa. Como tal, somos livres para agir desafiando as leis causais e, portanto, controlamos o nosso comportamento — temos livre-arbítrio.

Esta é a visão de que o livre-arbítrio requer a negação da causalidade, e é conhecida tecnicamente como *Indeterminismo*, definido como a visão de que a causalidade não é universal e que o livre-arbítrio exige uma violação da causalidade. Se o Determinismo é a visão de que tudo é inevitável, nada poderia acontecer de forma diferente, o homem não tem escolha, o Indeterminismo volta com "Sim, ele tem escolha, porque não existem leis rígidas da realidade, podem ocorrer desvios sem causa".

Esta é, na verdade, uma teoria sem solução. **Embora não seja incomum, muitos filósofos subsequentes seguiram o exemplo de Epicuro sobre esta questão. Por exemplo, Kant, William James, muitos dos Existencialistas e muitos dos discípulos do físico Werner Heisenberg tentaram defender o livre-arbítrio através de um ataque à causa e ao efeito.** Portanto, não está de forma alguma restrito a Epicuro ou ao atomismo. Digo que esta é uma posição sem solução porque, entre muitas outras razões, um ser humano não tem mais controle sobre as suas ações na teoria do Indeterminismo do que na teoria do Determinismo. Você não é mais responsável por ações sem causa do que por ações que são determinadas desde toda a eternidade por forças fora do seu controle. Por exemplo, suponha que eu passasse casualmente, cuidando da minha vida, e meu braço se esticasse e esfaqueasse alguém no caminho, e isso seria um evento sem causa. Então sou levado perante o juiz para prestar contas do meu comportamento — eu teria todo o direito de dizer: "Por que trazer isso à tona para mim? Eu estava cuidando da minha vida e essa guinada Epicurista aconteceu." **Por outras palavras, o livre-arbítrio e a autorresponsabilidade não podem ser salvos pelo abandono da causalidade.** Presumo que você conheça a posição correta sobre esta questão, já que ela é amplamente abordada na literatura Objetivista. Se houver alguma dúvida sobre como *de fato* conciliar livre-arbítrio, causa e efeito, terei prazer em discutir isso no período de perguntas. Para nossos propósitos durante a palestra, quero que você saiba que Epicuro é um dos principais criadores da tentativa de equiparar o livre-arbítrio à ação sem causa e, portanto, um dos principais filósofos a colocar o conceito de "livre-arbítrio" em descrédito. Chega de sua metafísica. A sua epistemologia não tem valor nem originalidade ou influência particular, por isso iremos ignorá-la e voltar-nos para a sua ética.

A sua ética baseia-se naquilo que ele considerou ser um fato básico observado do comportamento humano, nomeadamente, que todos os homens desejam apenas uma coisa fundamental para si próprios: o prazer, ou evitar a dor. Supõe-se que esta seja uma descrição fatual da psicologia humana, isto é, da forma como as pessoas, de fato, se comportam e necessariamente se comportam pela sua natureza humana. Esta é uma visão que muitos séculos depois foi batizada de *hedonismo psicológico* — "hedonismo", devido à ênfase no prazer (a palavra grega para "prazer" é *hedone*), e hedonismo "psicológico" porque afirma ser uma descrição psicológica do comportamento humano. Como tal, esta doutrina não é uma avaliação — não diz que é bom ou mau perseguir o prazer — diz que é assim que as pessoas são. Se quisermos uma definição de hedonismo psicológico, é a visão de que todos os homens, pela sua própria natureza como homens, perseguem necessariamente um e apenas um objetivo fundamental em todas as suas ações, nomeadamente, obter tanto prazer e/ou tão pouca dor quanto possível para si próprios. Esta doutrina é, portanto, uma espécie de uma doutrina mais ampla chamada "egoísmo psicológico", que sustenta que todos os homens, pela sua natureza, são necessariamente egoístas, mas deixa em aberto o que eles procuram em particular. O hedonismo psicológico concorda com isso e com a visão de que o que eles buscam em particular é o prazer.

Com base nesta doutrina, Epicuro formula seu código ético. Ele raciocina assim: se o homem é assim por natureza, então a ética deve basear-se neste fato. Não adianta dizer ao homem para agir por outra coisa, se ele não tiver outra alternativa senão buscar seu próprio prazer egoísta. Um defensor deste ponto de vista colocou-o desta forma: suponha que o homem fosse constituído de tal forma que a única coisa que lhe interessasse fossem as tortas de limão — ele seria um adepto psicológico das tortas de limão e, se assim fosse, quando se trata de ética, você deve dizer (se você está baseando a ética na natureza humana) que o valor supremo é a torta de limão. Você então se tornaria um defensor ético da torta de limão, alegando que o homem não tem escolha. **Consequentemente, chegamos à doutrina conhecida como *hedonismo ético*, que agora é uma doutrina avaliativa e é definida da seguinte forma: o prazer, e somente o prazer, é bom em si mesmo. A dor, e apenas a dor, é ruim por si só. Todo o resto — todos os outros candidatos a valor e virtude — deve ser avaliado dependendo de suas consequências**

de prazer/dor. Dito de forma mais resumida, o hedonismo ético é a doutrina de que o prazer é o padrão de toda avaliação ética. Você vê a relação entre essas duas doutrinas — o hedonismo psicológico é uma descrição, e o hedonismo ético ergue uma ética com base nela. Epicuro subscreveu ambos, e o primeiro foi realmente o argumento para o segundo (embora ele nem sempre tenha diferenciado claramente entre os dois). Não vou criticar esses dois durante a palestra desta noite. Ambos são falsos. Refiro-vos à literatura Objetivista, novamente onde eles são abordados. Sobre o hedonismo ético, há um breve artigo meu na primeira edição do *The Objectivist Newsletter*, em 1962,[20] e há uma discussão considerável por parte da Sra. Rand sobre estes tópicos. Responderei a quaisquer outras perguntas sobre essas duas doutrinas no período de perguntas. **Além disso, se você estiver interessado na diferença entre hedonismo e** *eudaimonismo* **— isto é, entre uma ética que considera o prazer como padrão de valor versus uma ética que considera a felicidade como padrão de valor — e como ambas diferem de Objetivismo, que toma a vida como padrão de valor, terei prazer em responder isso também no período de perguntas.**

Vejamos agora o conceito de Epicuro sobre os meios pelos quais a vida de prazer deve ser alcançada, porque essa é a sua contribuição distintiva para a ética hedonista. Ele não originou o Hedonismo como tal. Na verdade, tudo começou com uma escola de seguidores de Sócrates chamada *Cirenaica*, mas o hedonista mais famoso foi Aristipo, que pregou, na verdade, a doutrina "Coma, beba e divirta-se, pois amanhã você morrerá". Seus discípulos eram, na prática, indistinguíveis dos Sofistas. Mas esse certamente não é o conceito de Epicuro sobre como alcançar a vida de prazer, e por isso ele é eminentemente original na sua ideia de como alcançar a vida de prazer. Ele não é um Cirenaico "colha botões de rosa enquanto pode" — tipo de hedonista.

Para compreender a sua visão dos meios, vou lembrá-lo da onda de malevolência e insegurança que permeia esta época. Afetou profundamente Epicuro. A sua opinião era que, neste tipo de mundo, quanto mais nos preocupamos com alguma coisa, mais a valorizamos — quanto mais apaixonadamente desejamos alguma coisa —, mais abertos estamos a ser magoados e mais vulneráveis à dor somos. Se você valoriza a riqueza (estou atualizando os exemplos, mas a questão é dele), então você observa o mercado de ações com o coração na garganta ou fica atento às últimas políticas fiscais do Sistema da Reserva Federal. Ao passo que, se a sua atitude for "O dinheiro não importa para mim", você estará alheio aos altos e baixos da economia. Se você se preocupa apaixonadamente com outro ser humano — você tem um envolvimento romântico, profundo e intenso — um pequeno insulto ou desprezo, para não falar de uma traição por parte dessa pessoa, pode ferir você nas profundezas da sua alma. Por outro lado, se você é indiferente a alguém (como um estranho na rua), e ele faz o equivalente, você apenas diz: "Por que me contar isso?" e isso não tem nenhum efeito sobre você, porque você não se importa. Isso vale para qualquer valor: se você valorizar seriamente sua aparência, você se olhará no espelho todos os dias e se verá envelhecendo. Se você faz uma refeição suntuosa e se preocupa com ela, você fica com dor de estômago. Não há nada com que você possa contar neste mundo. **Se você quer algo do mundo, você só se abre para a dor. Para alcançar a verdadeira felicidade, conclui Epicuro, devemos valorizar apenas aquilo que depende de nós, nós mesmos. Temos que ser autossuficientes. Só assim poderemos estar no controle e sermos invulneráveis aos impulsos de um mundo cruel e incerto. O que precisamos, portanto, acima de tudo, é de independência, não apenas de independência em relação aos outros homens, mas de independência em relação à realidade. Cada vez que nos preocupamos com alguma coisa, damos um refém ao destino. Cada vez que você quer algo deste mundo, você se coloca no poder da realidade, que tem a chance de chegar até você e te machucar.**

Se você deseja alcançar uma felicidade interior tranquila, o que deve fazer então? Como você pode se tornar independente do que acontece no mundo ao seu redor? Você não pode, pensou ele, mudar ou melhorar o mundo — isso é inútil. O que você *pode* fazer é impedir que isso afete você. O homem comum permite que o mundo desperte nele paixões, sentimentos, desejos. O homem sábio, diz ele, deveria ver que estes são realmente inimigos. São suas paixões, suas emoções, que prendem você à realidade. São as suas emoções que o sugam de volta para o fluxo dos acontecimentos da vida e que o abrem para ser magoado. Consequentemente, o homem sábio dominará suas emoções, deixará de sentir, ficará essencialmente sem emoção e, dessa forma, se tornará imperturbável, invulnerável. **Assim, a grande virtude para Epicuro é ficar sem emoções.** Você vê de que maneira é uma variação, modificação ou derivado de Platão, mas com seu próprio sabor distintamente Epicurista.

Como você deve viver quando isso acontecer? Obviamente você não esperaria viver uma vida de realizações, de criação, de ação, de sair pelo mundo e lutar por seus valores, mas exatamente o oposto — uma vida de afastamento do mundo, de isolamento dos cuidados da vida, de indiferença ao espetáculo dos acontecimentos cotidianos. **Se você quiser um aforismo que capte a essência da filosofia de Epicuro neste ponto, é "Nada arriscado, nada perdido" ou "Melhor prevenir do que remediar". Afaste-se da realidade, então ela não poderá te machucar.** É muito apropriado, portanto, que Epicuro tenha construído um jardim protegido com paredes boas e sólidas, sempre referido como "o jardim

protegido de Epicuro". Ele passou a retirar-se para o jardim, a viver asceticamente (isto é, para um grego), a fazer refeições simples com alguns amigos escolhidos, a manter discursos filosóficos silenciosos e a deixar o mundo fora do jardim ir para o inferno. **Então, a maior felicidade é a ausência de emoções fortes e, portanto, a cessação da ação. Observe que a felicidade é algo negativo para Epicuro — é o estado de *não* ser ferido. Prazer para ele é ausência de dor no corpo e ausência de preocupação na mente. O chamado prazer positivo, a verdadeira experiência positiva do prazer, depende de desejos positivos, e isso deixa você vulnerável e ansioso.**

O modelo de felicidade deveria ser o sono sem sonhos. O próprio Epicuro escolheu o exemplo de ter uma boa digestão. Sendo ele próprio bastante dispéptico, ele pensou (corretamente) que havia apenas dois estados em relação à digestão: ou sua digestão está acelerando e lhe causando problemas, ou está funcionando bem, caso em que você não percebe — nenhum dos dois cria uma emoção positiva por dentro. Desses dois estados, ele identificou a felicidade com a ausência de problemas e, aparentemente, esse foi um dos fatores que contribuíram para esta teoria. Portanto, é um erro total, historicamente, que os restaurantes modernos se autodenominam "Epicuristas" e que o termo "epicurista" signifique "ter prazer em comida e bebida requintadas". Como disse um professor meu, o lema de Epicuro não era "Coma, beba e divirta-se, pois amanhã você morrerá" — isso é completamente falso. Seu lema, na verdade, era "Não coma, não beba, nem se divirta, para que amanhã você não faça dieta". Você entendeu a ideia. **A falta de emoção o tornará independente da realidade, autossuficiente, invulnerável e, portanto, você não sentirá dor, medo ou preocupação, e isso é felicidade.**

Esta é a essência da visão de Epicuro. Ele atenuou um pouco isso porque permitiu alguns prazeres positivos se eles não fossem muito violentos, não o excitassem, ou o excitassem e o prendessem ao mundo novamente. Ele próprio enfatizou os prazeres intelectuais e o prazer da amizade como superiores aos prazeres físicos, porque os primeiros, pensava ele, eram menos violentos e estavam mais sob seu controle. Ele defendia uma vida simples de conversa filosófica no jardim com alguns amigos escolhidos, pelos quais você provavelmente não se importa muito, de modo que, se um deles adoecer e morrer, você aceitará isso com um encolher de ombros filosófico. Ele disse a certa altura que existem três tipos de desejos: (1) naturais e necessários, que incluem comida, bebida e abrigo nas formas apropriadamente modestas; (2) naturais, mas desnecessários, que incluem sexo e fama; e (3) antinaturais e desnecessários, que são essencialmente o desejo de luxo. Você simplesmente vive uma vida simples e frugal. No que diz respeito ao sexo, aqui está uma citação de Epicuro: "A relação sexual nunca fez bem a um homem, e ele tem sorte se não o prejudicou." Veja bem, o sexo é uma emoção muito violenta e, mesmo na melhor das hipóteses, se você conseguir controlá-lo, é uma distração de atividades mais tranquilas. A propósito, Lucrécio concorda que o amor sexual deve ser evitado, mas diz que não há problema em ter relações sexuais, desde que sejam desprovidas de paixão. Deixo isso para você projetar.

Observe, portanto, que vemos o processo de afastamento do homem da vida na Terra já iniciado neste estágio inicial. Temos uma filosofia materialista, essencialmente ateísta, hedonista. À primeira vista, isso é tão não religioso quanto uma filosofia pode ser. No entanto, o que se resume nas suas recomendações práticas é o seguinte: retirar-se, desistir, retirar-se da vida, não se deixar magoar. Epicuro representa apenas o início deste processo de retirada, mas ainda não é consistente. Ele ainda quer todos os tipos de coisas da vida — prazer, por exemplo (mesmo que no lado negativo), ele quer seu jardim, ele quer seus poucos amigos, ele quer sua boa digestão, etc. Por seu próprio raciocínio se fosse totalmente consistente, ele deveria abandonar todos estes também, porque qualquer um deles poderia deixá-lo exposto à dor (como, por exemplo, se um amigo ficar mal, se o muro do seu jardim desmoronar ou for tributado pela administração municipal etc.). A possibilidade de dor é inerente à busca de *quaisquer* valores. Em outras palavras, a possibilidade é inerente à vida como tal. Se você quiser evitá-la totalmente, só há uma maneira segura de fazer isso: a morte. Os mortos, como diz o ditado, não sentem dor. Epicuro não chegou a esta conclusão. Ele é o início de uma era, ainda não o fim dela. Como você verá, entretanto, a próxima escola é muito mais consistente neste ponto, embora ainda não totalmente. Então, voltemos agora aos Estoicos.

OS ESTOICOS

Os Estoicos, tal como os Epicuristas, foram uma escola duradoura, que perdurou durante séculos, primeiro na Grécia e depois em Roma. Seu fundador foi Zenão (este é um Zenão diferente daquele que não conseguia atravessar uma sala), cujas datas vão de 340 a 265 a.C., e ele teve vários discípulos gregos, incluindo Cleantes, Crisipo e Posidônio. Zenão dava palestras em uma varanda e, como a palavra grega para "varanda" é *stoa*, ele foi chamado de filósofo da varanda e, portanto, a palavra *Estoico*. **Em Roma, quando a corrente da civilização mudou para lá, o Estoicismo era uma filosofia altamente influente, muito mais do que o Epicurismo jamais foi. Sem dúvida você já ouviu falar de Cícero e Sêneca, ambos os quais, embora não sejam Estoicos puros, foram profundamente influenciados pelo Estoicismo. Os dois Estoicos romanos mais famosos são Epiteto, o**

Escravo, que nasceu por volta de meados do século I d.C., e Marco Aurélio, o Imperador de Roma, que nasceu no século II d.C. Costuma-se dizer que isso indica o apelo universal do Estoicismo em Roma, se um humilde escravo e o poderoso imperador fossem ambos os líderes em Roma e da mesma filosofia. Por ter durado centenas de anos, o Estoicismo passou por várias fases, alterando suas doutrinas de várias maneiras, e é comum dividi-lo em Estoicismo inicial, intermediário e tardio, mas isso não é importante para nossos propósitos. Vamos nos concentrar em algumas doutrinas gerais comuns como tendências e em diversas formas à maioria dos Estoicos, e estaremos particularmente interessados nos Estoicos posteriores como uma das principais transições para o Cristianismo. Os primeiros Estoicos, os estoicos gregos, eram materialistas em relação aos deuses e à alma, um pouco à maneira dos atomistas. Mas à medida que o Estoicismo se desenvolveu, tornou-se progressivamente mais dualista, mais Platônico, mais este mundo versus outro mundo, a alma versus o corpo, e mais orientado para a imortalidade — essa era uma tendência progressiva no Estoicismo.

O objetivo dos estoicos era a salvação, a serenidade, a paz de espírito do indivíduo num mundo dilacerado. **Eles foram influenciados a esse respeito não apenas pelo temperamento geral da época, mas também por uma escola particular que surgiu dos ensinamentos éticos de Sócrates, que não mencionei neste curso até agora — uma escola chamada de *Cínicos*, a mais famoso deles foi Diógenes, aquele com a lâmpada que andava à procura de um homem honesto. Sócrates ensinou que as circunstâncias externas não podem prejudicar o homem realmente bom, que o que conta na vida é o seu estado interno, não os seus bens externos ou as circunstâncias da sociedade.** Os Cínicos desenvolveram este ponto além de qualquer coisa que o próprio Sócrates tivesse dito ou sugerido. Eles concluíram que você deveria ser totalmente indiferente à sua sorte existencial, que deveria desprezar todas as comodidades sociais — roupas elegantes, bens materiais, até mesmo os modos civilizados comuns (Diógenes, vestido de maneira muito desleixada, estava numa banheira na rua). **Deveríamos, com efeito, voltar à natureza e viver como um animal, como um cachorro — e daí o nome "Cínico" de *cynos*, que significa "cachorro" em grego. "Cínico" significa literalmente "a filosofia canina". Eles se vestiam muito mal, desprezavam todas as comodidades e foram, na verdade, os primeiros hippies do Ocidente.**

No seu desejo de paz de espírito e no seu desprezo pelas coisas externas, os Estoicos são, em parte, uma consequência deste Cinismo anterior. Neste aspecto, eles também são semelhantes a Epicuro no sentido geral do seu ponto de vista. Mas não acreditavam que Epicuro fosse suficientemente independente da realidade, porque, como vimos, ele ainda queria coisas deste mundo. O ponto de vista Estoico era que deveríamos adotar a mesma linha geral de Epicuro, mas de forma mais consistente. Devemos parar de valorizar *qualquer coisa* no mundo externo e não devemos de forma alguma depender do mundo externo. Devemos parar de valorizar o prazer, para que o hedonismo esteja fora, mesmo o hedonismo negativo de Epicuro. Devemos parar de valorizar os amigos e devemos parar de valorizar até a vida. Alguns deles chegaram ao ponto de recomendar o suicídio, alegando que nada, incluindo a vida, era um valor (mas este, devo dizer, era um ponto de vista extremo e não atraiu uma grande posteridade). O que devemos fazer, disseram eles, é alcançar a insensibilidade total, ou como é em grego, *a-pathy*, isto é, a ausência de sentimento (que em português aparece como "apatia"), não emoção. As emoções para eles são uma doença, uma aberração, qualquer emoção, emoção como tal. As emoções devem ser eliminadas de forma generalizada. O Estoico ideal é o homem que ouve que sua esposa acabou de ser atropelada e/ou que ele acabou de ganhar na loteria três milhões de dólares e/ou que acabou de ganhar uma escova de dente nova, com exatamente a mesma reação — ou seja, "Isso é legal" ou "Isso é muito ruim" — uma reação perfeitamente calma. Eles contam uma história de Epiteto — não sei se é verdade, mas ilustra o ponto de vista — ele era o escravo, e seu mestre era aparentemente um sádico que um dia estava torcendo a perna de Epiteto, e supostamente Epiteto disse a ele com muita, muita calma: "Se você continuar torcendo minha perna, o osso vai quebrar", e o mestre continuou a torcer, e em certo ponto houve um rangido e um estalo quando o osso quebrou, e Epiteto supostamente olhou para ele sem virar um fio de cabelo e disse: "Eu disse que ia quebrar." Quando você chega a esse estágio, você vê, nada no mundo pode atingir você. Isto é salvação.

A questão é como alcançar esse estado. O que você deve fazer depois de alcançá-lo? Com base em que você tomaria alguma ação? Não poderia mais haver qualquer vantagem para você em buscar qualquer objetivo específico, porque você está num estado de apatia, tendo abandonado todos os valores. As respostas a todas estas questões exigem que compreendamos a natureza do universo e o lugar do homem nele. Se você adquirir esse conhecimento, poderá atingir a apatia e saber em que base agir. Assim, voltamo-nos então para a visão Estoica da natureza do universo — em outras palavras, a metafísica dos Estoicos.

Se Epicuro é um desenvolvimento do Atomismo, o Estoicismo é um desenvolvimento do Platonismo. A melhor maneira de abordar a metafísica Estoica é através do "Argumento do Desígnio", como é chamado, um venerável argumento a favor da existência de Deus, no qual, em última análise, repousa a metafísica dos Estoicos. Este argumento não foi originado pelos Estoicos — ele remonta a Anaxágoras (você se lembra, o homem com as pequenas sementes) — e está implícito em muitos, muitos lugares (todos menos explicitamente declarados no próprio Platão), mas os Estoicos são a primeira escola a tornar esse argumento fundamental para sua metafísica. O argumento do desígnio é o seguinte: observe o universo — observe como ele é ordenado, legal e regular — observe como ele é complexo e, ainda assim, observe a magnífica harmonia de todas as diversas partes, todas encaixando-se num todo que funciona suavemente. Observe o propósito de todas as partes se unindo para alcançar um desígnio geral. Essa perfeição e desígnio óbvios no universo implicam um criador, uma poderosa alma ou inteligência cósmica que dirige o universo para algum propósito final, mantendo todas as coisas ordenadas e legais como parte de seu propósito. Portanto, deve *existir* tal inteligência cósmica, a saber, Deus. Esse é o Argumento do Desígnio. Presumo que você conheça o erro desse argumento. Em essência, pressupõe que a existência deixada à sua própria sorte, na ausência de uma mente projetista, correria solta e se tornaria um caos. Por outras palavras, o argumento não reconhece que a ordem, a lei, a regularidade significam a lei de causa e efeito, e a lei de causa e efeito é um corolário da lei da identidade, que é inerente à existência como tal. Portanto, não existe a possibilidade de uma existência metafisicamente desordenada e, consequentemente, não há necessidade de um deus para manter a existência em linha. A é A é suficiente. Quanto à ideia de que tudo tem um propósito, que é um conceito diferente de "tudo obedece à lei", você pode perguntar qual foi o raciocínio Estoico por trás disso. Em geral, como filósofos derivados, os Estoicos aceitaram o ponto de vista teleológico geral de Platão e Aristóteles. É claro que o propósito *implica* algum tipo de agente consciente que *tem* um propósito. Mas é um conceito muito diferente de "lei", que *não* implica um agente consciente. É por isso que o argumento do desígnio é frequentemente chamado de "Argumento Teleológico para a existência de Deus", de *telos*, a palavra grega para "propósito". Este argumento, posso dizer, aparece no *Reader's Digest* a cada seis meses ou um ano sob o título "Doze razões pelas quais um cientista acredita em Deus".

De qualquer forma, os Estoicos aceitaram este argumento como prova de Deus. Contudo, eles não acreditavam que Deus fosse um ser que existisse separadamente num outro mundo, numa outra dimensão, da forma como estamos habituados a pensar em Deus do ponto de vista do Judaísmo ou do Cristianismo. Em vez disso, eles adotaram a analogia com o corpo humano, o ser humano: assim como a alma do ser humano não está fora do corpo, controlando-a de outro reino, mas está dentro do corpo, controlando-a de dentro e tornando seu comportamento ordenado, então, eles disseram, com o universo como um todo — Deus, o agente controlador do universo, também está dentro do universo. Você deveria pensar nele como a alma do universo como um todo, a alma do mundo, que se forma com a matéria do universo em um único ser vivo cósmico, uma única entidade indivisível. Este, como você vê, é essencialmente o ponto de vista religioso padrão, mas com a tentativa de fornecer um relato mais naturalista de Deus, tentando basear a visão da relação de Deus com o mundo no modelo da relação alma-corpo, que podemos diretamente observar aqui na terra. Este tipo de visão é chamado de "panteísmo", do grego *pan*, que significa "todos", e *theos*, "Deus". O universo como um todo é matéria infundida com uma mente ou alma semipessoal e onipresente, orientando tudo para o melhor. Às vezes, eles se referem a essa totalidade como "o animal cósmico" e lhe dão vários nomes, por exemplo, "Deus", "Natureza", "Zeus", "Razão" ou "Providência". Dois atributos deste animal (isto é, do universo ou de Deus, como você quiser chamá-lo) devem ser observados aqui. Primeiro, como já foi sugerido, é totalmente teleológico. Tudo acontece para o melhor, por um propósito de Deus. Isto é inerente ao argumento do desígnio: o mundo é projetado e mantido ordenado por Deus para algum propósito ou meta dele. Os Estoicos geralmente adotaram esse ponto de vista teleológico de Platão e Aristóteles. Devo dizer, porém, que a teleologia Estoica tendia a ser muito mais grosseira do que a de Platão ou a de Aristóteles. Platão tinha a sua Forma do Bem comparativamente sofisticada, à qual tudo aspira, e Aristóteles tinha a sua autorrealização metafísica. Os Estoicos, porém, geralmente tinham uma visão antropomórfica da teleologia. Muitos deles sustentavam que o propósito de tudo era, de alguma forma, o bem-estar do homem. Assim, por exemplo, obtemos uma espécie de teleologia grosseira e de baixo nível, por exemplo, por que é que existem doenças? — "Para combater o crescimento populacional." Por que existem percevejos? — "Para nos levantar de manhã." Por que os melões têm costelas? — "Para que possamos repartir as partes igualmente." Isto é o que vocês chamam de teleologia primitiva.

Um segundo atributo do animal divino: o determinismo rígido. Os Estoicos concordaram com Epicuro que causa e efeito universais significam determinismo rígido, mas adotaram o outro lado da conclusão — disseram que há causa e efeito rígidos e, portanto, tudo é determinado. Não existe livre-arbítrio em nenhum lugar do universo, nem no homem nem em Deus. Tudo o que acontece é uma expressão inevitável da natureza de Deus. Ele não pode querer ou escolher nada arbitrariamente. Ele não é um Deus Cristão ou um Deus Judeu. Ele é um Deus Estoico. Tudo, portanto, está fixo para toda a eternidade. **Na verdade, para os Estoicos, o universo passa por ciclos rigidamente fixos. Eles foram influenciados aqui, em parte, pela leitura de Heráclito, e sustentaram que em certa época o universo era um enorme fogo (às vezes chamado de "Grande Fogueira") e depois, seguindo leis imutáveis, passa por vários estágios de desenvolvimento, e mundos são formados, e assim por diante. Então, como o universo é**

finito, existem apenas alguns elementos. A certa altura, o estágio original, a combinação original devem ser alcançados novamente. Em outras palavras, temos outro fogo, a Grande Fogueira — e então daremos a volta no ciclo na próxima vez, e como os mesmos ingredientes existem seguindo as mesmas leis, devemos passar pelo desenvolvimento idêntico. É como um baralho de cartas embaralhado de acordo com uma lei implacável: você continua passando por ciclos, cada etapa repetida na mesma ordem todas as vezes. Então, desse ponto de vista, você já ouviu esta palestra sobre os Estoicos um número infinito de vezes, e veio ao Hilton todas as quintas-feiras um número infinito de vezes, e fará isso um número infinito de vezes no futuro — eu darei a palestra idêntica, você fará perguntas idênticas. Às vezes me pergunto por que temos que passar por isso tantas vezes, mas, veja bem, a ideia é que tudo volte eternamente. **Isto é conhecido como a "doutrina do eterno retorno" e é uma forma dramática de enfatizar a regra rígida e inexorável do destino. Devo dizer que esta doutrina do eterno retorno, ou eterno retorno, foi adotada por Nietzsche, entre outros filósofos, e subscrita por vários filósofos muito mais tarde.**

Você pode estar se perguntando, neste ponto, como é possível ter uma ética se você defende tal doutrina. Como você pode dizer o que as pessoas devem ou não fazer se tudo é inevitável e elas fazem o que têm que fazer? Isso é de fato um problema, e chama-se "problema da liberdade": se não existe liberdade, como se pode prescrever como os homens devem comportar-se? Como você pode responsabilizá-los? Como você pode elogiá-los ou culpá-los? Este é um problema contra o qual os Estoicos lutaram desesperadamente, mas sem sucesso. Notaremos o mesmo problema sob o Cristianismo, que o tinha de sobra e também lutou desesperadamente contra ele. Em geral, este é um problema para qualquer metafísica determinista e é, de fato, insolúvel em tal metafísica, embora os deterministas desde a época dos Estoicos até o presente tenham feito tentativas intermináveis para resolver este problema e reconciliar o determinismo com a moralidade.

Para resumir a metafísica dos Estoicos: ela tem três conceitos centrais que você pode colocar na ordem que quiser: um panteísmo teológico determinista, uma teologia determinista panteísta, etc.

Quanto à epistemologia Estoica, mencionarei dois pontos de certa importância para a filosofia posterior. Primeiro, os Estoicos romanos posteriores enfatizaram que o homem nasceu com certas ideias inatas, como um dom cognitivo dado por Deus, para nos permitir iniciar o processo de aquisição de conhecimento. Afinal, como Deus é tudo, a sua mente é uma parte de Deus e, como tal, contém (no nascimento) pelo menos algumas das ideias de Deus, embora muitos dos Estoicos, sendo ecléticos nesta questão, também enfatizassem o papel dos sentidos de uma maneira mais Aristotélica. Mas na medida em que defendiam ideias inatas, os Estoicos continuaram e transmitiram a epistemologia racionalista Platônica e foram, portanto, um dos principais elos entre Platão e os Racionalistas da era moderna. O segundo ponto: em resposta à pergunta: "Quando você pode reivindicar certeza absoluta?", os Estoicos criaram a chamada doutrina da irresistibilidade, que, despojada de sua linguagem sofisticada, equivale ao seguinte: no processo de buscar uma resposta para alguma pergunta, você deve considerar e responder a todas as dúvidas possíveis, até que, em certo ponto, você verá subitamente, num insight incontestável, um insight irresistível, que a resposta em questão é verdadeira. Eles descreveram esse insight irresistível como "claro e distinto". Peço-lhe que se lembre dos termos "claro" e "distinto". Você verá o que acontece com essa questão quando chegarmos a Descartes, que em muitos aspectos é influenciado pelos Estoicos. Acho que você pode ver que esta é uma epistemologia bastante fraca, e muitos Estoicos posteriores desistiram sob o ataque dos Céticos e disseram: "Bem, acho que nunca podemos ter certeza de qualquer verdade, apenas alcançar a probabilidade."

Passemos agora à ética Estoica. Primeiro, a visão deles sobre o homem: o que é o homem nesta filosofia? Bem, se tudo é Deus, se Deus é tudo o que existe, então o homem é apenas uma parte ou um pedaço de Deus. Na frase de Epiteto, o homem é um "fragmento arrancado de Deus". Sua alma faz parte da alma do mundo e seu corpo faz parte do corpo do mundo. Ele não deve mais — e este é o ponto crucial — ser visto como uma criatura autônoma, como um indivíduo separado, como um indivíduo metafisicamente por conta própria, possuindo-se sem lealdade a nada além de si mesmo. Esta última era a opinião que Aristóteles defendia, e a mesma que Epicuro defendia. Não era a opinião defendida por Platão e, também neste aspecto, os Estoicos refletem um legado Platônico definido. O homem deve, nos termos deles, ser visto estritamente como parte de um todo maior, como parte de Deus, temporariamente separado de Deus, mas ainda assim apenas uma parte de Deus, devendo lealdade a Deus — em outras palavras, ao todo do qual ele é apenas uma parte. Sabemos, portanto, que o universo, ou Deus, tem um plano, um propósito, que o homem está na terra de acordo com o plano de Deus, que ele tem um papel atribuído a ele nesse plano. Sabemos, portanto, que o homem tem obrigações que lhe são impostas pelo fato de não ser uma entidade metafisicamente autônoma, pelo fato de ser apenas uma parte de um todo mais amplo. **Em uma palavra, o homem tem *deveres* aos quais deve obedecer. Não por recompensa, ganho, prazer ou qualquer vantagem pessoal, mas estritamente porque são seus deveres.**

Assim, pela primeira vez obtemos uma moralidade declarada do dever, em total contraste com a abordagem de Aristóteles ou Epicuro, ou mesmo de

Platão na maior parte do tempo. Está implícito em Platão, mas, em boa medida, Platão sustentava que as virtudes devem ser praticadas porque levam à felicidade, à realização, porque alguma vantagem resulta para você. Os Estoicos, no entanto, na sua metafísica do panteísmo e na sua visão de que é inútil tentar alcançar quaisquer valores na vida, abandonam a abordagem grega tradicional da moralidade e, em vez disso, fazem da moralidade uma questão de fazer o que é certo porque é certo, cumprindo o seu dever porque é seu dever, ponto-final, independentemente de quaisquer vantagens ou desvantagens, independentemente de seus efeitos sobre você. **Uma moralidade do dever é essencialmente qualquer moralidade que separa virtudes de valores, ou ações de recompensas. É, claro, a antítese da abordagem Objetivista da moralidade. Se você notar no discurso de John Galt, "virtude" é definida como "a ação por meio da qual alguém alcança valor".** Essa mesma definição elimina a possibilidade de uma abordagem do dever à ética. A este respeito, os Estoicos são uma das principais fontes daquilo que Kant mais tarde assumiu e explodiu em proporções astronômicas.

Vou dar uma breve citação de Marco Aurélio sobre este ponto:

> Quando você fez o bem a outro, e o outro se saiu bem em suas mãos, por que continuar como um tolo procurando a terceira coisa além disso, isto é, o crédito de ter agido bem ou algum retorno por isso? Não é suficiente que você tenha feito algo de acordo com a sua natureza? Procuras uma recompensa por isso, como se os olhos reivindicassem uma recompensa por ver, ou os pés por andar? Pois assim como estes últimos foram feitos para o seu trabalho especial, e ao realizá-lo eles se tornam plenamente capazes de realizar o seu próprio trabalho, assim também o homem, formado como é por natureza para beneficiar os outros, quando agiu como benfeitor para o bem-estar geral, fez aquilo para que foi constituído e tem o que é seu.[21]

Você não pergunta: "O que há para mim em ser moral?" Essa é uma abordagem errada. Ser moral é cumprir seu dever. Assim como o olho não diz: "O que eu ganho para ver?", ser um olho é ver, quer você goste ou não.

Acho que você pode entender como o caminho está sendo pavimentado para o Cristianismo, onde a ética se torna uma questão de seguir os mandamentos porque Deus os ordenou e ponto-final. Os Estoicos não eram Cristãos, mas pagãos que acreditavam que era possível estabelecer seus deveres racionalmente, e não por revelação. Mas o tema básico do dever ainda assim aparece neles. É a resposta deles à pergunta: "Com base em que você deve agir depois de abandonar os valores pessoais?" A resposta é: "No dever."

Devo mencionar que, tal como os gregos, os Estoicos não eram consistentes na sua abordagem de dever à moralidade. Era comum que parte do tempo defendessem o dever como um fim em si mesmo, independentemente de quaisquer vantagens que ele trouxesse, e parte do tempo declarassem que a justificativa para cumprir seu dever são as vantagens que ele traz para você pessoalmente — por exemplo, tranquilidade interior, paz de espírito, um senso de virtude moral, felicidade. A este respeito, não há muita diferença entre os Estoicos e Platão. Na medida em que a sua abordagem à moralidade é distinta, ambos defendem colocar algo acima da sua própria felicidade, como o sacrifício, o dever, etc., mas na medida em que ambos são gregos, **nenhum deles alguma vez perdeu a apreciação, de alguma forma, da felicidade individual como o objetivo final da moralidade**. Portanto, nem o Platonismo nem o Estoicismo são consistentes neste ponto, e você deve saber disso para obter precisão histórica. **Posso dizer que o mesmo se aplica ao Cristianismo, que prega que você deve seguir os mandamentos de Deus** *porque* **ele os ordenou, independentemente de qualquer vantagem para você (o que é uma abordagem puramente de dever), e ainda promete felicidade de outro mundo para a eternidade se você o fizer (que é um legado da ideia grega de que uma recompensa é a justificação da virtude, que foi transportada pelo Cristianismo para uma forma sobrenatural). Uma abordagem de dever completamente consistente à moralidade, que elimina todos os elementos de vantagem da ética e a torna completamente uma questão de obediência altruísta ao dever, sem qualquer valor atribuído à felicidade como justificação moral, teve de esperar pela época de Immanuel Kant. Essa foi sua contribuição para a ética. A este respeito, a ética de Kant é o elemento sacrifício pro-dever de Platão, dos Estoicos e do Cristianismo, despojado de todas as características gregas atenuantes.** Os Estoicos, contudo, não são tão consistentes ou corruptos como Kant. Nenhum grego, por pior que tenha sido, alguma vez sonhou em aproximar-se do mal destruidor do homem mais tarde adotado e proclamado por Kant e os seus seguidores.

Quais *são* então os seus deveres? A resposta básica deles é: viver de acordo com a sua natureza, com a sua razão — o que é uma resposta tipicamente grega. Mas a sua natureza é ser um fragmento e, portanto, o que a sua razão lhe diz não é nada parecido com o que as outras escolas disseram. Mencionarei dois deveres característicos dos Estoicos, que na sua opinião são mandamentos da razão humana. Número um, o dever de aceitação. Aceite tudo o que acontece com você sem querer que seja diferente. Não queime de paixão pelas coisas que você não tem. Não sinta raiva, nem rebelião, nem proteste contra o estado de coisas em que se encontra, ou contra o tipo de mundo em que vive, ou contra as circunstâncias sociais em que se encontra. Aceite o curso dos acontecimentos como eles vierem. Ceda sem protestar a tudo o que ocorrer. Não lidere os acontecimentos, como diz o ditado, mas siga-os. Por que isso é um dever? Protestar seria sacrilégio — seria uma rebelião contra Deus, já que tudo faz parte do seu plano. Lembre-se também da teleologia — tudo é para melhor — então se sua esposa for atropelada por um caminhão, se você pudesse ver tudo do ponto de vista de Deus, você veria que tudo é para melhor e, portanto, não faz sentido ficar chateado com isso. De qualquer forma, tudo é inevitável: sua esposa foi atropelada inúmeras vezes pelo mesmo caminhão, então é ridículo. Então há o que se pode chamar de "Argumento do Grand Canyon" (embora esse não seja o nome que os Estoicos lhe deram, mas essa é a ideia): **"Olhe para a vastidão do universo, o enorme número de eventos e o enorme período da eternidade — o que importam sua vida particular e seus cuidados mesquinhos diante disso?"** (é o que chamo de argumento do "Grand Canyon" porque as pessoas costumam recitá-lo quando veem o Grand Canyon).

Por todas estas razões, o sábio aceitará tudo com tranquilidade. É isso que queremos dizer hoje quando chamamos alguém de "Estoico". Ele verá que tudo é inevitável, que tudo é para melhor, que nada externo vale a pena ter, de qualquer maneira, que, desde que cumpra seu dever e aceite, ele terá tudo que vale a pena ter: tranquilidade interior, sabedoria e virtude. **Para atingir esse estado, ele deve suprimir constantemente o inimigo: suas paixões. Ele deve se disciplinar. Ele deve ver como seus desejos e aversões são absurdos diante do inevitável desdobramento de Deus. Se ele se educar nisso, se ele realmente estiver imerso na metafísica correta e na autodisciplina correta, todas as suas emoções desaparecerão e ele ficará verdadeiramente insensível.** Claro, é difícil fazer isso. É necessário um processo de força de vontade e autodisciplina constantes. Mas com tempo suficiente, pensaram eles, isso pode ser feito. Depois de fazer isso, você se torna verdadeiramente invulnerável. Você valoriza apenas o que está ao seu alcance, apenas o estado de cumprir seu dever, ou seja, a virtude. Essa é realmente, em última análise, a única coisa que vale a pena ter se você quiser estar seguro e independente do mundo. **Assim, surge a conhecida ideia da expressão "A virtude é um fim em si mesma, a virtude é a sua própria recompensa". Todo o resto é inconsequente — vida, riqueza, saúde, fama, o que você quiser.** Você vê a semelhança com Epicuro neste abandono, exceto que o abandono Estoico da vida é muito maior que o de Epicuro. Epicuro retira-se para um jardim, mas o *Estoico retira-se para a sua própria alma*, onde nada pode tocá-lo, onde age virtuosamente como um fim em si mesmo, para cumprir o seu dever. Isso, ele pensa, **depende apenas dele, não dependente de um mundo hostil. Portanto, temos uma renúncia à vida ainda maior do que tivemos com Epicuro.**

Além do dever de aceitação, existe um segundo dever Estoico, não apenas o dever de eliminar as emoções, manter-se sintonizado com o plano de Deus, ser apático. Alguns defenderam uma espécie de estado passivo deste tipo. Mas a maioria dos Estoicos deu um conteúdo positivo ao seu dever, exigindo uma ação definitiva e não uma mera aceitação passiva. Que tipo de ação eles defenderam? Ação *altruísta* — servir aos outros — cumprir o seu dever de promover o bem-estar da humanidade. Qual foi o raciocínio deles aqui? Eles basearam isso na ideia de que você é apenas parte de um todo. Assim como você é parte de Deus e não é metafisicamente autônomo e, portanto, tem deveres para com Deus e não deve buscar vantagem própria, em relação à humanidade você é apenas uma parte. A humanidade é um fragmento muito maior de Deus. Pelo mesmo raciocínio de que o todo é superior à parte, você deve lealdade à humanidade. Além disso, é impossível conseguir quaisquer vantagens para si mesmo neste mundo. Como Estoico, você é insensível, portanto, de qualquer maneira, nenhum interesse pessoal ou objetivos privados são possíveis. Se você não quiser vegetar, tudo o que resta é servir aos outros. Aqui citarei os *Discursos de Epiteto* (que sempre usa analogias corporais):

> Um pé, por exemplo, admito que é natural, deve estar limpo. Mas se você tomar isso como um pé e como algo que não se sustenta por si mesmo, será conveniente, se necessário, andar na lama, pisar em espinhos e, às vezes, até mesmo ser cortado, para o benefício de todo o corpo; caso contrário, não será mais um pé. De alguma forma, deveríamos conceber a nós mesmos também. O que você é? Um homem. Olhando para você mesmo e separado, é natural para você, com saúde e riqueza, viver muito; mas visto como um homem, e apenas como parte de um todo, é por esse motivo que você deveria em um momento adoecer, e em outro enfrentar os perigos do mar, conhecer novamente o significado da necessidade e talvez morrer uma morte precoce. Por que então lamentar? Você não sabe que, assim como o pé não é mais um pé se estiver separado do corpo, você também não é mais um homem.

Continuando com Epiteto e deixando o ponto bem claro:

> O que, então, implica o caráter de um cidadão? Não ter nenhum interesse privado; não deliberar sobre nada como um indivíduo separado, mas sim como a mão ou o pé, que, se tivessem razão e compreendessem a constituição da natureza, nunca perseguiriam ou desejariam senão com referência ao todo. Portanto, os filósofos dizem com razão que se fosse possível a um homem sábio e bom prever o que estava para acontecer, ele poderia cooperar em trazer sobre si a doença, a morte e a mutilação, sendo sensato que estas coisas são designadas na ordem do universo, e que o todo é superior à parte e a cidade ao cidadão.

Agora, isso é certamente inequívoco.

A base e a essência deste ponto de vista estão em Platão, como vimos na sua teoria orgânica do Estado. Mas em Platão, até certo ponto, a virtude moral era justificada pela felicidade a que conduziria. Embora ele estivesse muito confuso nesta questão, o argumento de Platão contra os Sofistas era que se você se comportar dessa maneira, você será infeliz, terá uma alma doente. No entanto, a metafísica abertamente religiosa dos Estoicos, combinada com o profundo sentimento de futilidade quanto à realização de quaisquer objetivos pessoais na terra, levou pela primeira vez ao altruísmo como um dever oficial, explícito e fundamental, que não deve ser justificado nem mesmo em o nome do seu próprio interesse de longo prazo. Apresso-me em salientar que os Estoicos, como sempre, são inconsistentes neste ponto e muitas vezes dizem que o altruísmo leva à sua própria felicidade. Mas esse não é o seu ponto de vista distintivo — é apenas o seu legado grego.

Devo salientar que os Estoicos, embora defendessem o altruísmo, são frequentemente acusados, com alguma validade, de serem realmente egoístas. O argumento é o seguinte: os Estoicos são motivados principalmente pelo desejo de alcançar um sentido da sua virtude moral pessoal e individual. Eles realmente não simpatizam com os outros em apuros, ou seja, eles não ardem de piedade ou amor pela humanidade sofredora. Por serem Estoicos, permanecem emocionalmente indiferentes, frios, indiferentes e apáticos. Qual é então o seu real interesse em ajudar os outros? Os críticos respondem que é para dar ao Estoico a oportunidade de exercitar a sua força moral, de cumprir o seu dever e, assim, adquirir a sensação egoísta de que foi virtuoso. Então, afinal, seu verdadeiro objetivo é egoísta. Este argumento é válido. Mostra que mesmo os gregos mais Platônicos tinham alguma ligação com a realidade e com a razão. **Se você contrastar esta abordagem Estoica com a abordagem Kantiana posterior, verá que, na visão de Kant, se você for motivado até mesmo pelo desejo de alcançar um senso de sua própria virtude, esse fato por si só o priva de todo crédito moral por sua ação, porque você ainda tem um desejo egoísta pessoal.** Se você perceber esse contraste, verá como qualquer grego, inclusive os Estoicos, era relativamente inocente nesses pontos.

Um último ponto sobre a ética Estoica. Como era típico de qualquer abordagem da moralidade baseada no dever, os Estoicos enfatizavam a importância da sua motivação interior, em vez das suas realizações reais em ação no mundo, como medida da moralidade. Todas as moralidades do dever, de qualquer tipo, sustentam que (1) uma vez que a moralidade não tem objetivo existencial ou recompensa, mas consiste na obediência altruísta ao dever, a essência do homem moral é sua conformidade interior com a virtude, e (2) suas realizações em realidade real são secundárias ou sem importância. Aqueles de vocês que conhecem Kant reconhecerão quão profundamente ele foi influenciado pelos séculos do Estoicismo e do Cristianismo neste ponto. É claro que, de um ponto de vista do não dever e Aristotélico, esta ênfase na primazia do motivo é um erro fundamental, porque, de um ponto de vista do não dever, você dirá que o propósito da moralidade é alcançar algum objetivo na ação, no mundo, seja felicidade, ou vida, ou o que quer que seja. Você dirá que o homem moral é aquele que age de maneira correta para atingir esse fim de fato. Os motivos dele são importantes apenas porque os motivos levam à ação, portanto você dará primazia à ação. Mas na abordagem do dever, você inverterá a ordem de prioridades e dirá que não é o que você realmente faz na vida que é tão importante. Sua lealdade interior ao dever, seu motivo e ação são importantes apenas como expressões do motivo correto.

Para resumir a sua ética, os Estoicos pregavam uma moralidade ascética com uma insensibilidade altruísta obediente como a essência da boa vida. Só para constar, você tem três emoções permitidas: alegria com a beleza do universo (como um testemunho da bondade de Deus), esperança de se tornar virtuoso e medo de se tornar vicioso. Como você pode ver, isso dificilmente pode ser descrito como uma vida emocional extensa.

Para concluir, digamos uma palavra sobre a abordagem distintiva da política pelos Estoicos, porque nesta questão os Estoicos tinham uma contribuição crucial a dar. Foram a primeira grande escola da filosofia ocidental a compreender e a pregar o que podemos chamar de igualdade metafísica de todos os homens. Os Estoicos sustentavam que *todos* os homens — não apenas os homens, os gregos ou os filósofos, mas todos os homens — têm alguma participação na razão. Todos os homens são membros da mesma espécie e, portanto, cada indivíduo tem uma certa dignidade e valor metafísico como humano e, portanto, como ser potencialmente racional. Cada ser humano, sustentavam eles, tem, nesta medida, direito ao respeito como ser humano. **Politicamente, ele tem direito à igualdade perante a lei. Todos os homens, em essência, têm certos direitos que outros não podem infringir moralmente. A escravidão de qualquer tipo é errada.** Se, eles afirmaram, o país em que você vive tem leis que decretam que alguns homens são cidadãos de segunda classe, ou não são cidadãos, ou são escravos — em outras palavras, que alguns homens não têm direitos — isso é uma violação dos princípios próprios das leis, que deveriam tratar todos os homens igualmente. **Acima das leis do Estado, diziam os Estoicos, estão as leis baseadas na realidade, as leis da natureza, as chamadas leis naturais. Essa foi a principal contribuição política deles. O único país adequado é aquele em que as leis reais refletem as leis naturais, e essas leis naturais são universais, aplicáveis a todos os homens, racionais, absolutas, eternas, invariáveis, morais. Se as leis**

do seu país entram em conflito com as leis naturais, então o homem moral é aquele que dá fidelidade à lei natural, e não à lei do seu país.

A importância destas doutrinas para o desenvolvimento subsequente da teoria dos direitos individuais, do governo constitucional e dos Estados Unidos da América dificilmente pode ser subestimada. Os Estoicos recebem o crédito por serem a primeira grande escola a compreender este princípio político fundamental. Devo acrescentar, no entanto, que no seu contexto, isso estava profundamente entrelaçado com a sua metafísica religiosa e a sua ética altruísta. Os seus fundamentos básicos para afirmar a igualdade metafísica dos homens e a importância do que chamavam de "lei natural" eram sobrenaturais. Como todos os homens são fragmentos de Deus, raciocinaram eles, todos os homens são metafisicamente irmãos, num sentido literal — são todos descendentes do mesmo pai divino. É por isso, e porque Deus ordenou as leis naturais, que todos os homens devem ser tratados igualmente. Todos os homens, como dizem, são membros de uma cidade, a cidade cósmica, a *Cosmópolis*, e, portanto, todos os homens têm certos direitos. Como o seu dever principal é servir aos seus irmãos, você não deveria escravizá-lo, mas viver para ele, por isso eles se opunham à escravidão.

Vemos aqui a mistura equivocada terrivelmente trágica: a base do que mais tarde se tornou uma política individualista, mas ligada a uma metafísica sobrenatural e a uma ética altruísta. Essa mistura subsiste até hoje no chamado movimento conservador. **Na verdade, uma defesa mística dos direitos conduz, em última análise, à destruição dos direitos, exatamente da mesma forma e pelas mesmas razões que a defesa mística dos conceitos de Platão acabou por conduzir, na filosofia moderna (como veremos), à destruição dos conceitos. Uma defesa mística é pior do que nenhuma defesa e é autodestrutiva.** Esse é o sobrenaturalismo.

Quanto ao altruísmo, confio que este público compreende perfeitamente como é incompatível com o princípio dos direitos, ou da igualdade metafísica do homem. Aqui, novamente, os Estoicos representam o outro lado da moeda dos Sofistas. Eles têm a mesma visão básica do egoísmo. Os Sofistas dizem que o egoísta atropela os outros, e os Estoicos dizem que é verdade, mas você deve ser um altruísta que se sacrifica pelos outros, e só assim poderá respeitar os direitos dos outros. Assim, o altruísmo ficou ligado à defesa dos direitos individuais, com resultados desastrosos. Apesar destes erros terríveis, contudo, os Estoicos ainda recebem crédito por promoverem os primeiros germes do que mais tarde seria um desenvolvimento político profundamente importante.

OS CÉTICOS (PIRRO DE ELIS)

À luz da defesa Epicurista e Estoica da falta de emoção e da abstinência, você pode pensar que as coisas estão em um estado muito ruim. Mas embora Epicuro e os Estoicos tenham desistido deste mundo e dito que não é possível alcançar valores aqui, ambas as escolas mantêm um vínculo firme com a realidade: ambas acreditam na eficácia da mente humana. Ambos acreditam que o conhecimento é possível pela razão, quer o interpretem no estilo Platônico ou no estilo Aristotélico. Nenhuma das escolas, portanto, jamais se tornou religião no sentido de exigir fé ou apelar à revelação ou de ter um texto sagrado ou um sacerdócio. Para que isso ocorresse, uma última coisa tinha que desaparecer: a mente do homem, a sua confiança na sua capacidade de alcançar a verdade através da razão e da lógica. Esta confiança foi o alvo da próxima escola pós-Aristotélica, os Céticos. Se eles tiverem sucesso na sua tentativa, reconhecereis que tudo está perdido, que a filosofia pagã está morta e que uma nova era está prestes a nascer.

Se Epicuro é um derivado dos Atomistas, e os Estoicos dos Platônicos, os Céticos são um derivado dos Sofistas. Eles são uma escola de pensadores que também se estende por séculos. Novamente, eles começaram na Grécia e se mudaram para Roma. O fundador é Pirro de Elis, de onde vem o adjetivo "ceticismo pirrônico". Suas datas vão de cerca de 360 a.C. a 270 a.C., então ele foi contemporâneo de Zenão e Epicuro. Os Céticos, não muito mais conhecidos que os Estoicos, incluem Arcesilau (essencialmente século III a.C.), Carnéades (século II a.C.), Enesidemo (século I a.C.), e Sexto Empírico (floresceu por volta de 200 d.C.).

Os Céticos sustentavam que o conhecimento de qualquer coisa é impossível. É isso. Mesmo isso, afirmaram eles, não era conhecimento — não se pode ter certeza de nada. Seu nome vem do verbo grego *skeptesthai*, que significa "examinar cuidadosamente, investigar, indagar", e eles estavam sempre investigando e nunca encontrando nada. Assim, eles passaram a ser chamados de "os inquiridores perpétuos" (em vez de "os descobridores") e finalmente a palavra "céticos" adquiriu nosso significado moderno.

Por que nenhum conhecimento é possível? Os Céticos desenvolveram todo um arsenal de argumentos. Por exemplo, sobre os sentidos, eles desenvolveram longamente o argumento principal de Protágoras de que a percepção depende do seu aparelho sensorial e, portanto, você não percebe a realidade diretamente, apenas os efeitos subjetivos em seus órgãos. Os Céticos diziam que a percepção varia de acordo com a espécie da entidade que percebe (homens e cães não necessariamente percebem o objeto da mesma maneira), varia dependendo do indivíduo específico dentro de uma espécie (por exemplo, o homem normal versus o homem daltônico), e varia de acordo com as condições corporais de um indivíduo (você vê manchas diante dos olhos se tiver certas doenças). Além disso, os vários sentidos do mesmo indivíduo ao mesmo tempo podem entrar em conflito entre si (por exemplo, no caso clássico, se você tem uma cárie no dente, seu sentido de visão lhe diz que é minúsculo, e seu sentido de tato conforme mediado pela língua diz que é enorme).

Sua percepção sensorial varia de acordo com suas diferentes relações com o objeto — os trilhos da ferrovia de perto parecem paralelos, mas a distância parecem convergir. Sua percepção depende do meio entre o objeto e você — por exemplo, o ar através do qual as várias ondas viajam — como você sabe o que o meio adiciona o que distorce? Tudo isso e muitos outros são variações do argumento básico de Protágoras. Em suma, disseram eles, nunca vemos as coisas como elas são, uma vez que as nossas percepções são influenciadas por todo o tipo de fatores externos, para além da natureza do objeto. Não temos meios de distinguir as percepções verdadeiras das falsas porque nunca conseguimos ver o objeto diretamente e, portanto, não temos meios de comparar o objeto com a nossa experiência. Estamos presos em nosso próprio mundo de experiências subjetivas. A realidade, portanto, é incognoscível e, acrescentaram alguns deles, o que faz você pensar que existe uma realidade se você nunca a percebe? **Tudo o que você percebe é um fluxo de impressões subjetivas.** Como você poderia passar disso para algo imperceptível além disso? Talvez seja tudo apenas um sonho ou uma alucinação. A razão em oposição aos sentidos? A razão, disseram eles, baseia-se nos sentidos, portanto não está em melhor situação do que os sentidos. **Então usaram o argumento da discordância que todos os Céticos usam em todos os momentos: todos afirmam ter as respostas, todos afirmam ter refutado o seu oponente, ninguém concorda.** Os Estoicos são teológos, os Epicuristas são mecanicistas, os Estoicos são deterministas, os Epicuristas são indeterministas, os Platônicos enfatizam os universais e os Aristotélicos enfatizam os particulares etc. Quem pode saber? Isso não prova que a razão do homem é incapaz de conhecimento objetivo? No que diz respeito à ética, tudo o que tiveram de fazer foi considerar todas as histórias dos viajantes que regressavam sobre como viviam os bárbaros, o que é radicalmente diferente do modo como viviam os gregos ou os romanos, e isso mostra que não há acordo mais na ética do que na metafísica e na epistemologia.

Houve muito mais argumentos do que apenas estes. Por exemplo, houve um argumento dirigido por muitos Céticos contra a ideia de axiomas, ou primeiros princípios. Eles negaram a objetividade das verdades autoevidentes. Consequentemente, disseram eles, para termos conhecimento, teríamos que ter uma regressão infinita e, como não podemos fazer isso, o raciocínio nunca poderá nos levar ao conhecimento, porque não podemos chegar a primeiros princípios objetivos.

Alguns deles contestaram a lei de causa e efeito por motivos muito próximos daqueles pelos quais Hume se tornou famoso no século XVIII. Em particular, Enesidemo, que era um Cético Heraclitiano, antecipou o argumento de Hume, por isso os seguidores de Hume adoram desenterrá-lo e mostrar quão venerável era o argumento de Hume. Ele argumentou que você nunca pode perceber (pelos seus sentidos) uma conexão causal e, portanto, não tem base para acreditar nela. Portanto, não há justificativa para indução. Como você pode generalizar se não existem leis causais? Há todo um conjunto padrão de argumentos céticos. Você apresenta um argumento e o Cético lhe diz: "Como você sabe que não está louco? Afinal, é possível: os seres humanos ficam loucos, têm delírios, talvez você tenha um — prove que não. Como você sabe que não cometeu um erro? É possível: os seres humanos cometem erros — prove que você não cometeu erros. Como você sabe que não está sonhando? Como você sabe que não está alucinando? E assim por diante. No século XVII, Descartes tenta de uma vez por todas responder a todos estes argumentos céticos, por isso vamos esperar até aquele momento para discuti-los, e você verá que Descartes torna tudo muito pior, em vez de melhorá-lo. Na palestra doze, finalmente darei a vocês o ponto de vista Objetivista sobre todo esse tipo de Ceticismo.

Alguns Céticos atacaram o silogismo alegando que era um meio de raciocínio inerentemente falacioso. Se você estiver interessado, pode me perguntar no período de perguntas sobre o argumento deles, que teve influência duradoura, e o que há de errado com ele. Sexto Empírico, em particular, lançou um ataque aos universais, como fizeram os primeiros Sofistas. Os universais, sejam Platônicos ou Aristotélicos, são um mito, disse ele. Isso subverte todo o fundamento do pensamento conceitual e, portanto, da indução. Não há como justificar generalizações se não for possível justificar abstrações. **Os Céticos deliciavam-se com os paradoxos. O mais famoso é o chamado Paradoxo do Mentiroso. Epimênides, o cretense, chega até você e diz: "Eu sou um mentiroso"**, significando "Eu sou um mentiroso universal, tudo o que digo é mentira, tudo o que digo é falso" (incluindo essa afirmação). Os Céticos perguntam se a sua afirmação "Eu sou um mentiroso" é verdadeira ou falsa, e você está preso em qualquer direção a que vire. Se você diz que é verdade, então o Cético diz: "Bem, se é verdade e diz que é mentira, então é falso. Se for verdade, é falso. Mas se for falso, então é falso que seja mentira, e é falso que seja falso. Em outras palavras, é verdade. Então, se for falso, é verdade." "Então", dizem eles, "aqui temos uma afirmação que é tal que se for verdadeira, é falsa, e se for falsa, é verdadeira. Chega de lógica humana". **Um paradoxo muito popular entre os lógicos posteriores, muito divulgado pela mentalidade de Bertrand Russell.** O que está errado com isto? Se você estiver interessado, pergunte-me no período de perguntas. Quanto à questão de Deus, os Céticos são agnósticos.

Devo mencionar de passagem que nem todos os Céticos se contentavam em negar o conhecimento de forma geral. Carnéades, em particular, foi um dos primeiros na filosofia a sublinhar que, embora a certeza seja inatingível, a probabilidade é possível, graus de probabilidade. Ele é, portanto, o pai de todos os Céticos modernos que dizem: "Sendo Céticos, não nos reduzimos a bebês *tabula rasa* completamente ignorantes de tudo. **Simplesmente negamos a certeza e tomamos o meio-termo entre a ignorância e a certeza, ou seja, a probabilidade**." O que há de errado com isso? Período de perguntas se você estiver interessado.

O resultado é: nenhum conhecimento é possível. Um comentarista resume isso da seguinte forma:

> Portanto, nossa atitude em relação às coisas deveria ser uma completa suspensão de julgamento. Não podemos ter certeza de nada, nem mesmo das afirmações mais triviais. Portanto, nunca devemos fazer declarações positivas sobre qualquer assunto. Os Pirrônicos tiveram o cuidado de importar um elemento de dúvida até mesmo nas afirmações mais insignificantes que pudessem fazer no curso de sua vida diária. Eles não disseram 'é assim', mas 'parece que sim' ou 'parece que sim para mim'. Cada observação seria prefixada com 'talvez' ou 'pode ser'.[22]

Aqui está uma citação de Arcesilau: "Não tenho certeza de nada. Nem tenho certeza de que não tenho certeza de nada."

Os Céticos são sempre uma escola fácil de lidar porque, como eles não sabem nada, você pode superá-los rapidamente. Para a maioria dos Céticos, a ética é uma questão completamente subjetiva, mas alguns deles elaboraram uma espécie de ética como segue: Sócrates dissera que a virtude é conhecimento, e o conhecimento é a precondição crucial e indispensável da ética. Como havia ética, Sócrates disse que devia haver conhecimento, mas os Céticos adotaram a visão inversa. É verdade, disseram eles, que o conhecimento é a precondição indispensável da ética, mas como não existe conhecimento, segue-se que não existe ética. Nunca existe, segundo muitos deles, uma base racional para preferir um curso de ação a outro. O que o homem sábio deveria fazer então (o homem sábio é aquele que sabe que nada pode ser conhecido)? Ele deveria resistir às seduções a que a massa humana está sujeita. Afinal, a ação procede das nossas ideias, a ação correta das ideias certas e a ação errada e prejudicial das ideias erradas. O homem sábio, porém, sabe que você não pode concordar com nenhuma ideia, sabe que você nunca pode afirmar nenhuma ideia e, portanto, se abstém de ter qualquer ideia e, portanto, de realizar qualquer ação tanto quanto puder. Ele se fecha em si mesmo e suspende o julgamento e, portanto, é impedido de ter que agir. Ele alcança apatia, calma, tranquilidade, descanso dentro de si e indiferença silenciosa. Assim, os Céticos chegam ao mesmo fim que Epicuristas e os Estoicos. Na medida em que um homem *deve* agir, muitos deles disseram, ele tem que fazer o que lhe parece subjetivamente ou conformar-se aos costumes da sociedade ao seu redor. Alguns dos antigos Céticos eram verdadeiros sacerdotes em várias religiões, alegando que não era possível provar que eles estavam errados em serem sacerdotes — era tudo uma questão de opinião, e era muito conveniente. Tanto para os Céticos.

Agora você vê como todas essas escolas — os Epicuristas, os Estoicos, os Céticos — estão convergindo para a mesma conclusão — o desamparo do homem e a desesperança da vida. Cada uma dessas escolas, à sua maneira, está amadurecendo o homem para o início de uma era religiosa. Cada um deles está minando a confiança do homem em alguma área vital e preparando-o para cair de joelhos e buscar orientação divina, conhecimento divino, felicidade sobrenatural. Estamos agora no limiar da descida do homem ao abismo medieval. Vemos a filosofia perdendo progressivamente a confiança: a mente do homem não é mais capaz de adquirir conhecimento. Os sentidos são inválidos, a razão é precária, pouco confiável e a vida na terra é um inferno, inerentemente dolorosa e malévola. Temos que desistir da esperança de felicidade na terra e somos criaturas assustadas e indefesas. Esta tendência tornou-se progressivamente mais intensa: estamos presos num mundo com o qual não podemos lidar, compreender ou funcionar com sucesso. Somos "estranhos e temerosos num mundo que nunca fizemos".[23]

A busca era pela salvação e, progressivamente, sentiu-se que os homens não conseguiriam alcançá-la sozinhos aqui na terra, como até os Estoicos mais pessimistas pensavam. A salvação depende, passou a ser sustentada, de olhar para outra realidade, uma realidade verdadeira e perfeita, uma realidade da qual este mundo em que vivemos é uma mera sombra, um reflexo, um subproduto insignificante semirreal. O conhecimento depende do contato — e da ajuda especial — dessa realidade superior. O conhecimento não é mais possível com base na lógica Aristotélica que opera na experiência sensorial. E felicidade, o que é? De acordo com esta visão, é a eventual fuga da vida na terra, do físico, do corpo, e a união da alma com a verdadeira realidade. Assim, o sobrenaturalismo na metafísica, o misticismo na epistemologia, o intenso conflito corpo-alma e o intenso ascetismo e antagonismo à vida na terra na ética — estes são os elementos que passaram a dominar toda a era.

Já vimos todos esses elementos antes em Platão. Todos os filósofos importantes desta época são fortemente influenciados por Platão. O período que vai do século I ou II a.C. até cerca do século VI d.C. (que é onde estamos agora na nossa cronologia) é geralmente classificado (corretamente) como uma versão do Platonismo, mas é uma versão em que o pior de Platão se torna predominante, e os lados mais pró-este mundo de Platão, os lados mais gregos pró-razão, são progressivamente ignorados e suprimidos.

Existem duas tendências filosóficas principais desde cerca do século II a.C. até cerca do século VI d.C. Uma delas foi a continuação da antiga filosofia pagã, que temos seguido desde o início deste curso, ou seja, uma filosofia que não se tornou uma religião formal com um texto sagrado, um sacerdócio etc., por mais mística que se tornasse em conteúdo. Esta filosofia pagã continuou com muito misticismo e muito pouca originalidade até 529 d.C., quando o imperador Justiniano fechou as universidades em Atenas e acabou com a filosofia grega permanentemente. A filosofia pagã consistia em várias escolas, geralmente renascimentos de filósofos gregos anteriores de convicção mais mística, especialmente Pitágoras (havia todo um florescente movimento neopitagórico) e Platão — havia um florescente movimento Neoplatonista. **A outra tendência principal enquanto a antiga filosofia pagã estava morrendo foi o nascimento e ascensão ao poder do Cristianismo como a principal fonte filosófica no mundo ocidental, um processo que levou séculos (o Cristianismo não alcançou realmente o domínio completo até o século IV ou V d.C.).** Na próxima palestra veremos o Cristianismo, mas quero concluir esta noite com uma filosofia pagã deste período, a fim de dar-lhes apenas uma amostra do que estava acontecendo com a filosofia não Cristã nesta época. Você apreciará então o nível de competição que o Cristianismo teve ou, mais precisamente, não teve.

NEOPLATONISMO (PLOTINO)

Agora, para Plotino. Ele foi o principal filósofo da escola chamada "Neoplatonismo", que foi a principal transição entre Platão e o Cristianismo. **Santo Agostinho, que veremos na próxima palestra, foi fortemente influenciado por Plotino e foi vital para a formação do Cristianismo.** As datas de Plotino vão de 204 a 270 d.C., portanto este é o primeiro movimento que encontramos que começa d.C.

Vamos direto à sua metafísica. Essencialmente, como o nome "Neoplatonismo" sugere, ele é um seguidor de Platão, com algumas peculiaridades próprias. Para Plotino, existe outra dimensão superior além do mundo em que vivemos — na verdade, como você verá, existem três delas. Por quê? Bem, é tudo essencialmente Platônico: este é um mundo em mudança, mas a realidade deve, como argumentaram Platão e Parmênides, ser imutável. Este é um mundo de imperfeição, mas a realidade deve, como argumentou Platão, ser perfeita. Este é um mundo de variedade e multiplicidade, de muitos, mas a realidade deve ser uma só. Lembre-se de que Parmênides chegou a chamar sua realidade de "o Um", aquela grande esfera física, e Platão sustentava que o universal em qualquer categoria era o Um nos Muitos. Portanto, a realidade para Plotino deve ser um existente absolutamente perfeito, imutável e completamente unificado, que você pode chamar de "Deus", "o Primeiro", "o Absoluto", "o Infinito", "o Bom" ou "o Único" — "o Um" pela razão óbvia de que é um. É essencialmente a Forma do Bem de Platão. Como é o Um, segundo Plotino? Qual é a sua natureza? O que Plotino pode nos dizer sobre isso? Nada. É, diz ele, inefável. Ou seja, você não pode dizer uma palavra sobre isso. Se disséssemos alguma coisa sobre isso, estaríamos fazendo uma distinção no Um, e estaríamos distinguindo sua existência de sua natureza, isto é, o fato de que é do que é. Mesmo se eu disser que o Um existe, faço uma distinção entre o Um e o fato de que ele é, ou seja, em outras palavras, faço do Um dois, e isso está errado. Você não pode, portanto, dizer nada sobre o Um, nem mesmo que ele existe. Você não pode dizer que é algo bom ou espiritual. É inefável, não conceitualizável, não descritível, além de qualquer coisa que a mente humana possa compreender, incompreensível para a razão humana. Tudo o que podemos fazer é dizer que transcende todos os conceitos humanos. Podemos dizer o que não é, mas não o que é.

Isto deu origem, no Cristianismo posterior, à escola conhecida como teologia negativa, que sustentava que não se pode dizer o que Deus é, apenas o que ele não é, porque, eles disseram (com validade) que se você der qualquer característica a Deus, você o limita. Se você diz que Deus é A, pelo simples fato de dizer que ele é A, você o excluiu de ser não A. Se há algo que ele não é, nessa medida ele é finito, limitado. Portanto, a escola de teologia negativa, que surgiu disso, sustentava que não se pode dizer que Deus é bom, porque o quê? Você quer dizer que ele é limitado e não pode fazer o mal se quiser? Você não pode dizer que Deus é onisciente e que ele não poderia frequentar um curso universitário e absorver conhecimento se quisesse? Você não pode dizer que ele é isso, por que não ser isso também? Em outras palavras, eles defendiam a opinião de que ter uma identidade é manchar Deus. A identidade é incompatível com Deus — o que é certamente verdade — e Deus, portanto, deve carecer de qualquer identidade atribuível humanamente, e este é o ponto de vista de Plotino. Você vê aqui o parentesco com a inefável Forma do Bem de Platão.

Se o Um é a realidade (não estou autorizado a dizer isso, mas Plotino escreveu nove livros sobre o inefável), nosso mundo físico deve de alguma forma ter procedido dela ou de alguma forma ser derivado dela. No entanto, não diretamente, pois existe uma diferença muito impressionante entre o Um, com a sua unidade absoluta e imutável, e as muitas coisas mutáveis que compõem este mundo. Precisamos de algum tipo de nível mediador de realidade, especificamente dois deles, entre o Um e o mundo físico. Então, teremos uma escala descendo a partir do Um, e ficaremos progressivamente cada vez menos unificados, cada vez menos imutáveis, cada vez menos perfeitos, até finalmente alcançarmos o último e menos real, menos perfeito nível, este mundo físico. Teremos então uma metafísica hierárquica caracteristicamente Platônica.

A primeira coisa que procede do Um, o segundo nível de realidade, é uma mente, que Plotino chama de "mente divina". O que essa mente tem como conteúdo? O mundo das Formas de Platão, os universais de Platão. Platão mostrou que esses universais devem existir, mas eles não estão no Um inefável, então Plotino os atribui à próxima camada da mente divina. Assim, temos uma mente contemplando como conteúdo todas as Formas Platônicas. Ele também pensava que esta mente continha ideias não apenas de abstrações, mas de cada instância particular dessas Formas. Esta mente divina é menos unificada do que o Um, porque agora podemos fazer algumas distinções entre a mente e o seu conteúdo, embora ainda seja muito unificada em comparação com as nossas mentes porque não pensa passo a passo. Ela não raciocina, mas examina todo o seu conteúdo, todo o mundo das Formas, num insight imóvel, intuitivo e imóvel. Essencialmente, ele tira uma conclusão perfeitamente válida de Platão. Aristóteles salientou que as abstrações só podem existir numa mente. Platão disse que as abstrações são reais, independentemente dos particulares deste mundo. Plotino juntou os dois e disse que ambos estão certos: As abstrações devem existir numa mente sobrenatural, o que é a mistura perfeita do Platonismo com o ponto de vista Aristotélico, e é a tendência inevitável do Platonismo. É por isso que em toda a filosofia posterior o mundo das Formas de Platão se torna pensamentos na mente de Deus, numa mente divina. Assim o universal se torna um pensamento de Deus.

Em vez de tentar estudar a anatomia da mente divina (que não creio que tenha grande significado prático para você), perguntemos: como a mente divina surgiu do Um? **O Um, diz Plotino, é inerentemente criativo (não podemos dizer isso, mas ele o disse), e, na verdade, transborda ou irradia, um processo que Plotino chama de *emanação*, que é o seu termo para o processo de qual um nível de realidade dá origem ao próximo.** Qual é a natureza da emanação? Não pode ser explicado literalmente; e tudo o que podemos fornecer é uma metáfora. Pense no Um como uma luz brilhante, como o sol de Platão (você vê como todos esses filósofos são derivados), então os raios de luz fluem do sol e, a uma certa distância, você tem uma área que é um pouco menos brilhante do que o próprio sol. Os raios enfraquecem, fica um pouco mais escuro e temos uma região ou dimensão da realidade que é menos perfeita, menos unificada que a fonte de luz. Você tem que pensar no sol como possuidor de energia infinita. Nunca se esgota, sempre brilha tão intensamente como sempre. O processo de emanação, diz Plotino, não leva tempo para ocorrer, então você tem que imaginar que a luz não leva tempo para viajar do Sol até a próxima região, se a analogia for exata. Em outras palavras, para Plotino, o processo de emanação não ocorre em algum momento. Nunca houve um começo da mente divina. Ela emanou eternamente do Um. Este, como vê, é o último vestígio da visão grega de que o universo é eterno, em vez de ter sido criado em algum momento no tempo.

A mente divina quer imitar a criatividade do Um, por isso emana o próximo nível, a terceira dimensão, que Plotino chama de *alma do mundo*, e que, como você vê, é o elemento Estoico óbvio. Platão, no *Timeu*, também subscreveu a ideia de uma alma mundial, uma alma do mundo inteiro. Não é muito importante o que ele pensava que era a alma do mundo. Com efeito, também pensa, mas agora pensa mais como nós, discursivamente, passo a passo. Portanto, seus processos mentais estão infectados pela multiplicidade, pela mudança. Não possui a contemplação imóvel da mente divina. Como a alma, para toda a tradição grega, é o princípio da vida, e a vida está inerentemente ligada à mudança e ao movimento, a alma do mundo é muito menos perfeita, unificada ou imutável do que os níveis superiores. Em termos de metáfora, estamos nos afastando do sol. Está ficando mais escuro.

Próxima etapa: a alma do mundo emana almas individuais, que emanam corpos e depois os habitam. Em outras palavras, o mundo material como o conhecemos é emanado da alma mundial como o último nível. Quando chegamos ao mundo material, temos o máximo de mudança, multiplicidade, imperfeição, etc., portanto, o mais baixo da realidade. Não posso resistir a acrescentar que temos aqui a verdadeira primazia da consciência — mentes e almas criam matéria, criam corpos. Quando chegamos a Plotino, esta primazia da consciência, que eu disse estar implícita em Platão, tornou-se deliberada e adotada como uma questão de princípio, não apenas por Plotino, mas por todas as filosofias distintivas do período, incluindo o Cristianismo. Todos se opuseram à ideia Aristotélica de que a consciência ou, como diriam, a mente ou a alma, era um princípio metafisicamente passivo, dependente da matéria e dedicado apenas à descoberta dos fatos do mundo material. O espiritual, todos insistiram, está acima do material. Tem primazia metafísica, tem primazia avaliativa e vem em primeiro lugar na ordem do ser. **A matéria é um derivado de um princípio espiritual. A consciência é independente da matéria. É um princípio metafisicamente produtivo, enquanto a matéria é o comparativamente irreal, o derivado, simplesmente o resultado das operações da mente. A matéria é um produto do espírito. Esta é a verdadeira primazia da**

consciência agora tornada explícita. É o legado dessa mentalidade que você ouve ao seu redor quando as pessoas perguntam de onde veio o universo. Quando você diz que sempre existiu, eles dizem: "Mas não poderia ter existido sempre!" Você pergunta por que não, e eles dizem: "Bem, algo deve tê-lo criado — alguma mente, Deus, etc." Você diz, bem, mas Deus sempre existiu, e eles dizem "Sim". Você diz, mas então você não está mais à frente, e eles dizem: "Bem, sim, mas mesmo assim, estou mais à frente, porque Deus é uma mente, e posso considerar uma mente como primária, mas não posso considerar uma realidade física como primária." Essa é a mentalidade ao longo deste período Helenístico tardio exemplificada por Plotino, embora ele próprio, como grego, acreditasse pessoalmente que a matéria sempre existiu e foi eternamente emanada da alma do mundo.

Observe, portanto, que além do mundo material, temos três princípios imateriais que, em última análise, dão origem a este mundo: o Um, a mente divina, a alma do mundo. Temos uma trindade de princípios imateriais divinos acima e contra a matéria. Isto é muito comum a todas as filosofias pagãs deste período. Eles geralmente sustentavam que são necessários dois intermediários para preencher a lacuna entre Deus e o mundo físico. Consequentemente, uma trindade sobrenatural era muito comum. É claro que foi assumida intacta pelo Cristianismo e tornou-se o Pai, o Filho e o Espírito Santo, que foi concebido pela teologia cristã bastante no modelo de Plotino. Não havia nada de distinto no culto Helenístico do três — os Pitagóricos estavam todos entusiasmados com o três no seu tempo, e Hegel e Marx ficaram todos entusiasmados com o três no século XIX, pelo que esta parece ser uma doença perene da filosofia.

Plotino teve que enfrentar um problema que havia muito era enfrentado pelos filósofos religiosos. Foi enfrentado por Platão (mesmo que a sua filosofia não fosse totalmente uma religião), foi enfrentado pelos Estoicos e pelos Cristãos. Esse problema é o problema do mal. O problema é muito simples: coisas más acontecem no mundo (terremotos, vulcões que derramam lava sobre pequenas comunidades italianas pacíficas e virtuosas ao pé delas, doenças que provocam tumultos e atacam tanto os justos como os injustos, massacres e guerras, etc.). **O problema do mal é que se o universo é governado por um poder todo-poderoso do bem, por que ele permite o mal?** Esta tem sido uma objeção padrão à religião desde que a religião apareceu pela primeira vez em cena. Epicuro, que não tinha de responder a este problema (sendo essencialmente ateu), apresentou o problema aos Estoicos da seguinte forma: ele disse que existem apenas quatro possibilidades em teoria. Ou Deus quer remover o mal do mundo, mas não pode, porque não é poderoso o suficiente — o que mostraria fraqueza da parte de Deus, o que é contrário à natureza de Deus como você o descreve; ou Deus é capaz de remover o mal do mundo, mas ele não quer, o que mostraria malignidade, o que é igualmente contrário à natureza de Deus; ou Deus não é capaz nem quer, e então ele seria impotente e maligno; ou, finalmente, ele está disposto e capaz, que é o único que está em consonância com Deus conforme você o descreve. De onde então vem o mal? Por que Deus não o remove? Foi assim que Epicuro colocou o problema, e as religiões tentaram todas as respostas imagináveis e inimagináveis para esse problema, que geralmente se resumem ao que chamamos de que o mal não existe realmente, pois é apenas o mal de uma perspectiva humana limitada. Se você pudesse ver o universo como um todo do ponto de vista de Deus, você veria que tudo tem um lugar em seu esquema e em seu plano, e realmente, portanto, o que chamamos de "mal" é realmente bom se visto do ponto de vista de Deus. A única coisa errada com esta resposta é que os seus defensores dizem: "É claro que, como seres humanos, não podemos ver tudo do ponto de vista de Deus" e, portanto, se você é um ser humano, esta resposta é opaca, e inapreensível. Se você não fosse humano, você saberia a resposta. Este é um apelo errôneo ao misticismo.

Mas Plotino, com seu esquema de emanação, pelo menos tem uma resposta melhor para o problema do mal. Porque era uma resposta um pouco melhor do que as respostas padrão, foi aceita por Agostinho e pelo Cristianismo (embora o Cristianismo, almejando o sucesso popular, tenha enganado tudo com histórias sobre Adão e Eva e assim por diante, mas isso não é essencial apontar). Então, aqui está Plotino sobre o problema do mal.

Em primeiro lugar, diz ele, o mal está associado à matéria, ao físico. Tendo em conta as suas tendências Platônicas antimatéria e o conflito alma-corpo que foi endêmico durante todo este período, isso não deveria surpreendê-lo. Assim, o problema do mal é realmente o problema da matéria. Mas o que é a matéria, perguntou Plotino? É algo positivo? Se for, poderíamos culpar o Um por emaná-la, e poderíamos responsabilizar o Um pelo mal. Mas, diz Plotino, o fato real é que a matéria é o quarto e último nível do processo de emanação. Se usássemos a metáfora do sol, ficaria cada vez mais escuro à medida que deixamos o Um. Em algum momento, fica realmente escuro, não há mais luz, ficamos com escuridão total, e isso é matéria, o ingrediente essencial do nosso mundo físico. Portanto, a matéria não é algo positivo. É apenas aquela região da realidade caracterizada pela ausência da energia, da luz, da perfeição do Um. Em si, a matéria é irreal, uma ausência, um não ser, e aqui novamente vemos a enorme influência de Platão, a sua ideia de que o constituinte distintivo do mundo físico é o espaço vazio, o princípio do não ser. Para Plotino, a matéria é onde correm os raios solares e, como tal, não se pode culpar o Um pela matéria ou, portanto, pelo mal, porque isso é inerente ao processo de emanação. Em termos de metáfora, não pode irradiar luz sem que a luz esteja a alguma distância dela. Portanto, é mais escuro e menos perfeito. Se o Um é perfeição, qualquer coisa que dele emana, qualquer coisa que esteja distante dele, deve na lógica ser menos perfeita, deve na lógica ter algum defeito metafísico, então não é culpa do Um. O Um é a fonte da luz e, portanto, é responsável pela luz (em outras palavras, por toda a realidade e perfeição do universo). **O mal, o físico, é apenas a escuridão que o Um não alcançou. Não é algo que existe positivamente, mas sim uma ausência. Este princípio foi assumido intacto pelo Cristianismo e utilizado da seguinte forma: Deus é o bem, o mal é o deficiente, o defeituoso, tudo o que não é Deus e, portanto, o mal é inerente ao mundo precisamente porque não é Deus. Mas como não é nada positivo, Deus não pode ser responsabilizado por isso e, portanto, existe o mal, mas Deus não é responsável. Essa é a solução Cristã essencial para o problema do mal, a mais sofisticada, e é puro Plotino e, em última análise, Platão.**

Devo mencionar que os Estoicos tinham toda uma variedade de respostas menos profundas para o problema do mal, bastante diferentes desta, e muitas delas ainda estão por aí hoje. Se você estiver interessado, pergunte no período de perguntas.

Como Plotino sabia de tudo isso? Em parte, ele afirmou oferecer razões de tipo Platônico, como tentei esboçar brevemente. Contudo, e quanto à sua visão sobre o Um e o processo de emanação? Como ele sabia, senão pela razão? A sua resposta foi: para conhecer o Um, é preciso passar por um processo especial, que envolve uma longa luta, um longo período de ascetismo, um longo período de autodisciplina. Você tem que esvaziar sua mente em determinado ponto de todo conteúdo, de todas as imagens, de todos os pensamentos, de todas as experiências sensoriais, de todas as emoções, de toda razão. Você tem que, na verdade, saltar para fora do seu eu estreito e de todo o mundo físico. Isso é possível, afirma ele. Se você fizer isso com sucesso, de repente perderá todo o senso de sua própria individualidade e de sua razão com todas as suas distinções, multiplicidade e lógica, e assim por diante. De repente, você se fundirá diretamente com o Um e verá o que é. O que você não pode comunicar a quem não teve a experiência.

Esse estado passou a ser chamado de êxtase, da palavra grega ékstasis (ἔκστασις), que significa "fora de si". Neste uso técnico, não significa apenas um prazer forte, mas sim o estado de literalmente saltar para fora dos limites de si mesmo e do mundo e fundir-se com uma divindade em um transe incomunicável. Plotino foi o grande defensor do êxtase, e seus biógrafos relatam que ele o experimentou quatro vezes em seis anos, o que imagino ter sido uma grande tensão. É muito semelhante à visão de Platão sobre como conhecer a Forma do Bem. Os místicos de hoje, posso dizer, apresentam dois argumentos supostamente

301

racionais a favor do êxtase e por que ele revela verdades inatingíveis por quaisquer outros meios. Se você estiver interessado nessas tentativas modernas de justificar o êxtase, basta perguntar no período de perguntas.

Não tenho muito mais a dizer sobre Plotino. Sua ética é exatamente o que você imagina que seja. A esta altura você já deve ser capaz de dizer, pelas três primeiras sentenças da metafísica de um filósofo, o que será o resto de sua filosofia, porque já passamos da era de qualquer coisa original. O objetivo final da vida é escapar desta terra, diz Plotino, voltar para casa, para a verdadeira realidade, para o mundo espiritual. Para ser um pouco irreverente, existem dois caminhos: o caminho mais curto para casa e o caminho mais longo para casa. O caminho mais curto para casa é o êxtase, que vocês podem esperar fazer por um breve período aqui na terra. O caminho mais longo é através da "roda do nascimento". Junto com Platão, Plotino aceitou todo o esquema Pitagórico de reencarnação com a esperança final de finalmente escapar da roda do nascimento e ficar em casa permanentemente. Enquanto isso, na terra, você deve viver asceticamente, afastando-se dos prazeres físicos. Plotino era um defensor ferrenho e intenso da oposição mente-corpo e supostamente tinha vergonha do fato de possuir um corpo. Ele adotou a abordagem Platônica padrão da ética, mas muito mais intensa do que em Platão. Mas Plotino busca prazer em relação ao que está por vir.

Você vê até que profundidade e por quais passos principais a filosofia grega, em todos os ramos principais, degenerou em misticismo errante. **Mas o Neoplatonismo pagão não foi a onda do futuro, não na forma que acabei de apresentar a vocês. A filosofia de Plotino, que é típica daquilo que os antigos filósofos pagãos diziam neste período, é demasiado abstrata e remota para ser entendida pelo homem comum dessa forma.** Sua essência pegou, mas não na forma de um esquema de emanação complexo com uma mente superdivina e uma alma mundial. Isso foi muito abstrato. **Durante esses séculos, o homem comum (ou pelo menos um grande número deles) queria as mesmas coisas básicas: queria outra realidade. Por se sentir impotente na terra, ele queria fuga e salvação, tendo sido moldado e moldado durante séculos por todos esses filósofos. Estes desejos dos homens comuns foram atendidos pelo desenvolvimento durante estes séculos de uma série de cultos populares de mistério de baixo nível, geralmente importados do Oriente, que cresceram continuamente no Império Romano. Esses cultos eram religiões primitivas, algo da ordem dos Órficos que vimos algumas palestras atrás. Todos eles prometeram salvação aos seus seguidores. Havia o culto de Ísis e Osíris, o culto da Grande Mãe, o culto de Mitra, etc. Muitos deles derivam de direitos primitivos, até mesmo selvagens, de fertilidade. A maioria desses cultos tinha muitas características em comum:**

geralmente ofereciam salvação aos crentes, prometiam a imortalidade e tinham um conjunto complexo de rituais a serem praticados e dogmas a serem aceitos. Era comum acreditar que o deus específico que eles adoravam havia morrido e depois ressuscitado. Isto é uma herança do antigo ritual de fertilidade a partir do qual muitos desses cultos cresceram, ou seja, o deus morre no inverno, e então na primavera, quando as coisas renascem, o deus volta à vida, e essa é a fonte original da ideia de um deus morrendo e depois ressuscitando, e há uma grande semelhança até nos mínimos detalhes. Por exemplo, o Mitraísmo, que estava associado à adoração do sol, sustentava que 25 de dezembro era um feriado importante porque era o dia do renascimento do sol após o fim do inverno. Muitos séculos mais tarde, o Cristianismo decidiu que, uma vez que não podiam acabar com aquela festa pagã, fariam dela o dia do nascimento de Jesus. Mas pelo que sabemos, ele nasceu, creio eu, em junho.

Um desses cultos era um grupo de judeus, o culto de Jesus. Começando como um obscuro movimento de reforma dentro do Judaísmo, logo se tornou um culto de mistério distinto, uma nova religião, principalmente devido aos esforços de São Paulo. Na sua essência (isto é, no seu conteúdo filosófico básico e nas suas promessas), não era muito diferente de todos os outros que floresciam na época. Nem foi imediatamente muito popular, pois havia uma enorme competição entre esses cultos misteriosos por seguidores. Mesmo no século III d.C. (centenas de anos depois de Jesus), era considerado muito menos significativo pelo homem culto da época do que muitos outros cultos. Foi considerado uma seita judaica obscura e um tanto maluca. Não preciso dizer quem ganhou esta competição. A razão pela qual venceu deve-se essencialmente aos métodos táticos, estratégicos e propagandísticos, e não ao seu conteúdo ideológico distinto. Para obter detalhes, consulte qualquer bom histórico. O típico culto ao mistério atendia apenas aos homens, seguindo o antigo preconceito em favor da superioridade dos homens. O Cristianismo enfatizou igualmente a alma das mulheres, e isso deu-lhes uma grande vantagem sobre os outros cultos desde o início. O Cristianismo tinha uma imensa vantagem tática no seguinte fator: havia muita gente que queria jogar pelo seguro, e então eles se juntavam a três ou quatro cultos misteriosos diferentes, imaginando que se um não tivesse a chave, o outro culto a teria. O Cristianismo foi um dos poucos que não permitiram isso. O Cristianismo disse que se você se juntar a qualquer outro, você não pode se juntar a nós, e se você se juntar a nós, é isso. Isso foi enormemente impressionante para as pessoas que pensavam que deviam realmente saber do que estavam a falar se estivessem dispostas a apostar tudo na sua opinião. São considerações deste tipo que são essencialmente responsáveis pelo sucesso do Cristianismo nesta competição. Não era chamado de

"Cristianismo" nos primeiros séculos, mas passou a ser chamado de "Cristianismo" com o passar do tempo. Qual é a filosofia do Cristianismo? Esse é o assunto da próxima palestra.

Palestra VI, Perguntas e Respostas

P: Por favor, comente sobre a visão de que embora a certeza seja impossível, a probabilidade existe.

R: Essa visão representa uma falácia fundamental, identificada por Ayn Rand como a *falácia do conceito roubado*. "Probabilidade" significa um estado probatório no qual existe uma quantidade considerável de evidências a favor de uma conclusão, mas as evidências não são conclusivas. Nesse sentido, contrasta-se, por um lado, com a certeza, em que há provas conclusivas, e por outro lado, com a possibilidade, em que há algumas, mas não muitas, provas. **A probabilidade é uma avaliação da quantidade de evidências e, como tal, pressupõe a possibilidade de conhecimento. Todos os itens de evidência que, juntos, garantem a sua afirmação de probabilidade são eles próprios certezas — são peças de conhecimento em relação à hipótese de que o que você está dizendo é provável. Se não tivéssemos conhecimento, nunca poderíamos afirmar que algo é evidência e, consequentemente, nunca poderíamos fazer qualquer distinção entre possível versus provável, versus certo.** Além disso, se não existe certeza, então não há significado para a frase "evidência conclusiva", porque nada constituiria evidência conclusiva, e nunca poderíamos formar tal conceito. Se existe certeza, qual seria o significado de evidências inconclusivas? Se eu lhe dissesse que tudo o que temos são não gloops, e você me dissesse: "O que é um gloop?", e eu dissesse que os gloops são inatingíveis pelo homem, você diria: "Bem, se os gloops são inatingíveis, os não gloops gloops não têm sentido. **A probabilidade é a negação da certeza — é um estado de evidência inconclusivo.** Se não conseguirmos atingir estados conclusivos, então isso se tornará um conceito vazio e nenhuma negação dele terá qualquer significado. Nesse sentido, é um conceito completamente roubado. Falarei mais sobre o ceticismo na aula doze.

P: Se o mal é a não Deidade (como disse Plotino), isso ainda não implica a não onipotência da parte de Deus?

R: Você quer dizer que há algo que Ele não pode fazer. Sim, de certa forma isso acontece porque ainda está restringindo Deus pela lógica. O argumento é que não se pode esperar que Deus crie sem que a sua criação seja algo diferente dele, porque isso é inerente ao próprio significado da criação ou emanação. Portanto, seria uma contradição se Deus criasse algo que não fosse ele e, portanto, as próprias leis da lógica proíbem que Deus faça isso. Se isto é uma limitação à onipotência de Deus depende de você considerar a adesão às leis da lógica como uma limitação ao poder de Deus. Os Cristãos típicos diriam que isso não é uma limitação ao poder de Deus. Eles diriam que Deus tem que aderir às leis da lógica, mas afinal de contas, qualquer contradição não é sequer concebível e, consequentemente, quando você diz que Deus não pode realizar contradições, você não está dizendo que há algo concebível para o homem que Deus não pode fazer, então uma contradição não tem sentido. Portanto, a incapacidade de Deus de criar contradições não é uma limitação ao seu poder, porque uma contradição está fora do alcance da mente. Foi assim que os Cristãos Aristotélicos tentaram contornar este ponto. Os verdadeiros Cristãos religiosos pegaram o touro pelos chifres e disseram para o inferno com a lógica — Deus é tão poderoso que poderia violar as próprias leis da lógica se quisesse, e de fato faz isso o tempo todo. **Havia um deles, Peter Damian (também conhecido como Damiani), amado pelos Existencialistas. Ele era um místico Cristão, que disse que Deus é tão poderoso que, uma vez que o passado tenha acontecido, Deus poderia aboli-lo retroativamente. Isso é o que você chama de todo-poderoso. As únicas outras pessoas que reivindicam esse poder são os funcionários soviéticos.**

P: Qual é a explicação objetivista do Paradoxo do Mentiroso?

R: O Paradoxo do Mentiroso tem tanta plausibilidade como se eu fosse até você e dissesse: "Um cachorro é, e não é, um animal, verdadeiro ou falso?" Então se você me disser: "Bem, você disse que ele é", e se eu disser: "Sim, mas eu disse que ele não é, então se ele é, ele não é, e se ele não é, ele é" — você me diria que isso não é um paradoxo que prova algo sobre a lógica humana. **Apenas mostra que se você proferir uma contradição, obterá resultados contraditórios dela.** Qualquer declaração que você faça e apresente para alguém considerar, a menos que você esteja envolvido em um engano aberto, tem o prefixo implícito "O que estou prestes a dizer é verdade". Se o conteúdo da sua declaração for "O que estou dizendo é falso", então a sua afirmação inicial será "O que estou dizendo é verdade e não é", o que é uma contradição flagrante. A partir disso, você não pergunta o que se segue, mas pede para a pessoa ir para casa e se decidir. **Existem milhares de formas desse Paradoxo do Mentiroso em particular. Mas todos se resumem a isto: começam com uma contradição e depois culpam a razão humana por isso.** Então Bertrand Russell atribui um suposto paradoxo e degenera todo o conhecimento humano para supostamente resolvê-lo. Mas isso é algo para o qual você precisa conhecer a filosofia moderna: para compreender que um fenômeno tão anormal é possível.

P: Houve algum hedonista psicológico que não fosse hedonista ético?

R: Sim. Não consigo pensar nos nomes de imediato, mas em teoria já conheci esse tipo. O seu raciocínio é este: se o homem é obrigado a perseguir o prazer e não tem escolha quanto ao rumo da sua vida, a moralidade está fora de cogitação, é uma perda de tempo. Não adianta dizer a um pedaço de giz depois de jogá-lo pela janela: "A propósito, é sua obrigação moral cair", porque se o giz pudesse ouvi-lo, ele responderia: "Não se preocupe em me dizer, já que vou fazer isso de qualquer maneira." Se o homem é obrigado a buscar o prazer, não faz sentido construir qualquer teoria ética, mesmo de tipo hedonista, com base nisso, e isso é válido. Mas pressupõe que o determinismo é incompatível com a moralidade.

P: Qual é o método atual usado pelos deterministas para lidar com o problema da liberdade e da moralidade?

R: O método, que remonta a alguns séculos, é chamado de *determinismo suave*. Existem dois tipos de deterministas hoje, os *deterministas rígidos* e os deterministas suaves. O nome foi dado por William James, que era ele próprio um indeterminista, ele pensava que os deterministas suaves eram moles da cabeça, sobre o que ele está correto. Portanto, ele deu o nome como um termo pejorativo, mas pegou e agora é usado tecnicamente. **Um determinista suave é qualquer pessoa que diga que o determinismo e a moralidade são perfeitamente compatíveis.** Como eles conseguem isso? Bem, como segue. A moralidade, dizem eles, é um dos fatores que determinarão as pessoas no futuro. Se tivermos injunções morais e dissermos às pessoas que devem fazer isto e não devem fazer aquilo, a própria defesa desses pontos de vista torna-se um dos fatores determinantes que moldarão o comportamento humano. Portanto, tudo é necessário, nada poderia acontecer de forma diferente, mas ao promover certas ideias morais e repudiar outras, assumimos assim sobre nós o poder de determinar o futuro da humanidade. Desnecessário será dizer que o determinista suave dirá: "Sim, garanto-lhe que eu próprio não tive escolha senão defender o que defendo. Mas isso é determinismo, e isso não me incomoda." No entanto, dizem eles, devemos fazer uma grande distinção. **Por exemplo, tomemos a teoria da punição. Quando punimos alguém, o que justificamos com base nos nossos fundamentos deterministas de que a punição terá boas consequências, não o estamos punindo em nome da retribuição pelos seus crimes passados. A retribuição, afirmam, seria injusta, porque, afinal, a pessoa não poderia evitar o que fez, pois não tinha escolha. Qual é** então, a justificativa da punição? Suas consequências sociais desejáveis. Você pune um indivíduo para dissuadi-lo, ou outros de se envolverem em comportamento antissocial (como eles diriam), ou você o pune para reabilitá-lo, ou você o pune para impedi-lo de prejudicar outras pessoas. Por outras palavras, a justificação da punição é "utilitária" — isto é, preocupa-se com os benefícios para a sociedade porque a sociedade é mais importante do que o indivíduo. Portanto, temos duas teorias contrastantes de punição, a teoria retributiva e a teoria utilitarista. A teoria retributiva, caracteristicamente defendida pelos defensores do livre-arbítrio, diz que só se deve punir um homem se ele tiver cometido um crime voluntariamente, caso em que a justificação da punição é a justiça, a retribuição, ou seja, retribuir-lhe o que fez.** Os deterministas suaves dizem que isto é injusto, porque ninguém tinha escolha sobre o que fazer, e a justificação da punição são as suas consequências sociais utilitárias. Isto leva-os a problemas monstruosos, entre os quais o mais importante é: o que há de errado, então, em punir um homem inocente que não fez absolutamente nada, se pudermos mostrar que isso conduz a consequências sociais desejáveis? Os deterministas suaves tentam todo tipo de truque para sair dessa situação. Mas essa é a mentalidade coletivista-altruísta completa que não consegue conceber o indivíduo como a unidade na ética e, por isso, está aberta a todas as objeções ao coletivismo.

P: Como você reconcilia o livre-arbítrio com a causalidade?

R: **Em essência, muito facilmente: você não iguala causalidade com mecanismo. A causalidade, tal como implícita em Aristóteles e explicitamente endossada pelo Objetivismo, afirma que tudo o que acontece, acontece como resultado da natureza da entidade atuante, e dada uma entidade com uma certa natureza, em um certo conjunto de circunstâncias, ela pode atuar apenas um tipo de ação.** Isto, como uma proposição metafísica, ainda não afirma que tipos de entidades existem ou que tipos de ações elas podem realizar. Isso deixa essa questão em aberto como metafísica. Se você tiver uma prova independente de que o homem tem volição, de que ele tem escolha **(e presumo que você esteja familiarizado com a visão Objetivista de que a área direta de escolha do homem é focar sua mente ou não, pensar ou não, e que todo o resto é uma consequência causal dessa escolha)** — mas assumindo agora que existe uma prova independente, isso não é uma violação da lei da causa e efeito. Um certo tipo de entidade — a saber, o homem — sob certas circunstâncias — a saber, ele é são, cresceu, já passou de uma certa idade, está consciente e desperto, tem um cérebro intacto, e assim por diante — tem apenas uma ação possível que cabe a ele, ou seja, escolher, e esse é o tipo de ação que ele realiza. Ele deve realizá-la. É causalmente necessário. **A prova da sua inevitabilidade e da necessidade causal da escolha é a queixa dos Existencialistas, que andam por aí lamentando o fato de não poderem evitar a escolha.** Mas, uma vez que estamos falando de escolha, isso significa que a seleção de alternativas por uma entidade autogerada não é necessária. **A escolha é uma subespécie da ação causada e não é de forma alguma incompatível ou violadora do princípio da causalidade, se você entender a causalidade no sentido Aristotélico e não no sentido Atomista Mecanicista do termo.**

P: A teoria da alma mundial de Plotino tem alguma relação com a teoria do espírito mundial de Hegel?

R: Suponho que sim, de certa forma, e há uma influência definida de Plotino sobre Hegel. Eu preferiria, no entanto, deixar isso de lado, porque explicar levaria algum tempo e estaria além do alcance de qualquer pessoa que ainda não conheça Hegel, de quem não se pode resumir brevemente. No geral, porém, tem sido frequentemente dito que certos seguidores de Plotino anteciparam Hegel, mas na verdade, qualquer coisa no mundo antigo está muito distante de qualquer coisa na filosofia Romântica moderna, certamente Hegel. Mas há uma semelhança, até mesmo uma antecipação do tríplice processo dialético de Hegel, em Jâmblico, que foi um dos seguidores de Plotino.

P: Qual foi o argumento dos céticos para mostrar que o silogismo é inválido e qual é a resposta?

R: Este é um argumento aceito por muitos filósofos britânicos até hoje e, historicamente, por John Stuart Mill, Francis Bacon e vários outros. **Afirma que todo raciocínio silogístico, por sua natureza, comete a falácia da petição de princípio. Você conhece a falácia de petição de princípio, ou seja, de usar ou presumir o que você está tentando provar como parte da prova.** Eles disseram que o silogismo comete necessariamente esta falácia. Por quê? Bem, tomemos o silogismo: "Todos os homens são mortais; Sócrates é um homem; portanto, Sócrates é mortal." Para que seja um argumento válido, temos que ser capazes de conhecer as premissas antes da conclusão. Mas tomemos a premissa "Todos os homens são mortais" — esta é uma afirmação sobre todos os homens. Consequentemente, dizem eles, você teria que saber independentemente que isso é verdade para todos os homens para poder dizê-lo: como Sócrates era um homem, você teria que saber que isso era verdade para Sócrates para poder dizer que todos os homens são mortais, mas se você precisa saber que é verdade que Sócrates diz que todos os homens são mortais, então você estará andando em círculos e dizendo: "Todos os homens são mortais; portanto, Sócrates é mortal." Portanto, a conclusão de qualquer silogismo, e na verdade de qualquer argumento dedutivo, é dessa forma assumida nas premissas e, portanto, não se aprende nada de novo pelo raciocínio silogístico, porque é tudo circular. **O que há de errado com esse argumento? Há uma falha fundamental na compreensão do fenômeno da abstração. O que há de errado com isso é o seguinte: os seres humanos são capazes de compreender que todos os homens são mortais sem nunca saberem que existia uma entidade como Sócrates.** Você capta generalizações por indução a partir de certos casos e então, assumindo que possui uma metodologia apropriada, generaliza para incluir toda a classe com base no seu conceito de "homem". Portanto, não é necessário saber nada sobre Sócrates para validar a proposição "Todos os homens são mortais". **É verdade que a conclusão está implícita na premissa; mas esse é o critério de qualquer raciocínio válido e não é pressuposto pela premissa, o que representa uma grande diferença. Ou, como W.D. Ross coloca este ponto, a petição de princípio é quando a conclusão está contida na própria premissa, mas a conclusão de um silogismo está contida apenas na combinação das duas premissas, que têm de ser colocadas juntas — e é precisamente isso em que o raciocínio consiste.** Portanto, o verdadeiro significado disso é que eles se opõem ao raciocínio porque é raciocínio. Se fosse assim, então você não poderia chegar a nenhuma conclusão. Qual é o status do argumento: "Todos os silogismos são petição de princípio; isto é um silogismo; portanto, é uma petição de princípio"? Eles precisavam saber que esse silogismo é uma petição de princípio para saber que todos os silogismos são uma petição de princípio? Se assim for, eles estão implorando a questão. Você entende o que quero dizer: essas pessoas roubam conceitos a torto e a direito. É um grande furto.

P: Quem foi o pai dos direitos individuais?

R: Vou lhe dar cinco respostas diferentes. Aristóteles — estabelecendo a metafísica da realidade do indivíduo. Os Estoicos — por serem os primeiros a compreender a igualdade metafísica de todos os homens. John Locke — por ser o definidor mais influente do conceito de direitos individuais inalienáveis à vida, à liberdade e à propriedade. George Washington e os Pais Fundadores, que iniciaram o primeiro país a compreender e a implementar o princípio dos direitos individuais. Ayn Rand, que foi a primeira a fornecer um sistema filosófico completo a partir da metafísica e, mais importante neste contexto, da ética, validando o conceito. Esses cinco.

P: Por favor, discuta a questão da vida versus felicidade versus prazer como padrão de valor em uma ética.

R: Primeiro, tomemos a questão do Hedonismo versus Eudaimonismo, do prazer versus felicidade. Qual é a diferença? Existem dois pontos principais. Hedone, ou prazer, é, como o termo grego foi usado exclusivamente, um estado emocional, um estado de sentir um certo tipo de prazer ou satisfação, enquanto a Eudaimonia, como vimos da última vez, é filosófica e um conceito muito mais amplo, envolvendo um modo de vida total — não apenas emoção, mas pensamento, realização, ação. Em segundo lugar, hedone, prazer, é um sentimento temporário e de curto alcance — você experimenta prazer por um minuto ou, se tiver sorte, por uma hora, mas isso não dura para sempre. Está quebrado com intervalos de indiferença ou dor, e assim por diante. Assim, a boa vida para o hedonista consiste em ter o maior número possível de experiências prazerosas discretas, tendo uma soma de prazeres separados e desconexos. Nesse sentido, o hedonismo é uma mentalidade de curto alcance na ética. A felicidade representa um estado duradouro e de longo alcance da pessoa total, um atributo de caráter, não um sentimento efêmero. Por exemplo, podemos falar de uma pessoa feliz, mas não de uma pessoa satisfeita, como atributo de caráter, ou seja, um é duradouro, o outro é efêmero. Assim, nestes dois aspectos, como padrão ético, o Eudaimonismo é muito superior ao Hedonismo. Devo acrescentar, no entanto, que muitas vezes hoje a palavra "felicidade" é usada pelos Hedonistas como meramente uma preponderância de longo alcance do prazer sobre a dor — isto é, eles interpretam o conceito hedonisticamente — e sendo assim, um Hedonista falará completamente indiferente ao prazer ou à felicidade, e assim a distinção aqui desmorona. Este é um ponto histórico da relação entre Aristóteles e os Hedonistas.

Quanto à visão Objetivista, o Objetivismo se opõe a qualquer teoria que faça de uma emoção, seja de longo ou curto prazo, um padrão de valor. (Para obter detalhes, consulte "A Ética Objetivista", o ensaio de abertura de *A Virtude do Egoísmo*.) O Objetivismo sustenta que a felicidade, o prazer da vida, pode ser propriamente o propósito último da ética, mas nunca o padrão. Por "padrão ético" entendemos aquele critério, aquela medida, através da qual determinamos o valor ou a virtude de qualquer outro candidato. Esta ação é certa ou errada em relação a este padrão? Esta qualidade é boa ou ruim em relação a este padrão? Este propósito é desejável ou indesejável por referência a este padrão? **Se a sua ética pretende ser objetiva, o seu padrão deve ser um fato, não um sentimento, e deve ser algo que você possa provar objetivamente, algo que determine um conjunto necessário de valores derivados. Se a vida do organismo é o padrão, isso é um fato, e tem requisitos objetivos definidos, independentemente de quem sente o que, e você tem uma ética objetiva.** Mas se a felicidade é o padrão, então a primeira questão é: o que é felicidade? É um estado emocional interno. E que tipo de estado? É um estado que vem da conquista de seus valores. Pressupõe que você tenha um código de valores. Qual era o padrão desse código e de onde você o tirou? Se uma emoção é uma resposta a valores, então fazer de uma emoção o padrão é fazer da sua resposta aos valores o padrão de valores, mas uma resposta aos valores pressupõe um código de valores. Então, você está entrando em um círculo sem esperança. O resultado é que qualquer pessoa que tome uma emoção como padrão é filosoficamente parasita. Independentemente dos seus protestos, ela está a assumir (ecleticamente, geralmente) os valores gerados por filósofos que não têm as emoções como padrão. Ela os aceita e absorve, reage com base nisso e depois usa sua emoção subjetiva como padrão. Aristóteles não pretendia ser subjetivo — por isso insistiu que a Eudaimonia não era simplesmente emoção — mas incluía-a, e é um erro grave. Nesse aspecto, a ética de Aristóteles inclina-se para o subjetivismo. **Não pretendo sugerir que Ayn Rand escolheu a vida como padrão porque queria uma ética objetiva e essa era a única maneira de consegui-la, porque essa seria a primazia da consciência. Ela provou que a vida é o padrão.** Portanto, não é que ela tivesse um desejo e depois distorcesse a ética para satisfazê-lo — essa seria a primazia da consciência.

P: Com relação ao Paradoxo do Mentiroso, acredito que a resposta moderna se reduz à lógica matemática de Bertrand Russell e Alfred Whitehead. Como um Objetivista responderia a isso?

R: Não quero comentar aqui sobre a lógica matemática de Russell e Whitehead. Nos seus fundamentos filosóficos é completamente corrupta. Representa uma tentativa de divorciar totalmente a lógica dos conceitos. Representa uma tentativa de ter lógica com base na negação de universais de qualquer tipo, Platônico, Aristotélico ou qualquer outro. O ponto de vista de que não existem universais — a visão tipicamente cética sobre essa questão — é chamado de "Nominalismo". Faz parte da palestra quando chegamos a Hobbes, que é o primeiro nominalista moderno influente, e nesse ponto farei um grande alarido sobre o Nominalismo, quase o mesmo alarido que fiz sobre o Realismo Platônico, e o definirei, explicarei e apresentarei os seus argumentos, e somente com base nisso você compreenderá *Principia Mathematica*, e a lógica simbólica moderna. Porém, nesse aspecto, foi a teoria dos universais que foi iniciada pelos Sofistas e pelos Céticos, e teve os seus seguidores no período medieval, sendo, no entanto, periférica até ao Renascimento. Então Hobbes a adotou, Berkeley, Hume e Locke, até certo ponto, assumiram o controle, e o resultado foi o triunfo completo do Ceticismo. Mas estou adiantando a história aqui.

P: Por favor, discuta as respostas Estoicas para o problema do mal.

R: Aqui estão cinco pontos: (1) Para começar, nada é realmente mau, porque você deveria ser apático em relação a tudo. Você deve entender que a única coisa realmente boa é a virtude e, portanto, nesse aspecto, não faz sentido se preocupar com o problema. Não existe mal real, exceto aquele pelo qual você mesmo é responsável, ou seja, o vício. É claro que isto levantou um problema para os Estoicos, porque os seus críticos apressaram-se a dizer: "Bem, se nada é realmente bom ou mau, por que haveriam de ter tanta pressa em fornecer estas coisas sem importância a outras pessoas?" Em outras palavras, se, por exemplo, a saúde não é importante, por que se esforçar para promover a saúde de outras pessoas, o que você deveria fazer como altruísta, segundo os Estoicos? Se o dinheiro não é importante e não é realmente bom, por que se preocupar em dá-lo a outras pessoas? A resposta Estoica para isso foi uma distinção realmente mesquinha. Eles disseram que é verdade que nada é realmente bom ou mau (exceto a virtude e o vício), mas certas coisas são vantajosas e outras não, e que você deveria, portanto, se esforçar para dar vantagens a outras pessoas, mesmo que elas não sejam realmente boas. Claro, a questão é: o vantajoso é realmente bom ou não? Seus oponentes realmente se divertiram muito com isso. (2) Outro ponto defendido pelos Estoicos, uma vez que não estavam comprometidos com uma visão dogmática oficial de Deus, é que Deus era limitado. Ele está fazendo o melhor que pode, mas tem um trabalho sujo. (3) Outro ponto era que se não existisse o mal, não teríamos oportunidade para a virtude, por exemplo, a essência da virtude é a aceitação, e se sua esposa nunca fosse atropelada, você nunca teria uma chance real de mostrar como virtuoso você é. (4) Outro ponto um pouco melhor que eles destacaram foi que Deus trabalha através de leis causais necessárias. Um mundo com leis é muito melhor do que um mundo sem leis, mas um mundo que tem leis naturais tem de funcionar em conformidade, e se as leis naturais resultarem na lava a escorrer sobre a aldeia italiana, não há saída para essa situação. Se Deus suspendesse a lei, seria pior ainda, porque então estaríamos vivendo num mundo caótico. Este, você vê, é um ponto muito melhor. O único problema com isso é que leva a lei para fora da província de Deus. Se você combinar isso com o fato de que a lei é inerente à natureza da existência, você destruirá toda a possibilidade de um Deus com qualquer poder, porque tudo acontece então pela natureza da existência, então esse é um bom argumento, mas arruína Deus. (5) Outro argumento Estoico é a chamada *analogia do autor* — se você escreveu um romance e colocou um vilão nele e foi um dos personagens da história, do seu ponto de vista o vilão é uma coisa muito ruim, mas do ponto de vista do leitor da história como um todo, o vilão acrescenta tempero, drama, conflito, valor. Da mesma forma, vocês são atores, por assim dizer, na peça de Deus: do seu ponto de vista limitado, se alguém enfia uma faca nas suas costas, isso é mau, mas se você pudesse ver a peça inteira, incluindo o ato final, você veria que é uma história muito melhor assim. Infelizmente, você não pode ver a peça inteira, então isso nos leva ao ponto de que se você pudesse ver tudo do ponto de vista de Deus, você veria que está tudo bem. Posso dizer que o mesmo raciocínio pode ser usado ao contrário e foi usado no período medieval. Houve quem disse: "Acreditamos que tudo é mau e que tudo tem um propósito maligno. Parece que algumas coisas são boas, mas isso é apenas uma armadilha armada pelo Diabo para prender o homem e impedi-lo de cometer suicídio, para que o Diabo possa torturá-lo por mais tempo." A lógica desse argumento é exatamente a mesma do outro lado e não tem mais nada que o recomende. Algumas coisas são boas e outras não, e você não pode escapar desse fato.

P: Quais são os dois argumentos supostamente racionais para o êxtase apresentados pelos místicos modernos que você mencionou da última vez?

R: Argumento um, do "sexto sentido", e esse argumento é o seguinte: se um homem cego chegasse a um homem com visão normal e lhe dissesse: "Não vejo o que você vê, portanto, você deve ser louco", o homem lhe diria: "Que direito você tem para criticar alguém que tem uma faculdade que você não tem? Se você não tem, fique quieto." Pelo mesmo raciocínio, dizem os místicos, existe um sexto sentido que nos dá uma visão de uma verdadeira dimensão da realidade radicalmente oposta a esta, uma realidade onde tudo é o Um, onde todas as distinções são irreais. Com que raciocínio você pode, se tiver apenas cinco sentidos, dizer que não o vemos? Se você não tem esse senso, então, assim como o cego, você deveria ficar quieto. Você não está em posição de criticar. Esse é o primeiro argumento. Qual é a resposta? Não há nenhuma base física identificada para o sexto sentido, embora a Duke University afirme estar trabalhando nisso.[24] Em segundo lugar, é engraçado que as pessoas cegas não tenham controvérsias sobre a existência de indivíduos com visão. Por quê? Obviamente, porque os cegos são capazes de lhes ter provado, objetivamente, através dos seus próprios sentidos, que lhes falta uma certa faculdade. As pessoas que enxergam podem fazer previsões sobre o que acontecerá que julgam pela sua visão, e a pessoa cega pode verificar que *não* poderia ter feito essas previsões, e ainda assim pode verificá-las através dos seus outros sentidos. Consequentemente, não há debate. Na questão dos místicos, porém, ocorre exatamente o oposto. Não é que os místicos sejam capazes de demonstrar uma forma de conhecimento que possamos validar ou verificar pelos nossos cinco sentidos, mas, pelo contrário, reivindicam uma forma de conhecimento que contradiz abertamente tudo o que é dado pelos cinco sentidos. O paralelo seria se você dissesse a uma pessoa cega que acabou de comer torta de cereja: "Não há nada redondo ou doce no universo, e sei disso pelo meu quinto sentido." Uma pessoa cega teria todo o direito de dizer: "Posso ser cego, mas não sou louco."

O segundo argumento a favor do êxtase é o "argumento da unanimidade": os místicos ao longo dos tempos — leste, oeste, norte, sul, antigos, medievais, modernos — tiveram a *mesma* experiência mística. Isso não prova que não pode ser apenas uma aberração subjetiva ou uma consciência doentia, mas que deve haver algo objetivo e real nisso? A resposta é sim, há algo de objetivo nisso — todos têm a mesma doença, esquizofrenia ou seja lá o que for — os sintomas permanecem constantes, é uma síndrome. Você não prova nada mostrando que algo acontece repetidamente. Mais do que isso, como você saberia que eles têm a mesma experiência, já que a característica central da experiência é que você não pode dizer nada sobre ela? Se você julgar pelas centenas de religiões que existem, e todas apelam a ela, e que entram em conflito entre si em detalhes, elas devem ter algumas diferenças. No entanto, isso é estúpido demais para ser discutido mais detalhadamente.

---

19 Uma tradução padrão: "Quando existimos, a morte não vem, e, quando a morte chega, nós não existimos." Da *"Carta a Menoeceus"* de Epicuro.

20 A resposta de Peikoff para "Por que o Objetivismo rejeita o hedonismo ético?" foi publicada na segunda edição do *Boletim Objetivista*, fevereiro de 1962.

21 Marco Aurélio, *Meditações*, 7.

22 Entrada da *Enciclopédia de Filosofia* sobre Pirro, autor anônimo.

23 Do poema de A.E. Housman, "As leis de Deus, as leis do homem" (1922).

24 Na época, o parapsicólogo da Duke University, J.B. Rhine, estava fazendo experimentos sobre percepção "extrassensorial".

PALESTRA VII

A FILOSOFIA TORNA-SE RELIGIOSA – E RECUPERA-SE (PARTE I)

Ao final da última palestra, chegamos à beira do abismo medieval, mas ainda não mergulhamos totalmente. Agora vamos. Testemunhamos da última vez a deterioração prolongada e a morte final da antiga filosofia pagã. Vimos o florescimento progressivo do sobrenaturalismo, do misticismo, do ascetismo, do outro mundo e da busca por uma salvação sobrenatural. Vimos a ascensão dos cultos de mistério, e entre eles o desenvolvimento do culto de Jesus — no início, um obscuro movimento de reforma dentro do Judaísmo, sendo um culto de mistério próprio e, finalmente, uma filosofia completa com pontos de vista característicos em todos os ramos e departamentos e sobre todos os assuntos — a filosofia que estava destinada a governar o Ocidente durante bem mais de um milênio. Assim, o tema desta palestra é a filosofia do Cristianismo depois que ela finalmente se desenvolveu (por volta do século IV ou V d.C.).

JESUS CRISTO

Para começar, quero dizer algo sobre algumas das primeiras figuras e a ascensão do que mais tarde veio a ser chamado de Cristianismo. Dificilmente posso omitir pelo menos uma frase ou duas sobre o próprio Jesus, cujas datas vão de 4 a.C. a 29 d.C. Jesus era judeu e acreditava no Deus do Judaísmo, nomeadamente Jeová, ou YHWH, como este Deus é chamado. Jesus era um homem profundamente religioso, pregando que Deus é o Pai de todos os homens e que todos os homens são irmãos, uma visão que neste aspecto é muito semelhante à doutrina Estoica que examinamos na última vez. Jesus pregou que a essência da moralidade é o amor, antes de mais nada o amor a Deus — "amarás o Senhor teu Deus de todo o teu coração, de toda a tua alma e de todo o teu pensamento" — e, secundariamente e derivadamente, o amor ao próximo — "tu amarás o teu próximo como a

A FILOSOFIA TORNA-SE RELIGIOSA — E RECUPERA-SE (PARTE I)

ti mesmo". A propósito, ambos os mandamentos do amor têm sua origem na tradição judaica. Jesus não os originou, mas deu-lhes uma ênfase até então sem precedentes. Quanto ao resto dos seus ensinamentos éticos e à sua visão da vida do homem na Terra, presumo que você esteja familiarizado com eles, e não vou parar para recapitulá-los agora. A essência está no Sermão da Montanha, ao qual me referirei brevemente mais tarde. Direi apenas que o próprio Jesus parece, a partir das evidências que temos, estar profundamente convencido de que o dia do julgamento era iminente e que, diante desse fato — diante do fim iminente do mundo — os bens físicos, confortos externos, riqueza material, sucesso mundano, e assim por diante, eram tolos e sem importância. Distribua os seus bens, pregou ele, dê a outra face, considere os lírios do campo, pois eles não trabalham nem gastam. Volte-se para Deus e prepare-se para encontrar seu criador.

Em termos fundamentais, os ensinamentos de Jesus eram obviamente compatíveis com o espírito geral da época em que ele viveu e ensinou. A metafísica do sobrenaturalismo, isso é óbvio, e a ética do ascetismo e do outro mundo, isso é óbvio. Mesmo na epistemologia a época estava madura devido ao seu autoritarismo. Apenas uma palavra sobre este último: à medida que a filosofia se deteriorou na altura em que atingimos os séculos II e I a.C., e progressivamente depois disso, tornou-se comum que os pensadores defendessem um ponto de vista não apresentando argumentos, mas citando autoridades, dizendo que algum grande filósofo (normalmente Platão ou Pitágoras) endossou esta visão, portanto deve ser verdade. E à medida que a época se tornou mais religiosa, os grandes pensadores do passado passaram a ser vistos como inspirados ou iluminados por Deus, como portadores não de uma visão racional, mas de revelação divina. Foi um período progressivamente maduro para um homem anunciar que representava ou era designado por Deus, era o porta-voz de Deus. Jesus não foi o único porta-voz, mas a questão é que, ao ver-se assim, ele estava em harmonia com a epistemologia dominante da época.

Pelo que podemos dizer, os primeiros seguidores de Jesus, ou pelo menos muitos deles, conceberam Jesus como um potencial fundador de um estado judeu na terra, na verdade como um libertador político dos judeus. Eles pensavam nele como o homem designado por Deus para fazer a obra de Deus na terra, isto é, especificamente para libertar os judeus da tirania. Então, eles o chamaram de Jesus, o Ungido, ou Jesus, o Designado (isto é, Jesus, o Messias, que é o que "messias" significa). Como a palavra grega para "messias" é *christos*, ele era "Jesus, o Cristo". ("Cristo" não era seu sobrenome, ou seja, ele não era filho do Sr. e da Sra. Cristo.)

SÃO PAULO

É principalmente — não exclusivamente, mas principalmente — devido a São Paulo (que nasceu por volta do início da era Cristã) que este movimento de Jesus foi transformado numa religião de mistério distinta. É, portanto, Paulo quem é realmente responsável, mais do que qualquer outra pessoa, pelo surgimento do Cristianismo como uma religião separada, em vez de apenas uma seita obscura dentro do Judaísmo. Onde Jesus falou sobre adorar Jeová, Paulo falou sobre adorar Jesus. Ele interpretou Jesus como um deus, seguindo o padrão de muitos dos cultos de mistério existentes, um deus que morreu e depois ressuscitou (não apenas um mensageiro político ou guia moral divinamente designado).

No início do que viria a ser o Cristianismo, Paulo deu grande ênfase a vários pontos, que apresentarei sem nenhuma ordem específica. (Ele não foi o único a endossar esses pontos, mas eles são característicos dele.) (1) A importância crucial da salvação, a ser alcançada pela união mística final com Jesus, ou seja, pela perda da própria identidade e a fusão definitiva com Deus. Este é um estado muito semelhante à visão de Platão da fusão final com a Forma do Bem, ou com o êxtase de Plotino (que só seria formulado alguns séculos depois de Paulo). (2) Paulo enfatizou o total desamparo e dependência do homem na graça de Deus, no dom gratuito de salvação de Deus ao homem, se o homem quiser ser salvo. Por si só, disse Paulo, o homem não pode ganhar, alcançar ou merecer a salvação, porque o homem é mau, corrupto, manchado pelo pecado, o pecado original de Adão transmitido posteriormente a toda a posteridade de Adão. **Portanto, o homem precisa de graça — "graça" é um termo-chave na filosofia Cristã, e a melhor definição dela é "a oferta imerecida de valores de Deus ao homem".**

Uma palavra aqui sobre o termo "pecado" (na frase "pecado original"). O termo "pecado" deve ser nitidamente contrastado com o termo secular "vício" ou "má conduta", ou seus equivalentes. Quando os gregos diziam que algo estava errado ou vicioso, queriam dizer que era contrário à natureza do homem, contrário aos ditames da razão, que prejudicava o indivíduo e violava a razão. Para eles, as transgressões, seguindo a posição Socrática, eram essencialmente autodestruição. "Pecado", porém, é um termo religioso que significa "desobediência à vontade de Deus". Portanto, não se trata tanto *do que* você faz no conteúdo real, mas do fato de você fazer isso por conta própria, por sua própria decisão, em vez de se submeter à vontade de Deus. **"Pecado" significa desobediência religiosa, alienação da vontade de Deus, em oposição à visão grega do mal como transgressão contra a natureza do homem.** Assim, o pecado de Adão, por exemplo, não estava no *conteúdo* do seu ato — não no simples ato de comer a maçã — mas em fazê-lo depois que Deus o proibiu. Mas, continua Paulo, assim como Adão corrompeu toda a sua posteridade pelo seu pecado, Jesus irá salvá-los e redimi-los pelo seu sacrifício na cruz, se você acreditar nele, se você tiver fé.

Assim (3), a importância crucial da fé, da aceitação na ausência de argumento, da aceitação mística no ensino e na divindade de Jesus. Também (4), a importância crucial de levar uma vida ascética, de se afastar dos prazeres mundanos, acima de tudo, desvalorizar o sexo e voltar-se para Deus como foco e centro quase exclusivo das preocupações de alguém. Eu poderia mencionar um quinto ponto sob Paulo antes de deixá-lo, e é que foi principalmente devido aos esforços de Paulo que este culto misterioso se tornou uma religião universal. Como dizemos, tornou-se *católico*. "Católico" significa "universal", e ainda hoje usamos esse uso quando dizemos que alguém tem gostos católicos. Em outras palavras, o movimento de Jesus depois de Paulo não se restringiu aos judeus, mas foi aplicável a todos os homens, gregos ou judeus, livres ou escravos, homens ou mulheres. Quem se une a Jesus será salvo.

O PERÍODO DA PATRÍSTICA

O tempo não me permite lidar com as muitas outras figuras que contribuíram para o Cristianismo emergente, por isso, para resumir uma longa história, vamos resumir: por um lado, o próprio Jesus era judeu, e há, portanto, uma grande influência do Judaísmo sobre o Cristianismo. Então, à medida que o movimento de Jesus se tornou um culto de mistério separado, tomando Jesus como seu deus, adquiriu outras armadilhas e dogmas de culto de mistério que não faziam parte do Judaísmo. Depois, à medida que os seus porta-vozes tentavam torná-lo intelectualmente respeitável, tentavam expressar as opiniões Cristãs em termos de conceitos que tomavam emprestados da filosofia grega. Eles tentaram responder às provocações dos pagãos elaborando uma filosofia própria. E, ao fazê-lo, inspiraram-se profundamente em Platão e, acima de tudo, em Plotino. Este amálgama de diversas fontes e ideias levou a muitas seitas dentro dos primeiros Cristãos e, para manter a unidade, a Igreja teve que continuar a reunir-se em concílios apropriados com os bispos para tomar posições formais, declarar heréticas posições opostas sobre uma determinada questão, e esculpir a ortodoxia lentamente ao longo dos séculos. Uma vez que a Igreja falava, era isso. Uma coisa que decidiram muito cedo foi a necessidade de um texto sagrado, e a razão é óbvia. Houve uma riqueza e abundância de revelações chegando a uma velocidade que você não poderia imaginar. Havia todo tipo concebível de seita e subseita religiosa se separando com base em suas revelações particulares, incluindo os Cainitas que adoravam Caim (aquele que matou Abel) e os Ofitas que adoravam a serpente que havia tentado Adão. O problema era intrínseco à natureza da fundação de uma religião organizada. Você não poderia mais usar a lógica como padrão, mas precisava de algum padrão para distinguir o verdadeiro do falso (neste caso, a verdadeira palavra de Deus da falsa). Se quisermos ter uma religião organizada com alguma estabilidade, a única solução é decretar uma ortodoxia e proscrever todo debate a partir de então, carimbar certos textos como a revelação definitiva, e, a partir de então, esse é o dogma, e as portas estão fechadas para quaisquer novos debates. Este é o processo que deu origem ao Novo Testamento, e também à absorção do Antigo Testamento pelo Cristianismo.

Todo esse período de definição de pontos doutrinários básicos, de declaração do que contaria ou não como uma revelação autêntica, de organização da configuração administrativa da Igreja e de aquisição de uma filosofia para unificar a doutrina Cristã — esse período durou centenas de anos, aproximadamente desde a época de Jesus até cerca do século VI d.C. Este período de seis séculos é denominado a *Patrística*, ou seja, período dos Pais da Igreja.

SANTO AGOSTINHO

O mais famoso dos Padres foi Agostinho (354 a 430 d.C.). No início de sua vida, Agostinho pertenceu a uma seita conhecida como *Maniqueísmo* (sobre a qual comentarei mais tarde). Depois ele se tornou cético por um tempo. Então descobriu Plotino e ficou muito impressionado com ele, e isso o amoleceu para uma experiência mística, que teve aos trinta e dois anos de idade. Ele então se tornou e permaneceu um Cristão devoto. Agostinho representa o primeiro verdadeiro filósofo do Cristianismo. Ele é enormemente influente em seu desenvolvimento subsequente. Na verdade, eu iria mais longe e diria que a sua influência não pode ser subestimada. Ele tenta sintetizar todos os dogmas e práticas do Cristianismo em uma filosofia abrangente, que se tornou durante séculos *a* filosofia do Cristianismo. Assim, examinemos sistematicamente a filosofia de Agostinho, com excursões ocasionais a figuras anteriores ou posteriores desta época.

Primeiro, sua epistemologia. Em geral, Agostinho segue Platão. A rigor, diz ele, nunca poderemos ter conhecimento deste mundo, que é um mundo de mudança, um mundo de fluxo. O verdadeiro conhecimento deve ser de verdades imutáveis e formas Platônicas. O verdadeiro conhecimento é da realidade, não deste reflexo semirreal da realidade em que vivemos e que percebemos através dos nossos sentidos. A informação que adquirimos dos sentidos, diz ele, tem valor prático na vida diária, mas, estritamente falando, nunca nos dá conhecimento porque, como salientou Platão, tudo o que podemos obter através dos sentidos é a crença. Se o verdadeiro conhecimento para Agostinho, como para Platão, consiste em afastar-se do mundo físico e da observação sensorial, e estudar verdades imutáveis e Formas Platônicas, isso implica que Agostinho endossou a visão de Platão de um mundo de Formas, e assim o fez. Como Cristão, porém, ele não acreditava que o mundo das Formas existisse independente de Deus, porque nas premissas Cristãs nada pode existir independente de Deus. Assim, Agostinho seguiu Plotino neste ponto e pensou nas Formas como meros pensamentos na mente de Deus. A mente de Deus torna-se, com efeito, um lar espiritual no qual residem todas as Formas Platônicas. O verdadeiro conhecimento consiste em afastar-se deste mundo e descobrir as Formas na mente de Deus. **Assim, para Agostinho, quando você estuda matemática ou moralidade, por exemplo, você está estudando leis ou verdades imutáveis e universais. Isso significa que você está estudando as relações de universais imutáveis, e isso significa que você está estudando os pensamentos de Deus. Assim, com efeito, a matemática, a ética, etc., são ramos da psicologia divina.** Se Deus não existisse, não existiriam tais assuntos e, na verdade, não existiria conhecimento algum. Seria como Platão sem o mundo das Formas.

Como você obtém esse conhecimento dos pensamentos de Deus? Platão disse que você tem uma reminiscência de uma vida anterior, que você esteve lá. Do ponto de vista Cristão, Agostinho não está autorizado a adotar esta opinião — era ortodoxia que não havia preexistência da alma. Mas então temos a questão: se não podemos adquirir o conhecimento dos pensamentos de Deus através dos nossos sentidos, e não temos meios de acesso direto ao pensamento de Deus aqui na terra, como o conhecimento é possível? A resposta de Agostinho é que o próprio Deus deve comunicar-nos as verdades. Ele deve imprimir certas noções básicas na mente humana e, assim, capacitar o homem a descobrir a verdade. O homem, portanto, depende, em última análise, de Deus para todo o conhecimento, e depende de um ato especial de *iluminação* divina, como é chamado. Cito Numênio de Apameia, outra figura da época: "Todo conhecimento é o acendimento da pequena luz da grande luz que ilumina o mundo." A este respeito, o homem é epistemologicamente passivo e indefeso, dependente da ação de Deus para qualquer conhecimento que possua: deixado à sua própria sorte, privado da ajuda de Deus, o homem não poderia reivindicar nada como conhecimento.

Em termos fundamentais, esta é a abordagem Platônica da epistemologia: o conhecimento é o contato com a dimensão sobrenatural das essências, e não o estudo deste mundo com base na experiência sensorial. **Mas Platão era grego e, como tal, sustentava que, dada a sua preexistência no mundo das Formas, você** não precisava, uma vez na Terra, de qualquer *nova* iluminação do além. **A percepção sensorial e o raciocínio para estimular sua reminiscência eram tudo o que era necessário na terra, culminando em uma visão mística.** Agostinho torna o homem muito mais desamparado, muito mais dependente do sobrenatural, do que Platão jamais sonhou fazer. Como grego, Platão teve que ver em primeira mão. Ele teve que adquirir a verdade por meio de uma excursão pessoal — antes desta vida, é claro, mas mesmo assim uma excursão pessoal ao mundo das Formas para ver por si mesmo e adquirir conhecimento em que pudesse confiar. **Agostinho, numa época muito mais religiosa, exige aceitação da iluminação de Deus — da palavra de Deus (se, como é o caso, você não tem como verificar isso por si mesmo) — ele exige aceitação com base na** *fé*. Platão pedia visão mística individual, mas não fé nas revelações de outra pessoa. **Agostinho exige fé, fé como tal, aceitação da palavra de Deus conforme relatada nas Escrituras.**

Penso que Agostinho é o mais consistente dos dois nas suas premissas comuns, porque Platão e Agostinho concordam que o homem é um dependente metafísico, simplesmente uma sombra, ou uma imagem, de outro mundo. Para ser consistente, ele deve ser também um dependente epistemológico, isto é, dependente da iluminação divina para todo o conhecimento. Platão tenta combinar a independência epistemológica racional de primeira mão dos gregos com uma metafísica que subverte o indivíduo. Agostinho é mais consistente — na metafísica, o homem é uma sombra, e na epistemologia, o seu dever é aceitar a palavra da verdadeira realidade quando ela lhe é entregue. Seu dever é ter fé. **Assim, a epistemologia de Agostinho é a linha Platônica combinada com um sentimento de desamparo agudo e de total dependência do homem em relação a Deus. O lado mais distintamente Cristão surge, portanto, na discussão de Agostinho sobre a fé, que significa "crença ou aceitação na ausência de compreensão, de evidência ou prova racional".**

No que diz respeito à fé, o ponto principal de Agostinho é que nenhum homem pode estabelecer a sua própria razão como juiz da verdade ou da falsidade dos ensinamentos Cristãos. Fazer isso seria confiar no intelecto insignificante e cometer o pecado do orgulho intelectual. Aquilo que Deus revelou ao homem deve ser aceito pela fé, nunca deve ser duvidado, deve ser consentido *porque* vem de Deus, mesmo que você não entenda porque é verdade. Uma vez feito isso — uma vez que se começa com a fé — deve-se então, diz Agostinho, prosseguir e tentar dar sentido aos ensinamentos, tentar entendê-los. Mas este é o procedimento e a ordem adequados para adquirir conhecimento. Primeiro acredite e depois tente, tanto quanto puder, compreender. **Numa famosa frase das** ***Confissões*** **de Agostinho: "Para compreender as coisas de Deus é preciso primeiro acreditar nelas."** A

política racional seria exatamente o inverso disso. Agostinho diz, se você consegue entender, tudo bem, dê graças a Deus, mas se não, reconheça suas limitações, reconheça que a verdade de Deus é racional e ele *poderia* iluminá-lo com as respostas se quisesse, mas se ele não escolher, você não tem motivos para contestar. A analogia é por vezes dada a Agostinho e aos seus seguidores e predecessores que assumem a posição de que consideram o processo de aquisição de conhecimento como um estudante com um texto de matemática — as respostas estão escritas no final do texto — você toma a resposta como dada e tenta resolvê-la. Se você conseguir encontrar a resposta no final, tudo bem, mas se não conseguir, recomece e diga: "Devo estar fazendo algo errado porque sabia a resposta de antemão." Neste texto, não há erros de impressão, porque Deus imprimiu as respostas.

A este respeito, a filosofia é a serva da teologia, a racionalizadora da teologia. Este é um contraste fundamental com o mais místico dos gregos, até mesmo com Plotino. Observo aqui, de passagem, que por mais antirracional que seja essa atitude, outros Cristãos adotaram uma visão ainda mais antirracional. **Agostinho pelo menos sustentou que as revelações de Deus são inteligíveis *em teoria*, se ao menos Deus nos desse a iluminação necessária, e que deveríamos tentar entendê-las. Outros Cristãos crentes, contudo, sustentavam que os princípios básicos do Cristianismo são inerentemente irracionais, contraditórios e absurdos. De fato, sustentavam eles, seu absurdo era o sinal seguro de que eram verdadeiros. Menciono Tertuliano, que é do segundo ao terceiro século d.C., um dos Padres da Igreja. Perguntaram-lhe sobre uma certa doutrina Cristã na qual acreditava devotamente, se achava que fazia sentido, e ele respondeu numa famosa frase *"Credo quia absurdum"* — "Acredito porque é absurdo".** [25] Por outras palavras, ele estava a impor da forma mais forte que podia a ideia de que não tinha qualquer relação com a razão, que é um elemento corrupto e distorcido. Se esta visão for irracional, há bons motivos para pensar que é verdade. **Isto é sempre considerado um manifesto abertamente antirrazão, e é a versão do Cristianismo primitivo que os Existencialistas mais admiram. Eles encontram inspiração não em Agostinho, que consideram demasiado racional, mas em Tertuliano.** Isto é explícito.

Vejamos a metafísica de Agostinho. Aqui o conceito central é o seu conceito de Deus, que é uma mistura de muitos elementos, como seria de esperar. Deus é em parte uma mente infinita contendo as Formas Platônicas. Então, nesse sentido, Ele é como a mente divina de Plotino. Agostinho o descreve como totalmente real e, claro, Deus é a única entidade totalmente real. Ele é imutável, perfeito, etc. — ele é exatamente como o outro mundo de Platão, ou como a Forma do Bem. Mas isso não é *tudo* o que ele é, porque agora isto é uma religião e, consequentemente, Deus não pode ser apenas um conjunto Platônico neutro de universais; ele deve receber uma personalidade. Assim, Agostinho o descreve como um ser vivo, conhecedor e disposto, que é todo-poderoso, onisciente, o Pai de seus filhos que os ama, que os protege, que os julga, que envia seu filho para ajudá-los, etc. A maior parte disso vem diretamente dos cultos de mistério da época, e é em grande parte a herança judaica primitiva, não tão sofisticada quanto a herança Platônica.

Além de tentar combinar Deus como um mundo Platônico neutro, com Deus como uma espécie de personalidade infinita, o Cristianismo também teve o problema que muitos dos cultos de mistério do período tiveram: como conceber a trindade, a natureza trinitária de Deus, como se relacionar Deus Pai a Jesus Filho (deixando de fora o terceiro). O Cristianismo interpreta Jesus como um ser divino, o Filho de Deus e, portanto, ele próprio um deus. Ele era, no entanto, o Filho de Deus e, portanto, um deus diferente de Deus Pai, de modo que agora existem dois Deuses. Embora alguns dos outros cultos de mistério fossem declaradamente politeístas, com a sua herança judaica, o Cristianismo está fervorosamente comprometido com o monoteísmo. Este é um problema terrível, e piora quando se acrescenta o terceiro membro da trindade. Você tem três seres, cada um distinto dos outros dois. Cada um é Deus, e ainda assim há apenas um Deus. A posição final adotada formalmente pela Igreja foi que como alguém pode ser três e ainda ser um é um mistério, que ultrapassa a compreensão humana e deve ser aceito pela fé. Houve muito debate sobre isso na época. Antes de a doutrina ser finalmente estabelecida, havia algumas pessoas influenciadas pela visão grega pró--razão que tentavam desesperadamente dar sentido à trindade, e havia outras influenciadas pelo culto hebraico primitivo da fé cega que queriam posições declaradamente ininteligíveis, e o último grupo venceu. **(A maioria das inúmeras heresias sobre inúmeros assuntos expressam esta tensão entre a influência judaica e a influência grega no Cristianismo, e em todos os casos que conheço, o Judaísmo é a fonte do pior e mais irracional elemento do Cristianismo, e a filosofia grega, a fonte dos elementos melhores e mais racionais.)**

Você vê agora o incrível problema que Agostinho teve com Deus — ele tem que tentar fazer algum tipo de coerência, se não sentido, de um ser que tem que combinar a mente divina Neoplatônica sem emoção, o primitivo Pai pessoal amoroso judaico, e a trindade Cristã que é e não é três. Você pode apreciar o ponto de vista de Agostinho, afirmado ocasionalmente, de que Deus não é realmente cognoscível ou compreensível pela mente humana. O melhor que podemos fazer é aproximar-nos da sua natureza.

Em qualquer caso, Deus, na opinião de Agostinho, criou este mundo *ex nihilo*, do nada, por um ato de vontade num determinado momento. Aqui novamente há um profundo contraste com qualquer visão grega. Todos os gregos, inclusive Plotino, acreditavam que o universo era eterno, que seus elementos constituintes sempre existiram. Este foi outro caso em que a visão judaica venceu a grega e, como sempre, criou problemas monumentais para os Cristãos. Os antigos pagãos zombavam dos Cristãos. Eles fizeram perguntas como: "Se Deus veio antes da matéria do universo, por que ele decidiu criá-lo naquele momento específico em que o fez? Por que não antes? Por que não mais tarde? O que ele estava esperando? Por que ele escolheu este lugar específico para colocá-lo em vez de outro?" Para responder a essas questões, e também por muitas outras razões, Agostinho apresentou uma famosa e importante teoria da natureza do tempo. (Pergunte no período de perguntas se estiver interessado.) **De qualquer forma, Deus criou o mundo** *ex nihilo* **em um momento específico e o fez com um propósito específico. Deus tem um plano. Ele administra todos os aspectos do que ocorre no universo como parte de seu plano. Na verdade, de acordo com Agostinho, somente Deus tem realmente eficácia causal no universo. Tudo é determinado por Deus.** Por exemplo, quando Agostinho discute (nas suas *Confissões*) uma viagem que fez, podemos pensar que ele *decidiu* fazê-la e que ele é a verdadeira causa da viagem. Não, diz Agostinho. Deus, nos bastidores, queria que Agostinho a fizesse e foi responsável por sua jornada como parte de seu plano para ele. Agostinho também relata um caso em que teve dor de dente, e explica que Deus o está punindo, de acordo com o plano de longo prazo do próprio Deus. Deus é responsável por tudo o que ocorre e, como ele é imutável, nenhuma mudança em seu plano é possível. Está definido e determinado de uma vez por todas. Tudo está predestinado de acordo com este plano. Deste aspecto, Agostinho é um determinista religioso rígido.

Essa visão é melhor expressa no paralelo a seguir, que lhe dará a sensação dessa maneira de ver o universo. **O universo, nesta perspectiva, já não é um fato natural — já não é um fato primário, já não é inteligível nos seus próprios termos. Pelo contrário, é como uma peça escrita por Deus, que se torna um dramaturgo cósmico. A Terra, o mundo físico, é o palco, e o homem é o ator principal, onde suas falas foram escritas por Deus, que é também o único espectador. A peça está acontecendo de uma vez por todas e, em determinado momento, terminará (é o fim do mundo), e os atores se retirarão para receber críticas.**

Você vê o contraste absoluto com a visão grega — o universo não é eterno, não é natural, não é um fato autointeligível, mas um episódio não natural especialmente criado no esquema das coisas. Se você perguntasse a um grego típico, por exemplo, Aristóteles, "Qual é o significado da vida?" — se você perguntasse isso num contexto metafísico, não ético — se você apenas apontasse para o fenômeno e dissesse: "Qual é o seu significado metafísico ou cósmico?", Aristóteles não entenderia a pergunta. Ele apontaria para uma pedra e diria: "Qual é o significado de uma pedra? O que você quer que isso signifique? Ela existe. Ponto." Mas, do ponto de vista Cristão, a vida na terra é como uma peça de Shakespeare, e torna-se significativo perguntar o que significa, o que é que o autor tinha em mente. Nesta visão, o fato da existência não é uma primária, mas sim um mistério que requer algum tipo de desvendamento. Tudo é um símbolo que aponta para além de si mesmo, para Deus.

Temos agora o problema do mal de forma aguda, porque surge a pergunta: por que Deus incluiu tanto mal, tanto sofrimento, em sua peça? Uma seita da época, o *Maniqueísmo* (a seita à qual Agostinho pertencia quando jovem), pensava que a única solução era dizer que Deus é limitado, que existe um Diabo e que ele é responsável pelo mal, o que pelo menos faz um certo tipo de sentido. O Cristianismo repudiou isso como herético. O Cristianismo afirma que Deus é responsável por tudo, que ele é todo-poderoso, e até mesmo o Diabo, portanto, faz parte do seu plano. Por que então Deus cria ou permite o mal? Parte do tempo, Agostinho defende a opinião de que não existe mal — se você visse o propósito final de Deus, veria que tudo é realmente bom. Mas, de forma muito mais típica, Agostinho adota a solução Neoplatônica para o problema do mal: o mal é a ausência da perfeição e da realidade que é inerente ao fato de a criatura ser não Deus. Todas as coisas neste mundo estão necessariamente infectadas com uma deficiência — com uma deficiência *metafísica* — porque fazem parte do mundo semirreal criado. Se você quiser um trocadilho, mas que, no entanto, significa literalmente aqui: "Eles são feitos do nada e, portanto, são deficientes." Isto remete à visão Platônica do não ser como elemento constituinte deste mundo e como fonte de imperfeição. Deus, deste ponto de vista, *não poderia* ter criado um mundo perfeito, um mundo sem mal, porque se você pensar nele como a fonte da luz, estamos agora na região onde está escuro. **Segue-se que todos os homens, na medida em que são membros semirreais deste mundo semirreal, também estão inerentemente infectados pelo mal. Os homens são pecadores por natureza. Eles não têm escolha sobre isso. Eles não podem fazer nada por conta própria. A maldade deles é inerente à configuração metafísica.**

Observe aqui que a Igreja e Agostinho aceitaram plenamente esta visão — eles negaram explicitamente que o homem por si só tenha qualquer escolha sobre ser bom — que isso não é uma questão que cabe a ele, pois ele é impotentemente mau por nascimento. Essa é a doutrina do *Pecado Original*, que se tornou oficial com a condenação de Pelágio, um monge Cristão do início do século V, que sustentava que cada alma humana entra no mundo sem pecado, que tem

A FILOSOFIA TORNA-SE RELIGIOSA — E RECUPERA-SE (PARTE I)

livre-arbítrio, é capaz por si só de moldar o seu destino por suas próprias escolhas e, portanto, é responsável por suas ações e deve ser devidamente julgado por Deus. Pelágio negou qualquer maldade intrínseca ao homem. Esta visão foi formalmente condenada como uma heresia (e é até hoje) porque tornou o homem demasiado independente de Deus. O raciocínio era: se o homem pudesse alcançar a virtude por si mesmo, por sua própria vontade, então a virtude seria *sua* realização, não de Deus. Então não seria verdade que tudo foi causado por Deus. Além disso, todo o plano Cristão de Cristo vir à terra e ser crucificado para redimir o homem tornar-se-ia desnecessário. Se o homem tivesse livre-arbítrio para alcançar a virtude por si mesmo, não precisaria ser salvo pela intercessão divina, ou seja, não precisaria de nenhuma ajuda do além ou da Igreja. **No entanto, Cristo é considerado o salvador sem o qual o homem está perdido, por isso essa doutrina é essencial para o Cristianismo.** Portanto, Pelágio foi condenado, e foi adotada a doutrina de que o homem por si só, sem a ajuda de Deus, é inerentemente corrupto, perverso e indefeso, e ele não pode dar um passo na direção da virtude por conta própria.

Este ponto de vista é determinismo, e o Cristianismo a este respeito é totalmente determinista. O livre-arbítrio é incompatível com o mal inerente ao homem. Também é incompatível com a predestinação rígida de Deus, com a doutrina de que só Deus tem eficácia causal, de que tudo faz parte da sua peça e de que o homem é apenas uma marionete puxada pelas cordas operadas por Deus. Se o homem tem livre-arbítrio, o que acontece com a visão de que Deus determina tudo, para não falar do que acontece com a visão de que Deus sabe de antemão tudo o que irá ocorrer?

Se o Cristianismo, deste ponto de vista, é completamente determinista, é, por outras razões, incapaz de aceitar o determinismo de forma consistente, porque se o fizesse, como elogiaria ou culparia o homem? Como pode Deus responsabilizar o homem por desempenhar o papel que Deus lhe confiou? Como pode Deus responsabilizar o homem por um mal que ele não poderia ter evitado? Se não há livre-arbítrio, não é irremediavelmente injusto Deus louvar e condenar? Não é insensato que Deus promulgue regras morais? Não é injusto ele mandar homens para o Céu ou para o Inferno? **O Cristianismo está, portanto, preso num problema desesperador: deve haver determinismo absoluto e deve haver livre-arbítrio.** Se tivéssemos várias palestras, eu indicaria alguns dos artifícios pelos quais Agostinho tentou combinar esses dois — ter também seu livre-arbítrio enquanto o comia. No entanto, não temos tempo e isso não é importante. O fato é que *não* há solução possível nas suas premissas, e todas as soluções que Agostinho dá, ele contradiz noutros lugares. Limitar-me-ei apenas a dar uma visão dele sobre esta questão, que ele herdou de Paulo. **Ou seja, em certos pontos, Agostinho limita o livre-arbítrio a Adão.**

Adão, afirma ele, era livre para escolher obedecer a Deus ou não. Adão cometeu o pecado original, o primeiro pecado, e este foi então herdado por todos os seus descendentes, então agora não temos escolha, mas ainda assim Deus nos pune validamente porque nosso primeiro ancestral pecou voluntariamente. Esta é a linha que muitos, muitos Cristãos seguiram, por exemplo, Milton, entre muitos outros. Todo o *Paraíso Perdido* é dedicado a elaborar esta visão da solução para o problema da liberdade. É uma solução impossível, porque remete a questão para: Adão estava livre? As mesmas considerações sobre por qual razão nenhum homem pode ter livre-arbítrio nesta filosofia aplicam-se igualmente a Adão. Seria possível que Adão tivesse usado seu livre-arbítrio para ser perfeitamente moral e virtuoso? Bem, se assim for, a resposta Neoplatonista ao mal está errada, e isso significa que o mal não é inerente à configuração metafísica. Se o pecado fosse realmente de Adão, então não é Deus o responsável e, portanto, Deus não é o autor de tudo o que ocorre, e assim por diante. Além disso, mesmo supondo que você resolva este problema, onde está a justiça em condenar todos os homens pelo pecado de *um*? Nenhuma resposta inteligível jamais foi dada. Isso é dogma, que deve ser aceito com base na fé.

Nas questões do mal e da liberdade, portanto, o resultado é uma massa de contradições em Agostinho e no Cristianismo. É assim: Deus é a causa de tudo que é bom. Na verdade, ele é a causa de tudo, pois é o autor onipotente de todos os acontecimentos, mas não é responsável pelo mal. Este mundo e o homem são inerentemente maus, uma vez que não são Deus e são, portanto, metafisicamente defeituosos, semirreais, e ainda assim o homem é responsável pelos seus pecados e deve ser condenado por Deus por causa deles. O homem é incapaz de ser virtuoso por si mesmo, mas deve assumir a responsabilidade por vícios que não pode alterar. Esses são os fundamentos com os quais entramos na ética.

Mas, primeiro, um princípio metafísico crucial de Agostinho que afirmei, mas não enfatizei, a saber, que como Neoplatonista, Agostinho concorda completamente com Platão e Plotino que o mundo em que vivemos não é totalmente real. É uma espécie de reflexo sombrio da verdadeira realidade, do reino de Deus. Este mundo não é uma dimensão sólida, substancial e real. É difícil comunicar essa perspectiva. Você tem que ver o mundo como uma região de relativa escuridão, muito distante da luz e da perfeição que constitui a realidade. É como uma névoa transitória e flutuante contra o fundo sólido de luz sobrenatural. Se você disser que não concorda com isso, mas sustenta que a matéria é sólida e real, Agostinho responde numa formulação famosa: "É claro que a matéria está aí, ela existe, mas é essencialmente a ausência de Deus, por isso é *prope nihil*", que em latim significa "quase nada". Essa é a sua definição de "matéria" — "quase nada". Tente

A FILOSOFIA TORNA-SE RELIGIOSA – E RECUPERA-SE (PARTE I)

manter essa visão em mente e você não terá dificuldade em compreender a ética de Agostinho, à qual nos voltaremos agora.

Quero recorrer mais amplamente do que apenas Agostinho, para nossa discussão sobre ética, porque em sua ética você vê a essência do Cristianismo com mais clareza. Para começar, a ética para Agostinho não é uma questão de viver corretamente, mas de amar corretamente — amar, é claro, principalmente a Deus, e apenas secundariamente e derivadamente ao próximo. Em outras palavras, a essência da vida boa não está naquilo que você realiza ou cria durante esta vida na Terra, mas sim em dar a lealdade emocional interior adequada à verdadeira dimensão, a Deus. O que conta acima de tudo é o seu estado interior, não as suas ações exteriores, que são importantes apenas na medida em que refletem o seu estado interior. **Esta é a primazia da motivação sobre a ação que vimos ao discutir os Estoicos. Como também podemos dizer, é a primazia do interior sobre o exterior, que é a forma como os historiadores costumam caracterizá-la. É muito mais intenso do que no caso dos Estoicos porque agora temos uma ética totalmente religiosa, com pouca pretensão de sermos mundanos ou racionais.**

Esta atitude, a primazia do interior sobre o exterior, pode ser expressa de outra forma — a primazia da consciência sobre a existência, ou, em termos da natureza do homem, da alma sobre o corpo. Nesta forma, é a dicotomia padrão corpo-alma, presente no pensamento grego desde os Pitagóricos e os Órficos, e Agostinho a adota com força total. O homem é uma união temporária de duas substâncias distintas, a alma e o corpo. Aristóteles está errado ao dizer que o homem é uma unidade integrada de alma e corpo. A definição de "homem" de Agostinho é "uma alma que usa um corpo". **Em outras palavras, ele é basicamente uma alma fiel à outra dimensão, e o corpo, desde a queda de Adão, tornou-se a prisão da alma.** Permitam-me pronunciar aqui uma frase enigmática, que explicarei em várias palestras a partir de agora, e que será inteligível apenas para aqueles de vocês que já conhecem Descartes. A ênfase de Agostinho na primazia da alma sobre o corpo ou, mais amplamente, na primazia do interior sobre o exterior, teve resultados esmagadores em todos os ramos da filosofia, não apenas na metafísica ou na ética. É profundamente a primazia da abordagem da consciência à filosofia e é responsável pela abordagem distintiva de Descartes à filosofia — o seu *Cogito ergo sum* — "Penso, logo existo". Descartes herdou isso de Agostinho.

Passemos agora ao conteúdo da ética Cristã característica e, em primeiro lugar, às suas avaliações da vida na Terra e do homem. Já declarei suas avaliações sobre esses pontos, mas devo deixar que Agostinho fale por si mesmo, para que você tenha uma noção real de sua maneira de ver o universo. As conclusões resumidas são que a vida na terra é um inferno e a natureza humana é depravada. Mas nada deixa isso tão claro quanto o próprio Agostinho. Cito agora uma extensa passagem de *A Cidade de Deus*:

> Que toda a raça humana foi condenada em sua origem primeira, esta própria vida, se é que pode ser chamada de vida, é testemunhada pela multidão de males cruéis com os quais está repleta. Isto não é provado pela profunda e terrível ignorância que produz todos os erros que envolvem os filhos de Adão, e dos quais nenhum homem pode ser libertado sem esforço, dor e medo? Não é provado pelo amor do homem por tantas coisas vãs e prejudiciais, que produz preocupações corrosivas, inquietações, tristezas, medos, alegrias selvagens, brigas, processos judiciais, guerras, traições, raivas, ódios, enganos, lisonjas, fraudes, roubos, perfídia, orgulho, ambição, inveja, assassinatos, parricídios, crueldade, ferocidade, maldade, luxo, insolência, atrevimento, descaramento, fornicações, adultérios, incestos, e as inúmeras impurezas e atos não naturais de ambos os sexos, que tanto são vergonhosos como mencionar; sacrilégios, heresias, blasfêmias, perjúrios, opressão de inocentes, calúnias, conspirações, falsidades, falsos testemunhos, julgamentos injustos, atos violentos, saques e qualquer maldade semelhante que tenha encontrado seu caminho na vida dos homens, embora não consiga encontrar seu caminho na concepção de mentes puras? ... [Quem] pode descrever, quem pode conceber o número e a severidade dos castigos que afligem a raça humana — dores que não são apenas o acompanhamento da maldade dos homens ímpios, mas são uma parte da condição humana e da miséria comum — que medo e que tristeza são causados pela perda e luto, pelas perdas e condenações, pela fraude e pela falsidade, pelas falsas suspeitas e por todos os crimes e ações perversas de outros homens? Pois em suas mãos sofremos roubo, cativeiro, correntes, prisão, exílio, tortura, mutilação, perda de visão, violação da castidade para satisfazer a luxúria do opressor e muitos outros males terríveis? Que inúmeras causalidades ameaçam nossos corpos de fora — extremos de calor e frio, tempestades, inundações, relâmpagos, trovões, granizo, terremotos, casas caindo; ou do tropeço, ou do receio, ou do vício dos cavalos; de inúmeros venenos em frutas, água, ar, animais; das mordidas dolorosas ou mesmo mortais de animais selvagens; da loucura que um cão louco comunica, de modo que mesmo o animal que de todos os outros é o mais gentil e amigável com seu dono se torna objeto de medo mais intenso do que um leão ou dragão, e o homem que por acaso infectou com este contágio pestilento torna-se tão violento que seus pais, esposa, filhos o temem mais do que qualquer animal selvagem! Que desastres sofrem aqueles que viajam por terra ou por mar? Que homem pode sair de sua própria casa sem ficar exposto a acidentes imprevistos? Voltando para casa são e salvo, ele escorrega na própria porta, quebra a perna e nunca

A FILOSOFIA TORNA-SE RELIGIOSA – E RECUPERA-SE (PARTE I)

se recupera? ... A inocência é uma proteção suficiente contra os vários ataques dos demônios? Para que nenhum homem possa pensar assim, mesmo as crianças batizadas, que certamente são insuperáveis em inocência, são às vezes tão atormentadas que Deus, que permite isso, nos ensina a lamentar as calamidades desta vida e a desejar a felicidade da vida futura. Quanto às doenças corporais, são tão numerosas que não podem ser todas contidas nem mesmo nos livros médicos. Em muitos, ou quase todos eles, as curas e os remédios são eles próprios torturas, de modo que os homens são libertados de uma dor que destrói por uma cura que dói... Deste inferno na terra não há escapatória, exceto através da graça do Salvador Cristo, nosso Deus e Senhor.

Um breve resumo também de Agostinho:

Que todos, então, que pensam com dor em todos esses grandes males, tão horríveis, tão cruéis, reconheçam que isso é miséria. Se alguém os suporta ou pensa neles sem dor mental, esta é uma situação ainda mais miserável, pois ele se considera feliz porque perdeu o sentimento humano.

Dirigindo-se a Deus e referindo-se a todos os homens, ele escreveu: "Tu me puseste face a face comigo mesmo, para que eu pudesse ver quão imundo eu era, e quão torto e sórdido, manchado e ulceroso."

Por contraste, a vida para Platão era divertida cada minuto e o homem era um super-herói.

Nesse estado, tudo o que conta é a fuga, ou seja, o reencontro com Deus no Céu. Contudo, declara Agostinho, mesmo em teoria não é possível que todos os homens vão para o Céu, porque a justiça divina exige que alguns homens sejam eternamente condenados a pagar pelo pecado de Adão. Existem, portanto, dois grupos de homens misturados nesta Terra — aqueles que pertencem ao que Agostinho chama de "Cidade de Deus" e aqueles que pertencem à cidade terrena. Os primeiros receberam a graça de Deus e vão passar a eternidade no Céu ao lado de Deus, enquanto os últimos são aqueles que não receberam a graça de Deus e estão destinados a ir para o Inferno e passar a eternidade atacados por vermes, fogo e demônios.

Então você vê que é muito importante entrar na cidade certa. Como vamos fazer isso? Que passos podemos tomar por conta própria para conseguir entrar na cidade certa? Nenhum mesmo. Essa questão revela um preconceito Pelagiano. Lembre-se da doutrina do Pecado Original: estamos totalmente manchados pelo pecado e, por conta própria, não podemos dar um passo na direção da virtude. Não há nenhuma maneira de conseguirmos ganhar o nosso caminho para o Céu.

Caso contrário, estaremos de volta à posição de Pelágio. Somos irremediavelmente dependentes da decisão de Deus. Sozinhos, segundo Agostinho, todos os homens não merecem nada além de ir direto para o Inferno. Contudo, Deus é misericordioso — ele decide estender a graça a certos homens, convertê-los do pecado à virtude — e assim permitir que esses homens entrem no Céu. Este é um ato gratuito da parte de Deus. Antes da graça, somos todos inerentemente perversos e não temos direito à graça de Deus — é misericórdia da parte dele, não justiça. Mas se, para começar, todos os homens são igualmente corruptos, como Deus decide quem selecionar para a graça? A resposta oficial é que isto é inexplicável para o homem. **Você vê agora por que a esperança é uma virtude Cristã fundamental, baseada na total dependência do homem em Deus. Na epistemologia, o homem depende da iluminação de Deus para o conhecimento, sobretudo para a fé e a revelação. Na ética, ele depende da graça de Deus para obter virtude. Na metafísica, o homem é uma criatura semirreal, criada, dirigida e governada por Deus. Durante todo o tempo, o homem é total, totalmente e irremediavelmente dependente, à mercê dos decretos e decisões inexplicáveis de Deus. Isto é característico da filosofia Cristã deste período e contrasta profundamente com qualquer visão caracteristicamente grega.**

Se você objetar que não é justo que Deus selecione alguns pecadores dentre os demais e lhes dê graça e entrada no Céu, a resposta padrão é que não é que Deus seja injusto. Veja como isso costuma ser expresso: imagine um milionário que possui seu dinheiro e dá dinheiro de presente a algumas pessoas — bem, isso não é injusto com as outras pessoas a quem ele não dá dinheiro, pois elas não tinham qualquer direito sobre isso. Posso dizer que esta é uma analogia muito pobre. Para ter uma analogia mais precisa, dir-se-ia primeiro que o milionário chega, mutila milhões de vítimas, depois deixa algumas delas absolutamente acorrentadas e amordaçadas e à sua mercê, enquanto distribui comida e dinheiro aos restantes. Então você poderia ter um paralelo, mas então você teria um problema. Contudo, passemos ao próximo ponto.

Você pode perguntar: se tudo isso é verdade, por que ter uma ética? Você não pode alcançar a felicidade na Terra, você não pode nem mesmo ganhar a entrada no Céu — com que propósito você tomaria alguma atitude? O que isso traria para você, o ator? A resposta é: essa é uma pergunta corrupta, pois Deus ordenou, ele comandou, que você agisse de certas maneiras, e esses mandamentos devem ser obedecidos porque Deus os ordenou. A maior virtude é obedecer a Deus e cumprir o seu dever, porque é o seu dever. Na verdade, o pecado de Adão, como vimos, pelo qual toda a humanidade foi condenada, foi o pecado da desobediência, de estabelecer o seu próprio código de valores e de não ouvir a Deus. O verdadeiro Cristão deve abandonar a tentativa de elaborar sozinho uma ética racional, ou *qualquer* código de valores. A ética é uma questão de decretos de Deus e, sejam eles quais forem, você deve obedecer, e não em nome da sua própria felicidade — até mesmo da sua felicidade a longo prazo. Você não deve, no verdadeiro espírito do Cristianismo, fazer um cálculo prático, dizendo para si mesmo: "Bem, vamos ver, Deus tem todo esse poder e ele quer que eu faça essas coisas, então tudo bem, eu farei isso", mas meu cálculo interno é que vou conseguir o que está por vir, terei uma vida de êxtase e alegria no futuro, e é por isso que estou fazendo isso — é na verdade uma troca com Deus, e é melhor ele aparecer quando as coisas estiverem ruins. Se você tomar essa atitude, você será um anátema para o Cristianismo. Sua atitude deveria ser "seja feita a tua vontade", e não "seja feita a tua vontade se eu me divertir muito com isso".

Devo dizer, para ser justo, que o Cristianismo é definitivamente inconsistente neste ponto. Todos antes de Kant são inconsistentes neste ponto. **Existem vários elementos antidever e pró-egoístas no Cristianismo. Para mencioná-los brevemente: há a ênfase na salvação de sua própria alma individual, e a afirmação de que você será recompensado com felicidade eterna se conseguir, e que é a sua própria felicidade eterna que você experimentará pessoalmente. Isso rapidamente se tornou a ideia de que a felicidade sobrenatural é a recompensa pela sua virtude. Depois, a afirmação de Jesus de que você deve "amar o seu próximo como a *si mesmo*", o que implica que você pode amar a si mesmo de alguma maneira. Todos estes elementos do egoísmo são legados da influência grega no Cristianismo, e todos eles foram extirpados por Kant.** Até então, porém, eles existiam, mas estavam em conflito com o elemento distintamente Cristão, que é que você obedece aos mandamentos por reverência e amor a Deus, e pelo reconhecimento de que ele o criou e, portanto, tem o direito de fazer exigências às suas criaturas. Nesse aspecto, o Cristianismo é uma típica ética do dever.

Então, o que é que Deus ordena? O que ele quer de nós? Tendo criado este mundo e colocado nele o homem, o que ele deseja principalmente, ao que parece, é que o homem se afaste da vida na terra e volte sua atenção para Deus. A renúncia aos prazeres da vida na terra, a concentração no destino sobrenatural, o afastamento desta vida como uma armadilha, uma tentação, um mal sedutor da sua pureza religiosa — esses são os principais temas da ética Cristã. Como dizem as Escrituras em uma linha que contém a tônica de toda a ética: "Aquele que ama a sua vida perdê-la-á; quem a odeia guardá-la-á para a vida eterna." Ou como é colocado em outro lugar nas Escrituras: "Ai de vós que agora rides, porque lamentareis e chorareis" e "bem-aventurados os que choram agora, porque hão de rir".

Você pode pensar que esta é uma visão primitiva que o Cristianismo abandonou há muito tempo, e por isso quero chamar a sua atenção para algumas citações do Bispo Fulton Sheen no que diz respeito à atitude do Cristianismo em relação ao sofrimento na Terra. *Em Life is Worth Living*, o Bispo Sheen escreve:

> Nossa capacidade de sentir dor é maior que nossa capacidade de sentir prazer. O sofrimento chega a um ponto em que sentimos que não podemos mais suportá-lo, e ainda assim ele aumenta e nós o suportamos. Mas os prazeres atingem rapidamente um pico e depois começam a declinar. A idade diminui a capacidade de prazeres, embora a dor nunca se transforme em prazer, um prazer pode se transformar em dor. Fazer cócegas pode ser engraçado no início, mas também pode se tornar terrivelmente doloroso. Nossa capacidade de sofrer é maior porque o bom Deus quis que toda dor neste mundo se esgotasse. O plano Divino é ter verdadeiras alegrias na próxima vida... Nunca perdendo o nosso amor a Deus, poderemos então encontrar razões para suportar a dor. Se arruinamos a nossa saúde com excessos, impomos a nós mesmos leis dietéticas e evitamos iguarias por amor à nossa saúde. Pode-se fazer o mesmo com a alma — pode-se dizer: "Aceitarei este sofrimento específico para reparar as minhas próprias faltas." Ou também podemos oferecer nosso sofrimento pelos outros... Os médicos enxertam pele de uma parte do corpo no rosto se o rosto estiver queimado. Aqueles que sofrem de anemia recebem uma transfusão de sangue de outro membro da sociedade para curá-los da doença. Se é possível transfundir sangue, também é possível transfundir sacrifício; se é possível enxertar pele, também é possível enxertar oração. Temos bancos de sangue para os nossos próprios soldados, para que as suas vidas possam ser salvas através do nosso sacrifício de sangue. Dor, agonia, decepções, injustiças — tudo isso pode ser derramado em um tesouro celestial, do qual as almas anêmicas, pecadoras, confusas e ignorantes podem recorrer à cura de suas asas. Assim, através do amor a Deus, o sofrimento se torna sacrifício. O grande mistério do mundo não é o que as pessoas sofrem, é o que sentem falta quando sofrem. Eles poderiam estar cunhando moedas para a sua própria salvação e para a salvação do mundo. A tragédia da dor desperdiçada, das lágrimas não santificadas, das dores incômodas, das dores nauseantes, das traições enfurecidas — quanto destas coisas são desperdiçadas e, portanto, convertidas em maldições, porque aqueles que as sofrem não têm ninguém a quem amar?[26]

O estilo das imagens e metáforas é revelador. Você pode simplesmente vê-lo abraçando o sofrimento contra o peito, contando as dores, náuseas e lágrimas do homem como um avarento contando seu dinheiro, passando os dedos por seu tesouro. Ele é válido em sua escolha de metáfora. **Na época do Cristianismo, o**

A FILOSOFIA TORNA-SE RELIGIOSA — E RECUPERA-SE (PARTE I)

sofrimento como tal — isto é, o sofrimento na Terra — tornou-se um valor. Lá se vai o Cristianismo como uma ética que prega a felicidade na Terra.

Voltemos aos primeiros Cristãos, para os quais há significativamente mais desculpas.

Um estudo da literatura da época, incluindo a Bíblia, é necessário para que você tenha uma ideia de quão violentamente antivida era a Igreja primitiva. Ela pregava que "Ai de vocês que riem, porque vocês lamentarão e chorarão", e foi muito sistemática ao garantir que, se você seguisse suas regras, você choraria agora. Por exemplo, eu nem sequer mencionaria a atitude da Igreja em relação aos negócios ou à indústria se tivessem conhecimento desses fenômenos no sentido moderno, mas consideraria coisas simples como comida, bebida e abrigo. Qual deve ser a sua atitude? Bem, um verdadeiro Cristão não deveria prestar atenção a elas. "Portanto, eu vos digo: Não vos preocupeis com a vossa vida, com o que comereis ou com o que bebereis; nem ainda para o seu corpo, o que vestireis." Essas são distrações e tentações porque são prazerosas. Elas constituem uma fonte de prazer nesta vida. Claro, você deve comer e beber; caso contrário, equivaleria ao suicídio, o que é proibido. A solução, declarou Agostinho, é encarar a comida e a bebida como um remédio — consumir o que for necessário para sustentar a vida, mas parar antes de começar a sentir prazer com isso. Contudo, há aqui outro perigo, que Deus, na sua sabedoria, colocou diante de nós: mesmo que comamos a modesta quantidade necessária para a vida, há um certo prazer em engolir, no sabor, ou em saciar sua sede, por exemplo, ou ir dormir quando está cansado. Isso incomodou seriamente Agostinho. É o que podemos chamar de "problema do prazer", e o problema é como se sustentar da maneira mais frugal sem desfrutá-lo.

Muitos séculos depois, Francisco de Assis apresentou uma solução para este problema. Cito a admirável biografia de São Boaventura: "[São Francisco] restringia os seus apetites sensuais com uma disciplina tão rigorosa que mal conseguia consumir o necessário para sustentar a vida, pois costumava dizer que era difícil satisfazer as necessidades do corpo sem ceder às inclinações dos sentidos, por isso ele dificilmente e raramente se permitia comida cozida quando estava saudável, e quando o permitia, ele polvilhava-a com cinzas ou derramava água sobre ela, ia o mais longe possível para destruir seu sabor. Do seu consumo de vinho, o que direi, quando mesmo de água ele mal bebia o que precisava enquanto estava ressecado pela sede ardente? (Eu interrompo para dizer que muitos dos santos bebiam água da roupa que foi lavada.) Continuando a citação: "O chão nu na maior parte servia de sofá para seu corpo cansado, e ele muitas vezes dormia sentado com um tronco, ou uma pedra colocada sob sua cabeça, e vestido com uma pobre túnica, ele serviu ao Senhor no frio e na nudez."

Na visão Cristã, este mesmo padrão de renúncia aparece em todas as áreas da vida. **O sexo é óbvio — deve ser condenado se for praticado por prazer, pelas mesmas razões, porque sexo por prazer seria amor a este mundo, e prazer neste mundo, em vez de prazer em Deus.** Assim a doutrina da Igreja era: o sexo só é permitido para a procriação, exatamente pelos mesmos motivos e da mesma forma que a comida só é permitida para fins medicinais. Uma parte dessas doutrinas (aquela sobre alimentação) foi abandonada pela maioria das pessoas na Renascença, mas a outra continuou. As pessoas religiosas mais consistentes têm a mesma opinião. Quanto ao sexo para São Francisco, não vou me preocupar em ler para você. Caracteristicamente, ele se despia e pulava numa pilha de neve sempre que sentia o início do desejo sexual, a fim de derrotar o tentador. Recomendo-lhe *Sex in History*, de G. Rattray Taylor. O livro não é bom filosoficamente — o escritor é freudiano — mas se ignorarmos a sua interpretação, está repleto da mais fantástica documentação das práticas sexuais humanas, incluindo as da Igreja. Elas não são imagináveis pela imaginação mais selvagem da ficção científica. Hoje, esta visão do sexo é a fonte da anticoncepção, do antiaborto — a fonte da visão de que as pessoas verdadeiramente santas, os padres e as freiras, devem abster-se, etc. Quanto à atitude Cristã em relação à riqueza, ela fala por si, pois você conhece aquela do homem rico e do camelo. Qual deve ser sua atitude consigo mesmo? Essencialmente, você deve reconhecer os fatos — ou seja, você está manchado pelo pecado, você não vale nada e deve avaliar a si mesmo de acordo. Consequentemente, a grande virtude é a humildade, e o maior vício é o orgulho. Reconheça que você é humano, o que significa que você é um pecador miserável e indefeso.

São Benedito, no século VI, elaborou uma lista de regras sobre como um monge deveria proceder para adquirir a verdadeira humildade. Ele descreveu uma série de etapas que você deve seguir e aqui apresento algumas delas. Seu texto bíblico é *"Mateus"*: "Quem se exaltar será humilhado, e quem se humilhar será exaltado". Agora de Benedito, apenas alguns destes passos:

> Agora, o primeiro passo da humildade é este: escapar da destruição mantendo sempre diante dos olhos o temor do Senhor; lembrar sempre os mandamentos do Senhor. O segundo, que um homem não deve deleitar-se em fazer sua própria vontade e desejos, mas deve imitar o Senhor... Terceiro, que um homem suporte todas as coisas difíceis e desagradáveis e até mesmo ferimentos imerecidos que surgem no decorrer de seu serviço, sem cansar ou retirar o pescoço do jugo... Quarto, que o monge deve contentar-se com qualquer condição humilde ou difícil em que possa ser colocado e deve sempre considerar-se um trabalhador indigno, não preparado para fazer o que lhe é confiado. Quinto, que ele não deveria apenas dizer, mas

A FILOSOFIA TORNA-SE RELIGIOSA — E RECUPERA-SE (PARTE I)

realmente acreditar em seu coração, que ele é o mais baixo e mais inútil de todos os homens... Sexto, que o monge, quando fala, deve fazê-lo lentamente e sem riso, suave e gravemente, e que não deve falar alto. Sétimo, que o monge deve ser sempre humilde e modesto, não apenas em seu coração, mas também em sua conduta. Quando o monge tiver ascendido todos esses degraus de humildade, ele alcançará aquele amor perfeito de Deus, aquele que expulsa todo medo.

A propósito, observo que, algumas páginas depois, ele prossegue dizendo que os monges "não deveriam ter bens pessoais. O pecado de possuir propriedade privada deveria ser totalmente erradicado do mosteiro. Ninguém presumirá dar ou receber alguma coisa, exceto por ordem do abade; ninguém possuirá nada de seu, livros, papéis, canetas ou qualquer outra coisa". Você vê como a filosofia é consistente. Compare o monge de Benedito e o Homem Magnânimo de Aristóteles, ou São Francisco versus o Homem Magnânimo, dois símbolos perfeitos de duas filosofias radicalmente opostas.

E quanto ao que Aristóteles chamou de "virtudes intelectuais" — o estudo da ciência, da física, da astronomia, da matemática, etc. — a tentativa de compreender pela razão as leis do universo? No décimo livro das *Confissões* de Agostinho, tendo detalhado toda uma série de tentações físicas que se colocam no caminho do homem e que ele tem de superar, Agostinho escreve uma seção muito importante, da qual cito um trecho:

> Devo agora falar de um tipo diferente de tentação, mais perigosa que estas [as físicas], porque é mais complicada. Pois além de nossos apetites corporais, que nos fazem desejar gratificar todos os nossos sentidos e prazeres e levam à nossa ruína se ficarmos longe de você [Peikoff: Ele está falando com Deus.], tornando-nos seus escravos, **a mente também está sujeita a uma certa propensão para usar os sentidos do corpo, não para autoindulgência de tipo físico, mas para a satisfação de sua própria curiosidade. Esta curiosidade fútil mascara-se sob o nome de ciência e aprendizagem, e uma vez que deriva da nossa sede de conhecimento, e a visão é o principal sentido pelo qual o conhecimento é adquirido, nas Escrituras é chamada de gratificação dos olhos.**

Em muitas traduções, isso resulta "a concupiscência dos olhos". "**É para satisfazer esta curiosidade doentia que as aberrações e os prodígios são apresentados no teatro, e pela mesma razão, os homens são levados a investigar os segredos da natureza, que são irrelevantes para as suas vidas, embora tal conhecimento não tenha valor algum para eles, e eles desejam ganhá-lo apenas por** saber." Assim, a ciência e o aprendizado representam concupiscências, amores e preocupações deste mundo que são fúteis e devem ser suspensas. Existem muitas outras razões pelas quais a ciência deve desaparecer. É arrogante da parte do homem insignificante buscar a ciência por conta própria — o que Deus quer que o homem saiba, Deus revelará em seu próprio tempo. Se ele não revela alguma coisa, é pura bisbilhotice, é pura intromissão, investigar os mistérios do universo. Afinal, é o mundo de Deus, não do homem. Além disso, não há resposta para nenhuma pergunta. A resposta para tudo é: "É assim porque Deus quis; faz parte do plano." Tudo é um milagre, e isso, veja você, é inerente à ideia de criação *ex nihilo*, do nada. Não existem leis naturais, toda a natureza não é natural nesta abordagem e a ciência é, portanto, impossível. Além disso, seu objetivo não é estudar este mundo, mas sim sair dele, como se estivesse na prisão, então de que adianta não estudar nada ou "quase nada"? **Por outras palavras, atingimos a reversão completa à era pré-Tales, a era anterior à filosofia e à ciência.**

Você tem que ler *As Confissões* (a tradução de Pine-Coffin na edição Penguin) para ter uma noção real da abordagem Cristã — o sentido agudo do pecado, o poder absoluto de Deus, a total irrelevância desta vida, incluindo a ciência. Agostinho comenta de passagem, por exemplo, em uma linha que revela volumes — ele está confessando seus pecados a Deus — e diz: "Eu costumava estudar artes liberais naquela época porque era um imprestável e inútil", e ele prossegue como se isso fosse evidente. A certa altura de *As Confissões*, ele atribui a si mesmo uma classificação de tentação, sendo o problema da tentação aguda para o Cristianismo. Os gregos — pelo menos Aristóteles e Sócrates — nunca tiveram qualquer equivalente disso, porque sustentavam que virtude é conhecimento, você pode entender pela razão por que certas coisas são certas, e uma vez que você entende isso você vai querer fazê-la porque você vai querer para alcançar seu próprio bem-estar. Mas os Cristãos têm uma visão radicalmente diferente: o conteúdo da virtude é ininteligível e, quando você realmente age de acordo com ela, entra em conflito direto com tudo o que tornaria a vida agradável. Consequentemente, existe uma tentação irresistível, crônica e inevitável de perseguir o mal, contra a qual o Cristão tem de lutar constantemente. Agostinho resume a verdadeira razão muito, muito apropriadamente, mas isso não muda sua opinião sobre o motivo de estar tão agoniado. "Neste estado [Peikoff: isto é, neste mundo] estou apto a ficar, por mais relutante que esteja. Naquele outro estado [Peikoff: isto é, no Céu], onde desejo ficar, não estou apto para estar. Tenho duplo motivo para tristeza." Assim ele faz.

Nesta classificação de tentação, ele desce a escala para ver se, desde que se converteu ao Cristianismo, ainda sente prazer com as coisas do mundo físico. Ele se verifica nos sonhos, no comer e no beber, no cheiro. Ele acha que está bem com o cheiro, mas pode estar errado. Quanto ao som, ele acha que talvez seja excessivamente parcial em cantar hinos do ponto de vista de apreciar a música — e assim por diante. Mas talvez o mais interessante seja que às vezes ele sente prazer com sua própria humildade. Ele tem um certo orgulho de sua própria humildade, o que é indescritível. Certa vez, alguém me contou sobre um Católico sério e dedicado que traía sistematicamente a esposa. Quando confrontado com a questão de como conciliava isto com o Catolicismo, respondeu: "Isto está absolutamente de acordo com o meu Catolicismo, porque a virtude suprema é a humildade. Se eu seguisse todos os mandamentos ao pé da letra, correria um terrível perigo de orgulho. Portanto, tenho que fazer algumas coisas perversas para aumentar minha humildade." **Você vê o problema inevitável de qualquer ética que prega a humildade. Se a principal virtude é a convicção de que você não é bom, então, assim que você a alcança, você se torna bom, e alcançá-la a destrói.**

Eu não disse praticamente nada sobre o lado altruísta do Cristianismo, o elemento do amor ao próximo, embora este seja o mais conhecido no mundo moderno. Não foi de forma alguma o mais importante do mundo medieval. Foi somente a partir de Kant, a partir do século XVIII, que o altruísmo se tornou o grande elemento do Cristianismo. Porém, porque é bem conhecido e porque vocês são um público de estudantes do Objetivismo, presumo que a relação entre este lado do Cristianismo e aqueles que mencionei até agora é clara. Tudo faz parte do processo geral de renúncia à vida e de proibição do julgamento racional independente. Assim como se deve abandonar o julgamento independente em questões científicas, o mesmo acontece ao lidar com as pessoas. Assim como você deseja a graça imerecida de Deus, você deve estender amor e perdão imerecidos aos outros. Não julgueis, para que não sejais julgados. Assim como você deve se despojar dos prazeres egoístas ao lidar com o mundo físico, o mesmo ocorre ao lidar com as pessoas. Você não deve amar apenas aquelas que lhe dão felicidade, aquelas que atendem aos seus padrões, aquelas que são boas aos seus olhos — isso é amor pagão, egoísta, arrogante e deste mundo. Não, sua virtude distintiva como Cristão é amar os homens que *não* atendem aos seus padrões, que não lhe dão prazer, amar os homens que pretendem prejudicá-lo — "Ame seus inimigos, abençoe aqueles que o amaldiçoam, ore por aqueles que usarem maliciosamente e perseguirem você", etc. O que eles fazem com você não importa, porque é apenas nesta vida. O amor a Deus é tudo o que conta, e o amor ao inimigo é a prova da sua abnegação e obediência. Se os homens te prejudicarem, perdoe-os até setenta vezes sete vezes. Se atingirem uma bochecha, vire a outra. Se roubarem seu casaco, dê-lhes também sua capa. Se eles obrigarem você a percorrer uma milha contra sua vontade, vá com eles duas. Quem é você, miserável pecador, para atirar a primeira ou mesmo a segunda pedra? Por outras palavras, todo o eixo altruísmo-ame-ao-próximo do Cristianismo, como penso que se pode facilmente ver, é completamente consistente com o resto.

Tive que omitir até mesmo um breve esboço de dois elementos da filosofia de Agostinho que eu queria mencionar, mas não tive tempo. Uma é a sua política, e a outra é a sua teoria da história distinta e muito influente, uma teoria que foi particularmente influente em pessoas como Hegel e Marx, para não falar de Mussolini e Hitler. Mas terei que guardar isso para o período de perguntas, se você me perguntar. **Por enquanto, quero concluir resumindo a essência do Cristianismo Agostiniano. Resume-se a isto: o homem deve abnegar-se, renunciar à preocupação com o seu próprio prazer e felicidade, desistir da sua mente, da sua ciência, do seu julgamento independente, considerar-se como uma criatura inútil, manchada pelo pecado nas garras de um todo-poderoso destino, impotente à sua mercê. Seu único objetivo é ter fé, obedecer cegamente aos comandos desse poder e esperar que ele sinta pena imerecida dele e o liberte da escravidão um dia — aquele dia glorioso em que tudo finalmente terminará para ele, aquele dia em que ele conseguir sua autorização de saída final: a morte.**

Quanto tempo poderá o homem sobreviver com esta visão do homem e da vida? Minha resposta em uma frase: os próximos séculos da história humana serão chamados de "Idade das Trevas".

A IDADE DAS TREVAS

Durante séculos, os filósofos — especialmente os filósofos Cristãos até ao período de Agostinho — denunciaram progressivamente a preocupação com a vida na Terra, denunciando o uso livre e independente da razão, defendendo que a fé fosse exaltada acima dela. Eles condenaram e desprezaram a produção material, o desenvolvimento intelectual e a investigação científica. Bem, eles realizaram seu desejo, e em abundância. Durante os quatrocentos anos seguintes (com exceções insignificantes), a razão, o intelecto, a ciência e a riqueza material praticamente desapareceram do mundo ocidental. **O Ocidente entrou no que hoje chamamos de "Idade das Trevas", que geralmente data do século V ao IX d.C. Este foi um período de violência bárbara e violência caótica: o Império Romano desintegrou-se completamente e a vida urbana praticamente desapareceu. Na maior parte, os homens perderam a arte de escrever e ler. A expectativa de vida era supostamente inferior a vinte anos. Com efeito, a civilização foi exterminada.**

Em particular, o Ocidente perdeu quase todas as obras filosóficas e literárias dos antigos pagãos. Eles tinham apenas alguns trechos de Platão, Aristóteles e alguns outros. **Devo mencionar aqui que os escritos de Aristóteles foram preservados no mundo não Cristão, onde as doutrinas Aristotélicas floresceram durante séculos, por exemplo, entre os Maometanos, embora fossem quase desconhecidas na Cristandade. Com exceção de alguns fragmentos, Aristóteles foi desconhecido durante séculos no mundo ocidental. Foram as ideias de Platão, transmitidas pelos escritos dos Neoplatonistas e de Agostinho, que constituíram a estrutura e a inspiração do pensamento que existia.**

Que pensamento existia? Com exceção de algumas compilações insignificantes de figuras menores, nada aconteceu intelectualmente até o século IX. Portanto, temos quatrocentos anos de nada, de pura estagnação intelectual. O que aconteceu no século IX? Uma figura solitária que tem algum significado e, mesmo assim, tem tão pouco significado que só é mencionado porque os historiadores estão desesperados para encontrar alguém para discutir em todas estas centenas de anos. Seu nome é João Escoto Erígena, e ele viveu entre 810 e 877 d.C. Ele foi um Neoplatonista Cristão místico que, do ponto de vista da Igreja, cometeu uma série de heresias. Por exemplo, ao tentar evitar a doutrina da predestinação e preservar a responsabilidade humana, Erígena abraçou o Pelagianismo, a visão de que o homem tem livre-arbítrio e pode alcançar a virtude por si próprio. Erígena também sucumbiu ao panteísmo, a visão de que todas as coisas, inclusive os homens, são parte de Deus. O Cristianismo, por princípio dogmático, repudia o panteísmo, porque a religião Cristã se baseia no contraste entre Deus como o ser infinito e perfeito e o homem como finito, sórdido, torto, ulceroso, manchado pelo pecado original e obrigado à humildade. **Se tudo é Deus, então o homem é literalmente parte de Deus, e então todo esse esquema desmorona e a autoestima do homem dispararia, então o panteísmo é herético.** O resultado é que as opiniões de Erígena foram oficialmente condenadas em 855 d.C. Por outras palavras, o primeiro pensador de alguma importância em quatrocentos anos foi condenado pela Igreja, que estava a tornar-se uma força política com a qual todos os pensadores tinham de contar.

O que aconteceu filosoficamente durante duzentos anos depois de Erígena? Nada. A filosofia, mesmo em uma escala modesta, recupera-se na última metade do século XI. Não discutirei novamente por que tudo começou neste momento. Essencialmente, essa é uma questão histórica, por isso remeto-vos para um texto histórico apropriado. Em essência, porém, uma civilização modesta renasceu dolorosa e gradualmente, começando lentamente após o século IX. Escolas começaram a ser formadas para reviver o aprendizado e gradualmente se expandiram para universidades onde se ensinava filosofia. Alguns fragmentos dos antigos ainda existiam e passaram a ser debatidos sobre como deveriam ser interpretados adequadamente. Começaram a surgir controvérsias entre pensadores Cristãos ligados às escolas sobre como a doutrina Cristã deveria ser interpretada adequadamente. **Finalmente, as Cruzadas colocaram o Ocidente em contato com civilizações não Cristãs, e os Cristãos ficaram chocados ao descobrir que os infiéis riam deles e colocavam objeções irrespondíveis ao Cristianismo, e os Cristãos queriam saber como responder. Surgiram alguns hereges locais que precisavam ser respondidos de alguma forma.** Por todas essas e outras razões, lenta e hesitantemente, algum pensamento filosófico em escala modesta recomeçou.

A IDADE MÉDIA/OS ESCOLÁSTICOS

Agora, uma nota terminológica: o período que vai do século IX ao século XIV, entre a Idade das Trevas e o Renascimento, é chamado de *Idade Média*, ou período medieval. Pelo motivo que os filósofos deste período estavam quase todos ligados, de uma forma ou de outra, às escolas e universidades que acabei de mencionar, estes filósofos são referidos como os *Escolásticos*, os filósofos das escolas. "Escolástica" é um nome geral para os filósofos de todo o período da Idade Média, especialmente aqueles da última metade do século XI até o século XIV. Eles sobreviveram depois disso, mas não foram mais a influência dominante após o século XIV. Em geral, todos os Escolásticos partilhavam uma certa abordagem, por mais diferentes que fossem as suas conclusões detalhadas: todos eram Cristãos fervorosos, comprometidos antes de qualquer filosofar com as doutrinas da Igreja. Então, eles eram autoritários em sua abordagem básica. Seu conceito de filosofia era (para simplificar um pouco) espalhar diante deles os escritos dos Padres da Igreja, das Escrituras e de quaisquer filósofos antigos que eles conheciam e dos quais eram partidários, e então tentar reconciliar e dar sentido a essa massa de autoridades. Em essência, eles conheciam antecipadamente as suas principais conclusões, porque a filosofia para eles era uma tentativa de fundamentar racionalmente e de harmonizar (na medida do possível) os dogmas das autoridades competentes. Assim, o estudo do mundo real ao seu redor parecia bastante irrelevante. Eles dedicaram seus esforços tentando interpretar e reinterpretar os textos das autoridades que os precederam, tentando harmonizar os textos entre si. Para fazer isso, eles tiveram que fazer todo tipo de distinções artificiais, envolver-se em todos os tipos de minúcias e, em geral, afastar-se de qualquer estudo do mundo físico real ao seu redor e mergulhar no estudo dos textos das autoridades.

Com que tipo de questões os Escolásticos se preocuparam primeiro? Até ao século XIII, não tentaram sistemas filosóficos abrangentes, mas envolveram-se em disputas específicas sobre questões técnicas específicas e problemas especializados.

A FILOSOFIA TORNA-SE RELIGIOSA — E RECUPERA-SE (PARTE I)

Para lhes dar apenas uma ideia: uma controvérsia que se desenvolveu (estou falando agora do período anterior ao século XIII) foi sobre o problema dos universais. Isto se desenvolveu como resultado de algo que sobreviveu do mundo antigo, a saber, a tradução de alguém da introdução de outra pessoa às *Categorias* de Aristóteles, e esta tradução desta introdução sobreviveu. Levantou a questão dos universais, embora não tenha respondido. A questão em essência era "Os universais são reais ou não?", para a qual os Escolásticos destes primeiros séculos elaboraram três posições principais que provocaram controvérsia. Uma foi a posição assumida pelos Escolásticos fortemente influenciados pelo Platonismo — por exemplo, por João Escoto Erígena, por Santo Anselmo (1033-1109 d.C.), um importante Escolástico Platônico deste período inicial, e muitos outros. **Essas pessoas adotaram a linha Platônica geral de que os universais são entidades reais, independentes dos particulares, que são meramente subprodutos semirreais, ou reflexos, ou emanações dos universais — em outras palavras, o que veio a ser chamado de** *Realismo Platônico*, **como eu defini para você na palestra sobre Platão. "Realismo" é um termo técnico que significa que os universais são reais, não fictícios. Esta posição foi alvo de muitas críticas por parte de vários Escolásticos.**

O que é típico de toda esta época é que esta posição também foi fortemente criticada por motivos teológicos — levou ao conflito com a Igreja e à heresia. Como? **Bem, você sabe que o universal superior sempre inclui os inferiores — por exemplo, a cor, como universal, abrange e inclui o vermelho, o verde, o roxo, etc. O que é Deus numa filosofia Platônica? Ele é a entidade mais real. Se o real é equiparado ao universal, então Deus, o ser mais real, tem de ser o** *universal* **mais universal, o universal mais amplo, aquele que abrange e inclui todos os outros. Mas isso significa que todas as coisas estão incluídas em Deus, e isso é panteísmo, e isso é heresia. Portanto, o Realismo Platônico, por esta e outras razões equivalentes, é inaceitável. Em reação a isto, alguns Escolásticos foram ao outro extremo e negaram completamente os universais, uma visão que veio a ser conhecida como "Nominalismo".** É atribuído a um Escolástico conhecido como Roscelino (c. 1045–c.1120 d.C.). **O Nominalismo é a visão de que apenas os particulares existem, que eles não têm nenhuma característica comum, que cada um é totalmente único e que os chamados universais são apenas nomes que as pessoas usam sem qualquer base objetiva na realidade. As pessoas decidem aplicar um certo nome, uma certa palavra, a uma série de detalhes por uma questão de conveniência subjetiva.** Mas é isso mesmo: subjetivo, sem denominadores comuns objetivos, sem universais reais unindo particulares na realidade. Chegou a ser chamado de "Nominalismo" por causa da teoria de que os universais são apenas nomes, da palavra *nomen*, que significa "nome" em latim. **Supõe-se que Roscelino tenha dito que** os universais são apenas *flatus vochus*, isto é, "respirações da voz" — em outras palavras, são ruídos que fazemos ao falar, e isso é tudo. São apenas palavras. Isso torna todo pensamento conceitual completamente arbitrário e desvinculado da realidade. Em essência, é a posição assumida pelos Sofistas gregos e pelos Céticos pagãos, e é aquela que estava destinada a dominar a filosofia na era moderna, como veremos em breve. Mas nunca se tornou grande coisa na era medieval e foi criticada por vários motivos. Também era suscetível a objeções teológicas, e Roscelino teve de repudiá-la formalmente em 1093 d.C. Por quê? Para dar apenas um exemplo, o que acontece com o pecado original? A ideia da Igreja era que, no pecado de Adão, todos nós deveríamos ter sido infectados. No pecado de Adão, a natureza humana como tal — a humanidade universal — foi corrompida e, portanto, todos os homens particulares. Essa foi a explicação metafísica de como você poderia herdar o pecado de outra pessoa. Mas se não existem universais — se Adão é apenas um indivíduo, e cada um de nós é um indivíduo separado e distinto, sem nada em comum com ele — então a herança do pecado original torna-se ininteligível, pelo que o Nominalismo também tem de desaparecer.

A terceira posição, e aquela que finalmente foi dominante neste período, foi oferecida como uma espécie de mediação entre o Realismo Platônico e o Nominalismo, e seu principal autor é Pedro Abelardo (1079-1142 d.C.), aquele famoso por suas relações com Heloisa. Ele conseguiu algo grandioso para esse período inicial, numa época em que nada se sabia sobre a teoria de Aristóteles: elaborou uma visão mais ou menos semelhante à de Aristóteles, mesmo que muito, muito primitiva. A sua visão é frequentemente chamada de "Realismo Moderado", o que é um nome tolo, porque parece que o Aristotelismo é um compromisso entre Platão e os Nominalistas. De forma muito resumida, a opinião de Abelardo era que os Nominalistas estão certos num aspecto — só existem particulares — mas os seres humanos, utilizando um processo de abstração, são capazes de descobrir uma natureza comum num certo número de particulares. O universal, embora existisse em certo sentido apenas na mente como uma abstração de particulares, não é, no entanto, uma ficção subjetiva como Roscelino dissera, porque, de fato, as coisas individuais *têm* propriedades comuns que formam uma base objetiva para as nossas abstrações. Esta posição é essencialmente a visão que Aristóteles adotou no mundo antigo, por isso não direi mais nada sobre isso aqui. Tal como foi elaborada por Abelardo, e mais tarde de forma muito mais completa por Tomás de Aquino, tem todas as principais virtudes e problemas que a própria declaração de Aristóteles tinha.

Você vê nesta breve pesquisa que não há nada essencialmente novo sobre esta questão durante este período. O que *é* novo é a forma como toda a questão se envolve em controvérsias teológicas e heresias. Na verdade, como os filósofos deste período rapidamente perceberam, qualquer que fosse a questão discutida, corríamos o risco de heresia, de contradizer um ou outro dogma. Isto levantou-lhes uma segunda questão principal durante este período pré-século XIII, nomeadamente, a relação entre razão e fé, sobre a qual direi agora uma palavra apenas para vos dar a atmosfera dos tempos.

Alguns dos Escolásticos, tentando apenas dar sentido às autoridades e aos dogmas (sem questioná-los ou desafiá-los), começaram a suscitar dúvidas, apesar de si próprios. **Abelardo, por exemplo, escreveu** *Sic et Non* **(***Sim e Não***), um livro no qual listou cento e cinquenta e oito proposições. Para cada uma delas, ele citou vários Padres da Igreja a favor e simultaneamente contra — sim e não, veja você. Abelardo era um Católico leal. Ele apenas queria dar sentido aos dogmas**. Mas parecia aos outros que assistiam ao espetáculo que ali estava a voz feia da razão erguendo-se no meio do paraíso da fé Cristã.

De modo geral, foram tomadas duas atitudes em relação à questão da razão e da fé. Para algumas figuras da época, a razão era uma perigosa inimiga do Cristianismo, e toda a tentativa dos Escolásticos de dar sentido aos dogmas era depravada. Largue a razão, pensaram eles, e mesmo que o autor tenha a melhor vontade do mundo, ele apenas causará problemas. Um verdadeiro crente não precisa que isso faça sentido. A filosofia — mesmo a filosofia Escolástica, diziam — é uma invenção do Diabo. Por exemplo, Bernardo de Clairvaux, que teve uma experiência mística de Deus (assim afirmou), declarou: "Creio, embora não compreenda, e mantenho pela fé o que não consigo compreender com a mente." Ele era um verdadeiro tipo de Tertuliano, que sempre esteve presente, e se deleitava com a incompreensibilidade. *Credo qui absurdum* — ele acredita nisso porque é absurdo.

A outra atitude da época era, porém, mais difundida. Foi representada por Anselmo. Foi a atitude Agostiniana, em essência. Lembre-se, você deve primeiro acreditar para poder então compreender. Em outras palavras, você começa com a fé, que lhe dá suas premissas, e então tenta extrair dela o máximo de sentido possível. Anselmo e todos os Agostinianos do período consideravam a relação da razão com a fé de forma muito semelhante à forma como Aristóteles considerava a relação da razão com a experiência sensorial. Se você adotar a visão de Aristóteles, a razão não pode contradizer a experiência sensorial, uma vez que se *baseia* na experiência sensorial. No máximo, a razão pode ser incapaz de explicar temporariamente algumas experiências. O mesmo para Anselmo em relação à razão e à fé. A fé é a *base* da razão — é a partir dela que você começa — e, portanto, talvez haja pedaços de fé, ou grandes pedaços, que você não consegue explicar, mas isso é temporário e você não poderia criticar a fé. Em *A Encarnação do Verbo*, ele colocou isto na seguinte formulação muito típica: "Nenhum Cristão deve de forma alguma contestar a verdade do que a Igreja Católica ensina. Mas mantendo sempre a mesma fé inquestionavelmente, amando-a e vivendo por ela, ele deve, na medida das suas possibilidades, procurar as razões para isso. Se ele conseguir entender isso, que ele agradeça a Deus. Se não puder, que não levante a cabeça em oposição, mas se curve em reverência." Acho que isso dá a você o sabor da época melhor do que qualquer outra coisa e dispensa comentários.

O próprio Anselmo pensou que poderia entender boa parte do Cristianismo e, no decorrer de suas tentativas, elaborou um argumento a favor da existência de Deus que se tornou muito, muito famoso. Então, quero explicar isso muito brevemente — é chamado de *argumento ontológico*, do grego *ontos*, que significa "ser". Ele afirma que a partir do próprio conceito, ou termo, "Deus", você pode provar que ele deve necessariamente existir. Apenas pela definição do termo, sem a necessidade de saber de onde veio o conceito. Admitindo que você tenha uma ideia de Deus — e, diz ele, todo mundo tem uma *ideia* de Deus, e mesmo o tolo que disse em seu coração "Deus não existe" tem que ter a ideia de Deus para ser capaz de expressar a afirmação "Deus não existe". **Admitindo que você tenha uma ideia de Deus, seja lá como conseguiu, a partir dessa ideia, a existência de Deus será provada simplesmente por definição. Como? A definição dada por Anselmo é "Deus é o ser do qual nada maior pode ser concebido". Ou, como é colocado em versões alternativas do argumento, "o ser absolutamente perfeito".** Agora vou fazer uma declaração moderna, minha, que considero um pouco mais clara que a dele, mas certamente é ideia dele, pela qual não recebo nenhum crédito. Vamos fazer um mapa mental hipotético em nossas mentes e caracterizar dois seres, chame-os de "Ser Um" e "Ser Dois". Vamos dar a cada um deles toda perfeição Cristã que possamos imaginar — cada um deles é onipotente, cada um deles é onisciente, cada um deles é totalmente bom, cada um deles é o criador do mundo, etc. Há apenas uma diferença entre esses dois — Ser Um tem o atributo de realmente existir na realidade, e Ser Dois não. Qual é o Ser do qual nada maior pode ser concebido? Qual é o Ser absolutamente perfeito? Obviamente, aquele que tem o atributo de existir de fato na realidade porque tem todas as perfeições do outro, e ainda por cima existe, e certamente é melhor existir do que não existir. Por exemplo, seguro dois isqueiros, um na mão direita e outro na esquerda. [Nota: a mão esquerda do Dr. Peikoff estava vazia.] Esses dois isqueiros são idênticos em todos os aspectos — ambos são feitos do mesmo metal, têm o mesmo formato, acendem cigarros da mesma forma — tudo é igual. Há apenas uma diferença: o que está na minha mão direita existe e o que está na minha esquerda não. Qual é o melhor isqueiro? É óbvio. Consequentemente, se você disser: "Eu tenho um conceito de um ser absolutamente perfeito, mas ele não existe", você está dizendo: "Eu tenho um conceito de um Ser absolutamente perfeito que carece de perfeição", o que é uma contradição. Como se queria demonstrar, a própria lógica exige a existência de Deus. Você gosta desse raciocínio?

Este argumento tem sido infinitamente criticado desde que Anselmo o apresentou. Tomás de Aquino achou que não valia nada. Descartes, Spinoza e Leibniz acharam-no fantástico. Locke, Berkeley, Hume e Kant acharam que era terrível. Hegel achou isso fantástico. Ele tem ido e voltado desde aquela época, todos os Platônicos gostando, e os anti-Platônicos não. (Anselmo era um Platônico devoto.) Limitar-me-ei aqui a relatar uma crítica levantada por um contemporâneo de Anselmo, o monge Gaunilo, que era um homem devotamente religioso e certamente acreditava em Deus, mas não por esse caminho. Gaunilo escreveu uma pequena obra chamada "Pro Insipiente" ("Em Defesa do Louco"). Nesse trabalho ele apontou que o argumento inteiro de Anselmo, mesmo que se admitam todas as suas premissas, não prova absolutamente nada. É tudo, disse ele, completamente hipotético. Está confinado exclusivamente ao conteúdo da mente e em nenhum momento faz contato com a existência real. No máximo, disse ele, isso mostra que se você *pensa* num ser absolutamente perfeito, você deve pensar nele existindo. **Mas isso não significa que porque *pensamos* em algo como existindo, portanto, ele realmente existe.** Ele dá esta ilustração: penso numa ilha absolutamente perfeita. (Você pode dar-lhe perfeições modernas — tem palmeiras, dançarinas e tudo mais.) Agora imagine duas dessas ilhas — todas têm as mesmas características, exceto que uma existe e a outra não. Obviamente aquela que existe é mais perfeita porque tem todos os atributos da outra mais a existência, portanto, tal ilha realmente existe. Isso é obviamente absurdo. Por quê? Bem, disse Gaunilo, tudo o que provamos é que *se* há uma ilha tão perfeita, *então* ela deve existir. Mas sabíamos disso antes de começarmos — se for, então é. A questão deveria ser: *existe* uma ilha? Existe uma que corresponda ao nosso conceito? A mesma coisa acontece com Deus. Portanto, disse ele, a prova de Anselmo falha. Essa é a grande contribuição de Anselmo.

A partir dos breves exemplos até agora, você vê o calibre e a esterilidade da filosofia durante o período anterior ao século XIII. **De alguma forma saímos desse período. Mas como? Muitos fatores estavam em ação, mas o principal, o principal evento intelectual que alterou todo o clima de opinião, foi que finalmente, depois de mais de seiscentos anos, no século entre 1150 e 1250 d.C., o Ocidente recuperou todas as principais obras de Aristóteles. Isto ocorreu como resultado dos contatos crescentes durante o século com a cultura dos Maometanos, que preservaram as obras Aristotélicas. Os próprios árabes, pelo que li, encontraram os manuscritos de Aristóteles numa das mais importantes** descobertas arqueológicas da história — *a mais* importante —, encontraram-nos numa adega na Síria, algures no século V ou VI d.C., e tiveram uma florescente civilização baseada neles. Uma vez descobertos no Ocidente, foram traduzidos do árabe e de outras línguas para o latim, organizados e sistematizados, e logo se tornaram amplamente conhecidos. Uma das principais figuras responsáveis por tal tradução e sistematização das obras de Aristóteles foi Albertus Magnus (Alberto, o Grande), que foi professor de Tomás de Aquino.

Os escritos de Aristóteles atingiram o século XIII como uma bomba. Aqui estava uma filosofia monumental, integrada, sistemática e racional, abrangendo uma riqueza de informações científicas e posições filosóficas sobre uma série de questões inéditas durante séculos. Progressivamente, os estudiosos queriam saber o que Aristóteles tinha a dizer e como isso se relacionava com o Cristianismo. **No início, a Igreja, como seria de esperar, reagiu adequadamente — adequadamente a partir das suas premissas: proibiram completamente as obras de Aristóteles.** Em 1210 d.C., foi proibido ensinar *Física* de Aristóteles em Paris e, alguns anos depois, a *Metafísica* foi proibida. Progressivamente, ao longo do século, as tentativas de relacionar Aristóteles com o Cristianismo foram condenadas pela Igreja. Você pode ver por que, se considerar o violento contraste entre as duas filosofias de Aristóteles e a do Cristianismo. Quase não sei por onde começar. Vejamos a metafísica — Aristóteles diz que existe uma realidade, esta; Cristianismo, duas realidades, Deus versus este mundo. Aristóteles diz que o mundo físico natural é totalmente real por si só; é realidade. O Cristianismo diz que o chamado mundo natural é semirreal, infectado com deficiência metafísica. Aristóteles diz que o mundo físico existe eternamente. O Cristianismo disse que foi criado *ex nihilo*. Aristóteles diz que este mundo é totalmente natural, isto é, o seu significado e explicação estão dentro de si mesmo, e devemos compreendê-lo em termos de lei natural. É desprovido de fonte e significado sobrenaturais e não é um criptograma teológico que simboliza uma existência sobrenatural. Para o Cristianismo, este mundo é apenas o pano de fundo temporário do drama da salvação, onde tudo tem um significado simbólico sobrenatural, e não há nada natural no mundo, nenhuma lei natural, e é apenas um palco temporário para uma peça divina. Para Aristóteles, Deus é o Motor Imóvel, inconsciente do mundo, sem poder sobre ele. Para o Cristianismo, Deus é onisciente, onipotente. Para Aristóteles, não existe imortalidade pessoal. Para o Cristianismo, isso é o crucial — a esperança do Céu, o julgamento final, a recompensa final, etc., e o medo do castigo final.

Na epistemologia, Aristóteles acredita na experiência sensorial como base, e na lógica como método de aquisição de conhecimento. O Cristianismo

A FILOSOFIA TORNA-SE RELIGIOSA – E RECUPERA-SE (PARTE I)

acredita na fé como conceito central, na fé e na revelação como fundamento. Na ética, Aristóteles vê o homem como potencialmente orgulhoso, apropriadamente orgulhoso, o homem de grande alma, um ser autossuficiente, capaz por si só de alcançar tudo o que vale a pena ter, em virtude e em valor, e o seu objetivo é a felicidade na Terra. O Cristianismo considera o homem sórdido, torto, ulceroso, manchado pelo pecado, indefeso, e seu objetivo é a fuga, a libertação para o outro mundo, a união com Deus.

    Esta é uma grande diferença, e quando uma força desta dimensão foi libertada na Cristandade medieval, algo teve de ser feito. As melhores mentes da época não podiam ignorar Aristóteles, nem repudiar o Cristianismo, que todos consideravam um axioma inquestionável, como tinha sido literalmente durante séculos. Então, eles tiveram um verdadeiro desafio às suas tendências de harmonização e reconciliação. **Apesar da Igreja, portanto, os melhores homens começaram a trabalhar para tentar reconciliar Aristóteles e o Cristianismo**. A tentativa mais notável — aquela que foi responsável, em última análise, pela mudança da atitude da Igreja em relação a Aristóteles — foi a de Tomás de Aquino. A sua filosofia, chamada "Tomismo", foi finalmente adotada oficialmente pela Igreja como a teoria básica do Catolicismo Romano, embora só em 1879 d.C., e assim permanece até hoje. **Devo mencionar de passagem que a tentativa de Tomás de Aquino de reconciliar Aristóteles e o Cristianismo deve muito aos filósofos árabes e judeus que o precederam, e que também se debateram com a questão de como reconciliar Aristóteles com *as suas* religiões, nomeadamente o Maometismo e o Judaísmo. Aqui devo mencionar o grande Aristotélico muçulmano, Averróis (aproximadamente 1126-1198 d.C.), que é frequentemente chamado de "O Comentador" devido ao seu profundo conhecimento de Aristóteles. Também posso mencionar Moses Maimônides, o judeu espanhol do século XII, autor de *Guia para os Perplexos*. Por que os perplexos ficaram perplexos? Porque eles não sabiam o que fazer com Aristóteles e como reconciliá-lo com o Judaísmo. A resposta de Moses Maimônides foi, em parte significativa, o modelo para Tomás de Aquino.**

    Presumo que você já saiba que a tarefa que Tomás de Aquino se propôs é impossível. O seu sistema é, no entanto, de profundo significado histórico, porque, ao construir uma filosofia Cristã dentro de uma estrutura Aristotélica, ele tornou o Aristotelismo conhecido, respeitável e aceitável para os pensadores mais avançados do mundo medieval. Ao fazê-lo — embora fosse totalmente contrário às suas intenções, uma vez que era um católico dedicado — ele libertou as forças da racionalidade Aristotélica pagã naquele mundo árido, de uma forma que, cerca de um século após a sua morte, trouxe a Idade Média para o fim. Mais do que qualquer outro fator, foi o Aristotelismo de Tomás de Aquino que abriu as portas ao Renascimento.

TOMÁS DE AQUINO

Assim chegamos ao ápice da filosofia medieval — a filosofia de Tomás de Aquino (1225-1274 ou 1275 d.C.). Ele tem um sistema filosófico monumental e engenhoso, mais completo, mais sistemático, do que qualquer outro sistema filosófico anterior ao seu tempo. Em seus conceitos-chave, porém, não é muito original. Do começo ao fim, é uma tentativa de síntese de Aristóteles e do Cristianismo, ou de Aristóteles e Agostinho. Você já está familiarizado com os ingredientes básicos de sua filosofia, ou pelo menos com o mais básico do básico. O que quero fazer agora é apenas indicar alguns dos elementos essenciais pelos quais ele trouxe de volta à cena intelectual visões Aristotélicas cruciais. Quero dar-lhes pelo menos uma indicação aproximada de como ele tentou reconciliar o Aristotelismo com o Cristianismo. Gostaria de salientar, por uma questão de justiça, que a minha exposição de Tomás de Aquino se limitará *apenas* às mais amplas pesquisas. Se você tentasse uma apresentação completa — mesmo que fosse pela metade — mesmo que fosse uma décima parte — você teria que ouvir vinte ou cinquenta palestras. Nesta palestra, quero olhar apenas para a epistemologia de Tomás de Aquino.

Na epistemologia, o principal problema era conciliar razão e fé. Aquino fez isso dizendo que devemos distinguir duas disciplinas fundamentalmente diferentes: filosofia e teologia. Da forma como ele usa o termo "filosofia" — e como todos os filósofos antigos e medievais o usaram — inclui não apenas o que hoje chamamos de "filosofia", mas também todo o conhecimento que colocaríamos nas ciências. Isso é uma reminiscência de *phile* para *sophia*, amor pela sabedoria. Filosofia é a disciplina que começa com a evidência dos sentidos e prossegue estritamente pela razão e pela lógica, utilizando os processos Aristotélicos de observação, abstração, definição, indução, silogismo, definição de *archai* (primeiros princípios), etc. É um assunto completamente natural que o homem pode perseguir pelo uso de sua faculdade racional natural, sem qualquer necessidade de graça ou iluminação divina, diz Tomás de Aquino. Isto é um afastamento radical do Agostinianismo, pois não há necessidade dos dogmas da fé como seu material básico. A filosofia procede com os fatos deste mundo como seus dados e objeto principal. No fundo, a filosofia é o assunto que segue as linhas seculares Aristotélicas. A teologia, pelo contrário, é o tema que começa com os dogmas da fé, com as revelações, e depois tenta explorar e explicar o seu pleno significado.

Portanto, em grande medida, estas duas disciplinas terão conteúdos diferentes. **A filosofia preocupa-se principalmente com os fatos deste mundo e com o que pode aprender com eles. A teologia preocupa-se principalmente com os mistérios da religião.** Haverá, no entanto, pensou Tomás de Aquino, uma sobreposição significativa entre os dois ramos do conhecimento. Haverá muitas coisas que a filosofia poderá provar racionalmente e que também foram reveladas por Deus. Então, você tem que pensar em dois círculos sobrepostos ou que se cruzam. Um contém todo o conhecimento natural, todo o conhecimento racional, e o outro contém todo o conhecimento revelado, e na sobreposição estão as questões que, como parte da revelação, pertencem à teologia e, ainda assim, como capazes de prova racional independente, pertencem à filosofia. Esta área de sobreposição Tomás de Aquino chamou de *teologia natural*, a parte da teologia que pode ser provada pela razão. Ele pensava que a teologia natural incluía a prova de Deus, da imortalidade da alma e de várias outras coisas importantes.

Quanto à parte da teologia que *não pode* ser provada pela razão, a chamada teologia revelada, qual é a sua relação com a razão e a filosofia? A resposta extremamente importante de Tomás de Aquino é que a revelação não pode de forma alguma contradizer a razão, isto é, não pode sustentar nada que possa ser racionalmente refutado. A teologia revelada *complementa* — essa é a palavra-chave, "complementa" — a razão, dando-nos informações sobre assuntos sobre os quais a razão não tem nada a dizer de uma forma ou de outra. Essa é a visão de Tomás de Aquino. Por exemplo, diz ele, consideremos a questão de saber se o mundo foi criado num determinado momento ou se é eterno. Ele afirma, olhando para o mundo, que não há como saber, então se você seguir a razão, terá que dizer: "Não sei." (Isso é falso, mas essa é a opinião dele.) Sobre essa questão, portanto, ele diz que a teologia pode falar corretamente, e quando as Escrituras nos dizem que o mundo foi criado do nada, temos o direito de aceitá-lo porque não entra em conflito com a razão, mas preenche uma lacuna que a razão não poderia responder de uma forma ou de outra. Os dois assuntos não podem entrar em conflito, disse ele, porque, afinal, Deus deu ao homem tanto a razão quanto a revelação, e Deus, na verdade, como um bom Aristotélico, defende a lei da contradição, e ele não nos daria faculdades contraditórias. Assim, se alguém pretende dar uma prova racional de que um dos dogmas da fé é falso ou contraditório, a razão deve, diz Tomás de Aquino, proceder a provar que a objeção é inválida, e será capaz de provar isso, ele acreditava. Se o dogma é algo que pertence apenas à revelação, a razão não pode provar que o dogma é verdadeiro, mas deveria ser capaz de refutar todas as objeções e, do ponto de vista da razão, deixar uma questão aberta à qual apelamos à teologia para decidir.

Acho que você entende o significado dessa visão. Recuando séculos atrás, foi a primeira carta de liberdade e de libertação da razão humana. A razão tem agora o seu próprio domínio: o mundo revelado aos sentidos do homem e tudo o que se pode aprender raciocinando sobre ele. A razão não é mais apenas um apêndice da teologia. Seu domínio é um assunto fundamentalmente separado que procede segundo as linhas Aristotélicas com base em dados dos sentidos, não com base na intuição de um mundo de Formas. A razão está agora secularizada, naturalizada. Agora é autônoma porque os seus dados são a experiência e não a fé. A capacidade da razão de conhecer a verdade, disse Tomás de Aquino, é um poder natural. (Aqui ele segue Aristóteles.) Não requer nenhuma ajuda divina especial, graça, iluminação. No raciocínio, o homem está sozinho, e não precisa de ajuda especial de Deus na filosofia ou na ciência. **Espero que você veja a oposição absolutamente fundamental entre a abordagem de Tomás de Aquino e a de Agostinho, para não falar de Tertuliano e seus amigos. Para Agostinho, a fé é a *base* da razão. Para Tertuliano, a fé *contradiz* a razão. Para Tomás de Aquino, não é nada disso. A fé não é a base ou o antagonista da razão, apenas um complemento dela — isso é tudo.**

Ao descrever a teologia revelada como aquilo sobre o qual a razão não tem nada a dizer de uma forma ou de outra — ao afirmar que a fé é um complemento da razão — Tomás de Aquino implica (embora essa não seja obviamente a sua intenção) que a fé está agora na defensiva, porque, pela sua fórmula, uma coisa só entra na teologia revelada se a razão se cala sobre o assunto em questão. Mas se a razão tem algo a dizer, então, de acordo com Tomás de Aquino, ela deve falar abertamente, e se os seus argumentos são irrespondíveis, então o alegado dogma não pode ser verdadeiro. Em outras palavras, o princípio epistemológico básico de Tomás de Aquino é que o racional é um absoluto que você deve subscrever. Diante de qualquer conflito aparente entre razão e fé, o próprio Tomás de Aquino sempre defendeu que a base para a ausência de conflito é que o intelecto cometeu um erro. A razão não entrava realmente em conflito — portanto, Aquino nunca desafiou pessoalmente a fé. Mas, dada a sua fórmula, o caminho estava aberto para que outros dissessem, face a um conflito: "É a fé que está errada, não a razão, por isso vamos atirá-la ao mar." Foi exatamente o que aconteceu.

Tomás de Aquino não achava que um conflito algum dia se desenvolveria. Mas você sabe que era necessário. De fato, logo depois dele, aconteceu. Logo descobriram que a razão tinha muito, muito a dizer, e que era principalmente inimiga do Cristianismo e de todo o ponto de vista medieval.

Antes de deixar a epistemologia de Tomás de Aquino, devo dizer que ele é um grande epistemólogo se retirarmos a teologia que está sempre presente. Mas se você puder lê-lo à parte disso — e ele próprio se esforça muito para manter a filosofia e a teologia bem separadas — é muito fácil despir sua teologia. Ele apresenta muitos pontos fascinantes sobre questões de detalhe. Eu teria de dizer que em muitas questões — questões menores, mas ainda assim questões vitais — ele é melhor que o próprio Aristóteles. Esse é o maior elogio que se pode fazer a um filósofo. Penso imediatamente na sua visão do método pelo qual as leis da lógica

A FILOSOFIA TORNA-SE RELIGIOSA — E RECUPERA-SE (PARTE I)

passam a ser conhecidas. Penso que o tratamento que Tomás de Aquino dá a essa questão é superior ao de Aristóteles. Se você estiver interessado, pode me perguntar sobre isso no período de perguntas.

Quero concluir a discussão sobre Tomás de Aquino neste ponto. Eu dei a você pelo menos o essencial mais amplo de sua contribuição distintiva para o Cristianismo na área da epistemologia. Na próxima palestra continuarei com a metafísica de Tomás de Aquino, incluindo sua visão da realidade, da causalidade, seus cinco famosos argumentos para a existência de Deus, e talvez tenha um minuto para trabalhar em algo sobre sua angelologia, sua teoria dos anjos, e então examinaremos brevemente sua ética. Finalmente traçaremos o desenvolvimento desde Tomás de Aquino, passando pela Renascença, até o desenvolvimento da ciência moderna a partir dos fundamentos lançados por Tomás de Aquino. Você já ouviu o suficiente, no entanto, pelo menos para começar a apreciar a contribuição de Tomás de Aquino para a libertação e salvação do Ocidente, e quero dizer agora a salvação num sentido racional — a salvação de Platão e Agostinho.

Antes de passarmos ao período de perguntas, gostaria de fazer uma declaração sobre as eleições presidenciais de terça-feira. Este curso se preocupa principalmente com a filosofia antiga, medieval e o início da filosofia moderna. Mas você vê que a figura dominante é Platão, que Platão tornou possível Agostinho, e se pudermos olhar para a frente apenas por um momento, Platão tornou possível Kant, que é simplesmente Platão numa forma infinitamente mais clara e viciosa. A filosofia de Kant foi completada por Hegel, que representa a culminação de tudo o que é apenas uma semente em Platão e se torna um câncer crescido em Hegel. Neste contexto, gostaria de ler para vocês uma citação de algo que chegou pelo meu correio esta manhã. É de um artigo chamado "Just Plain George", de Robert Sam Anson, e aparece na *Harper's Magazine*, novembro de 1972. Não sei nada sobre o artigo, exceto esta passagem:

> É significativo, por exemplo, que quando George McGovern (candidato do partido democrata) regressou ao lar depois da Segunda Guerra Mundial, perturbado pela experiência, inseguro dos seus valores e sem saber o que fazer consigo mesmo, tenha caído sob a influência de um ministro metodista pacifista e professor de filosofia chamado Donald McAnnich, e com sua persuasão tenha mergulhado profundamente em Hegel. O filósofo alemão parecia apresentar o melhor de dois mundos — os valores éticos do Oriente, onde a sociedade ofuscava o indivíduo, e o individualismo rude, mais familiar, do Ocidente. 'George ficou bastante impressionado com Hegel', disse McAnnich certa vez. 'Ele tinha a totalidade que McGovern procurava.' Curiosamente, gostar de Hegel e estar apaixonado pelo conceito Hegeliano de história nunca levou McGovern, como fez com tantos Hegelianos, a amar Marx da mesma

forma. A razão é instrutiva. 'George nunca poderia comprar algo como o comunismo. Ele achou que era muito materialista'.

Tenho apenas um comentário: qualquer pessoa que pudesse encontrar um individualismo rude em Hegel poderia encontrar o americanismo numa política de totalitarismo em casa, e render-se no exterior. A mesma mentalidade está presente em ambos. Hegel pelo menos tinha uma base epistemológica para isso — ele rejeitou explicitamente as leis da lógica e disse que o indivíduo *é* o coletivo e vice-versa, A é não A. Se McGovern é tão profundo, não sei, mas ele é certamente consistente em política. A questão é: Hegel vencerá na terça-feira? Isso depende de nós.[27]

Palestra VII, Perguntas e Respostas

P: Você poderia nos contar sobre a teoria do tempo de Agostinho?

R: Resumindo: o tempo é composto pelo passado, pelo presente e pelo futuro. É real? Vamos considerá-los separadamente. O passado obviamente não existe. O futuro obviamente não existe agora. Existirá, mas na verdade nunca existe, porque quando existe, torna-se o presente. Então, dos três, se há alguma chance de o tempo ser real, é apenas o presente. Mas quanto tempo dura o presente? Suponha que você diga que é uma hora. A hora inteira não existe em nenhum instante. Então, o que realmente existe em um determinado instante? Um pequenino fragmento de tempo. Quão minúsculo? Não pode ter tamanho nenhum, porque mesmo que tivesse duas partes, uma parte teria que existir quando a outra não existisse. Em outras palavras, o presente é um fragmento infinitesimal. Mas um fragmento infinitamente pequeno não pode existir, não é nada, não tem extensão. Portanto, o presente também é irreal. Portanto, o tempo é um mito; não há tempo. Certa vez ouvi alguém apresentar esse argumento e dizer: "Sinto muito, não tenho tempo para responder perguntas, meu trem está partindo." Porém, disse Agostinho, temos que tentar explicar de onde vem a aparência do tempo, visto que não é uma realidade. A sua resposta é: o tempo é uma característica subjetiva — é algo que a mente contribui para a experiência — é um produto do modo como a mente humana funciona. O mesmo acontece com o espaço, mas esses dois são gêmeos e sempre andam juntos. Porque o tempo, para Agostinho, é uma característica da mente humana, e se você obliterasse o homem, obliteraria o tempo. Dizer que algo está presente é dizer que algo é percebido, e dizer que algo é passado é dizer que os seres humanos têm uma memória dele, e dizer que é futuro é dizer que os seres humanos o antecipam. Segue-se que, uma vez que os seres humanos passaram a existir apenas com a criação do mundo, o *tempo* passou a existir

A FILOSOFIA TORNA-SE RELIGIOSA – E RECUPERA-SE (PARTE I)

apenas com a criação do mundo. Portanto, não há sentido na pergunta: "O que Deus estava fazendo antes de criar o mundo?", porque não havia "antes" — "antes" é um conceito temporal e é inaplicável até que o mundo venha a existir.

Além disso, não adianta fazer perguntas como "Deus sabe de antemão o que Adão vai fazer?" — Deus não está no tempo. Portanto, do seu ponto de vista, não existe "antecipadamente". Deus está na eternidade, atemporal. Para Ele, o que chamamos de passado, presente e futuro é um período atemporal sem extensão. Portanto, não há dúvida de que Deus sabe de antemão. Então, você vê que esta era uma teoria muito conveniente. Foi a teoria assumida por Kant, que diz explicitamente (mas com argumentos mais sistemáticos que os de Agostinho) que o tempo e o espaço são produtos humanos subjetivos e, portanto, Kant sustentou que a verdadeira realidade é incognoscível. Agostinho disse que não, a verdadeira realidade pode ser conhecida pela fé. Kant também disse isso à medida que envelhecia.

Apenas alguns últimos pontos. **Se você quiser classificar as teorias do tempo em sua mente, existem essencialmente três teorias do tempo. Em primeiro lugar é a teoria que o tempo é *objetivo* — isto é, uma característica da realidade externa ao homem — e *absoluto* — isto é, uma realidade que existiria mesmo se todos os objetos físicos fossem removidos. Newton, por exemplo, defendia esta visão, que é chamada de "teoria absoluta do tempo e do espaço". O espaço é como um recipiente gigantesco, o tempo é como um fluxo de instantes, e mesmo se você obliterasse todas as coisas físicas, o espaço e o tempo ainda estariam lá. Em segundo lugar, está a visão de que o tempo e o espaço são *objetivos* — isto é, são características da realidade independentes do homem — mas são de caráter *relacional* e não entidades. Isso é conhecido como "teoria relativa", tempo e espaço como relativos ou relacionais. Como vimos, esta foi a opinião assumida por Aristóteles. Em terceiro lugar é a visão de que o tempo e o espaço são *subjetivos* — que são características da mente humana — essa é a tradição idealista desde Agostinho e até de certa forma implícita em Platão (mas não tão cruamente como em Agostinho), do começo ao fim através de Kant e seus discípulos. Sem ir mais longe, qual é a resposta ao argumento de Agostinho? O mesmo que a resposta — para me limitar a apenas um ponto — o mesmo que a resposta aos paradoxos de Zenão. Você não pode dividir infinitamente. Você nunca alcançará, portanto, o infinitesimal real. Tudo o que você alcançar será sempre finito.** Isso é uma pista e acho que é tudo o que é necessário. É realmente um jogo de salão disfarçado de filosofia. Está exatamente no nível dos paradoxos de Zenão.

P: Tomás de Aquino diz como chegamos às leis da lógica?

R: Sim, e isso, eu acho, é absolutamente brilhante da parte dele. Veja, a posição de Aristóteles conforme ele a formula leva a uma certa contradição. Aristóteles diz, por um lado, que chegamos às leis da lógica por indução — percebemos uma instância da lei da contradição, por exemplo, com esta mesa, que não é ao mesmo tempo marrom e não marrom, e outra e outra instância, e afinal, generalizamos, e então vemos evidentemente que a generalização é verdadeira. No entanto, Aristóteles também diz que o conhecimento da lógica é necessário para saber *qualquer coisa*. Assim, a questão é: como você pode conhecer a lei da contradição como resultado da generalização a partir de instâncias dela e, ao mesmo tempo, dizer que você tem que conhecer a lei da contradição para conhecer *qualquer* proposição, incluindo até mesmo a primeira instância da lei da contradição? Você vê o problema. **A brilhante solução de Tomás de Aquino foi dizer que as leis da lógica *não* passam a ser conhecidas por indução, mas sim por abstração — abstração não de instâncias da lei da contradição, mas abstração de instâncias do conceito de "ser" ou "existir". Disse Tomás de Aquino, assim que você abre os olhos e tem a primeira experiência sensorial, você tem implicitamente o conceito de "ser", "existir", uma coisa que é, e assim que você tem esse conceito implicitamente, você tem implicitamente, mas realmente, na verdade, a consciência: "Ser *é* ser; uma coisa é o que é e, portanto, por implicação, contradições não podem existir." Em outras palavras, o processo não é uma instância da lei da contradição, depois outra, depois a generalização, mas uma sensação, depois imediatamente o conceito implícito de "ser" e, portanto, por implicação, as leis da lógica.** Portanto, na primeira sensação, Aristóteles está certo, você *conhece* as leis da lógica. O que considero brilhante, porque Aristóteles foi atacado por estar numa situação impossível.

P: Você poderia nos contar sobre a teoria da história de Agostinho?

R: A filosofia da história de Agostinho foi uma tentativa de encontrar significado na progressão da história humana. Ele escreveu *A Cidade de Deus*, sua obra principal, para explicar as leis que governam a história e, portanto, para responder à pergunta: Por que Roma caiu? Ele a escreveu logo após a queda de Roma, e os pagãos diziam que Roma caiu porque se voltou para o Cristianismo, em vez de se voltar para os antigos deuses pagãos. O que Agostinho queria dizer era que Roma não abraçou o Cristianismo suficientemente cedo ou completamente, e foi por isso que caiu. Mas você deve entender que a queda de Roma para o mundo antigo foi o equivalente exato do que seria a queda dos Estados Unidos para a Rússia — foi o fim do mundo, verdadeiramente o fim do mundo, que imediatamente entrou na Idade das Trevas e nunca se recuperou até a Renascença. A explicação de Agostinho pretendia tirar do Cristianismo o ônus desta catástrofe. **A sua opinião era que a história tem um padrão inteligível, que não é apenas uma série de escolhas e ações humanas individuais. Tem um propósito, é teleológica**

A FILOSOFIA TORNA-SE RELIGIOSA — E RECUPERA-SE (PARTE I)

— esta é a teoria da teleologia aplicada agora à história humana. Está indo para algum lugar — tem uma direção — está estruturada como uma peça bem-feita. Tem um começo, um meio, um clímax e um desfecho (o clímax é a aparição de Jesus na terra).

Isto foi extremamente importante. **Não me refiro apenas à ideia de que a história tem um significado, ou de que existem leis na história, mas à ideia de que a história tem um motivo interno e um propósito próprio e que, como um todo, conta uma história que leva a um resultado final. Esta é uma interpretação profundamente religiosa da história e é a base absoluta da teoria da história de Hegel — que a história opera através de uma série de etapas visando finalmente a verdadeira realização do Absoluto. É a base da teoria marxista da história, a visão de que a história é a progressão de forças econômicas movidas, em última análise, pelo clímax que irá atingir, nomeadamente, a sociedade sem classes. É a base da interpretação racista fascista e nazista da história, que o significado da história é a realização progressiva e o triunfo dos arianos.** Tudo isso está apenas sinalizando as mudanças na visão Agostiniana. Mais do que isso, há outro ponto crucial. Lembre-se da Cidade de Deus versus a cidade terrena, as duas raças de homens misturadas na face da terra: aquela escolhida por Deus, a quem foi dada a graça e o triunfo prometido, a outra que não recebeu a graça de Deus, condenada ao vício e ao holocausto final no Inferno. Agostinho disse que é possível interpretar toda a história em termos do conflito entre essas duas cidades. Os membros de cada um são predestinados, e sua interação e conflito são os ingredientes que compõem o fluxo da história. Esta ideia de uma dicotomia dentro da história — de que toda a história pode ser explicada em termos da interação de uma classe de valor superior (um coletivo predestinado) e uma classe de valor inferior (um predestinado inferior), e do choque e conflito entre elas — foi assumido por Hegel, por Marx e por Hitler, embora em formas diferentes, é claro. Hegel diz que são os alemães versus os não alemães, que ele substitui pelos orientados para Deus versus os não orientados por Deus, e ele é, portanto, um nacionalista profundo. Marx expressa a sua visão em termos econômicos: o capitalista versus o proletariado, ou, mais amplamente, os ricos versus os despossuídos, que lutaram ao longo da história. Os nazistas fizeram a mesma coisa, mas em termos biológicos: os arianos contra os não arianos, ou os arianos contra os judeus. Tudo isso está novamente provocando mudanças na interpretação básica coletivista-determinista-teleológica Agostiniana da história. Esses são os dois pontos centrais que gostaria de destacar e, portanto, apenas neste ponto, Agostinho teve mais influência na filosofia da história do que qualquer outro filósofo.

P: Se ser humilde neste mundo é uma virtude, por que será um castigo no próximo, e o inverso com o orgulho?

R: Não tenho certeza se entendi isso. É o significado da pergunta: "Por que é que os dois mundos estão em oposição um ao outro, de tal forma que você deveria ser humilde neste mundo, mas você pode se exaltar no próximo, que você deveria ser infeliz aqui, mas você pode ser feliz no próximo?" É esse o significado da pergunta: "Por que os dois mundos são opostos um ao outro?" Se for essa a pergunta, é uma pergunta muito boa. Ninguém que já pregou uma super-realidade jamais seguiu a seguinte linha. Ninguém nunca disse: "Sim, existe outro mundo, mas este é ótimo. Aproveite esta vida, viva neste mundo e, quando terminar, você irá para outro mundo fantástico." Nunca foi considerado. A visão sempre foi: este mundo é podre, mau, defeituoso e assim por diante e, portanto, não obtenha nenhuma felicidade com ele, humilhe-se nele e assim por diante, e então você tirará a sorte grande na próxima dimensão. Existem várias razões pelas quais as duas dimensões sempre foram interpretadas como opostas. Filosoficamente, a resposta é: porque só existe uma realidade. Não importa quem diga o que, a mente humana não pode conceber duas realidades. "Realidade" significa "o que é real, o que existe, tudo". Portanto, se você diz que há duas delas, você tem que dizer que uma delas não é *realmente* real, que é deficiente, defeituosa, e assim por diante, e, portanto, você tem que se sacrificar. Essa é a razão filosófica. Se posso permitir-me, com o prefácio adequado, fazer uma observação psicológica (à qual normalmente me oponho em qualquer curso de filosofia), a razão é a motivação do misticismo. Um povo está inclinado ao misticismo porque se opõe a este mundo, é antirrealidade e quer algo que não pode ter nesta realidade, por isso começa a odiar este mundo. Portanto, não é surpresa que este mundo pareça tão pobre e oposto na sua filosofia da "verdadeira realidade", tal como a constroem. Mas essa é uma explicação psicológica, que você tem que manter separada em sua mente de uma explicação filosófica, porque caso contrário ela se tornará a falácia do *ad hominem*.

P: De acordo com o Cristianismo, qual é o êxtase que você alcançará no outro mundo?

R: Uma felicidade espiritual que fará com que tudo o que você conhece nesta vida seja insignificante em comparação. Mas não podemos realmente descrevê-la porque está no outro mundo — você tem que chegar lá primeiro. Mas será realmente algo.

P: Como é chamada a visão de Aristipo, senão "Epicurismo"?

R: A visão "Coma, beba e divirta-se, pois amanhã você morrerá"? Isso é chamado de "hedonismo". É um tipo de hedonismo diferente do de Epicuro. Às vezes é chamado de hedonismo de "curto alcance".

A FILOSOFIA TORNA-SE RELIGIOSA — E RECUPERA-SE (PARTE I)

P: Quando os filósofos do período Helenístico se referem ao problema do mal, eles fazem alguma distinção entre as ações dos homens (como assassinato e estupro) e os fenômenos naturais (terremotos e doenças)?

R: Ah, com certeza! Existe o mal humano e o mal natural. A explicação padrão do mal humano é que os seres humanos têm livre-arbítrio, que é uma perfeição do homem e, portanto, Deus deveria ser agradecido por dar ao homem o livre-arbítrio, mas, portanto, você não pode responsabilizar Deus pelo uso indevido do livre-arbítrio pelo homem. Há depois o mal natural — doenças, lava e assim por diante — que discuti na palestra anterior.

P: A busca por uma explicação do universo foi recorrente na história da filosofia. Esta é uma questão válida do ponto de vista Objetivista?

R: Não, não é uma explicação do *universo*. "Explicação" significa fornecer um antecedente causal, e "o universo" significa a totalidade de tudo. Em termos de como você explicaria tudo? Tudo o que resta é nada. Portanto, você teria que explicar algo em termos de nada. Esse é o significado do argumento da Sra. Rand de que a existência existe — é aí que você começa — você não pode ir fundo e perguntar *por que* ela existe. Você pode perguntar por que existe alguma *forma* específica e a resposta será em termos das ações de outros elementos. Mas você nunca será capaz de entender tudo isso e perguntar: "Mas por que existe alguma coisa?", que é a pergunta que os Existencialistas ou as pessoas religiosas fazem.

P: Qual é a maneira específica pela qual Agostinho influenciou Hitler?

R: Eu realmente mencionei isso: através da teoria da história. Você entende que quando digo que essas pessoas influenciaram Hitler, ele não era um estudioso. Ele não leu Agostinho ou Hegel, pelo que eu saiba, e certamente não leu Kant. Ele leu Rosenberg,[28] Wagner e o equivalente alemão de James Reston.[29] Portanto, a influência é enormemente indireta, mas mesmo assim enormemente real. Toda a ideia de uma interpretação teleológica coletivista e determinista da história é Agostiniana, e isso é essencial para a filosofia nazista.

P: Você poderia explicar o que quer dizer com o termo "ligado ao concreto"?

R: Sim. Ayn Rand usa o termo "concreto" da mesma forma que Aristóteles ou Platão usaram a palavra "particular", significando um indivíduo específico existente. Um indivíduo ligado ao concreto, contudo, significa essencialmente um Nominalista, tal como defini filosoficamente esse termo. Significa um Nominalista na prática, isto é, uma pessoa que não compreende que os particulares têm algo em comum, alguém que não funciona, portanto, em termos de abstrações, de conceitos, mas simplesmente olha fixamente para particulares separados, fora do contexto e sem relação para outros particulares e, portanto, é incapaz de aprender com a experiência ou de compreender princípios. O melhor exemplo que já ouvi disso foi uma conversa que tive há muitos anos, sobre um então estudante de Objetivismo que estava tentando explicar isso — foi na época em que o presidente Truman tentou nacionalizar a indústria siderúrgica, e esse estudante do Objetivismo estava argumentando contra isso com algum conhecido não Objetivista. Ele entrou em detalhes meticulosos sobre por que a nacionalização da indústria como tal seria impraticável, imoral, desastrosa e subversiva da liberdade. Depois de ouvir estes argumentos, a pessoa disse estar absolutamente convencida de que a indústria siderúrgica não deveria ser nacionalizada. Na palestra seguinte a pessoa tinha uma pergunta: "E a indústria do carvão?" Isso é o que você chama de "ligado ao concreto". Ele vê isso no aço. Os verdadeiros de baixa qualidade veem isso na Bessemer Steel, ou veem nesta fábrica, mas não na vizinha, ou nesta bancada dentro da fábrica (mas então você tem que ser um verdadeiro pragmático moderno para chegar a esse ponto). A pessoa comum ligada ao concreto pode entender uma indústria, mas a indústria em geral e as ações humanas como um todo são impossíveis. Agora, essa é uma mentalidade Nominalista: não existem universais, não existem conceitos e tudo é um concreto separado. Você vê, esse é o resultado prático do ataque aos conceitos, que é o elemento essencial da filosofia moderna, não da antiga ou medieval.

25 O significado e a origem desta frase são controversos. Da entrada da Wikipedia: "*Credo quia absurdum* é uma frase latina que significa 'Eu acredito porque é absurdo', originalmente atribuída erroneamente a Tertuliano em seu *De Carne Christi*. Acredita-se que seja uma paráfrase de '*prorsus credibile est, quia ineptum est*' de Tertuliano, que significa 'É completamente crível porque é inadequado', ou '*certum est, quia impossibile*', que significa 'É certo porque é impossível'. A retórica Protestante e iluminista contra o Catolicismo e a religião de forma mais ampla resultou na mudança desta frase para 'Eu acredito porque é absurdo'."
26 *Life Is Worth Living*, uma seleção de roteiros da série de televisão distribuída de Sheen que foi exibida de 1953 a 1957.
27 Richard Nixon derrotou George McGovern de forma esmagadora, obtendo 60,7% do voto popular e 520 dos 537 votos eleitorais. Para a análise de Ayn Rand sobre a campanha de McGovern, ver "A Nation's Unity" na *Ayn Rand Letter* (outubro e novembro de 1972). O áudio de sua palestra original no Ford Hall Forum está em www.youtube.com/watch?v=o8IT4uaTlmg
28 Alfred Rosenberg foi o principal teórico do nazismo.
29 Reston foi um influente colunista do *New York Times*. Os Arquivos de Ayn Rand contêm mais de cento e cinquenta de suas colunas recortadas por Ayn Rand nas décadas de 1960 e 1970, muitas contendo comentários negativos dela nas margens.

PALESTRA VIII

A FILOSOFIA TORNA-SE RELIGIOSA – E RECUPERA-SE (PARTE II)

Na palestra anterior, terminamos no meio de uma discussão sobre a tentativa monumental de Tomás de Aquino de sintetizar o Cristianismo com as doutrinas de Aristóteles, redescobertas algumas décadas antes do nascimento de Aquino. Em particular, examinamos a epistemologia de Tomás de Aquino — sua doutrina de que a razão é absoluta, de que o homem deve seguir a razão, de que tudo o que pode ser provado pela razão secular sem ajuda do homem, operando na experiência sensorial, é verdadeiro e de que a fé é apenas um complemento à razão, não sua base e não sua antagonista. Discutimos de que forma esta doutrina era uma carta de liberdade para a razão do homem depois de séculos de Agostinho Platonizante, para não falar dos tipos de Tertuliano.

Agora retomemos a nossa discussão sobre Tomás de Aquino e prossigamos desde Tomás de Aquino no século XIII até ao final do século XVI. Primeiro, vejamos a metafísica de Tomás de Aquino. Antes de lhe contar o seu ponto central, quero dizer desde o início que ele nunca foi consistentemente Aristotélico em metafísica, assim como não poderia, como Católico devoto, ser consistentemente Aristotélico em qualquer ramo da filosofia. Na metafísica, por exemplo, ele acredita que uma dimensão sobrenatural — Deus — é o criador e a fonte deste mundo. Ele acredita que a mente de Deus contém as Formas Platônicas, assim como Plotino havia dito, e assim as Formas Platônicas para Tomás de Aquino são logicamente anteriores às coisas deste mundo. Tomás de Aquino frequentemente, especialmente ao discutir o problema do mal, inclina-se para uma visão Neoplatônica da relativa irrealidade deste mundo em comparação com a verdadeira realidade de Deus. Ele acredita em todos os dogmas Católicos, na trindade, na encarnação, etc. Você deve ter em mente que Tomás de Aquino não é pagão. Ele não é um Aristotélico puro, nem na metafísica e nem em qualquer ramo da filosofia. Ele está o mais próximo de um Aristotélico que um Cristão devoto pode chegar.

A FILOSOFIA TORNA-SE RELIGIOSA – E RECUPERA-SE (PARTE II)

Com esse prefácio, voltemo-nos para os elementos distintivos Aristotélicos na sua metafísica, a nova abordagem da metafísica que ele trouxe para o mundo Cristão. Se o problema central da epistemologia é como reconciliar razão e fé, o problema central que Tomás de Aquino enfrenta na metafísica é como reconciliar Deus e este mundo. Você se lembra da visão Agostiniana de que existem duas dimensões radicalmente opostas e separadas: Deus, que é realidade, realidade absoluta, perfeição — e a natureza, ou o mundo físico, que é fundamentalmente irreal, que é essencialmente a ausência Neoplatônica, o lugar onde os raios do Um, a luz de Deus, se esgotaram, então ficou escuro. Este mundo, se você se lembra, para Agostinho era, portanto, uma espécie de névoa cinzenta, irreal e sem substância. Deus é absolutamente oposto a este mundo. Ele é perfeito na realidade, e este mundo é amaldiçoado, irreal, corrupto. No entanto, Aristóteles dissera que havia apenas uma realidade e que era totalmente real. Como Tomás de Aquino conciliou essas duas visões? Ele herdou de Aristóteles a visão de que existe apenas uma realidade, mas que é de natureza hierárquica.

Você se lembra da visão de Aristóteles de que existem vários níveis de realidade, dependendo da extensão em que a forma é atualizada, isto é, ascendendo da matéria-prima, dos elementos, dos compostos, das plantas, dos animais, dos homens, das inteligências que movem as esferas, e depois, a forma pura, o Primeiro Motor, no topo. Tomás de Aquino adotou toda essa estrutura. A realidade, disse ele, não está irrevogavelmente dividida em dois mundos opostos, Deus versus natureza. Não, não existem realmente dois tipos de realidade, disse ele; há apenas uma. O universo forma uma única totalidade real. Mas sobe em níveis ascendentes de realidade para alcançar Deus, que está no topo da realidade pura. Neste sentido, disse Tomás de Aquino, é certo que um Cristão exalte Deus acima do mundo, porque Deus é o topo da hierarquia, a forma suprema. Mas, insistiu ele, isto não implica que devamos desprezar ou degradar metafisicamente o mundo da natureza em que vivemos, que devamos transformá-lo numa espécie de dimensão degenerada infectada pelo não ser. Não, diz ele, a natureza, o mundo em que vivemos, faz parte da única realidade. É apenas um nível inferior de uma hierarquia contínua, subindo ininterruptamente pela escada Aristotélica até Deus. As inteligências que movem as esferas dão lugar, na visão de Tomás de Aquino, aos anjos. **Na famosa expressão que capta esta visão, "A graça aperfeiçoa a natureza", sendo a graça o reino de Deus, a natureza o mundo físico. Embora a visão Agostiniana fosse de que a graça destrói a natureza — o reino de Deus destrói ou oblitera a realidade deste mundo — a visão de Tomás de Aquino é que Deus aperfeiçoa a natureza.**

Esta visão é de enorme importância — ela mina a base metafísica para desprezar este mundo. A terra, o mundo natural — com todas as suas criaturas,

incluindo o homem — são agora reais; eles existem. É muito difícil comunicar a vocês a quão revolucionária é essa perspectiva. Mas essa é a grande contribuição de Tomás de Aquino: este mundo é real. O mundo *é*. Tudo faz parte de um universo integrado. Seguindo Aristóteles, Tomás de Aquino iguala o real ao individual, não ao universal. Portanto, não existem graus de realidade. *Existem* graus de complexidade de estrutura e existem graus daquilo que Aristóteles chamou de "atualidade", mas não existem graus de realidade no sentido Platônico. Tudo o que existe, incluindo o mundo das entidades físicas, está plena e igualmente lá, é, é real. A este respeito, como Aristotélico, Tomás de Aquino concorda com Aristóteles, que concorda com Parmênides — o que é, é. Se uma coisa é, então ela é — a lei da identidade. Ou é ou não é — a lei do terceiro excluído. Também não pode ser e ainda assim não ser — a lei da contradição. O resultado é que este mundo recupera a solidez, a substancialidade, a estatura metafísica, a realidade que lhe foi arrancada pelos Agostinianos Platônicos. Este mundo é real.

Portanto, as coisas neste mundo são objetos adequados para o estudo humano. Ao fazer ciência, estamos novamente estudando e em contato com a realidade. Não estamos na Caverna de Platão observando os reflexos sombrios semirreais. Não estamos no mundo de Plotino observando o vazio por onde escorriam os raios. Não estamos no mundo de Agostinho observando *prope nihil*, se você se lembra de sua definição de "matéria", "quase nada". Estamos na realidade e a ciência é, portanto, o estudo da realidade. Além disso, a Terra é um lugar adequado para se viver — é o lar natural do homem. É verdade que o reino de Deus é o destino sobrenatural do homem, e isso é mais importante. Mesmo assim, seu lar natural é um lar real. Faz parte da realidade. Não é um lugar de exílio da realidade. Quanto ao homem (e isso significa homens individuais para Tomás de Aquino, já que ele é um Aristotélico a este respeito), o homem também ganha uma dignidade metafísica real na visão de Tomás de Aquino. Afinal, o homem ocupa um lugar bastante elevado na hierarquia metafísica. Os anjos e Deus, com certeza, estão acima do homem. Mas ainda assim, dentro do mundo natural, o homem é o ser mais elevado. Como foi dito, o homem é o mais elevado dos seres materiais naturais e o mais inferior dos espirituais. Mas observe que o homem é o único ser que tem um pé em ambos os campos, que pertence a ambos os mundos. Como criatura física viva, ele é membro deste mundo. Mas como uma criatura com um intelecto e, como Tomás de Aquino pensava, portanto, uma alma imortal (e aqui, a razão ativa imortal de Aristóteles foi de grande ajuda para ele), o homem está destinado a uma vida no futuro espiritual. Assim, o homem, por assim dizer, tem um papel metafísico crucial a desempenhar para Tomás de Aquino — o homem é a criatura que preenche a lacuna entre o mundo físico e o mundo de Deus e dos anjos. Ele é o elo que une as duas dimensões em uma realidade, o membro mais elevado de um reino, que também é, em virtude de sua alma imortal, um membro potencial do outro. Você pode pensar nisso como se o homem, para Tomás de Aquino, fosse a cola metafísica que mantém o universo unido. Temos que nos lembrar sempre disto ao falar do destino sobrenatural do homem — como devemos fazer como bons Cristãos. No entanto, diz Tomás de Aquino, nunca devemos esquecer que o homem também faz parte deste mundo. Não existe apenas um homem sobrenatural com um destino sobrenatural, mas um homem natural com um destino neste mundo. Agora você deve ser capaz de adivinhar as implicações éticas disso.

Eu disse que, segundo esta visão de Tomás de Aquino, a ciência é metafisicamente possível novamente, e é epistemologicamente possível através da libertação da razão. Mas você ainda pode me perguntar: *como* a ciência é possível, se todos os eventos são produtos da vontade de Deus? Mesmo para Tomás de Aquino, Deus criou o mundo *ex nihilo* — esse é um dogma que você deve subscrever. Deus tem um plano. Tudo acontece como ele ordena por sua vontade. Tudo nesse sentido é um milagre — procede de Deus, da vontade de Deus. Como então você pode ter ciência?

Tomás de Aquino também tratou desta questão. A sua resposta foi, é verdade, tudo é determinado por Deus como parte do seu plano e pela sua vontade. Mas acontece que Deus geralmente trabalha através de causas intermediárias ou secundárias. Um universo ordenado, legal e regular, onde as entidades agem de acordo com suas naturezas, faz parte da vontade de Deus. Um universo cientificamente compreensível faz parte do seu plano. Então, em última análise, é verdade que somente Deus tem eficácia causal. Mas ele expressa isso dotando suas *criaturas* de eficácia causal. É claro que Deus pode intervir diretamente a qualquer momento e eliminar as causas intermediárias. Ele pode apontar de maneira divina para uma pedra e dizer: "Quero que saia vinho", e nesse caso isso seria um milagre. Mas, no geral, diz Tomás de Aquino, deveríamos tentar explicar os acontecimentos em termos de leis e causas naturais, tal como disse Aristóteles, e não por referência ao fato de Deus os desejar diretamente (embora ele acredite em milagres). Essa visão também foi uma carta que liberou o homem para tentar descobrir a ordem e a lei no universo natural.

Agora vamos nos voltar para Deus. Quero mencionar os famosos argumentos de Tomás de Aquino em favor da existência de Deus. **Visto que se trata de *argumentos*, este tema enquadra-se no que da última vez chamamos de "teologia natural", ou seja, é um assunto teológico, mas é alcançado exclusivamente pela razão secular.** Existem cinco argumentos famosos que Tomás de Aquino apresenta para a existência de Deus. Nenhum deles é original dele. Não posso entrar em detalhes sobre eles agora, mas identificarei para você o princípio principal de cada um. (Estes são até hoje os argumentos da Igreja Católica a favor de Deus.)

O número um é o *argumento do movimento*. O argumento do movimento é o número um e reafirma literalmente o argumento de Aristóteles a favor do Primeiro Motor, argumentando que o movimento implica um motor primeiro, um motor principal, um motor imóvel. Portanto, não há absolutamente nada de novo nisso.

O número dois, o argumento da causalidade eficiente. Isto basicamente reafirma o argumento do movimento em uma linguagem diferente, falando de causas e não de movimentos. Você se lembra da definição de "causa eficiente" de Aristóteles — o fator que provoca a existência ou o movimento de algo, no caso do exemplo que usamos, a própria modelagem da argila pelo escultor. Este argumento é o seguinte: tudo tem uma causa eficiente que o trouxe à existência, o que é bastante verdadeiro. Próxima premissa: Nada pode ser a causa eficiente de si mesmo. Esse é obviamente o caso: nada pode produzir-se ou trazer-se à existência. Primeiro teria que existir antes que pudesse fazer qualquer coisa. Segue-se que tudo é causado por algo anterior, e isso por algo anterior, e teremos toda uma série de causas que remontam ao passado, cada uma delas causada pela anterior. Mas, pergunta Tomás de Aquino, o que é responsável pela existência de toda a série de causas e efeitos? Não podemos ter uma regressão infinita, ou melhor, para ser exato, ele diz que pode haver uma regressão infinita de causas das causas das causas. Sabemos pela fé que houve um começo porque Deus criou o mundo, mas no que diz respeito à razão, talvez a série remonte para sempre. No entanto, diz ele, devemos perguntar: qual é a explicação de toda a série? Por que existe alguma coisa? (Isso, veja você, é o paralelo exato com a pergunta de Aristóteles sobre por que existe qualquer movimento.) Ele conclui exatamente com o mesmo raciocínio — deve haver uma causa não causada, uma causa primeira. Isso não introduz nada de novo além da terminologia. É, essencialmente, o argumento do movimento transferido para a causalidade, e as mesmas objeções são aplicáveis a ele.

O terceiro é chamado de *argumento da necessidade e da contingência*. É assim: algumas entidades são contingentes, e por "contingentes" queremos dizer que é possível que não existam — em oposição a uma entidade necessária que teria de existir. Algumas entidades são contingentes — elas surgem, permanecem por um tempo, morrem. Tomás de Aquino argumenta que não é possível que *todas* as entidades possam ser contingentes. Para simplificar o seu argumento, o que acontece é o seguinte: se toda entidade fosse contingente, isso significaria que a existência como um todo poderia desaparecer, e claro, não pode. Portanto, algo deve ser necessário. Se assim for, ou é necessário por sua própria natureza, incapaz de deixar de existir por seu próprio caráter inerente, ou então deve sua necessidade a alguma outra coisa. Mas, novamente, não podemos ter uma regressão infinita, então, em última análise, deve haver algo que seja absolutamente necessário, que tenha de existir pela sua própria natureza. Isto, diz ele, é o que entendemos por Deus — o ser absolutamente necessário. Em resposta a este argumento, preciso apenas salientar que, em primeiro lugar, ele se baseia na dicotomia entre fatos necessários e contingentes, que Tomás de Aquino herdou de Aristóteles, que a herdou de Platão, e como essa dicotomia é falsa, todo o argumento, na verdade, não consegue decolar. Mas, em segundo lugar, mesmo que admitíssemos essa dicotomia, isso não provaria absolutamente nada sobre um Deus. Porque um grego poderia responder: "Bem, tudo bem, por que não dizemos que a matéria do mundo é a coisa absolutamente necessária, e que o que vocês chamam de 'seres contingentes' são apenas arranjos diferentes da matéria do mundo eternamente necessária, de modo que temos uma coisa completamente necessária que não tem associações sobrenaturais nem significado religioso?"

O número quatro é *o argumento dos graus*. Existem graus de várias qualidades que observamos. As coisas variam, por exemplo, em calor, tamanho, valor e assim por diante. Onde existem graus de uma qualidade, deve haver, argumenta Tomás de Aquino, um máximo absoluto dessa qualidade em algum lugar, que é a causa de sua existência em todos os graus menores. Existem graus de bondade, como observamos — algumas coisas são melhores, outras são piores. Deve haver, portanto, um máximo de bondade que cause todos os graus menores de bondade, uma bondade absoluta ou uma perfeição absoluta, e isso é Deus. Portanto, existe um Deus. Este argumento é geralmente o mais fraco dos cinco. A premissa — de que a variação de grau implica uma entidade separada de quantidade máxima causando os graus menores — não tem plausibilidade. Na verdade, baseia-se na teoria Platônica das Formas. Lembre-se de que, para Platão, todas as qualidades aqui neste mundo variam dependendo de quanto elas refletem a Forma perfeita de sua qualidade no outro Mundo, então se há graus aqui embaixo, isso para Platão implica uma personificação máxima perfeita da qualidade no outro mundo. Essa é realmente a estrutura na qual Tomás de Aquino está argumentando aqui, portanto é um argumento completamente Platônico a favor de Deus.

Por fim, o número cinco, o argumento teológico, ou *argumento do design*, que já mencionamos diversas vezes. Esse argumento é muito simples: há ordem no mundo, e tudo acontece ou sempre ou na maior parte, diz Tomás de Aquino, seguindo a frase de Aristóteles — mas a ordem, como Aristóteles mostrou, implica causação final, implica teleologia. E, diz Tomás de Aquino, a teleologia implica um ser consciente que impõe o propósito, ou fim, ou meta, às coisas. Portanto, deve existir tal consciência cósmica, a saber, Deus, o Designer Cósmico. Aqui, o ponto a desafiar é a visão Aristotélica de que a ordem requer uma causa final. Critiquei isso ao discutir a teleologia de Aristóteles. Devo salientar que Tomás de

Aquino é superior a Aristóteles neste aspecto — se você *considerar* a causação final como um princípio metafísico de tudo, então Tomás de Aquino está certo, a única maneira de dar sentido à teleologia é algum tipo de consciência divina, e a esse respeito, ele tira as conclusões do erro de Aristóteles.

Uma palavra sobre a natureza de Deus. Tomás de Aquino provou, para sua satisfação, a existência de Deus, mas tem de enfrentar outra tarefa: tem de mostrar que o Deus que provou é o Deus do Cristianismo, e não apenas o Primeiro Motor de Aristóteles. O argumento do movimento, por exemplo, estabelece — se estiver correto — o Motor Imóvel, e, se você se lembra, ele é completamente impotente e ignorante, inconsciente do mundo, sem qualquer poder sobre ele, incapaz de fazer nada além de contemplar a si mesmo, sua própria perfeição de eternidade em eternidade. Como você passa deste Deus para o Deus do Cristianismo? Se tivéssemos um mês, eu indicaria algumas das maneiras pelas quais Tomás de Aquino tentou essa façanha. Claro, é impossível. Mas Tomás de Aquino segue esta linha. Ele diz que Aristóteles está certo: Deus conhece apenas a sua própria natureza, conhece apenas a si mesmo. Mas sabemos que Deus é o Criador do mundo e que ele contém em sua mente os arquétipos de tudo o que existe no mundo e, portanto, ao conhecer a si mesmo, ele conhece indiretamente o mundo que criou e, portanto, Deus conhece o mundo. Veja, isso é muito fraco, porque ele tem que recorrer à fé para estabelecer que Deus criou o mundo, então não é mais teologia natural. Em última análise, a opinião de Tomás de Aquino é que a razão pode provar a existência de Deus e pode dar-nos algumas pistas tênues quanto à natureza de Deus, mas a verdadeira essência de Deus, na medida em que o homem pode conhecê-la na terra, depende da fé. Isto é o que diz Tomás de Aquino sobre Deus.

(Tenho que deixar de lado Tomás de Aquino sobre os anjos por falta de tempo, mas ele tinha algumas coisas interessantes a dizer sobre eles, então se você me perguntar no período de perguntas sobre os anjos de Aquino, ficarei feliz em lhe contar algumas curiosidades sobre eles.)

Vamos concluir nossa breve pesquisa sobre o tomismo examinando o princípio fundamental de sua ética. Aqui novamente ele tentou reconciliar Aristóteles com o Cristianismo. A ética tem uma natureza dupla, assim como o homem. Como o homem é em parte um ser natural, viver na Terra é o seu lar natural, uma parte da ética prescreverá para essa parte do homem. Mas na medida em que o homem é um ser com destino sobrenatural, haverá uma parte de ética para esse lado dele. Portanto, haverá dois tipos de virtudes — as *virtudes naturais* para o homem enquanto ser natural, e as *virtudes teológicas* para o homem enquanto ser com um destino sobrenatural. Na opinião de Tomás de Aquino, estes dois conjuntos de virtudes não entram em conflito, porque ao cumprirmos as virtudes naturais, ao vivermos bem aqui na terra, disse ele, desenvolvemos e preparamo-nos para o nosso destino sobrenatural. Mais uma vez, a ideia que permeia a sua filosofia é que os elementos teológicos *complementam* os elementos naturais, isto é, não os contradizem.

Quanto às virtudes naturais, são Aristotélicas. Seguindo Aristóteles, Tomás de Aquino enfatiza a autorrealização, o desenvolvimento abrangente das próprias capacidades, todas as várias virtudes morais e intelectuais que vimos quando olhamos para a ética de Aristóteles: você deve viver pela razão, você deve satisfazer seus desejos naturais deste mundo (pelo menos até certo ponto), você não deve desprezar o corpo ou o físico, e deve almejar a *Eudaimonia*, a felicidade na terra. Todo este lado da ética, diz Tomás de Aquino, a ética natural, só pode ser descoberto pela razão e está subordinado à filosofia, não à teologia. Ele diz que o homem, pelos seus próprios esforços, pode alcançar as virtudes naturais — pelo menos até certo ponto. Ainda obedecemos à vontade de Deus ao seguirmos a nossa razão na ética natural, diz ele, porque, afinal de contas, Deus é o Criador da racionalidade do universo, portanto, ao obedecermos à razão, ainda estamos obedecendo à vontade de Deus. (Sempre pensei que Deus ficaria muito surpreso ao descobrir que o que ele desejava era a ética de Aristóteles. Mas podemos deixar isso para Deus se preocupar.)

Este lado naturalista da ética de Tomás de Aquino liberou todo o sistema de valores éticos Aristotélicos deste mundo na corrente da cultura medieval. Por exemplo, até mesmo as virtudes da pobreza e da castidade tiveram que ser modificadas (pelo menos, para a maioria dos homens — sacerdotes e santos isentos), porque, afinal de contas, a virtude é a Média Áurea e não se pode ir a extremos — pobreza total e beber água de lavar roupa, e assim por diante, são extremos. **Se você quiser ilustrar um pouco a carta da liberdade para a razão humana que Tomás de Aquino introduziu após Aristóteles, remeto-o à sua fascinante doutrina chamada "A Razão Errônea Vincula".** Lembre-se da visão Agostiniana de que você deve aceitar os dogmas Cristãos, quer eles façam sentido para você ou não. Se você tentar colocar sua mente insignificante acima da de Deus e julgar a racionalidade dos dogmas, isso será depravação e arrogância intelectual. **Tomás de Aquino, sob a influência de Aristóteles, tem aqui uma visão diametralmente oposta. Não podemos, diz ele, exigir mais de qualquer homem do que ele siga honestamente a sua própria razão.** Foi-lhe feita a seguinte pergunta: "Suponhamos que a razão de um homem erre, cometa um erro, e suponhamos que o homem pense honestamente que é racional endossar uma certa crença ou tomar uma determinada ação, mas na verdade ele cometeu um erro, e a crença ou ação é contra o dogma da Igreja. O que o homem deveria fazer? Deveria ele suspender a sua razão e seguir o dogma, ou seguir a sua própria razão mesmo que ela entre em conflito com o dogma?" Ao que Tomás de Aquino respondeu que um homem deve seguir a sua própria razão. A razão vincula. Você tem que seguir a razão, mesmo que a sua razão tenha cometido um erro, desde que essa seja a sua convicção honesta. Essa é a doutrina: "a razão errônea vincula". (É desnecessário dizer que a razão válida vincula igualmente.) Aqui está uma citação de Tomás de Aquino da sua *Suma Teológica*: "Toda vontade em desacordo com a razão, seja certa ou errada, é sempre má." Isso é certamente maravilhoso. O próprio Tomás de Aquino dá o exemplo mais surpreendente: sabemos que a crença em Jesus, diz-nos ele, é necessária para a salvação. No entanto, diz ele, se alguém honestamente acredita no contrário, estaria errado em se tornar Cristão. A razão é absoluta. Neste aspecto, é ainda mais absoluta do que o dogma Cristão. Você vê como isso é totalmente oposto ao ponto de vista Cristão Agostiniano anterior.

Embora exista todo esse lado Aristotélico em Tomás de Aquino, o outro lado, especialmente na ética, está sempre presente e muitas vezes é dominante. Você não deve ficar com a impressão errada: além das virtudes naturais e racionais, existem as virtudes teológicas da fé, da esperança, da caridade ("caridade" é uma tradução de *charitas*, que significa "amor", amor de Deus, e só depois do século XVIII que passou a significar dar dinheiro aos pobres). Estas virtudes teológicas, diz Tomás de Aquino, fé, esperança e caridade, não podem ser provadas pela razão. Elas dependem da revelação de Deus para sabermos que são virtudes. Referem-se à relação do homem com Deus, não à vida na Terra. Elas não podem ser alcançadas por nós, de forma alguma, pelos nossos próprios esforços, apenas pela graça de Deus. Aqui Tomás de Aquino aceitou, como bom Cristão, todo o ponto de vista Agostiniano, que havia sido proclamado como dogma oficial da Igreja: o homem está manchado pelo pecado original, necessita da graça de Deus para dar um passo na direção da virtude, está predestinado ao Céu ou ao Inferno, pela decisão inescrutável de Deus, etc., etc. Tudo isso, como você pode projetar, entra em conflito constante com o lado mais Aristotélico do seu pensamento.

Se você quiser apenas uma frase sobre a política de Tomás de Aquino: assim como a graça aperfeiçoa a natureza, a Igreja aperfeiçoa o Estado, e assim como Deus é supremo sobre a natureza, a Igreja deve ser suprema sobre o Estado. Essa é a política de Tomás de Aquino. Não posso nem dizer isso em poucas palavras, mas sim em um aforismo.

Neste breve esboço de Tomás de Aquino, tive que deixar de fora muita coisa, incluindo os detalhes das maneiras engenhosas pelas quais ele tentou reconciliar Aristóteles e o Cristianismo. Não enfatizei os elementos Cristãos que existem em abundância em Aquino. Pintei principalmente o melhor lado Aristotélico porque queria isolar um elemento. Para os nossos propósitos, o que é crucial sobre ele, em resumo, é o seguinte: ele libertou a razão e afirmou que este mundo é real e é o lar natural do homem. Ele deu ao homem uma estatura avaliativa metafísica significativamente acrescentada (e dentro dos limites impostos pelos seus dogmas). Ele defendia que o homem tinha alguma participação na elaboração do seu próprio destino neste mundo, que deveria desenvolver as suas faculdades racionais humanas e, tanto quanto possível, desfrutar da sua presente estadia na Terra. Isto foi no século XIII. O décimo quarto é o fim do período medieval e o prólogo do Renascimento.

TRANSIÇÃO PARA O RENASCIMENTO

"Renascimento", como você sabe, significa "renascimento". Renascimento do quê? De uma atitude pró-razão, pró-homem, pró-este mundo. É o retorno do homem à vida na terra depois de mais de um milênio de sobrenaturalismo. Mas não foi completo. A Renascença, julgada pelos padrões de hoje, em comparação com os dias de hoje, é um período altamente religioso. Os homens normalmente não contestavam a existência de Deus, ou a veracidade das revelações, ou o pecado original, ou a encarnação, ou toda uma série de dogmas. Eles simplesmente não se concentravam neles, como faziam antes da Renascença. A religião não parou, mas deixou de dominar a vida das pessoas. Ainda estava lá, mas não era mais o fator controlador. Se tomarmos emprestada a expressão de Nietzsche, ele afirmou que Deus morreu no século XIX (na verdade, ele morreu no século XVIII), mas se levarmos a cabo essa metáfora (e é apenas uma metáfora), poderemos dizer que a Renascença é a época quando Deus ficou gravemente doente. Ele teve seu primeiro grande ataque cardíaco, do qual estava destinado a nunca se recuperar, e definhou lentamente ao longo dos séculos subsequentes. Como preocupação exclusiva e controladora fundamental na vida humana, o sobrenaturalismo religioso morreu na Renascença, para nunca mais se recuperar.

O resto da nossa história, até onde temos tempo, consiste em indicar o que aconteceu depois de Tomás de Aquino, isto é, depois de Aristóteles e a razão terem sido soltos. A base já havia sido lançada na separação entre filosofia e teologia feita por Tomás de Aquino, com a implicação de que a filosofia tinha seu próprio domínio para estudar e não era apenas uma serva da teologia. Contudo, em Aquino, o significado completo disso ainda não estava explícito. Ele ainda tinha o domínio da teologia natural, lembre-se, onde os dois círculos (filosofia e teologia) se sobrepunham: a teologia que vem da revelação de Deus, mas que também pode ser provada independentemente pela razão. Tomás de Aquino considerava a teologia natural a parte realmente importante da filosofia. Assim, para Tomás de Aquino, embora o filósofo funcione no método independentemente do dogma, o seu objetivo mais importante no conteúdo ainda é tentar provar, com base na experiência sensorial e na razão, o máximo que puder do dogma.

O que tinha de acontecer para que o Renascimento ocorresse era que as duas esferas de Tomás de Aquino, os seus dois círculos de filosofia e teologia, desmoronassem completamente, para que não houvesse mais teologia natural, para que nada na teologia pudesse ser provado pela filosofia. Quando isso ocorreu, a filosofia perdeu toda conexão essencial com a teologia. Todo o empreendimento Escolástico, portanto, entrou em colapso. As questões teológicas não eram mais relevantes para o filósofo, mas eram questões de fé incapazes de discussão racional. Os filósofos tornaram-se homens que estudaram este mundo com base na experiência sensorial e na razão. Suas conclusões não se apoiaram na teologia. Os teólogos estudaram o mundo de Deus com base na fé e nas revelações, e os seus pontos de vista já não eram relevantes para a filosofia. Era como o Oriente e o Ocidente de Kipling; os dois nunca se encontrariam. Uma vez que isto ocorreu, a filosofia perdeu de uma vez por todas a sua escravidão à teologia e estabeleceu-se por si só, e tivemos então o nascimento da ciência moderna e da filosofia moderna.

Houve muitas pequenas ocorrências responsáveis por esta separação entre filosofia e teologia, mas os dois filósofos depois de Tomás de Aquino mais responsáveis por esta separação foram ambos Católicos fervorosos: Duns Escoto (1266-1310 d.C.) e Guilherme de Ockham (1280-1350 d.C.). Vejamos brevemente cada uma dessas figuras de transição, de Tomás de Aquino ao Renascimento.

DUNS ESCOTO

Duns Escoto foi um verdadeiro Escolástico. Ele se destacou em distinções sutis e minuciosas em seu esforço para reconciliar as várias autoridades, dar sentido aos dogmas Cristãos e, especialmente, para reconciliar o Cristianismo com Aristóteles. Ele era conhecido como "o Médico Sutil" por causa de sua habilidade em fazer distinções sutis. A palavra em inglês "dunce" (ignorante) é o termo que passou a representar esse tipo de mentalidade. É nomeado após Duns. Mas isso não é justo, porque Duns era filosoficamente um caso misto. Em parte, ele foi muito influenciado por Aristóteles e, em parte, é um típico Escolástico religioso devoto. Na medida em que é Aristotélico, pregou com Tomás de Aquino que todo conhecimento começa com a experiência, que não existem ideias inatas e que os conceitos são obtidos pela abstração da experiência. Ele insistiu, com Aquino, que existem muitos tipos de conhecimento que podem ser alcançados pelo homem

A FILOSOFIA TORNA-SE RELIGIOSA – E RECUPERA-SE (PARTE II)

inteiramente por conta própria, por sua própria razão natural secular, sem qualquer necessidade de iluminação divina ou assistência divina.

Na questão da teologia natural, Duns é a primeira voz importante do futuro porque reduziu muito o domínio da teologia natural. Você não pode, argumentou ele, provar a existência da alma na razão. Você tem que aceitar isso com base na fé. Você *pode* provar a existência de uma *espécie* de Deus na razão, pensou ele, mas não o Deus do Cristianismo, não um Deus todo-poderoso e providencial, como Tomás de Aquino havia pensado, mas isso também é uma questão de fé. Isso foi um grande golpe para a teologia natural. Além disso, ele sustentava — e aqui chegamos ao lado mais místico da sua visão — que é uma limitação ímpia para Deus tentar explicar o que ele faz por referência à razão. Tomás de Aquino sustentava que, em Deus, o intelecto (o intelecto divino) era anterior, ou mais básico, que a vontade. O intelecto de Deus, afirmava ele, tinha primazia sobre a vontade de Deus. Tomás de Aquino disse que, primeiro, Deus (seu intelecto) conhece o racional e o bom e, então, como consequência inevitável, a vontade de Deus decreta que aquilo que o intelecto captou seja realizado. Duns Escoto repudia esta visão de Tomás de Aquino, e com bons motivos. A posição tomista, diz ele, equivale a uma violação da onipotência de Deus. Se Deus deve querer como o seu intelecto declara, então a vontade de Deus é restringida pelo seu intelecto. Deus perdeu sua soberania e onipotência todo-poderosas — ele tem que seguir a razão, que era a opinião de Tomás de Aquino. Duns Escoto diz que isto é intolerável. Tomás de Aquino afirmou que a razão é irresistível para o homem e para Deus. Duns o lembra que, se você quiser ser um verdadeiro Cristão, Deus está acima da razão e, portanto, sua vontade deve ser absolutamente livre para desejar o que bem quiser, sem qualquer razão. Deus tem de ter livre-arbítrio, tal como o conceito de desvio de Epicuro — Ele decreta porque decreta — e, portanto, concluiu Duns, o homem não pode esperar dar sentido à vontade de Deus ou às suas promulgações. Portanto, pensou ele, não faz muito sentido tentar aplicar a razão a questões religiosas. Teologia é essencialmente uma questão de fé. Você pode ver como isso tenderia a murchar o domínio da teologia natural.

A propósito, esse ponto de vista — de que a vontade tem primazia sobre o intelecto — é conhecido como *voluntarismo* (do latim *volantas*, que significa "vontade"). Em Escoto, é um voluntarismo divino porque é a vontade de Deus que é mais básica. Quando você chega a Freud no século XIX, isso se torna um voluntarismo humano (o id é a vontade), e é uma força demoníaca fervilhante na base do homem e é mais básica do que o seu intelecto, mas isso significa muitos séculos de corrupção depois. Duns Escoto, devo dizer, era inconsistente, pois pensava que Deus estava limitado pela lei da identidade. Mesmo que ele seja onipotente, disse ele, Deus não pode desejar uma contradição, e isso o limita até certo ponto.

Duns aplicou o mesmo ponto de vista voluntarista à ética. São Tomás disse que Deus ordena certas coisas ao homem porque Deus vê que são boas. Escoto diz, ah, não, elas são boas porque Deus as ordena, e não o contrário; caso contrário, você limita Deus. Deus, diz Escoto, poderia ter desejado o oposto do que fez, e então esse oposto, em virtude de ser querido por Deus, teria sido o bem. Aqui, novamente, o efeito final é tornar a ética religiosa ininteligível para a mente humana e, portanto, fora do âmbito, ou interesse, da filosofia. Novamente, você vê o desmoronamento sistemático dos dois domínios de Tomás de Aquino, da filosofia e da teologia. Depois de Duns, esses dois reinos essencialmente cessam de se sobrepor. Em vez de um complementar o outro, eles se separam, tornam-se campos virtualmente não relacionados. Devo salientar, novamente no que diz respeito à ética, que Duns é inconsistente. Os Dez Mandamentos, pensa ele, estão implícitos na lei da identidade e, portanto, Deus não teve escolha em relação a eles. Isso é um verdadeiro feito — adoraria ver alguém deduzir os Dez Mandamentos da lei da identidade.

GUILHERME DE OCKHAM

Agora, algumas palavras sobre Guilherme de Ockham (1280-1350 d.C.). Ockham é uma figura muito interessante para a qual temos pouco tempo. Ele é interessante porque combina as abordagens mais radicalmente diversas da filosofia. Ele é um Aristotélico em muitos aspectos, mas também é um Católico devoto, um Escolástico e tem elementos céticos definidos. Então, se você tivesse que quantificá-lo para algum Pitagórico, eu diria que ele é cerca de duas partes de Aristóteles, duas partes de Agostinho e uma parte de cético antigo, tudo misturado. Algo da ordem de John Locke, mas de uma forma diferente.

Quanto ao seu Aristotelismo, ele era um empirista completo: todo conhecimento começa com a experiência sensorial, e o homem nasce *tabula rasa*. Sua teoria dos universais é basicamente Aristotélica, mas com tendência ao Nominalismo (a visão cética de que não existem universais). A partir da próxima palestra, veremos o Nominalismo ganhando ascendência. De fato, muitas pessoas consideram Ockham o pai do Nominalismo moderno. Eu acho que isso está incorreto. Ele combina elementos da visão de Aristóteles sobre os universais com elementos de uma espécie de Nominalismo cético. Mas se você o ler seletivamente, poderá considerá-lo uma influência muito grande na produção do Nominalismo moderno. Mas isso não faz justiça à sua própria visão. Se você quiser outro elemento cético em Guilherme de Ockham, ele sustenta que, como Deus é todo-poderoso, não podemos ter certeza de que exista algum mundo externo subjacente às nossas experiências sensoriais. Talvez, diz ele, Deus tenha produzido nossas experiências sensoriais diretamente em nossas mentes, e realmente não exista nenhum mundo lá fora. É claro que ele não acreditou nisso, porque a fé lhe disse que Deus havia criado o mundo. Mas na razão, disse ele, é uma possibilidade. Essa é a posição cética padrão e, como alguns de vocês sabem, de uma forma um pouco diferente, tornou-se o ponto de vista oficial de filósofos como George Berkeley e Leibniz, dos quais falaremos mais tarde.

Em geral, porém, o Aristotelismo é o impulso de grande parte da filosofia de Guilherme de Ockham. Ele representa a conclusão da tendência de separação total entre teologia e filosofia. A filosofia, diz Ockham, deve preocupar-se exclusivamente com fatos conhecidos pela experiência sensorial e pelo raciocínio a partir deles. A filosofia é a ciência desta terra. A teologia, por outro lado — agora lembre-se, ele aceitou a teologia com devoção — está completamente além da razão, e é um erro tentar dar algum sentido a ela (um ponto de vista no qual ele está inteiramente correto). A razão, diz ele, não pode provar a existência de Deus, de *qualquer* tipo de Deus, muito menos do Cristão. Nem pode provar a existência da alma, muito menos a sua imortalidade. A razão, diz ele, não consegue dar qualquer sentido aos dogmas Católicos. Você deve ter fé. Pelo que podemos ver pela razão, Deus, diz ele (este é o seu próprio exemplo), poderia ter encarnado como um asno em vez de um homem. Você tem que ter fé, só isso.

Nem, insiste ele, os filósofos deveriam recorrer a entidades sobrenaturais para explicar os fatos que observam. Se estamos na filosofia, diz ele, então temos que expulsar o ocultismo — expulsar os demônios, os fantasmas e os anjos, em todos os quais acreditamos pela fé, mas isso é teologia, não filosofia. Na filosofia, nos baseamos nos fatos. **Ele proferiu a este respeito um princípio verdadeiramente famoso:** *entia non sunt multiplicanda sum praeter necessitate*, **ou seja, "As entidades não devem ser multiplicadas além da necessidade", um princípio conhecido como Navalha de Ockham. O significado é: não invente entidades arbitrárias e depois recorra a elas como explicações para os fatos. Se você consegue explicar um fato apelando estritamente para entidades naturais, as coisas que você observa não multiplicam entidades inutilmente e começam a apelar para toda uma galáxia de entidades sobrenaturais de má reputação. É chamada de Navalha de Ockham porque elimina toda essa dimensão oculta.** A Navalha de Ockham tem sido muito influente desde sua época e, na forma como a apresentei a vocês, é válida e muito importante. No entanto, a sua interpretação depende inteiramente do que você entende por "necessidade" — ela diz que as entidades não devem ser multiplicadas *além da necessidade*. Mas se você começar a se livrar de entidades a torto e a direito, sejam elas necessárias ou não, com base na Navalha de Ockham, então você cortará sua garganta com a Navalha de Ockham. É isso que todos os modernos fazem com o princípio, usam-no de maneiras que Ockham nem sonharia em fazer. Mas, como Ockham pretendia, é um princípio válido e importante.

Posso finalmente notar sobre Ockham que ele levou o voluntarismo de Duns Escoto ao seu extremo consistente. Deus, disse ele, não é limitado nem mesmo pela lei da identidade e, portanto, não faz sentido tentar dar sentido à teologia. Deus poderia ter ordenado até o oposto dos Dez Mandamentos. Ele poderia ter feito do assassinato uma virtude. Ele poderia ter transformado o desejo pela esposa do vizinho em uma virtude. Ele poderia ter feito do ódio a Deus uma virtude. Se tivesse feito isso, então seria nosso dever religioso praticar essas atividades. Os mandamentos que temos até agora são apenas uma função da vontade arbitrária de Deus e devem ser aceitos com base na fé. Novamente, não adianta tentar dar sentido a Deus pela razão.

RAZÃO E FÉ

Neste ponto, existe um abismo intransponível entre a fé e a razão. O selo final deste abismo foi colocado pelos místicos desenfreados da época, que eram muitos. Você deve ter ouvido falar de Meister Eckhart, um místico medieval desenfreado, frenético e bizarro, amado pelos nazistas muitos séculos depois. Você deve ter ouvido falar de Nicolau de Cusa. Esses homens concordaram que a sensação é a base do conhecimento humano e que a razão se baseia na experiência sensorial. Portanto, disseram eles, a razão só pode conhecer este mundo. Se quisermos conhecer a Deus, precisamos de uma união super-Neoplatônica, mística e extasiada com a dimensão transcendente e indizível. Essa posição reforçou a visão de que se você quiser agir pela razão, é melhor dizer adeus a Deus. Se você quiser ter uma ideia do que esses místicos ofereceram, aqui está o resumo de Windelband de uma das doutrinas místicas típicas deste período:

> A meta de toda vida é o conhecimento de Deus, mas conhecer é ser; é a comunidade da vida e do estar com o que se conhece. Se a alma quiser conhecer a Deus, deve *ser* Deus; deve deixar de ser ela mesma. Deve renunciar não apenas ao pecado no mundo, mas também a si mesma. Deve despir-se de todo o seu conhecimento adquirido, pois a Deidade não é nada, por isso é apreendida apenas neste conhecimento que é um não saber. E assim como o nada, esse nada, é a base original de toda a realidade, também esse não saber é a contemplação mais elevada e mais abençoada.[30]

Então você vê como coisas assim levariam as pessoas à razão e a se afastarem da teologia.

Mencionarei mais um passo no colapso da tentativa precária dos medievais de reconciliar a fé e a razão: a doutrina da "dupla verdade", como era chamada. Foi aceita por muitas pessoas, incluindo os seguidores de Averróis (o comentador Aristotélico muçulmano do século XII a que me referi). **A doutrina da dupla verdade sustentava que a fé e a razão estavam inerentemente em conflito, em contradição, e que existem duas ordens de verdade, a verdade na teologia e a verdade na filosofia, e que a mesma ideia pode ser verdadeira na filosofia, mas falsa na teologia e vice-versa.** Esta foi uma carta de liberdade para todos os pensadores que a usaram. Eles poderiam seguir o caminho mais ousado intelectualmente, apresentar doutrinas que desafiassem flagrantemente os ensinamentos da Igreja, e quando as autoridades corressem para desafiá-los, diriam: "Não estou desafiando a Igreja. Minhas doutrinas são verdadeiras em filosofia, mas não são verdadeiras em teologia. Existem duas verdades." Você vê como isso ajudou ainda mais a secularizar a filosofia, a torná-la assunto da razão.

Na doutrina da dupla verdade, você vê o resultado final da tentativa desesperada de Tomás de Aquino de reconciliar razão e fé. As duas passaram a se enfrentar como oponentes nus. Mas há uma razão epistemológica mais profunda pela qual tal conflito *teve* de se desenvolver, porque é inútil tentar reconciliar a fé e a razão, mesmo nas linhas tentadas por Tomás de Aquino, e a sua tentativa foi a mais nobre e a melhor. **Lembre-se de que Tomás de Aquino disse que nunca haverá conflito, porque a fé só pode falar onde a razão está silenciosa, onde a evidência a favor ou contra algo é inexistente e, portanto, preenchemos as lacunas pela fé.** Agora, o que há de errado nisso? A resposta é: a razão *nunca* está em silêncio — ela sempre tem algo a dizer. Quando não há evidência *para* um ponto de vista, então o princípio da razão é o princípio do ônus da prova, que consiste em que o ônus da prova recai sobre o homem que afirma que algo existe, o homem que afirma o positivo. Se não há provas do positivo, a sua obrigação racional é aceitar o negativo e dizer, nesse contexto de conhecimento, que a coisa não existe. Essa é a posição racional.

Dizer a um homem que ele pode ter fé no positivo porque não há nenhuma evidência de qualquer maneira, é, portanto, dizer-lhe que ele deve violar o método da razão em sua raiz. Em outras palavras, ele deve violar o compromisso de se basear em evidências. Tal contradição da razão na sua raiz expressar-se-á necessariamente, mais cedo ou mais tarde, ao longo do conteúdo das vossas conclusões, de modo que a fé surgirá como em conflito sistemático com a razão. Em essência, não se pode combinar a fé com a razão, assim como não se pode combinar Deus com este mundo, ou a ética de Aristóteles com o Sermão da Montanha. É um ou outro em todos os aspectos. Assim que esta descoberta se desenvolveu com firmeza suficiente em um número suficiente de pessoas, alcançamos aquela atitude mental que levou à Renascença. A tentativa de aplicar a razão a Deus fracassou apesar de séculos de esforço, e as alternativas dos homens eram cada vez mais voltar a Tertuliano (e alguns deles o fizeram, como veremos em breve) ou então desviar a sua razão de Deus e de volta a esta Terra. Os tratados de Aristóteles mostraram-lhes o quanto se poderia aprender sobre o mundo físico apenas observando-o e estudando-o, o que foi uma descoberta revolucionária naquela época e irresistível para as mentes melhores após os séculos de estéril Escolástica. Houve um despertar do humor e dos interesses científicos de Aristóteles. Os homens começaram a despender as suas energias em prol da vida na Terra, a observar, a raciocinar, a inventar, a explorar, a procurar progressivamente o seu próprio autodesenvolvimento, o seu próprio bem-estar, e a descobrir o quanto lhes era possível na Terra. Aqui está um resumo eloquente:

> Na Idade Média, é justo dizer que o homem se submeteu à natureza tal como a encontrou. Não lhe ocorreu que poderia controlá-la e, aproveitando-a para seu uso, melhorar sua sorte natural. Ou quando a possibilidade de tal controle entrou em sua mente, apareceu como mágica, e todas as tentativas de realizá-lo foram prontamente condenadas pela Igreja como uma invocação da ajuda de Satanás contra os propósitos de Deus, e como a prática de uma arte negra. Mas agora a descoberta de que a natureza poderia ser manipulada à vontade através da experiência, e assim tornada subserviente aos fins humanos, seria certamente seguida pela descoberta de que as suas forças poderiam ser dominadas e os seus modos alterados pelo homem para se adequarem às suas preferências.
>
> Este sentimento despertado de poder sobre a natureza andou de mãos dadas com o sentimento de autossuficiência e dignidade do homem natural, que foi uma das grandes características do Renascimento... O século xiv é tanto um prólogo da Renascença quanto um epílogo do pensamento medieval. Estava em agitação com o naturalismo, científico, moral e filosófico, que iria colorir e dirigir o pensamento dos próximos dois séculos. Estava tateando em direção às grandes descobertas na astronomia e na física que seriam feitas em breve e que influenciariam tão profundamente as novas especulações. Tinha preparado o seu advento e a sua aceitação, quebrando em grande medida as algemas do passado. Semeou as sementes da dúvida, respeitando a necessidade de levar em conta tudo o que é sobrenatural na conduta e na salvação da vida humana. Afirmou o poder da razão humana sem ajuda para encntrar soluções satisfatórias para os múltiplos problemas com os quais a humanidade era confrontada.[31]

Quando essa atitude se aprofundou o suficiente nas mentes, a Idade Média acabou e o Renascimento começou. Assim chegamos ao Renascimento.

O RENASCIMENTO

O Renascimento é essencialmente a era dos séculos XV e XVI. Quando chegamos ao final do século XVI, início do XVII, já saímos da Renascença e entramos no mundo moderno, especificamente no início da filosofia moderna como um desenvolvimento distinto. Algumas pessoas datam a Renascença em 1453 d.C., mas isso é absurdo. Você também pode dizer que começou ao meio-dia de uma terça-feira. É uma atitude filosófica fundamental e se estende ao longo dos séculos XV e XVI.

Em *A Revolta de Atlas*, Ayn Rand escreve: "O caminho da história humana foi uma série de vazios em trechos estéreis corroídos pela fé e pela força com apenas algumas breves rajadas de luz solar, quando a energia liberada dos homens da mente realizou as maravilhas nas quais você admirou e ficou boquiaberto, e imediatamente foram extintas novamente."

Na nossa análise da Idade das Trevas e da Idade Média, acabamos de passar por um longo período estéril, corroído pela fé e pela força. Agora temos o prazer de examinar as conquistas de uma das poucas explosões de luz solar na história da humanidade. Nosso prazer será diluído, porque veremos as sementes da próxima era de fé e força sendo plantadas novamente desde o início. Veremos as forças atuando para extinguir as maravilhas liberadas nesse período. Mas vamos pelo menos dar uma olhada rápida nas maravilhas.

Filosoficamente, a Renascença é uma época dominada por três princípios fundamentais: na metafísica, este mundo é totalmente real e inteligível para o homem. Na epistemologia, o meio de conhecimento do homem é a experiência sensorial e a razão baseada nos sentidos. Na ética, o objetivo da vida é a felicidade na terra, a ser alcançada através do desenvolvimento máximo das capacidades e do intelecto. Todos estes princípios são Aristotélicos, transmitidos por Tomás de Aquino. Nesse sentido, o Renascimento é, em suas raízes, um período Aristotélico. Eu disse isso e repito: não foi completo, não foi consistente. Vocês ficariam chocados com o quão religiosos eles eram na Renascença em comparação com o ateísmo, que é a tendência essencial da civilização Ocidental do século XX. Eles acreditavam em Deus e na Bíblia, na Igreja, na vida após a morte, na fé, na revelação — tudo — mas esta já não era a força cultural dominante. A atitude era: "Sim, tudo isso é verdade, mas agora vamos ao que interessa." Como força *cultural*, o misticismo morreu na Renascença. Há um perigo em aceitar assim, mas colocar de lado toda essa religião. Por um lado, impede as pessoas de formarem uma nova ética racional. A Renascença, nesse aspecto, foi uma época caótica, licenciosa, brutal e enganosa. As pessoas não criaram uma nova ética; em vez disso, rebelaram-se cegamente contra a antiga e tornaram-se Sofistas em reação a Platão (é isso em que se resume). Isso dá amplo espaço para as pessoas dizerem: "Você vê o que acontece quando você deixa a religião. Precisamos reafirmar o código antigo." Portanto, não pretendo sugerir que esta seja uma visão segura. Na verdade, foi esta visão que levou à queda do Renascimento. No entanto, vejamos algumas das conquistas da Renascença.

Talvez a sua maior conquista tenha sido a visão do homem ideal. O homem ideal já não era São Francisco. A ênfase estava no desenvolvimento integral das faculdades do homem — na dignidade humana, no respeito próprio, no orgulho, na cultura e na realização. O homem era considerado uma entidade autossuficiente, responsável e independente, e deveria realizar as suas potencialidades pela razão.

LEONARDO DA VINCI

Não resisto a prestar uma breve homenagem ao homem que é para a Renascença o que São Francisco é para o período medieval: *Leonardo da Vinci* (1452-1519). **Ele não é um filósofo, apenas um gênio universal.** Nem é preciso dizer que não é verdade que todos na Renascença fossem como ele, assim como nem todos no período medieval eram como São Francisco. Mas são dois símbolos perfeitos para contrastar duas visões diferentes da vida. Enquanto um fazia todas as coisas que estou prestes a ler, o outro estava ocupado bebendo água para lavar roupa e mergulhando em montes de neve. Aqui está a descrição de B.A.G Fuller sobre Leonardo, sob o título "Gênio Universal":

> Forte, bonito, habilidoso em todos os exercícios atléticos, um músico talentoso, completamente um homem do mundo, amigo de reis e príncipes e dotado de um encanto e magnetismo pessoal extraordinários — Leonardo, apenas por essas qualidades, teria satisfeito os padrões estabelecidos para o perfeito cavalheiro renascentista. Revestido, porém, desta magnificência exterior caminhou provavelmente o gênio mais universal de todos os tempos." [Peikoff: Aí entro na breve objeção de Aristóteles.][32]

Posteriormente Fuller discute a pintura de Leonardo, o seu trabalho em arquitetura, as inovações militares, o seu sistema de canais, os seus esforços para inventar máquinas voadoras, barcos submarinos, dispositivos para permitir ao homem andar sobre a água. Então continua: "**Leonardo não foi simplesmente um artista supremo e um gênio inventivo; suas invenções, assim como sua arte, foram incidentais a uma curiosidade consumidora em relação à estrutura e às operações da natureza.**"

Então ele detalha as descobertas de Leonardo no campo da ciência pura — suas investigações sobre as leis da perspectiva e do claro-escuro. Ele foi levado ao limite das leis da inércia e da aceleração, da teoria molecular dos líquidos, da teoria ondulatória da luz e do som, etc., etc. Não há tempo nem para detalhar o índice. Qual foi a sua atitude para com a Igreja?

> Embora tenha vivido e morrido em paz com a Igreja, Leonardo, como muitos outros homens da Renascença, encarava o seu Catolicismo com cautela. Por temperamento, como espectador, ele se divertiu ou ficou enojado, em vez de indignado, com os abusos que tão cedo precipitariam o Protestantismo e a Contrarreforma. Mas ele expressa abertamente o seu desprezo pelos monges, pelo culto da Virgem e dos Santos, pela venda de indulgências, desacredita a história do dilúvio e aparentemente nega a Divindade de Cristo. Toda a sua atitude é resumida na sua observação de que se duvidamos da evidência dos nossos sentidos, podemos muito bem duvidar ainda mais de coisas das quais não há evidência sensível, como o ser de Deus, a alma e outras coisas semelhantes sobre as quais as pessoas estão sempre discutindo e se contradizendo.[33]

Fuller tira suas conclusões:

> Tal foi Leonardo da Vinci, cortesão, atleta, músico, pintor, escultor, arquiteto, engenheiro hidráulico-civil-mecânico, engenheiro militar e naval; inventor, matemático, físico, astrônomo, geólogo, biólogo, botânico, fisiologista, filósofo — uma mente viajando eternamente sozinha por estranhos mares de pensamento.[34]

Quando você chega a um período em que tal homem é possível e universalmente admirado, você não está mais no período medieval.

Não direi nada sobre as realizações artísticas da Renascença. Olhe para uma série de pinturas medievais e depois para algo de Michelangelo, e isso falará muito mais eloquentemente do que qualquer palestra que eu possa lhe dar. Quero dizer uma palavra sobre as invenções deste período. Foi nesse período que foram inventados o microscópio composto, o telescópio, o termômetro, o barômetro e a bomba de ar. Os relógios foram bastante aprimorados e toda essa instrumentação precisa possibilitou o desenvolvimento da ciência moderna. **A invenção crucial foi a máquina de imprensa de Gutenberg, que tornou a comunicação de ideias aberta a praticamente todos, ao contrário do período medieval, onde havia dispendiosos manuscritos copiados à mão e copiados pelos monges. A imprensa foi o catalisador que fez com que o pensamento se transformasse em ação com uma velocidade e uma forma sem precedentes até então.** O Cristianismo levou quatro séculos desde Jesus até a época de seu domínio porque não podia usar a imprensa. Demorou muito menos tempo para Marx. (Não foi *apenas* a imprensa; ele tinha todos os séculos de Cristianismo em que se apoiar.) Mesmo assim, todo o processo intelectual foi enormemente acelerado desde a imprensa, e a televisão é uma continuação desse fenômeno. O que a imprensa escrita fez foi abrir a possibilidade da educação e do mundo do pensamento a todos, e não apenas aos ricos.

Quanto à exploração, este é também o período em que a superfície da Terra foi aberta. Em 1492, como se sabe, Colombo descobriu o novo continente, a América. Nesse período, Vasco da Gama contornou o Cabo da Boa Esperança e Magalhães fundou uma expedição que resultou na circunavegação do globo. Você também não pode subestimar a importância disso, o impacto disso. Quando Colombo partiu, todos lhe disseram que ele cairia no fim do mundo, porque o mundo era plano: se você fosse longe demais, você sairia do fim. O homem era considerado como tendo uma posição absolutamente circunscrita, além da qual não deveria aventurar-se. Segundo algo que li, Colombo tinha um cartógrafo e, para todas as partes cuja localização não era conhecida, colocaram a palavra "Terror" no mapa. Seu princípio era: "Onde é desconhecido, aí está o 'Terror'." Você pode ter uma ideia de como era o mundo. Foi na Renascença que tivemos pela primeira vez a ideia de um mundo inteligível e aberto no sentido físico mais restrito. O mapa passou a ser conhecido, era seguro fazer viagens e o mundo estava aberto à conquista e ao prazer do homem. Até os piqueniques são um fenômeno renascentista, onde se sai e comunga com a natureza e desfruta da relva como um fim em si mesmo, não porque queira dar testemunho dos poderes hortícolas de Deus.

No nível sociopolítico, com a perda da autoridade da Igreja (uma perda instigada pelos Protestantes), encontramos a ascensão do Estado-nação. Assim, torna-se significativo falar de França, Alemanha, Inglaterra, em oposição à Cristandade. As línguas nacionais tornaram-se progressivamente moda, e isso foi ajudado pela imprensa. Gradualmente, o latim monástico entrou em decadência. A ordem feudal se desfez. O dinheiro começou a ser usado para investimento, o lucro econômico tornou-se um objetivo, o comércio tornou-se mais livre e numa base comparativamente mundial. Não é, como dizem alguns alegados historiadores, um período de capitalismo. É um período de monarquia absoluta, politicamente.

Ainda havia classes sociais, aristocracia por lei e assim por diante. Tudo o que se pode dizer é que o sistema feudal de guildas estava definitivamente a desmoronar-se e, *com* a América e a Revolução Industrial, o capitalismo passou a existir. Mas isso ainda está a vários séculos de distância. No entanto, a Renascença foi um período comparativamente mais livre politicamente. Era menos consciente do status do que o medieval, mais individualista. Não era a liberdade da estabilidade de uma constituição racional, mas a liberdade do caos. Mas pelo menos tinha isso até esse ponto. As bases começaram lentamente a ser lançadas para o que séculos mais tarde se tornaria o capitalismo e os Estados Unidos.

A REFORMA PROTESTANTE (MARTINHO LUTERO E JOÃO CALVINO)

Agora olhemos para o grande desenvolvimento religioso na Renascença, que é a Reforma Protestante. Os nomes famosos associados a isso são Martinho Lutero (1483-1546 d.C.) e João Calvino (1509-1564 d.C.). Você deve ter ouvido falar dos abusos da Igreja Católica, da tirania do clero, do acúmulo de riqueza por meio de exações da população, da venda de indulgências, da promessa de perdão celestial se ao menos você pagasse dinheiro suficiente, e isso se aplicava aos seus queridos falecidos no outro mundo também — se você pagasse o suficiente, você poderia promovê-los no Céu. Vou dar uma ideia do que aconteceu no período medieval sob os Católicos (observe a hierarquia de valores): "Em 1517, foi cobrada a seguinte tabela de taxas. Para uma indulgência em caso de sodomia, 12 ducados; por sacrilégio, 9 ducados; por homicídio, 7; para bruxaria, 6, e assim por diante." Aqui está uma frase ou duas de um dos sermões de Johann Tetzel (ele era um dispensador dessas indulgências): "Você não ouve seus pais falecidos clamando: 'Tenha misericórdia de nós — estamos com muita dor e você pode nos libertar por uma ninharia. Nós fizemos você nascer, nós o treinamos e educamos, nós lhe deixamos todas as nossas propriedades, e você é tão insensível e cruel que nos deixa para assar nas chamas quando você poderia facilmente nos libertar'." Isso é o que você chama de abuso religioso. Havia toda a hipocrisia, a confiança na pompa, nos sacramentos e nos rituais para que Deus ficasse em segundo plano. Houve a corrupção flagrante do Papado. Supõe-se que Leão IX, no século XVI, tenha dito ao seu irmão: "Deus nós deu o Papado. Vamos aproveitar."

Foi contra isso que a Reforma se rebelou e pegou. Os monges abandonaram os seus mosteiros, os padres casaram-se, as igrejas foram invadidas, as imagens foram quebradas, os rituais foram parodiados e o Cristianismo foi irrevogavelmente dividido em dois, entre a sua ala Católica e a sua ala Protestante.

Qual era a filosofia do Protestantismo? Realmente não tinha uma filosofia organizada e sistematizada. Seu princípio básico era o direito de cada homem de ler a Bíblia e comungar com Deus direta e pessoalmente, de compreender a mensagem de Deus por conta própria e à sua maneira, sem o benefício do clero ou de sistemas formalizados de dogma, particularmente sem o benefício do Tomismo ou Escolástica, à qual Lutero se opôs violentamente. Posso dizer que, inicialmente, as perseguições dos Protestantes aos dissidentes foram tão fortes, se não mais fortes, do que as dos Católicos. Mas, eventualmente, a sua própria falta de dogma formalizado revelou-se uma influência libertadora, bem como um fator significativo que contribuiu para a liberdade de pensamento. Havia seitas continuamente se separando ou formando novas interpretações, e sem um dogma formalizado, não se poderia acusar essas seitas de heresia e pecado. Se olharmos para o Protestantismo, vemos a proliferação interminável de seitas, contra o Catolicismo, que tem um controle rígido sobre aquilo em que podemos ou não acreditar.

Você pode ficar surpreso ao saber que a filosofia real dos fundadores do Protestantismo, pessoas como Lutero e Calvino, era uma reversão à pior das visões medievais — a Agostinho e além. *Lutero ligou a corrupção da Igreja ao seu Aristotelismo, com a sua atitude deste mundo.* **Ele achava que Aristóteles era monstruoso e, a certa altura, referiu-se a ele como "aquele maldito, orgulhoso e astuto Aristóteles pagão". Ele queria uma religião realmente intransigente, e com certeza conseguiu. Ele superou Agostinho ao pregar que o homem era completamente depravado e pecador, absolutamente dependente da misericórdia de Deus para entrar no Céu — não havia nada que o homem pudesse fazer sozinho para ganhar a entrada no Céu — tudo estava rigidamente predestinado, completamente determinado. Ele escreveu: "Gostaria que a palavra 'livre-arbítrio' nunca tivesse sido inventada."** Tudo é completamente uma função do plano de Deus, e o homem está inteiramente à mercê de Deus. Sua doutrina era que as obras não são importantes (em outras palavras, o que você faz e como você vive não são essenciais, mas o importante é que você tenha fé e acredite em Deus e nos evangelhos). A fé acima das obras é o grande princípio de Lutero: a fé não adulterada pela razão, ritual ou ação era o princípio fundamental. Sob a influência de Lutero, os teólogos protestantes até hoje (como Reinhold Niebuhr, por exemplo) são infinitamente piores do que os teólogos católicos, que ainda são, em certa medida, controlados por Tomás de Aquino.

A melhor coisa para ver o que Lutero defendia é deixá-lo falar por si mesmo, porque ele escreve claramente, e não importa o que você diga sobre ele, ele fala sem rodeios. Na epistemologia: "Aristóteles está para a teologia assim como a escuridão está para a luz." E a razão? "A razão é a prostituta do Diabo e não pode fazer nada além de caluniar e prejudicar tudo o que Deus faz e diz. Se, fora de Cristo, você desejar, através de seus próprios pensamentos, conhecer sua relação com Deus, você quebrará o pescoço. O trovão atinge aquele que examina. É Satanás quem nos diz o que Deus é e, ao fazê-lo, ele atrairá você para o abismo. Portanto, mantenha a revelação e não tente entender." Bem claro. Ele diz em suas *Palestras* sobre o *Primeiro Salmo*: "Quem quiser ser Cristão deve arrancar os olhos da sua Razão." Isso é verdade. E quanto à sua metafísica? Bem, "Não somos mestres de nossas ações; do começo ao fim, somos escravos". Em outras palavras, determinismo completo. "O livre-arbítrio depois da Queda nada mais é do que uma palavra." Em outras palavras, Adão tinha livre-arbítrio, mas agora ele se foi. "O homem deve desesperar completamente de si mesmo para se tornar apto a obter a graça de Cristo. Esta falsa ideia de livre-arbítrio é uma ameaça real à salvação e uma ilusão repleta das consequências mais perigosas." Ele é um voluntarista completo, como seria de esperar: "Deus é uma vontade inescrutável e incognoscível. Da vontade de Deus não há causa nem razão. Não há nada igual ou superior a isso. Ela em si é a regra de todas as coisas. Se existisse para isso alguma regra, medida, causa ou razão, não seria a vontade de Deus. Não porque ele *deva* querer, assim é o direito que ele deseja; pelo contrário, porque ele quer assim é o direito que ele quer." Essa é a posição voluntarista direta.

E o homem? "Por natureza, todos nós somos mentirosos nascidos do pecado original na cegueira." Se você é tão podre, o que deve fazer? "Amaldiçoado e condenado é todo tipo de vida vivida e buscada com fins egoístas e para o bem próprio. Amaldiçoadas são todas as obras que não são feitas com amor, mas são feitas com amor quando são dirigidas de todo o coração, não ao prazer egoísta, ao lucro, à honra e ao bem-estar, mas ao lucro, à honra e ao bem-estar dos outros." O que acontece com seu corpo não é importante. "Que benefício traz para a alma que o corpo seja livre, saudável e vigoroso, que coma, beba e viva como lhe agrada? Por outro lado, que mal advém à alma pelo fato de o corpo estar em cativeiro, estar doente e cansado, ter fome, sede, sofrer? A influência de nenhuma dessas coisas se estende à alma." Portanto, não se preocupe com o corpo. **Politicamente, como seria de esperar, Lutero é um autoritário fanático. Apenas uma breve citação: "Teme e confie em Deus. Deus ordenou que você honrasse o governo. Mesmo que você despreze o governo por outros motivos, você não ousa mais fazê-lo por causa da palavra de Deus." Os governos são ordenados por Deus e o seu dever é a obediência cega e absoluta ao poder secular. Além disso, Lutero era um fervoroso nacionalista alemão, um fervoroso antissemita. De seu *Sobre os Judeus e Suas Mentiras*: "Que vergonha para vocês, que vergonha para vocês, onde quer que estejam, seus malditos Judeus, que se atrevem a agarrar esta sincera e gloriosa palavra** consoladora de Deus em seu ventre verme e mortal e mesquinho, e não têm vergonha de exibir sua ganância tão abertamente."

Paradoxalmente, o resultado final de tudo isto foi positivo porque a falta de um dogma formalizado — a ênfase na liberdade da consciência individual — era enormemente antiautoritária. Rompeu o monopólio da Igreja Católica, e o Protestantismo nunca poderia estabelecer um monopólio equivalente. **Além disso, a filosofia do Protestantismo, e particularmente a sua moralidade, é tão extrema, tão antirrazão, tão antivida, que não pode ser vivida. A ênfase na fé sobre as obras sugere que você não *precisa* viver de acordo com ela. Não é como você vive, o que conta é a sua fé, de modo que o efeito do Protestantismo foi separar religião e vida.** Tomás de Aquino tentou conciliar razão e religião para que você pudesse realmente praticar a religião aqui na terra. **O Protestantismo separou os dois a tal ponto que você tinha que viver sua vida sem muita referência à religião e depois ir à igreja aos domingos. O resultado é que, embora o Protestantismo filosoficamente seja muito pior que o Catolicismo (dado Tomás de Aquino), os países protestantes são geralmente mais terrestres, mais independentes, mais racionais e mais produtivos do que os países católicos. Então você tem a Inglaterra, os Estados Unidos e a Alemanha, por exemplo, contra a Itália, a Espanha e a América do Sul. (A França, posso dizer, é atípica neste aspecto.) Isto é o que diz respeito a Lutero. Hitler sabia perfeitamente o que estava fazendo quando tornou o aniversário de Lutero um feriado oficial nazista.**

Continuando com o Renascimento, o nosso tema agora é a redescoberta da antiguidade. Assim como as fronteiras espaciais da Terra foram abertas, as fronteiras do tempo também foram abertas. Na Idade das Trevas, como sabem, os homens do Ocidente ignoravam o mundo antigo e as suas realizações. Na época do Renascimento, a antiguidade foi redescoberta em toda a sua glória. Eles desenterraram os manuscritos dos pagãos, traduziram-nos e praticamente tudo o que temos hoje passou a ser conhecido durante a Renascença. Quase todas as escolas do mundo antigo floresceram novamente. Havia as controvérsias padrão entre os Aristotélicos, os Platônicos, os Neoplatônicos, os Pitagóricos, os Atomistas, os Epicuristas, os Estoicos, os Sofistas, e os Céticos. Durante os duzentos anos do mundo moderno, até o século XVII, não houve nada de novo filosoficamente. Esse período consiste no renascimento das filosofias gregas e na suplantação da tradição medieval. Às vezes, colocado, é o período em que o Ocidente foi à escola durante dois séculos, às escolas da Grécia antiga, reaprendendo o que era conhecido no mundo antigo. Ainda havia teólogos e escolásticos em abundância, mas o seu tempo estava progressivamente esgotado.

A FILOSOFIA TORNA-SE RELIGIOSA – E RECUPERA-SE (PARTE II)

A filosofia que existia durante a Renascença, você pode se surpreender ao saber, era Platonismo de uma forma ou de outra. Havia todo tipo de visão de que o mundo é o corpo de Deus, panteísmo, Neoplatonismo, misticismo excessivo, muita alquimia, magia. **Foi um período intelectualmente eclético e caótico, com uma tendência pronunciada para o Platonismo. Por quê? A resposta é uma ironia trágica: Aristóteles foi identificado como o filósofo dos Escolásticos, o filósofo da Igreja Católica, devido à apropriação dele pelos Escolásticos. Consequentemente, a rebelião contra a Igreja e contra o catolicismo tomou a forma de uma rebelião contra Aristóteles, com quase todo mundo que lidava com a Igreja. Esta é uma das ironias mais trágicas da história, da qual sofremos até hoje. Explicará por que os comentadores superficiais se referem à Renascença como o período em que o Platonismo governa e Aristóteles é suplantado. Os poetas tiveram a ousadia de escrever poemas sobre o herói que matou o tirano Aristóteles. Este pacote foi deliberadamente promovido pela Igreja. Às vezes, eles pegavam teorias específicas da física de Aristóteles — não de sua filosofia, mas de sua física — teorias que Aristóteles teria sido o primeiro a abandonar se tivesse visto as evidências contra elas, e então os Escolásticos se recusariam a considerar as evidências, cegamente aderindo às teorias científicas específicas de Aristóteles face a provas esmagadoras em contrário, e procederam à perseguição, tortura e até mesmo à morte dos cientistas do período "em nome de Aristóteles".**

Muitas das mortes da Inquisição foram perpetradas em nome do Aristotelismo. Por exemplo, Pietro Pomponazzi, um bom Aristotélico da época, teve um discípulo, Vanini, que foi queimado na fogueira. Giordano Bruno, que pregava que a terra não está no centro dos Céus, foi queimado na fogueira. Tommaso Campanella, um Platônico místico fortemente religioso, foi condenado a vinte e sete anos de prisão. Galileu foi forçado a retratar-se. **Além disso, não foram apenas com as teorias científicas ou astronômicas incorretas específicas de Aristóteles que a Igreja fez isso. As ideias *filosóficas* de Aristóteles foram completamente distorcidas para significar algo bastante diferente do que Aristóteles queria dizer, e depois usadas alegadamente em nome de Aristóteles para combater os cientistas e os pensadores independentes. Por exemplo, você se lembra de que Aristóteles disse que existem axiomas autoevidentes, mas ele prosseguiu dizendo que estes devem ser cuidadosamente definidos, com base em evidências sensoriais, limitados àqueles que você pode provar objetivamente serem autoevidentes. Mas nas mãos de muitos Aristotélicos da Igreja (não dos tomistas), transformou-se na ideia de que podemos partir de quaisquer premissas que nos agradem e erigir sistemas flutuantes independentemente da evidência observacional, e se um destes sistemas for combatido por evidência**

fatual, tanto pior para as evidências. Você não tem ideia das mentalidades que funcionam aqui. Por exemplo, Galileu descobriu as quatro luas de Júpiter — antes disso só existiam cinco planetas, o Sol e a Lua. Em outras palavras, sete corpos celestes (sem contar as estrelas). Mas sete é um número sagrado — o sábado é o sétimo dia, os castiçais têm sete braços, há sete igrejas principais na Ásia, e assim por diante. Algumas pessoas se recusaram a olhar pelo telescópio. Aqui está uma citação de um professor de filosofia em Pádua, que se recusou a olhar através do telescópio de Galileu para ver os satélites de Júpiter: "Existem sete janelas dadas aos animais no domicílio da cabeça [Peikoff: dois olhos, duas narinas, a boca, duas orelhas — sete]. Desta e de muitas outras semelhanças na natureza, como os sete metais, etc., que seria tedioso enumerar, concluímos que o número de planetas é necessariamente sete. Além disso, estes supostos satélites de Júpiter são invisíveis a olho nu [Peikoff: Veja a progressão aqui.] e, portanto, não podem exercer nenhuma influência sobre a Terra e, portanto, seriam inúteis e, portanto, não existem. Além disso, desde os tempos mais remotos, os homens adotaram a divisão da semana em sete dias e deram-lhes os nomes dos sete planetas. Se aumentarmos o número de planetas, todo este belo sistema cairá por terra."[35]

Quando este tipo de coisa passa por Aristotelismo, não é de admirar que haja uma rebelião. Mas então não é uma rebelião contra Aristóteles, independentemente de como seja chamada.

Durante a Renascença, esta rebelião assumiu duas formas predominantes. Uma tendência, como já mencionei, foi a tendência Platônica — nada de original, apenas Platonismo místico eclético. A segunda foi a rebelião dos cientistas, os homens que tinham como premissa a oposição a livros, sistemas, teorias, sejam elas Aristotélicas, Platônicas ou quaisquer outras. Vamos aos fatos, como eles dizem — estudemos o livro da natureza, não os livros dos homens. Deixemos de lado todas as visões tradicionais e passemos às próprias coisas para um exame sem preconceitos de seu caráter por meio da observação e da razão sem ajuda. Vamos começar do zero, descartar tudo e fundar a filosofia e a ciência de uma vez por todas em bases sólidas. É claro que os homens da ciência, apesar de tudo, foram influenciados pela filosofia — não podiam escapar dela — em parte, na medida em que eram verdadeiramente cientistas, foram influenciados por Aristóteles, mas também em parte, infelizmente, por Platão e pelo Platonismo, que estava em toda parte na atmosfera.

Essas duas tendências interagiram. **Os Platônicos tiveram que chegar a um acordo com a ciência, e sua grande tentativa foi Descartes.** Quanto aos cientistas, lamento não poder chamá-los de Aristotélicos, porque eles foram misturados desde o início e, lenta e gradualmente, fundiram-se na escola Sofista, séculos mais tarde (isto é, os filósofos da ciência — os cientistas que trabalham, não tão mal). Vamos olhar para a ciência agora e continuar com ela depois de algumas palestras sobre Descartes e seus seguidores. Mas agora quero voltar-me para o desenvolvimento da ciência moderna e gostaria que vocês olhassem tanto para os bons como para os maus desenvolvimentos na filosofia da ciência moderna à medida que ela se desenvolvia. Foi, claro, a ciência a grande conquista deste período e a mais influente filosoficamente. Vejamos algumas das principais figuras e porta-vozes da nova ciência.

COPÉRNICO

Copérnico (1474-1543 d.C.). Já falamos sobre abrir o mundo e esta é a chave dos tempos. Se a administração Kennedy não tivesse assumido o controle, eu diria que o slogan da Renascença é "Novas Fronteiras". A invenção desvenda os segredos da natureza, a exploração desvenda a superfície da Terra, a investigação desvenda a antiguidade — e Copérnico desvenda o universo astronômico. Você conhece a antiga visão geocêntrica da Terra no centro e das esferas ocas umas dentro das outras com os corpos celestes implantados nelas, girando em torno delas — essa era a visão de Aristóteles. **Copérnico não inventou a visão heliocêntrica, a visão de que o Sol está no centro — que era conhecida na antiguidade — mas tornou popular a visão de que o Sol está no centro do sistema solar e a Terra gira em torno dele.** Este pensamento levou outros (Giordano Bruno, por exemplo) à opinião de que não havia nada especialmente privilegiado no sistema solar do homem, que havia um número infinito de tais sistemas e que o universo era uma coleção infinita de corpos — que o espaço era infinito, e que a Terra contava muito pouco no esquema cósmico das coisas. A importância disso era que o homem não tinha mais um lugar metafisicamente privilegiado no universo. A terra não era mais o centro do universo. As esferas cristalinas protetoras foram quebradas e um universo físico aberto e infinito aguardava ser descoberto. Há comentaristas que dizem que isso mostrava a falta de importância do homem. Não é verdade. O homem havia *descoberto* isso. Foi um triunfo do intelecto. **Mas no que esta visão heliocêntrica *teve efeito* foi na religião — a história bíblica da criação, a visão de que esta terra era um cenário para a representação do drama de Deus e que Deus passava o seu tempo a observar os acontecimentos. Esta visão nunca se recuperou da Revolução Copernicana.** Se é um universo infinito com mundos infinitos, Deus, as pessoas começaram a pensar, simplesmente não tem tempo para ficar sentado observando algumas espécies em um planeta remoto perdido no espaço infinito. **A Revolução Copernicana, nesse sentido, foi uma faca astronômica nas costas da religião. A única outra faca comparável foi Darwin no século XIX.**

Apresso-me a acrescentar que não se pode refutar a religião com base científica. A religião é uma questão filosófica e Copérnico não refuta a existência de Deus. O caminho foi imediatamente aberto para que as pessoas religiosas incorporassem Copérnico e dissessem: "Deus é infinito, então ele pode observar Adão e Eva em um número infinito de planetas e, portanto, o fato de a Terra ser apenas um minúsculo ponto no universo não significa que ele não esteja interessado." Tudo o que Copérnico realmente afetou foram os fundamentalistas, que interpretaram as Escrituras literalmente, e isso não é essencial para a filosofia. Mas foi um sério revés para a religião e pelas razões que mencionei.

Devo também mencionar Tycho Brahe (1546-1601 d.C.), que fez uma série de observações e medições de natureza astronômica, e William Gilbert (1544-1603 d.C.), que inaugurou o estudo científico do magnetismo.

JOHANNES KEPLER

Vamos agora dar uma olhada em Johannes Kepler (1571-1630 d.C.). Kepler descobriu as leis do movimento planetário, com base nos dados de Tycho Brahe. Ele descobriu que os planetas giram em torno do Sol em *elipses*, o que foi um choque enorme, porque os gregos sempre disseram que o círculo é a figura perfeita. Quando descobriram que os planetas não andam em círculos, todos ficaram pasmos. Isso foi um enorme impulso para a observação e o estudo científico do mundo, porque a mensagem era: pense no que você pode aprender estudando realmente os fatos. **Além disso, Kepler descobriu que a velocidade com que os planetas se movem pode ser calculada matematicamente de acordo com certas leis simples que regem todos os planetas. Para onde quer que olhasse, via relações matemáticas do tipo mais surpreendente — relações** *matemáticas*. Por exemplo, sabia-se que os planetas aceleravam e desaceleravam no seu percurso em torno do Sol, e a questão era como encontrar alguma regularidade nas suas mudanças de velocidade. Se o mundo medieval soubesse disso, teria procurado uma resposta nesta ordem: "Bom, quando está calor eles vão mais rápido, e quando está frio eles vão mais devagar; ou quando está escuro, eles vão mais rápido, e quando está claro, eles vão mais devagar" (assumindo que eles até tentaram explicar, e não apenas dizer que Deus assim quis). Kepler encontrou uma lei matemática que trata de números e figuras geométricas. **Ele descobriu que se você traçar uma linha do foco da elipse — o ponto onde está o Sol — até a órbita do planeta, e outra linha até outro ponto da órbita, você terá um triângulo. Faça o mesmo com mais duas pontas e você obterá outro triângulo. Descobriu que se os dois triângulos são** iguais em área, então os tempos necessários para o planeta ir do primeiro ponto ao segundo são os mesmos, por outras palavras, áreas iguais são percorridas em tempos iguais. Isto foi absolutamente insuspeito. Imagine, os planetas funcionam de acordo com figuras geométricas, sua velocidade é função da área que eles percorrem. Ele também descobriu que cada planeta leva um certo tempo para circundar o Sol — chame-o de T em unidades apropriadas — e tem uma distância média do Sol — chame-a de D. Para cada planeta, você obterá dois números diferentes. Ele resolveu isso e descobriu que invariavelmente acontece que T ao quadrado é igual a D ao cubo. Se você multiplicar o tempo por si mesmo e a distância por si só, obterá a igualdade. Você não deve subestimar o choque total desta descoberta, de que simples relações geométricas numéricas governam as leis da natureza. Isto foi absolutamente inesperado, mas aconteceu. Você verá o que acontece com isto em um momento. Nesse sentido, Kepler é extremamente importante para o desenvolvimento da ciência e da filosofia, por ter descoberto as primeiras leis matemáticas cruciais.

FRANCIS BACON

Vejamos Francis Bacon (1561-1626 d.C.) (aquele que *não* escreveu as obras de Shakespeare). Ele não é tanto um cientista, mas um filósofo da ciência, um dos primeiros porta-vozes da nova ciência. Como tal, ele não é um criador, mas um formulador muito eloquente de muitas das ideias que germinavam no mundo científico. Aqui estão algumas de suas ideias principais. Uma frase famosa dele: "Conhecimento é poder." Esta é uma atitude que ele não originou, mas a atitude que ela expressa é um fenômeno novo no mundo ocidental. Está em contraste com o mundo medieval e em contraste com o mundo antigo, até mesmo com Aristóteles. Lembre-se, Aristóteles sustentava que o conhecimento científico é um fim em si mesmo — você contempla simplesmente para satisfazer a sua curiosidade. **Bacon expressa a atitude da Renascença: O conhecimento não é um fim em si mesmo, é *poder*. Se você tiver conhecimento suficiente das leis da natureza, poderá refazer o mundo para servir aos propósitos humanos. A natureza não é algo a ser contemplado passivamente, mas algo a ser usado e explorado para satisfazer os objetivos humanos. O homem torna-se uma criatura *ativa*, em vez de um observador passivo e tranquilo. Esta é uma contribuição indispensável da Renascença ao pensamento humano. Sem ela, a Revolução Industrial teria sido impossível.** Por si só, não é suficiente — também era necessária liberdade política para a Revolução Industrial — mas esta atitude de que conhecimento é poder é uma marca da mente moderna, não da mente antiga ou medieval. Como consequência, Bacon sustentava (tal como as pessoas deste período) que se estudarmos a natureza, poderemos fazer progressos ilimitados. Existem infinitas novas perspectivas para descobrir e novas coisas para inventar e novas melhorias para fazer na vida humana. Mais uma vez, isto contrasta radicalmente não só com a visão medieval, mas também com a visão grega. Tanto Platão como Aristóteles tinham a ideia, desde os primórdios do conhecimento, de que tudo essencialmente era conhecido, que a perfeição, na medida em que o homem pudesse alcançá-la, era alcançada e que não havia mais progresso, apenas uma situação estática, permanecendo no nível já alcançado. **A ideia de progresso permanente no desenvolvimento humano é uma contribuição do Renascimento.**

Outra ideia crucial de Bacon: "A natureza, para ser comandada, deve ser obedecida." Se você deseja atingir seus objetivos e obter o que deseja da natureza, deve compreender suas leis e obedecê-las. Não adianta orar ou tentar contornar a natureza. Se quiser *produzir* um determinado efeito, você tem que conhecer a causa, e se quiser *remover* um determinado efeito, você tem que saber qual causa eliminar. Um aforismo crucial muito, muito importante — "A natureza, para ser comandada, deve ser obedecida" — um dos melhores aforismos de toda a história do pensamento.

Devemos, diz Bacon, ter a metodologia certa, os meios certos de adquirir conhecimento. Devemos saber aprender. Esta é novamente uma atitude tipicamente moderna. A filosofia antiga e medieval, embora tenham muito a dizer sobre epistemologia, estão predominantemente centradas na metafísica como o ramo crucial da filosofia. A filosofia moderna centra-se na epistemologia como o ramo dominante da filosofia. Os filósofos modernos, com algumas exceções, estão altamente conscientes da teoria do conhecimento. Eles estão altamente conscientes de que antes de perguntar "Como é o universo?", você deve primeiro validar seu método de conhecê-lo. Portanto, progressivamente, a epistemologia passa a dominar a cena — ao ponto da insanidade na forma que assume nos movimentos do século xx, onde a metafísica é totalmente descartada e a filosofia é exclusivamente epistemologia. Mas esta ênfase na epistemologia remonta ao Renascimento. Novamente, enfatizo que os gregos estavam interessados em epistemologia, mas não estavam *centrados* na epistemologia como a maioria dos filósofos estavam desde a época da Renascença.

Quanto à epistemologia de Bacon, ele diz que temos de nos libertar de todos os erros do passado. Ele poderia citar a Bíblia aqui: "A menos que vos torneis como crianças, não entrareis no Reino dos Céus." Temos que nos tornar como crianças, epistemologicamente. Quase tudo que acreditamos está errado. Somos seduzidos a torto e a direito por preconceitos, superstições, métodos de pensamento defeituosos, que nos mergulham em falácias de todos os tipos. Assim, ele passou a definir quatro categorias de erros dos quais devemos nos livrar, que ele chamou de "Quatro Ídolos". Isso é apresentado em todos os textos elementares sobre a história da filosofia, por isso irei examiná-lo rapidamente.

Existem os Ídolos da Tribo. Essas são as falácias que ele acreditava serem inerentes à natureza humana como tal, ou seja, derivam de pertencer à tribo da humanidade. Por exemplo, a tendência de tratar abstrações como coisas, por exemplo, (usando exemplos modernos) falar sobre "o estado" ou "sociedade" ou "Washington" como se fosse uma entidade. Ou a tendência de rejeitar evidências que não estejam de acordo com seu ponto de vista particular e de procurar apenas evidências que apoiem, e assim se envolver em generalizações precipitadas. Ou o próprio Bacon lista como uma falácia, um ídolo da tribo, o engano dos sentidos, a tendência dos seres humanos de confiar nos sentidos, que ele acredita nos enganar através de ilusões. Ele acredita que se os corrigirmos através de instrumentos e experimentos, eles ficarão bem. **Mas você vê que isso já é uma fresta na porta desde o início — aqui está o filósofo da ciência ambivalente quanto à validade dos sentidos.**

Depois, há os Ídolos da Caverna. Essas são as falácias decorrentes da constituição mental ou física peculiar de cada indivíduo. Cada pessoa vive em sua própria caverna, com suas próprias distorções pessoais, além daquelas que advêm de ser um membro da raça humana. Por exemplo, a tendência de interpretar tudo do ponto de vista de sua especialidade particular. Assim, um físico, por exemplo, dirá caracteristicamente: "Não existe mente; tudo o que existe são as leis da mecânica", ou um matemático dirá: "A ética não é uma ciência porque não se pode quantificá-la". Ou a tendência de algumas pessoas de serem conservadoras (no sentido mais amplo aqui), "Tudo o que é novo é ruim", em oposição a outras pessoas de serem "progressistas", "Tudo o que é velho é ruim". Isso seria um ídolo da caverna.

Depois, há os Ídolos do Mercado. Essas são as falácias que derivam da associação dos homens entre si, e isso significa principalmente da linguagem, que é o meio de associação. De modo que, por exemplo, porque existem palavras, diz Bacon, pensamos que as coisas correspondentes a essas palavras devem existir. As pessoas falam sobre destino, acaso, fortuna e, por usarem essas palavras, pensam que tais coisas existem. Esse é um ídolo do mercado. Há palavras ambíguas e vagas que colocam as pessoas em apuros.

Finalmente, existem os Ídolos do Teatro, e estas são as ideias falsas que resultaram de sistemas filosóficos doentios que foram amplamente aceitos. Ele os chama de "ídolos do teatro" porque considera as filosofias anteriores como "peças de teatro que representam mundos criados por seus autores". Ele está sendo sarcástico sobre toda a filosofia anterior e lança um ataque total contra a filosofia anterior, a teologia, a tradição intelectual de todos os tipos. Ele é particularmente virulento em seu ataque a Aristóteles. Em parte, é o mesmo pacote que já observamos — Aristóteles é alegadamente o Escolástico. Em parte, Bacon se opõe ao silogismo — ele não fornece novos conhecimentos. Tudo o que faz é aplicar o que já sabemos: "Todos os homens são mortais; portanto, Sócrates é mortal." **Precisamos", diz Bacon, "de um novo método para chegar ao conhecimento, e não de um método inútil como o silogismo, que nada mais faz do que nos dizer na nossa conclusão o que de qualquer forma já sabíamos nas premissas". A lógica de Aristóteles passou a ser chamada de** *Organon*, **que significa "o instrumento". Bacon escreveu um chamado** *Novum Organum*, **"o novo instrumento". O novo método que temos de utilizar, diz ele, não é o silogismo, mas a indução — temos de observar e generalizar para chegar a leis.** *Esta* **é a forma de adquirir conhecimento, não a dedução ou o silogismo. Interrompo aqui: Aristóteles, é claro, reconheceu a indução muito antes de Bacon, e foi ele quem a definiu pela primeira vez.** Além disso, Bacon usa um silogismo para refutar o silogismo. Seu argumento é "Tudo o que não lhe ensina algo novo não vale nada; o silogismo não lhe ensina algo novo; e, portanto, é inútil." Isso é um silogismo. Ele aprendeu algo novo com isso ou não? Ele está usando o silogismo para atacá-lo, assim como fazem todos os oponentes do silogismo.

O que direi, entretanto, é que Bacon fez grandes melhorias no método e no tipo de indução que eram usados antes de sua época. **Não creio que tenha sido ele quem originou isto, mas é o formidável porta-voz de uma nova teoria da indução, naquilo que veio a ser chamado de** *indução experimental*. **O método grego era chamado de** *indução por enumeração simples*, **o que significa indução simplesmente por enumeração de exemplos — você vê este homem morrer, este homem morrer, este homem morrer, este homem morrer, e depois de um tempo, você generaliza e diz: "Todos os homens são mortais", e assim por diante. A enumeração simples era realmente o único método de indução conhecido por Aristóteles e pelo mundo antigo. Ela tem grandes problemas. Você pode encontrar coincidências — este chinês é lavadeiro, e este é, e este é; portanto, todos os homens chineses são lavadeiros. Pode haver exceções à sua regra, condições de qualificação que a tornam menos do que universal — este corvo é preto, e este é, e este é, mas pode haver um corvo albino. Acima de tudo, a simples enumeração deixa o homem passivo — ele tem de ficar sentado esperando que as instâncias passem diante de seus olhos. Mas o método moderno de indução, do qual Bacon é um dos primeiros formuladores, não é por simples enumeração, mas por experimentação. Suponha que você queira estabelecer o valor de um determinado medicamento. Se você for pela enumeração, nunca poderá ir muito longe, porque há muitos fatores operando e você não sabe o que** é realmente responsável. Suponha que você observe mil pessoas tomando o medicamento e elas melhorem. Isso foi devido à droga, ou eles tinham algum fator dietético em comum, ou pertenciam a uma determinada raça, ou era um processo normal em que a doença se curaria sozinha, não importa o quê? Mas o método moderno consiste em controlar as variáveis — dividir os participantes em dois grupos, combiná-los fator por fator (tudo o que possa ser relevante para o efeito que você está investigando) e depois administrar o medicamento a um grupo e não a outros (presumivelmente você faria isso com ratos e não com pessoas neste caso). Então, talvez com base em apenas vinte e cinco ou cinquenta exemplos (se você escolheu seus sujeitos adequadamente), você pode estabelecer uma conexão causal e generalizar um princípio universal com um grau de certeza que você não conseguirá abordar se seguir dez mil corvos ao redor e observar: "Sim, isto é preto, e isto é preto, e isto é preto, mas e o próximo?" O método de experimentos controlados — de submeter todos os fatores relevantes ao controle humano — e então alterar sistematicamente o único fator no qual você está interessado para ver quais efeitos isso terá — esse foi o método de experimentação. É realmente indispensável para qualquer método indutivo sólido. Não é toda a história, mas é um ingrediente importante, e Bacon foi um dos primeiros formuladores deste método. Você vê novamente a ênfase na atividade humana. Assim como o conhecimento é poder e, portanto, o objetivo da ciência é sair e agir e fazer alguma coisa, também no método o homem deveria sair e fazer algo com os fatores — controlá-los, alterá-los, experimentar — e não esperar passivamente para que as instâncias o confrontem. Então, mais uma vez, o denominador comum de que o homem é um ser ativo no objetivo e no método — isso é uma contribuição da Renascença.

Observe que Bacon ainda é um empirista — todo conhecimento repousa na observação sensorial e na indução a partir dela. Não existem, concorda ele com Aristóteles, ideias inatas. O mundo é legal, a razão pode conhecer o mundo, o mundo vale a pena conhecer — tudo isso é Aristóteles e, nesse sentido, Bacon é fundamentalmente Aristotélico. Mas o seu antagonismo à dedução e a sua ambivalência em relação aos sentidos já constituem uma fenda na parede.

GALILEU

Galileu (1564-1642 d.C.) foi o verdadeiro fundador da ciência moderna. Isaac Newton nasceu no ano em que Galileu morreu e, entre eles, a ciência moderna atingiu a sua maturidade.

Galileu descobriu certas leis básicas do movimento que governam todos os corpos materiais do universo. Uma delas era a *lei dos corpos em queda*: todos os corpos, independentemente do tamanho ou peso, caem com a mesma aceleração. Quer você deixe cair uma pena ou uma pedra, elas caem com a mesma aceleração (no vácuo, é claro). Isso é matematicamente mensurável — são 9,8 metros por segundo ao quadrado.

O que ficou claro para Galileu antes de ficar totalmente claro para qualquer outra pessoa foi o valor crucial da matemática para a ciência. Isso foi preparado em parte por Kepler e outros, mas Galileu foi quem realmente recebeu o crédito por isso. Ele, mais do que qualquer outra pessoa, foi quem compreendeu que a física requer matemática para se desenvolver. Antes dessa época, a física e a matemática eram consideradas essencialmente como duas disciplinas separadas, aproximadamente da mesma forma que hoje você considera a estética e a química — você faz um curso de um professor e outro de outro em dias diferentes, e eles têm as mais tênues, se alguma, conexões. Mas você não obteria uma química estética, ou uma estética química. Essa era a posição da matemática em relação à física até Galileu. Galileu foi o homem que criou o conceito de física matemática e, nesse sentido, é o pai da ciência moderna.

Qual era o valor da matemática? Eles observaram que a matemática proporcionava uma exatidão que não seria possível obter de outra forma. Se você disser que algo é longo, quente ou rápido, não poderá fazer muito com esse conhecimento. Mas se você disser que está a 3,2 metros, ou 93,7 graus, ou que está se movendo a uma velocidade de 9 metros por segundo — se você transferir uma qualidade para uma quantidade — você terá uma precisão em seu conhecimento da natureza que de outra forma seria inatingível. Como resultado, você pode descobrir relacionamentos na realidade que nunca esperaria descobrir numa base qualitativa. Você poderia ver as coisas ficando mais rápidas, mas somente se medisse com exatidão é que descobriria que a aceleração sob a gravidade é uniforme. Você pode descobrir uma lei inesperada com base na observação, uma lei matemática precisa, e descobriu-se que essas leis existiam e estavam sendo descobertas por cientistas em todos os tipos de áreas. Como alguns deles disseram (todos acreditavam em Deus), era como se Deus fosse um matemático e tivesse construído o universo em linhas matemáticas. Porque leis precisas foram descobertas, combinações delas sugeriam leis ainda mais amplas que explicariam as anteriores. Com base em um punhado de leis formuladas matematicamente, Newton explicou quase todos os fenômenos da física e da astronomia então conhecidos (as descobertas de Kepler, Galileu, etc.). Parecia-lhes que se tentassem desvendar o universo estritamente em termos qualitativos, estariam limitados a algumas generalizações vagas, como Aristóteles com a sua terra, ar, água e fogo, mas se o abordassem quantitativamente, todo o universo se abriria para a compreensão humana. Como resultado desta precisão, puderam ser feitas previsões exatas e, portanto, o conhecimento tornou-se poder — o controle sobre o mundo poderia ser exercido de uma forma que seria inacessível sem a matemática. Assim, com base nas descobertas de Newton, por exemplo, poderíamos prever até a última fração de segundo quando a maçã cairia, a que velocidade, onde estaria a cada segundo, quando as marés subiriam e desceriam, a que altura, a que velocidade, como os planetas giram, a trajetória dos cometas, o comportamento dos gases — tudo então conhecido. Galileu, em suma, estabeleceu que a verdadeira tarefa da física é descobrir as relações matemáticas que governam os corpos em movimento. Esta foi uma abordagem tão frutífera quanto se poderia sonhar.

Aqui temos que dar crédito a Pitágoras, com seu mundo místico de números. Muitos desses cientistas eram Pitagóricos e procuravam leis matemáticas mesmo diante da crença de todos os outros de que é inútil e nunca as encontraremos. Eles procuraram com base no fato de Pitágoras ter dito que todas as coisas são números, e se olharmos por tempo suficiente, teremos que encontrar os números. Por exemplo, Kepler era um Pitagórico, um Pitagórico muito estranho. Lembre-se de que os Pitagóricos do mundo antigo acreditavam que a música era matemática e, como tudo era matemático, eles acreditavam que os corpos celestes emitiam música, a música das esferas. Associavam a música e os céus, porque ambos eram matemáticos. Kepler chega ao ponto de identificar o alcance vocal de cada planeta. Por exemplo, Júpiter é um baixo; Marte, um tenor; Vênus, uma soprano; Mercúrio, um falsete; e a Terra canta "Mi fa mi", para "Miséria, fome, miséria". Agora você vê a fantástica combinação de misticismo errante e ciência moderna, e não é de forma alguma uma ruptura clara com o misticismo. Mas devemos dizer, para que conste, que Pitágoras, apesar de todo o seu misticismo, finalmente deu frutos sérios.

Vamos agora dar uma olhada no universo estabelecido pelos cientistas e contrastá-lo com o ponto de vista medieval. Para começar, a ciência moderna "desespiritualizou" a natureza. A ciência declarou que a natureza física nada mais era do que o movimento de pequenos corpos, de átomos, dos quais um movimento é a causa do outro, operando de acordo com leis matemáticas simples e inexoráveis. **Não havia mais espaço para poderes espirituais de qualquer tipo — para poderes sobrenaturais, para poderes ocultos — operarem. Aqui eles usaram a Navalha de Ockham. As entidades não devem ser multiplicadas além da necessidade.** Pode-se, disseram os cientistas, explicar o mundo inteiro estritamente com base na matéria em movimento, então vamos eliminar todas as entidades espirituais da natureza física. Fora para os anjos, os demônios, os deuses, as almas do mundo, as essências. **Como resultado, a Teleologia foi rejeitada. O Mecanicismo foi adotado. A Teleologia, lembre-se, é a visão de que tudo tem um propósito, tudo visa ou luta por algum objetivo, o que implica algum tipo de consciência controlando as coisas.** Quando "desespiritualizaram" o mundo físico, abandonaram a Teleologia em favor do Mecanicismo. O grito de guerra era: não existem causas finais na natureza, apenas causas eficientes. Mais uma vez, em contraste com os gregos e os medievais, eles defendiam a opinião de que todo o universo é homogêneo. Os gregos e os medievais tendiam a exaltar o universo astronômico (os céus) e a dizer que a parte da Terra era de menor valor ou de natureza diferente. Até Aristóteles defendia essa opinião. A ciência moderna disse que não, o universo é totalmente homogêneo. As leis que se aplicam aos céus e ao material que existe nos céus são as mesmas que o material e as leis da terra (que é a nossa perspectiva moderna). **Então você vê aqui que foi o materialismo mecanicista e atomista de Demócrito que venceu e se tornou a filosofia da ciência moderna. Todas essas pessoas foram influenciadas pelos antigos Atomistas.**

Devo salientar que alguns deles (particularmente os filósofos, não os cientistas) tendiam a generalizar e perguntavam: por que deveriam os animais, por que deveria o homem, ser uma exceção aos princípios que governam todo o universo físico? O homem também deve ser simplesmente matéria em movimento, e isso é tudo. Não há distinção em princípio entre o animado e o inanimado. A mente pode ser explicada materialisticamente e mecanicamente como uma espécie de movimento de corpos materiais de acordo com leis matemáticas. Essa é a posição que veremos Thomas Hobbes assumir.

Se quisermos ter uma visão geral, podemos dizer que a ciência moderna tem quatro raízes principais, três delas remontando ao mundo antigo: (1) Sua filosofia básica em epistemologia, metafísica e ética é Aristotélica — os sentidos, a razão, a negação de ideias inatas. Este mundo é totalmente real, inteligível ao homem e vale a pena estudar. Os processos adequados são a indução e a dedução, e a vida humana na Terra é um valor. Todas essas premissas, indispensáveis à ciência moderna, são Aristotélicas. Nesse sentido, a ciência moderna é Aristotélica na sua base filosófica. (2) Em conteúdo específico, o próximo contribuidor principal foi Demócrito, porque a ciência moderna adotou o materialismo mecanicista para a sua teoria da natureza. Eles precisavam disso para implementar plenamente a metafísica de Aristóteles. Aristóteles tinha insinuado que o mundo inteiro é regido por leis, mas a sua Teleologia, lembre-se, levou-o à ideia do acaso e à crença de que algumas coisas violam as leis. O materialismo mecanicista (tal como agora aplicado estritamente ao mundo

físico) era necessário para implementar plenamente a ideia de que o universo é regido por leis. (3) Pitágoras, porque Pitágoras combinado com Demócrito foi o fator chave para sermos capazes de compreender as leis que o materialismo mecanicista nos disse que existiam. Pitágoras forneceu a ideia de que as chaves para as leis é a matemática. (4) O homem é um ser ativo. Isso forneceu tanto a metodologia indutiva de experimentação quanto o objetivo, conhecimento é poder. Então, para resumir, podemos dizer que, numa base Aristotélica, a ideia de combinar Demócrito e Pitágoras, na premissa de que o homem deve agir — essa combinação deu origem à ciência moderna.

Referi-me ao que há de bom e de mau na ciência moderna e dei-vos alguns sinais de alerta sobre o que há de mau em Bacon e, a propósito, Galileu não partilhava do desprezo de Bacon pela dedução. **Mas quero agora examinar uma premissa crucial de Galileu que foi fundamental para minar a ciência moderna e efetuar a subsequente transição de volta ao Platonismo, ao Ceticismo e, em última análise, a Kant. Galileu declara que pode ser feita uma distinção crucial entre dois tipos de qualidades sensoriais. Por um lado, cores, sabores, cheiros, sons, quente e frio, texturas, etc., e por outro lado, tamanho, forma, número, movimento, repouso. De quem isso te lembra? Demócrito e a sua distinção entre as qualidades que os átomos têm em si e as qualidades subjetivas que parecem ter devido ao seu efeito sobre nós. Galileu assumiu esta distinção de Demócrito e incorporou-a no coração da ciência moderna, de modo que a partir de então se tornou ortodoxia científica. Portanto, esta distinção foi aceita por Descartes, por Hobbes, por Spinoza e por Locke. Foi Locke quem deu à distinção seu nome moderno: "qualidades primárias versus qualidades secundárias", sendo primárias a forma, tamanho, número, movimento ou repouso, e secundárias sendo todo o resto.**

Qual a diferença entre elas? Bem, eles disseram, (1) as qualidades primárias são matematicamente mensuráveis, ou seja, são quantificáveis. Você pode nos fornecer uma descrição matemática precisa da forma de algo, ou do tamanho, ou de sua taxa de movimento. Mas você pode nos dizer o quão bege algo é, ou qual o gosto de cereja, ou quão rosado é o cheiro, etc.? Não. Se a realidade é, como disse Pitágoras, o lugar matematizável por excelência, então as qualidades que não podem ser quantificadas não são reais. Esse foi um argumento. Então (2) argumentaram que as chamadas qualidades secundárias variam de pessoa para pessoa, de observador para observador. O daltônico vê cinza e o homem normal vê vermelho. O homem com resfriado no nariz acha a torta de cereja amarga ao contrário do homem sem resfriado, etc. Por outro lado, as qualidades primárias permanecem as mesmas para todos, e você pode medi-las. Se tiver 15 centímetros, serão 15 centímetros, quer você esteja com o nariz resfriado, seja daltônico ou esteja de cabeça para baixo. Portanto, argumentaram eles, também com base nisso, parece que as qualidades secundárias dependem de quem percebe e, portanto, são subjetivas, enquanto as qualidades primárias não o são. Em terceiro lugar, argumentaram eles, é muito fácil conceber a matéria sem estas qualidades secundárias. Pense no ar, por exemplo — não nos incomoda nem um pouco o fato de não ter cor, não ter som, na maioria dos casos não ter temperatura detectável e, na verdade, durante muito tempo, os homens nem sabiam que ele existia. Por outro lado, se você tentar eliminar uma de suas qualidades primárias, tudo se apagará em sua mente e não sobrará nada. Tente imaginar um pedaço de matéria de qualquer espécie que não tenha tamanho algum, nem forma, nem número, que não esteja em movimento nem em repouso, e que se oblitera. Assim, disseram eles, esta é mais uma confirmação do fato de que as qualidades primárias são intrínsecas à realidade. As qualidades secundárias são apenas a nossa forma humana subjetiva de perceber o que está lá fora, na realidade. Cores, sons, sabores, cheiros, texturas, calor, frio — nada disso, disseram eles, existe na realidade, mas são apenas efeitos subjetivos em nós do que realmente existe lá fora. Um exemplo comum dado posteriormente foi que é como fazer cócegas com uma pena — quando você faz cócegas em alguém com uma pena, onde estão as cócegas? As cócegas estão na pena ou são apenas o efeito em você? Obviamente, as cócegas são apenas o efeito sobre você. Se não houvesse você, não haveria cócegas. Bem, disseram eles, o mesmo vale para *todas* as qualidades secundárias. Pelas mesmas razões — como você sabe que não há cócegas? Não é matematicamente mensurável, varia de pessoa para pessoa (algumas pessoas riem e outras não), e você poderia facilmente imaginar uma matéria que não causa cócegas. Mas você não pode fazer isso com as qualidades primárias.

Consequentemente, concluíram Galileu e seus seguidores, os sentidos são enganosos. O mundo não é o que parece. O mundo da ciência é um mundo estranho e remoto de partículas mudas, incolores, sem textura e inodoras, tendo apenas tamanho, forma e movimento. Todo o resto é uma ilusão subjetiva. Como eu disse, quase todo mundo pegou isso. É uma dicotomia que remonta a Demócrito e que teve efeitos catastróficos. Isso leva pessoas como Bertrand Russell a dizer que há duas mesas nesta sala, a mesa do bom senso — que é verde, sólida, pacífica e assim por diante — e a mesa da ciência, que é uma massa frenética de cargas girando de volta e emitindo raios cósmicos e assim por diante, e Bertrand Russell passou boa parte de sua vida tentando reunir as duas mesas novamente em uma só mesa, e finalmente confessou que isso não poderia ser feito (pelo menos em certos estados de espírito, ele pensava que isso não poderia ser feito). **Esta é uma questão vital e em breve veremos as catástrofes que derivam desta distinção entre qualidade primária e secundária.**

NICOLAU MAQUIAVEL

Voltemos no tempo e vejamos o que está acontecendo nos domínios dos valores da filosofia, da ética e da política. Eu disse que havia os Platônicos e os cientistas. Que efeito a nova ciência teve na teoria do valor? Vejamos primeiro a nova ciência e os Platônicos. Tomemos como exemplo um dos primeiros teóricos políticos aprendendo a falar como cientista, Maquiavel (1469-1527 d.C.). Ele foi um dos primeiros a desenvolver o que é chamado de atitude científica moderna em relação aos valores, e isso aconteceu da seguinte forma: a ciência consiste em observar os fatos e depois explicá-los. **Na ciência, você não diz o que gostaria que os fatos fossem — você registra como eles são. O propósito da ciência é a *descrição*, não a *prescrição*. Como você aplica isso à ética e à política?** Bem, disseram os chamados moralistas da ciência, *nós não* vamos dizer aos homens o que *devem* fazer; a ética consiste apenas em descrever o que as pessoas realmente *fazem*, e o "bem" significa o que os homens *querem*, *não* o que deveriam querer, assim como a "gravidade" é como os corpos agem, e não como deveriam agir. Isso ficou conhecido como visão *naturalista* ou *realista* da ética (em oposição à visão *idealista* de que a ética tem algo a ver com valores). O seu argumento foi novamente: qualquer ciência — incluindo a ética — tem de se preocupar com fatos e não com valores.

Os valores não estão sob o domínio dos fatos. Não existem valores intrinsecamente no mundo, como uma característica inerente às coisas. Nada é bom por si só. É bom apenas para alguém, o que significa que só é bom se alguém decidir arbitrariamente que é bom, o que significa que é bom apenas subjetivamente e, portanto, está fora dos limites da ciência. **Aqui você vê a dicotomia: os valores ou estão no mundo como entidades independentes (ou seja, são intrínsecos) ou são construções humanas arbitrárias (ou seja, são subjetivos).** Aqueles que foram influenciados pela ciência nesta questão decidiram assumir a opinião de que os valores são subjetivos e que a sua única função é descrever sem comentários os valores que as pessoas realmente defendem. **Aqueles influenciados por Platão consideravam que os valores são intrínsecos e fazem parte da mobília do universo. Então, você volta para Platão versus os Sofistas — valores místicos intrínsecos versus valores subjetivos. A ciência moderna alinhou-se firmemente com o ponto de vista subjetivo.** Hoje é um clichê — a ciência não tem nada a dizer sobre valores; a ciência nos dá meios, não nos dá fins, etc. *A ideia de uma terceira possibilidade, de que os valores são objetivos — nem intrínsecos à realidade, nem construções subjetivas e arbitrárias dos seres humanos — nunca foi sonhada antes do Objetivismo.* Não posso elaborar esse tópico neste curso, mas recomendo "O que é o

Capitalismo?", o primeiro capítulo de *Capitalismo: O Ideal Desconhecido*, de Ayn Rand, para o ponto de vista objetivista.

De qualquer forma, Maquiavel combinou esta abordagem dita realista com uma forte dose de pecado original secularizado. **Os homens, do seu ponto de vista, são criaturas essencialmente estúpidas e irracionais, incapazes de autogoverno ou de controle racional de si mesmos. Eles são movidos pela paixão, não pela razão. Portanto, o único governo viável é uma monarquia forte — o mesmo tipo de argumento que Platão apresentou, que Agostinho apresentou (e que Hobbes apresentará na próxima palestra). Se não tivermos um governo poderoso, teremos um massacre universal, diz Maquiavel.** O rei provavelmente se tornará um tirano, já que ele também é um homem, mas o que você pode fazer quando lida com pessoas? Se você tivesse dito: "Por que você não diz às pessoas como elas *deveriam* se comportar? Por que você não estabelece padrões de bem e de mal aos quais os governantes deveriam aderir?" Maquiavel responderia: "Eu não estabeleço padrões — sou um cientista." Tudo o que os homens almejam é o bem por definição, e quaisquer atos que produzam esse fim são virtude por definição. Se os homens querem poder, então os atos que produzem poder são virtudes. Eles *querem* poder, todo mundo quer poder, é assim que as pessoas são, não há nenhum "deveriam" nisso. **A política é, portanto, a arte de desenvolver as qualidades que lhe permitirão alcançar o poder."** As qualidades que melhor o farão, diz Maquiavel, são a *força* e a *fraude*. Portanto, se você as empregar com bastante crueldade e astúcia, você alcançará seus objetivos. Em seu manual *O Príncipe*, **ele dá muitas dicas de como fazer isso. Esta é a chamada abordagem realista, mas na verdade é completamente subjetivista.** Qual foi a alternativa que foi oferecida? Depois de abandonarem a teleologia — a ideia de que a realidade estabelece determinados propósitos para o homem — não conseguiram pensar numa forma objetiva de prescrever um código de valores. Assim eles chegaram à conclusão de que você considera os homens como eles realmente são, observa seus desejos sem comentários e apenas descreve para eles a melhor maneira de alcançar seus objetivos, quaisquer que sejam esses fins.

THOMAS MORE

Contra essa tendência estavam os Platônicos, que acreditavam que os valores são intrínsecos, que existe uma Forma do Bem ou algum equivalente na realidade, e que tudo o que você precisa fazer é comungar com isso e saberá o que é realmente bom. Eles pregam ideais baseados na bondade intrínseca. Também, por uma pequena coincidência engraçada, cada um deles prega que o ideal é

um estado socialista ou comunista. Aqui o principal exemplo é Thomas More (1480-1535 d.C.), um dos pais do socialismo. Na *Utopia*, ele defende um estado comunista completo.

Você vê a alternativa que lhe é oferecida. Observe que ambos os lados recomendam força. More diz: devemos ser governados pelos eruditos porque a maioria dos homens não consegue compreender o bem intrínseco por si próprios, por isso têm de ser compelidos. Isso é puro Platonismo — o rei-filósofo, na verdade. Maquiavel diz que *não existe* bem intrínseco. Ele conclui, portanto, que não existe uma forma racional de lidar com os homens e, portanto, devemos usar a força. Então estamos de volta a Platão versus os Sofistas. Tal como foi dito durante este período, a necessidade crucial é encontrar espaço para valores objetivos num mundo de fatos. O consenso da filosofia foi progressivamente que isso não pode ser feito — ou você tem uma experiência mística (ou uma ética religiosa), ou você se torna um cético maquiavélico.

Então você vê os problemas começando a surgir à medida que chegamos ao final do século XVI. Na metafísica, Deus ainda não está morto, e os religiosos ainda não fizeram as suas tentativas finais para o salvar, para reconciliar Deus e a ciência — enquanto os materialistas estão ocupados a negar a mente e o propósito, e a dizer que o homem é apenas uma máquina complicada. Na epistemologia, vemos o ataque aos sentidos e à dedução, e isso é um mau presságio para o futuro. Na ética, voltamos a Platão versus os Sofistas. Até agora, porém, tudo isso são tendências, sugestões, e ainda não são sistemas completos. **O curso futuro da filosofia moderna aguarda o século XVII, quando dois filósofos estabeleceram os primeiros sistemas modernos completos de filosofia e se tornaram entre eles os fundadores da filosofia moderna. Um deles foi o materialista Thomas Hobbes, e o outro tentou com todas as suas forças reconciliar a ciência e o catolicismo, e se tornou o verdadeiro pai da filosofia moderna, René Descartes.** Esses dois, Hobbes e Descartes, serão o tema da próxima palestra.

Palestra VIII, Perguntas e Respostas

P: Você poderia nos contar sobre os anjos de Aquino?

R: Direi duas coisas sobre os anjos de Aquino. Ele acreditava em anjos — todo mundo acreditava em anjos naquela época, então isso nem era discutível. Ele tinha todos eles organizados hierarquicamente. Se bem me lembro, havia nove ordens deles, variando da mais baixa à mais alta, e eles tinham todos os tipos de poderes diferentes — e ele praticava a angelologia sistematicamente. Ele sabia mais sobre anjos do que qualquer um de nós nesta sala sabe sobre criaturas vivas. Claro, ele teve muitos problemas com os anjos. Aqui está uma: os anjos são seres puramente espirituais, sem corpo e sem matéria, mas a matéria é o princípio da individuação na filosofia de Aristóteles e Tomás de Aquino. Portanto, a questão é: o que torna qualquer anjo em particular *este* anjo e não qualquer outro, uma vez que lhe falta matéria? Como você distingue um anjo de outro, se um anjo é pura forma? A resposta de Tomás de Aquino foi: não existem dois anjos com a mesma forma. Pense nisso — significa que cada um pertence, na verdade, a uma espécie diferente e é o único representante possível de sua espécie. Mas isso levanta uma grande questão: por que chamá-los todos de "anjos" então? Eles têm algo em comum? Caso contrário, você não deveria chamar todos eles de "anjos". Se sim, tem que haver algo que individualize e distinga um do outro. Ele teve uma dificuldade terrível com os anjos a esse respeito. E aí está, novamente, o problema de tentar reconciliar Aristóteles com o Cristianismo.

O mais interessante sobre os anjos, porém, é a maneira como eles adquirem conhecimento. Isso é muito instrutivo. Aprendi isso pela primeira vez com a Sra. Rand como uma lição epistemológica. Ela sabe[36] bastante sobre os "anjos de Tomás de Aquino" e usa essa expressão o tempo todo como uma forma muito útil de captar alguma coisa. Os anjos, não possuindo sentidos físicos, não chegam a conceitos por abstração. Eles entram em contato direto com as formas na mente de Deus. Portanto, eles apreendem a abstração num ato de contemplação da forma. Portanto, diz Tomás de Aquino, no ato de apreender a abstração, eles conhecem cada instância particular que alguma vez estará sob ela. A importância disto não é que tal espécie exista, mas é muito útil ter isso em mente, porque é precisamente isso que os seres humanos não são. A essência da epistemologia *humana* é compreender abstrações vendo uma série de instâncias e abstraindo. Mas o fato de você compreender a abstração, mesmo que a compreenda com total clareza, não significa que você esteja automaticamente familiarizado com todas as instâncias que estarão sob ela. Você tem que fazer um ato de pensamento separado para dizer: "Eu conheço essa abstração e aqui está um fato novo e, portanto, juntei os dois e cheguei a esta conclusão particular." Há muitos casos de pessoas que ouvem uma abstração, compreendem-na e depois não conseguem aplicá-la a algum caso e censuram-se quando ouvem a resposta com base em "Oh, eu deveria saber disso". Todo esse tipo de culpa (supondo que você não esteja apenas estagnado intelectualmente, mas que esteja fazendo o melhor que pode) vem da suposição implícita de que você deveria ser capaz de operar como os anjos de Aquino, e que se você sabe, por exemplo, que a mente e o corpo estão integrados, você deve conhecer cada abençoada subdivisão e subexemplo disso — teoria em relação à prática, e idealismo em relação à praticidade, e todo o resto — e se você perder alguma, isso vai lhe mostrar que você não é competente. Essa é uma fonte real de culpa que deveria ser abandonada, e a melhor maneira de abandoná-la é seguir a Sra. Rand até aqui e dizer para si mesmo: "**Não sou o anjo de Aquino. Como ser humano, tenho que compreender particulares aplicando minha abstração por meio de um novo ato de pensamento em cada caso particular, e as coisas que compreendo, tudo bem, e as coisas que não compreendo, desde que eu esteja aberto e operando, são não usadas contra mim.**" Achei isso extremamente útil quando a Sra. Rand me ensinou isso pela primeira vez.

P: Por que as forças da razão e da ciência não eliminaram totalmente o Cristianismo?

R: Elas eliminaram, mas isso leva tempo. Você não pode ter mil anos em que algo é considerado um axioma evidente e tudo está integrado em torno dele, todos os circuitos, preocupações e premissas humanas, e esperar que, porque você desafia a base, o resto será rapidamente apagado. É aqui que entra em cena o fato de que os seres humanos não são os anjos de Aquino. Eles têm que compreender cada novo concreto: "Ah, sim, isso é o Cristianismo e eu rejeitei isso, e ah, sim, isso é, e eu rejeitei isso" — não leva tanto tempo para desfazer como levou para construir, mas é muito semelhante ao processo pelo qual você se recupera de uma neurose. Se você levar vinte anos para desenvolver uma neurose de bom tamanho, poderá levar, digamos, vários anos para superá-la, mas não tanto quanto para desenvolvê-la. Mas, por outro lado, você pode ouvir a palestra mais brilhante e ficar intelectualmente convencido do que há de errado com sua neurose, mas terá de desenraizá-la, uma aplicação de cada vez, até começar a automatizar o novo ponto de vista. A humanidade como um todo funciona da mesma maneira. É muito rápido — apenas cinco séculos, essencialmente, desde a Renascença — e a última ala do Cristianismo já está proclamando o ateísmo, você sabe, "Deus está morto", como uma nova escola de teologia Protestante. A religião se foi agora. Há muitas outras coisas ruins, e muitos legados maus da religião, mas a religião não só não é uma força dominante — nem sequer é hoje uma força *não* dominante. No Ocidente, para efeitos práticos, o ateísmo impera. Não é mais controverso. Você tem que se esforçar no *Cinturão da Bíblia* (região nos Estados Unidos onde a prática da religião Protestante faz parte da cultura local), para encontrar alguém que defenda isso. Nesse sentido, o Cristianismo desapareceu. Quero dizer, os prédios estão por aí, mas isso é tudo. Não se pode ter uma visão não histórica, como se toda a humanidade se sentasse, lesse Tomás de Aquino e dissesse: "Tudo bem, vamos começar de novo." Simplesmente não funciona assim.

P: Por favor, descreva a *Utopia* de More.

R: Bertrand Russell, entre todas as pessoas, tem uma boa descrição da *Utopia*.[37] Darei apenas alguns trechos, mas isso certamente será suficiente para lhe dar a ideia da *Utopia* (1516 d.C.). Esta é a descrição de Bertrand Russell, mas neste ponto ele é realmente preciso:

> Existem em *Utopia* cinquenta e quatro cidades, todas no mesmo plano, exceto que uma é a capital. Todas as ruas têm 6 metros de largura e todas as casas particulares são exatamente iguais, com uma porta para a rua e outra para o jardim. Não há fechaduras nas portas e qualquer pessoa pode entrar em qualquer casa. Os telhados são planos. A cada dez anos, as pessoas mudam de casa, aparentemente para evitar qualquer sentimento de propriedade. Todos estão vestidos da mesma forma, exceto que há uma diferença entre o vestuário de homens e mulheres e de casados e solteiros. A moda nunca muda e nenhuma diferença é feita entre as roupas de verão e de inverno.
>
> Todos, homens e mulheres, trabalham seis horas por dia, três antes do jantar e três depois. Todos vão para a cama às oito e dormem oito horas. De madrugada há palestras a que assistem multidões, embora não sejam obrigatórias. Depois do jantar, uma hora é dedicada à brincadeira. Seis horas de trabalho são suficientes, porque não há ociosos e não há trabalho inútil.
>
> Alguns homens são eleitos para se tornarem homens de conhecimento e são isentos de outros trabalhos enquanto forem considerados satisfatórios. Todos os que estão preocupados com o governo são escolhidos entre os eruditos... [Peikoff: isso é puro Platonismo.]
>
> A vida familiar é patriarcal. Os filhos casados vivem na casa do pai e são governados por ele, a menos que ele esteja na velhice. Se alguma família crescer muito, os filhos excedentes serão transferidos para outra família. [Peikoff: Você vê o coletivismo completo aqui.] Se uma cidade cresce muito, alguns dos habitantes são transferidos para outra cidade. Se todas as cidades forem demasiado grandes, uma nova cidade será construída num terreno baldio. Comer em casa é permitido, mas a maioria das pessoas come em salões comuns. A comida é feita pelas mulheres e servida pelas crianças mais velhas. Os homens sentam-se num banco, as mulheres noutro. As mães que amamentam com crianças menores de cinco anos ficam em uma sala separada. [Peikoff: você vê a mentalidade — está tudo planejado até o último ponto e vírgula sobre como o resto da humanidade viverá sua vida para sempre.] Todas as mulheres amamentam seus próprios filhos. Crianças com mais de cinco anos, mesmo que sejam muito pequenas para serem garçons, ficam ali e ficam maravilhadas em silêncio enquanto os mais velhos comem. Eles não têm jantar separado, mas devem se contentar com as sobras que lhes são dadas na mesa.

A FILOSOFIA TORNA-SE RELIGIOSA – E RECUPERA-SE (PARTE II)

Quanto ao casamento, tanto os homens como as mulheres são severamente punidos se não forem virgens quando se casarem, e o chefe de família de qualquer casa em que tenha ocorrido má conduta está sujeito a incorrer em infâmia por descuido. Antes do casamento, os noivos se veem nus; ninguém compraria um cavalo sem primeiro tirar a sela e o freio. Consideração semelhante deve ser aplicada ao casamento. Há divórcio por adultério ou 'desobediência intolerável' de qualquer uma das partes, mas a parte culpada não pode se casar novamente...

As pessoas não têm dinheiro e ensinam o desprezo pelo ouro, usando-o em penicos, ou em correntes para escravos. Pérolas e diamantes são usados como enfeites para crianças, mas nunca para adultos...

[Um homem no livro] pregou o Cristianismo aos utópicos, e muitos se converteram quando souberam que Cristo se opunha à propriedade privada. A importância do comunismo é constantemente sublinhada. Quase no final somos informados de que em todas as outras nações "não consigo perceber nada além de uma certa conspiração de homens ricos que procuram as suas próprias mercadorias sob o nome e título da riqueza comum". Parece escrito por George McGovern, mas é Thomas More. *Utopia* continua assim — uma pequena ditadura Platônica de pleno direito. A propósito, o comentário de Bertrand Russell sobre ela é que é "surpreendentemente liberal". **Mas ele não gosta dela porque: "Deve--se admitir, entretanto, que a vida na *Utopia* de More seria intoleravelmente monótona. A diversidade é essencial para a felicidade e, na *Utopia*, quase não existe. Este é um defeito de todos os sistemas sociais planejados, tanto reais como imaginários." Essa é a totalidade do seu comentário, e então ele passa para o próximo capítulo — não há diversidade suficiente para ele. O fato de ser uma ditadura completa e sufocar toda e qualquer criatividade humana ele não considera digno de menção.**

P: Para o desenvolvimento da filosofia do Objetivismo, existe um começo, uma gênese? Existe uma palavra, frase, sentença ou ideia única que seja um lugar lógico para começar? Se sim, qual?

R: Sim, existe. Existem duas palavras, isto é, uma palavra que é o lugar lógico para começar, e que é "existência", ou se você quiser na forma de uma frase, **"Existência existe". O que é, é. Essa é a base do Objetivismo, a partir da qual passamos então para a existência da consciência, a faculdade de estar ciente da existência e a lei básica da existência — é o que é, a lei da identidade — e a partir daí desenvolvemos o sistema. Mas a base é a existência.**

P: Achei que não havia provas de que Jesus realmente existisse. Existe tal prova? Se assim for, o que é? Você poderia nos contar sua fonte para as datas dele?

R: É um jogo acadêmico especial que as pessoas jogam: "Existia realmente tal e tal pessoa?" Eles fazem isso com Sócrates, e periodicamente você verá alguém afirmar que não existiu uma pessoa como Sócrates — Xenofonte e Platão o inventaram — ou não existia tal pessoa como Jesus, e assim por diante. Considero isso absurdo, porque temos a evidência das Escrituras, e esses são documentos históricos. Se as Escrituras relatam que alguém bateu numa pedra e o vinho saiu, você não aceita isso, mas se as Escrituras relatam que houve um homem que pregou certas ideias, e se você vê todo mundo e seu irmão pulando para abraçar essas ideias, e você vê toda uma religião se desenvolver a partir delas, é ridículo dizer que não havia ninguém ali. Se não houve, houve outra pessoa que fez a mesma coisa, então que diferença isso faz? Então, o que você conquistou? Não houve Jesus, houve alguém chamado Bill Smith, que pregou na época das primeiras décadas que hoje chamamos de d.C. e que você deveria amar o Senhor teu Deus com todo o teu coração. Isso é simplesmente sem sentido. Certamente acredito em Jesus pelas mesmas bases que acredito em Sócrates: evidência histórica. Onde consegui as datas dele? Da enciclopédia.

P: Você poderia, por favor, revisar brevemente a dicotomia entre fatos necessários e fatos contingentes e o erro aí contido?

R: Eu não abordei nada, porque indiquei meu artigo intitulado "A Dicotomia Analítico-Sintético" para isso. Mas basicamente, as pessoas que acreditam em fatos necessários versus fatos contingentes acreditam que existem dois tipos de fatos. Certos fatos devem acontecer pela própria natureza da realidade. Por exemplo, que o fogo está quente, que a água está molhada, etc. Esses fatos eles chamam de "necessários". Outros fatos, dizem eles, acontecem, mas poderíamos imaginar um mundo em que não acontecessem. Por exemplo, essa água congela a zero grau centígrado. Você não poderia imaginar um mundo onde tudo fosse igual, dizem, mas a água congelasse a 5 graus (assumindo que você não tivesse definido "zero" como o ponto de congelamento da água)? Que o homem tenha razão é um fato "necessário", porque isso faz parte da definição, mas esse homem tem dois olhos, bom, você poderia imaginar um homem com um olho no topo da cabeça, ou saindo pela nuca, ou na ponta do dedo mínimo e, portanto, o homem poderia ter cinco olhos, então é apenas contingente. Essa é a natureza da dicotomia. Foi subscrita de várias maneiras por Platão, por Aristóteles, por Tomás de Aquino e, como você verá, por Leibniz, Locke e Hume, e tem muitas consequências desastrosas que culminaram em Kant. **Há muitos erros nisso, mas apenas para citar um ou dois erros centrais: não pode haver algo como um fato contingente no sentido aqui usado.** *Todo* **fato é necessário. Se você acredita na lei da identidade, então acredita na lei da causalidade, isto é, você acredita que tudo o que acontece como um resultado inexorável da natureza das entidades envolvidas, e que dadas as entidades e as circunstâncias, se algo mais tivesse acontecido, isso seria uma contradição, o que é proibido na lógica. Portanto, nesse sentido, metafisicamente, tudo é necessário e é ditado pela natureza das entidades envolvidas.**

Um fato contingente — um fato que metafisicamente poderia ter sido de outra forma — significaria uma entidade que poderia ter agido desafiando a sua natureza, o que significaria uma contradição. Portanto, toda a ideia de fatos contingentes está fora de questão. **Não confunda livre-arbítrio com contingência.** Existe algo chamado volição, mas já comentei num período de perguntas anterior que a volição é uma subcategoria da causalidade, e não uma violação dela. Quais são as raízes desta confusão? São muitas, mas vou me limitar a uma, pois esse não é o assunto central aqui. Se tomar emprestada a minha formulação naquele artigo, você deve fazer uma distinção clara entre metafísica e Walt Disney. O fato de você conseguir imaginar algo prova apenas que você tem capacidade de fantasiar, e isso não tem significado filosófico. Aqueles que assumem a posição errada dizem: "Se Walt Disney pudesse desenhá-lo, é possível e, portanto, é apenas contingente que o homem tenha dois olhos porque Walt Disney poderia desenhá-lo com cinco. Mas mesmo Walt Disney não poderia desenhar água que não fosse molhada, ou fogo que não fosse vermelho, ou qualquer outra coisa, portanto, isso coloca um limite na realidade." Mas o que Walt Disney ou a sua imaginação podem ou não projetar não tem qualquer significado objetivo. Você só pode imaginar o que pode imaginar porque é ignorante. Não quero dizer isso de forma insultuosa, mas quero dizer o seguinte: se você conhecesse os fatos envolvidos no fato de o homem ter dois olhos, e todos os antecedentes neurofisiológicos biológicos desse fato, e você visse *por que* o homem tinha dois olhos e por que isso era da natureza do homem, você não poderia imaginar o homem tendo cinco olhos, assim como não poderia imaginar o contrário de qualquer fato, a razão pela qual você vê. Você só pode imaginar o oposto na medida em que ignora ou evita o conhecimento de por que as coisas são como são. Nenhum argumento baseado na ignorância prova nada sobre a realidade. **Na realidade, tudo é necessário, e não existe um fato que acontece, mas não precisa ser.**

P: Os princípios de definição de Aristóteles anteciparam os princípios de indução científica de Bacon?

R: Não vejo a conexão que você insinua. Para Aristóteles, as definições não são simplesmente linguísticas. Você está certo ao dizer que, para Aristóteles, as definições são um modo de conhecimento objetivo da realidade, dos fatos da realidade, e que a classificação é um fato objetivo, não uma declaração de como você vai usar determinado vocabulário. Não segue, porém, que, como as definições proporcionam um conhecimento objetivo da realidade, elas fornecem, portanto, a metodologia da indução. O próprio Aristóteles tem muito pouco a dizer sobre a metodologia correta de indução. **Tudo o que ele realmente nos diz é que existem três tipos de indução** — a indução pela qual chegamos aos axiomas (como as leis da lógica), que consiste em ver alguns exemplos e então compreender de forma evidente a prova universal, mas isso é aplicável apenas para axiomas. Isso é a chamada *indução intuitiva*, usando "intuitivo" para significar a capacidade de compreender o que é evidente. Depois, há a *indução comum* — quando você vê três cachorrinhos abanando o rabo e eles estão felizes, e você generaliza que todos os cachorrinhos abanam o rabo quando estão felizes. Esse tipo, disse Aristóteles, é suspeito. Essa é uma indução por *enumeração simples*. Tudo o que ela faz é fornecer o material para uma generalização, mas você tem que validá-la por meios dedutivos. Ele não conhecia nenhuma metodologia para validá-la indutivamente, experimentalmente. Finalmente, para Aristóteles, existe o que se chama *indução por enumeração completa*. Isto é, se, em algum caso, você pudesse realmente estudar *cada* particular primeiro sob um universal, então você poderia declarar a generalização com total confiança. Mas você não precisaria da generalização, porque já conheceria cada particular. **Isso é tudo que Aristóteles reconhece, esses três tipos, portanto, a sua teoria da indução é definitivamente defeituosa.** Se você quiser levantar a hipótese de que, se você pegar a teoria da definição de Aristóteles, combiná-la com uma teoria adequada dos universais, reinterpretá-la e depois aplicá-la à questão da indução, você criaria uma teoria válida da indução? Sim, você poderia. Mas Aristóteles não fez isso, pelo menos não a julgar pelo que temos.

P: Como é possível enfatizar demais a epistemologia?

R: É possível enfatizar demais qualquer coisa. Não quero dizer, contudo, que a epistemologia não seja crucial. O Objetivismo concorda que a epistemologia é o assunto mais crucial da filosofia, e que a filosofia é *essencialmente* epistemologia porque (a), a ética e a política dependem absolutamente da epistemologia e, portanto, a epistemologia é muito mais fundamental, e (b), o Objetivismo sustenta que a metafísica é um assunto muito, muito delimitado. Muito do que tradicionalmente entrou na metafísica, sustenta o Objetivismo, é função da ciência descobrir e, portanto, o Objetivismo não tem teorias sobre a natureza da relação mente-corpo ou sobre a natureza da matéria (é atômica, etc.), e todas aquelas questões que entraram na metafísica realmente pertencem à ciência. O Objetivismo sustenta que a essência da metafísica é a lei da identidade e seu corolário a lei da causalidade, e algumas das implicações mais óbvias disso, e a primazia da existência, mas além dos fundamentos, o Objetivismo sustenta que a essência da filosofia é epistemologia e, nesse sentido, certamente concordamos com os filósofos modernos.

Então, o que eu quis dizer quando disse que a filosofia moderna enfatiza demais isso? Talvez "enfatizar demais" seja uma palavra enganosa. A filosofia moderna seguiu esta progressão. Com Kant chegou-se à conclusão de que a metafísica é impossível. Com os Positivistas Lógicos do século xx, chegou-se à conclusão de que não só a metafísica, mas também a ética e a política são impossíveis, o que nos deixou com a visão de que a filosofia é *apenas* epistemologia, ou seja, um estudo dos meios de conhecimento divorciado de qualquer consciência da realidade, ou de quaisquer consequências práticas dela. O que, claro, era impossível e inútil. O que levou, portanto, aos Analíticos — a última onda da filosofia moderna no século xx — que até mesmo a epistemologia é inútil e impossível e que, portanto, a filosofia não existe como assunto. Essa é a visão atual. Você não pode ter epistemologia a menos que tenha uma base metafísica para ela, e não faz sentido tê-la a menos que você tire dela conclusões práticas de valor. Consequentemente, se você faz da filosofia *exclusivamente* epistemologia, acaba não tendo filosofia alguma. É exatamente isso que os modernos fazem: dizem que não existe um tema chamado filosofia, nem questões especificamente filosóficas.

Os filósofos são, na verdade, questionadores, que andam por aí ouvindo o homem na rua falar e, só por diversão, desencadeiam pequenos quebra-cabeças. Agora, isso são trivialidades abismais e lixo, para colocar em termos técnicos. Não digo que isso esteja implícito na ênfase de Bacon ou de qualquer outro na epistemologia. Penso que a mudança para a epistemologia é muito valiosa, se não resultar numa completa obliteração da metafísica e dos outros ramos da filosofia. Infelizmente, a epistemologia que pegou foi o Ceticismo. O resultado disso foi que inundou todo o resto. É o mesmo padrão no qual os Sofistas abandonaram a metafísica e a ética por causa da sua epistemologia cética. Portanto, eu estava errado, ou enganado, ao dizer que é possível enfatizar demais a epistemologia. O que eu deveria ter dito é que uma epistemologia cética é uma corrupção que destruirá toda a filosofia.

P: Você poderia descrever a visão moderna do significado da Navalha de Ockham?

R: Eu havia me referido aos usos corruptos dela. Sim, posso. Por exemplo, a Navalha de Ockham é frequentemente usada para apoiar o materialismo, e o argumento é: Ockham disse: "Não multiplique entidades além da necessidade." Bem, por que ter mente *e* matéria, se podemos explicar tudo apenas com matéria? Por que multiplicar entidades e ter dois pontos de partida, quando podemos começar com apenas um? Claro, isso é uma corrupção completa da Navalha de Ockham, porque Ockham diz: "Não multiplique entidades *além da necessidade*." Mas a questão é: a consciência é necessária? Obviamente é. Ouvi os pragmáticos modernos dizerem: "Por que basear a lógica na realidade? Quem precisa da realidade? Digamos que a lógica está bem só porque funciona, então que se dane a realidade. Por que ter lógica *e* realidade, duas coisas, quando poderíamos ter apenas lógica, uma coisa?" Essa é a Navalha de Ockham usada para cortar sua garganta.

P: Não houve filósofos na história, antes de Ayn Rand, que tenham feito alguma tentativa significativa de fornecer uma base objetiva para valores?

R: Aqui você deve distinguir entre uma tentativa de fornecer uma *base* objetiva para valores versus a compreensão da categoria "objetiva" como distinta do intrínseco e do subjetivo. No primeiro caso, houve vários filósofos que tentaram uma base objetiva, em oposição a uma base sobrenatural ou declaradamente subjetiva. Aristóteles tentou isso. Muitos dos gregos, em parte, tentaram isso. Spinoza tentou isso. Vários filósofos modernos tentaram isso. Em outras palavras, se você interpretar isso no sentido de que "não apelou para o sobrenatural e não disse nada que considerasse correto", até mesmo John Dewey afirma estar nessa posição — ele denuncia o subjetivismo e o sobrenaturalismo. Mas se você me perguntar: "Alguma dessas tentativas foi bem-sucedida?" Então eu digo que não, não foi, e elas desabaram no sobrenaturalismo, no subjetivismo ou em ambos. Por quê? **Porque, para defendê-la corretamente, é preciso saber o que *é* objetivo, como categoria distinta do intrínseco e do subjetivo. Você tem que saber o que significa dizer que o valor é *objetivo*, para que não seja simplesmente uma característica existente no mundo que requer uma intuição (e o torna intrínseco) ou uma invenção arbitrária na mente (e, portanto, subjetiva). Você tem que compreender a categoria metafísica do *objetivo*, em oposição ao intrínseco e ao subjetivo.** Se você puder fazer isso — e toda a abordagem filosófica que isso implica — então você será capaz de fundar uma ética objetiva. **Que eu saiba, ninguém compreendeu o objetivo como algo distinto do intrínseco e do subjetivo antes de Ayn Rand.** O objetivo sempre foi equiparado ao intrínseco. Esse foi um dos maiores problemas de toda filosofia. Aqui terei que encaminhá-lo para a *Introdução à Epistemologia Objetivista*, que é uma abordagem totalmente objetiva — distinta da intrínseca ou subjetivista — para a formação de conceitos e, nesse ponto específico, ainda mais para o ensaio "O que é capitalismo?" em *Capitalismo: O Ideal Desconhecido*, que apresenta uma extensa discussão sobre essa tricotomia e sobre o que há de errado com o intrínseco e o subjetivo como categorias.

A FILOSOFIA TORNA-SE RELIGIOSA — E RECUPERA-SE (PARTE II)

P: Se a filosofia de Aristóteles tivesse sido completamente consistente, sem vestígios da primazia da consciência, de modo que não pudesse ter sido integrada ao Cristianismo em nenhum momento, teria tido mais ou menos impacto no período medieval?

R: Essa é uma pergunta fascinante e qualquer resposta só poderia ser especulativa. Eu diria que, em última análise, teria tido *mais* poder porque este sistema monolítico e consistente, diametralmente oposto ao Catolicismo e ao Cristianismo, a longo prazo, assim que os homens fossem livres, teria triunfado completamente e eliminado o medievalismo e todos os seus herdeiros modernos mais completamente do que foram eliminados, dada a tentativa de dominar Aristóteles. Mas, por outro lado, digo que teria sido uma luta muito mais amarga, e pessoas como Tomás de Aquino e outros estariam literalmente arriscando a vida para se aproximarem de Aristóteles. Ele poderia ter sido tão completamente suprimido que se passaram séculos — ou suas obras poderiam ter sido completamente queimadas, e todos que se aproximaram delas também foram queimados — e nesse caso, elas poderiam ter sido completamente perdidas. Além disso, você não deve ignorar o fato de que Tomás de Aquino não era pagão, nem Alberto Magno ou qualquer um desses outros. É difícil prever quem teria vencido se eles considerassem isso uma escolha absolutamente nua, Deus ou Aristóteles, e você não pode ter ambos — eu não juraria qual. Li, por exemplo — não sei se isso é verdade — que Tomás de Aquino, no final da vida, no último ano, afirmou ter tido uma experiência mística e disse que todos os seus escritos não eram importantes, e ele agora via a verdade misticamente. Não sei se isso é velhice — ele tinha apenas quarenta e nove ou cinquenta anos quando morreu — ou porque era fundamentalmente Católico, ou algo assim. Mas ninguém poderia saber disso. Portanto, meu palpite seria que, se fosse permitido que os escritos sobrevivessem, eles teriam triunfado mais plenamente. Mas teria havido uma luta amarga, muito amarga, e quanto tempo levaria para permitir que eles entrassem na corrente do pensamento, não sei.

---

30 Wilhelm Windelband, *Uma História da Filosofia*, Volume I (Nova York: Harper, 1958), p. 337.
31 Fuller, *História da Filosofia*, p. 428 e 431.
32 Fuller, *História da Filosofia*, p. 11.
33 Fuller, *História da Filosofia*, p. 15.
34 Fuller, *História da Filosofia*, p. 16.
35 Embora este "raciocínio" tenha sido atribuído a "alguns filósofos Paduanos", a fonte geralmente aceita é Francesco Sizzi, um astrônomo italiano do século XVII.
36 Nota: "sabe" estava correto. Ayn Rand morreu dez anos depois, em 6 de março de 1982.
37 Veja *História da Filosofia Ocidental* de Russell, Livro Três, Capítulo IV.

PALESTRA IX

A NOVA BRECHA ENTRE A MENTE E A REALIDADE

Estamos agora no verdadeiro início da era Moderna, no início da filosofia sistemática e distintamente Moderna no século XVII, depois de concluída a transição intelectual da era Medieval. Os sistemas propostos neste momento serão decisivos na definição do curso da filosofia subsequente. Se há alguma esperança para o futuro da filosofia Moderna, você terá que obtê-la esta noite.

Os dois filósofos que examinaremos esta noite — aqueles que, entre eles, fundaram a filosofia Moderna — são Thomas Hobbes e René Descartes. Para aliviar o suspense, vou dar uma prévia e dizer em uma frase o que esperar. **Hobbes é um derivado dos antigos materialistas e termina como um cético Sofista total. Descartes é um derivado de Platão e Agostinho e implanta profundamente a essência da abordagem Platônica na própria estrutura da filosofia Moderna. Hobbes nega a consciência e Descartes lança dúvidas sobre a realidade física. Entre eles, a filosofia Moderna começa de forma desastrosa e as coisas pioraram desde então.**

Se você me perguntasse se houve algum grande filósofo moderno influenciado essencialmente por Aristóteles, eu responderia: se tivesse existido algum (e realmente não existiu), seria John Locke, que consideraremos na próxima palestra. Você verá como ele é fraco e, na melhor das hipóteses, um terço Aristotélico.

THOMAS HOBBES

Com esta palavra de advertência antecipada, voltemo-nos primeiro para Thomas Hobbes (1588-1679 d.C.). Hobbes é o primeiro filósofo britânico a construir um sistema filosófico completo com base nas descobertas da nova ciência. Na palestra anterior discutimos as descobertas científicas e a visão de mundo científica que se formou com base nessas descobertas. Hobbes toma como ponto de partida a visão de mundo proposta pela nova ciência e propõe, pela primeira vez, considerar todos os ramos da filosofia sob a nova ciência. Ele é um dos primeiros filósofos modernos realmente influentes e sistemáticos. Ele é contemporâneo de Descartes, mas não tão importante ou influente quanto Descartes. Portanto, não conquistou dos historiadores o título de "Pai da Filosofia Moderna". Mas isso não deve diminuir a sua importância. De certa forma, ele estava à frente do seu tempo — o seu impacto e influência foram retardados. Na verdade, a sua metafísica tornou-se enormemente influente apenas no século XIX; sua epistemologia, ética e política apenas no século XX. No século XVII, ele tem principalmente a função de um exemplo horrível para os outros filósofos da época, que consideravam suas conclusões horrendas e que acreditavam que deveriam evitar o Hobbesianismo a todo custo.

Eu disse que ele afirma ser o maior defensor da ciência moderna. Qual é então a sua atitude para com Deus, revelações, teologia, etc. — elas são descartadas? A resposta é sim. Você deve compreender com precisão que o próprio Hobbes não é ateu. Ele frequentemente se refere a Deus. Ele até apresenta o argumento da causa primeira em favor de Deus. Ele chama Deus de espírito incorpóreo e sugere em certos pontos, indiretamente, que Deus é a fonte da ética. Mas nada disso em Hobbes tem qualquer significado filosófico, porque contradiz todos os elementos e princípios da sua filosofia distinta. Alguns comentaristas levantam a hipótese de que Hobbes manteve essas referências a Deus por prudência. Afinal de contas, ainda não era cem por cento politicamente seguro ser ateu, pois ainda havia autoridades religiosas e perseguições nesta época. O século XVII ainda é muito cedo para o ateísmo declarado, que só se tornou um fenômeno cultural no final do século XVIII e, particularmente, no século XIX. Portanto, podemos ignorar o vestígio religioso em Hobbes. Pela lógica de sua filosofia, consistentemente, ele tem que ser ateu, e praticamente todo mundo o considera assim, apesar dessas poucas referências. Muitas vezes há comentários antirreligiosos muito amargos em Hobbes. Por exemplo, quando define "religião", ele explica que existem dois tipos de medo — justificado e injustificado. Por exemplo, um medo justificado seria o medo que você sente se um animal selvagem for solto de repente em sua direção. Um medo injustificado seria o medo que as pessoas sentem ao passar por baixo de uma escada. Dentro da categoria de medo injustificado ou irracional, prossegue ele, existem dois tipos: medos irracionais que não são endossados publicamente — a que chamamos "superstição" — e medos irracionais que são endossados publicamente, e isso é a religião. Este dificilmente é um ponto de vista pró-religioso.

Hobbes se orgulha de ser científico, naturalista e racional. Ele é, como todos os filósofos deste período, enormemente consciente da epistemologia, do método. Você deve ter o método certo para filosofar, ele insiste, e como muitos dos filósofos que vimos e que continuaremos a ver, ele acredita que a filosofia deve seguir a matemática em seu método, e especificamente a geometria, que foi o exemplo mais desenvolvido e mais claro de matemática conhecida na época. A essência do método adequado de filosofia é: comece com certos axiomas, ou princípios básicos, e depois proceda rigorosamente para deduzir suas implicações. De acordo com os biógrafos de Hobbes, um dia, quando ele ainda não conhecia geometria, ele tropeçou no quadragésimo sétimo teorema de Euclides, leu-o e disse que era impossível e não poderia ser verdade. Ele lentamente percorreu os teoremas anteriores até chegar aos axiomas, e supostamente ele disse palavras no sentido de: "Por Deus, é realmente verdade", e ele prontamente se apaixonou pela geometria que podia dar uma demonstração como esta. **Isto deve ser o que a filosofia é — deve ser completamente dedutiva, começando com as premissas básicas da ciência (que Hobbes toma como ponto de partida) e deduzindo as suas consequências para a humanidade em todos os domínios.**

Vejamos primeiro, muito brevemente, sua metafísica. Ele é um materialista completo. A matéria em movimento é tudo o que existe. É governado pelas leis da mecânica. Tudo acontece exclusivamente pelo que Aristóteles chama de "causação eficiente". Não há propósito, fim, comportamento direcionado a objetivos, nada do que Aristóteles chama de "causação final" em qualquer parte do universo. Portanto, este é um materialismo mecanicista padrão, na verdade, a metafísica da bola de bilhar.

E o homem? O homem não é exceção, diz ele, às verdades universais descobertas pela ciência. O homem também é apenas uma entidade materialista mecanicista. Portanto, o homem é completamente determinado, o livre-arbítrio é um mito, tudo é determinado pelas leis do movimento que operam sobre a matéria. Esta é a metafísica dos antigos materialistas. E quanto à mente, consciência, espírito, alma? Não existem tais coisas, diz Hobbes. Qualquer pessoa que acredite nestas coisas mostra que é um resquício, ou uma herança, do antiquado período religioso medieval. Estas coisas não têm lugar numa filosofia científica. **A ciência, ele insiste, exige materialismo. A mente, ou consciência, é um legado sobrenatural.** Dispensamos os fantasmas, diz ele, dispensamos os demônios, agora sejamos consistentes e dispensemos também a mente, pelos mesmos motivos. A mente deveria ser uma entidade espiritual. O que é uma entidade espiritual? Se significa alguma coisa, significa um corpo sem corpo, e um corpo sem corpo é uma contradição em termos. Lá se vai a mente.

Aqui está a alternativa falsa: durante séculos, os Platônicos e Agostinianos afirmaram que a mente (ou consciência ou alma) é um elemento sobrenatural, a parte do homem semelhante ao mundo das Formas sobrenaturais, ou

Deus. Hobbes concorda, dizendo que se existisse uma mente, ela seria assim: sobrenatural. Mas ele rejeita o sobrenatural e, portanto, acaba sendo materialista. Em outras palavras, ele não desafia o ponto e a premissa básica de que a mente é sobrenatural; ele apenas considera o outro lado da mesma moeda. Você verá esse mesmo procedimento novamente em sua epistemologia. Se a marca de um grande filósofo é a sua capacidade de desafiar fundamentos arraigados, de pensar como um inovador em termos de princípios básicos, em vez de simplesmente aceitar os princípios e alternativas já populares, então temos que dizer que Hobbes não é um grande filósofo, não é em nenhum ramo da filosofia.

Devo dizer que sua atitude em relação à mente é muito popular hoje em dia, especialmente entre pessoas que se orgulham de serem "científicas". Você pode encontrá-la defendida por diversos físicos, um grande número de psicólogos, especialmente behavioristas. Já mencionei isto na nossa discussão sobre Demócrito e discuti o que há de errado com o materialismo, por isso não vou repetir isso agora. Você verá que um materialista *sempre* tem que contrabandear consciência, apesar de si mesmo, sempre que lida com o homem, com a cognição, com a ética, com a política. Você verá isso quando nos voltarmos agora para a parte mais importante da filosofia de Hobbes, sua epistemologia.

A epistemologia de Hobbes estava destinada a ser enormemente influente, embora não durante alguns séculos. Em muitos aspectos, para aqueles que conhecem a filosofia do século XX, verão que Hobbes tem uma verdadeira alma do século XX. Ele é o irmão de sangue e o ancestral dos Positivistas Lógicos e dos Pragmáticos e de toda aquela escola que deriva do ceticismo Anglo-Americano.

Todo conhecimento, diz ele, é baseado na evidência dos sentidos. Não existem ideias inatas. Nesse aspecto, ele é um empirista completo. Não há nada na mente que não tenha sido baseado, em última instância, na experiência sensorial. Esta é a atitude tomada pela ciência moderna, por Bacon, por Galileu e, em última análise, é um elemento Aristotélico. Como Hobbes, como um materialista, explica algo como a percepção sensorial? Ele diz que, de acordo com as leis da mecânica, a matéria externa aos nossos corpos atinge os nossos corpos em certos lugares, aqueles lugares que chamamos de sentidos, e isso faz com que certas partes dos nossos corpos tremam, oscilem, tremam, movam-se para a frente e para trás. Este movimento é comunicado por vários nervos e assim por diante ao coração ou ao cérebro (ele não necessariamente se comprometeu com o cérebro, mas deixarei de fora o coração daqui em diante), cuja parte apropriada (o cérebro) começa a se mover, e assim temos um movimento no cérebro produzido pelo impacto da matéria externa em nossos corpos. Isso é uma sensação — um movimento no cérebro. Isso é tudo o que é. Agora, você diz, a sensação *é* o movimento? Será isso, ou será que o movimento nos *aparece*, ou é *experimentado* por nós, como uma sensação? Hobbes costuma dizer que sim, uma sensação é realmente a maneira como experimentamos os movimentos em nosso cérebro. Você pode perguntar por que o movimento no cérebro produz uma sensação, uma experiência, e não apenas movimento, como ocorre quando você atinge qualquer máquina complexa. **Quem ou o que, você poderia perguntar, está *fazendo* a experiência se não existe uma entidade consciente?** Você pode perguntar: por que o movimento no cérebro produz um mundo de objetos externos verdes, vermelhos, quentes e frios, em vez de pelo menos a experiência do movimento no cérebro? Para todas essas perguntas, Hobbes não tem resposta. Nas suas premissas, não há resposta. Ele tem que assumir e contrabandear a consciência. Segundo suas premissas, deveria haver movimento no cérebro, e isso é tudo. Que alguém saiba ou experimente isso é inexplicável sem consciência. Mas podemos ignorar este problema porque muitos outros são urgentes.

Dissemos que de alguma forma este movimento no cérebro produz a experiência de um mundo externo. Mas será que a nossa percepção do mundo é válida? Podemos confiar nos sentidos? Eles nos dizem como o mundo realmente é? Responde Hobbes com firmeza: não. Por que não? Porque ele aceitou a distinção de Demócrito e Galileu de que existem dois tipos de qualidades. Já discutimos esta distinção, o tipo que Locke posteriormente chamou de "qualidades primárias versus qualidades secundárias". As qualidades secundárias — cores, sabores, odores, etc. — são, diz Hobbes, apenas os efeitos sobre nós do que *realmente* existe lá fora. O mundo real, portanto, não é nem remotamente o que parece ser. É incolor, inodoro, silencioso, invisível, sem temperatura — tudo o que consiste são quantidades em movimento, com tamanho, com forma, com número.

Os sentidos, portanto, são grandes enganadores. Ele diz isso de forma bastante explícita: "Quaisquer que sejam as qualidades que nossos sentidos nos fazem pensar que existem no mundo, elas não estão lá, mas são apenas aparências e aparições. As coisas que realmente existem no mundo, separadas de nós, são aqueles movimentos pelos quais essas aparências são causadas. Este é o grande engano dos sentidos." **Você vê a contradição em que ele se encontra desde o início: todo conhecimento repousa nos sentidos, e não decolamos antes que ele denuncie os sentidos. Então, você pode descobrir para onde vamos a partir daí.**

Agora, você pode perguntar: como podemos saber que os sentidos estão nos enganando? Hobbes responde: pelo pensamento. Por exemplo, pelos vários argumentos usados pelos filósofos para estabelecer que as qualidades secundárias não são reais, os argumentos que lhe apresentei da última vez — que não podemos conceber a matéria sem as qualidades primárias, mas podemos conceber sem as secundárias, ou que as primárias não variam de observador para observador e as secundárias sim. Em outras palavras, por meio de um processo de pensamento, diz Hobbes, podemos corrigir nossos sentidos. Mas ele também diz que o pensamento se baseia na evidência dos sentidos. Como o pensamento pode corrigir as evidências nas quais se baseia? Se você é um empirista e diz que todo conhecimento depende dos sentidos, e depois diz que os sentidos o enganam, claramente você está perdido. Não há como corrigir os sentidos se eles forem a sua única base de conhecimento. Se você critica os sentidos e segue o caminho de Platão por meio de ideias inatas, a história é diferente. **Mas se você é um empirista e denuncia os sentidos, isso equivale a cometer suicídio epistemológico, e levará à visão de que a realidade é incognoscível. Em breve você verá Hobbes chegar a essa conclusão.**

Gostaria agora de apresentar a você alguma terminologia técnica filosófica. A visão de Hobbes é que não percebemos a realidade diretamente. Percebemos apenas as aparências da realidade para nós, os efeitos da realidade sobre nós, a maneira como ela afeta nossos cérebros e sentidos. Não percebemos a realidade diretamente, como ela realmente é. Na verdade, estamos todos trancados dentro das nossas próprias mentes — ou, deixe-me corrigir: dentro dos nossos próprios *cérebros*, na medida em que não existe mente. Conhecemos nossas próprias experiências diretamente e isso é tudo. A percepção, portanto, é realmente uma espécie de introspecção; olhar para fora não existe realmente. Olhar para fora é uma forma de olhar para dentro.

Este ponto de vista é chamado de *"teoria causal da percepção"* e é definido tecnicamente como a visão de que a realidade é a causa, mas não o objeto, da nossa percepção. Aristóteles, sendo um defensor da validade dos sentidos — sendo um realista ingênuo — diz que a realidade é a causa da nossa experiência e é o *objeto* que experimentamos. Experimentamos diretamente a realidade. Abrimos os olhos, ou qualquer modalidade de sentido que usamos, e a realidade nos é dada. **O defensor da teoria causal, contudo, diz que *não* experimentamos diretamente a realidade, apenas o conteúdo interno da nossa mente como resultado da influência da realidade sobre nós. A realidade, diz ele, existe como *causa* da nossa experiência, mas não a encontramos diretamente.**

Alguns defensores da teoria causal param por aí e dizem que a realidade é incognoscível, uma vez que nunca a encontramos. Alguns, como Hobbes, dizem que algumas das nossas experiências são *semelhantes* à realidade e outras não. Algumas experiências, na expressão técnica, *representam* a realidade, e outras não. É claro que, no caso de Hobbes, as experiências de qualidade primária representam a realidade, as outras não. Se acrescentarmos este ponto, dizemos que acreditamos na *teoria representativa da percepção*, que é a visão de que *não* percebemos diretamente a realidade, apenas os seus efeitos sobre nós, mas que algumas das nossas experiências são, no entanto, semelhantes ou representam a realidade. **Hobbes subscreve a teoria causal *e* a teoria representativa da percepção.** Claro, se você perguntasse a ele: já que você nunca percebe a realidade, como você sabe que algumas de suas experiências a representam? — foi o que pensadores posteriores lhe perguntaram, mas vamos esperar para ver isso. Por enquanto, só espero que você tenha entendido a terminologia — a distinção de qualidade primária-secundária, a teoria causal da percepção, a teoria representativa da percepção — porque os resultados desta trindade de ideias são desastrosos.

Como você sabe que existe uma realidade se está preso a vivenciar suas próprias experiências subjetivas? É claro que os defensores deste ponto de vista dizem que deve haver uma realidade que causou as nossas experiências — essa é *a teoria causal da percepção*. Os representantes desta teoria prosseguem que posso inferir algo sobre a realidade para que ela tenha causado o tipo específico de experiências que tive — essa é a *teoria representativa da percepção*. Mas o seu ponto central é que a realidade é conhecida por inferência, não por percepção, não diretamente, não de forma evidente. Mais tarde, a filosofia passou a desafiar esta inferência, perguntando *por que* tem de haver um mundo externo causando as minhas experiências? Por que Deus, por exemplo, não poderia causar diretamente em mim as minhas experiências? Essa é a posição assumida pelo Bispo Berkeley. Por que tem que haver uma causa? Vamos pelos fatos observados — tudo o que observamos são as nossas próprias experiências, portanto, é tudo em que temos o direito de acreditar. Esta é a posição assumida por David Hume, que descartou a lei de causa e efeito juntamente com a realidade. Agora você vê que por esse caminho todo o mundo externo desaparecerá em breve.

No entanto, isso é olhar demasiado adiante. Hobbes ainda acredita na realidade — existe uma realidade externa — e pensa que os nossos sentidos são dignos de confiança, pelo menos no que diz respeito às qualidades primárias. Mas o processo de destruição da realidade já começou.

Os processos mentais envolvem mais do que apenas a sensação. Hobbes sustenta que todo chamado processo mental pode ser explicado de forma estritamente materialista e mecanicista de uma forma rigidamente determinística. Toda atividade de "mental" é na verdade movimento no cérebro. Por exemplo, você tem uma sensação específica, então essa sensação começa a ser interferida por outros movimentos à medida que novos estímulos atingem seus sentidos e iniciam novos movimentos. Assim, diz Hobbes, o movimento original começa a "decair" (essa é a palavra dele), e você, portanto, o experimenta como um pouco mais fraco e mais borrado do que na experiência original nítida, e isso se deve aos novos movimentos que estão entrando no seu cérebro e obscurecendo o antigo movimento. Esse sentido decadente é chamado de "imaginação" ou "memória". Por "imaginação" aqui queremos dizer a faculdade de formar imagens mentais. Por exemplo, agora mesmo, forme diante de seus olhos uma imagem visual — você pode ter imagens em qualquer modalidade de sentido, mas as mais comuns são visuais, então nos restringiremos a isso — agora mesmo, forme diante de seus olhos uma imagem mental de sua mãe, do rosto dela. Qual é a explicação disso, segundo Hobbes? É que, a certa altura, você realmente percebeu sua mãe e iniciou certos movimentos em seu cérebro, e esses movimentos, pela lei da inércia, ainda estão lá, mas outros movimentos surgiram para obscurecê-los. Então, quando você olha para sua mãe, você vê uma experiência sensorial desbotada e deteriorada, e isso é uma imagem. Se isso acontecer enquanto você dorme, diz-se que você está sonhando, e é por isso que as imagens ficam mais fracas, mais pálidas e mais desfocadas.

Chegamos agora a um ponto crucial: e o pensamento? O pensamento abstrato, os conceitos, a distinção cognitiva e a glória do homem — como isso se sai nesta filosofia? Para lhe dizer a verdade brutal numa frase: Hobbes equipara pensamento a *imagem*. **"Imagem", "ideia", "pensamento", "conceito" — todos esses são sinônimos de Hobbes.** Uma imagem, sabemos, é apenas uma experiência sensorial decadente. **Um pensamento, portanto, ou uma ideia, ou um conceito, é realmente apenas uma experiência sensorial, ou uma imagem dela. Esse ponto de vista tem um nome técnico:** *sensualismo*. **Sensualismo é a doutrina de que todos os elementos cognitivos são realmente percepções sensoriais.** Dito de outra forma, é a visão de que o homem tem apenas uma faculdade cognitiva, a faculdade de percepção sensorial. O poder do pensamento não é uma faculdade cognitiva distinta, mas uma forma da faculdade de percepção sensorial.

Não confunda *sensualismo* **com** *empirismo*, **pois existe uma distinção vital. Empirismo é o mais amplo dos dois termos. É a visão de que todo conhecimento começa com a experiência, de que não existem ideias inatas.** Mas isso deixa em aberto duas possibilidades. Um filósofo, dada uma base empirista, pode então prosseguir à la Aristóteles e dizer: "Considerando que todo conhecimento começa com a experiência, o homem tem, no entanto, o poder de abstração e, portanto, o poder de formar conceitos, que não são simplesmente nomes para a experiência sensorial. Portanto, ele tem o poder de obter conhecimento da realidade através da razão e do pensamento, o que ele não poderia ter obtido exclusivamente através da percepção sensorial, embora, em última análise, se baseie nela." Isso seria um empirista Aristotélico. Um sensualista é um empirista radicalmente anti-Aristotélico. Ele acredita com o empirismo que todo conhecimento começa com os sentidos, mas é um empirista pessimista. Ele acredita que o conhecimento não só começa com os sentidos, mas termina com os sentidos. A sua opinião é que os sentidos constituem a *única* faculdade cognitiva que o homem possui (os sentidos mais os seus restos decaídos, as imagens) e, portanto, o que não pode ser aprendido pela percepção sensorial não pode ser conhecido. **Não existe tal coisa como adquirir conhecimento pela razão, a não ser aquele que você poderia adquirir pela percepção. Essa é a visão sensualista.** É particularmente atraente para os empiristas modernos. Será difícil encontrar no mundo moderno qualquer empirista que não seja um sensualista, por uma razão que explicarei em breve.

Por que enfatizo o sensualismo? Por que é uma questão vital na filosofia? **Porque considere o que acontece com o pensamento conceitual abstrato se você for um sensualista. Na verdade, as imagens, assim como as percepções sensoriais, são totalmente individuais, particulares, concretas.** Suponha que eu lhe diga para formar a imagem da banana — você não pode formar uma imagem da banana em geral. Se você inspecionar sua imagem (mesmo que esteja desfocada), concentre-se em qualquer parte dela e verá que sua banana é amarela, verde ou marrom, grande ou pequena, listrada ou não, descascada ou não. Se você tiver a capacidade de formar imagens táteis, ou sentirá o sabor de uma imagem acre ou do que quer que seja. Essa imagem da banana, e todas as imagens em todas as modalidades, é totalmente particular, mesmo que desfocada. Os animais têm capacidade para imagens. Se o pensamento é apenas sentido decadente, se é apenas imagens particulares, como os homens diferem dos animais? Costumava-se dizer que o homem pode abstrair, pode apreender os universais, não apenas olhar para os concretos, e que ele apreende os universais por meio de um processo de pensamento. Mas se "pensamento" é apenas outro nome para a deterioração da percepção sensorial, então como o homem apreende os universais? Como ele entende denominadores comuns? Como ele é capaz de abstrair? Ou ele não é capaz? Se não, como é que o homem alcança as suas realizações exclusivamente humanas?

Isto nos leva à teoria dos universais de Hobbes. Vamos falar sobre sensualismo em um minuto. **A teoria dos universais de Hobbes é o cerne de sua epistemologia. Já me referi várias vezes à teoria dos universais, que estava destinada a ser dominante na era moderna: o Nominalismo, que era a teoria dos universais endossada em essência pelos antigos Sofistas e céticos, e por certos medievais e, em certa medida, Guilherme de Ockham, entre outros. Mas o Nominalismo só se tornou uma influência dominante na filosofia na era moderna. E de todos os nominalistas modernos, Hobbes é o primeiro influente importante.** Depois dele, você verá que Locke o segue cerca de um terço do tempo, e Locke é cerca de um terço ou metade nominalista. Berkeley é um nominalista completo, e Hume supera Berkeley, se isso for possível. Os

Positivistas Lógicos do século XX, os Pragmatistas, os Existencialistas, os Analíticos são nominalistas devotos e com uma devoção igual à da crença dos medievais no dogma Católico. Portanto, agora é um bom momento para compreender o nominalismo moderno, pelo menos no essencial.

Devo dizer, para ser exato, que Hobbes não é um nominalista completo ou consistente. Ele é do século XVII, lembre-se, e há um limite para o quão corrupto você pode ser no século XVII. Portanto, elementos da abordagem de Aristóteles sobrevivem nos escritos de Hobbes. Mas eles não são o que é distinto. O impulso dominante de sua filosofia é o Nominalismo. Portanto, quero olhar agora para o nominalismo e ir além de Hobbes aqui, e examinar alguns dos principais argumentos oferecidos pela filosofia Moderna (alguns por Hobbes, alguns por outros) para defender este ponto de vista.

Se o colocarmos de forma negativa desde o início, o Nominalismo é a negação de que existem universais. O nominalismo é a visão de que cada particular é único, de que não existem denominadores comuns reais e idênticos que unem objetivamente os particulares em classes. Os universais são um mito, uma criação humana subjetiva. O que Platão e Aristóteles chamaram de "forma" não existe realmente. Que tipos de argumentos são apresentados para isso? Deixe-me dar três. Existem muitos mais, mas esses três serão suficientes para se ter uma ideia.

Inventei meu próprio nome para o primeiro — chamo-o de argumento "Não consigo encontrar". Tem duas partes, a primeira brevemente contra Platão e a segunda mais extensamente contra Aristóteles. **Começa com a premissa do empirismo — todos os nominalistas são empiristas e baseiam-se apenas na evidência sensorial.** Quando aplicado a Platão, é claro como eles rejeitariam o seu ponto de vista. Para Platão, os universais são elementos sobrenaturais, e o nominalista diz: "Sou naturalista, científico, empírico, acredito apenas naquilo que pode ser justificado com base na experiência. Certamente não experimentamos sensorialmente os universais, apenas os particulares. Não há base na experiência para as Formas de Platão." E isso é válido. Você pode objetar (e espero que o faça) e dizer: "Bem, isso é bom contra Platão, mas e Aristóteles? **Aristóteles disse que seria *possível* compreender os universais com base na experiência por meio de um processo de abstração.**" Lembre-se do processo de focar apenas no que há de comum entre os indivíduos e ignorar suas diferenças individuais. A isto os nominalistas respondem: "Não existe um processo chamado abstração no sentido que Aristóteles dá ao termo. A abstração Aristotélica é um mito." Eles dizem: **"Sempre que tentamos seguir o conselho de Aristóteles — sempre que pegamos qualquer grupo de particulares e nos concentramos apenas nos alegados denominadores comuns idênticos depois de retirarmos os aspectos particulares, não encontramos mais nada."**

Então é aqui que surge o argumento "Não consigo encontrar". Eles dizem: "Quando ignoro as diferenças que individualizam cada particular, não resta absolutamente nada do que ter consciência." Veja "homem", por exemplo. Para formar o conceito de "homem", diz o nominalista, deixe-me tentar o método de Aristóteles: devo contemplar um monte de homens e ignorar tudo o que não é idêntico. Tenho que ignorar a altura deles, porque eles variam em altura, e tenho que ignorar o peso, porque eles variam em peso, e tenho que ignorar a cor da pele, porque eles variam na cor da pele, e tenho que ignorar a inteligência deles, porque eles variam em inteligência, e tenho que ignorar suas pernas, porque há homens amputados e homens com uma perna, e assim por diante. Deixe-me deixar de lado tudo o que varia de particular para particular, e o que resta? Bom, o que tenho diante de mim é uma espécie de entidade mística que não tem altura, nem peso, nem cor, nem etc. — é nada, é um mito. **Tudo o que existe são particulares.** Se você retirar as características particulares de um particular, não resta mais nada a contemplar. Cada particular é particular. É particular em todos os aspectos. Ignore sua particularidade e você ignorará a coisa. Faça isso com todo o grupo e você acabará com um zero grande e gordo. Conclusão — os universais são um mito. Ou tomemos, por exemplo, "vermelho" (um exemplo nominalista favorito) — "vermelho", a cor. Olhe para um vermelho profundo e um vermelho claro e um vermelho rosa, e todas as tonalidades dos vermelhos. Ignore a tonalidade específica de cada um e concentre-se no que resta. Bem, diz o nominalista, o que resta não é escuro, não é claro, não é rosa, não é não rosa — não é vermelho, não é nada. É um mito. Na realidade, conclui ele, não há nada igual entre os particulares — ou, se houver, não podemos encontrá-lo. Esse é o primeiro argumento.

Se você for um nominalista suficientemente engenhoso — e eles são engenhosos — poderá fazê-lo com qualquer conceito, qualquer realmente. Consequentemente, não adianta tentar confundi-los, encontrando algum conceito esotérico com o qual você não possa fazer isso. Tive nominalistas como professores na escola por mais de uma década, e não há conceito pelo qual eles não possam fazer isso. **A essência do argumento é: "Somente o perceptível pode existir, os universais não são entidades perceptíveis, portanto, não existem." Dito de outra forma: "Só o particular pode existir, os universais não são particulares, portanto, não existem." Platão sustentou a mesma premissa:** "*Os universais não são particulares", mas depois tirou a conclusão oposta, sustentando que devem existir num mundo sobrenatural.* **Os nominalistas chegam à conclusão oposta.** Lamento não poder lidar com este argumento neste curso, porque exigiria toda uma teoria da formação de conceitos, mas ele é tratado em detalhe na *Introdução à Epistemologia Objetivista* de Ayn Rand. Como pista, peço-lhe que note a ideia subjacente a este argumento: se os universais têm algum fundamento na realidade, devem ser elementos ou objetos específicos da realidade que possam ser contemplados diretamente. Então, como os nominalistas não conseguem encontrar esses elementos na realidade, passam a negar que eles existam. Por outras palavras, a sua premissa é "Se os universais existem, devem ser ingredientes intrínsecos às coisas", como disseram Platão e Aristóteles à sua maneira. Então descobrem que não conseguem encontrar esses ingredientes intrínsecos e concluem que os universais são subjetivos. Então você vê a mesma dicotomia nos universais que vimos da última vez nos valores — ou é intrínseca ou subjetiva. O que ficou de fora? A categoria do objetivo, em oposição ao intrínseco e ao subjetivo.

Vejamos o argumento dois, o argumento do "caso limítrofe". Este é o seguinte: se, como Platão ou Aristóteles, você acredita que realmente existem universais, como explica os casos limítrofes? Um "caso limítrofe" significa um particular, um concreto, que se sobrepõe a duas ou mais das nossas atuais categorias conceituais e, portanto, parece colocar um dilema em termos de como classificá-lo. Os nominalistas argumentam que, na opinião de Aristóteles (podemos ignorar Platão), não deveria haver casos limítrofes, porque, afinal de contas, a classificação é ditada pela natureza. Ou um concreto exemplifica um dado universal ou não. Portanto, não deveria haver indecisão, nem opção, nem debate sobre como classificar. Se a coisa exemplifica o universal, então ela pertence objetivamente a uma determinada classe, e se não, não exemplifica. Mas, prossegue o nominalista, o fato é que estamos inundados de casos limítrofes. Seu exemplo favorito é o espectro de cores. Onde você traça a linha entre o vermelho e o laranja? Você pode estudá-lo e examiná-lo ao microscópio, mas não consegue encontrar nenhum ponto em que a vermelhidão pare abruptamente e o laranja comece. Há uma área limítrofe que algumas pessoas dizem que é vermelha com muito laranja, e outras dizem que não, é laranja com muito vermelho, e outras pessoas dizem ah não, é uma nova cor, é vermelho alaranjado ou laranja avermelhado, etc. Qual é, diz o nominalista, a resposta? O fato é, diz ele, todos os tons, desde o vermelho mais extremo, se fundem com o próximo. Temos um continuum, e a natureza não nos dá lugar para traçar limites. No entanto, se a vermelhidão fosse um verdadeiro universal, deveria acontecer que você tivesse vermelhidão até certo ponto e então o universal terminasse e você não o tivesse mais. É verdade, diz o nominalista, todas as tonalidades se assemelham, são similares, mas não existe um elemento comum entre todos os vermelhos que os separe dos laranja. **Na área fronteiriça, traçamos o limite por decreto humano arbitrário. Há opções: ninguém está certo ou errado sobre onde se traçam os limites. É arbitrário. Em outras palavras, a realidade não nos dá bases objetivas para formar classes.**

Deixe-me dar mais um exemplo desse argumento. Você define "homem" como um "ser vivo racional", seguindo Aristóteles. O nominalista diz "tudo bem", depois pergunta: O que você faria na seguinte situação: uma nave espacial pousa em seu quintal, uma escotilha se abre e dela desliza uma coisa que se parece exatamente com uma aranha — tem um corpo peludo e as pernas de uma aranha e assim por diante — e ela desliza até você, aponta o rosto diretamente em direção aos seus olhos, abre a boca e diz: "Penso, logo existo", e você conversa com essa aranha e descobre que ela está se formando em Descartes em algum outro planeta — ela é um ser vivo racional. Agora, diz o nominalista, isto é um homem? É um ser vivo que tem o poder de raciocinar. É um homem ou não? Depende. Você vai incluir ter um certo tipo de corpo no seu conceito e definição de "homem"? Se você fizer isso, então não, isto não é um homem. Se você decidir não incluir determinado tipo de corpo e disser que tudo o que realmente conta, tudo o que é essencial, é a racionalidade, então sim, é um homem. Como a natureza, ela pergunta, lhe dirá? Ela não diz. Você pode catalogar os fatos dessa aranha e do que normalmente chamamos de "homem" até ficar com a cara azul e a natureza não decidir o que conta, qual é o padrão para entrar na classe "homem". Novamente, a aranha é um caso limítrofe e não há lugar para traçar o limite. Conclusão: não existe "humanidade", nem vermelhidão, nem *qualquer* universal na realidade. Na realidade, há uma série de semelhanças grosseiras, ou semelhanças, que se desvanecem imperceptivelmente em novos fenômenos.

Os seres humanos traçam limites arbitrariamente com base na *conveniência*, na sua conveniência subjetiva e arbitrária. Por exemplo, suponha que você esteja interessado em discussões filosóficas e isso é o que realmente importa para você. Então você dirá: "Bem, não me importa se esta aranha tem corpo humano. Tem o que conta para mim, e isso é essencial. Portanto, essa aranha é um homem." Essa é a essência que *você* definirá. Por outro lado, suponha que você esteja interessado principalmente em sexo, e seria muito estranho, para não dizer impossível, fazer sexo com essa aranha — então você dirá que ter um certo tipo de corpo é essencial para ser um homem, portanto, essa aranha não é um homem. Mas essa é sua decisão subjetiva. O nominalista continuará: se você incluir um corpo, onde traçará o limite? E os pigmeus? E o elo perdido? E os homens aleijados? E os homens mortos? E assim por diante. Você entendeu a ideia. **Como dizem: "Os homens criam classes; eles não as descobrem." Eles as criam decidindo como usar nomes. Os universais, portanto, são na verdade apenas nomes, nomes coletivos e, portanto, a palavra "nominalismo" (de "nome"). Agora vou ditar-lhe uma definição formal de "nominalismo" (a minha, mas que capta a essência da teoria): "Os universais são meramente nomes coletivos impostos arbitrariamente pelos homens para se**

assemelharem aproximadamente a particulares pelo padrão de conveniência humana subjetiva." Responderei isso na aula doze.

Agora, uma breve e final indicação de um terceiro argumento, que deriva do problema da individuação. Você se lembra dos problemas de Aristóteles para encontrar um individuador. Não poderia ser determinado, caso contrário, é conceitualizável e vem sob forma, e não poderia ser indeterminado, caso contrário, não é nada em particular, e como é que nada em particular se individuaria? O nominalista adora esse espetáculo porque, diz ele, esse é o tipo de problema que você enfrenta quando diz que os universais são reais, que eles estão realmente lá fora, na realidade, porque uma vez que são reais, você tem que adicionar um elemento individuador, e torna-se infrutífero. Devemos, diz ele, adotar a outra abordagem — as coisas são individuais por natureza e não temos de individuá-las porque *não* existem universais, os universais são um mito e, portanto, não temos problema de individuação. **Aqui, novamente, você vê a ideia de que os universais são subjetivos porque não são intrínsecos.**

Noto que os nominalistas não dispensam termos abstratos. Obviamente, "nominalismo" em si é um termo abstrato, e eles não poderiam nem falar se dispensassem termos abstratos (exceto para pronunciar nomes próprios como "Tom", "Dick" e "Harry"). A sua linha padrão é que os "nomes coletivos", como os chamam, são convenientes — permitem-nos comunicar os nossos pensamentos para outras pessoas, entre outras coisas. É muito bom ter um termo para se referir a um número de particulares, dizem eles, em vez de ter que se referir a cada particular por meio de uma palavra separada. É uma grande economia de tempo. Suponha que você queira dizer, por exemplo, que Sócrates, Platão, Plotino, Tom, Dick, Harry, etc., são todos mortais. Pense no tempo e no trabalho que você economiza — pense na conveniência — de ser capaz de condensar todas essas afirmações na frase abreviada "Os homens são mortais", em vez de ter que dizê-las separadamente para a interminável coleção. Mas o ponto principal do nominalista é que isto é tudo o que os termos universais são — eles nada mais são do que nomes coletivos, taquigrafias, formas convenientes de se referir ao mesmo tempo a um grupo de particulares. Eles nada mais são do que um dispositivo linguístico humano conveniente, uma espécie de código linguístico taquigráfico, com o mesmo status que a taquigrafia tem na escrita, que nada mais é do que um dispositivo conveniente de escrita humana. Não lhe dá nenhuma visão especial da realidade.

Se você perguntar a um nominalista: "Mas por que certas classificações são convenientes e outras não? Por que certos nomes coletivos funcionam e outros não? Por que não posso, por exemplo, inventar o termo "gloop" para designar as pessoas à minha direita, os filósofos gregos, o linóleo na metade norte de Manhattan e todos os navios da Marinha Britânica que pesam mais de quatro toneladas? Isso não será conveniente. Por que, se tudo é único, se não existem verdadeiros denominadores comuns?" Ao que o nominalista responde que é verdade que não existem verdadeiros denominadores comuns, mas *existem* semelhanças, ou equivalências. Isso é real. Semelhanças grosseiras, equivalências grosseiras, mas ainda assim, elas estão lá. Por exemplo, Tom, Dick e Harry são mais parecidos um com o outro do que qualquer um deles com uma cenoura. Não há nada idêntico em comum entre Tom, Dick e Harry — cada um é único à sua maneira — mas ainda há uma semelhança aproximada entre eles. É claro que também existem semelhanças entre eles e uma cenoura, mas as semelhanças são mais próximas entre os três do que entre qualquer um deles e a cenoura. Portanto, diz o nominalista, normalmente é mais conveniente ter um termo para esses três, e para as outras coisas que lhes são muito semelhantes, do que ter um termo para Tom e Dick e a cenoura, porque as semelhanças são muito mais pronunciadas. Numa palavra, dizem eles, a realidade *sugere* quais classificações são mais convenientes porque nos apresenta grupos de particulares mais ou menos semelhantes. Mas insistem em que nos mantenhamos fiéis à nossa visão de que a realidade não dita nem exige qualquer classificação em detrimento de qualquer outra. Não seria errado juntar Tom, Dick e a cenoura, porque, afinal, existem algumas semelhanças — vagas, mas existem. E não é certo fazê-lo como fazemos agora, porque, na verdade, não há nada de idêntico em comum. **A classificação, insistem eles, não é uma questão de verdade ou falsidade, apenas de conveniência ou inconveniência, e a classificação que segue as semelhanças mais pronunciadas é geralmente a mais conveniente.** Mas cabe a nós decidir onde traçar os limites, quão próxima deve ser a semelhança para se qualificar para o mesmo termo. Nossos interesses subjetivos, portanto, decidem quais classificações erigir sobre as semelhanças grosseiras que a natureza nos apresenta. A realidade dá dicas, mas isso é tudo. Nunca é coercitivo.

Posso salientar que, uma vez que um nominalista nega o pensamento (isto é, o pensamento abstrato, que ele equipara ao sentido decadente, às imagens), ele não diz que o poder do pensamento é a capacidade cognitiva distintiva do homem, porque os animais têm o poder das imagens também. Ele diz que o que diferencia o homem dos animais é a sua capacidade de impor nomes aos particulares. Em outras palavras, sua habilidade para a linguagem, sua habilidade para falar. O homem, diz o nominalista, é o animal falante. Se você já ouviu isso, é um nominalista falando. De alguma forma, esses convenientes ruídos arbitrários, palavras que o homem usa, têm o poder de tornar possíveis todas as realizações cognitivas distintivas do homem. **Como esse poder de nomeação torna possíveis as conquistas do homem? Nunca ouvi uma explicação remotamente**

sensata de um nominalista sobre este ponto, por isso não vou demorar muito nesta questão. Na verdade, falar é uma consequência do pensamento, a menos que você esteja apenas balbuciando como um papagaio. Um animal que pudesse associar nomes arbitrários — por outras palavras, ruídos — às suas sensações, e assumir que isso é tudo o que poderia fazer, é um animal nominalista que não estaria em melhor situação cognitiva do que um animal mudo. Não adquiriria os poderes cognitivos do homem. **Aristóteles está correto ao afirmar que o homem é o animal *racional* e, como resultado, ele tem o poder da fala articulada. Mas é a razão do homem, e não o seu falar, que é a raiz da sua distinção.** Mas um bom teste prático para um nominalista é esta definição de "homem" em termos de linguagem, "o animal que utiliza a linguagem". Isso é um sinal claro de nominalismo.

Agora vamos trazer o sensualismo. O que quero que você veja é que nominalismo e sensualismo implicam um ao outro, ou seja, se você aceita um deles, deve aceitar o outro. O nominalismo, tal como apresentado pela filosofia tradicional, é um ponto de vista metafísico: os universais são irreais, ou seja, não existem na realidade. O sensualismo é uma questão epistemológica, que trata de que tipo de capacidades cognitivas o homem possui. Mas se você começar com um deles, será levado ao outro. **Por exemplo, se você começar como um sensualista e disser que o homem tem apenas a faculdade de percepção sensorial, então você nunca descobrirá os universais, porque eles só podem ser descobertos pela abstração, pelo pensamento, não pelos sentidos. Se você for um sensualista, tudo o que encontrará é a experiência sensorial e, consequentemente, negará que existam universais — isto é, acabará sendo um nominalista.** Ao contrário, se você começar como um nominalista — em outras palavras, não existem universais, apenas particulares únicos — então você raciocinará que então não há nada que os seres humanos possam fazer a não ser perceber esses particulares únicos, e o nome de perceber um particular é "experiência sensorial". A abstração, a consciência conceitual como um estado cognitivo distinto, torna-se impossível, porque não existem denominadores comuns reais dos quais se deve ter consciência. Não há objeto possível para a consciência conceitual, tão distinta da perceptual. A verdadeira razão pela qual os filósofos são sensualistas é porque são nominalistas. Eles defendem o nominalismo como científico, como empírico, e então são levados imediatamente ao sensualismo. Foi o que aconteceu com Hobbes e com quase todos os outros empiristas modernos. E assim, o nominalismo-sensualismo foi enxertado no empirismo desde a época de Hobbes em nome da ciência e da rejeição do misticismo. **É por isso que hoje a maioria dos filósofos negaria que Aristóteles seja um empirista — porque ele não é um sensualista nem um nominalista, e esqueceram que existe um tipo de empirista que não subscreve estas coisas.**

O nominalismo tem muitas consequências epistemológicas desastrosas. Vejamos aquelas endossadas por Hobbes. Para começar, o que acontece com as definições desta filosofia? As definições devem ser declarações da essência de alguma classe, daquelas características fundamentais que a tornam o que é e a diferenciam de todas as outras classes. *Mas se a classificação é um produto humano subjetivo e arbitrário, então as definições também o são.* Afinal, diz o nominalista, *você* (ou a sociedade, se ele for um nominalista social) criou subjetivamente a classe, traçou os limites, decidiu subjetivamente escolher esses particulares e impor-lhes um nome, decidiu o que se qualificaria. Portanto, cabe a você especificar as chamadas características essenciais da sua classificação arbitrária. "Essencial" significa tudo o que você decidiu ser necessário para pertencer ao agrupamento que você formou subjetivamente. Assim como as classes são ditadas por nomes, as essências são ditadas por nomes. Como é dito tecnicamente, não existem essências reais, apenas essências nominais ("essência nominal" significa uma essência ditada por procedimentos de nomenclatura arbitrários). Diz o nominalista: pegue o que quiser e poderá torná-lo a característica definidora de uma classe, se quiser. Suponha que você diga: "Quero criar um bípede sem penas — duas pernas sem penas." Tudo bem, então você pode tornar isso essencial para ser um homem, e claro, uma galinha depenada será um homem, e tudo bem, é a sua definição, é um país livre. Não é falso, porque qualquer definição é arbitrária. Você acabou de decidir por um agrupamento incomum, só isso, que pode não ser tão conveniente quanto a norma, mas para alguns propósitos, talvez seja. **As definições apenas expressam a maneira como você nomeia as coisas. Elas apenas dizem como você pretende falar. Elas são verbais, linguísticas,** *convencionais,* **como se diz ("convencional" significando um produto de escolha humana arbitrária). As definições, como insistem os nominalistas, não são nem verdadeiras nem falsas. Mas se existe uma base objetiva para a classificação — isto é, para o pensamento conceitual, o ponto de vista nominalista é completamente insustentável.**

Então, o que acontece com os princípios gerais? "O homem é mortal", "Socialismo é escravidão", "Altruísmo é mau". A verdade dos princípios gerais, na teoria de qualquer pessoa, depende das próprias definições. Por certas definições dos termos-chave dos princípios que acabei de apresentar, esses três são verdadeiros, mas por outras definições, são falsidades grosseiras. Por exemplo, um comunista retruca: "Tenho a minha própria definição de 'escravidão'. 'Escravidão', por minha definição, é o estado de estar preso à escravidão de seus próprios interesses egoístas, enquanto a verdadeira liberdade eu defino como o estado de ser libertado de preocupações pessoais confinantes e ser compelido a servir e amar seus irmãos." Se a escravatura é egoísta e a liberdade é compelida a ser autossacrificial (e esta é a definição Platônica e Hegeliana de liberdade e escravatura), então o socialismo é liberdade e o capitalismo baseia-se na escravatura. O comunista do exemplo que lhe dei pelo menos apresenta uma definição e diz que a dele está correta e a sua errada, e presumindo que ele usou a lógica (o que não fez), você poderia argumentar com ele. **O nominalista, porém, ouve sua disputa, entra e diz: "Olha, de que adianta argumentar? Não há nada para escolher entre seus dois lados. As definições são arbitrárias e, portanto, todos os princípios gerais que nelas se baseiam são igualmente arbitrários. Os princípios gerais são uma questão de semântica."** Essa é a dica nominalista: você simplesmente começa a discutir sobre o uso das palavras. O comunista quer usar a "escravidão" de uma forma, e você a define de outra forma. Mas não existe uma definição objetiva e, portanto, não existem verdades gerais objetivas. Os princípios gerais são todos subjetivos, isto é, decorrem do uso das palavras. Seus princípios apenas expressam o uso específico das palavras. Eles não expressam fatos da realidade. Eles apenas dizem que a maneira como você usa os nomes, o socialismo e a escravidão andam juntos. Bem, tudo bem. Mas não é melhor do que a forma como os comunistas usam os nomes, segundo a qual o capitalismo e a escravidão andam juntos. Se você disser: "Bem, afinal, o que realmente é a escravidão?", eles dirão: "O que realmente é a escravidão? A escravidão é qualquer coisa que você diga — as definições são arbitrárias." Como foi dito, não existem definições reais, apenas definições nominais. **Hobbes diz explicitamente que as declarações gerais são apenas "uma conjunção de nomes".** Ele dá o exemplo: eu (Hobbes) digo: "O homem é uma criatura viva", você pode pensar que isso é um fato da realidade, mas não; eu simplesmente disse que usarei palavras de tal maneira que sempre que chamar algo de "homem", também o chamarei de "criatura vivente". Terei tomado uma decisão subjetiva e arbitrária e juntei dois nomes. Isso é apenas uma predileção subjetiva.

O que então o *raciocínio* pode esperar realizar neste ponto de vista? O raciocínio requer premissas, princípios gerais a partir dos quais raciocinamos. Quando você raciocina, você diz: "Concedidas tais e tais verdades, então isto e aquilo se seguem." Mas suponha que as suas premissas sejam meramente linguísticas — elas apenas expressam as suas escolhas arbitrárias de palavras. Qual será o status da sua conclusão? Obviamente, não é melhor que as premissas. A sua conclusão irá apenas afirmar: "Dado que você usa palavras em certas combinações arbitrárias nas premissas, então, para ser consistente, você deve usar essas palavras de uma certa maneira arbitrária na conclusão." Se a sua premissa tivesse declarado fatos da realidade, então o mesmo aconteceria com a sua conclusão, e o raciocínio nesse caso poderia lhe dar conhecimento dos fatos. Mas se as suas premissas são apenas convenções linguísticas, então o raciocínio é apenas um jogo com palavras. Se eu der o silogismo típico: "Todos os homens são seres vivos; todos os seres vivos são mortais; portanto, todos os homens são mortais", o nominalista diria que tudo o que você está fazendo neste suposto raciocínio é dizer que se você usasse a palavra "homem" de tal maneira que você arbitrariamente não chamaria nada de homem, a menos que ele seja uma criatura viva, e se você usar a palavra "ser vivo" de tal forma que você arbitrariamente não chamará nada de ser vivo a menos que seja mortal, então para ser consistente, você deve usar a palavra "homem" de tal maneira que você não chamará nada de homem, a menos que chame isso de mortal. **Em outras palavras, o raciocínio fornece apenas as consequências das definições escolhidas arbitrariamente. Todo o processo de raciocínio está separado da realidade. Eu disse "brincar com as palavras", mas Hobbes tem a sua própria definição — raciocinar é "o acerto de contas com nomes".** Colocando a mesma questão de outra forma, todo raciocínio é condicional ou hipotético — ele diz apenas que *se* você usar palavras de certas maneiras, então deverá usá-las de outras maneiras. Diz-lhe apenas o que Hobbes chama (e por favor tome nota disto) de *relações de nomes,* **em oposição** a *questões de fato.* Voltaremos a isso em um momento. O raciocínio nunca lhe diz absolutamente que isto ou aquilo é um fato, mas que é sempre condicional e linguístico. O raciocínio, segundo uma metafísica nominalista, nunca pode dar-lhe conhecimento dos fatos. Aqui você vê a ligação óbvia com o sensualismo — apenas os sentidos, e não a razão, podem lhe ensinar sobre a realidade.

Não seria preciso muito trabalho para antecipar as consequências de separar a razão da realidade desta forma. Qualquer coisa em que você acredite como resultado do raciocínio a partir de princípios gerais baseados em definições torna-se linguístico. Deixo isso para sua imaginação e, de fato, mostrarei em breve algumas consequências.

Poderemos algum dia saber, de acordo com Hobbes, que os fatos existem? Como não os conhecemos através do raciocínio, poderemos algum dia conhecer os fatos? Tudo é uma convenção linguística? Não, diz Hobbes; ele não é tão moderno. Certas declarações expressam questões de fato. Elas nos contam fatos sobre o mundo real. Não é verdade que tudo seja uma convenção linguística. Bem, que afirmações são essas? As únicas afirmações que um sensualista pode compreender são aquelas que vêm da percepção sensorial direta, ou imagens, e da memória da percepção sensorial. Por exemplo, se você abrir os olhos e vir uma criaturinha peluda com rabo miando sobre um tapete, você pode dizer: "Um gato está no tapete", e essa afirmação é fatual, garantida pela experiência direta. Se você ouvir uma peça musical e estiver de olho no relógio de pulso e vir que ela dura vinte minutos, você pode dizer: "Esta peça musical dura vinte minutos" — isso é um fato, um fato que não depende da sua conceituação arbitrária. Mas quaisquer verdades que vão além do que lhe é dado na experiência sensorial — quaisquer verdades que dependam de definições humanas, conceitos, princípios gerais, raciocínio, em oposição ao olhar simplesmente passivo e sensorial — quaisquer dessas verdades são meramente verbais, convencionais, não fatuais. Portanto, "Um gato está no tapete" é um fato. "Os gatos são necessariamente mortais" é conceitual, racional e, portanto, linguístico — é uma relação de nomes. "Há quatro montanhas ao norte de um certo ponto no Colorado" — isso é verdade porque basta olhar e ver. "Dois mais dois são quatro" é um princípio geral que depende das suas definições; isso é apenas uma relação de nomes. "Muitos russos estão com fome hoje" — isso é um fato porque você pode ir lá e vê-los e observar as dores da fome. "O comunismo, por sua natureza, é antivida" é semântico, isto é, uma questão de como você usa as palavras. Em todos os casos, o princípio geral é aquilo que não se pode substanciar simplesmente abrindo os olhos e, portanto, é linguístico, convencional, não fatual.

Para Hobbes, existe uma dicotomia básica, dois tipos fundamentalmente diferentes de afirmações: questões de fato dadas na experiência sensorial direta, em oposição às relações de nomes, que são verdades linguísticas, convencionais e não fatuais, baseadas em definições e raciocínios. Não posso enfatizar demais essa distinção, que você ouvirá repetidas vezes em muitas variantes. **Se você combinar isso com a dicotomia necessário-contingente que remonta a Platão e Aristóteles, o resultado é a seguinte dicotomia:** *por um lado, fatos sensoriais contingentes brutos e, por outro lado, verdades lógicas, necessárias, convencionais, conceituais. O conhecimento fatual contingente proveniente da percepção; o conhecimento necessário, mas verbal, proveniente da concepção, da manipulação linguística.* **Isso, quando se desenvolve plenamente, é a dicotomia analítico-sintético, nomeada por Kant e endossada ao máximo por Hume e Kant.** Veremos isso crescendo ainda mais.

Embora Hobbes fale sobre questões de fato, ele também diz, algumas páginas adiante, que os sentidos não nos dão conhecimento da realidade. Então o quê? Os sentidos não nos dão conhecimento da realidade, nem a razão. *O que então nos dá conhecimento da realidade?* **Diz Hobbes, em última análise: "Nada" — ele é um completo cético.** Você pode perguntar: o que acontece então com a filosofia do próprio Hobbes? Não é melhor que a de ninguém. Todo ceticismo é autorrefutante nesse sentido. Você pode se surpreender ao saber que Hobbes concorda com você. Ele diz que a verdade é incognoscível pelo homem, porque não existe um padrão objetivo ao qual recorrer quando os homens discutem. **Você pergunta, se os homens discordam, como então decidirão? Hobbes tinha uma resposta muito direta: a melhor forma de garantir a resolução das disputas**

humanas é o rei, que deverá ter um aparelho policial muito eficiente.** Deve haver *alguma* maneira de os homens lidarem uns com os outros. Mas não há forma de os homens serem razoáveis, mesmo que se sentassem com a melhor vontade do mundo — não haveria princípios objetivos aos quais apelar. Não há razão por trás de um conjunto de definições versus outro. Se quisermos que o caos tenha ordem, precisamos de um rei ou de um ditador, e a única razão última para aceitar qualquer teoria, filosofia ou ideia em qualquer campo seria: o homem com poder político ordena que você o obedeça. **Esta é a filosofia do "o poder faz o certo" no sentido mais profundo — o poder faz a *verdade*, qualquer verdade, não apenas a verdade ética — e por esta razão, Hobbes é um dos primeiros totalitários do mundo moderno.** Ele é um dos fundadores da teoria da ditadura moderna. Era amado pelos nazistas.

Antes de deixarmos a epistemologia de Hobbes, quero que você observe o que aconteceu epistemologicamente com esse arquimaterialista. **No que diz respeito aos sentidos**, ficamos trancados nas nossas próprias mentes, contemplando as nossas próprias experiências, divorciadas da realidade. **No que diz respeito à razão**, tudo o que podemos fazer é manipular palavras, que juntamos arbitrariamente, divorciadas da realidade. Em outras palavras, o raciocínio nos diz como usamos as palavras em nossas próprias mentes. **Ambas as faculdades cognitivas do homem estão separadas da realidade. Então, aqui temos o arquimaterialista retirando-se totalmente para... a consciência.** A consciência se divorciou da existência. Tem o seu próprio mundo de experiências e manipulações verbais, tudo separado da realidade. **Esta retirada para a consciência, numa forma diferente, constitui a premissa fundamental de Descartes, e entre Hobbes e Descartes,** *a primazia da consciência* **torna-se lançada como a pedra fundamental da filosofia moderna.**

Vamos terminar Hobbes muito rapidamente — a sua psicologia, ética e política, que são consequências óbvias do que dissemos e que apenas se repetem se você chegou até aqui com elas. O homem é essencialmente igual a uma máquina, apenas mais complicada, porque as suas ações são determinadas pelas leis do movimento, incluindo os seus desejos e aversões. Toda a sua chamada vida emocional consiste apenas em vários movimentos de várias partes do seu cérebro e do seu corpo. De acordo com as leis da mecânica, não existe livre-arbítrio. Hobbes sustenta que acontece de ser o caso quando um estímulo material atinge o corpo, uma de duas reações ocorrerá mecanisticamente: ou você começará a se mover na direção do estímulo, e então será dito que você o deseja, ou você começará a se afastar dele e então será dito que você tem aversão a ele. Por exemplo, se eu seguro uma cobra diante de seus olhos e a balanço, pelas leis do movimento você recua. Se eu segurar um milhão de dólares, você segue em frente.

Agora, diz Hobbes, os homens dão o nome de "bem" aos seus desejos e o nome de "mal" às suas aversões. Portanto, "bem" e "mal" são apenas nomes, significando "eu gosto" ou "eu não gosto". Portanto, Hobbes é um subjetivista declarado em ética, em *toda* teoria de valores. Seu subjetivismo tem três raízes principais: metafisicamente, vem de seu materialismo. É inútil aconselhar uma determinada máquina sobre o que ela *deve* fazer, pois ela não tem escolha. Você não pode convencer uma máquina a não obedecer às leis da mecânica e, portanto, se o homem age de uma determinada maneira, ele age como deve, e não há base objetiva para dizer que esse comportamento é bom ou ruim, se isso é melhor ou isso é pior. Ele reage como deve. Em segundo lugar, epistemologicamente, o nominalismo está na raiz do subjetivismo de Hobbes. Se a razão, em geral, é impotente para produzir conhecimento objetivo, obviamente é impotente na ética. **Em terceiro lugar, Hobbes está tentando ser "científico". Ele é muito influenciado por essas pessoas que dizem que para ser científico em ética é preciso limitar-se à *des*crição e não à *pres*crição.** Essa é outra raiz do subjetivismo ético moderno. Portanto, "bom" significa "eu quero", arbitrariamente.

O que as pessoas querem? Quais são os seus desejos humanos característicos, de acordo com Hobbes? Apesar do seu materialismo, ele é um bom Cristão, com uma visão tipicamente Cristã da natureza humana como negra, depravada, manchada pelo pecado (embora não chame isso de pecado), mas tem essencialmente a visão Agostiniana do homem (ele não a chama assim). Ele é considerado realista porque é um cínico completo. A sua opinião é que todos querem satisfazer os seus desejos, e os desejos básicos de todos os homens são (1) obter o máximo de riqueza material que puderem, não importa como; (2) proteger-se contra o resto dos seus semelhantes, que são igualmente predadores que tentam apoderar-se das suas riquezas; e (3) ganhar fama e glória aos olhos de seus semelhantes. Com efeito, ele vê os homens como metafísicos sociais brutais, gananciosos e adoradores de caprichos por natureza. Isso ele defende dizendo: "Olhe ao seu redor." No mundo cristão, todos estavam dispostos a dizer, claro, é assim que as pessoas são. Não há necessidade de dizer que Hobbes é considerado representativo da visão de que todos os homens são egoístas. Este conceito de homem é passado como a visão egoísta do homem. É o conceito Sofista de egoísmo que Hobbes subscreve.

Como você deve tratar os outros se eles discordarem de você? A força, a força física, é a única maneira — tanto de acertá-los antes que eles atinjam você quanto de apoderar-se de bens materiais antes que os outros cheguem até eles. Como não se pode argumentar com os homens (por todas as razões que mencionamos), os homens devem viver pela força.

O que nos leva à famosa política de Hobbes. Se não tivéssemos um governo — chamemos-lhe como ele o chama, um "estado de natureza" (que é um

estado sem governo) — a vida num tal estado, diz ele, seria, numa frase famosa de *Leviatã*, "*solitária, pobre, desagradável, brutal e curta*". **Porque um estado de natureza com todos estes assassinos selvagens (ou seja, os homens) à solta seria um estado de guerra, a guerra de todos contra todos, onde todos são como Giges no mito, decidido a cortar a garganta de todos os outros.** Ora, diz Hobbes, a vida poderia ser ótima, poderia ser pacífica, se os homens obedecessem a certos princípios — por exemplo, a Regra de Ouro — mas não o farão, se forem deixados à sua própria sorte. Não o farão porque são muito podres (embora ele não use essa palavra). Mesmo que um deles tivesse boa vontade e decidisse fazê-lo, ele seria um louco em um estado de natureza, porque se ele não quisesse matar todos os outros, ou atacá-los antes que eles o atingissem, eles chegariam até ele primeiro. Portanto, diz Hobbes, em um estado de natureza não há moralidade, não há nada de valores objetivos, tudo é permitido, vale tudo.

Isto é intolerável, diz Hobbes. Deve haver uma saída. Bem, ele diz, suponha que os homens fizessem um contrato entre si, fizessem um voto solene um ao outro — cada um dizendo ao outro: "Olha, vamos escolher um de nós e dizer: 'Vou entregar todo o meu poder para ele se você fizer o mesmo, e você fizer o mesmo, etc.' Daremos poder absoluto a um único soberano, um déspota. Seremos então privados dos meios de criar conflitos civis. O soberano manter-nos-á todos calmos e pacíficos através da força e da ameaça. Teremos que nos comportar com medo do que ele fará conosco." Portanto, diz Hobbes, deveríamos ter uma ditadura absoluta. O soberano pode fazer *qualquer coisa*, porque não existe moralidade objetiva e, portanto, não há direitos objetivos. Você pode dizer: "Mas o soberano não prometeu manter a paz?" Não, o soberano não faz promessas. **Como diz Hobbes em uma frase famosa: "Os pactos sem espada são apenas palavras." Em outras palavras, uma promessa não apoiada por uma arma não tem sentido.** Você faz uma promessa com todos os outros súditos, mas o rei é quem tem a arma para cumpri-la. Portanto, o próprio rei não está vinculado a nenhuma promessa, porque não há ninguém para fazer cumprir a sua obediência. O rei ainda está no estado de natureza. Consequentemente, ele é ilimitado e pode fazer o que quiser. O seu objetivo, a sua obrigação, é a obediência irrestrita a ele. Você é forçado a fazer tudo o que ele diz e, a propósito, isso será a coisa certa, porque os preceitos do rei são o padrão da moralidade e o padrão da verdade. O rei cria a moralidade por meio de seus preceitos. Bom é o que o rei decreta. Portanto, os governantes devem ser obedecidos escrupulosamente. Você não pode criticar o Estado. Para Hobbes, o conceito de ação injusta por parte do Estado é uma autocontradição. O Estado *define* "justiça". Hobbes acrescenta que você pode fazer qualquer coisa que o soberano não tenha proibido.

Esta visão Hobbesiana está hoje em todo lado entre os defensores da "democracia", não exatamente nesta forma clara. Mas quando dizem que não podemos ter um capitalismo laissez-faire, porque as pessoas iriam enlouquecer, ou se não tivéssemos leis de construção e deixássemos isso para os capitalistas privados, obviamente a sua ganância e desejo de poder não os fariam estabelecer qualquer fundamento, ou tentariam economizar dinheiro deixando o terceiro andar de fora e indo direto para o quarto, então precisamos de agências reguladoras. Não podemos deixar o alistamento para os voluntários, porque só os burocratas podem dizer quando um país está ameaçado. **Tudo isso é a linha Hobbesiana: as pessoas são selvagens, brutos irracionais, e apenas um pequeno grupo que tem força física sabe o que fazer.**

Para concluir nossa discussão sobre Hobbes, quero observar que, embora na superfície haja uma oposição profunda em todos os principais campos da filosofia entre Platão e Hobbes, quando você chegar ao essencial, observe como a alegada oposição leva às mesmas consequências práticas. Na metafísica, Hobbes é um materialista, Platão um idealista (a verdadeira realidade é imaterial). Mas o materialismo de Hobbes diz que não existe mente e, portanto, alguns passos depois, temos de usar a força na política. O idealismo de Platão diz que existe uma mente — existe todo um mundo sobrenatural — e, portanto, para os habitantes das cavernas, temos de usar a força. Ou voltando-nos para a epistemologia, o nominalismo de Hobbes diz que não podemos saber nada objetivamente, portanto, ditadura. Platão é o racionalista, o realista Platônico, não o nominalista e, portanto, um místico que diz que o conhecimento está reservado a uma elite especial e que devemos ter uma ditadura do rei-filósofo. Na ética, Hobbes é um (supostamente) egoísta completo — os homens são assassinos egoístas e, portanto, devem ser governados pela força. Platão — ah, não, os homens deveriam sacrificar-se pelos outros, deveriam amar os seus irmãos e, portanto, os seus irmãos têm todo o direito de lhes dizer onde são necessários os seus serviços e, portanto, a força. Por outras palavras, de todas estas alegadas alternativas, terminamos com a mesma política — em essência, estamos de volta a Platão versus os Sofistas. Este é o estado da Filosofia Moderna em seu início.

RENÉ DESCARTES

Voltemo-nos para René Descartes (1596-1650 d.C.). Descartes é mais influente do que Hobbes, de forma significativa, então, por favor, não se deixe enganar pelo fato de que lhe dou menos tempo, o que faço porque, em muitos aspectos, sua filosofia é menos complexa de apresentar. **Descartes é justificadamente reconhecido como o Pai da Filosofia Moderna.** Ele foi criado pelos jesuítas, recebeu um treinamento escolástico completo e era um católico devoto. No entanto, diz Descartes, ele fará um novo começo fundamental na filosofia. Ele diz que será muito mais fundamental em sua abordagem do que qualquer outro filósofo moderno. Hobbes, por exemplo, assume o controle da ciência moderna de forma acrítica. Descartes aceita as conclusões da ciência moderna — isto é, as conclusões científicas, não o materialismo. Mas, diz ele, com efeito: quero questionar, quero questionar tudo, até à raiz. Quero erguer um sistema filosófico do zero, sem assumir nada de outras pessoas de forma acrítica. Portanto, este será o início de uma nova era na filosofia.

Posso interromper para dizer que, como você verá, as ideias de Descartes não são novas. A sua contribuição distintiva é, na verdade, **institucionalizar a primazia da consciência**, isto é, o ponto de vista Platônico-Agostiniano, para plantá-lo no próprio coração da filosofia moderna. Ele é o pai da moderna primazia da consciência. Desde ele, esse ponto de vista tem sido mais explícito e virulento do que nunca. Como ele fez isso?

Como todas as outras pessoas deste período, Descartes é muito consciente do método. **Uma de suas primeiras obras é** *Regras para a Direção da Mente* **e outra famosa é o** *Discurso sobre o Método*. Ele nos diz que não devemos aceitar nada cegamente, nada arbitrariamente, não porque o sintamos, não porque os outros acreditem, não porque o nosso temperamento aponte para isso. Devemos ser guiados exclusivamente pela razão objetiva. Isso parece bom, mas tudo depende do que ele entende por "razão". **Todos os homens, diz ele, são por natureza equipados com a razão. A razão** *é capaz* **de conhecer a realidade. Hobbes está errado.** A realidade é racional, é inteligível, pode ser conhecida pela mente humana. Por que, então, os homens estão tão confusos, tão inseguros, em desacordos tão crônicos? Descartes percebeu que, quando ia para a escola, o que lhe era ensinado em uma aula era contrariado pelo que lhe era ensinado em outra. Ele disse que o problema é que as pessoas mergulham de forma aleatória, sem uma base sólida, sem qualquer método sistemático, e é por isso que acabam em desentendimentos tão crônicos.

Então, que método devemos usar? Você não deveria se surpreender ao saber que Descartes diz que devemos modelar a filosofia na... matemática. A matemática, diz ele, é a única ciência que nos permite alcançar uma certeza clara e indubitável. O que permite que a matemática faça isso? **Parte de axiomas básicos e evidentes (que são indubitáveis, perfeitamente certos) e prossegue logicamente para deduzir suas consequências.** Isso, diz ele, é o que devemos fazer em filosofia. Dessa forma, alcançaremos um sistema filosófico absolutamente certo, e não uma questão de opinião. Será uma declaração definitiva da verdade para acabar com todas as divergências, uma filosofia para acabar com toda filosofia.

A questão crucial é: como vamos obter os nossos axiomas fundamentais? Eles devem estar absolutamente certos porque todo o resto depende deles. Se houver uma probabilidade em cem, em mil, num bilião, de que uma proposição não seja verdadeira, ela é inaceitável para Descartes como um axioma, porque então contagiaria todo o resto do nosso conhecimento com a mesma incerteza. Bem, diz Descartes, só há uma maneira de proceder na nossa busca de axiomas fundamentais: devemos examinar todas as ideias que possamos imaginar. Devemos pesquisar toda a gama de pensamentos humanos, e de cada pensamento devemos perguntar: "Pode-se duvidar disso racionalmente? Há alguma base racional para duvidar desta ideia?" Observe que tem que haver fundamentos *racionais* — você não pode simplesmente dizer arbitrariamente: "Isso pode estar errado", você tem que dar uma razão. Se houver alguma razão, uma probabilidade em mil, de que a ideia esteja errada, temos de abandoná-la e olhar mais longe. Podemos voltar e reinstaurar algumas das ideias que deixamos de lado no início, mas as deixamos de lado no início porque não servem como base do conhecimento. Queremos o indubitável, o absolutamente certo. Se não encontrarmos nada que satisfaça esse teste, então deveríamos desistir, isso é o fim da filosofia, ponto-final. Mas, se encontrarmos pelo menos uma ideia da qual não possamos duvidar, então a nossa base está estabelecida.

Este processo é conhecido como "dúvida Cartesiana". Supõe-se que um cético Cartesiano seja muito diferente de um cético. Um cético que duvida, duvida porque tem prazer em mostrar que você não pode ter certeza de nada. Um cético Cartesiano duvida porque deve estar desesperado para encontrar algo que escape à possibilidade da dúvida. *Dúvida Cartesiana, se você quiser uma definição formal: o método de estabelecer uma certeza fundamental duvidando de tudo que se possa conceber de quaisquer motivos para duvidar.* Deixe-me dizer que esse método está errado. É desastroso. Se você abordar a filosofia dessa forma, só poderá resultar em catástrofe, como você verá em breve. O que há de errado com esse método aparentemente inócuo de encontrar a certeza, duvidando de tudo o que poderia ser duvidado, até encontrar uma certeza final e inescapável?

Sigamos Descartes no famoso processo da dúvida Cartesiana. O que podemos duvidar? Vou ler Descartes. Ele escreve com muita clareza. **(Os filósofos franceses e britânicos escrevem com clareza, ao contrário dos filósofos alemães.)** Vou interpor comentários constantemente, por isso tente deixar claro quando sou eu e quando é Descartes. Ele vai começar do ponto mais óbvio. "Certamente, não posso duvidar razoavelmente de que estou aqui, sentado perto do fogo, vestido com um roupão, tendo este papel nas mãos e outros assuntos semelhantes. E como poderia negar que estas mãos e este corpo são meus? Se não fosse talvez eu me comparar a certas pessoas desprovidas de sentido, cujos cerebelos estão tão perturbados e nublados pelos vapores violentos da vileza negra [Peikoff: Em outras palavras, eles são loucos.] que constantemente nos asseguram que pensam que são reis quando na verdade são muito pobres, ou que se vestem de púrpura quando na verdade estão sem vestimentas?"

Em outras palavras, existe algo chamado insanidade, que se caracteriza por alucinações vívidas e, muitas vezes, por delírios firmes. Em ambos os casos, a pessoa não tem insight. Supõe-se que essa seja uma das características distintivas entre um psicótico e um neurótico — um neurótico sabe que está doente e um psicótico não. Este fenômeno existe, afirma Descartes. Não será possível que a minha crença de que estou sentado aqui de roupão, e assim por diante, seja um delírio ou alucinação psicótica? Isso acontece com as pessoas. Como posso saber se isso não aconteceu comigo? É possível — não provável — mas possível? **Há uma chance em um milhão de eu ser um lunático delirante e de tudo isso ser uma ilusão. Se for assim, não posso aceitar porque quero o indubitável. Essa é, por assim dizer, a divisão de insanidade da dúvida Cartesiana.**

Agora vamos em frente. "Ao mesmo tempo, devo lembrar que tenho o hábito de dormir e, em meus sonhos, representar para mim mesmo as mesmas coisas, ou às vezes até coisas menos prováveis, do que aqueles que são loucos quando estão acordados. Quantas vezes me aconteceu que, durante a noite, sonhei que me encontrava neste lugar específico, que estava vestido e sentado perto do fogo, quando na realidade estava deitado, sem roupa, na cama. Refletindo, vejo claramente que não há indicações certas pelas quais possamos distinguir claramente a vigília do sono."

As pessoas sonham. Uma das características de um sonho é que muito raramente você sabe que está sonhando — você considera isso real, sente medo, paixão, etc. Isso para você é a realidade. Então você acorda assustado e diz: "Ah, foi só um sonho." Bem, é possível que você esteja sonhando agora, que na verdade esteja em casa, na cama, e tenha um sonho vívido com uma palestra sobre Descartes, e a qualquer momento você acordará? Bem, diz Descartes, é possível, não é? Há uma chance em mil, em um milhão. Não posso ter certeza... fora. Essa é a divisão dos sonhos. Não adianta dizer que a maneira de saber a diferença entre um sonho e um estado acordado é beliscar-se, porque, dirá Descartes, como você sabe que está realmente se beliscando e não apenas sonhando que está se beliscando? Então ele vai assumir o pior porque quer certeza.

Continuando: "Agora vamos supor que estamos dormindo e que todos esses detalhes — por exemplo, que abrimos os olhos, balançamos a cabeça, estendemos as mãos e assim por diante — são apenas falsas ilusões. Reflitamos que possivelmente nem as nossas mãos nem todo o nosso corpo são como nos parecem ser."

Em outras palavras, talvez tudo isso seja um sonho. Talvez todo o mundo físico seja um sonho ou uma grande alucinação. Afinal, você pode confiar nos sentidos? Mesmo que você não adote a opinião de que os sentidos estão *sempre* **errados, todos, diz Descartes, admitem que os sentidos** *às vezes* **estão errados, e se os sentidos às vezes são enganosos, como você pode ter certeza, neste caso particular, de que eles não são deceptivos?** Já que não se pode ter certeza de nenhuma conclusão sobre o mundo material, pode ser uma alucinação, uma ilusão, um sonho, um engano.

Ele continua: "Certamente a aritmética, a geometria e outras ciências desse tipo, que tratam apenas de coisas muito simples e muito gerais [Peikoff: que não dependem dos sentidos], contêm alguma medida de certeza e um elemento de indubitável. Pois quer eu esteja acordado ou dormindo, dois mais três juntos sempre formam cinco, e o quadrado nunca pode ter mais do que quatro lados. Não parece possível que verdades tão claras e aparentes possam ser suspeitadas de qualquer falsidade." Você pode imaginar, parece evidente, que um quadrado tem quatro lados. Mas as pessoas estão erradas sobre o que é evidente. Elas pensavam que era evidente que a Terra era plana. Como você sabe que elas não estão erradas neste caso? É possível isso? Há uma chance em mil. Você não pode ter certeza. Suponha que você diga: "Mas darei uma prova, darei um argumento incontestável com premissas que levam a uma conclusão." A resposta volta: as pessoas cometem falácias no seu raciocínio, ou seja, raciocinam de forma inválida e pensam honestamente que chegaram à verdade. Como você sabe que não cometeu uma falácia? É possível isso? Uma chance em mil?

Descartes encontra ainda outra base para dúvidas, até mesmo em matemática: "Há muito tempo fixei em minha mente a crença de que existia um Deus todo-poderoso, por quem fui criado tal como sou. Como posso saber se ele não fez com que eu fosse enganado toda vez que adiciono dois e três? Mas possivelmente Deus não deseja que eu seja assim enganado, pois diz-se que ele é supremamente bom? Bem, não podemos ter certeza de que Deus é supremamente bom. Ele pode ser um gênio maligno, não menos poderoso que o enganador, que empregou todas as suas energias para me enganar. **Considerarei, portanto, que os céus, a terra, as cores, as figuras, os sons e todas as outras coisas externas podem não ser nada além das ilusões e sonhos dos quais este demônio se valeu para armar armadilhas para minha credulidade."** Isso é chamado de "demônio de Descartes". **Como você sabe que isso não existe? É possível? Não vejo por que é impossível, diz ele, que possa haver um ser perverso todo-poderoso, que adoraria me enganar, e toda vez que adiciono dois e três e obtenho cinco, ele esfrega as mãos de alegria por ter me acolhido. A maneira dele de me acolher é fazer** com que "dois mais três é igual a cinco" pareça tão claro que nunca pensamos em questionar. Descartes não vai cair na armadilha do demônio. "No final, sinto-me obrigado a confessar que não há nada em tudo o que anteriormente acreditei ser verdadeiro do qual não possa duvidar em alguma medida, e duvidar não apenas por falta de pensamento ou por leviandade, mas por razões que são muito poderosas e consideradas com maturidade." Você entendeu a ideia. Existem todas essas fontes possíveis de erro — sonhos, alucinações, delírios, insanidade, engano sensorial, falácias, identificação incorreta do que é evidente, etc. — tudo isso, por assim dizer, simbolizado pelo demônio. O demônio realmente representa a possibilidade de erro.

A questão, portanto, é realmente essa — e Descartes não a diz, mas este é o verdadeiro significado da dúvida cartesiana: como pode o homem alcançar a certeza? Porque dizer que você tem certeza sobre algo é dizer que você não pode estar errado. Isso é o que significa dizer que você tem certeza. Por outro lado, o homem é um ser falível, e um ser falível é um ser *que pode errar*, que é capaz de errar. Portanto, o problema colocado pela dúvida Cartesiana é o problema de como um ser falível pode algum dia alcançar a certeza. À primeira vista, parece uma impossibilidade óbvia. Como pode um ser capaz de errar por natureza chegar ao estado de dizer: "Sou incapaz de errar"? Esse é o problema colocado pela filosofia de Descartes que o demônio simboliza. A propósito, esse é o problema que responderei na aula doze. Mas agora sigamos Descartes.

Parece que estamos em um estado bastante sem esperança. Mas espere. Eu disse que poderia estar sonhando, diz Descartes. Bem, *devo existir* para poder sonhar. Eu disse que poderia estar pensando loucamente. Mesmo assim, *devo existir* para poder pensar insanamente. Eu disse que poderia ser enganado por um demônio maligno. Mas eu *tenho que existir* para que ele me engane. Eu disse que estou consciente das minhas inadequações, da minha ignorância, das minhas dúvidas. Eu *tenho que estar*, estar consciente delas. Você diz que penso incorretamente, mas o próprio fato de pensar estabelece imediatamente uma coisa: mesmo que todos os meus pensamentos estejam errados, mesmo que eu chegue ao desespero total e fique com nada além de pensamentos dos quais duvido, para poder duvidar, *devo existir*, ou seja, para pensar, mesmo que incorretamente, *devo existir*. "Penso, logo existo." Em latim *cogito ergo sum*. Esse é o axioma, chamado "Cogito de Descartes".

A premissa básica, inquestionável, a indubitável, é a existência de você mesmo, da sua (consciência). O próprio ato de duvidar da sua consciência estabelece a sua consciência, porque duvidar é exibir um certo tipo de consciência. Observe que tudo o que Descartes estabeleceu é que a sua *consciência* existe. O argumento funciona apenas para isso. Um de seus oponentes tentou estabelecer a existência do corpo da mesma maneira e disse: "Eu ando, logo existo" — *Ambulo ergo sum*. Descartes considerou isso ridículo porque, disse ele, você pode apenas estar imaginando que está andando, você pode apenas estar sonhando que está andando, você pode apenas estar pensando que está andando — todo o mundo material, incluindo o seu corpo, pode ser uma ilusão. Mas você não pode apenas sonhar ou imaginar que está consciente, porque sonhar ou imaginar *significa* estar consciente. Se alguém lhe diz: "Você apenas pensa que está pensando", você diz a ele: "Tudo bem, se eu penso que estou pensando, estou pensando", porque por "pensar" ele realmente quer dizer: "Eu estou consciente, consciente de qualquer forma." Isso é o que ele quer dizer com "eu penso". Portanto, a verdade fundamental e indubitável é "Minha consciência existe", conforme proferida por Descartes ou por qualquer um de vocês que esteja consciente. O axioma fundamental, a premissa básica, o ponto de partida da filosofia, de todo conhecimento, é a existência da consciência.

Não consigo enfatizar o suficiente que, neste ponto da filosofia de Descartes, ainda não temos quaisquer bases para acreditar que exista um mundo físico, outras pessoas, que você tenha um corpo ou que Descartes tenha um corpo — pernas, braços, coração, etc. Ele sabe apenas que ele, Descartes, como consciência, existe. Em outras palavras, o que ele afirmou é: você pode ter certeza da existência da consciência *antes* de saber que existe um mundo físico externo. A consciência tem prioridade lógica. **Portanto, se quisermos descobrir que existe um mundo externo** (e Descartes pensava que existia um), **devemos inferir a sua existência de alguma forma a partir do conteúdo da consciência. Não nos é dada existência diretamente. Recebemos diretamente apenas consciência. Este ponto de vista é conhecido como a certeza prévia da consciência, por razões óbvias.** O lugar para começar filosoficamente, a coisa mais fácil de saber, é a sua própria consciência. É uma entidade independente que você pode descobrir direta e imediatamente, e que nos contradizemos no processo de tentar negar. É logicamente inatacável. Mas o mundo externo — existência, realidade — ainda é duvidoso. Pelo que sabemos nesta fase, pode não existir nenhum mundo externo, apenas a nossa consciência, e todo o resto pode ser uma invenção da nossa imaginação, um engano gigantesco perpetrado pelo demônio.

Agora considere isto: a consciência poderia, pelo que sabemos, existir por si mesma sem que exista uma realidade. É uma entidade independente e que não requer uma realidade metafisicamente. Portanto, a consciência não é a faculdade de *perceber* a realidade, pois se fosse, no ato de estar consciente, teria consciência da realidade. Como conhecemos primeiro a consciência e não conhecemos a existência diretamente, não estamos em contato imediato com a realidade. **Temos que**

tentar provar que existe uma realidade, temos que tentar deduzi-la da nossa própria consciência, do nosso axioma. Estamos, como penso que podem ver, numa posição impossível. Por um lado, a consciência metafisicamente não requer realidade e, no entanto, se quisermos descobrir que existe uma realidade, temos de deduzi-la da consciência. Mas como podemos deduzir a realidade da consciência se a consciência não exige nem implica uma realidade? Obviamente, você não pode. Veremos a débil tentativa de Descartes em um momento, mas é tão débil que ninguém de qualquer importância seguiu Descartes nela, porque é embaraçoso.

O resultado foi que quase todos os filósofos aceitaram a certeza anterior da consciência de Descartes, e então houve uma luta desesperada para encontrar uma realidade. Mas eles não conseguiram. Assim, um por um, e cada vez mais, a realidade saiu de cena. Tudo o que existia era a consciência e suas experiências. Isso passou a ser chamado de "**o problema do mundo externo**", legado por Descartes: O que faz você pensar que existe um? O que muitos filósofos proclamam é insolúvel. Agora você sabe por que eu disse que **Descartes foi o fundador da primazia da consciência. Ele próprio acreditava na realidade, mas o seu método de defender essa crença baseava-se na certeza anterior da consciência — por outras palavras, na independência da consciência da realidade, na visão de que a realidade deve ser um derivado da consciência, o que significa na primazia de consciência. Esse foi o golpe fatal na base do sistema de Descartes, do qual a humanidade nunca se recuperou filosoficamente.**

O que há de errado com a conclusão da certeza prévia da consciência? Acho que não preciso te contar. É uma impossibilidade lógica que exista uma consciência sem existência. Caso contrário, do que ela está consciente? É uma impossibilidade lógica para alguém saber que está consciente sem *saber* que existe uma existência — caso contrário, *do que* é que ele sabe que está consciente? Aqui remeto-vos à afirmação crucial de John Galt: "**A existência existe e a consciência é a faculdade de perceber o que existe.**" **Existência e consciência são ambas axiomas.** Elas começam juntas, em qualquer filosofia adequada, com a existência em primeiro lugar. Esse é o desastre implícito na dúvida Cartesiana como método. Conduz inevitavelmente à certeza prévia da consciência e, portanto, à primazia da consciência. Quanto ao erro da própria dúvida Cartesiana como método, o que nos levou a esta conclusão, que, como disse, discutirei na aula doze.

Quero esclarecer a observação enigmática que fiz há algumas palestras e que prometi esclarecer. Descartes não originou o argumento do *Cogito*. Na verdade, de forma ligeiramente diferente, foi originado por Agostinho, como seria de esperar. Lembre-se de que enfatizei a mudança do foco da filosofia feita por Agostinho, do exterior para o interior, a alma ou consciência. Como parte de sua filosofia, **Agostinho defendeu explicitamente a certeza prévia da consciência**. Descartes aqui está dando uma forma um tanto diferente e enorme destaque e ênfase a esse ponto de vista Agostiniano. Como Agostinho é Platão tornado Católico, podemos ver que Descartes é fundamentalmente um Platônico.

Vamos continuar. Queremos tentar estabelecer a existência do mundo externo, no qual o próprio Descartes acreditava. Como vamos fazer isso? Descartes diz que se pudermos estabelecer que não existe nenhum demônio, nenhum engano perpétuo sendo praticado contra nós, então teremos o direito de confiar em nossas mentes. Assim, o problema do mundo externo torna-se o problema de se livrar do demônio. Como provaremos que não existe demônio? Descartes diz, somente se pudermos provar que existe um Deus todo-poderoso e *bom* cuidando de nós. Um Deus perfeito não permitiria que demônios nos enganassem, nem se rebaixaria a enganar a si mesmo. Portanto, o nosso cenário vai da *nossa* consciência para a consciência de *Deus* — da consciência mortal para a consciência infinita e imortal — antes de podermos finalmente chegar ao mundo externo... esperançosamente.

Neste ponto, Descartes lança toda uma série de argumentos a favor da existência de Deus. Eles são padrão. É claro que ele não pode usar *o argumento do design* — o argumento de que o mundo inteiro é tão ordenado, portanto, Deus deve tê-lo criado — porque ele ainda não sabe que existe um mundo. Mas ele escolhe os que pode da filosofia antiga e medieval. Ele pode dizer: "Aqui estou, alguém deve ter me criado, não fui eu, então deve ser Deus." Ele usa o argumento ontológico de Santo Anselmo, que considera fantástico. Ele tem outro argumento do qual darei uma breve amostra, chamado de *argumento da causa da ideia de Deus*. Esse argumento é o seguinte: tenho uma ideia de Deus. (A propósito, a definição de "Deus" de Descartes é "uma substância que é infinita, eterna, imutável, independente, onisciente, onipotente e que criou tudo o que existe". Em outras palavras, um Deus Cristão perfeito.) Agora, diz ele, esta é a ideia de um ser perfeito. De onde tirei essa ideia? O que causou isso em mim? Eu mesmo inventei? Não. Por que não? Porque a causa de qualquer coisa deve ser pelo menos tão perfeita quanto o efeito. O menos perfeito não pode causar o mais perfeito. Como você sabe que o menos perfeito não pode causar o mais perfeito? Diz Descartes, numa expressão significativa, que é "clara e distinta". Você se lembra daquela frase dos Estoicos? Aqui está de novo. O menos perfeito, o menos real, não pode causar o mais perfeito, o mais real. Isso é "claro e distinto", óbvio, evidente. Eu, porém, sou imperfeito e finito — isso é óbvio. Consequentemente, eu não poderia causar esta ideia, porque esta é uma ideia de um ser absolutamente perfeito e, portanto, ele próprio compartilha da perfeição absoluta. Portanto, somente um ser absolutamente perfeito poderia ter causado isso em mim. Portanto, causou. Portanto, deve existir tal ser. Portanto, Deus existe. Q.E.D.

A ideia de Deus, diz ele, é "a marca do trabalhador impressa em seu trabalho". É como se Deus transformasse cada alma, carimbasse nela sua marca registrada, e a marca registrada fosse a ideia de Deus, e então quando a alma se torna adulta e faz introspecção, ela encontra a marca registrada, e essa é a ideia de Deus, e da perfeição da marca infere a perfeição de Deus como causa. Não vou me preocupar em criticar este argumento, mas quero salientar o quão Platônico é o argumento. O mais perfeito não pode ser causado pelo menos perfeito. Como isso acontece? Somente se você aceitar a visão de Platão sobre graus de realidade e graus de perfeição é que existe um mundo superior, realmente real, realmente perfeito, e o nosso mundo, que é um derivado dependente, não tão real ou perfeito. Como o mundo superior é a verdadeira realidade, é a fonte dos reflexos imperfeitos aqui embaixo. As coisas aqui embaixo adquirem tanta bondade ao compartilhar os raios que emanam do além. Esta é a essência deste argumento: a nossa ideia de Deus é um raio de perfeição que brilha nas nossas pessoas imperfeitas, por isso deve vir do além. Em outras palavras, ele considera a metafísica Platônica como evidente por si mesma, e seus outros argumentos são típicos. (Os comentaristas modernos deleitam-se em demolir os seus argumentos a favor de Deus, por isso não precisamos perder tempo com isso.)

Agora quase temos um mundo físico. Primeiro a alma, depois Deus, agora estamos no limiar de estabelecer que existe uma realidade. Afinal, diz Descartes, Deus me deu todos os meus poderes, incluindo os meus poderes cognitivos. Ele nunca teria me dado o poder de julgar a verdade ou a falsidade, a menos que eu pudesse confiar em mim mesmo. Deus não me enganaria propositalmente — ele não me faria errado deliberadamente — porque Deus não é um enganador. Como nós sabemos? Porque Deus é perfeito. Qualquer pessoa que se envolva em engano obviamente não é perfeita. Noto aqui, de passagem, a fantástica introdução de julgamentos de valor, como se fossem autoevidentes, num ponto em que ainda nem sabemos que existe um mundo físico — estamos, no entanto, em posição de emitir julgamentos de valor em mentir. Observe também que Descartes acredita que a validade da consciência humana depende de Deus. Se não houvesse um Deus bom, não poderíamos confiar em nossas mentes. Este é um elemento flagrantemente Agostiniano, ao contrário de Tomás de Aquino — a mente do homem não é autovalidada, mas deve ser validada do além por Deus. Este é outro reflexo do verdadeiro Agostinianismo de Descartes.

Agora estamos prontos para o mundo físico. Agora podemos confiar em nós mesmos. Descartes diz: "Não me resta mais nada a fazer, exceto examinar se as coisas corpóreas existem." Essa é a última pergunta e então terminamos. Então, como colocamos o mundo físico em cena? Descartes diz que é preciso admitir que percebemos coisas que *parecem* ser objetos físicos. Não causamos essas experiências em nós mesmos, porque não podemos alterá-las à vontade. Você não pode, por exemplo, me ver longe. Portanto, a causa das nossas experiências deve estar de alguma forma fora de nós. Você pode perguntar: Deus não poderia causar diretamente nossas experiências em nós, sem a intervenção de qualquer mundo físico? Não, diz Descartes. Por que não, você pergunta? Será porque percebemos diretamente o mundo material? Não, obviamente, não percebemos. Se percebêssemos diretamente o mundo material, não teríamos a primazia e a certeza prévia da consciência. Não, diz Descartes, sabemos que Deus não causa as nossas experiências diretamente em nós e que elas devem vir do mundo material porque concebemos a matéria como clara e distintamente diferente de Deus. *Por que* nós concebemos assim nesta filosofia? Nenhuma resposta. Nós simplesmente fazemos. Portanto, existe um mundo material, porque, caso contrário, Deus estaria nos enganando em algo que é "claro e distinto" para nós.

Você não precisa se surpreender com o fato de ninguém ter seguido essa raiz específica para um mundo externo. É muito melhor, é mais saudável, livrar-se da realidade logo de cara, do que arrastá-la dessa forma débil e arbitrária.

Gostaria que você observasse quão infrutífera é toda essa abordagem de Descartes: ele examinou toda essa argumentação (e deixei boa parte dela de fora) sobre por que podemos confiar em nossas mentes. Todos os argumentos a favor de Deus, e se Deus existe, ele não nos enganaria e, portanto, podemos confiar em nossas mentes — e em todo o negócio. Ele está satisfeito, sim, podemos confiar em nossas mentes. Suponha que você conceda que toda a sua argumentação, cada passo dela, desde o *Cogito* em diante, é impecável para a mente humana. Você não consegue encontrar nada de errado com isso. Ele, portanto, validou a mente humana? Obviamente não. Se houvesse um demônio, que é sua hipótese inicial, então no final de toda essa incrível cadeia de raciocínio, como diz Descartes: "Agora validei a mente humana", o demônio se sentaria e riria sozinho, "Eu realmente o aceitei naquela época."

O ponto mais amplo aqui é que não pode haver argumentos para provar que a mente é confiável. Se você questiona a confiabilidade da mente, a validade da mente, o que você propõe usar para responder à pergunta? Se você disser: "Você não pode confiar nos argumentos humanos, mas aqui está um argumento para mostrar que você pode confiar neles, afinal" — bem, se você não pode confiar neles, você não pode confiar neles, ponto-final, e isso elimina o seu próprio argumento. Ou a validade da mente humana é um axioma ou tudo está perdido. Não pode ser estabelecida pelo raciocínio, porque o raciocínio é um ato dessa mesma mente. Quando digo que tudo está perdido, quero dizer *tudo*, porque, como os filósofos posteriores rapidamente salientaram, mesmo o próprio *Cogito* não se baseia nas premissas de Descartes. **Como você *sabe* que só porque penso, logo existo?** A resposta de Descartes é "'Penso, logo existo' *deve* ser verdadeiro; é tão claro e distinto". Mas a resposta é que não é mais claro e distinto do que "Dois mais três é igual a cinco" ou "Um quadrado tem quatro lados". Em todos estes casos, o oposto é uma contradição. Mas se não podemos confiar nas nossas mentes — se algo pode ser flagrantemente contraditório para nós e, no entanto, ser correto — então não podemos confiar *em nada*, incluindo mesmo a afirmação de que temos mentes ou que temos dúvidas. Estamos totalmente eliminados. Desta forma, **Descartes é realmente a fonte de todo o ceticismo moderno. Embora alegue estar pondo fim ao ceticismo, ele, mais do que ninguém, consolidou profundamente o ceticismo antigo em toda a filosofia moderna.** Seu seguidor típico aceitou o método da dúvida Cartesiana, rejeitou o *Cogito* como arbitrário e terminou como um completo cético antigo. Portanto, se por um lado **Descartes é o pai do Idealismo — por outras palavras, da primazia da consciência e da mentalidade que dispensa ou degrada o mundo externo — por outro lado, ele é o verdadeiro pai do ceticismo moderno. Então, de uma só vez, você vê, ele reinstituiu os Sofistas e Platão (Platão através da primazia da consciência) e fechou a porta para Aristóteles.**

Vejamos a epistemologia de Descartes e depois voltaremos para algumas palavras finais sobre mais um aspecto de sua metafísica. Os sentidos são válidos? Não. Descartes aceita a distinção de qualidade primária-secundária. Os sentidos nos enganam. Eles não nos dão nenhum conhecimento da natureza real do mundo material. Tudo o que é realmente real, nos seus termos, é *extensão*, o que significa "tridimensionalidade" — dispersão no espaço com as características associadas apropriadas (tamanho, forma, quantidade, movimento). Os sentidos, diz Descartes, são úteis para fins práticos de vida. Mas eles não nos dão conhecimento objetivo sobre a realidade.

Para obter o verdadeiro conhecimento, o que fazemos? Como dissemos no início, devemos nos modelar na matemática. Precisamos de axiomas autoevidentes. Onde obtemos nossas premissas básicas? Em teoria, existem apenas três opções: (1) Olhar para fora para obter os seus axiomas básicos, à la Aristóteles; (2) Olhar para cima, à la Agostinho; ou (3) Olhar para dentro, à la Platão. Descartes rejeitou os sentidos como fonte de axiomas. Ele está sendo muito moderno e secular e, portanto, rejeita Deus como fonte de axiomas. A única escolha que resta é: olhar para dentro. Você tem que fazer uma introspecção para obter suas premissas básicas. Significa então que existem ideias na mente à parte dos dados sensoriais, ideias adquiridas por outros meios que não os sentidos? Sim, diz Descartes. Como as conseguimos? Nascemos com elas. Elas são inatas.

Aqui Descartes segue Platão, embora não acredite que *todo* conhecimento seja inato, apenas alguns fundamentos cruciais (por exemplo, a ideia de Deus e certas ideias matemáticas). Descartes não acredita na preexistência da alma — isso é proibido pelo dogma católico — e, portanto, segue a visão Agostiniana de que as ideias inatas são herança de Deus. **Então, o que fazemos para adquirir conhecimento? Olhamos para dentro e tentamos descobrir nossas ideias inatas. Observe que uma ideia não é mais uma forma de consciência da realidade, mas sim uma coisa independente dentro de nossas mentes que vasculhamos para encontrar.** *A primazia da consciência que Descartes subscreve proíbe a ideia de que uma ideia é uma forma de consciência da realidade.* Se uma ideia fosse uma consciência da realidade, então sempre que pensássemos ou tivéssemos uma ideia, estaríamos conscientes da realidade e não poderia haver nenhuma certeza prévia de consciência. Por outro lado, se uma ideia não é uma consciência da realidade, teríamos que estar conscientes da realidade para a conseguirmos, por isso não poderia ser inata. **Em outras palavras, a verdadeira expressão epistemológica da primazia da consciência são as ideias inatas.** É por isso que Platão acreditou nelas, e é por isso que Descartes acredita nelas. A consciência tem que ter o seu próprio domínio, o seu próprio conteúdo independente no qual se concentrar, totalmente desligada da realidade. É para isso que as ideias inatas servem epistemologicamente.

Como podemos distinguir as ideias inatas destas falsidades e confusões que adquirimos através dos sentidos e do comércio com outras pessoas? Porque quando começamos a filosofar, já crescemos e as nossas mentes são um saco de noções convencionais, preconceitos populares e verdadeiras ideias inatas. Como podemos distinguir o artigo autêntico, vindo de Deus, dos preconceitos arbitrários, das crenças, e assim por diante? Você pode fazer isso observando a realidade e verificando? Oh, não. A resposta é que deve ser algo na natureza da própria ideia que certifique que se trata do verdadeiro artigo, da verdadeira ideia inata. O que é? É *claro e distinto*. **"As coisas que concebemos de forma muito clara e distinta são todas verdadeiras."** (Ele tem a graça de acrescentar que há alguma dificuldade em determinar quais são.)

O que isto significa? Descartes não defendia o subjetivismo, mas pensava que suas ideias inatas, claras e distintas eram objetivamente autoevidentes. Mas, na verdade, isto levou à ideia de que os axiomas são subjetivos, porque não há agora forma de validar axiomas por referência à experiência sensorial, por referência à realidade. Sempre que Descartes fica preso, ele tem uma intuição clara e distinta e então segue em frente. Ele quer provar Deus e fica preso, mas o perfeito não pode ser causado pelo imperfeito — isso é claro e distinto, e ele segue em frente. Ele quer provar o mundo externo. Deve ser claro e distinto, mas diferente de Deus. A conclusão que os modernos tiram é que *não existem* axiomas.

Assim a luta está equilibrada entre os Cartesianos que dizem: "Sim, *existem* axiomas inatos claros e distintos", e o outro lado que diz: "Ah, tudo isso é subjetivismo ridículo. Não existem axiomas autoevidentes." Descartes está certo ao dizer que o conhecimento requer axiomas autoevidentes. **Mas o fato crucial é que os axiomas devem basear-se objetivamente na realidade, o que significa basear-se no testemunho direto dos sentidos. Todo o resto tem que ser provado logicamente.** Nesse sentido, Aristóteles aponta a direção certa. Um axioma para Aristóteles deve ser redutível ao diretamente perceptível. Mas essa é a abordagem da primazia da existência, que Descartes rejeita imediatamente. O resultado da abordagem de Descartes é que, muito em breve, mais e mais dos seus seguidores mais descuidados começam a tomar cada vez mais ideias grotescamente arbitrárias e a dizer: "É claro e distinto para mim; portanto, este é o meu axioma." Muito em breve o conceito do altruísmo se torna autoevidente. Ou deve haver um Deus — afinal, concebo clara e distintamente que alguém deve ter criado o mundo. Então a reação se instala. A visão de Hobbes assume: "É tudo linguístico, é tudo arbitrário, não há autoevidência objetiva." Então você vê a escolha que lhe é dada: Descartes, fazendo-se passar por um defensor da objetividade, apresenta axiomas como sendo claros, distintos e inatos, o que significa que não são baseados na realidade. Hobbes diz: "Ah, eles são todos arbitrários e linguísticos", o que significa que não são baseados na realidade. No ponto crucial, eles concordam.

Qual é então o método total de conhecimento para Descartes? Você olha para dentro de si, encontra suas ideias claras e distintas (você faz isso por meio de um processo que ele chama de "intuição" — intuição para ele é o processo de apreender ideias claras e distintas) e então deduz suas consequências. Se você parar em algum momento, tiver uma nova intuição de uma ideia clara e distinta, ligue a máquina e continue novamente. O conhecimento básico é inato na mente e é apreendido por introspecção direta, ou "intuição", como ele a chama, e dedução a partir daí.

Este é o modelo do *Racionalismo*: a ideia de que só a razão — "razão" aqui significando a faculdade que intui e deduz — conduz a todo o conhecimento. Para Descartes, os sentidos, a observação, a generalização indutiva — são basicamente sem importância. Podem ser úteis para fins práticos, podem até ser frutíferos ao sugerir-nos ideias para nos referirmos à nossa intuição para certificar, podem lembrar-nos das nossas ideias inatas (à la Platão). Mas os sentidos e a indução não nos dizem como é a realidade. Descobrimos isso a partir de ideias inatas. Como sabemos que as nossas ideias inatas são verdadeiras, uma vez que não se baseiam na observação? Descartes responde, Deus os deu para nós, e Deus não nos enganaria. Aqueles que o seguiram rapidamente apontaram a circularidade infrutífera desta resposta: ele tem que usar as suas ideias inatas para provar que existe um Deus, e depois usar o Deus para provar que pode confiar nas suas ideias inatas, o que é um círculo sem solução a partir do qual ele nunca se livrou.

Observe quão consistente Descartes é epistemologicamente e metafisicamente dentro da estrutura da primazia da consciência. Se a consciência é a faculdade de pensar, como ele diz, e o pensamento é a consciência da realidade, então a consciência não é independente da realidade e não pode haver certeza prévia. Mas se *existe* uma certeza prévia da consciência, então o pensamento deve ter algum objeto diferente da realidade, algum aspecto da consciência como seu conteúdo. Caso contrário, a consciência não é autossuficiente. Deve ter algum conteúdo próprio, independente da realidade. Descartes diz que sim, e que o conteúdo são ideias inatas. Assim, em outras palavras, a primazia da consciência implica metafísica e necessariamente a ruptura da consciência com a existência epistemologicamente. Essa violação, por sua vez, reforça a primazia da consciência, porque a pessoa diz: **"Nunca percebo a realidade; como posso saber se está lá? Tudo que sei é consciência." Então, você tem um círculo vicioso, do qual não há como escapar, exceto dizendo que o ponto de partida é "A existência existe".**

Agora, alguns pontos sobre a metafísica de Descartes, especificamente sobre a questão mente-corpo, pela qual ele é famoso. Existem, para Descartes, duas coisas: consciência e matéria. Portanto, ele é considerado um *dualista* na metafísica, porque existem dois tipos de coisas, consciência e matéria — dois componentes essenciais para a realidade — contra Hobbes, que diz que apenas a matéria existe, ou contra Platão, que tende a negar que o mundo físico é realmente real. Descartes pensa que ambos são reais, o mundo físico e a consciência. Ele chama cada um deles de "substâncias", e sua definição de "substância" é "uma coisa que existe de tal maneira que não precisa de nada além de si mesma para existir". Você pode ver o problema nesta definição se a consciência for, portanto, uma substância.

Assim, as duas substâncias são a substância da mente e a substância do corpo, o que Descartes chama de *res cogitans*, "a coisa pensante", e a *res extensio*, "a coisa espalhada" ou "a coisa estendida". Acrescenta ainda que realmente Deus é a única substância porque todo o resto depende de Deus, mas podemos omitir essa complexidade.

Portanto, temos duas substâncias ou mundos completamente autossuficientes, independentes um do outro, desconectados, uma espécie de laissez-faire metafísico em que cada um deixa o outro sozinho, e nenhum requer o outro. Assim, consegui algo fantástico, afirma Descartes, ao dividir o universo em duas divisões, porque encontrei uma forma de reter o pensamento, o propósito, o livre-arbítrio, num mundo em que a matéria é necessariamente determinada mecanicamente pelas leis físicas. A matéria, concordo, a *res*

extensio, é um sistema mecânico completamente material, tal como Hobbes e os cientistas afirmam que é. Ele acredita em Deus e nas causas finais. Existe um propósito para tudo o que acontece, mesmo no mundo físico. Mas as causas finais são inescrutáveis para os seres humanos e, portanto, como cientistas, não deveríamos procurá-las. Deveríamos nos contentar com as leis científicas naturais comuns. Nesse sentido, os cientistas estão absolutamente certos. Mas ele diz que Deus introduziu uma certa quantidade de movimento no mundo quando o criou, e depois retirou-se, e a partir de então o mundo obedece às leis da ciência moderna. Portanto, os cientistas podem estudá-las impunemente. Não só preservei o domínio da ciência moderna, como escapei da catástrofe de Hobbes. Encontrei um lugar para a mente no mundo da matéria e, portanto, um lugar para todas as coisas que são cruciais para a nossa religião Católica. A mente tem um propósito, portanto, embora a matéria opere apenas por mecanismo, a mente é teleológica. A mente pensa — essa é a essência da consciência, é a coisa pensante, a *res cogitans*, portanto não somos simplesmente, como disse Hobbes, criaturas cujos cérebros oscilam de acordo com os estímulos. Podemos pensar e chegar a conclusões objetivas.

Descartes acredita firmemente na volição porque tem uma ideia clara e distinta dela. Quanto à questão de como reconciliar o livre-arbítrio com a causação de tudo por parte de Deus, ele diz que isso é incompreensível para o homem, por isso não deveríamos considerar a questão. A mente é imortal. Por ser totalmente independente da matéria, pode existir sem matéria. Esta é a melhor prova de imortalidade já oferecida. Fazemos todos felizes — tanto os cientistas como os religiosos. Nós esculpimos o universo em dois. Entregamos a Deus as coisas que são de Deus: a mente; e para Galileu as coisas que são de Galileu: o mundo material. Assim, a famosa reconciliação entre ciência e religião de Descartes. Observe, a propósito, que o livre-arbítrio, o propósito e o poder do pensamento estão sob o poder da religião e têm sido associados a ela desde então. Então, até hoje, se você diz que acredita no livre-arbítrio, no poder do pensamento ou na realidade do propósito na psicologia humana, a maioria dos filósofos e quase todos os psicólogos dizem rotineiramente: "Ah, isso é algum maluco religioso." Esse é o legado de Descartes.

Chegamos finalmente ao homem. Como podemos entender o homem? Ele é a criatura que é uma união das duas substâncias, da mente e do corpo. O mais chocante é que, no caso do homem, estas duas substâncias independentes e totalmente díspares podem, na verdade, influenciar-se uma à outra. Elas podem interagir. Por exemplo, na percepção sensorial, algo físico atinge meu corpo mecânico e, após os movimentos e oscilações mecânicas apropriadas, de repente um evento ultrapassa a lacuna e, na *res cogitans*, há uma experiência mental. Isso é o corpo influenciando a mente, e vice-versa. Observe, agora vou descrever para você um evento mental, a saber, um desejo intenso de levantar meu braço direito no ar. Agora observe: lá se vai a *res extensio* subindo direto no ar. Então, obviamente, há interação bidirecional.

A questão é: como pode haver interação entre essas duas substâncias absolutamente separadas, absolutamente diferentes e completamente independentes? Isso é conhecido como "o problema da interação". O problema é que o corpo faz parte de um sistema mecânico que se move apenas por contato físico, mas a mente *não está* no espaço, *não está física* e, portanto, não pode entrar em contato físico com o corpo. Então, como a mente pode mover o corpo? Além disso, se isso acontecer, pense no problema em que nos encontramos — se a mente move o corpo, o corpo não está exclusivamente no domínio da mecânica, e então todos os materialistas e os cientistas físicos gritam que introduzimos influências sobrenaturais. Mas se a mente *não influencia* o corpo, isso significa que a alma é impotente e que realmente não existe ação livre. Nossa mente fica um pouco indefesa com pensamentos que não influenciam nossas ações e, claro, todos os teólogos têm um ataque. Então, estamos em apuros. Esse é o chamado problema da interação. (Devo dizer, entre parênteses, que este não é um problema filosófico legítimo, a menos que você estabeleça, como fez Descartes, duas substâncias absolutamente separadas, absolutamente independentes, e então se pergunte como irá juntá-las novamente. Não há nenhuma justificativa para sua suposição de que não há nada em comum entre mente e corpo se você rejeitar a divisão arbitrária de Descartes, que é gerada pela primazia da consciência.)

A resposta de Descartes é que a interação é possível porque Deus uniu estas duas substâncias maravilhosamente — o que significa que é metafisicamente incompreensível. Mas, diz ele, pelo menos o problema não vai além do homem. Os animais não precisam ter alma para fins religiosos e, portanto, os animais são sistemas estritamente mecânicos desprovidos de consciência. Seu gato e seu cachorro — todos animais — são desprovidos de consciência. São pequenos autômatos, pequenos sistemas mecanicistas, que não têm consciência de nada — não sentem dor, não sentem nada. É claro que toda uma escola de materialistas se levantou imediatamente e disse: "Se podemos livrar-nos da consciência nos animais e explicar todas as suas ações exclusivamente por fatores materialistas e dispensar a consciência, por que não com o homem também?" Assim, Descartes também é o pai do materialismo moderno.

Em *The Concept of Mind*, o filósofo Gilbert Ryle (1900-1976 d.C.) satirizou a visão de Descartes, mas com uma descrição satírica muito inteligente, chamando a visão de Descartes sobre o homem de "o fantasma na máquina". Isso está correto. Existe esta entidade espiritual — é um fantasma desprovido de matéria — agitando-se dentro deste sistema mecânico, e os dois nunca se encontrarão — exceto por milagre. Ryle, como um arquimaterialista, chega à conclusão: "Abaixo a consciência." Mas sua caracterização está correta. A teoria de Descartes torna-se ainda mais fantástica nos detalhes. Ele pensou ter encontrado um ponto no corpo onde a *res cogitans* encontra a *res extension*: a glândula pineal. Desnecessário dizer que isso o deixou aberto ao ridículo fantástico, e seus seguidores estavam ansiosos para encontrar alguma saída para essa teoria impossível de interação. Como aceitavam todas as suas premissas, a interação também era incompreensível para eles. Portanto, todos, exceto um, chegaram à conclusão de que devemos explicar a aparência da interação enquanto negamos a existência da interação, então vamos explicar por que parece que há interação. Os *Ocasionalistas*, por exemplo, uma escola muito menor que incluía Arnold Geulincx e Nicolas Malebranche, argumentavam assim: não há interação, e quando nos parece que um evento físico no corpo está causando uma experiência mental na mente, o que realmente acontece é que, por *ocasião* do estímulo físico, Deus intervém e desperta diretamente a experiência em nossa mente, e por *ocasião* de um ato de vontade na mente, Deus intervém e faz com que o corpo se mova. Portanto, para o observador ingênuo, parece que a mente influencia o corpo e vice-versa, mas na verdade Deus é a causa da aparente interação. Isto, claro, é bizarro, e Spinoza e Leibniz estabeleceram como uma de suas tarefas explicar a aparência da interação de forma mais sensata, ao mesmo tempo que negam o fato.

Acho que podemos ver os desastres implícitos na filosofia de Descartes. Sob diferentes aspectos, ele é ao mesmo tempo o pai do idealismo moderno, do materialismo moderno e do ceticismo moderno. Em outras palavras, de todas as tendências destrutivas de todos os séculos subsequentes. Você vê por que ele é considerado o pai da Filosofia Moderna. Quanto à ética, Descartes não fez nada de original nesse campo. Ele não estava particularmente interessado em ética ou política. Se você pudesse classificá-lo, ele é uma combinação de Católico e Estoico. Mas ele não tem influência especial nessas áreas.

Acho que você entende melhor por que o Objetivismo enfatiza que os dois axiomas fundamentais da filosofia são a existência e a consciência, com a existência em primeiro lugar. Se você começar com a consciência, terá Descartes. Se você negar a consciência, você terá Hobbes. Em ambos os casos, você terá uma catástrofe. Qual é o resultado do desastre? Se não há consciência, à la Hobbes, então o homem fica isolado da realidade, incapaz de conhecê-la. Se a realidade estiver em dúvida, como em Descartes, o mesmo resultado. Em ambos os casos, existe uma ruptura fundamental entre a mente do homem e a realidade, quer negando a mente, quer lançando dúvidas sobre a realidade. **Esta ruptura entre a mente do homem e a realidade é o tema fundamental que une Hobbes e**

Descartes. Este é o tema que veremos intensificado e desenvolvido quando olharmos para três seguidores de Descartes — Spinoza, Leibniz e Locke.

Palestra IX, Perguntas e Respostas

P: Não está claro que o conceito de "tempo" ou de "tapete", nesse caso, é uma abstração fundamentada, e sua diferença em relação ao conceito de "mortal" é apenas de grau, não de tipo?

R: Em outras palavras, por que Hobbes distingue entre dois tipos de verdades, uma vez que *todas* as verdades dependem de conceitos e definições? Hobbes não é muito claro sobre isso. Seus seguidores modernos dizem que as chamadas verdades fatuais são, realmente, verdades inteiramente independentes da conceitualização. Eles (isto é, os seguidores modernos consistentes) dizem que as chamadas verdades fatuais são descrições brutas de dados sensoriais que na verdade não podem ser expressas em palavras. O mais próximo que você pode chegar delas são coisas como "Aqui agora verde". Na verdade, até esta frase usa conceitos. Então, o máximo que você pode fazer para ser completamente consistente é dizer que "questões de fato" são as coisas para as quais você aponta, sem usar conceitos ou definições — "ali, ali, ali" — e você não pode dizer nem *aquela*; você pode simplesmente apontar. Esta é a opinião assumida pelo Positivismo Lógico, por muitos Pragmatistas, por toda uma escola de Hobbesianos que são muito mais consistentes. Garanto-lhe que é verdade que *todas* as proposições dependem da conceitualização, e se a conceitualização é arbitrária, então *todas* as proposições são arbitrárias. Nesse aspecto, os seguidores modernos de Hobbes são mais consistentes.

P: Você concorda que existem algumas coisas que o homem não consegue conceber, mesmo no sentido de Walt Disney? Por exemplo, matéria sem qualidades primárias?

R: Não, não no sentido pretendido por esta pergunta. **Não confunda conceber com ter uma imagem. Objetivismo não é nominalismo.** Não equipara pensamento ou concepção a imagens. Você não pode ter a imagem de um elétron, mas pode concebê-la. Por outro lado, você *pode* ter a imagem de um pequeno triângulo em um quadro-negro saltando e trotando pelo parque, mas isso não significa que você tenha um conceito. Pelo contrário, a sua imagem representa uma contradição completa. **Imagem e conceito são fenômenos completamente diferentes.** Se você perguntar: "Posso conceber o oposto de uma verdade estabelecida?" a resposta é: se por concepção você permitir a evasão e disser: "Ao suprimir o conhecimento suficiente que você tem, você pode conceber tal e tal?" Respondo que por evasão e ignorância, qualquer um pode conceber qualquer coisa. Posso conceber a matéria sem qualidades primárias tão facilmente como posso conceber a matéria sem qualidades secundárias. Por quê? Porque não penso nos fatos. Mas, por outro lado, se por "concepção" você quer dizer um estado de espírito baseado no contexto completo da evidência disponível, então eu digo que o oposto de *qualquer* proposição seria uma contradição — qualquer proposição demonstrada — e, consequentemente, o oposto de *nenhuma* proposição verdadeira é concebível. Portanto, o Objetivismo rejeita imediatamente a ideia de que algumas proposições são contingentes, e que você pode conceber o oposto, e outras não. Para mais detalhes, veja meu artigo sobre a dicotomia analítico-sintético.

P: À luz da posição de Hobbes de que a razão é condicionada, será ele então o principal precursor dos sistemas polilogistas alemães?

R: Bem, indiretamente. Um tipo de polilogismo é a visão de que a própria lógica é convencional, linguística. **De forma mais geral, o polilogismo sustenta que a lógica não é universal e para todos os homens, mas diferentes homens têm as suas próprias lógicas — diferentes raças, por exemplo, ou diferentes classes econômicas, ou diferentes grupos linguísticos.** Ao remover verdades conceituais da realidade, nesse sentido amplo, podemos dizer que Hobbes, como nominalista influente, é a fonte moderna definitiva. Mas ele apenas retoma o nominalismo dos filósofos anteriores. Ele próprio não pensou em aplicar isso à lógica. Mesmo Hume não pensou em aplicar isso às próprias leis da lógica. As leis da lógica tiveram que esperar o ataque de Kant para remover explicitamente a lógica da realidade. Mesmo aí, Kant pensava que a lógica Aristotélica estava implantada em nossas mentes e era inescapável, ainda que subjetiva. **A filosofia esperou até que os Positivistas Lógicos do século xx chegassem à conclusão de que o que Hobbes disse sobre as relações de nomes também é aplicável à lógica.** Portanto, é essencialmente um desenvolvimento do século xx. Nesse sentido, Hobbes é apenas indireta e parcialmente responsável por isso.

P: Por que Hobbes dá tanto valor à ausência de conflito social?

R: Acho que seria por razões de bom senso. A vida nas condições que ele descreve seria solitária, pobre, desagradável, brutal e curta, e ele deseja companheirismo, civilidade e vida longa, o que não é muito confuso.

P: Mas isso é apenas um capricho da parte de Hobbes?

R: *Tudo* é um capricho, segundo Hobbes.

A NOVA BRECHA ENTRE A MENTE E A REALIDADE

P: Mas por que isso deveria ser aplicado a outras pessoas?

R: Por que seu capricho deveria ser obrigatório para qualquer outra pessoa? Se o soberano que entra concorda com isso e o coloca na prisão, se você discordar, o capricho dele está correto, e se não estiver, não.

P: Hobbes começa sua filosofia apelando ao método da matemática e acaba denunciando a matemática como estando desligada da realidade. Como ele reconcilia isso?

R: Ele não reconcilia. Hobbes é o século XVII, e lembre-se, as coisas que se tornaram explícitas nos séculos XVIII e XIX e, acima de tudo, no XX estão simplesmente em estado de germe no século XVII. Hobbes é em parte empirista, em parte racionalista, você vê, começando com axiomas e deduzindo toda a verdade, e em parte cético. Enfatizei a parte cética nele porque era a mais influente. Mas há muito racionalismo em Hobbes e muito ceticismo em Hobbes. **A filosofia britânica ao longo deste período é uma parte de ceticismo, uma parte de Aristotelismo e uma parte de Platonismo, tudo misturado. Isso é o que chamamos de "senso comum britânico".** Você verá exatamente a mesma mistura em Locke. Berkeley é mais consistente como Platônico, e Hume é bastante consistente como cético.

P: O Objetivismo concordaria com a primazia da vontade sobre o intelecto, uma vez que o livre-arbítrio do homem consiste em focar a sua mente e, portanto, a vontade vem em primeiro lugar?

R: Uma pergunta engenhosa, mas "não" é a resposta. A primazia da vontade significa especificamente que o intelecto é um derivado, incapaz de objetividade, uma consequência de fatores irracionais — não racionais, para ser exato — que são mais básicos e que colorem e distorcem todas as conclusões da razão. Neste sentido, o Objetivismo nega toda a dicotomia entre vontade e intelecto, e recusa-se dizer qual é a mais básica. Isso é vital para toda a teoria Objetivista do livre-arbítrio. A vontade, segundo o Objetivismo, é o intelecto; não é uma faculdade separada fora do intelecto que o desliga ou liga ou o aponta nesta direção ou naquela direção. O livre-arbítrio é o poder do intelecto de se concentrar, isso é tudo, portanto, não há dúvida se a vontade é mais básica que o intelecto. Toda essa dicotomia pressupõe uma divisão alma-corpo — que o intelecto é uma coisa, e a vontade pertence ao corpo (numa interpretação normal, embora às vezes a invertam — o intelecto pertence aos sentidos e a este mundo, e a vontade pertence ao espírito) — mas em qualquer caso, há um conflito entre os dois, e o que é mais importante? O Objetivismo nega a oposição mente-corpo e, portanto, toda a dicotomia vontade-intelecto.

P: Se alguém definisse "homem" como "um trípede sem penas", significando uma criatura de três pernas sem penas — Hobbes não seria capaz de chamar esta definição de falsa com base na percepção sensorial?

R: Não, não com as premissas dele. Ele diria que você definiu algo do qual não temos instâncias, mas você é livre para fazer isso se quiser. Temos muitas classes onde não há instâncias — "fada", "demônio", "deuses", etc. Adicione outra, se quiser. Tudo o que posso dizer é que não há casos disso, mas isso não impede que você o tenha. Não é falso. Todas as definições, como você vê, são hipotéticas: "*Se* houver alguma coisa com essas características, então o nome se aplicará a ela." Você está dizendo: "*Se* existisse uma coisa de três pernas sem penas, eu a chamaria de 'homem'." "Tudo bem, boa sorte", ele diria.

P: Você poderia dar alguns exemplos das aplicações da matemática à filosofia por Descartes?

R: Já lhe dei o principal, a saber, o conceito de dedução a partir de axiomas evidentes como a essência do método em filosofia, que é essencialmente um método matemático, em oposição à abordagem indutiva observacional do conhecimento. Outra é a ênfase de Descartes na quantidade como a verdadeira característica da realidade, metafisicamente; as qualidades primárias são as quantitativas, veja você. Há muito mais. O próprio Descartes era um matemático talentoso, mas não estamos aqui para discutir suas realizações em matemática.

P: Visto que os fundamentos metafísicos e epistemológicos da ciência moderna são fortemente Aristotélicos, por que a ciência moderna adotou uma ética cético-subjetivista?

R: Bem, aqui você tem que distinguir entre a ciência enquanto cientistas e a ciência enquanto filósofos da ciência. Os cientistas, os verdadeiros cientistas em atividade, na medida em que realizaram alguma coisa (e realizaram maravilhas no mundo moderno), funcionavam como Aristotélicos, independentemente do que pregavam. Estudavam o mundo através da observação, acreditavam que era possível adquirir conhecimento pela razão, não eram sensualistas, não eram céticos, não tentavam lembrar-se de suas lembranças de uma vida anterior, não eram Platônicos — eles não buscavam suas ideias inatas — eles funcionavam como Aristotélicos. Mas os filósofos que estavam ocupados interpretando seus trabalhos tiraram deles todos os tipos de conclusões Platônicas e céticas.

Você pergunta por quê. **Bem, a filosofia precede a ciência. A ciência não leva à filosofia, mas o contrário. Nenhuma descoberta científica mudará a mente de um filósofo, nem deveria fazê-lo, porque a própria ciência assenta numa base**

metafísico-epistemológica. O que aconteceu é que os resultados da ciência, que se apoiavam numa base Aristotélica *implícita*, foram sistematicamente distorcidos pelos filósofos para justificar conclusões subjetivistas/céticas/nominalistas. A prova do poder da filosofia é que os próprios cientistas, não sendo filósofos, começaram a divulgar oficialmente as ideias muito corruptas que lhes foram ensinadas pelos filósofos. Como não se pode isolar permanentemente a ciência — a prática real da ciência — da filosofia, o resultado é que no século XIX, mas particularmente no século XX, os cientistas, nas suas vidas profissionais reais, começaram a ser irracionalistas, começaram a ser céticos, começaram a ser subjetivistas e nominalistas. O que vemos hoje é o verdadeiro colapso — não me refiro apenas à psicologia, que nunca começou antes de entrar em colapso — quero dizer da biologia, quero dizer da física, quero dizer da matemática, das verdadeiras ciências radicais. **Os sinais desse processo estão nas teorias dos matemáticos modernos, noventa e nove em cem dos quais são seguidores do nominalismo (mesmo que nunca tenham ouvido o nome), de todo tipo de subjetivismo, em Bertrand Russell e toda aquela turma que domina inteiramente o campo da matemática. A física está sendo invadida pelo irracionalismo — há a interpretação de Copenhague da mecânica quântica. Existe a própria mecânica quântica, com suas ideias fantásticas, negando a lei de causa e efeito, algumas delas afirmando que as partículas subatômicas são e não são corpusculares ao mesmo tempo e respeito, e que isso refuta a lei da contradição. Existem as interpretações fantásticas feitas sobre a teoria da relatividade de Einstein. Existe a teoria da biologia de que as moléculas têm memória.** Quero dizer, você não pode manter a ciência separada indefinidamente. No início, montada num remanescente Aristotélico, foi capaz de realizar coisas maravilhosas. Mas isso é apenas por um certo tempo.

P: Hobbes acreditava que os homens deveriam entregar voluntariamente seu poder ao rei?

R: Sim. Ele acreditava que os homens deveriam contratar voluntariamente. Todos são iguais no estado de natureza. Portanto, deveriam contratar voluntariamente a entrega do seu poder a um ditador. Você pode ficar surpreso ao saber que muitos, muitos comentaristas declaram que Hobbes é realmente o pai da democracia moderna, porque ele disse que os homens deveriam alcançar a ditadura com o consentimento e acordo de todos os indivíduos e, portanto, o seu governo é com o consentimento dos governados. Você sabe o que é democracia, então acho que é verdade. A democracia é uma regra de maioria ilimitada, e a maioria pode determinar qualquer coisa, inclusive ter um ditador. Então por que não? É muito revelador sobre o que é a democracia se disserem que Hobbes é um dos seus pais.

P: Você pode explicar a relação, se houver, entre o nominalismo e a visão empirista moderna de que todo conhecimento por indução é provável, nunca certo?

R: Ah, sim, a relação aí é muito direta. **O conhecimento por indução é o conhecimento que tenta chegar a generalizações.** Proposições universais como "Todos os homens são mortais" ou "Todos os fogões quentes queimam", etc. — nenhuma quantidade de observações sensoriais irá estabelecer universais, porque elas têm um número ilimitado de instâncias. Portanto, ou você os valida por algum meio conceitual, ou acumula exemplos e diz "quem sabe o que vai acontecer amanhã?". **Se os meios conceituais estiverem desligados da realidade, você ficará numa posição em que *não poderá* saber o que vai acontecer amanhã. Essas pessoas não têm o direito nem de dizer que é provável.** Deveriam dizer como Hume, que era um nominalista consistente a este respeito: "Não tenho a menor ideia do que vai acontecer amanhã. Eu nem sei se haverá um amanhã." Este problema da indução está inerentemente ligado ao problema dos universais e da formação de conceitos.

P: Qual é o papel que a consciência do homem sobre sua própria mortalidade desempenhou na filosofia?

R: A resposta curta: depende do período da filosofia que você está analisando. Nos períodos em que os homens estão comparativamente felizes com a vida na Terra, a mortalidade não é um problema. Aristóteles, Epicuro representam a atitude grega (não Platão, que é atípico e infeliz com esta vida), mas Aristóteles e Epicuro representam a atitude grega — a vida é ótima, vamos aproveitá-la, vamos morrer, mas e daí, porque quando morrermos, não estaremos lá e isso não significa nada. Por outro lado, na medida em que os homens se opõem à vida na terra e/ou se sentem inseguros ou infelizes, então eles consideram a morte ou como uma fuga gloriosa (que é a típica abordagem Platônica sobrenatural medieval), ou consideram a morte como uma ameaça horrível porque põe fim à sua vida antes que eles tenham a chance de entendê-la (e essa é a queixa Existencialista moderna). **Mas a preocupação com a mortalidade como tal é uma aberração. Vem do ódio à vida ou do terror pelas próprias inadequações.** É, portanto, uma questão periférica na filosofia, um fenômeno patológico.

PALESTRA X

A BRECHA SE APROFUNDA...

Nosso tema nesta palestra são três seguidores de Descartes que formaram a ponte entre o racionalismo de Descartes no século XVII e o subjetivismo e o ceticismo de Berkeley e Hume, respectivamente, no século XVIII. Os três que iremos cobrir são dois Racionalistas Continentais, Spinoza e Leibniz, e um Empirista britânico, John Locke. Em termos da sua influência real sobre os filósofos posteriores e sobre os desenvolvimentos culturais posteriores, Locke é definitivamente o mais importante dos três. Estou, no entanto, dedicando-lhe comparativamente menos tempo do que aos outros dois esta noite, apenas porque as suas ideias são em grande parte pouco originais em metafísica, epistemologia e ética. Na política, onde ele brilha, seus pontos de vista são muito fáceis de entender e, portanto, a apresentação de Locke leva menos tempo do que Spinoza e Leibniz.

Comecemos com Spinoza e Leibniz. Sua compreensão da história da filosofia exige que você tenha algum conhecimento de perspectiva, de quem é e de quem não é crucialmente importante. Portanto, quero dizer desde já que Spinoza e Leibniz *não* são grandes pontos de virada ou filósofos profundamente influentes. Eles exerceram alguma influência, mas comparativamente pouca, sobre os filósofos subsequentes, e praticamente nenhuma influência direta sobre o homem comum. Praticamente ninguém é Espinosista ou Leibniziano, assim como as pessoas são Hobbesianas, Cartesianas, Platônicas ou Aristotélicas. De certa forma, esses dois são os menos influentes dos principais filósofos mundialmente famosos. **Incluo-os neste curso em parte porque são mundialmente famosos, em parte porque têm uma função importante na história da filosofia: perpetuam e transmitem o Racionalismo Cartesiano.** Eles desenvolvem a filosofia de Descartes até suas últimas consequências consistentes. Ao fazê-lo, produzem sistemas filosóficos tão bizarros que ocorreu aos filósofos que assistiam ao espetáculo que algo importante estava errado com Descartes — por outras palavras, com a abordagem racionalista geral da filosofia. O terreno foi assim preparado para uma escola que enfatiza que o conhecimento começa com a percepção sensorial — por outras palavras, para a escola Empirista. Veremos que os sistemas de Spinoza e Leibniz são sistemas engenhosos, complicados e dedutivos que são mundos oníricos de pensamento, castelos intelectuais no ar, sem relação com o mundo, com a vida tal como a experienciamos dia após dia. O seu próprio afastamento deste mundo produziu a reação empirista a eles.

Devo acrescentar que certos pontos individuais destes filósofos influenciaram definitivamente os filósofos posteriores. Spinoza, por exemplo, esteve em voga na Alemanha no final do século XVIII e início do século XIX e é uma das influências formadoras de Hegel. Leibniz formulou certos conceitos que foram utilizados por Freud e, de outras formas, ajudou definitivamente a influenciar Hume e Kant. Então você *não* deve pensar que essas pessoas são *apenas* curiosidades. Mas certamente não são equivalentes em influência aos principais filósofos que temos enfatizado. Portanto, farei um resumo apenas dos pontos-chave e das conclusões necessárias para os nossos propósitos, e não tentarei nada parecido com uma exposição ou apresentação detalhada, nem mesmo dos seus argumentos básicos. Nesta palestra, você terá uma espécie de atropelamento de Spinoza e Leibniz.

BARUCH SPINOZA

Baruch Spinoza (1632-1677 d.C.) tinha cerca de dezoito anos quando Descartes morreu. **As fontes de Spinoza são, em parte, a filosofia judaica medieval — ele próprio era um filósofo judeu.** Ele aprendeu muito sobre a Escolástica, estava completamente familiarizado com a tradição Escolástica, e estava familiarizado com os desenvolvimentos da ciência moderna. Um dos principais objetivos de sua filosofia era conciliar sua herança religiosa com os desenvolvimentos da ciência moderna. Você verá nele uma mistura peculiar de misticismo religioso e ciência lógica moderna. Lembre-se de que Descartes também tentou escapar das conclusões materialistas de Hobbes, encontrando um lugar para o que ele considerava como conclusões religiosas no mundo da ciência, e Descartes fez isso dividindo o mundo em duas substâncias: a mente pertence à religião e a matéria pertence à ciência. Spinoza também está interessado em encontrar um lugar para o culto religioso num universo devidamente estudado pelo físico. Ele quer salvar ambos. Mas a sua solução é bastante diferente da de Descartes.

Epistemologicamente, Spinoza era um racionalista — ele é o segundo Racionalista Continental famoso. Nesse sentido, ele acredita que o método adequado para adquirir conhecimento é o método matemático, em particular, o método geométrico. Isto é, devemos modelar a filosofia na geometria. Deve

começar com axiomas básicos, axiomas autoevidentes, que sejam claros e distintos (você se lembra daquela expressão de Descartes), que sejam apreendidos intuitivamente no sentido de Descartes (isto é, autoevidentes), que não exijam prova, e sejam então a base para todo o resto. **Todo o conhecimento subsequente será adquirido por dedução destes pontos de partida claros e distintos.** Este era o programa de Descartes, mas Descartes, se bem se lembram, não tinha sido muito rigoroso quanto a ele. Ele havia seguido o caminho de suas deduções e, sempre que ficava preso, tinha uma nova intuição de uma "ideia clara e distinta" para ajudá-lo ao longo do caminho e suavizar a transição para a próxima série. **Spinoza, entretanto, é muito mais rigoroso na aplicação do método de Descartes. Ele quer aplicar o método literalmente e fazer da filosofia exatamente como a geometria.** Você não pode ter intuições subsidiárias ao longo do caminho. Você deve, diz ele, especificar cada um de seus axiomas e definições desde o início e, uma vez estabelecidos, cada passo deve ser provado dedutivamente, rigorosamente. Devemos realmente imitar a geometria. O título da famosa obra de Spinoza é *Ethica Ordine Geometrico Demonstrata* — *Ética Demonstrada à Maneira dos Geômetras*, que tem exatamente a estrutura de um texto de geometria. Começa com axiomas e definições numerados e deduz os teoremas, cada um numerado — são cerca de duzentos e sessenta no total — e é comum ao discutir Spinoza, dizer "Proposição 78, livro I", etc.

Como Spinoza é um racionalista continental, você pode adivinhar qual é a sua atitude em relação à percepção sensorial — ele adota a visão Cartesiana. A percepção sensorial é inadequada, confusa, basicamente uma forma inválida de conhecimento. Ele subscreve, com Descartes, Hobbes e Galileu, a distinção que Locke batizou de distinção "qualidade primária-secundária", a visão de que a matéria é realmente apenas extensão, tridimensionalidade, dispersão no espaço e, portanto, a forma como a matéria nos parece com som, cor e sabor, e assim por diante, é realmente enganosa. **Pelos sentidos, diz Spinoza, não podemos distinguir o que realmente pertence às coisas na realidade e o que são apenas os efeitos secundários subjetivos sobre nós.** O conhecimento sensorial é, portanto, confuso e inadequado, e não nos diz o que realmente existe. Os sentidos são úteis para fins práticos. Podem até ser úteis como estímulo sugestivo para nos fazer pensar em ideias que posteriormente validamos por meios dedutivos, mas não podemos saber nada sobre a realidade *apenas* com base na evidência dos sentidos. **O verdadeiro método de conhecimento é focar em nossas ideias claras e distintas e então deduzir as consequências. Este é o típico racionalismo Cartesiano.** Como veremos, Spinoza assume como autoevidentes, claras e distintas, um grande número de ideias Platônicas escolásticas, assim como fez Descartes.

Voltemo-nos para a metafísica de Spinoza. Qual é a natureza do universo? Onde começa Spinoza? Você se lembra de que Descartes começou com o *Cogito*, com o eu, e depois continuou para provar a existência de Deus e, finalmente, do mundo físico. **Spinoza tem um ponto de partida diferente. A sua filosofia começa com a prova da existência de Deus, e a sua prova básica é uma versão do argumento ontológico de Santo Anselmo.** O argumento de Spinoza equivale ao seguinte: eu tenho, diz ele, o conceito, a ideia, de um ser infinito absolutamente independente e autocontido. Vamos apenas raciocinar a partir dessa ideia. Se tal ser existe, não pode ser porque alguma entidade externa o trouxe à existência, porque se assim fosse, o ser seria um produto de fatores externos e não seria completamente independente, completamente autocontido. **Em outras palavras, deve ser tal, se existir, que sua própria natureza exija que exista. A sua essência, como diz Anselmo, implica a sua existência. Mas se uma coisa é tal que a sua essência implica a sua existência, o que significa que a partir do próprio conceito de tal coisa, pode-se concluir que ela deve existir.** Portanto, é verdade. Você entendeu? Este é, com efeito, o argumento de Anselmo. Mas em vez de falar sobre o conceito do ser mais perfeito e concluir da sua definição que ele deve existir, Spinoza muda um pouco a definição inicial. O seu argumento está aberto a todas as objeções que o de Anselmo está — que é tudo hipotético e prova apenas que se existe um ser que responde à sua definição, então existe um. Mas sabíamos disso com antecedência. A questão é: existe um? De qualquer forma, passemos adiante.

Esta entidade absolutamente independente é infinita e Spinoza leva isso a sério. O que significa ser infinito? Significa não ser limitado. Se você comparar esta entidade com um ser humano, o ser humano é limitado, ou finito, de duas maneiras. Tem apenas dois atributos — mente e matéria (ou corpo) — e cada um desses atributos é finito em quantidade — tem uma mente finita e um corpo finito. Em contraste, o ser infinito, independente e autocontido (chamado "Deus") tem atributos infinitos, uma vez que Deus é infinito, ele tem atributos infinitos, ou seja, um número infinito de atributos diferentes, e cada um deles é infinito em extensão, em quantidade. Então, ele não está limitado em nenhuma das maneiras que nós estamos. A ideia de que Deus é infinito é uma posição perfeitamente típica. A questão é que Spinoza leva isso a sério, o que poucos filósofos anteriores a ele fizeram. Ele argumenta o seguinte: Se Deus é infinito, se ele possui atributos infinitos, cada um dos quais é infinito em extensão, como pode haver espaço para qualquer outra coisa existir além de Deus? **Deus é o ser que possui todos os atributos imagináveis e inimagináveis, um número infinito e uma quantidade infinita de cada um. Ele deve então ser *tudo*.** Não resta nenhum atributo para qualquer outra coisa ter. Portanto, só podemos concluir que Deus é a única coisa que existe — uma dedução perfeitamente lógica a partir da premissa.

Você pode perguntar: e o mundo, e a natureza física, e a realidade? A resposta: Deus *é* o mundo. "Deus" ou "Natureza" ou "Realidade" são apenas nomes diferentes para a mesma entidade infinita independente. **Esta visão é chamada de** *Panteísmo*, **a visão de que Deus é idêntico à totalidade do mundo. Deus é tudo e tudo é Deus. Vimos esta visão nos Estoicos da Grécia antiga.**

Quando Spinoza diz que Deus e o universo, ou a natureza, são apenas dois nomes diferentes para a mesma totalidade, não será isto meramente semântica? A resposta é sim e não. Mas principalmente não, não é semântica, porque ele concebe o universo de tal forma que tem atributos muito, muito religiosos. Há um uso legítimo do termo "Deus" aplicado ao universo tal como Spinoza o concebe. No entanto, em certo sentido, Spinoza é um ateu — se você conceber Deus no estilo tradicional judaico-cristão como um ser sobrenatural além do mundo da natureza, com uma personalidade, uma vontade, um plano, etc., olhando para o espetáculo de sua própria dimensão e tendo seus próprios propósitos, interferindo no curso da natureza e realizando milagres — se *essa* é a sua ideia de Deus, então Spinoza é um ateu declarado. **Ele diz que Deus é a natureza, não um Pai fantasmagórico que controla a natureza do além. A propósito, esta posição sujeitou Spinoza às formas mais ferozes e vis de ataques por parte dos seus contemporâneos. Ele é o único filósofo judeu realmente famoso em todo o mundo, e os judeus o excomungaram formalmente por ser um ateu horrendo.** Ele nega que Deus criou o mundo do nada — ele acredita que o universo é eterno. **Ele nega que Deus tenha personalidade, que seja um Pai amoroso ou providencial — você não pode orar ao Deus de Spinoza da mesma forma que não pode orar à totalidade da realidade.** Ele não tem nenhum plano, e Spinoza é um verdadeiro polemista contra os milagres, contra o argumento do desígnio: "Só Deus pode fazer uma árvore", aquele argumento do tipo *Reader's Digest*.

Não tenho tempo para citar Spinoza aqui, mas quero pelo menos mencionar que ele faz muitas, muito boas observações criticando a visão religiosa tradicional. Há um lado racional e científico definido em Spinoza, que é muito admirável, até certo ponto, e muito pouco característico do século XVII. Assim, tendo isso em mente, prossigamos com o sistema de Spinoza.

A primeira coisa a reconhecer é que se tudo o que existe está em Deus, ou é uma parte de Deus, então obviamente só pode ser compreendido vendo a sua relação com Deus. Esta é uma atitude tipicamente religiosa numa filosofia *não* panteísta: tudo depende de Deus e só pode ser entendido como causado ou produzido por Deus de alguma forma. **A questão é: o que isso significa se você é**

panteísta? Não pode ser que Deus tenha um plano e por um ato de vontade produza tudo, porque Deus é tudo, e não um estranho impondo a sua vontade. Neste ponto, Spinoza dá uma guinada, determinado pelo seu racionalismo. O universo, acreditava ele junto com Descartes, é um universo lógico e, afinal, é por isso que podemos estudá-lo geometricamente, com axiomas que levam a teoremas. A realidade é uma totalidade integrada logicamente relacionada, onde tudo acontece como acontece como uma consequência lógica e inevitável de eventos anteriores e da natureza do todo.

Então, a religião diz que tudo vem de Deus, e o racionalismo diz que tudo acontece geometricamente (ou seja, por necessidade lógica, a partir de princípios básicos). Spinoza junta os dois e diz que tudo vem de Deus geométrica ou logicamente. Em outras palavras, ele reúne religião e geometria numa forma panteísta. O resultado é sua visão de que a realidade, ou Deus (e Spinoza usa esses dois como sinônimos), tem uma certa natureza básica, e dessa natureza básica, cada aspecto da realidade segue inexoravelmente, com a mesma lógica que os teoremas da geometria seguem de axiomas. Por exemplo, se eu usar a definição de um triângulo e os axiomas apropriados, posso deduzir a necessidade absoluta da soma dos ângulos desse triângulo ser 180 graus (e estamos falando aqui de um triângulo euclidiano). Qualquer alternativa seria logicamente impossível, uma contradição e, portanto, seria proibida pelas leis da lógica. Esse é o modelo a ter em mente para compreender a visão do universo de Spinoza. *Tudo o que existe, tudo o que acontece*, para ele, está relacionado com a natureza básica da realidade da mesma forma que a soma dos ângulos de um triângulo está relacionada com a natureza de um triângulo. Se então, você compreender claramente qual é a natureza da realidade, verá que tudo — o menor aspecto e o princípio mais amplo — é logicamente inevitável, e qualquer alternativa seria uma autocontradição lógica, proibida pelas próprias leis da lógica. Quando dizemos que Deus é a causa do mundo, na verdade queremos dizer que Deus, ou a realidade, tem uma certa natureza básica, e tudo decorre logicamente dessa natureza. Deus causa o mundo exatamente no mesmo sentido em que os axiomas geométricos causam seus teoremas; em outras palavras, Ele implica logicamente o mundo. Qualquer outra coisa seria uma autocontradição.

Se você abandonar as referências religiosas, o que Spinoza está dizendo é que vivemos em um mundo racional e lógico, que é governado por uma lei rígida de causa e efeito, e essa própria lei de causa e efeito é garantida pelas leis da lógica. Ele está correto nesta visão. Ele tem sido atacado incessantemente por pessoas que seguem David Hume por acreditar que o universo é lógico, quando Hume supostamente provou que não era. Assim, quero enfatizar que, despojado dos seus aspectos religiosos, o cerne da visão de Spinoza sobre este ponto é certamente correto. No entanto, Spinoza tira daí uma conclusão que o Objetivismo certamente não faria. Nomeadamente, ele sustenta que se você acredita num universo lógico rígido onde tudo acontece de acordo com a lei da causalidade de acordo com as leis da lógica, você deve então ser um determinista. Ele é, portanto, um determinista: como o homem também faz parte da realidade, ele também é uma consequência logicamente inevitável da natureza total da realidade, e cada aspecto dele — seus pensamentos, suas emoções, suas ações — são tão absolutamente logicamente necessários como a soma dos ângulos de um triângulo. Se o homem fizesse *alguma* coisa diferente, mesmo que fosse a menor coisa diferente da maneira como realmente fez, isso violaria as próprias leis da lógica e envolveria uma contradição. **Portanto, Spinoza é às vezes referido como um *determinista lógico*, significando com isso: determinismo através das próprias leis da lógica.** Não podemos, diz Spinoza, sequer imaginar na fantasia uma alternativa a qualquer ação, pensamento ou emoção humana que já tenha ocorrido, assim como não podemos imaginar um quadrado redondo, porque a alternativa a qualquer coisa que aconteça seria uma contradição. Temos, diz Spinoza, uma sensação de liberdade, mas isso é uma ilusão, causada pelo fato de não compreendermos as causas que operam. Se uma pedra, diz ele em algum lugar, estivesse rolando colina abaixo em total obediência cega à lei da gravidade, e se estivesse consciente, provavelmente pensaria consigo mesma: "Como estou livre descendo a colina." Mas a pedra é completamente movida por fatores fora do seu controle, e a sua ilusão de liberdade é uma ilusão causada pela ignorância. Ela olha para o futuro e não percebe os fatores passados que exigem seu comportamento. O mesmo ocorre para o homem. A este respeito, Spinoza é talvez o determinista mais rígido de toda a história da filosofia. Veja você, ele deriva isso da lei de causa e efeito, da ideia de que o universo é rigidamente lógico. Portanto, o problema que ele coloca é: como conciliar o livre-arbítrio com as leis da causalidade e da lógica?

Dissemos que Deus é o mundo. Perguntemos agora: que tipo de mundo é esse? Ou coloque a mesma questão de outra forma: que tipo de ser é Deus? Para Spinoza, existe apenas uma entidade independente, que é o universo, que, seguindo a terminologia de Descartes, ele chama de "substância". Lembre-se da definição de "substância" de Descartes como "uma coisa que é independente de todo o resto". Só existe uma substância assim, de acordo com Spinoza, a saber, o universo como um todo, ou Deus. Qual é então o status da mente e da matéria? Descartes pensava que ambos eram substâncias, por isso ele é classificado como dualista. Mas, para Spinoza, mente e matéria não podem ser substâncias, pois apenas a totalidade é a substância. Portanto, mente e matéria devem ser propriedades, ou *atributos*, de alguma coisa. Bem, do quê? Obviamente da única coisa que existe, nomeadamente, Deus. Portanto, mente e matéria devem ser dois atributos, ou propriedades, pertencentes e expressando a natureza de Deus. Devem ser dois atributos de uma única realidade, ou seja, Deus.

Agora nós temos um problema. Supõe-se que um atributo, nesta terminologia, expresse a natureza básica de uma substância. Supõe-se que lhe diga o que é essencialmente uma substância. Aparentemente, mente e matéria são coisas radicalmente diferentes. Considere, por exemplo, um terremoto físico real e um fenômeno mental que lhe corresponde, ou seja, o seu pensamento sobre esse terremoto. Com estes, poderíamos listar características radicalmente diferentes. Por exemplo, o seu pensamento sobre o terremoto não faz barulho, mas o terremoto sim. O seu pensamento sobre o terremoto não destrói vidas humanas, mas o terremoto sim. O seu pensamento sobre o terremoto não está em nenhum ponto específico do espaço e não é registrado na escala Richter, mas o terremoto sim, e assim por diante. Mente e matéria, em outras palavras, parecem ser radicalmente diferentes. Como pode uma única entidade, nomeadamente, Deus, ser ao mesmo tempo essencialmente mente e essencialmente matéria? Como podem duas propriedades tão diferentes expressar o que Deus é essencialmente? Como entenderemos isso? Se você não for um racionalista, dirá: "É melhor começar tudo de novo e verificar minhas premissas básicas através da observação e ver como cheguei a isso agora." Mas se você for um racionalista, prosseguirá precipitadamente com sua cadeia de deduções porque tem seus axiomas claros e distintos e, portanto, simplesmente pega o touro pelos chifres e segue em frente a partir daí.

Em princípio, você tem duas opções: você pode dizer: "Uma dessas duas não é realmente real. Mente e matéria não são ambas reais, então uma delas é realmente uma ilusão, uma aparência", e isso resolveria o problema, porque então você diria que Deus, por exemplo, é realmente apenas mente, e então não tenho que explicar como ele também pode ser realmente matéria, porque a matéria é uma ilusão — se você considerar isso como uma solução, essa é uma possibilidade. A outra possibilidade é dar um salto ousado, e o salto ousado é o salto que Spinoza deu. Ou seja, essas duas propriedades não são realmente diferentes, mas são, em última análise, iguais. Mente e matéria são apenas duas maneiras diferentes de expressar a mesma coisa. Em outras palavras, ou você se livra de uma delas e diz que é apenas uma ilusão, ou diz que não há problema porque as duas não são realmente diferentes. Leibniz escolheu a primeira alternativa, e você pode adivinhar de qual delas ele se livrou como irreal, a saber, a matéria, sob a influência da certeza anterior da consciência de Descartes. Spinoza ficou do outro lado.

O que significa dizer que mente e matéria são a mesma coisa, em última análise? São duas expressões diferentes de Deus. Aqui devo recorrer a uma analogia.

Considere duas línguas diferentes, francês e inglês. Suponhamos que o substituto de Deus nesta analogia seja uma discussão que pode ser em francês ou inglês. Suponha que a mesma discussão estivesse ocorrendo em duas salas diferentes. Há uma correspondência ponto a ponto, ou seja, cada vez que uma pergunta era feita em francês, a mesma pergunta era feita em inglês, e quando a resposta era dada em francês, a resposta também era dada em inglês na sala ao lado. Estas são duas pequenas discussões independentes. **Seria a mesma discussão manifestando-se de duas formas diferentes.** Observe que o francês e o inglês nesta analogia não dividem a discussão entre si — não é como se metade da discussão fosse em francês e a outra metade em inglês — *tudo* é em francês, e na sala ao lado, simultaneamente, *tudo* é em inglês. **Esse é o padrão pelo qual você deve compreender a teoria de Spinoza sobre a relação entre mente e matéria. São duas expressões diferentes da mesma realidade, duas formas diferentes nas quais a natureza de Deus se manifesta.** Cada uma expressa completamente o que Deus é essencialmente, assim como cada uma dessas duas línguas expressa a discussão completamente na analogia. Cada uma expressa a mesma realidade subjacente, assim como é apenas uma discussão. Acontece que Deus se expressa ou se manifesta de duas formas diferentes. Portanto, não é que a realidade seja *parcialmente* matéria e *parcialmente* mente, como disse Descartes. Não, mente e matéria não dividem a realidade. A totalidade da realidade, ou a totalidade de Deus, é completamente expressa pela mente — a série mental de eventos, a linguagem mental, se você quiser olhar dessa forma — e a totalidade da realidade é completamente expressa pela matéria, ou linguagem corporal ou material, se você quiser ver desta forma. Portanto, mente e matéria são, em última análise, a mesma coisa. São, com efeito, duas expressões diferentes de uma realidade idêntica.

Segue-se que deve haver uma correspondência ponto a ponto entre o mental e o físico. Como cada um expressa a mesma realidade, e o faz de uma forma inevitável e rigidamente lógica, os dois devem ser paralelos. Assim como na analogia das duas línguas, podemos traduzir de um lado para o outro — para cada frase de uma discussão, haverá uma contrapartida exata na outra — porque cada frase expressa a mesma discussão na mesma ordem. Então há uma correspondência ponto to por ponto. Para cada palavra francesa, existe um equivalente em inglês.

O mesmo acontece com a mente e o corpo. Podemos traduzir de um lado para o outro. **Existem duas séries de eventos: a série mental e a série física. Este ponto de vista é conhecido como "a metafísica do paralelismo psicofísico", que significa paralelismo mente-corpo. É a visão de que existe um paralelismo ponto a ponto exato entre eventos mentais e físicos, e que a razão pela qual existe tal paralelismo é que, em última análise, os dois conjuntos de eventos são realmente o mesmo fenômeno, ou a mesma entidade.**

Antes de prosseguirmos, devo lembrá-lo de que existe um número *infinito* de atributos, não apenas mente e matéria, porque Deus é infinito. Você pode me perguntar sobre as outras coisas infinitas menos dois. Spinoza diz que elas são incognoscíveis para a mente humana. Então, na analogia, você tem que pensar que a mesma discussão está acontecendo em um número infinito de línguas, de eternidade em eternidade, mas só estamos sintonizados em duas dessas línguas, por assim dizer. Todos nós vivemos em inúmeros outros mundos além do mental e do físico, e eles são incognoscíveis para nós. Podemos deixar os incognoscíveis e voltar apenas aos dois que conhecemos, o mental e o físico.

Você pode se perguntar o que levaria alguém a ter uma visão como essa. Há vários motivos, dos quais citarei apenas um: evita o problema da interação. Lembre-se do problema que Descartes legou: mente e matéria são radicalmente diferentes. Uma está no espaço e se move apenas por contato físico por lei mecânica, enquanto a outra é exclusivamente uma entidade pensante consciente e não ocupa espaço. Como as duas poderiam influenciar uma à outra? É um milagre, disse Descartes. Deus é grande, Deus é maravilhoso e, de alguma forma, incompreensivelmente, ele permite que elas se influenciem. Spinoza é muito mais rigoroso e consistente, pois não permite esse tipo de milagre. Ele diz que a solução é que não há interação — a mente não pode agir sobre a matéria, a matéria não pode agir sobre a mente. Não há nenhuma influência mútua. Cada um desses dois atributos é um sistema fechado e completamente independente. Os eventos no mundo mental são causados apenas por eventos mentais anteriores. Os eventos no mundo material são causados apenas por eventos físicos anteriores. Tal como na analogia, o francês não causa o inglês, e o inglês não causa o francês. São duas pequenas dimensões independentes que correm paralelamente uma à outra. De onde alguém tiraria a ideia de que há interação? Ele mistura suas séries. Suponhamos, por exemplo, que você ouça uma pergunta em inglês e depois corra para a sala francesa e ouça a resposta em francês — você pode pensar que as perguntas em francês interagiram com as em inglês e produziram a resposta. Mas essa é obviamente a sua confusão. Assim, disse Spinoza, posso explicar a *aparência* da interação ao mesmo tempo que nego a sua existência real: sempre que tivermos um ato de vontade (por exemplo, mover o braço), o braço se moverá. Esse é o exemplo aparente de como a mente influencia a matéria. Sempre que eu enfiar um alfinete em você, o que é um evento físico, você sentirá um pouco de dor, o que é um evento mental. Mas isso não significa que haja qualquer interação causal em qualquer direção. Cada série segue seu próprio caminho. A razão pela qual o ato de vontade no movimento corporal ou o espetar do alfinete e a experiência da dor parecem estar causalmente relacionados é que eles são, na verdade, o mesmo evento que se manifesta em duas linguagens diferentes, expressando a mesma realidade. Nós apenas confundimos nossas línguas, você vê. Portanto, haverá paralelismo entre os dois.

Do ponto de vista de Spinoza, há grandes vantagens neste esquema. Salvamos um mundo físico material e mecanicista da ciência inteiramente intocado pela mente e, portanto, a mente não pode influenciar a matéria e os cientistas estão presumivelmente felizes — eles agora têm a reserva de um mundo estritamente mecânico para estudar, e nenhuma mente irá interferir com as leis da mecânica. Por outro lado, não o fizemos ao custo de cair na armadilha de Hobbes de negar a mente, o pensamento e o propósito, e salvamos um mundo de pensamento e propósito independente da matéria. Fizemos isso — embora esta seja basicamente uma divisão Cartesiana — fizemos isso de uma forma sem sermos ininteligíveis como Descartes era, porque podemos explicar a aparência de interação enquanto negamos o fato.

Você pode ver que embora este seja um ponto de vista fantástico, *não* é porque Spinoza seja inconsistente. Pelo contrário, é porque ele é muito consistente. Spinoza é um filósofo muito superior a Descartes. Dadas as premissas básicas, Spinoza as leva até o amargo fim. Descartes fica assustado e tem uma nova intuição e segue para a próxima direção. Descartes não foi o homem que entrou em conflito com a Igreja.

Você pode se perguntar como o paralelismo psicofísico se aplica a rochas, rios e coisas inanimadas. Este é um ponto debatido na interpretação espinosista. Spinoza *parece* dizer que *tudo* é, até certo ponto, animado, vivo, ou mesmo consciente de certa forma, e que o correlato de todo fato físico é algum tipo de estado mental, mas este é um ponto altamente debatido, e não tenho que persegui-lo aqui.

Mas temos outro problema. Se a mente e a matéria são duas expressões da mesma realidade, o que é esta realidade em si, independentemente das suas expressões? Não pode ser a mente, porque a mente é apenas uma expressão dela, e não pode ser matéria, porque a matéria é apenas uma expressão dela. É aqui que a minha analogia com a discussão se desfaz, porque a discussão está aí e é uma realidade à parte do francês ou do inglês que está sendo falado, nomeadamente, as pessoas tendo pensamentos, e por isso é possível falar de duas manifestações. Mas aqui, quais são as manifestações? Aparentemente não há nada que a realidade em si possa ser, porque, lembre-se, *todos* os atributos são expressões dela, um número infinito. **Aparentemente — e mais uma vez este é um ponto debatido — Spinoza acreditava que Deus (ou a realidade) em si, independentemente das suas manifestações, não era na verdade nada, e todas as manifestações eram, portanto, na verdade manifestações de um zero metafísico cósmico.** Para tentar tornar isto inteligível, devemos lembrar-nos da escola de teologia negativa que discutimos: a ideia de que Deus não pode ser limitado. Você não pode dar a ele quaisquer atributos ou qualidades, porque se você lhe der qualquer identidade, então ele será A versus não A, e isso é ímpio e irreligioso. Era comum, na tradição da teologia negativa, negar-lhe quaisquer características, ou seja, é preciso dizer que ele realmente não é nada. Spinoza, penso eu, realmente pertence à escola da teologia negativa (embora isso seja discutível). Você vê o misticismo envolvido aqui. No centro do universo espinosista está esta entidade mística, indeterminada e incaracterizável, desprovida de identidade, que se manifesta em todos esses atributos. Como disse um comentador numa declaração bastante bizarra: "Deus é tudo e, portanto, nada."[38] Há pessoas que dizem que isso não é justo para Spinoza, porque para Spinoza "Deus" é apenas um nome para as várias séries — para série da mente e para a série do corpo — e ele não é nada abaixo delas, só isso. Mas parece improvável que esta seja a sua visão, porque os atributos devem ser paralelos entre si, porque são duas expressões da mesma realidade. O que levanta a questão, expressões de quê? Algumas pessoas dizem que são expressões umas das outras. Mas como "um ao outro" é uma expressão, você tem expressões de expressões. Sobre *o quê*? Então, parece que você voltou ao nada.

Na verdade, a situação é ainda pior do que esta, porque até agora falamos da mente e da matéria em geral como sendo atributos idênticos. E quanto às mentes individuais particulares e específicas e às coisas materiais individuais específicas? Como as mesas e cadeiras, ou a sua mente individual e a minha mente individual, se comportam na metafísica de Spinoza? Aqui você deve ser capaz de prever. Ele é um panteísta. Deus é o todo, a substância única e integrada. O que acontecerá então com a realidade ou individualidade daquilo que chamamos de coisas particulares? A resposta de Spinoza será que coisas particulares são apenas aspectos separados do todo. A individualidade não é realmente real, nem mental nem fisicamente. Não existem entidades autônomas e independentes. Existe apenas uma substância cósmica.

Consideremos, por exemplo, a matéria — sabemos que a sua essência é extensão, tridimensionalidade, dispersão. Retire todas as qualidades secundárias da matéria. Sem cor, então é invisível, e não há textura, então você não pode tocá-la, e não há som, então não faz barulho, etc. Agora pergunte a si mesmo: Como essa extensão pura difere do espaço, o espaço vazio comum? **Spinoza diz que não há diferença entre a matéria tal como ela realmente é e o espaço. Isso é plausível quando você elimina todas as qualidades secundárias e quando resta apenas a extensão, bem, o espaço deve ser estendido. A propósito, ele não originou esta conclusão. Descartes também equiparou a matéria, a *verdadeira* matéria, ao espaço.**

Portanto, você não pode dividir o espaço em pedaços separados. Quaisquer divisões que você faça no espaço são apenas uma forma humana fragmentada de vê-lo. Tudo o que realmente existe é a placa infinita e indivisível do espaço. Se eu lhe disser para se concentrar neste pequeno pedaço de espaço aqui, isso é obviamente uma abstração, e não uma entidade real separada. Como Spinoza iguala espaço e matéria, essa é a sua visão das entidades físicas. Então, quando ele fala de matéria, ele não se refere a corpos que você pode pesar, medir, dissecar, sentar e chutar. Esse é o mundo das aparências. No mundo material, as entidades individuais são mera aparência.

E quanto às mentes individuais? Elas são reais? Não. A individualidade é irreal na mente, assim como o é na matéria. É claro que, se você fizer introspecção, sentirá que existe um *você* que é distinto, definitivamente você, e absolutamente diferente da mente de todas as outras pessoas. Mas esse é o nível bruto e confuso da percepção sensorial. Se você atingir o nível do pensamento abstrato, diz Spinoza, perceberá que isso não é verdade. **Lembre-se de que, para Spinoza, mente e matéria são, em última análise, idênticas. O que significa que o seu *pensamento* sobre um objeto é, em última análise, idêntico ao objeto.** Quando pensamos num terremoto, ou falamos sobre o terremoto físico real, o pensamento e o objeto (o terremoto) são na verdade duas expressões diferentes da mesma coisa; eles são realmente idênticos. Sua mente são todas as *suas* ideias (em outras palavras, tudo em que você pensa), e *minha* mente são todas as minhas ideias (tudo em que penso) — mas ambos pensamos na mesma coisa, ou seja, o universo. Portanto, minha mente é igual à sua mente. Você entendeu? Este é um triunfo da dedução geométrica sobre a realidade (embora Spinoza não fosse dizer dessa forma). Em outras palavras, diz Spinoza, podemos concluir que, no sentido mais profundo, cada um de nós — intelectualmente, psicologicamente, mentalmente — é todos os outros. Em suma, existe paralelismo entre as duas esferas e deve haver sempre uma correspondência exata. Se a individualidade é irreal na matéria, também deve ser irreal na mente. Existe apenas uma placa infinita de espaço e uma mente divina infinita, ou sistema de ideias. Nosso próprio senso de identidade pessoal, portanto, nossa própria personalidade, nosso próprio senso de singularidade, é uma confusão. É a forma como as coisas nos parecem. Mas na realidade real, todos os chamados corpos separados são meramente modos ou aspectos de uma placa de espaço, e todas as chamadas mentes são meramente modos ou aspectos de uma mente cósmica infinita, ou sistema de ideias. Se acrescentarmos que a mente e a matéria são, em última análise, idênticas, de modo que o espaço e a mente infinita são realmente a mesma coisa, chegaremos à conclusão final de que tudo é, em última análise, um e, em última análise, idêntico a todo o resto. Em outras palavras, as distinções são irreais.

Você vê o caráter muito Platônico (até mesmo Neoplatônico) desse ponto de vista. Aqui está novamente a verdadeira influência de Platão. Por um lado, existe uma realidade verdadeira que consiste num sistema cósmico de ideias e numa placa de espaço — isso é puro Platão — em oposição a um mundo de aparências, que não é a verdadeira realidade. Existe a razão, a faculdade que conhece a verdadeira realidade, versus os sentidos, a faculdade que conhece o mundo das aparências. Existe até a ideia Platônica de que a individualidade e as distinções não são, em última análise, reais. Lembre-se da visão de Plotino de que tudo é, em última análise, o Um. Todo esse misticismo Platônico reaparece em Spinoza. **Isso não deveria surpreendê-lo, porque este mundo é *sempre* degradado metafisicamente pelos racionalistas.**

Depois que terminam suas deduções, esse mundo sempre acaba sendo uma aparência, um reflexo, algo de menor status. A verdadeira realidade é sempre algum reino superior. Esta é a ilustração essencial da ligação entre o racionalismo (como o termo é usado filosoficamente) e a religião. É inerente à abordagem muito racionalista, porque se os sentidos não são bons, então o mundo deve ser basicamente diferente da forma como aparece. Se um racionalista chegasse ao final da sua cadeia de deduções com um mundo idêntico ao mundo que nos é dado pelos sentidos, ele estaria numa posição ridícula. Por que ser um racionalista para começar então? Portanto, você sempre acaba com uma realidade superior, e nove em cada dez vezes você acaba com a de Platão.

Há um último problema — um problema epistemológico — que quero mencionar ao lidar com Spinoza. (Estou pulando dezenas de pontos.) Concedamos-lhe o melhor, isto é, concedamos-lhe que seus axiomas são realmente claros, distintos e irrespondíveis, e que ele deduziu todas as suas consequências sem resposta. Ele tem um sistema inquestionável perfeitamente consistente. Devemos observar, contudo, que todos os seus axiomas e teoremas são proposições *gerais*, proposições universais. Imagine que há um quadro-negro diante de você com um monte de triângulos específicos inscritos nele. Você não tem uma visão inata clara e distinta de que algum triângulo específico está a um metro de distância do outro e tem que estar pela definição de "triângulo". Nada na definição de "triângulo" lhe dirá isso. Você não tem uma visão clara e distinta de que há dez triângulos naquele quadro desenhados com giz branco, e que isso deve ser assim pela natureza da realidade. O máximo que você poderia ter seria alguma proposição geral da ordem: "A triangularidade tem certas propriedades." Posso dizer que ninguém na filosofia alguma vez reivindicou conhecimento inato de coisas particulares, porque o conhecimento de coisas particulares depende demasiado óbvio da experiência. A partir de Platão, o conhecimento que está acima da experiência é sempre explicado como conhecimento universal. Você sabe, por exemplo, que A é A, talvez, mas não sabe que A é um cachorrinho. Você sabe que dois mais dois são quatro, mas não sabe que esses dois alunos estão à esquerda desses dois alunos. Você sabe que o homem é racional, mas não sabe que o homem é maravilhoso em geometria. Bem, onde estamos então? **No final de todo o nosso raciocínio dedutivo, temos conhecimento apenas de verdades gerais e universais. Então, como podemos obter conhecimento de entidades e eventos particulares, individuais, específicos, concretos e realmente existentes?** Como podemos ver a necessidade de eventos específicos? Spinoza disse-nos que tudo é logicamente necessário e que como racionalista ele explicará tudo.

Avançando um pouco, deixe-me contar uma anedota a respeito de Hegel, que tinha a mesma opinião de Spinoza de que tudo é logicamente dedutível pela moda racionalista. Um dia, Hegel foi confrontado por um cavalheiro obscuro conhecido como Herr Krug, que ergueu sua caneta prosaica e disse a Hegel: "Tudo bem, você afirma ser capaz de deduzir o universo inteiro, incluindo tudo o que nele há, por meio de dedução racionalista. Aqui está minha caneta — minha caneta particular, real e concreta — vá em frente e deduza-a de suas categorias ou de seus princípios ou de qualquer coisa com que você comece. Estou esperando você mostrar como minha caneta acontece." De acordo com a história que chegou até nós, Hegel respondeu, na verdade: "Sou um filósofo e não me incomodo com canetas." Em outras palavras, ele usou sua fama e prestígio para esmagar o pobre Herr Krug. Você vê por quê. Na melhor das hipóteses, ele talvez pudesse deduzir o teorema "Cane-tisse implica tinta", algum princípio geral. Mas por que deveria haver esta caneta em particular aqui e agora, ele não conseguia fazer isso. Você vê por quê. **Ele não poderia derivar a existência — existência concreta, real — de conceitos na consciência. Esse foi o problema que Descartes legou, e aqui está ele irrompendo novamente: como passar dos conceitos na consciência para os fatos reais da existência? O que significa, para Spinoza, como poderemos saber a necessidade de coisas particulares no mundo se estivermos presos na consciência, estudando princípios e conceitos universais?**

Spinoza respondeu a esta questão à sua maneira. Ele disse que na verdade existe um terceiro tipo de conhecimento, que é o tipo mais elevado de conhecimento. O tipo mais baixo é a sensação ou percepção sensorial, que é conhecimento confuso. Diz-lhe que existem coisas específicas, mas não lhe diz *por quê*. O próximo nível é o conhecimento racional, e isso envolve a compreensão de princípios gerais claros e distintos e a dedução deles — em outras palavras, a abordagem de Descartes. Tudo bem, diz Spinoza, isso dá conhecimento verdadeiro, mas apenas conhecimento geral. **Finalmente chegamos a algo que ele chamou de** *scientia intuitiva*, **que é essencialmente conhecimento intuitivo, mas que é um uso de "intuição" diferente do de Descartes.**

Para resumir uma longa história, o conhecimento intuitivo é uma visão mística, na qual compreendemos, numa visão inefável, como cada coisa concreta e real vem necessariamente de Deus. Quando você tem essa visão, você vê como a caneta de Herr Krug tinha que ser pela natureza de toda a totalidade. Mas é um transe inefável e místico. O panteísmo de Spinoza não é uma questão de semântica. **Você vê que os racionalistas mais consistentes geralmente terminam em algum tipo de visão mística. Platão terminou com sua visão da Forma do Bem, e Plotino terminou com seu êxtase. A explicação disso é muito simples —** *uma vez que eles não derivam seus conceitos de percepções, eles não podem derivar percepções de seus conceitos e, consequentemente, lhes resta apenas um recurso místico.*

Agora podemos fazer uma previsão. Os racionalistas, na pessoa de Spinoza, declaram que a realidade é lógica e depois constroem a realidade como um super-reino do qual não podem deduzir os fatos reais deste mundo. Se você está familiarizado com a extensão da existência de falsas alternativas na filosofia, não deveria se surpreender ao descobrir que seus arqui-inimigos, os Empiristas, dirão, observando o fracasso dos racionalistas em deduzir os concretos reais deste mundo: **"Ahá, isso prova que a realidade é ilógica, ou pelo menos não lógica, que as coisas não acontecem por razões lógicas, elas simplesmente acontecem, são fatos brutos, ininteligíveis, contingentes." Esse ponto de vista está em todo lugar hoje. Se hoje você disser a um filósofo profissional que acredita que a realidade é lógica — se você disser, que o real é racional (sendo essa uma frase imortalizada por Hegel), você estará perdido.** Porque conheço um professor (e não apenas um) que até hoje, apesar de todas as minhas discussões com ele, insiste que sou um seguidor de Hegel, ou, em alguns momentos, ele pensa em Spinoza, porque sustento que a realidade é racional. Se você sustenta que a realidade é racional, você deve ser um racionalista que acredita que tudo é dedutível racionalisticamente. A resposta é que a realidade *é* governada pela lógica,[39] mas apenas uma epistemologia adequada, e não uma racionalista, lhe permitirá descobrir as suas leis. Mas você não pode comunicar isso a certas mentalidades.

Devemos agora deixar Spinoza. Ele tem uma teoria ética muito famosa, mas não tem sido particularmente influente em comparação com outras teorias. Então, eu gostaria de ter falado algumas palavras sobre isso, e se vocês me perguntarem no período de perguntas sobre a ética de Spinoza, eu darei os destaques. Em qualquer caso, podemos dizer de Spinoza que o seu sistema é certamente engenhoso, é exaustivamente elaborado de forma dedutiva, e se o considerarmos como uma integração dos mais diversos elementos, é certamente original, mesmo que muitas vezes flagrantemente contraditório.

GOTTFRIED WILHELM LEIBNIZ

Passemos agora a Gottfried Wilhelm Leibniz (1646-1716 d.C.). Dado que ele morreu em 1716, estamos entrando no século XVIII. Serei ainda mais breve sobre Leibniz. Ele também tem um sistema total engenhoso e complicado, mais fantástico que o de Spinoza, com uma argumentação profusa a cada passo — essencialmente toda falaciosa — estou omitindo quase todos os seus argumentos e apenas dando-lhes um rápido esboço para lhes dar uma ideia.

Ele também é um racionalista, pelo menos três quartos das vezes. Ele zombou do racionalismo, e há até algumas características antirracionalistas em sua filosofia (como veremos), e os estudiosos distinguem dois Leibnizes, o Leibniz racionalista puro e o Leibniz misto. Mas vamos olhar apenas para o Leibniz misto, porque foi o que mais influenciou.

Como racionalista, ele acredita que somente o raciocínio pode descobrir a natureza do universo. Há a oposição habitual aos sentidos. O conhecimento crucial, o conhecimento fundamental, é inato, fazemos uma introspecção para compreendê-lo e depois deduzimos as suas consequências.

Em sua metafísica, ele discorda do panteísmo de Spinoza. Ele acredita que substâncias ou entidades finitas são reais. Não é verdade que somos todos partes de Deus. Esta era a posição Cristã ortodoxa, e Leibniz certamente está ansioso por ser ortodoxo. Ele acredita em Deus, e acredita que Deus é infinito, e não tem resposta para o argumento de Spinoza sobre por que, se Deus é infinito, não há espaço para mais nada. Ele apenas cuida de seus negócios. Não é ele quem corre riscos como Spinoza.

Vejamos uma dessas substâncias finitas, como uma mesa, uma cadeira, uma pedra ou uma montanha — o que é realmente? É composto. O mundo está repleto de coisas compostas, isto é, substâncias constituídas por partes. É isso que "composto" significa, "consistindo de partes". Se existem compostos, em última análise devem existir substâncias simples. Depois de decompormos os compostos até aos seus constituintes finais, devemos chegar às substâncias indivisíveis finais. O nome técnico para indivisível é "simples". Essas substâncias simples não terão partes; caso contrário, elas também seriam compostas. **Leibniz chama uma substância simples de *mônada*, da palavra grega *monas*, que significa "um, aquilo que é um". Estas mônadas, ou substâncias simples, são os átomos da natureza. Todo o universo é composto dessas mônadas.**

Isso soará para você como a teoria atômica, e Leibniz, em sua juventude, sentiu-se atraído por Demócrito. Mas este é um período diferente, com influências diferentes, e ele vai um passo à frente de Demócrito. Ele diz que as

mônadas, os átomos últimos das coisas, não podem de forma alguma ser materiais ou estendidas no espaço. Por que não? Porque se fossem estendidas, argumenta ele, seriam divisíveis, pelo menos em pensamento. Poderíamos, por exemplo, mesmo que a coisinha minúscula tivesse um quarto de polegada ou um zilionésimo de polegada, poderíamos separar a metade esquerda dela da metade direita em nossas mentes, de modo que ainda assim seria divisível e não simples. Mas provamos que deve haver entidades simples que compõem o universo. Portanto, a extensão não pode ser um atributo último destas mônadas. Então, elas não são materiais, não são extensas, são absolutamente indivisíveis até mesmo em pensamento. Portanto, elas não estão no espaço, porque você tem que ser material para estar no espaço. (A principal falácia aqui é o fato de que dividir algo no pensamento de forma alguma lhe dá o direito de dizer que é divisível na realidade. Você vê o típico salto Cartesiano da consciência para a existência — "Posso conceber dividi-la, portanto, pode ser dividida" — e essa é a adesão típica à certeza anterior da consciência.)

Em qualquer caso, Leibniz procede deste fundamento para uma longa cadeia de raciocínio, novamente consistente até ao amargo fim, como um bom racionalista Continental. **As mônadas, dissemos, não são extensas, não estão espalhadas, não são materiais, não ocupam espaço. Mas elas devem ter alguma natureza. O que poderia ser? Por várias razões, mas essencialmente pela influência de Descartes, que estabeleceu que tudo o que não é matéria deve ser mente, Leibniz concluiu que as mônadas são, em última análise, mentes, almas, consciências, seres que percebem, usando "ser que percebe" no sentido mais amplo para um foco imaterial de consciência.**

O que as mônadas percebem? Obviamente, elas só podem perceber outras mônadas porque isso é tudo que existe. Cada mônada, diz Leibniz, percebe todas as outras mônadas do universo, e cada mônada é um espelho vivo de todo o universo das mônadas. E "perceber" aqui significa "está ciente de". Não se restringe à percepção sensorial e, como você verá, existem vários graus de mônadas.

O que distingue uma mônada da outra? Como saber onde uma mônada termina e a próxima começa? São todas mentes que percebem o universo. O que torna esta mônada em particular *essa* e não *aquela*? Em outras palavras, qual é a fonte da individualidade da mônada? Está na forma como elas percebem, responde Leibniz. Algumas mônadas percebem clara e distintamente, outras obscura e confusamente. O universo, portanto, é um número infinito de mônadas que se percebem, cada uma com seu próprio grau preciso de clareza e distinção. Não há duas com exatamente o mesmo grau de clareza — caso contrário, seria a mesma mônada. Essa é a única coisa que individualiza, que diferencia uma mônada de outra. Portanto, temos um continuum infinito. Na parte inferior está a mônada mais baixa, mais confusa e mais obscura — na verdade, uma mônada subcaloura — e segue até a mônada que percebe com clareza absoluta, total e perfeita, e que é Deus, e todas as tonalidades possíveis de clareza são representadas.

Este ponto de vista, de que a realidade é essencialmente imaterial (embora não necessariamente na forma de mônada), é, como vocês sabem, chamado de "Idealismo". **Leibniz é um firme defensor do idealismo, que representa o triunfo final da primazia da consciência. Quando você alcança o idealismo, a consciência inunda completamente a existência, e a existência é apenas uma coleção de consciências. Então este é o resultado final de Descartes.**

Vimos as principais objeções a esta visão, mas não posso resistir a salientar que todo o caso é eloquentemente claro em Leibniz. **As mônadas, ele nos diz, são seres que percebem. O que eles percebem? Outras mônadas. Mas outras mônadas também são apenas seres perceptivos. O que há para perceber?** *Nada.* **Todo este universo está absolutamente vazio. Consiste em um número infinito de consciências, cada uma percebendo (com um número infinito de graus de clareza) absolutamente nada. Este é o triunfo da consciência sem existência.** É um exemplo tão bom das falhas do idealismo, ou da primazia da consciência, como você jamais encontrará. Mas podemos deixar este problema porque outros estão aparecendo.

As mônadas são mentes, e Descartes disse que as mentes são substâncias independentes. Você se lembra de que uma substância é aquilo que existe de tal maneira que não necessita de nada além de si mesma para existir. Uma substância mental para Descartes é uma entidade completamente independente, autossuficiente e independente. Leibniz insiste com Descartes que isto é verdade. Cada mônada é absolutamente impermeável. É um pequeno mundo autossuficiente e independente. Nenhuma mônada, diz ele, pode de forma alguma influenciar ou afetar qualquer outra mônada. Isso segue Descartes. Descartes tentou infiltrar-se na interação entre seus constituintes, mas não conseguiu torná-la inteligível. Leibniz aqui segue Spinoza — não há interação, não há influência alguma. Cada substância é completamente independente em seu mundinho. Como ele disse numa metáfora famosa (mas apenas uma metáfora): "As mônadas não têm janelas pelas quais qualquer coisa possa entrar ou sair." (Isso é apenas uma metáfora porque elas não são físicas, então obviamente não têm janelas. Mas é uma forma de dizer que elas não podem influenciar nenhuma outra mônada nem ser influenciadas por nenhuma outra.) Desde esta formulação elas têm sido chamadas de *mônadas sem janelas*. **A partir de conclusões desse tipo, você pode simpatizar até certo ponto com os empiristas, que ouvem tudo isso e dizem: "Oh, para o inferno com a dedução."**

Continuando com Leibniz — temos problemas reais agora. Mesmo supondo que houvesse algo para perceber, como podem as mônadas perceber-se umas às outras sem serem afetadas umas pelas outras? Como a mônada que é minha mente percebe, por exemplo, as mônadas que são seu corpo, já que essas mônadas não podem agir sobre minha mônada? **Pois bem, a solução para todos os problemas é sempre Deus.** Deus, diz Leibniz, dotou cada mônada com todas as suas percepções em forma potencial quando a criou. Na verdade, você pode pensar nisso como uma analogia: Deus colocou um certo filme antecipadamente dentro de cada mônada. Sua experiência consciente, a vida, está trancada em seu mundinho assistindo ao filme passar, e você está trancado em sua própria cabine de projeção. Então *parece* que você está sendo afetado por outras mônadas, mas na verdade não está. Toda experiência é definida antecipadamente por Deus quando você é criado, e sua vida consciente rola inevitavelmente dentro de sua própria cabine de projeção.

Podemos deixar isto por um momento e perguntar: O que, para Leibniz, é a matéria? Também deve ser uma coleção de mônadas porque tudo é. Você me diz: a matéria não é composta de entidades perceptivas? Certamente a matéria não é consciente. Bem, diz Leibniz, não, não é consciente e percebe inconscientemente, sem ter consciência de que está percebendo. **Assim ele introduziu o conceito de "consciência inconsciente" ou "percepção inconsciente". Devo apenas mencionar de passagem que esta é uma das primeiras menções na história do conceito de "consciência inconsciente", embora tenha sido sugerida por outros. É claro que foi assumido por Freud e, embora misticamente utilizado por Freud, é um conceito psicológico valioso. Não é surpreendente hoje falar alegremente de motivação inconsciente, premissas inconscientes, etc. Mas foi surpreendente no século XVII e, portanto, Leibniz recebe crédito por desenvolver este conceito até certo ponto, mesmo que você não queira dar-lhe crédito pelos motivos metafísicos que o levaram a endossá-lo.** Na verdade, apenas seres conscientes podem ficar inconscientes às vezes e em relação a questões específicas. Como uma entidade completamente inconsciente, como uma cadeira, pode estar inconscientemente consciente sem nunca estar *consciente* de nada, Leibniz não explica. Mas esse é o menor dos nossos problemas.

De qualquer forma, temos uma gama infinita de mônadas. Quatro grupos gerais. As mônadas mais baixas, mais confusas e mais obscuras, que têm apenas percepções inconscientes, constituem a matéria. Elas são o que Leibniz chama de *mônadas nuas*. Você pode pensar nelas como mônadas em coma profundo ou mônadas que estão dormindo profundamente. Uma coisa material é na verdade um aglomerado de mônadas nuas. Parece que é extenso, físico, tridimensional, mas isso é uma aparência sensorial confusa e não o que realmente é. Se uma coleção de mônadas nuas se agrupar em torno de uma mônada dominante que é consideravelmente mais clara do que elas e que agora está consciente e tem memória e percepção sensorial, chamamos essa totalidade de *animal*. Se um grupo de mônadas nuas se agrupar em torno de uma mônada dominante ainda mais clara, que ascendeu ao nível do conhecimento racional, temos um *ser humano*. Então, cada um de vocês é, na verdade, uma mônada de alta classe e um grupo de mônadas nuas companheiras de viagem. Finalmente, se você obtiver a mônada infinita absolutamente clara, isso é *Deus*. Então, tudo é mesmo uma colônia de almas, de mônadas sem janelas.

Posso acrescentar que, para Leibniz, embora a matéria seja apenas a aparência das mônadas, ele diz que as mônadas nuas, afinal, *aparecem-nos* como matéria. Podemos descrever as mônadas nuas por meio de leis científicas mecanicistas. É claro que o mundo da física é uma ilusão, mas é uma ilusão em que vivemos, e que obedece às leis da física. Portanto, diz Leibniz, é perfeitamente correto prosseguir e estudá-lo cientificamente. Devemos, contudo, lembrar que o universo é na verdade um conjunto de mentes vivas criadas e determinadas por Deus. Isto é conhecido como o compromisso de Leibniz entre religião e ciência.

Voltemos ao problema da influência mútua. Podemos chamar isso de *problema mente-mente*, já que não existe mais mente-corpo. Se nada pode influenciar nada, por que as coisas *parecem* influenciar umas às outras? Isto é mais amplo agora do que apenas o problema de como um percebe o outro, embora isso faça parte. Devemos perguntar não apenas como explicamos a percepção, mas como explicamos qualquer forma de influência aparente de uma mônada sobre outra? Parece que experimento um ato de vontade — e isso ocorre na minha mônada dominante — essa coleção de mônadas nuas que chamo de meu corpo se move como resultado, ao que parece. Um alfinete entra em meu corpo e então sinto uma dor — isso não é influência de uma mônada para outra? Parece que se tivermos apenas uma bola de bilhar batendo em outra, primeiro uma rola enquanto um conjunto de mônadas nuas faz alguma coisa, e depois a outra rola — isso não é influência? Ou quando todos olhamos para este jarro de água, presumivelmente todos temos as mesmas experiências, e isso não é um exemplo de influência, o mesmo conjunto real de mônadas agindo sobre todos nós ao mesmo tempo e causando a mesma experiência em nós? Leibniz nega que exista tal influência em qualquer um destes casos. As mônadas não têm janelas. Parece haver influência apenas porque Deus planejou tudo antecipadamente. Na verdade, não estamos olhando nada além do filme em nossas cabeças, mas Deus sincronizou e organizou todas as nossas experiências para que a influência pareça existir, mesmo que não exista. Deus providenciou, por exemplo, que sempre que eu tivesse uma experiência de vontade, isso seria seguido por uma experiência de ação corporal. Sempre que tenho a experiência de um alfinete entrando em meu corpo, terei uma experiência de dor. Sempre que tenho a experiência de uma bola de bilhar atingindo outra, terei a experiência de uma segunda bola se movendo. Sempre que todos temos a mesma experiência é porque Deus providenciou para que todos nós víssemos a mesma imagem no mesmo instante. Em outras palavras, Deus organizou todas as nossas percepções com antecedência, para que todas elas se encaixem, todas sincronizem. Ele preestabeleceu uma harmonia entre elas. Essa é a teoria da *harmonia preestabelecida* de Leibniz. É a sua solução para o problema da interação, entre outros problemas. Não há interação — Deus preestabeleceu uma harmonia para que pareça haver interação.

Vamos fazer uma pergunta final: por que Deus organizou nossas percepções dessa maneira? Ele poderia ter nos alimentado com um fluxo de experiências totalmente diferente e ainda assim sincronizado todas elas. Por que Deus mostra a todos nós este filme e não algum outro filme? Ou se colocarmos a mesma questão numa terminologia mais familiar: por que é que Deus criou o mundo dessa maneira? Por que o mundo contém os tipos de coisas que contém? Por que segue os tipos de leis científicas que segue? Afinal, diz Leibniz, outros universos são logicamente possíveis. Por que, portanto, este?

Observe que, ao fazer esta pergunta, Leibniz abandonou o racionalismo. Ele desistiu de tentar ver este mundo como logicamente necessário, dada a natureza da realidade. Ele decidiu, com efeito, que o fracasso de Spinoza significa que isso não pode ser feito. Lembre-se de que Spinoza não poderia deduzir os aspectos concretos deste mundo a partir de princípios gerais, e eu avisei então que uma reação se instalaria. Bem, Leibniz representa a primeira indicação dessa reação de uma forma importante. Se você perguntasse a Spinoza: "Outros mundos são possíveis?", ela diria "ridículo", assim como se você perguntasse a ele: "Por que Deus escolheu esses teoremas geométricos em vez de outros?" — ele diria que nenhum outro teorema é possível. O Objetivismo concordaria aqui com Spinoza — não existe outro universo possível e, portanto, não faz sentido fazer a pergunta: "Por que este?" Mas Leibniz desistiu dessa questão, que soa como o sinal de morte do racionalismo, pelo menos durante um século, até que Hegel, sob a influência de Kant, o revivificou. Ele concluiu que a realidade não é completamente lógica.

Leibniz ainda mantém um vestígio de racionalismo. Deus, diz ele, não pode produzir literalmente nenhum mundo, isto é, ele está limitado a um mundo autoconsistente, um mundo sem contradições. Você não pode ter um mundo onde a soma dos ângulos de um triângulo seja igual a 179 graus — impossível, porque isso contradiz a definição de triângulo. Portanto, um mundo possível para Leibniz é um mundo logicamente não contraditório. *Spinoza e o Objetivismo diriam que isso limita as possibilidades a um, nomeadamente, o mundo real.* **Mas não Leibniz. Ele diz que antes de o mundo ser criado, Deus espalha em sua mente todos**

os mundos possíveis (e há muitos), e se pergunta: "Qual deles devo realmente criar?" Sendo bom, ele quer criar o melhor desses mundos. Você pergunta: Deus pode criar um mundo absolutamente perfeito? Diz Leibniz, não, ele não pode, porque qualquer coisa que Deus cria deve ser finita, deve ser limitada, já que não é Deus. Aquilo que é finito e limitado, sabemos por milhares de anos de Cristianismo e Platonismo, é necessariamente imperfeito. Portanto, deve haver algum mal no mundo. Isso é logicamente necessário. Você vê aqui a óbvia aceitação da solução Agostiniana e neoplatônica para o problema do mal. Mas, diz Leibniz, Deus faz o melhor que pode, dadas as limitações que lhe são impostas. **Ele escolhe o melhor de todos os mundos possíveis.** Ele escolhe o mundo que tem tanta ordem, variedade e bondade quanto for consistente com as leis da lógica. Assim, a famosa frase de Leibniz da *Teodiceia*: **"Tudo é para o melhor neste melhor de todos os mundos possíveis."** Esta é a sua solução para o problema do mal — se existe mal, é porque Deus está operando sob certas restrições. A propósito, estremeço-me em afirmar que este ponto de vista é por vezes referido como "otimismo metafísico".

Foi muito lamentável para o timing de Leibniz que o seu livro tenha sido publicado por volta da época do terremoto de Lisboa que destruiu três quartos da cidade e que foi imediatamente seguido por um gigantesco maremoto que matou mil e quinhentas pessoas. Isso foi demais para Voltaire, e então ele escreveu sua sátira *Cândido* — Dr. Pangloss ali representa Leibniz. Se assim posso dizer, na minha opinião, *Cândido* é na verdade um livro estúpido. No entanto, tem uma linha inteligente de sátira — não muito profunda, mas inteligente — ele faz seu herói Cândido e o Dr. Pangloss passarem por toda uma série de catástrofes, holocaustos e assim por diante descritos detalhadamente, e então ele faz o pobre Cândido de forma perplexa olhar para cima em determinado momento e perguntar: "Se este é o melhor de todos os mundos possíveis, pergunto-me: como poderão ser os outros?" Essa é a essência da contribuição de Voltaire para o pensamento humano.

Concluamos Leibniz com um último ponto epistemológico. Observe que as verdades se enquadram em duas classes para ele: (1) Aquelas que nem mesmo Deus pode violar, aquelas cujos opostos envolveriam uma contradição — em outras palavras, aquelas que são logicamente necessárias em *qualquer* universo, em todos os mundos possíveis, seus opostos sendo literalmente inconcebíveis. "Dois mais dois são quatro", por exemplo, ou "A é A" ou "A soma dos ângulos de um triângulo é 180 graus". Estas são as verdades certificadas pela lógica, as verdades da razão. (2) Existem as verdades que resultam da decisão de Deus, da sua bondade, do seu propósito, de ter criado este mundo específico em vez de todos os outros que poderia ter criado. No caso destas verdades, elas *poderiam* ter sido diferentes se Deus assim tivesse decidido. Estas verdades não são logicamente necessárias; elas são *contingentes*. Acontece que são o caso em nosso mundo, mas não precisam ser assim. Elas são verdadeiras como uma questão de fato bruto. Por exemplo, "Os corpos caem quando você os deixar cair", "Os planetas viajam em órbitas elípticas", "Existem nove planetas", etc. **Assim, por um lado, temos as "verdades da razão", verdades logicamente necessárias que podemos aprender independentemente da experiência. Talvez eu tenha apresentado a você o termo filosófico** *a priori*, **que significa "antes da experiência". As verdades logicamente necessárias são** *a priori* **para Leibniz. São as verdades puramente conceituais, verdadeiras para todos os mundos possíveis, mas não pertencem apenas a este mundo real. Por outro lado, existem as "verdades de fato" fatuais e** *contingentes*, **aquelas que aprendemos apenas com a experiência, e não são a priori, mas** *a posteriori* **(a posteriori significa apenas "dependente da experiência").** Pense por um momento: de quem essa dicotomia lembra você? Deve lembrá-lo de Hobbes. Embora ele fosse diferente em certos aspectos — lembre-se, ele contrastava relações de nomes com questões de fato. Para Hobbes, as relações de nomes eram linguísticas. Isso não é verdade para Leibniz. As verdades da razão são leis eternas da realidade para ele — nem mesmo Deus pode violá-las. Para Hobbes, os fatos não provinham da vontade de Deus. Mas se deixarmos de lado essas diferenças, teremos dois filósofos concordando na seguinte distinção (entre outras): as verdades que são aprendidas pela razão e são necessárias versus as verdades que são aprendidas pela experiência e são fatos brutos e contingentes. Ao que parece, dois filósofos radicalmente diferentes — um teísta ardente (Leibniz) e virtualmente um ateu (Hobbes), um idealista ardente e um materialista apaixonado, um racionalista Continental e um mais ou menos empirista. Ainda assim temos a mesma clivagem e dicotomia básicas. **Você vê como o terreno está sendo preparado para Kant. No momento em que ele entra em cena, essa dicotomia é considerada evidente e ele passa a construí-la.**

Se observarmos a progressão desde Descartes até Spinoza e Leibniz, veremos o que acontece dada a abordagem racionalista da filosofia. Começamos com princípios supostamente autoevidentes, claros e distintos, não derivados da experiência sensorial, o que significa, na verdade, com primeiros princípios *arbitrários*, embora sejam supostamente inatos e herdados de Deus. Assim passamos a deduzir as consequências destes pontos de partida. Sempre que nossas conclusões entram em conflito com o testemunho dos sentidos, descartamos os sentidos como confusos, inadequados, enganosos, inválidos e passamos a deduzir obstinadamente. O resultado é a construção de uma série de sistemas filosóficos opostos e imponentes, todos contradizendo os outros, todos mais ou menos completamente afastados do mundo cotidiano do senso comum que nos é dado pelos sentidos.

Temos uma série de castelos intelectuais no ar, como mencionei no início, castelos flutuantes sem relação e muitas vezes em conflito direto com os dados sensoriais. Essa é a consequência de uma abordagem cuja essência é a manipulação de conceitos desligados da experiência sensorial. É uma abordagem obviamente insatisfatória e inválida da filosofia.

Voltamo-nos agora para uma escola que reagiu fortemente contra a abordagem racionalista, uma escola que afirma ser radicalmente oposta aos racionalistas. Esta escola afirma que não existem ideias inatas, que todo o conhecimento é baseado na evidência dos sentidos, e que a maneira de chegar ao conhecimento da realidade não é envolver-nos em manipulações conceituais dentro das nossas mentes, mas abrir os nossos olhos e olhar para o mundo real. Este ponto de vista, como vocês sabem, é chamado de *Empirismo*, **a visão de que não existem ideias inatas e de que todo conhecimento começa com a experiência.** O século XVIII na filosofia é o século dominado pelos empiristas, que se orgulham de serem homens de bom senso, preocupados com a vida prática. Dizem que este mundo, aqui e agora, que percebemos é real (embora, como você verá, eles não dizem isso por muito tempo, mas pelo menos começam dizendo isso). Para resolver problemas filosóficos, dizem eles, devemos apelar para fatos concretos e não nos perder numa cadeia de deduções abstratas flutuantes. Nossa descrição final do empirismo será muito menos lisonjeira do que essa. Quando chegarmos ao fim deste desenvolvimento, será difícil escolher entre Leibniz e a abordagem empirista. Mas vamos observar e ver isso acontecer.

JOHN LOCKE

Comecemos com o homem frequentemente chamado de "pai do empirismo britânico", John Locke (1632–1704 d.C.). Ele não é realmente o primeiro — Bacon e Hobbes, entre outros, o precederam no mundo moderno. Locke tinha dezoito anos quando Descartes morreu, e Spinoza foi seu contemporâneo, então estamos recuando um pouco para seguir essa escola.

Locke foi um forte defensor da razão. Todos os homens a possuem, ele sustentou. Todos os homens têm a capacidade de conhecer os fatos, a capacidade de concordar. Eles devem sempre seguir a razão. Devemos ser objetivos. Não devemos permitir que as nossas paixões ou os nossos preconceitos nos influenciem. Devemos nos basear nas evidências de forma escrupulosa, fatual e imparcial. Devo dizer que Locke faz aberturas apropriadas ao campo religioso. Ele próprio é um Cristão profundamente religioso e escreveu muito em defesa do Cristianismo. Mas ele traça uma linha clara entre fé e revelação, por um lado, e razão, por outro, em filosofia só a razão conta. Podemos, portanto, ignorar o lado da fé de Locke, mas ele está lá.

Locke é muito semelhante aos racionalistas na sua atitude geral pró-razão, uma atitude geral que perdurou entre os filósofos até a época de Hume e Kant. Foi nesse ponto que as consequências de todas as diferentes definições de "razão" alcançaram os filósofos. Geralmente são necessários cinquenta, setenta e cinco, cem anos para que os resultados práticos de uma filosofia se manifestem. Kant morreu em 1804 e, em meados do século XIX, a razão, culturalmente, estava em vias de extinção. Você pode olhar ao redor hoje para ver o que aconteceu em meados e no final do século XX. No entanto, neste momento, ainda estamos no século XVII, um período muito pró-racional. Você deve entender isso; caso contrário, você nunca entenderá por que o século XVII é chamado de "Idade da Razão" ou por que o século XVIII é chamado de "Iluminismo". Vemos agora os desastres implícitos nas suas filosofias, mas obviamente *eles* não viram. Portanto, todos os principais pensadores ainda estavam confiantes no poder da razão. Os racionalistas e os empiristas divergiam nas suas teorias sobre o que era a razão e como funcionava, mas não divergiam sobre o fato de a razão ser um absoluto e de que devemos aceitá-la, em oposição ao dogma, à emoção, ao preconceito, etc. em si, uma atitude muito importante que molda o desenvolvimento cultural.

Locke afirma que devemos usar o método correto em filosofia. Devemos primeiro investigar a natureza e os poderes da mente humana, descobrir com o que ela está ou não preparada para lidar, que regras deve seguir. **A primeira coisa que temos de estabelecer é que a mente ao nascer não tem ideias inatas, nem conhecimento. É uma página branca, uma câmara escura, um armário vazio, uma *tabula rasa*. O que escreve no papel, ou enche o armário, ou ilumina a câmara? Apenas experiência. Locke dedica o primeiro livro do seu famoso *Ensaio Sobre O Entendimento Humano* a uma polêmica total contra ideias inatas.** Aqui estão alguns dos muitos argumentos que ele oferece.

Alguns filósofos argumentaram que existem certas ideias universalmente aceitas por todos os homens, e isso deve provar que eram inatas. Locke responde que isso não prova nada disso. Se existem ideias universalmente aceitas, pode ser porque a questão em jogo é tão óbvia que ninguém consegue escapar dela. Não precisa mostrar que nasceu em nós. Além disso, diz ele, não existe realmente um acordo universal. Mesmo no que diz respeito à lei da contradição, diz ele, não é verdade que todos concordem — selvagens, imbecis, bebês nunca ouviram falar dela e nem sequer têm consciência da lei da contradição. Os defensores das ideias inatas responderam: "Bem, eles ainda não estão conscientes. Você tem que chegar ao estágio da razão para compreender que você tem essas ideias." Locke responde que esse é o caso de *todas* as ideias. Elas são todas inatas, então? Por que temos que descobri-las se são inatas? Quanto às ideias morais, diz ele, não existe um acordo universal, mesmo entre adultos civilizados. Locke não é um relativista em ética — existem coisas como ideias corretas em ética — mas elas exigem prova e, se precisam ser provadas, diz ele, não são inatas. Até mesmo a ideia de Deus está ausente em algumas pessoas e difere de tribo para tribo e de grupo para grupo. Lá se vai a ideia de que existem ideias universalmente aceitas que devem, portanto, ser inatas.

Além disso, argumenta ele, chamar uma ideia de inata é geralmente uma forma de tentar protegê-la da crítica. Estes racionalistas chegam e dizem que as suas ideias inatas vêm de Deus e, portanto, se desafiarmos as suas ideias inatas, eles afirmam que isto é um ataque a Deus. Isso está errado, diz Locke. Isso equivale a consolidar os seus preconceitos sob a proteção do Todo-Poderoso. Você pega suas opiniões subjetivas arbitrárias e as mascara como uma palavra do alto. Temos que rejeitar isso. Temos que estabelecer os nossos princípios apelando aos fatos tais como os vivenciamos.

Outro argumento que ele apresenta é de um tipo bem diferente. Suponhamos mesmo que nascemos com certas ideias inatas, aquelas sobre as quais os racionalistas fazem tanto alarde, seriam inúteis para nós, mesmo que as tivéssemos. Por exemplo, suponha que nascemos com uma ideia tão inócua como "O que é, é" (que é outra formulação de "A existência existe"). O que você tem quando tem isso?, pergunta Locke. De qualquer forma, você não pode deduzir nenhum fato concreto disso. (Veremos se Locke precisa disso, mas ele já é um típico empirista moderno, desprezando abstrações amplas como essencialmente irrelevantes ou inúteis.)

Os seus argumentos são muito desiguais, e os racionalistas podiam e responderam a todos eles. Leibniz escreveu uma obra inteira chamada *Os Novos Ensaios sobre a Compreensão Humana* especificamente para refutar Locke. **Locke deixou de lado o único argumento crucial contra as ideias inatas, nomeadamente, que uma ideia inata é uma contradição em termos. Uma ideia é uma forma de consciência da realidade.** *Uma ideia inata seria uma consciência da realidade antes de qualquer contato com a realidade, o que é obviamente uma impossibilidade. Mas você verá em breve por que Locke não usou e não pôde usar esse argumento.*

Em qualquer caso, ele estabelece, para sua satisfação, que o homem nasce *tabula rasa*. Agora, diz ele, vou provar-lhe positivamente que obtemos todas as ideias a partir da experiência. Como? Comprometer-me-ei a mostrar, para qualquer ideia que você nomear, como ela tem suas fontes últimas na experiência. Se eu puder fazer isso, isso eliminará o terreno embaixo dos defensores das ideias inatas.

Para Locke, existem apenas duas fontes básicas de experiência: externa e interna. Por "externa", ele quer dizer os cinco sentidos — "sensação" é o nome que dá à faculdade de percepção sensorial. Por "interna" ele quer dizer o que hoje chamaríamos de "introspecção", a faculdade de examinar o conteúdo de sua própria consciência. Seu termo para isso é "reflexão". Assim, as duas fontes de experiência, sensação e reflexão, são a única fonte última de todas as nossas ideias e conceitos. Da "virtude" a "Deus", à "arte" e à "teoria da relatividade" (se ele soubesse disso), não há outra fonte possível. Algumas pessoas objetaram: "Certamente não obtemos todos os conceitos a partir da experiência. E quanto a 'centauro', por exemplo, ou 'montanha dourada' — não poderíamos obter esses conceitos pela experiência." Locke diz, bem, é claro. O que obtemos da experiência são os blocos de construção básicos e irredutíveis, a partir dos quais todos os nossos outros conceitos são posteriormente construídos ou compostos. Talvez nunca tenhamos visto, por exemplo, um círculo branco, mas vimos círculos e vimos branco, por isso podemos juntar os dois na nossa mente e ter a ideia de um círculo branco. Mas, nesse sentido, a ideia de um círculo branco ainda provém, em última análise, da experiência. O que obtemos da experiência são os componentes irredutíveis de todas as nossas ideias posteriores. Obtemos os átomos do conhecimento a partir da experiência e depois construímos os compostos.

O nome que Locke dá a estas ideias atômicas, usando a terminologia tradicional, são "ideias simples", e "simples", em filosofia, significa "indivisível, irredutível". Uma ideia simples é uma ideia que não pode ser reduzida a constituintes, uma unidade irredutível que é preciso experimentar diretamente para compreender. Da sensação, por exemplo, todos os itens a seguir (e há muitos mais) são ideias simples — "vermelho", "verde", "quente", "frio", "amargo", "doce", "áspero", "suave", "movimento", "descanso", "espaço", "extensão", "unidade", "existência", etc. Nenhuma mente, diz Locke, pode inventar ou construir uma ideia tão simples. Elas vêm diretamente da experiência e, sem a experiência necessária, você não consegue compreender a ideia. Se você fosse surdo congênito, a palavra "alto" permaneceria um mistério para você, ou seja, você tem que ser capaz de ouvir, e então você diria: "Alto, ah, sim, eu sei o que é isso." A partir da reflexão ou introspecção, captamos todos os estados e atividades de nossas próprias mentes — "vontade", "sentimento", "raciocínio", "prazer", "dor", "julgamento", "percepção", "lembrança", etc. Em outras palavras, a mente age de acordo com suas ideias simples e, por introspecção, pode observar essas ações. Novamente, devemos experienciar estas ideias, estas ideias internas, estas ideias das nossas próprias ações internas, se quisermos compreendê-las. Se você nunca em sua vida sentiu uma dor ou algo parecido, a palavra "dor" será um mistério para você — você não sabe o que ela significa. Ninguém pode inventar uma ideia simples. Imagine que eu lhe dissesse: "Invente o sabor do búfalo assado" — você simplesmente não consegue fazer isso. Se eu lhe dissesse que é uma parte de abacaxi e três partes de banana split, talvez você conseguisse. Mas se for uma ideia simples, é preciso provar para saber.

Além das ideias simples, existem "ideias complexas", construídas a partir de ideias simples. Em outras palavras, a mente para Locke não é passiva. A partir de um estoque comparativamente pequeno de ideias simples, por meio de diversas operações, podemos produzir uma quantidade infinita de ideias. Isso não deveria surpreendê-lo. O piano tem oitenta e oito teclas, e toda a riqueza da música para piano vem dessas oitenta e oito unidades simples combinadas de diferentes maneiras. Da mesma forma, toda a estrutura do nosso conhecimento provém de um punhado de ideias simples reunidas de várias maneiras.

De acordo com Locke, existem quatro operações mentais que usamos para transformar ideias simples em ideias complexas. Uma delas é a *repetição* — podemos repetir uma determinada ideia indefinidamente. Por exemplo, "Um, um, um, um", e se você fizer isso doze vezes, terá a ideia "dúzia". Em segundo, podemos *comparar* duas ou mais ideias simples, vê-las lado a lado e compreender a sua relação. É assim que temos a ideia de "maior" ou "à esquerda de" e assim por diante. Em terceiro, podemos *combinar* ideias simples. Por exemplo, podemos observar num cigarro uma ideia simples da sua brancura, e uma seria o seu calor, e a outra seria a sua suavidade, e juntamos todas elas para formar "cigarro", e essa é uma combinação usada para formar a ideia complexa de "cigarro". Finalmente, diz Locke, podemos *abstrair*. "Abstração" ele define como "a separação de uma ideia de todas aquelas que a acompanham na realidade". Essa é a fonte das ideias gerais. Assim, por exemplo, olhamos para vários homens e retiramos ou separamos a ideia de "racionalidade" e "animalidade", e assim formamos a ideia geral de "animal racional", ou "homem" em geral.

Não entrarei na teoria da abstração de Locke, porque ela é complicada e desnecessária para este curso. Obviamente, a sua teoria da abstração será crucial para a sua teoria dos universais. Sem entrar em detalhes, direi apenas que a teoria dos universais de Locke é uma mistura muito confusa de diferentes elementos. Há um certo elemento Aristotélico em seus escritos em relação aos universais, mas há também um elemento Nominalista muito forte. Se fosse necessário classificá-lo, eu diria, de modo geral, e com as devidas exceções, que Locke é um nominalista na teoria dos universais. Ele realmente não acredita no conceito Aristotélico de abstração. Ele *acredita* que os existentes possuem naturezas reais, essências reais que tornam as coisas o que são e que explicam as propriedades das coisas — nessa medida, ele segue Aristóteles. Mas, acrescenta ele, a verdadeira essência de uma coisa é incognoscível na maioria dos casos. Tudo o que podemos conhecer são as essências que criamos arbitrariamente através das nossas práticas linguísticas, as essências Hobbesianas. Em breve você verá os resultados dessa mistura em Locke. Mas, em suma, há graves problemas em Locke na teoria dos universais, e como há um grande elemento de nominalismo, esperar-se-á um elemento cético definido em Locke. Se você espera por isso, não ficará surpreso ao ouvir sobre isso.

Quero examinar mais de perto o processo ao qual me referi há pouco, o processo de formação de ideias compostas de entidades, entidades materiais, o que Locke chama de "substâncias materiais". Locke assume que a experiência nos dá diretamente apenas ideias simples e isoladas — qualidades sensoriais separadas, na verdade. Então fazemos a pergunta: como chegamos ao conceito de entidades integradas? Ele responde: observamos que certas qualidades, certas ideias simples, andam constantemente juntas na nossa experiência. Nós, portanto, associamos essas qualidades em nossas mentes como uma unidade, uma entidade. Assim, construímos entidades, ou ideias de entidades, por meio de um processo mental ativo de sintetizar, ou unir, ou combinar em nossas mentes, um conjunto de ideias simples coexistentes. Então, por exemplo, observo este cigarro, e uma ideia simples seria a cilindricidade, e isso, percebo, quando toco nele, acompanha a suavidade. Isso eu percebo, quando coloco o dedo na ponta, vai junto com o calor, e isso, quando olho, vai junto com a brancura, e assim por diante. Há todo um conjunto dessas ideias, e eu as observo se juntando repetidamente, e a certa altura digo: "Vou dar um nome a esse conjunto de qualidades coexistentes — isso é um 'cigarro'." Tenho a ideia de uma entidade, uma substância material, uma coisa, um cigarro.

Esse relato levou Locke imediatamente a uma questão óbvia: o que mantém unidas as qualidades de uma coisa? O que torna esta entidade unificada? Por que as qualidades não flutuam? Por que, por exemplo, não temos uma pequena mancha cilíndrica branca à esquerda, que não tem nenhuma textura, de modo que quando você toca nela, não há nada ali, nem temperatura, nem pontos de queima, e à direita, entretanto, quando coloco o dedo ali, fico com uma queimadura, mas só tem o quente sem o cilindrozinho branco. Na minha frente sinto a suavidade e não tem mais nada ali? Isso não acontece, diz Locke. Mas por quê? **Existe alguma necessidade de essas qualidades coexistentes permanecerem juntas? Bem, ele diz, deve haver algo que as mantenha unidas. Uma entidade, uma entidade material, deve consistir em algo além de suas qualidades. Deve haver algum tipo de suporte ou portador. Ele chama esse fenômeno de *substratum*, que significa "a propagação para baixo". É como uma almofada de alfinetes metafísica, ou como uma cola metafísica na qual todas as diversas qualidades estão presas e que as mantém juntas.**

Agora, diz Locke, podemos obter apoio para algo como um substratum além das qualidades da nossa linguagem comum. Se eu lhe disser, por exemplo: "Que qualidades *tem* este cigarro?" — observe que digo que o cigarro *tem* as qualidades de brancura, cilindricidade, calor, suavidade, etc. Se tem estas qualidades deve ser algo além das qualidades. Deve ser aquilo que possui todas essas qualidades. Portanto, deve haver algo além das qualidades, o substratum ao qual elas são inerentes, que as une, que as possui, que as torna uma coisa.

Quais são as características do substratum? Você deveria ver imediatamente que ele não pode ter nenhuma característica própria, porque se tivesse alguma qualidade, a pergunta imediata seria: "O que mantém *essas* qualidades unidas?", e teríamos que ter um subsubstratum para manter os substratum grudado, e assim por diante. **O substratum (e toda entidade material), diz Locke, é "algo que não sei o quê". Por mais que eu aprecie a visão de Descartes de que devemos ter ideias claras e distintas, esta é uma visão confusa e indistinta, diz Locke.** Mas, no entanto, é uma ideia necessária, porque não podemos compreender as substâncias materiais sem um substratum. Para aqueles de vocês que se lembram da Matéria Primária de Aristóteles — aquele pequeno nada-em-particular incaracterizável ao qual todas as formas são impostas — é ela que aparece novamente em Locke na forma do substratum.

Só para piorar as coisas, Locke é um dualista como Descartes. Ele não é um idealista ou materialista. Ele acredita em dois tipos de substâncias, materiais e espirituais (mentes, almas), e aplica exatamente a mesma análise às substâncias *espirituais*. O que, pergunta ele, une todas as atividades de uma mente em *uma* entidade? Qual é o "você"? Dizemos que você pensa, você sonha, você imagina, você vai — qual é o "você" que realiza todas essas atividades, que as une todas, que as torna uma entidade em vez de apenas um fluxo díspar de atividades? Deve haver, diz ele, algo que tenha todos esses atributos mentais, que execute todos eles — o "eu", o "você" — e esse é o substratum. Novamente, é "algo que não sei o quê" que une suas propriedades mentais. Locke, acreditando em Deus, diz que Deus é uma grande substância cósmica infinita e, portanto, nesse aspecto, ele é como Descartes. Quero que você se lembre de Locke em substância. Não vou criticá-la agora, e Berkeley e Hume fizeram muito bem ao criticar esta doutrina. Você deveria ver que, a esse respeito, Locke não é empirista, porque se você for com base na experiência, não poderá justificar a ideia de "algo que não sei o quê". Mas se a rejeitarmos, como Berkeley fez parcialmente e Hume completamente, voltamos à pergunta de Locke: **"O que mantém todas as qualidades juntas? Por que o universo não se desintegra?"** Ao que Hume disse: "Isso acontece o tempo todo", mas vamos esperar até chegarmos lá.

Agora vamos esboçar a metafísica de Locke. Qual é a primeira coisa que podemos saber que existe, indo em ordem? Poderíamos dizer que, como Locke é um empirista, ele deve acreditar que a primeira coisa que sabemos que

existe é o mundo físico. Se você pensa isso, ficará desapontado. De acordo com Locke, a primeira coisa que podemos saber que existe — o elemento primário evidente com o qual a filosofia começa — é a sua própria mente, o seu próprio eu. Disso temos uma intuição direta, diz ele (usando isso no sentido de Descartes — um conhecimento direto e autoevidente de si mesmo). **Ele simplesmente repete o *Cogito* de Descartes, de que o eu mental, a mente, é a coisa mais certa de todas.** Assim, Locke é um firme defensor da certeza prévia da consciência e, neste aspecto, um seguidor completo de Descartes e Agostinho.

O que vem depois? Podemos pelo menos ir do eu para o mundo material? Não. É preciso lembrar que Descartes não é chamado de pai da filosofia moderna à toa. Lembra-se de onde Descartes foi atrás de si mesmo? Ele foi para Deus e Locke também. A próxima coisa é Deus, diz ele. Se obtivermos o eu por intuição direta, por autoevidência direta, obteremos Deus por demonstração, por dedução. Ele passa a oferecer uma prova padrão de Deus que não vale a pena discutir. Isso equivale a "Eu existo. Devo ter tido uma causa, já que sou um ser pensante, e a causa deve ter sido muito poderosa, e ela própria deve ter sido um ser consciente." Com efeito, ele finalmente chega à ideia de que existe um ser que é a fonte de toda existência, de todo pensamento, e esse ser é Deus. Essa é uma rápida análise desse argumento, mas não tem valor. **Portanto, Deus é a próxima certeza, depois do eu.** De acordo com Locke, podemos ter mais certeza de que existe um Deus do que de qualquer outra coisa fora de nós (exceto nós mesmos). Aqui, novamente, ele é um seguidor direto de Descartes.

E o mundo material? Locke certamente acreditava nisso — afinal, ele é um empirista e acredita em substâncias materiais. Bem, estive guardando a verdade para você. **De acordo com Locke, não percebemos o mundo material, ou seja, não percebemos *diretamente* o mundo material. O que percebemos diretamente são apenas ideias em nossas próprias mentes, experiências, sensações em nossas próprias mentes. Novamente, uma posição puramente Cartesiana, e foi tida como certa por todos os seguidores de Descartes. A consciência é uma entidade autossuficiente e trancada que contempla apenas as suas próprias experiências, as suas próprias ideias.** Se você perguntar a Locke, como perguntamos a Descartes: "Como você sabe então que *existe* um mundo material externo?", Locke diria com Descartes: "Bem, é óbvio que não criamos nossas próprias experiências, porque elas não estão sujeitas à nossa vontade e não podemos nos livrar delas por um ato de vontade." Suponha que digamos: "Como você sabe que nem tudo é um sonho? Um sonho é involuntário. Quando você está no meio de um sonho, você não pode se livrar dele por um ato de vontade." Locke diz que não, a realidade material deve existir como causa de nossas experiências. Não a percebemos, por isso temos que inferir a sua existência, mas deve existir como causa das nossas experiências. Como você sabe, perguntou Berkeley, que Deus não causa nossas experiências diretamente em nós e que não existe mundo material? A resposta de Locke, depois de bastante equívoco, equivale a esta: "Oh, ninguém pode realmente ser tão cético." *Por que* eles não conseguem, dada a sua filosofia, é uma grande questão sem resposta. Ele está em uma posição pior do que Descartes aqui. Pelo menos Descartes tinha uma garantia inata de que Deus é bom e, portanto, se ele tivesse uma visão clara e distinta de que existia um mundo material, tudo bem, se aceitarmos a sua epistemologia. Mas Locke é um empirista. **Como pode um empirista verificar uma realidade imperceptível? Obviamente, ele não pode e,** *portanto, não demorará muito até que não haja realidade para os empiristas.*

    Em outras palavras, Locke teve todos os problemas que vimos com a teoria causal da percepção. Lembre-se do que é a teoria causal: *a realidade é a causa, mas não o objeto*, da nossa experiência, ou seja, não percebemos diretamente a realidade, apenas os seus efeitos sobre nós. *A realidade é algo que temos que alcançar por inferência.* Locke aceita isto pela mesma razão que Descartes, Hobbes, Spinoza e todos os outros o fazem. Podemos conhecer a natureza da realidade, você pergunta? Sim, diz Locke. Nossas experiências se assemelham, ou copiam, ou representam as coisas que existem no mundo, de modo que, embora estejamos presos em nosso pequeno mundo de consciência, acontece que nosso pequeno mundo de consciência corresponde ou representa o que está lá fora. Portanto, Locke subscreve não apenas a teoria causal da percepção, mas também a teoria representativa da percepção.

    É claro que ele não acredita que *todas* as nossas experiências representem a realidade, apenas uma parte delas. **Locke foi quem batizou a distinção "qualidade primária-secundária", quem introduziu esses termos.** Nas qualidades primárias, ele inclui todas as padrão mais a solidez (porque queria distingui-la do espaço vazio). As qualidades primárias, diz ele, assemelham-se à realidade tal como ela realmente é. As qualidades secundárias são apenas como a dor que sentimos quando colocamos a mão no fogo — são os efeitos sobre nós do que está lá fora, mas não representam qualidades reais no objeto. Elas são subjetivas. Os seus argumentos são os de costume: pode-se conceber a matéria sem as qualidades secundárias, não sem as primárias; as secundárias variam de pessoa para pessoa, as primárias são invariantes, etc.

    As opiniões de Locke sobre os sentidos e o mundo físico — em essência, as três vertentes, a distinção entre qualidade primária e secundária, a teoria causal da percepção, a teoria representativa da percepção — todas elas repetem as conclusões que já vimos em Hobbes, Descartes e outros. Você pode estar preparado, portanto, para esperar o pior resultado possível na filosofia futura. Aqui está um empirista, um defensor do bom senso, aceitando todas as

doutrinas que levam à incognoscibilidade da realidade física. Se os empiristas, juntamente com os racionalistas, aceitarem isto, pode-se esperar que não demorará muito até que a realidade saia completamente da cena filosófica. Foi isso que Berkeley e Hume alcançaram entre si (se é que podemos chamar isso de conquista), e é isso que veremos na próxima palestra.

Quero abordar um aspecto final da epistemologia e da metafísica de Locke. Ele também acredita na dicotomia necessário-contingente entre as verdades. Ele não a expressa caracteristicamente nesses termos. Para aqueles que leram o ensaio, saberão que ele distingue quatro tipos diferentes de proposições, mas não entrarei nesse tipo de detalhe. A dicotomia necessário-contingente é o que se resume. Por um lado, temos aquelas proposições que podemos estabelecer pelos métodos de Descartes — por autoevidência direta, ou por dedução do que é diretamente autoevidente. Estas proposições, diz Locke, são verdades eternas necessárias, absolutamente certas, e podemos ver por que devem ser verdadeiras. Por outro lado, existem as proposições que estabelecemos pela observação, pela experiência sensorial. Nestes casos, diz Locke, não temos necessidade alguma. Observamos fatos brutos: tais e tais qualidades existem, como os nossos sentidos relatam, e tais e tais qualidades coexistem, como os nossos sentidos relatam. Portanto, existem, de fato, as verdades necessárias estabelecidas pela razão versus as verdades contingentes estabelecidas pelos sentidos — uma dicotomia à qual já deveríamos estar habituados.

Voltemo-nos para as verdades necessárias, as verdades estabelecidas pela razão. Qual é a visão de Locke sobre o status delas? Para encurtar a história, Locke hesita em relação à interpretação destas. Parte do tempo ele sugere a típica visão racionalista de que as verdades necessárias representam leis eternas da realidade, princípios necessários que nem mesmo Deus pode violar. **Parte do tempo, porém — na maior parte do tempo, na medida em que é um nominalista — ele assume a visão Hobbesiana típica de que as verdades necessárias são meramente os resultados das nossas decisões linguísticas, da nossa semântica, das nossas definições nominais. Portanto, não nos dizem nada sobre a realidade, mas apenas expressam a forma como usamos as palavras, de modo que são convencionais, arbitrárias, semânticas.** Nesta questão, Locke é uma mistura totalmente inconsistente de Hobbes e Leibniz. Você vê como Locke é eclético: ele escolhe peças das filosofias mais opostas e as junta, mesmo que sejam diametralmente opostas uma à outra. A propósito, essa abordagem é chamada de "senso comum britânico".

Voltando-nos para as verdades que são estabelecidas pela experiência sensorial — as verdades contingentes — poderemos algum dia, pergunta Locke, alcançar a certeza completa no caso delas? Em essência, sua resposta é não. Na melhor das hipóteses, só podemos alcançar probabilidades em relação às

verdades aprendidas pelos sentidos. Essa é a sua visão dominante. Por quê? Considere um exemplo típico — suponha que você considere o ouro e as propriedades do ouro. Você observa que o ouro — quero dizer, o elemento comum — combina uma série de qualidades que andam juntas repetidamente em nossa experiência. É metálico, é amarelo, tem um peso muito grande, comporta-se de diversas maneiras quando combinado com outras substâncias. Há uma lista completa de propriedades separadas que você pode citar. Observamos que essas qualidades coexistem repetidamente em nossa experiência. Podemos entender por que essas qualidades andam juntas? Sua resposta é: não, nunca poderemos entender por que essas qualidades andam juntas. Podemos ver que na verdade elas *andam* juntas; mas não temos meios de saber que elas *devem* andar juntas, nem que andarão juntas no futuro. Se pudéssemos compreender a verdadeira essência do ouro, como Aristóteles pensava que poderíamos, então poderíamos ver como todas as propriedades decorrem da essência. Poderíamos ver por que o ouro *deve* ter as propriedades que tem, e nosso conhecimento seria certo e necessário. Mas, diz Locke (e nesta parte ele é um verdadeiro nominalista), não podemos apreender essências reais. Tudo o que podemos compreender são *essências nominais*. Em outras palavras, decidimos arbitrariamente chamar pelo mesmo termo um certo conjunto de qualidades coexistentes. Assim *criamos* o fenômeno ouro, mas o ouro não expressa uma união real e necessária de propriedades que existem no mundo. É apenas a nossa classificação subjetiva humana. Como não vemos nenhuma conexão necessária entre as propriedades que rotulamos conjuntamente como "ouro", vemos apenas que elas *acontecem* de andarem juntas, mas somos incapazes de compreender qualquer essência real que explique o porquê. Pelo que podemos dizer, talvez amanhã elas parem de andar juntas, ou encontremos algo com todas as propriedades do ouro, exceto que em vez de ser amarelo, é verde com bolinhas rosa, ou em vez de ser pesado, é mais leve que água, mas em todos os outros aspectos é a mesma coisa. Quem sabe? Como você *pode* saber, pergunta Locke? Como nominalista, você não pode. **Você está limitado a observar o que está diante de você. A conclusão para Locke é que todo conhecimento observacional, todo conhecimento empírico, é, na melhor das hipóteses,** *provável*.

Você pode perguntar: por que isso é provável se não conseguimos compreender nenhuma necessidade? **Por que existe alguma probabilidade de que a combinação de qualidades que encontramos até agora continue amanhã? Essa é exatamente a pergunta que Hume fez e, na resposta, eliminou causa e efeito, sustentando que não há sequer qualquer probabilidade. Então, você vê como, questão após questão, as formulações de Locke lançam as bases para o pior ceticismo, que irá eclodir logo depois dele.**

Devo deixar claro que o próprio Locke não era um cético. Ele está repleto de *sementes* de ceticismo, mas as sementes não se transformaram em um David Hume completo em Locke. Na verdade, com base no nosso breve resumo da metafísica e da epistemologia de Locke, a melhor coisa a dizer é que ele não é nada de forma consistente. Existem três vertentes filosóficas distintas em Locke, todas em conflito com as outras, todas surgindo repetidamente e em conflito na sua discussão de várias questões filosóficas. As três vertentes, como eu as identificaria, são (1) Uma grande parte do racionalismo Cartesiano — por exemplo, a ênfase de Locke em verdades intuitivas e dedutivas, claras e distintas; o fato de que ele começa com o *Cogito*, ou a certeza prévia da consciência, a ideia de que percebemos apenas as nossas próprias ideias. (2) Um elemento definidamente de Aristotelismo. Ele tinha um verdadeiro respeito por este mundo. Embora ele fosse um Cristão devoto, não há sobrenaturalismo ou misticismo evidente em sua filosofia. Como parte de seu Aristotelismo, ele insiste nos sentidos como base do conhecimento, mesmo admitindo suas opiniões sobre a natureza dos sentidos. Ele insiste que a unidade da realidade é o individual, o particular, o concreto, e enfatiza a razão, que ele vê como a faculdade que opera na percepção sensorial. Todas essas ideias muito importantes são Aristotélicas. (3) O nominalismo Hobbesiano e todos os elementos céticos a que ele influenciou em Locke. Então, na verdade, para colocar numa fórmula matemática grosseira algo que não pode ser quantificado, eu diria que Locke é uma parte Descartes, uma parte Aristóteles, uma parte Hobbes, o que significa que se você colocar isso mais profundamente, uma parte Platão, uma parte Aristóteles, uma parte Sofistas, todos misturados e encobertos pelo bom senso britânico.

Esta combinação obviamente não pode sobreviver, e a primeira coisa a desaparecer foi o Aristotelismo, porque não poderia sobreviver no quadro de uma mistura de Descartes e Hobbes. Restando apenas Descartes e Hobbes, e a abordagem racionalista desacreditada através das construções de Spinoza e Leibniz, o resultado final tinha de ser o que era (assumindo que ninguém mais entrou em cena), nomeadamente, o triunfo final do ceticismo completo em David Hume. Isto é o que diz respeito à metafísica e à epistemologia de Locke.

Deixe-me falar um pouco sobre a ética de Locke. Na ética, como na metafísica e na epistemologia, Locke é uma mistura eclética. Novamente, você pode distinguir três vertentes principais em seu ponto de vista, todas desordenadas. Em parte, ele é um hedonista — um hedonista psicológico e um hedonista ético. Lembre-se de que o hedonismo psicológico é a visão de que todos os homens vivem para o prazer — que essa é uma lei da natureza humana, e era uma visão grega padrão, embora seja errônea como observação universal. Um hedonista ético é alguém que diz que uma pessoa deve viver pelo prazer; o prazer é o bem, e o teste do certo e do errado é maximizar o prazer. Quaisquer atos que levem à maior quantidade de prazer estão certos. Existe esse elemento hedonista definido em Locke. Mas então, além disso, você deve lembrar que Locke é um Cristão devoto, e ele frequentemente diz que Deus é o autor e criador da moralidade, que Deus ordenou que suas criaturas vivessem de uma certa maneira e, portanto, "virtude" significa "obediência aos mandamentos divinos". Você vê esta incrível mistura de hedonismo antigo e Cristianismo medieval. Ainda há um terceiro elemento, que é a sua herança dos racionalistas. Até certo ponto, ele aceita a visão racionalista típica de que a ética pode ser demonstrada geometricamente, isto é, que a partir da própria natureza de certos conceitos é possível estabelecer o bem e o mal dedutivamente, sem referência a Deus ou ao prazer, simplesmente por referência às leis da lógica.

Como Locke combina todos esses elementos? Na verdade, ele não o faz, mas se fosse necessário, a visão dele seria mais ou menos assim: ética significa obedecer aos mandamentos de Deus, e Deus ordena que nos comportemos como hedonistas de longo alcance, e como Deus é racional, seus mandamentos também o são, e eles são, portanto, geometricamente demonstráveis. Isso é o mais próximo que posso fazer de uma síntese da ética de Locke. Não vou comentar mais sobre uma mistura tão incrível. Você vê que a ética de Locke, assim como sua metafísica e epistemologia, é uma mistura incongruente dos mais diversos elementos.

Para concluir, voltemo-nos para a política de Locke, de longe o ramo mais famoso da sua filosofia e uma influência direta e extremamente importante sobre os *Pais Fundadores* dos Estados Unidos. Antes de expressar quaisquer reservas sobre a política de Locke (e tenho muitas), quero dizer algo sobre as coisas boas. Tem muitas coisas profundamente boas. **Os elementos constituintes da política de Locke nem sempre são originais de Locke, mas ele foi o primeiro homem na filosofia ocidental a reuni-los todos e a dar à teoria dos direitos individuais inalienáveis a sua primeira declaração abrangente e influente. Seu famoso trabalho sobre política é *O Segundo Tratado sobre o Governo*, publicado em 1690 d.C. Nele — é um livro bastante breve — ele argumenta vigorosamente contra qualquer forma de controle político absoluto e a favor dos direitos individuais e de um governo estritamente limitado. O homem que ele tem em mente, embora não o mencione, é Hobbes, a quem ele pretende refutar.**

Deixe-me resumir as opiniões políticas de Locke. Existe, argumenta Locke, uma lei natural, uma lei da natureza, uma regra objetiva, que define as relações sociais e políticas adequadas dos homens entre si. Esta regra é um mandamento de Deus, mas é compreensível e demonstrável estritamente pela razão humana. Esta parte de sua política é obviamente a antiga visão Estoica que vimos em muitas palestras atrás. **A lei da natureza, segundo Locke, é que mesmo antes de existirem** governos, num estado que ele chama de *estado de natureza* (que significa simplesmente uma condição sem governo), todos os homens deveriam existir como seres livres, independentes e iguais. Quando ele diz "igual", ele não quer dizer economicamente igual ou intelectualmente igual, mas igual apenas num aspecto: todos possuem certos direitos individuais inalienáveis concedidos (na sua opinião) pelo seu criador. Esses direitos não são o direito ao Medicare, emprego garantido e três meses na Flórida para a sua lombalgia, **mas os direitos à vida, à liberdade e à propriedade. Estes direitos, diz Locke, não podem ser interferidos pelo governo. Eles não vêm do governo. Eles precedem logicamente o governo.** De fato, é para *garantir* estes direitos, para nos permitir estar seguros e protegidos no seu exercício, que devemos estabelecer governos. É por isso, diz ele, que os homens deveriam fazer um *pacto social*, ou contrato, entre si e deixar a função de proteger os direitos para o governo. Eles próprios não tentarão punir criminosos, homens que violam os seus direitos, mas delegarão essa tarefa ao governo. **O governo, portanto, não é o governante do povo, mas o seu agente. O governo tem a tarefa de proteger os direitos dos homens e, acima de tudo, o seu direito à propriedade que criaram pelo seu próprio trabalho e à qual, portanto, têm direito. O governo, portanto, conclui ele, deve ser feito pelo consentimento dos governados e deve ser estritamente limitado nas suas funções.**

Então, por que ter um governo? Locke responde que um governo oferece três grandes vantagens que um estado de natureza sem governo não teria. Permite-nos viver de acordo com um código de leis objetivas às quais podemos recorrer em caso de litígio; fornece juízes objetivos e imparciais (se houver um governo decente) para aplicar as leis em casos específicos; e tem o poder de respaldar as sentenças dos juízes, de fazer cumprir as leis, garantindo assim que cada homem será livre e seguro na esfera dos seus direitos individuais. Assim, cada homem, segundo Locke, poderá viver guiado pela sua própria razão. **Ninguém será capaz de impor seus pontos de vista aos outros. Os homens, pensou Locke, são em geral bons. Eles são seres racionais. Aqui estava ele em profunda oposição a Hobbes. Os homens não precisam de um governante onipotente que lhes diga o que fazer.** Deixados à sua própria sorte, por si próprios, eles podem alcançar uma vida boa e alcançar a paz, a harmonia e a felicidade na Terra. Acrescenta ainda que se e quando um governo começar a abusar seriamente dos seus poderes, a violar os direitos dos homens, a escravizá-los em vez de os proteger, então o povo tem todo o direito de declarar uma revolução, de derrubar um governo tão tirânico e de restabelecer o tipo de governo adequado que respeita os direitos.

Este é um breve esboço da política de Locke, e penso que se podem ver as suas enormes virtudes. Em essência, a política de Locke deriva do elemento

Aristotélico na sua filosofia básica — da sua ênfase neste mundo, na razão do homem, na racionalidade dos homens, na sua capacidade de gerir as suas próprias vidas pelas suas próprias mentes, na realidade e na importância do indivíduo. Os outros dois elementos em Locke — o místico (ou seja, o lado Cartesiano-cristão) e o cético (o lado Hobbesiano-nominalista) estão em grande parte *implícitos*. Ele foi impedido de torná-los temas dominantes ou explícitos de sua filosofia. Consequentemente, eles não irrompem de forma substancial na sua política. Essa é a explicação de por que Locke, com a sua filosofia incrivelmente mista, pôde ter uma política comparativamente boa.

Mas esses outros elementos estão presentes em sua filosofia. O curso subsequente da filosofia consistiu em suprimir completamente o elemento Aristotélico em Locke e em transmitir aos séculos posteriores apenas o Platonismo e o ceticismo em formas progressivamente mais intensas. O resultado foi que a política de Locke não poderia durar. A política não pode existir sozinha. Depende diretamente da ética e, ainda mais basicamente, da metafísica e da epistemologia. À medida que a metafísica e a epistemologia, e portanto a ética, dos filósofos posteriores se tornaram violentamente Platônicas, céticas e Kantianas, o resultado foi que a aprovação das ideias de Locke caiu drasticamente entre filósofos, intelectuais e criadores de tendências culturais, de modo que, no momento em que se chega ao século XIX, intelectualmente falando, a política de Locke foi inundada, completamente superada por todas as variedades de um coletivismo proliferante, em grande parte gerado pelos derivados de Hume, Kant — Hegel, Marx e toda a turma profana que se seguiu. **É por isso que a política de Locke, com todas as suas virtudes, não poderia durar. O que a faria durar? Apenas uma filosofia completa, sistemática e racional, em todos os aspectos, em todos os ramos e questões-chave da filosofia. Infelizmente, foi isso que Locke *não* forneceu.**

Não quero insinuar com o meu elogio à política de Locke que, tal como a formulou, ela é completamente isenta de objeções. Você não pode escapar da sua metafísica e epistemologia, e se algo for apenas um elemento parcial, aparecerá nas suas conclusões. A confusa metafísica, epistemologia e ética de Locke teve alguma influência até mesmo em sua política. Vemos, por exemplo, as suas referências a Deus como a fonte da lei natural, a fonte dos direitos do homem — esta é uma influência Cristã na sua política. Se tivéssemos tempo, eu poderia dar-lhe muitos outros exemplos de erros na política de Locke, casos em que as suas formulações são inexatas ou duvidosas ou abertamente perigosas — casos em que as suas doutrinas sobre questões de detalhe ou implementação deixam a porta aberta para o socialismo moderno mergulhar com os dois pés e causar estragos, casos em que sua filosofia confusa o leva a contradições flagrantes. Mas esses detalhes não são realmente centrais neste curso.

Penso que temos de chegar a uma dupla conclusão. Em parte, temos de lamentar profundamente que Locke tenha apresentado a sua política no quadro filosófico que o fez, porque isso significa que ele nunca teve realmente uma oportunidade a longo prazo de se tornar uma influência permanente na vida da humanidade. Mas, no entanto, temos de expressar o nosso apreço a Locke pelos excelentes elementos presentes na sua política. É verdade que é Aristóteles quem merece o maior crédito por esses elementos, e é verdade que Locke cometeu muitos erros. Mas também é verdade que, quaisquer que sejam os seus erros, Locke é um dos pilares no caminho da humanidade para a descoberta de uma ordem social racional. Foi devido à sua influência direta que os *Pais Fundadores* foram capazes de manter os pontos de vista que defenderam e de criar os Estados Unidos da América. Esta é, a meu ver, uma conquista pela qual Locke será, e deveria ser, sempre lembrado.

Palestra X, Perguntas e Respostas

P: Qual é a falácia em distinguir, como faz Leibniz, entre o logicamente possível e o real?

R: Já falei sobre isso, mas vou revisá-lo brevemente. *O "logicamente possível" significa o não contraditório. Qualquer* alternativa à realidade que temos seria, de fato, contraditória. Portanto, qualquer alternativa seria impossível. Por que qualquer alternativa seria contraditória? **Porque a lei da causa e efeito é uma expressão da lei da identidade. Cada entidade age como age devido à sua natureza e não poderia agir de forma diferente sem contradizer a sua natureza.** Consequentemente, dada uma entidade de certa natureza, ela deve agir como o faz. Consequentemente, nada poderia ocorrer de forma diferente da forma como realmente ocorre. **A tentativa de distinguir o logicamente possível do real é tornar o real não lógico, o que significa não ser ditado pela lei da causa e efeito ou pelas leis da lógica, ou seja, não estar em harmonia com as leis da lógica, que é uma violação dos princípios básicos da lógica.** Portanto, toda a tentativa está errada. Para mais detalhes, sugiro que você consulte meu artigo sobre a dicotomia analítico-sintético, que discute essa questão mais detalhadamente. A ideia, porém, de um universo possível diferente do nosso — falando aqui não de um sistema planetário ou de uma galáxia, mas significando o total da realidade metafísica — a ideia de outra possibilidade está errada. Não há outra possibilidade. Isso está envolvido em "A existência existe" — nenhuma outra existência existe, nenhuma outra existência é possível. Até o conceito de "possível" tem que ser definido por referência a esta existência — **"possível" é o que é compatível com esta existência** — não há outra realidade que tenha como base qualquer outra possibilidade.

P: Se a observação for inválida, como Spinoza mostra que seus axiomas básicos são verdadeiros? Ele não pode deduzi-los de nada mais primário.

R: Ele diria: "Claro, é por isso que você tem que começar com ideias autoevidentes, claras e distintas, que não são nem sensoriais nem dedutivas; elas são simplesmente claras e distintas." Mas de uma forma mais profunda, diria Spinoza — um ponto que deixei de fora da palestra e que influenciou muito Hegel — *todas* as ideias são verdadeiras. Mesmo as ideias que você considera totalmente falsas são, na verdade, substancialmente verdadeiras. Aqui ele defende este ponto de vista com referência ao seu paralelismo psicofísico. Para todo fenômeno mental existe um correlato físico. Para cada pensamento deve haver, portanto, um objeto correspondente. Se "verdade" significa "a correspondência de um pensamento com um objeto", todo pensamento deve ter a sua verdade. O que chamamos de "erro"? O erro é um pensamento que se apega ao objeto errado, só isso. É como uma verdade mal colocada. Assim, por exemplo, se você tiver uma alucinação com um rato rosa, dizemos que você está errado, mas isso não significa que não exista nenhum objeto físico associado ao rato rosa. Acontece que você se confundiu quanto ao que é o correlato físico — o objeto físico real não é um rato rosa, mas um litro de álcool no seu sangue, digamos. Então, nesse sentido, não existem ideias falsas. Todas as ideias são garantidamente verdadeiras em virtude do fato de que todas as ideias expressam inevitavelmente o desenvolvimento de Deus. Isso não significa que num nível inferior não existam ideias superficialmente falsas. Spinoza diria, por exemplo, que Descartes está errado em certos pontos. Mas isso está num nível inferior, por assim dizer. No nível mais profundo, todas as ideias são verdadeiras e, portanto, Spinoza está correto. **Esta teoria específica foi desenvolvida por Hegel no que foi chamado de "teoria da coerência da verdade" — que todas as ideias têm um grau de verdade e que não existe uma ideia completamente falsa.** Mas isso é sugerido em Spinoza, e essa é uma das razões pelas quais se diz que Spinoza teve influência sobre Hegel.

P: Spinoza não era um defensor ou campeão da liberdade individual, embora não acreditasse que a individualidade fosse real?

R: Sim, ele era. Spinoza era definitivamente um individualista na política. Deixe-me aproveitar esta oportunidade para dizer algo sobre a ética de Spinoza, porque isso ajudará a esclarecer como um individualista poderia acreditar que a individualidade é irreal. Todo o século XVII é uma era individualista embrionária. Foi isso que lançou as bases para todas as revoluções individualistas do século XVIII e para a América. Portanto, até certo ponto, Spinoza reflete no seu individualismo o clima cultural de ênfase na razão, neste mundo, na ciência, no indivíduo, que se infiltrou no pensamento de todos. Neste sentido, o clima cultural da Era da Razão era infinitamente superior a qualquer coisa no século XX nesta fossa de irracionalismo. Então, até certo ponto, qualquer que fosse a base do filósofo, ele absorveu uma política individualista. Até mesmo Kant tem grandes elementos de individualismo na sua política. Eles estão em conflito grotesco com o resto da sua filosofia, mas ele não viu plenamente as conclusões políticas. Seus seguidores imediatos fizeram isso, mas ele não.

A ética de Spinoza, como a sua filosofia em geral, é uma mistura de dois elementos. Assim como a sua metafísica e epistemologia são em parte misticismo religioso e em parte visão lógica pró-ciência, também a sua ética é em parte uma espécie de outro mundo Estoico-Platônico e de desprezo pelo mundo das aparências, mas em parte é um egoísmo naturalista deste mundo. Spinoza é classificado como egoísta em ética. Há muitos pontos que, fora do contexto, os estudantes do Objetivismo aprovariam e concordariam na ética de Spinoza. Darei apenas uma amostra do lado egoísta e mundano de Spinoza. Para começar, ele é um egoísta psicológico, ou seja, acredita que todos os homens são necessariamente egoístas em suas ações. Ele acredita que a motivação básica de todos os homens é a autoafirmação, a autorrealização e a autopreservação. Isto é incorreto, mas é um reflexo, em Spinoza, da defesa grega comum do egoísmo psicológico. Spinoza prossegue com a visão grega: isto é bom. Os homens *deveriam* ser egoístas. Ele é um egoísta ético, mas como pode ser um egoísta se sustenta que o eu individual é apenas uma aparência? Sua resposta seria: é assim que parece. Parecemos ser indivíduos separados e devemos agir em conformidade. O que você acha disso? Não é uma base muito substancial.

Virtude, diz ele, portanto — e insiste nisso — não é autossacrifício. Virtude é autorrealização, autoaperfeiçoamento, aperfeiçoando o poder da mente para pensar e do corpo para agir. O resultado da virtude, diz Spinoza, será a felicidade pessoal e individual, o prazer, que é a prova do homem verdadeiramente moral. Tudo isso, veja você, está, de modo geral, dentro da tradição grega em ética. Você pode encontrar muitos pontos com os quais concorda nas opiniões de Spinoza. **Por exemplo, a sua insistência de que o prazer não é ruim, mas bom, que a vida deve ser vivida e desfrutada. Citando Spinoza: "Certamente nada proíbe um homem de se divertir, exceto superstições sinistras e sombrias."** O homem sábio, diz ele, gosta das coisas desta vida. Spinoza tem muitas coisas pungentes a dizer sobre aqueles que são obcecados pela vida após a morte e que tremem diante da morte. **O homem sábio, diz Spinoza, não dá atenção alguma à morte. Ele não perde tempo pensando nisso. "Sua sabedoria é uma meditação não sobre a morte, mas sobre a vida."** Spinoza não acredita em nenhuma imortalidade pessoal: quando você morre, é o fim. Então todos os Cristãos entraram na conversa: "Bem, se não houvesse imortalidade pessoal, se não temêssemos uma vida após a morte, ninguém seria moral." Ao que Spinoza responde — uma resposta muito inteligente: "Dizer que o homem que não acredita na imortalidade pessoal não tem incentivo para viver corretamente não é menos absurdo do que supor que, por não acreditar que possa sustentar-se através de uma alimentação saudável, seu corpo para sempre, ele desejaria abarrotar-se de venenos e comida mortal; ou, porque ele vê que a mente não é eterna e imortal, ele deveria preferir estar completamente fora de sua mente e viver sem o uso da razão. Essas ideias são tão absurdas que dificilmente vale a pena refutá-las." Você pode encontrar muito disso em Spinoza, e ele é muito interessante desse ponto de vista.

Mas misturada com o egoísmo deste mundo está uma profunda tensão de Platonismo e Estoicismo, derivada dos elementos Platônicos na sua metafísica e epistemologia. A maioria dos homens, diz ele, são escravos das suas emoções, das emoções que lhes são impostas por causas externas, causas que eles não compreendem de forma clara e distinta. O resultado é que a maioria dos homens passa a vida fustigada e devastada por emoções cegas — ódio, medo, inveja, culpa, rivalidade, etc. **Numa seção famosa do seu trabalho sobre ética, uma seção intitulada "Da Servidão Humana", Spinoza diz a você como escapar da escravidão de tais emoções. Como você faz isso? Você deve compreender o universo completamente. Você deve ver como tudo decorre inevitavelmente da natureza da realidade — em outras palavras, da natureza de Deus. Você deve ver que nada poderia ter sido diferente. Então você experimentará serenidade, tranquilidade, aceitação, paz de espírito. Você não sentirá medo, não sentirá ódio, não sentirá nenhuma rebelião emocional.** Quem pode rebelar-se contra o inevitável quando o vê claramente como inevitável? Você pode ver o estoicismo óbvio de tudo isso. Devemos, diz ele numa frase famosa, "perceber o mundo *sub spatie aeternitatus*", que significa "sob o aspecto da eternidade". O que equivale a: temos de perder a perspectiva estreita e mesquinha dos nossos próprios cuidados e preocupações confinantes e ver o universo do ponto de vista da grande totalidade. Então veremos que tudo é realmente um, que tudo é inevitável, que somos realmente iguais uns aos outros e encontraremos a paz. Então, não resta muito do seu egoísmo quando você o combina com o resto da sua filosofia, porque se eu sou você e você é ele e somos todos idênticos, então viver para mim mesmo se torna viver para toda a totalidade do universo, e todo o caráter distintamente egoísta da ética desaparece. Em qualquer caso, a virtude culminante para Spinoza é o que ele chama de "o amor intelectual de Deus" e, como "Deus" significa "realidade", é o amor intelectual pela realidade. Em outras palavras, a plena compreensão do universo pelo intelecto do homem, e a dedicação para compreender e explicar tudo sobre o universo pela razão humana, até que finalmente a totalidade tenha sido dominada. A este respeito, Spinoza é um arquidefensor do uso científico pleno, livre e irrestrito da mente humana (esse é o seu lado racional científico), mas ele usa-o para provar a rigidez determinista do universo e a importância de se afastar dos cuidados mesquinhos deste mundo e mergulhar na contemplação da eternidade. Então, novamente, você tem aquela grande mistura de misticismo Platônico e egoísmo naturalista, científico e racional. Mas se considerarmos apenas o elemento egoísta, podemos encontrar muita coisa em Spinoza que é muito interessante. Muitas vezes, em conversas, fui acusado de ser um espinosista — não dura muito tempo quando ouvem quais são as minhas demais opiniões — mas há, até esse ponto, uma certa semelhança, fora de contexto, em certos aspectos.

P: Sempre ouvi o determinismo ser exposto em relação a uma divindade, ou aos genes do homem como fator causal. Considerando o panteísmo e a falta de individuação de Spinoza, não entendo como o determinismo se aplica.

R: Bem, você está completamente errado. O determinismo é a visão de que tudo o que acontece é inevitável. Não precisa ser Deus e não precisa ser genes. Podem ser átomos que seguem leis mecanicistas, à la Demócrito e aos materialistas. Pode ser seu *id* e seu treinamento para usar o banheiro, à la Freudianos. Pode ser o seu ambiente econômico, à la os Marxistas. Pode ser a lógica da realidade, à la Spinoza. "Determinismo" é uma abstração muito ampla. Deus e os genes são apenas duas versões populares disso. Existem muitas outras.

P: O misticismo dos racionalistas Continentais foi resistido pelos cientistas da época?

R: Principalmente, não. Os cientistas não estabelecem tendências filosóficas. São seres humanos como todos os outros e aceitam as tendências filosóficas dominantes. Agora, enquanto cientistas neste período de que estamos falando (séculos XVII e XVIII), eles eram muito mais racionais do que os cientistas de hoje. Não quero dizer que as suas teorias fossem superiores, porque existem obviamente grandes virtudes em algumas teorias científicas modernas, mas quero dizer que, como homens, eles eram mais racionais no seu conjunto, porque o clima intelectual era mais racional. Mas, nas suas atividades extracientíficas, havia místicos estranhos entre os cientistas, entre os quais Isaac Newton, que acreditava que o espaço e o tempo eram os órgãos dos sentidos de Deus. Chega da ideia de os cientistas serem imunes ao misticismo. Se você for ao sul da Califórnia, verá como são filosoficamente os cientistas.

P: [Pergunta de acompanhamento]: Este foi um fator que impediu a popularidade imediata do racionalismo Continental?

R: Não. O racionalismo continental foi controlado, se foi, pelos empiristas britânicos, que foram até certo ponto influenciados pela ciência e seus admiradores, mas principalmente eles derivaram de Aristóteles e do próprio Descartes, como você vê no caso de Locke. Portanto, os cientistas, como cientistas, não são fatores na história do desenvolvimento intelectual. Eles são produtos junto com todos os outros campos.

P: Um altruísta não respeita os direitos dos outros. Não há razão, portanto, para que outros respeitem os direitos dos altruístas. Isto significa que não há nada de errado em matar os altruístas. Você concorda?

R: Que tal isso para um breve argumento a favor do assassinato? Agora, o que há de errado com esse argumento, apenas como um exercício intelectual? Começa: "Um altruísta não respeita os direitos dos outros." Como você sabe? Você está falando sobre as *ações* de todo altruísta ou sobre a *teoria* do altruísmo? Você está dizendo que todo defensor do altruísmo sai por aí roubando, estuprando e assassinando? Isso é bizarro. A maioria deles cumpre a lei e passa a maior parte do tempo escrevendo livros. Ou você está dizendo que suas *teorias*, se aplicadas de forma consistente, levariam politicamente à abolição de direitos e à ditadura? Se você diz isso, então sim, é verdade. Mas o fato de alguém defender uma teoria não é justificação para matá-lo, mesmo que seja uma teoria que, se aplicada de forma consistente, leve ao assassinato. Você não mata alguém por uma ideia. Aqui você deve lembrar que *você* é um defensor dos direitos individuais, mesmo que seu oponente não o seja, e seus direitos individuais incluem o direito de propagar ideias totalmente falsas, cruéis e destrutivas. Quando você pode intervir? Somente quando ele começa a agir de acordo com essas ideias na forma de iniciar a força física contra uma vítima ou vítimas inocentes. Nesse ponto, você intervém, e não por causa de suas teorias, mas por causa de suas ações. Se você não mantiver essa ideia em mente, você obliterará a ideia de direitos individuais, você obliterará a distinção entre pensamento e ação, e você estará, portanto, na posição em que alguém poderá muito bem vir até você e dizer: "A maioria dos egoístas na história pregou a ditadura e a brutalidade, e como você é um egoísta, mesmo que não defenda isso, é provável que isso desperte nas massas o desejo pela brutalidade e, portanto, é melhor matá-lo antes de você causar problemas." Você se oporia a isso se fosse feito com você, e a mesma coisa aconteceria no sentido contrário. Não quero dizer que as deduções sejam iguais em qualidade. Quero dizer que você não inicia a força por causa de divergências de ideias. Você distingue entre a teoria e a ação.

P: Se a dicotomia entre fatos necessários e contingentes é falsa, como aplicar isso às ações humanas? É errado imaginar que um homem poderia ter agido de forma diferente do que agiu?

R: Abordei exatamente essa questão em meu artigo sobre a dicotomia analítico-sintético. **Não, certamente um homem tem livre-arbítrio e, portanto, poderia ter agido de forma diferente do que agiu. Mas eu não aplicaria o termo "contingente" a isso. É por isso que temos o termo "volição". A volição *não* está em conflito com a lei de causa e efeito. A volição é uma subespécie de causa e efeito. Mas é o tipo de ação que permite alternativas. Eu nunca chamaria isso de "contingente", porque "contingente" implica sem causa, divorciado de causa e efeito, divorciado da lógica, bruto, ininteligível.** Não existe tal fenômeno nas partes humanas ou não humanas da realidade. O que existe é um universo governado por causa e efeito férreo, tudo deve agir de acordo com sua natureza, e o homem tem uma natureza específica compatível com essa lei, mas a natureza do homem é tal que ele tem a faculdade de escolha. Portanto, você poderia imaginar diferentes ações. Mas eu não chamaria isso de "contingente".

P: O raciocínio de Leibniz é correto de que deve haver substâncias últimas e indivisíveis compondo a realidade?

R: Esse é exatamente o tipo de pergunta que me recuso a responder. Na minha opinião, isso é física, não metafísica. Eu nunca me envolveria em qualquer tentativa dedutiva a partir de princípios filosóficos abstratos para determinar se os constituintes últimos da realidade são atômicos ou contínuos. Isso é puro racionalismo de poltrona, se você tentar isso. Não há maneira filosófica de responder a essas perguntas. Consequentemente, não quero acabar com a minha própria teoria das mônadas ou equivalente. Essa não é a província da filosofia.

P: A harmonia preestabelecida de Leibniz implicava determinismo?

R: Sim. Todas as suas percepções são determinadas antecipadamente e Leibniz é, nesse aspecto, um determinista completo. Há tentativas da sua parte para reconciliar o determinismo e o livre-arbítrio e modificá-lo, mas substancialmente ele é um determinista de pleno direito. Qualquer um daqueles casos em que tudo está previamente sincronizado... bom, como toda a série física está determinada, toda a mental também o está.

P: A Forma do Bem de Platão ou o Um de Plotino necessitariam de um melhor de todos os mundos possíveis, uma vez que a perfeição (que também era perfeitamente boa) deve irradiar ou emanar da melhor ou mais perfeita de todas as maneiras possíveis?

R: Sim. Se você diz que o mundo é governado, direta ou indiretamente, por uma característica fundamental que é o ápice da realidade, é perfeita e é responsável por todo o resto, então você acredita que existe um bom propósito último governando tudo, o que faz você um teólogo. Todos os teólogos a esse respeito acreditam que este mundo é tão bom quanto pode ser. Significará isso, portanto, que Platão e Plotino acreditavam que outros mundos eram possíveis? Não. Eles não eram Cristãos, lembre-se. Eles eram gregos. Os gregos acreditavam que todo o universo, incluindo até mesmo o degradado mundo físico (mesmo que fosse degradado), era eterno e emanava eternamente. Portanto, a ideia de outros mundos possíveis é uma visão distintamente judaico-cristã. Isso não acontecia em nenhum dos gregos, exceto pela implicação da dicotomia necessário-contingente. Eles pensavam que os *fatos* individuais neste mundo poderiam ter sido diferentes, o que é um erro da parte deles. Mas, no entanto, como regra geral, os gregos não acreditavam na ideia de outro mundo possível. Isso implicaria determinismo em sua ética? Em primeiro lugar, o determinismo está subordinado à metafísica, não à ética. Mas isso implicaria determinismo, de que tudo acontece da melhor forma? Não necessariamente, porque poderiam considerar que tudo acontece para o melhor, mas uma das melhores coisas é que o homem tem livre-arbítrio, e isso contribui para a perfeição do mundo. Essa é a resposta Cristã típica. Portanto, mesmo que tudo aconteça da melhor forma, o homem tem livre-arbítrio e, portanto, essa visão não é determinista. Essa resposta é, em última análise, incompatível com um Deus todo-poderoso, mas tem sido uma resposta muito comum.

P: Você reconhece alguma validade na visão de Locke sobre ideias simples? Você poderia explicar onde ele errou com essa abordagem?

R: Expliquei que não acredito que nos sejam dadas ideias simples como qualidades distintas e separadas, mas que são atos de análise posterior. Como explicarei na palestra final, não creio que gastemos o nosso tempo contemplando as nossas ideias ou as nossas experiências; estamos diretamente conscientes da realidade. O Objetivismo rejeita a teoria causal da percepção em sua totalidade. Então, em todos esses aspectos, está errada. Então, se você me perguntar: reconheço alguma validade na ideia de ideias simples? Apenas isto: nem *todas* as ideias podem ser reduzidas a outras ideias; não pode haver uma regressão infinita de definições; e, portanto, deve haver algumas coisas como ideias simples, isto é, ideias de sensações diretas que você obtém diretamente da experiência e que só podem ser definidas ostensivamente, apontando-se para exemplos delas. Nem sempre concordo com Locke que aquilo que ele considera um exemplo de uma ideia simples é um exemplo. Mas a ideia básica de ideias simples e não analisáveis é válida, se você não a utilizar indevidamente das inúmeras maneiras que Locke faz.

---

38 Fonte desconhecida.
39 Em sua resposta à primeira pergunta nas perguntas e respostas desta palestra, o Dr. Peikoff deixa claro que a realidade é "lógica" ou "racional" apenas no sentido de que é governada pela lei da identidade e pela lei de causa e efeito (não que a realidade pense).

PALESTRA XI

... E A TENTATIVA FRACASSA

Os dois últimos filósofos a serem abordados neste curso são o Bispo George Berkeley e David Hume. Ambos são filósofos do século XVIII, ambos são empiristas britânicos, ambos são derivados da tendência desenvolvida por John Locke, e ambos são típicos da epistemologia final oferecida pelo período conhecido como *Iluminismo*. O século XVII é chamado de *Idade da Razão* e o século XVIII, como resultado, de *Iluminismo*, mas os filósofos da Idade da Razão apresentaram noções profundamente Platônicas e/ou céticas sobre em que consiste a razão. O resultado foi que o domínio da razão, da defesa explícita da razão, tinha de acabar. Os dois filósofos do período do Iluminismo com os quais isso chega ao fim são Berkeley e Hume. Apresso-me a acrescentar que ambos os filósofos são, na sua própria opinião, defensores ferrenhos da razão. Mas quando virmos quais são os seus sistemas, veremos por que outros filósofos contemporâneos e posteriores disseram que a razão teve a sua oportunidade e falhou. O resultado foi o início de uma era de misticismo e irracionalismo declarados, que começou no final do século XVIII e se intensificou, sem exceção, até aos dias de hoje.

BISPO BERKELEY

Comecemos com o Bispo George Berkeley (1685-1753 d.C., que tinha cerca de dezenove anos quando Locke morreu). Como bispo, Berkeley, nem é preciso dizer, é um homem profundamente religioso. Um dos principais objetivos de sua filosofia era combater o que ele considerava um grande obstáculo à religião, nomeadamente, a *matéria*. Isto é, o conceito de uma realidade física externa e independente. Isso, ele acreditava, sempre foi uma pedra no sapato da religião. A religião prega que Deus criou a matéria *ex nihilo* (do nada), e sempre houve céticos (e outros) por perto para perguntar como é possível obter algo do nada. A crença na matéria sempre cedeu lugar periodicamente a pessoas como Hobbes, que dizia que podíamos explicar tudo em termos de matéria e, assim, negar a alma, negar Deus, negar a imoralidade. A crença na matéria deu origem ao mecanicismo, à ideia de que as leis da mecânica, as leis da física, explicam tudo o que acontece, para que possamos dispensar o propósito de Deus, os planos de Deus, os milagres de Deus. **Mas, pensa Berkeley, se pudermos nos livrar do mundo material — se pudermos mostrar que *não* existe um mundo físico externo — teremos eliminado de uma vez por todas a base dos materialistas, dos céticos e dos ateus, da maneira mais profunda. Ele está correto: o mundo material *é* o inimigo filosófico de Deus, então ele sabe o que atacar.**

Berkeley, como eu disse, é um empirista. Ele concorda com Locke que todo conhecimento vem da experiência. Não existem ideias inatas. Só podemos adquirir conhecimento com base na experiência. Mas ele é muito mais consistente do que Locke. **Ele aceita todas as premissas básicas de Locke e as utiliza para demonstrar a inexistência do mundo físico. Ele é, portanto, classificado como *Idealista* (no sentido técnico-filosófico). Com Berkeley terminamos com um mundo de mentes individuais, presididas por Deus, cada uma contemplando as suas próprias experiências. Assim, temos um universo muito semelhante ao de Leibniz, mas agora alcançamos este tipo de idealismo não através da via racionalista de Leibniz, mas através da via empirista de Berkeley.** Pela razão que o empirismo foi muito mais influente no mundo anglo-americano do que o racionalismo alguma vez foi, Berkeley é o primeiro empirista moderno realmente influente.

Quero primeiro examinar os argumentos de Berkeley contra a existência de um mundo material independente. Você deve entender que quando falamos sobre um mundo material externo, queremos dizer qualquer coisa externa à mente, e isso inclui seu cérebro e seu corpo, seus braços, pernas e fígado. Tudo isso desaparece quando o mundo físico desaparece.

Antes de tudo, vamos esclarecer o que Berkeley quer dizer antes de ouvirmos seus argumentos.

Considere o exemplo de uma dor de dente e pergunte-se: você pode ter dor de dente sem experimentá-la? Pode uma dor de dente — não um dente agora, mas uma dor de dente — existir ou ser real se você não a percebe, experimenta ou tem consciência dela de forma alguma? Suponha que eu aponte para alguém e diga: "Sinto muito que você esteja com uma dor de dente tão intensa, lancinante e dolorosa esta noite." Você me diz: "O que você quer dizer? Não sinto nenhuma dor de dente. Não tenho conhecimento de tal coisa." Se eu respondesse com: "Bem, qual é a diferença se você está ciente disso ou não? Afinal, os fatos são reais, quer as pessoas tenham consciência deles ou não. A é A. Os fatos não existem independentemente da consciência?" Você me diria: "Bem, veja, esse é um tipo muito especial de existente do qual você está falando. **Dor de dente é uma *experiência*. É algo que existe apenas na mente. Não é um fato externo."** Você diria que a própria realidade ou existência de uma dor de dente existe no fato de ela ser percebida. Se ninguém sentir dor de dente, a dor de dente será irreal. O latim para ponto de vista é uma expressão que Berkeley tornou famosa: *Esse est percipi*. *Esse* significa "ser" em latim. *Est*, latim para "é", e *percipi* significa "ser percebido" em latim. No caso de uma dor de dente, você diria: *Esse est percipi* — ser é ser percebido — sua existência consiste em ser percebida; se não fosse percebida, não existiria. Não seria nada.

Berkeley propõe argumentar que a matéria — todo tipo de matéria e toda qualidade de matéria — está na mesma posição metafísica que a dor de dente. Não apenas a cor, o som, o sabor, a temperatura, mas a extensão, a tridimensionalidade, a solidez, o tamanho, a forma, o movimento, *tudo* o que pertence à matéria é apenas um conjunto de experiências, um conjunto de ideias na mente. No caso da matéria, ele argumentará *esse est percipi*. Não existe, portanto, nenhum mundo material externo independente. Esta será a prova do que o Objetivismo chamaria de "primado da consciência". A existência física se tornará uma série de experiências mentais subjetivas. Assim, a filosofia de Berkeley é referida como *Idealismo Subjetivo* — "idealismo" porque acredita que a verdadeira realidade é algo mais básico do que o mundo material, "subjetivo" para contrastá-lo com o Platonismo (que sustenta que a verdadeira realidade é o mundo imaterial e inconsciente das Formas), e contrastá-lo com a visão posterior de Hegel, que sustenta que existe uma consciência cósmica, o Absoluto, que constitui a verdadeira realidade. Berkeley acredita que as mentes individuais separadas são reais — cada sujeito individual é real — e a realidade consiste nessas mentes individuais e no seu conteúdo.

Como Berkeley defende um ponto de vista como este? Ele apresenta muitos argumentos em sua obra *Um Tratado sobre os Princípios do Conhecimento Humano*, e também em uma famosa série de diálogos entre dois personagens, *Hylas* e *Philonous*. ("Hylas" deriva da palavra grega *hyle* para matéria, então Hylas é o homem que acredita na matéria, e "Philonous" é o amante da mente, o idealista no sentido técnico. Obviamente, Philonous vence todos os argumentos.) Vou apresentar dois dos principais conjuntos de argumentos apresentados por Berkeley. Existem muitos mais, mas esses dois serão suficientes para nossos propósitos. Um conjunto deriva das teorias causais e representativas da percepção, que enfatizei muitas vezes neste curso. O segundo conjunto deriva da distinção de qualidade primária-secundária.

Vejamos primeiro o argumento da *teoria causal da percepção*. Este é o ponto de vista aceito por Hobbes, Descartes, Spinoza, Leibniz e Locke, o *ponto de*

vista de que o que percebemos diretamente não é a realidade, mas sim as experiências nas nossas próprias mentes. Lembre-se da base deles: nossos sentidos obviamente processam os dados que obtemos, e lá estamos nós, no final da cadeia, percebendo apenas os efeitos resultantes sobre nós. Portanto, não percebemos diretamente a realidade, apenas os seus efeitos sobre nós. Mas, todos afirmaram, a realidade deve existir para ser a causa das nossas experiências e, portanto, o nome: a teoria *causal* da percepção. E, continuaram, embora não percebamos diretamente a realidade, podemos saber algo sobre ela, porque pelo menos algumas das nossas experiências representam, copiam ou se assemelham à realidade. Locke tinha essa opinião. **É aqui que Berkeley decola e começa a massacrar tanto as teorias causais quanto as representativas da percepção e, no processo, aniquila o mundo material.**

Comecemos com a teoria representativa da percepção. Berkeley pergunta a Locke: como pode uma sensação, uma ideia ou uma experiência — que é o que você diz que percebemos diretamente — como pode qualquer uma dessas coisas assemelhar-se, copiar ou *ser semelhante* a algo que *não* é uma sensação, uma ideia ou uma experiência? Considere a sensação ou experiência, por exemplo, de uma forma, como um triângulo. Locke diz que a sensação de uma forma é exatamente como a forma real que existe na realidade. O que significa, pergunta Berkeley, dizer que a minha experiência de uma forma é exatamente igual à forma real na realidade? Minha experiência certamente não é triangular, não ocupa espaço algum. Minha experiência não tem tamanho, mas a verdadeira entidade triangular tem tamanho. O triângulo real pode estar se movendo a uma velocidade de cinquenta quilômetros por hora, mas minha experiência certamente não está se movendo a uma velocidade de cinquenta quilômetros por hora. É, portanto, totalmente gratuito falar sobre uma semelhança entre uma experiência mental e um objeto físico. Uma sensação ou uma ideia, diz ele, só pode assemelhar-se a outra sensação ou ideia. O que significa dizer que os conteúdos mentais se assemelham ou copiam a realidade? Isso não significa nada legítimo. Chega de teoria representativa da percepção.

Continuando com o mesmo argumento geral. Suponhamos por um momento que há algum significado em dizer que as nossas ideias se assemelham ou representam a realidade — como pode Locke dizer que qualquer uma das suas sensações ou experiências se assemelha à realidade, mesmo assumindo que seria significativo dizê-lo? Para saber se suas experiências se assemelham à realidade, ele teria que fazer o quê? Ele teria que ter algum acesso à realidade e depois comparar a sua experiência, por um lado, com a realidade, por outro, e ver se eram semelhantes. Mas, segundo Locke, isso é impossível porque ele nunca entra em contato com a realidade. Suponha que eu abra uma mão para você e lhe mostre uma moeda, e minha outra mão esteja fechada nas minhas costas, e você não tenha acesso algum ao que (se houver) está em minha outra mão. Agora eu digo a você: "A coisa que tenho em minha mão aberta (a moeda) se parece ou não com a coisa que tenho na outra mão?" Sua resposta seria: "Preciso saber o que há na sua outra mão." Mas suponha que eu diga que você nunca poderá perceber o que está na minha outra mão. Então sua conclusão seria que você não tem a menor ideia de se o que tenho em mãos se parece ou não com a outra, porque você não tem acesso a ela. Na verdade, se você nunca pudesse entrar em contato com o conteúdo da minha outra mão, você teria que dizer que isso lhe era incognoscível. Essa, diz Berkeley, é precisamente a posição em que Locke se encontra em relação ao mundo material. **Se percebermos apenas as nossas próprias experiências, não teremos como sair das nossas experiências e compará-las com a realidade.** Portanto, se a teoria causal da percepção estiver correta, o mundo material deve ser incognoscível.

Mas, diz Berkeley, aceite isto: se existisse um mundo material, seria incognoscível porque nunca o percebemos. Percebemos apenas nossas próprias experiências. Berkeley apenas acrescenta outra premissa, que é perfeitamente lógica. Ele diz que a ideia de um mundo material imperceptível é uma contradição em termos. A ideia de um mundo material imperceptível ou incognoscível é uma contradição em termos. O que *queremos dizer* com objeto material? Se você seguir o bom senso, você entende por objeto material algo que pode ser visto, tocado, provado, cheirado, ouvido, etc. Suponha que eu levante uma mão vazia e lhe diga: "Dê uma olhada nesta maçã." Você me diz: "Que maçã?" Eu digo: "Bem, este é um tipo especial de maçã. Acontece que é imperceptível e incognoscível. Você não pode ver, não pode provar e não pode tocar." "Bem", você me diria, "como você distingue esse tipo de maçã do nada? Se for uma maçã física, *deve* ser perceptível. Uma coisa material é algo capaz de ser percebido ou experimentado." O que é obviamente verdade.

Agora combinamos essas duas premissas. Olhando para o argumento, você encontra um silogismo simples com duas premissas que levam a uma conclusão. **Premissa um: "Uma coisa material é algo capaz de ser percebido." Premissa dois: "As únicas coisas que somos capazes de perceber são as experiências em nossas próprias mentes." Essa é a premissa de Locke — tudo o que percebemos são as experiências de nossas próprias mentes. O que se segue dessas duas premissas? "Uma coisa material é algo que podemos perceber, e as únicas coisas que podemos perceber são experiências em nossas próprias mentes." A conclusão deve ser: "Uma coisa material é uma coleção de experiências em nossas próprias mentes." Portanto, é verdade que podemos perceber as coisas materiais diretamente, mas isso ocorre porque as coisas materiais são simplesmente experiências em nossas próprias mentes.** Em outras palavras, diz Berkeley, estou apenas combinando duas premissas às quais ninguém pode objetar. Por um lado, uma premissa do homem comum da rua, com o seu bom senso, e por outro, a premissa que todos os filósofos concedem. O homem comum diz que uma coisa material é algo que pode ser experimentado, e eu concordo. Os filósofos contribuem com a segunda premissa: as coisas que vivenciamos são as ideias em nossas próprias mentes. Juntei os dois e a minha conclusão é, portanto: "Uma coisa material é um conjunto de ideias nas nossas próprias mentes."

Agora partimos para a matança: uma ideia, uma sensação, uma experiência na mente estão na mesma categoria que a dor de dente — elas só podem existir quando estão sendo experimentadas. Uma sensação não sentida, uma ideia não pensada, uma percepção não percebida, uma experiência não experimentada, é uma contradição em termos. A menos que a mente experimentasse as suas próprias experiências, essas experiências não existiriam. O próprio ser de uma experiência consiste em ela ser percebida. Mas a matéria, como demonstrei (ele afirma), é um conjunto de experiências. **Conclusão final: a matéria existe apenas na medida em que é experienciada. Portanto, no caso da matéria, *esse est percipi* — ser é ser percebido. Lá se vai o mundo externo.** Q.E.D.

Cito Berkeley de seu *Tratado Sobre o Conhecimento Humano*:

> Na verdade, é uma opinião que prevalece estranhamente entre os homens que as casas, as montanhas, os rios e, numa palavra, todos os objetos sensíveis têm uma existência, natural ou real, distinta de serem percebidas pelo entendimento. Mas com que grande segurança e aquiescência este princípio pode ser nutrido no mundo; contudo, quem quer que encontre em seu coração questioná-lo poderá, se não me engano, perceber que isso envolve uma contradição manifesta. Pois o que são os objetos acima mencionados senão as coisas que percebemos pelos sentidos, e o que percebemos além de nossas próprias ideias e sensações; e não é claramente repugnante que qualquer um destes ou qualquer combinação deles passe despercebido?

Observe, diz Berkeley, que ele é um defensor dos sentidos — ele é um empirista. Ele acredita que os sentidos são perfeitamente confiáveis. Eles te dão realidade. Exceto que a realidade são as experiências em sua própria mente. Na verdade, diz Berkeley, sou o único verdadeiro defensor da validade dos sentidos. Você pode ter certeza de que seus sentidos não o estão enganando e que suas experiências estão corretas porque *são* apenas o que você percebe que são. Enquanto você acreditar num mundo material externo, diz ele, sempre haverá a pergunta: como você sabe que suas experiências estão lhe dando esse mundo como ele realmente é? Se tudo o que existe é a sua mente e suas experiências, então você pode ter certeza de que suas experiências estão corretas, porque suas experiências não têm outra natureza senão aquela que você vivencia. Sua dor de dente é apenas como você sente. Como a matéria está toda nessa categoria, você pode ficar tranquilo com suas experiências com a matéria, porque ela é como você a vivencia.

Você vê que nas premissas de Locke, esse argumento é irrespondível. Você vê os desastres implícitos na teoria causal e representativa da percepção. **Portanto, a questão para quem deseja reter o mundo físico é: como responder ao argumento Cartesiano-Lockeano? Lembre-se de que o argumento deles é que devemos perceber a realidade pelos seus efeitos sobre nós, e isso parece irrespondível**. Esses efeitos parecem ser, de alguma forma, uma função da nossa constituição sensorial particular. Se tivéssemos uma constituição diferente, ela produziria efeitos diferentes. Não seremos então inevitavelmente empurrados de volta para a nossa própria consciência, cada um de nós vivenciando as suas próprias experiências privadas, privados do acesso à realidade? Ao que Berkeley aparece e diz que se você estiver isolado, *não* existe realidade. Aqui estamos de volta ao argumento original de Protágoras contra os sentidos, que agora floresceu plenamente. Esse é o ponto que discutirei detalhadamente na próxima palestra. Há muitas pessoas que discordam veementemente de Berkeley e não têm a menor ideia de como responder-lhe. Por exemplo, houve uma escola de materialistas na França que declarou que o ponto de vista de Berkeley era uma ilusão insana, mas infelizmente irrefutável.[40]

Muito bem, vejamos agora o segundo argumento que apresentarei, o argumento da distinção entre qualidade primária e secundária. Isto já não depende da teoria causal da percepção, por isso não vamos assumir esse ponto de vista e vamos começar de novo. No entanto, diz Berkeley, ainda lhe mostrarei que a matéria é um conjunto de ideias na mente. Desta vez, o seu ponto de partida é a distinção padrão tradicional entre qualidades primárias e secundárias que remonta a Demócrito (embora a terminologia seja a de Locke). Lembre-se de que os filósofos têm tradicionalmente distinguido entre estas duas qualidades com base em dois argumentos principais — o argumento da concebibilidade e o argumento da variabilidade. **O *argumento da concebibilidade* diz: "Não posso conceber a matéria sem qualidades primárias, mas posso facilmente concebê-la sem qualidades secundárias e, portanto, isso mostra que um conjunto de qualidades é *intrínseco* à matéria, o outro é dispensável." *O argumento da variabilidade é:* "Certas qualidades, as secundárias, variam de observador para observador, e isso prova que são *subjetivas*, uma função da constituição sensorial de quem percebe. Enquanto outras, as primárias, são invariantes, constantes, iguais para todos os que percebem, e isso mostra que elas são contribuídas pelo objeto físico real."**

Berkeley diz que pretende eliminar ambos os argumentos e, assim, livrar-se do mundo material. Então, vamos primeiro considerar o argumento da concebibilidade. **Bem, afirma ele, talvez Locke possa conceber uma matéria que tenha qualidades primárias e nenhuma qualidade secundária, mas eu, Bispo Berkeley, não posso.** Você consegue, pergunta ele, alguma vez imaginar uma forma (para tomar o exemplo de uma qualidade primária)? Vá em frente agora mesmo e tente visualizar uma forma (por exemplo, um grande triângulo) sem cor. Assim que você apaga a cor da sua mente, o que acontece com a imagem da forma? Ela desaparece. É claro que você poderia fazer isso com alguma outra qualidade secundária — se você fosse cego, você poderia imaginar passar as mãos sobre essa forma triangular e obter alguma sensação de superfície quente e lisa. Mas se você também obliterar isso, o que resta da forma? Uma forma que não pode ser vista, uma forma que não pode ser tocada, uma forma desprovida de cor, textura e qualquer qualidade secundária. Bem, diz Berkeley, não consigo distinguir entre isso e nada. A forma é inseparável de alguma qualidade secundária — digamos, a cor — e se a cor existe apenas na mente, então a forma que vemos também deve existir apenas na mente. Tomemos outro exemplo, a suposta qualidade primária do movimento. Suponha que eu diga: "À minha esquerda há algo se movendo. Vá e visualize-o, mas despoje-o de todas as qualidades secundárias." Você pode conceber isso? Você pode imaginar isso? Você consegue visualizar isso? Obviamente, você não pode. Se você retirar todas as qualidades secundárias, ele evapora. Você pode fazer isso com todas as qualidades primárias. **O ponto geral, diz Berkeley, é que você percebe as chamadas qualidades primárias apenas por meio das qualidades secundárias; portanto, se as secundárias são irreais e subjetivas, existindo apenas na mente, o mesmo deve acontecer com as primárias. Em qualquer caso, elas devem estar metafisicamente no mesmo barco.** Se uma está na mente, ambas estão na mente; se uma está na realidade, ambas estão na realidade. Chega de argumento da concebibilidade.

Vou intervir aqui para chamar sua atenção para o fato de que estive deliberadamente me equivocando em um ponto — **Berkeley pergunta se você pode** *conceber* **a forma sem cor e prossegue respondendo à pergunta "Você pode** *visualizar ou formar uma imagem* **dela, forma sem cor?". Mudando a pergunta de "Você pode conceber?" para "Você consegue visualizar?",** *irá sugerir que Berkeley iguala um conceito abstrato a uma imagem.* **Isso deveria sugerir-lhe imediatamente que Berkeley é um Nominalista, o que ele é, um nominalista ávido e de pleno direito.** Esta parte específica do seu argumento depende do seu nominalismo. No entanto, esse não é todo o seu argumento, e o resto continua mesmo sem ele. Então, vamos pegar o resto.

Suponha que você diga: "Tudo bem, Berkeley, você me mostrou que as qualidades primárias e secundárias estão no mesmo barco e que não posso dizer que metade está na mente e a outra metade está na realidade. Bem, então irei completamente na outra direção — direi que todas elas são intrínsecas aos objetos físicos; *nenhuma* delas existe na mente." Muito bem, diz Berkeley, agora vou provar-lhe que o mesmo argumento, mostrando que as qualidades secundárias são apenas mentais e subjetivas, aplica-se igualmente às qualidades primárias. Ou seja, o argumento da variabilidade. Lembre-se do raciocínio: como os fatos são fatos, eles não dependem de quem percebe e, portanto, se algo varia de um observador para outro, deve ser mental. Bem, diz Berkeley, proponho mostrar-lhe um fato óbvio: todas as qualidades primárias variam de observador para observador, exatamente como o fazem as chamadas qualidades secundárias. Dependem igualmente das condições da nossa percepção e, se tal variabilidade prova a subjetividade, prova que as qualidades primárias são tão subjetivas quanto as secundárias, e assim toda a distinção desmorona.

Por exemplo, considere a questão do tamanho, que se supõe ser uma qualidade primária verdadeiramente ortodoxa e kosher. O tamanho é independente das condições de percepção? Um exemplo padrão dado pelos seguidores de Berkeley é: "Qual é o tamanho do sol? É do tamanho que você vê se pegar uma espaçonave Apollo e for direto para o sol? Obviamente, você terá uma experiência muito diferente do que se olhasse para o Sol da Terra, o que o faz parecer do tamanho de uma moeda de cinquenta centavos. O tamanho dele é o tamanho dos seus olhos comuns ou o tamanho sob uma lupa? E se houvesse uma raça com ampliação embutida nos olhos? Eles veriam tudo maior do que nós. Portanto, o tamanho depende obviamente da estrutura dos seus órgãos e da distância do objeto. É variável. Se a variabilidade prova subjetividade, o tamanho é subjetivo." Agora, e a forma? Agora, aqui, a coisa padrão que um professor de filosofia deve fazer é pegar uma moeda de um centavo e ir até o meio da aula e dizer: "Então você acredita que isso tem uma forma real?"; e os estudantes, ainda não completamente corrompidos, dizem que sim. Em seguida, ele faz com que cada um deles descreva a forma e, é claro, ele fica tão localizado que todos a percebem de diferentes perspectivas. Algumas pessoas dizem que veem um círculo perfeito, e outras dizem que não, que veem uma elipse inclinada em uma direção, e outras dizem que não, que veem uma elipse inclinada em outra direção, e certas pessoas veem apenas uma pequena borda, etc., e todos apresentam descrições diferentes da forma. Ao que o professor diz: "Bom, veja, a forma varia com a percepção. Não existe uma coisa como *a forma*, assim como não existe *a* cor, *a* temperatura ou *o* tamanho — tudo varia de acordo com quem percebe. **Se a variabilidade prova subjetividade, a forma é**

tão subjetiva quanto a cor e o tamanho." No que diz respeito ao movimento, podemos trazer Einstein e a chamada *relatividade do movimento, que supostamente prova que algo pode estar em movimento ou em repouso dependendo do referencial do observador,* **de modo que mesmo o movimento é variável e, portanto, subjetivo.** Mesmo uma qualidade primária tão radical como o número — seja um quarto ou dois — é supostamente uma função da nossa experiência e variável. Por exemplo, pressione o seu globo ocular e de repente você verá este único quarto multiplicar-se em dois. Para um Berkeleyano, o tipo de olhos que temos determina a quantidade que observamos. Portanto, número, forma, tamanho, movimento são todos variáveis e, portanto, estão todos na categoria das chamadas qualidades secundárias. Toda a distinção se desfaz, todas as qualidades são subjetivas e, em todos os casos, portanto, *esse est percipi.*

Você vê o problema em que nos encontramos. Por um lado, *temos* que fazer uma distinção entre qualidades primárias e secundárias porque, afinal, nossos sentidos contribuem com *alguma coisa* para nossa experiência, então não parece sensato à primeira vista dizer que existem qualidades que derivam do tipo de sentidos que temos e qualidades que derivam do objeto e, portanto, existem dois tipos de qualidades? Foi exatamente esse o raciocínio pelo qual se chegou à distinção entre qualidade primária e secundária. Mas, por outro lado, assim que se faz a distinção entre dois tipos de qualidade, seja qual for o teste que se utilize para justificar essa distinção, Berkeley e os seus seguidores aparecem e provam que qualquer argumento que mostre que as chamadas qualidades secundárias são subjetivas aplica-se muito bem também para as primárias, e você acaba sem realidade alguma. Então, qual é a resposta para esse problema específico? Isso faz parte da mesma questão dos sentidos, sobre a qual dedicaremos bastante tempo na próxima palestra. A conclusão para Berkeley é que todo o mundo físico com tudo o que contém — todos os objetos da terra — nada mais é do que uma série de experiências na mente e não existiria se não existissem seres que o percebessem.

Há pessoas que tentam refutar isso por experiência direta. Eu aponto para você que essa é uma proposta inútil de se tentar fazer. Você não pode, por experiência direta, refutar Berkeley, porque ele exigirá que você prove por experiência que algo existe quando você não o está vivenciando. Claro, você não pode fazer isso: sempre que você experimenta algo, você está vivenciando algo. É como a história do bêbado que foi contada a ele que depois de atingir um estágio suficiente de embriaguez, em que a luz da rua se apagava sempre que ele fechava os olhos e voltava sempre que ele abria os olhos. Ele fechou os olhos e os abriu o mais rápido que pôde, olhou para cima e disse: "Oh, não é verdade, a luz está acesa", e o homem lhe disse: "É claro que está acesa, seu os olhos estão abertos. Só apaga quando seus olhos estão fechados." Obviamente, você não pode refutar isso pela experiência, porque você teria que ver quando não está vendo. Portanto, a questão é: como você refuta Berkeley, já que, segundo muitas pessoas, a única maneira de refutá-lo seria perceber algo existente quando você não o está percebendo, e você não pode fazer isso? **A maneira de refutá-lo é refutar as premissas que o levaram a esta conclusão.** A propósito, uma câmera não irá refutá-lo. Tem gente que diz que a maneira de responder a Berkeley é colocar uma câmera em uma sala vazia e depois voltar e expor o filme, e depois mostrar a foto, e isso mostrará que a sala ainda estava lá quando ninguém a estava vivenciando. Mas Berkeley voltaria num caso assim e diria: "Isso não prova nada. Assim que você saiu da sala, a câmera desapareceu, toda a sala desapareceu, nada existia quando você não percebeu, e assim que você voltou, a câmera voltou e o filme voltou com sua alteração particular." Se você quiser saber por que foi alterado, contarei em breve. Em outras palavras, ele deve ser respondido em bases filosóficas.

Esse é o impulso da filosofia de Berkeley. Podemos abordar alguns últimos pontos antes de deixá-lo. Alguns filósofos perguntam: "A matéria não é mais do que apenas a soma das qualidades? E quanto ao substratum que *possui* essas qualidades?" Você se lembra do substratum de Locke, a coisa por trás das qualidades que as une, a coisa com as qualidades que Locke descreveu como "algo que não sei o quê"? Berkeley não tem nenhuma dificuldade em descartar o substratum. Neste aspecto ele está perfeitamente correto. A ideia de substratum é a ideia de algo sem qualquer identidade — o que é uma ideia completamente inválida. Locke estava contradizendo completamente a sua própria filosofia ao endossá-la, e Berkeley tinha todo o direito de rejeitá-la.

Devo mencionar que Berkeley, sendo bispo, não foi cem por cento consistente no que diz respeito à questão do substratum. Ele queria manter a substância *espiritual*, a alma, o eu, porque a religião exigia isso. Então ele disse que, no caso da alma, não havia apenas os processos mentais nos quais nos engajamos, mas também o substratum que os ligava e os unia. Como poderia ele manter o substratum no reino mental, tendo-o denunciado no físico? É verdade, disse ele, que não temos uma ideia clara do substratum, mas temos uma *noção* dele. Obviamente, um ponto de vista extraordinariamente fraco, e Hume não teve dificuldade em se livrar dele no mundo espiritual. É inútil tentar mantê-lo em qualquer um dos domínios.

Você pode fazer esta pergunta: se Berkeley realmente acredita que *esse est percipi*, isso significa que as estrelas, por exemplo, não existem quando você não as percebe? Ou, tomando o senhor que está na última fila, se ninguém lhe percebe a nuca, podemos concluir que ela não existe? Ou que tal o seu apartamento se não houver ninguém lá agora? O famoso exemplo foi: e a árvore no parque, a árvore no pátio, o quadrilátero? Não existe se ninguém a percebe? Ao que a resposta de Berkeley é: "Não me importo que você use a terminologia de que ela existe quando você não a percebe, desde que você entenda que sua existência depende da percepção de *alguém*. Existir é ser percebido — *esse est percipi*. Então, dizer que uma coisa existe quando você *não* a percebe é dizer que *se* você olhasse, você a veria (em outras palavras, uma afirmação sobre um objeto material é na verdade uma previsão sobre as experiências futuras de alguma mente), ou então dizer que uma coisa existe quando você não a percebe é dizer que alguma *outra mente*, ou espírito, a está percebendo." Mas você não precisa se preocupar, diz Berkeley, porque mesmo que nenhuma mente humana esteja percebendo seu apartamento, ou a parte de trás de sua cabeça, ou a árvore no pátio, há sempre alguma mente percebendo tudo e, assim, mantendo tudo em existência. Adivinha quem é? Deus.

Há um poema famoso que expressa a filosofia de Berkeley sobre este ponto. A primeira estrofe explica o problema, e a segunda é a solução, e é assim:

> Havia um jovem que disse: 'Deus
> Deve achar extremamente estranho
> Que esta árvore que eu vejo
> Ainda continua a ser
> Quando não há ninguém no pátio.'
> A resposta é,
> 'Caro senhor, seu espanto é estranho,
> Estou sempre na quadra.
> E é por isso que essa árvore
> Ainda continua a ser
> Desde que percebido por, fielmente, Deus'.[41]

Esse é o ponto de vista de Berkeley.

Seus seguidores, nas décadas posteriores, abandonaram Deus, e ficamos com o ponto de vista de que a existência deixa de existir quando não é percebida. Neste sentido, *esse est percipi*, embora eles possam não saber, é a metafísica perfeita para qualquer evasor, porque a sua premissa é: "Se você não olhar para isso, não está lá." Aqui está uma demonstração metafísica completa, supostamente, deste ponto de vista.

Um último ponto sobre Berkeley — o Dr. Samuel Johnson é famoso por supostamente ter refutado Berkeley. A sua refutação consistiu em pegar numa pedra e dar um pontapé nela. Com isso ele queria expressar sua exasperação com o que considerava ser a negação de Berkeley da realidade do mundo físico. Ele disse, com efeito, que você está negando a realidade às nossas experiências. Quando eu chuto esta pedra, ela é uma pedra realmente sólida. Não é uma imagem mental, nem um sonho, nem uma alucinação, nem uma experiência. É *realidade*. Como você pode ter um conceito como "realidade" se tudo é mental? Se você lida com seguidores de Berkeley (e há um grande número deles hoje, e acredito que Einstein a certa altura afirmou ser um seguidor de Berkeley), você deve saber que eles são veementes ao dizer que são todos a favor da realidade. Mas, dizem eles, a realidade não é uma questão de algo existente *fora* da mente ou *independente* da mente. A realidade é uma questão do tipo de experiência que ocorre *na* mente. Existem três tipos de experiências e podemos separá-las em vários aspectos. (1) Algumas experiências são involuntárias — não podemos nos livrar delas por um ato de vontade — enquanto outras podemos. Você pode banir fantasias e imagens mentais óbvias por um ato de vontade e, por esse mesmo fato, elas são desqualificadas para fazerem parte da realidade. (2) Algumas experiências são vívidas, nítidas e claras, enquanto outras são fracas, pálidas, indistintas, turvas, vagas. Neste caso, normalmente pegamos as fracas e borradas e dizemos: "Oh, isso não é realidade, isso é um sonho", enquanto das nítidas e claras dizemos: "Isso é realidade."[42]

(3) Finalmente o mais importante, algumas experiências são bem comportadas. Elas estão conectadas de maneira regular com experiências anteriores e posteriores. Elas estão em ordem. Elas obedecem ao que chamamos de leis científicas. Por outro lado, outras experiências são selvagens e bizarras. Elas não se enquadram bem no esquema do resto de nossas experiências. Então, por exemplo, qual é a diferença para Berkeley entre um rato rosa que você vê depois de beber muito, e um rato rosa que é um rato de verdade, no qual alguém derramou tinta rosa? Qual é a diferença? Um não seguidor normal de Berkeley diz que o rato alucinatório existe na mente e o rato real existe fora da mente. Berkeley diz bobagem — ambos os ratos existem na mente — mas a diferença é que o rato alucinatório não se comporta bem. Se você pegar o rato real e pegar a experiência de uma faca, e com essa experiência você cortar a experiência de um rato, você encontrará outra experiência — o sangue. Ao passo que se você pegar a experiência do rato alucinatório e tentar cortá-lo com a experiência da faca, você não terá nenhuma experiência de sangue — ele não sangra. Portanto, é um rato malcomportado. Consequentemente, consideramos isso uma alucinação, não algo real. Portanto, a única diferença entre realidade e irrealidade (ou fantasia) é que a realidade é aquele conjunto de experiências mentais involuntárias, vívidas e legais, enquanto a irrealidade é voluntária, turva ou, no mínimo, selvagem. Portanto, ele diz ao Dr. Johnson: "Não nego que você chutou a pedra. Mas a questão é que tudo o que você teve foi a experiência de uma pedra, seguida pela experiência de um dedo do pé, seguida pela experiência de uma dor, todas se sucedendo de maneira lícita e, portanto, tudo aconteceu na mente."

Se você disser: "Mas não deveria haver uma causa para nossas experiências? Talvez inventemos as pálidas voluntárias, mas que tal as legítimas, vívidas e involuntárias — não as inventamos, pois são involuntárias. Não lhes impomos leis, mas elas seguem as leis. Se não é um mundo físico externo que causa as nossas experiências, de onde elas vêm?" Você está certo, diz Berkeley, elas devem ter uma causa e devem ser produzidas em nós por algo externo a nós. Dada a variedade, a ordem e a legalidade destas experiências, só podemos inferir que elas devem ser causadas em nós por um ser que é "sábio, poderoso e bom além da compreensão". Em outras palavras, por Deus. Deus nos alimenta diretamente com nossas experiências e impõe lei e ordem sobre elas. **A realidade, portanto, é uma série de mentes finitas contemplando suas próprias experiências, alimentadas a todos pela mente infinita, Deus. Vemos, portanto, uma realidade muito semelhante à visão de Leibniz. Isto é o que diz a contribuição de Berkeley para a filosofia — o fim do mundo material.** Berkeley, no entanto, não é tão radical quanto se poderia imaginar. Ele ainda é bispo. Ele acreditava em Deus, acreditava na alma, acreditava em causa e efeito, mesmo que de natureza divina. Ele levou as premissas de Locke parcialmente até a sua conclusão final, mas não totalmente. Essa honra vai para David Hume.

DAVID HUME

Voltemo-nos agora para David Hume (1711-1776 d.C.), o último, o mais influente e o mais consistente dos três famosos empiristas britânicos. Na verdade, ele é tão consistente, tão rigoroso na dedução das consequências finais das premissas de Locke e Berkeley, que representa filosoficamente um completo beco sem saída. Se você acha que o universo de Berkeley (ou de Leibniz ou de Spinoza) é estranho, você ainda não ouviu nada. Citarei um resumo antecipatório de Hume feito por Bertrand Russell em sua *História da Filosofia Ocidental*: "**É, portanto, importante descobrir se existe alguma resposta para Hume... Caso contrário, não há diferença intelectual entre sanidade e insanidade.** O lunático que acredita ser um ovo pochê deve ser condenado apenas pelo fato de ser uma minoria, ou melhor, já que não devemos assumir a democracia, pelo fato de o governo não concordar com ele." Russell conclui este parágrafo: "Este é um ponto de vista desesperador, e deve-se esperar que haja alguma maneira de escapar dele." O que ele nunca encontrou.

Hume é o arquicético da filosofia. Devo acrescentar que alguém poderia tornar-se ainda mais cético do que Hume se aplicasse as suas conclusões de forma ainda mais rigorosa. Você pode se perguntar como pode se tornar mais cético do que chegar ao estágio em que não consegue dizer se você é ou não um ovo pochê. A resposta está na filosofia do século XX, com os Pragmatistas modernos e Positivistas Lógicos — Hume é o seu principal favorito entre os filósofos históricos — mas eles são *realmente* consistentes e consideram Hume antiquado em certos aspectos (o que ele era, uma vez que há um limite de quanto é possível mesmo no século XVIII), mas para isso é preciso esperar até estudar filosofia contemporânea. Hume é bastante consistente para nós agora.

O lugar de Hume na história da filosofia é a invalidação final da razão. Pelo menos foi isso que as pessoas entenderam. **Ele chega à conclusão de que a razão é impotente para nos dar qualquer conhecimento e afirma provar esta posição na razão.** Todos os filósofos anteriores, com algumas exceções, enquadram-se em dois tipos: ou eram filósofos como Descartes, Spinoza, Leibniz, Locke, Berkeley — todos os quais afirmam ser muito pró-razão, independentemente das suas conclusões ou interpretações — ou eles eram os místicos declarados como Tertuliano, e não mencionamos Pascal, e pessoas como essas que apelavam abertamente à fé, ao coração, à revelação mística, etc. **Hume é o primeiro filósofo moderno a atacar a razão de uma forma importante, e fazer isso em nome da razão.** Você pode pensar que Hobbes o antecipou, e ele o fez, mas Hobbes é realmente antiquado em comparação com Hume. Hume é o primeiro *neo*místico influente, significando com esse termo "o homem que usa a razão para invalidar a razão". **Ele desferiu o golpe de faca filosófico na razão, e então Kant entrou em cena e acabou com ela permanentemente.**

Hume é um empirista. Ele não acredita em nenhuma ideia inata. Ele acredita em uma *tabula rasa*, sendo a experiência a fonte de toda cognição subsequente, e nesse aspecto ele segue Locke: da experiência obtemos ideias simples, não analisáveis e independentes ("azul", "áspero", "direto", "alto", "dor", "vontade", etc.), e então formamos ideias complexas, que construímos juntando ou compondo as ideias simples. **O nome que Hume dá às ideias simples é "impressões".** Estas são as experiências diretas, imediatas e *não* analisáveis, as unidades a partir das quais todos os outros elementos cognitivos são construídos. Nesta medida, ele é um seguidor direto de Locke. Mas Hume segue uma direção que vimos em Hobbes, Locke e Berkeley, e que vou agora enfatizar em Hume. **Hume declara que, como empirista, é preciso ser nominalista. Hume é um arquinominalista, sendo o nominalismo a rebelião contra os universais, sejam do tipo Platônico ou do tipo Aristotélico.** Uma rebelião supostamente em nome da experiência sensorial, do empirismo, da ciência. Nós, dizem os nominalistas, não percebemos quaisquer entidades como humanidade, bananisse, vermelhidão, etc. Não existem linhas nítidas na natureza. Lembre-se do caso limítrofe: tudo se confunde com todo o resto. Consequentemente, se se supõe que os universais sejam entidades nítidas, fixas e abstratas que têm alguma existência na realidade, isso é um mito — não existem tais coisas. **Não existem universais, apenas procedimentos de nomeação humana. Com base na nossa observação de certas semelhanças grosseiras, decidimos que nome dar a um grupo de particulares. Mas o único universal é a palavra, ou o nome. A classificação é uma questão de nossa conveniência subjetiva.** Você se lembra, essa posição está sempre associada ao sensualismo. O nominalismo sustenta que não existem universais, e o sensualismo sustenta então que não existe tal coisa como a consciência dos universais, ou seja, não existem ideias ou conceitos abstratos. Tudo o que temos são percepções. Este é um ponto de vista Hobbesiano direto. O que chamamos de ideia (ou pensamento, ou conceito) é apenas uma imagem desbotada ou decadente de uma percepção sensorial. O sensualista é o homem que diz que os conceitos são, em última análise, apenas percepções, e é o homem que toma a percepção sensorial como a chave para a consciência em todas as formas, e se recusa a conceder que a consciência conceitual é uma forma distinta de consciência. Isso é feito em nome de ser empírico, científico, antimístico.

Vimos algumas consequências do nominalismo e do sensualismo. Vimos em Hobbes a visão de que a classificação é arbitrária, a definição é arbitrária, os princípios gerais são arbitrários, e finalmente terminamos em Hobbes com a necessidade de um ditador absoluto para resolver disputas porque a razão é impotente. Mas Hobbes, você deve se lembrar, não era um nominalista consistente. Você pode se perguntar o quanto mais consistente você pode ser como nominalista. Você verá em breve.

A primeira coisa, então, a reconhecer é que Hume é um nominalista e sensualista extremo. Os únicos tipos de elementos cognitivos que ele reconhece são as impressões experienciais diretas. Ele admite que se pode usar o termo "ideia" (como distinto de "impressão"), mas então é preciso seguir a visão de Hobbes de que uma ideia é apenas uma cópia tênue (uma "imagem") de uma impressão. É igualmente concreto e específico. A única diferença, diz Hume, entre um conceito dito abstrato e uma percepção direta é a vivacidade, a intensidade, a vibração da percepção, em oposição à relativa palidez, difusão e indefinição da imagem. Então, se você quiser ter o pensamento de "homem", basta formar uma imagem um pouco borrada, pouco vibrante e pouco vívida de um homem, e essa é a totalidade da ideia abstrata, ou conceito, "homem". E assim para todas as chamadas ideias.

Com base neste nominalismo, Hume formula um princípio implícito no nominalismo, mas nunca antes tornado tão explícito. Como ele é explícito, pode ser muito mais consistente sobre isso do que os nominalistas anteriores. **Este princípio é uma certa *teoria do significado*,** então deixe-me apenas dizer uma

palavra sobre o significado de "significado". O significado de um termo (conforme usado em filosofia) é o que ele representa, o que comunica, a que se refere. Diz-se que um termo, uma palavra ou uma frase é significativa se representa algo e se tem um referente. Se eu disser, por exemplo, "copo de água", poderia apontar e dizer: "Aí está o referente, é isso que ele representa", e consequentemente a frase "copo de água" tem significado. Por outro lado, se eu disser "gloop" e você me perguntar: "O que isso representa?", e eu disser: "Não tem referente, não representa nada", então obviamente *não* tem sentido.

Se você é sensualista, que referentes um termo pode ter? Existem apenas duas possibilidades: ou uma percepção sensorial direta ou a imagem desbotada de uma. Esses são os únicos tipos de elementos cognitivos com os quais temos contato. Portanto, temos um teste simples para determinar se qualquer palavra ou frase é significativa: cada palavra ou frase significativa deve ser tal que se possa perceber diretamente os seus referentes ou pelo menos formar uma imagem do seu referente. Isto é por vezes chamado de "teoria empirista do significado", mas mais apropriadamente chamado de "teoria sensualista do significado". (É chamado de "teoria empirista" porque quase todos os empiristas depois de Hume são sensualistas.) Portanto, há um teste muito simples: quando alguém apresenta uma palavra, você pergunta: "Você consegue perceber o referente?" Se a resposta for não, "Você consegue formar uma imagem do referente?" e se a resposta for não, a palavra é ruído; a palavra é como "gloop" — apenas um som vazio. **Uma palavra não pode representar um conceito distinto de uma percepção ou de uma imagem? A resposta é que numa filosofia sensualista não existe um conceito distinto de uma percepção ou de uma imagem. Percepções e imagens são tudo o que podemos conhecer. Portanto, uma vez que as nossas palavras devem ter referentes, elas só podem ser significativas se se referirem a percepções ou imagens.**

Deixe-me dar um exemplo: considere a "extensão espacial" como algo separado da cor ou da qualidade tátil. Pense nisso no antigo sentido de uma qualidade primária, simplesmente tridimensionalidade. Você pode ter uma percepção de tal extensão espacial, além da cor e assim por diante? Não, você não pode. Você pode formar uma imagem disso? Bem, esse é apenas o teste que tentamos em Berkeley, e você não pode. Então a que conclusão podemos chegar? A frase "extensão espacial" não tem sentido, é apenas ruído, como a palavra "gloop" — não significa nada perceptível ou imaginável. **Ouvi isso ser aplicado por seguidores modernos de Hume a um conceito como "elétron"** — você não pode percebê-lo, não pode formar uma imagem dele, e ouvi um grande número de físicos modernos declararem que o conceito "elétron" — se usado para designar alguma suposta partícula real que existe, mas que não pode ser percebida ou imaginada — é um ruído sem sentido. É mais comum os filósofos da ciência do que os físicos dizerem isso, mas já ouvi isso de ambos. Esta é uma aplicação da teoria do significado de Hume. Por favor, entenda isto: Hume *não* está dizendo que todos os termos significativos devem ser *baseados* na observação — Aristóteles diria isso. Mas, na opinião de Aristóteles, o conceito de "elétron" poderia ser obtido a partir da observação por meio de um processo de abstração e raciocínio. Hume está dizendo que qualquer termo significativo *deve* representar diretamente uma percepção ou uma imagem. *Não existem conceitos além de percepções ou imagens.*

Esta teoria sensualista do significado, um dos princípios mais influentes em toda a filosofia do século XX, *foi iniciada em grande parte por Hume. Representa o resultado final do nominalismo e do sensualismo.* É a chave para todo o procedimento do ceticismo de Hume: ele escolhe algum termo filosófico central e depois pergunta: "Você consegue perceber seu referente diretamente?" Você diz não. Então ele diz: "Você consegue formar uma imagem disso?" Por exemplo, você *pode* formar a imagem de uma montanha dourada, então isso é significativo. Mas nos termos-chave que ele produz para análise, não é possível. Eles são apenas barulho. Assim se obtém a filosofia de uma criatura desprovida de capacidade de formar conceitos. **Devido à influência de Hume, tornou-se muito mais popular entre os filósofos de meados do século** XX **denunciar as ideias do seu oponente como sem sentido, em vez de chamá-las de falsas.** Veja, dizer que uma ideia não tem sentido é descartá-la como algo ainda abaixo da falsidade — é apenas ruído. Se eu entrar na sala e disser: "Ish da triddle de gloo-gloo, verdadeiro ou falso?", você diria que não é nenhum dos dois; é apenas barulho. Nesse aspecto, dizer que a visão do seu oponente é falsa já é considerado por essas pessoas um elogio, porque você está pelo menos dizendo que as ideias dele são significativas e dizem *algo*, mesmo que falso. Os Humeanos modernos rejeitaram todos os pontos de vista como sem sentido. Alguns deles chegaram ao ponto de dizer: "O que você quer dizer com a palavra 'significado' ou 'significativo'? Você consegue perceber um significado? Que cor é essa? Você pode formar uma imagem disso? Então deve ser sem sentido. A palavra 'significativo' deve ser sem sentido." Isso, você vê, é o mais consistente possível.

Um cavalheiro do século XX **chamado Ludwig Wittgenstein escreveu um livro inteiro (***Tractatus Logico-Philosophicus***), no final do qual descobriu que havia provado que não poderia dizer de forma significativa a maior parte do que havia dito no livro — pela própria definição do "significado" que ele havia dado no livro. Então, ele parou. Ele terminou seu livro com a frase: "Aquilo que não se pode falar, deve-se calar." Ele teve uma espécie de experiência mística de que certas coisas são significativas e outras não, e ele não conseguia**

prosseguir para colocar isso em palavras. Isto envergonhou muitos dos seus seguidores, que fogem por todo o lado, mas isso está para além do nosso alcance — está no século XX, por isso voltemos a Hume.

Tomemos alguns termos-chave e vejamos se eles conseguem resistir à aplicação desta teoria Humeana do significado. Pegue a expressão "mundo externo" ou "realidade externa" e veja se ela tem algum significado. **A maioria dos filósofos anteriores a Hume acreditava que não percebemos diretamente um mundo externo, mas percebemos apenas as nossas próprias experiências e não temos acesso a um mundo externo. Mas eles acreditavam que deveria existir como causa de nossas experiências.** *Essa é a teoria causal da percepção.* Hume concorda que vivenciamos diretamente apenas as nossas experiências. Neste aspecto ele, como Berkeley e Locke, segue a tradição de Descartes. Mas agora, diz ele, apliquemos a teoria do significado à expressão "mundo externo". O que as pessoas querem dizer com a expressão "mundo externo"? Bem, ele diz, eles significam duas coisas juntas. Primeiro, supõe-se que o mundo externo seja algo separado de nossas experiências, algo distinto de nossas experiências. Segundo, deveria ser algo que continua existindo mesmo quando ninguém o experimenta. Então, esses são os dois critérios de um mundo externo, algo distinto da nossa experiência e algo que é contínuo, que continua existindo, quer o experimentemos ou não. É isso que significa dizer que a realidade, ou o mundo, é externo a nós.

Vamos analisar cada um deles por vez. Você consegue perceber algo distinto de suas experiências? Perceber? Não, se você aceitar a visão de Descartes de que tudo que você percebe são suas experiências. Obviamente, você só pode perceber suas próprias experiências. Você não poderá perceber algo distinto de suas experiências se aceitar a visão de Descartes e Locke. O que acontece então com as palavras "distinto da experiência"? **Como você não percebe nada distinto da experiência, a frase "distinto da experiência" não tem referente, nada que você possa perceber. Deve tornar-se... sem sentido.** A ideia de continuidade, de algo que existe quando você não percebe? Você consegue perceber algo que existe quando você não está percebendo? Obviamente não. Se você está percebendo algo, você está percebendo, então você não está percebendo que isso existe quando você não percebe, então ambos os termos acabam sem sentido. **Não temos percepção de algo distinto de nossas experiências. Percebemos apenas nossas experiências e não temos percepção de algo que existe quando não o percebemos.** Como percebemos apenas quando percebemos, não temos, portanto, referência para nenhum dos ingredientes da frase "mundo externo". Mas se não tivermos nenhum referente perceptivo, pela teoria do significado, a frase não tem sentido. **Portanto, a frase "mundo externo" é apenas ruído.**

Se você tentar responder a Hume e dizer: "Mas veja, afinal, inerente ao próprio conceito de 'existência' e 'consciência' está a distinção e continuidade da existência." Se você prosseguir: "A existência existe, a consciência é a faculdade de percebê-la, A é A (a lei da identidade), agora apenas compreenda esses conceitos e você verá." Você não irá além disso e Hume lhe dirá: "Conceitos? O que você está falando? Tudo o que temos são percepções e imagens. Não percebo a existência separada da consciência." É verdade que você não percebe quando não está percebendo. Consequentemente, por motivos nominalistas, Hume recusar-se-ia até mesmo a ouvir qualquer argumento desse tipo.

Hume se pergunta: "Uma vez que o 'mundo externo' é uma ideia fantástica e sem sentido, por que as pessoas pensam que existe um mundo externo?" Do ponto de vista dele, é uma crença fantástica. Há mais evidências de um Papai Noel na filosofia de Hume do que de um mundo externo. Pelo menos vemos pessoas fantasiadas de Papai Noel, mas nunca entramos em contato com algo distinto da nossa experiência. A sua resposta à razão pela qual as pessoas consideram esta hipótese "fantástica" é que as nossas experiências parecem mostrar uma certa constância. Por exemplo, olhe para este púlpito. Agora desvie o olhar, por exemplo, talvez para a ponta do dedo, e depois olhe para trás. Se você não prestar muita atenção ou piscar os olhos, terá uma súbita onda de escuridão, e então abrirá os olhos novamente e verá o púlpito. Se você não prestar atenção estrita à procissão de suas experiências — ao fato de que elas são constantemente interrompidas — se você não se concentrar nessas interrupções, você tenderá a deslizar de um quadro para o outro sem entender os cortes, os buracos, as quebras de segundo a segundo. O resultado é que, como somos todos intelectualmente preguiçosos, segundo Hume, tendemos a preencher o intervalo entre essas experiências. Não é real para nós que existem todos esses cortes, porque somos muito preguiçosos. Imaginamos que a coisa, o púlpito, ainda está presente entre as nossas experiências e, portanto, é distinto das nossas experiências. Mas isso é produto do que Hume chama de nossas "imaginações". Nossa imaginação é preguiçosa. Ela tem a tendência de preencher as lacunas. Ela inventa ficções. Mas, diz Hume, o que quero dizer é que se trata de uma ficção. Se seguirmos a experiência direta, teremos uma série de experiências distintas e nenhuma evidência de entidades contínuas. A ideia de um mundo externo é um mito sem sentido.

Tendo se livrado do mundo material, é evidente que não pode haver entidades materiais externas no universo, nem substâncias materiais (na terminologia tradicional). Mas Hume não está satisfeito com o ataque que deu até agora às entidades materiais. Ele lança um independente, ao qual quero agora me voltar.

Será que temos, pergunta ele, alguma evidência de entidades ou substâncias materiais? Ele responde que não, com base na premissa de Locke. O cenário é sempre o mesmo — você começa com Locke e depois mostra o desastre que se segue. Locke havia dito que uma entidade material é uma coleção, ou feixe, de qualidades ou ideias simples, inerentes a um substratum, e o substratum deveria ser o que une as qualidades, o que o torna uma entidade unificada. Caso contrário, raciocinou Locke, essas qualidades autocontidas poderiam existir por si mesmas, separar-se e desintegrar-se. Mas construímos entidades reconhecendo que estas qualidades independentes são mantidas juntas no substratum que é de tal natureza que não sei o que é. Berkeley, se você se lembra, criticou esse substratum por não ter qualquer identidade. Hume concorda — o substratum se foi. Neste ponto, eles estão obviamente corretos: a destruição da ideia subjacente de ser nominalista ou sensualista. Não temos sequer nenhum conceito, muito menos percepção ou imagem, do substratum. Não tem identidade alguma e não é nada em particular, por isso é perfeitamente válido rejeitá-lo.

O que diria então Hume em resposta à pergunta de Locke: o que mantém unidos estes feixes de qualidades, o que *é* a coisa que integra qualidades em entidades, onde *existem* combinações recorrentes de qualidades idênticas? A resposta de Berkeley foi que Deus organiza as coisas dessa maneira. Ele nos alimenta com nossas experiências nessa ordem. Em Hume, como você verá, Deus está fora. Então, ele tem uma resposta simples: se você estiver numa posição em que algo é inexplicável em suas premissas, simplesmente negue. Hume diz que *não existem* pacotes recorrentes das mesmas qualidades. Na verdade, as qualidades mudam constantemente de parceiro, por isso não temos problemas. Não há, diz Hume, nenhuma razão para que as qualidades que agora se juntam para formar o que chamamos de entidade material não se separem subitamente, se desintegrem, de modo que, em vez de uma entidade, tenhamos apenas uma sucessão de qualidades separadas e desarticuladas. Você se lembra do exemplo que lhe dei na última palestra: um Humeano diria que não há nada que impeça que as qualidades que compõem um cigarro se separem subitamente umas das outras e apareçam em diferentes partes desta sala, de modo que a cor branca pode viajar para trás sem qualidades táteis, sem temperatura. Aqui, onde estão os gravadores, haveria uma bela textura lisa, mas você não veria nada, e à minha esquerda, um ponto quente, desprovido de textura, cor, etc. Segundo Hume, esse estado de coisas é perfeitamente possível. **O que chamamos de "entidade" é simplesmente um conjunto de qualidades independentes que ficam juntas por um tempo — *simplesmente acontecem*, só isso. Temos um conjunto de qualidades, um conjunto solto que pode a qualquer instante se desintegrar e nos deixar num universo de qualidades flutuantes, sem coisas ou entidades.**

Isto, diz Hume, não é apenas uma projeção teórica; na verdade isso acontece o tempo todo, mas as pessoas não prestam muita atenção. Nunca percebemos entidades duradouras, diz ele, apenas conjuntos, ou feixes, de qualidades em constante mudança, mudando constantemente os seus parceiros. Suponha que eu esteja andando pela rua olhando para um prédio. A maioria das pessoas acredita que isto representa uma certa combinação duradoura de qualidades — que podem olhar para ele, desviar o olhar, olhar para trás, ver o mesmo conjunto, o mesmo tamanho, a mesma forma, a mesma cor, etc. Hume diz que se você baseado na experiência real, você não vê o mesmo conjunto de qualidades toda vez, você vê um novo conjunto cada vez que olha. À medida que você se aproxima, por exemplo, você vê algo maior. O sol aparece e você vê uma cor diferente. Você obtém uma perspectiva diferente. Você vê uma forma um pouco diferente. Você passa por baixo do prédio, olha para cima e vê uma forma radicalmente diferente. Seu olho sobe até o topo da torre e você tem uma experiência completamente diferente de quando olhava para a base, etc. O que realmente experimentamos, diz Hume, é uma sucessão de diferentes conjuntos de qualidades em constante mudança. O que chamamos de entidade é, na verdade, uma coleção solta de qualidades mutáveis.

Você poderia objetar: "Hume não está confundindo duas coisas completamente diferentes: a entidade, que perdura, e nossas formas mutáveis de percebê-la, nossas perspectivas mutáveis sobre ela? A entidade é uma coisa — é o que é e não é afetada pelas nossas diversas condições perceptivas. Tudo o que você precisa fazer para responder a Hume e descobrir uma entidade estável na realidade é abstraí-la de nossas experiências mutáveis e formar um conceito da entidade, pois ela é independente de nossas diversas formas de percebê-la". **Mas se você dissesse isso a Hume, você sabe que seu sensualismo o proibiria. Abstrair, diria ele, formar um conceito? Não existem tais coisas. Tudo o que temos, tudo o que podemos saber, é o fluxo de dados dos sentidos que passa bem diante do seu nariz.** Até o nosso nariz é uma união temporária de dados dos sentidos. Se esse fluxo mudar constantemente, se não sentirmos uma entidade duradoura, então não haverá base para uma entidade duradoura. Se considerarmos apenas os dados dos sentidos, devemos concluir que não existem tais entidades. Há um fluxo Heraclitiano de qualidades sensoriais, constantemente mudando, mudando, aparecendo, desaparecendo. O que realmente experimentamos é uma sucessão de diferentes conjuntos, cada um intimamente relacionado com o anterior, mas ainda assim diferente. Portanto, não precisamos de um substratum para ligá-los. O que chamamos de "entidade" é apenas um nome para um conjunto vago de qualidades de parceiros em constante mudança. Por que você tem a ilusão de ver a entidade idêntica perdurando no tempo? Porque os vários conjuntos, momento a momento, têm uma semelhança aproximada entre si, e mais uma vez a sua imaginação é preguiçosa, preenche as lacunas, não presta qualquer atenção à diferença real, imagina que vê a mesma entidade duradoura, mas isso é apenas um reflexo da preguiça da sua imaginação.

Eu indiquei onde Hume está errado neste ponto, e que se você for capaz de subir ao nível conceitual, poderá defender a visão de entidades duradouras independentemente de nossas percepções mutáveis. Ele está aqui tirando as conclusões finais do ponto de vista de Locke. Mas ainda temos que responder à pergunta original de Locke, então deixemos Hume por um momento. **A pergunta de Locke, se ele ouvisse isso, seria: "Bem, por quê? O que mantém unidas as qualidades de uma coisa?"** Afinal, diria Locke, percebemos diretamente apenas essas pequenas qualidades atômicas simples. Algo deve mantê-las juntas. E se não é o "não sei o quê", o que é?

Se você aceitar a premissa de Locke de que o que percebemos diretamente são essas pequenas qualidades atômicas e independentes, você estará em sérios apuros. Então você precisa de uma cola metafísica para integrá-las. Portanto, você deve contestar a premissa de Locke. A verdade é que não observamos qualidades atômicas, autocontidas e simples. Não observamos de maneira alguma coleções soltas de qualidades independentes. Se quisermos ser empiristas, devemos ser empiristas honestos — isto é, fiéis aos fatos reais observados — e se nos basearmos nos fatos reais observados, veremos que observamos diretamente *entidades*, entidades integradas. *A separação de uma entidade de suas diversas qualidades é um trabalho de análise que os seres humanos realizam depois de terem experimentado pela primeira vez a entidade integrada*. Considere a experiência de uma maçã. Você, como adulto, observa separadamente uma simples vermelhidão e uma redondeza e uma suavidade e um brilho, etc., e depois junta tudo isso? Não, você não observa assim. Você observa diretamente uma *maçã*, a totalidade integrada destas qualidades. Só mais tarde, por um ato de atenção seletiva, você poderá focar nesta ou naquela qualidade, além das demais. O mundo da experiência direta é um mundo de entidades dadas diretamente. **As qualidades individuais *não* são os pontos de partida da experiência, mas são estágios muito posteriores de abstração daquilo que vivenciamos. Você deve lembrar que uma abstração, uma separação mental, não pode existir na realidade separada da coisa da qual foi abstraída.** Você pode pensar em uma certa qualidade separada das outras que ela acompanha na realidade *apenas* ignorando mentalmente seus acompanhamentos. Mas você deve lembrar que, na realidade, está inextricavelmente ligada aos seus acompanhamentos. **O procedimento de Locke é, na verdade, que primeiro ele percebe a entidade, depois abstrai as qualidades, depois torna suas qualidades individuais (que na verdade são separáveis apenas no pensamento) separáveis na realidade, e então ele tem o problema** impossível de tentar para reuni-las novamente. O fato é que nenhuma cola e nenhum substratum incognoscível são necessários para preservar uma entidade material integrada. As qualidades, para simplificar, não precisam ser reunidas porque, na realidade, nunca se separaram.

O que causou a confusão de Locke neste ponto? A resposta é que Locke confundiu dois níveis diferentes de consciência, alguns que ainda não mencionei neste curso, mas por ser uma questão importante, quero comentar pelo menos brevemente. Na verdade, existem três níveis diferentes de consciência humana. Temos conversado ao longo deste curso de *percepção* e *concepção*. Mas agora é hora de mencionar o terceiro — a saber, a *sensação*. Quero distinguir, portanto, a percepção da sensação, o nível perceptual de consciência do nível sensorial de consciência. É verdade que, quando bebês, começamos no nível mais baixo de consciência, o nível sensorial, que é o primeiro, cronologicamente. Não percebemos entidades ou objetos imediatamente como bebês; somos apenas bombardeados com sensações desconexas. Atingimos o próximo estágio de conhecimento, o nível perceptual, quando nosso cérebro aprendeu a integrar esse bombardeio desconectado e ininteligível de sensações em entidades sólidas e integradas — "maçã", "Mãe", "cama", etc. estágio perceptivo. Então estamos prontos, após uma certa acumulação de conhecimento, para passar — por um processo de abstração e formação de conceitos — para o estágio conceitual.

Portanto, Locke está certo num aspecto: em determinado momento do passado, *recebemos* da realidade um bombardeio desconectado de sensações. Mas o que é crucial é que agora não sofremos tal bombardeamento, e não *podemos*. Se somos agora homens conscientes e pensantes, para não falar dos filósofos, começamos no estágio perceptual, no estágio de perceber entidades; não experimentamos mais o estágio sensorial. Então, como sabemos que ele existiu? A resposta é: apenas por inferência, por um processo de raciocínio complexo. Quando chegamos ao estágio conceitual, descobrimos que temos meios de percepção — descobrimos que certas informações vêm dos nossos olhos, e algumas das pontas dos dedos, e algumas dos nossos ouvidos, e assim por diante — e então percebemos que certa vez, quando bebês, devemos ter obtido um conjunto desconectado de dados que nosso cérebro teve que aprender a integrar. Mas não podemos vivenciar agora o estado de desintegração daquele bebê. Só podemos inferir que algo semelhante deve ter existido. **O ponto crucial é que a nossa inferência depende e começa a partir da nossa percepção atual das entidades.** Então, existem os três níveis: o sensorial, o perceptivo, o conceitual. Na ordem do tempo, você tem o sensorial, depois o perceptivo e depois o conceitual. *Mas em termos de experiência consciente, onde temos de começar como pensadores e filósofos, o primeiro estágio é o* *estágio perceptivo*. Então avançamos simultaneamente para o estágio conceitual e, depois, tendo desenvolvido um aparato conceitual, inferimos novamente a existência do estágio sensorial. Só podemos inferir abstraindo das nossas percepções das entidades. Nesse sentido, a existência e a percepção direta de entidades são um pré-requisito para a descoberta do estágio de sensação. Você deve ter em mente claramente a diferença entre esses três níveis de consciência. **Se você igualar o perceptual ao sensorial, então você estará na posição de Locke — você tem todo um conjunto de sensações desconexas e precisa de alguma cola ininteligível para uni-las.** Se você equiparar o conceitual ao perceptual, então você está na posição nominalista-sensualista (e você conhece a catástrofe implícita nisso). Se você fizer *ambas* as coisas, de modo que o conceitual seja igual ao perceptual igual ao sensorial, então você estará na posição de Hume. Você fica literalmente no estado de um bebê recém-nascido ou de um inseto inferior (digo "inferior" porque os animais superiores têm pelo menos o nível perceptivo). Você fica no estágio em que é bombardeado com sensações desconectadas, incapaz de integrá-las em entidades, incapaz de formar conceitos, perdido em uma confusão desesperadora, caótica, ininteligível e desconectada — nomeadamente, o universo de Hume. **A este respeito, Hume representa a desintegração absoluta da consciência humana em sensações atômicas e desconexas.** Bem, chega do que há de errado com Hume neste ponto.

Temos falado até agora sobre entidades materiais. Qual é a visão de Hume das entidades *espirituais* — da alma, da mente, do eu? Berkeley, como você sabe, também se livrou das entidades materiais, mas se agarrou ao eu, à coisa que pensa, que *tem* as experiências, e assim por diante. Ele afirmou ter uma noção disso, mesmo que não uma ideia. Hume não tem o machado religioso de Berkeley para afiar. Assim, ele passa a demolir o "eu" tão facilmente quanto demoliu entidades materiais, dadas as premissas de Locke. Hume pergunta: "O que é esse 'eu' de que todos falam? Deixe-me fazer uma introspecção e ver se consigo encontrá-lo. O que isso deveria ser? É suposto ser algo distinto das minhas experiências — dos meus desejos, dos meus pensamentos, das minhas crenças — é suposto ser aquilo que *tem* as experiências, aquilo que pensa, deseja, acredita. Deveria ser algo imutável, algo que permanece o mesmo e constitui a nossa identidade pessoal. Afinal, nossos pensamentos, nossas experiências, nossas emoções, nosso conteúdo mental mudam constantemente, mas supõe-se que o 'eu' ou 'ego' básico seja imutável. Bem, deixe-me ver se consigo captá-lo perceptivamente", diz Hume. Agora cito seu *Tratado da Natureza Humana* sobre sua busca introspectiva pelo eu:

De minha parte, quando entro mais intimamente naquilo que chamo de mim mesmo, sempre tropeço em alguma percepção particular, de calor ou frio, luz ou sombra, amor ou ódio, dor ou prazer. Nunca consigo me surpreender em nenhum momento sem uma percepção, e nunca consigo observar nada além da percepção... Se alguém, após reflexão séria e sem preconceitos, pensa que tem uma noção diferente de si mesmo, devo confessar que não posso mais argumentar com ele. Tudo o que posso permitir-lhe é [Peikoff: Isto, claro, é sarcasmo da parte de Hume.] que ele pode estar certo, assim como eu, e que somos essencialmente diferentes neste aspecto. Talvez ele perceba algo simples e contínuo que ele chama de *si mesmo*, embora eu esteja certo de que tal princípio não existe em mim.

Mas, deixando de lado alguns metafísicos deste tipo, posso aventurar-me a afirmar sobre o resto da humanidade que eles nada mais são do que um conjunto ou coleção de percepções diferentes, que se sucedem com uma rapidez inconcebível e estão em fluxo e movimento perpétuos.

Essa é a famosa passagem em que Hume propõe demolir o eu. A palavra "eu" é um termo sem sentido porque não representa nada que possamos experimentar. Quando percebemos introspectivamente, tudo o que percebemos é uma coleção de experiências individuais, pensamentos, sentimentos, etc. Não temos contato, diz Hume, com um "eu" imutável por trás de todas essas experiências que as possui e, portanto, não há significado ao referir-se a tal "eu" ou "si mesmo" — sem referente perceptual, sem imagem, sem sentido. **A identidade pessoal é, portanto, um mito. Eu sou um fluxo de experiências em constante mudança, e você também. Cada um de nós é um conjunto de experiências. Isso às vezes é chamado** *de teoria do conjunto do eu.*

Qual é a explicação para a crença neste mito? É a nossa imaginação que nos ilude. Como um estado de consciência se funde suavemente com o seguinte, há sempre grandes semelhanças entre o conteúdo da sua consciência em qualquer instante e o seu conteúdo no instante seguinte. Portanto, não prestamos atenção às diferenças. Nossa imaginação suaviza as coisas inventando a ficção de uma mesma entidade duradoura, ou eu. Mas isso é uma ficção. Se você observar atentamente, introspectivamente, verá apenas uma sucessão de diferentes estados psicológicos, só isso. Você é apenas um pacote solto, psicologicamente.

Então, o que há de errado com essa visão? As objeções a isso são inúmeras. Não resisto a apontar o conceito roubado — você ouviu a formulação dele? "Quando *eu* entro mais intimamente no que chamo de 'eu mesmo', sempre tropeço" — "eu" faço todas essas coisas, e não existe "eu". **Ele está usando o eu para negar o eu.** Mas qual é o erro básico? Novamente, é o seu sensualismo e nominalismo.

Afinal, o que é o eu? (Estou falando aqui agora do ponto de vista do Objetivismo.) **O "eu" é a sua consciência, a sua faculdade de percepção, a entidade que percebe a realidade.** Por que Hume não consegue encontrá-lo? O que ele quer? **Como ele é um sensualista, ele fica chateado por nunca encontrar uma percepção de consciência pura.** Ele sempre encontra consciência deste ou daquele conteúdo. Ele nunca percebe a consciência, exceto com algum conteúdo. Como o conteúdo está sempre mudando, ele lamenta o fato de nunca perceber uma consciência pura e imutável. O que ele quer? **Ele quer perceber a consciência sem qualquer conteúdo, mas você nunca fará isso. Pela própria natureza da consciência, a consciência é a faculdade de perceber** *alguma coisa*, **de perceber** *algum conteúdo, algum objeto*. **Uma consciência sem conteúdo, uma consciência consciente de nada, é literalmente uma contradição em termos.**

Como, de fato, chegamos à consciência da nossa consciência, ou eu, como algo distinto dos seus conteúdos mutáveis? Novamente, apenas conceitualmente, por um processo de abstração — abstraímos os vários conteúdos e nos concentramos no fato da consciência conceitual, a entidade que é a consciência. Em outras palavras, ignoramos o conteúdo e chegamos à consciência de nossa faculdade de consciência como tal — aquela que pensa, faz as conexões, sente as emoções, etc. Mas a consciência não pode existir de fato, exceto como consciência de algo e, portanto, você não pode perceber a consciência, exceto percebê-la como consciência de algo. Se, como Hume, você negar o nível conceitual, nunca encontrará uma mesma consciência ou eu duradouro. Você encontrará apenas uma série de experiências conscientes e sempre verá a consciência ocupada com um ou outro conteúdo. Como o conteúdo está sempre mudando, você irá reclamar: "Onde está o 'eu' imutável? Onde está minha identidade pessoal em meio a todo esse fluxo?" Quando o fato é que é realmente muito simples; é fácil — **você experimenta diretamente o seu "eu", a sua consciência. Mas para identificá-la e defender a sua existência, é necessário atingir o nível conceitual ao qual Hume, em princípio, nunca ascendeu.**

Onde estamos agora? O que temos no universo de Hume? Temos um conjunto de impressões, ou experiências, imagens e assim por diante. Impressões de quê? Nada. O mundo externo é um mito. Experiências vividas por quem? Ninguém. O 'eu' é um mito. Você pode pensar que isso é o máximo a que podemos chegar no ceticismo: **impressões de nada por parte de ninguém.** Mas ainda há mais. Há um ponto muito famoso e incrivelmente influente de Hume que é hoje quase universalmente aceito pelos filósofos. Ainda há mais um elo que une o mundo ou une as experiências, que deve ser quebrado se quisermos acabar com uma verdadeira mentalidade de ovo pochê. Essa é a lei da causa e efeito. Lembre-se, Berkeley acreditava na causa e efeito vindos de Deus. Hobbes acreditava em causa e efeito — todos os grandes filósofos anteriores a Hume acreditavam em causa e efeito. **Hume agora põe o seu nominalismo e sensualismo a trabalhar para demolir também a causa e o efeito.** *Portanto, agora veremos a maior "conquista" de Hume: a sua destruição da lei da causa e efeito.*

Novamente, seguimos o procedimento padrão: tomemos o termo "causa". O que isso significa? Dizemos "A causa B". Para dar um exemplo clássico e simples, pegamos uma pedra e a jogamos contra uma janela, a janela se estilhaça. Dizemos: "A pedra quebrou a janela." O que significa dizer que uma coisa causou outra? Bem, diz Hume, as pessoas pensam que há três pontos envolvidos. Dois deles, como veremos, estão bem, e um — o vital — revela-se sem sentido.

Uma coisa envolvida na relação causal é a *contiguidade espacial*, a união no espaço. A rocha realmente toca a janela, por exemplo, no processo de sua quebra. Isso é muito simples — podemos ver os dois juntos em contato físico direto, então temos um referente perceptivo direto para a frase "contiguidade espacial" ou "união espacial" e, portanto, isso é perfeitamente significativo.

Mas isso não é suficiente. A relação causal também envolve *contiguidade temporal* — a janela quebra imediatamente após a rocha a atingir. Novamente, diz Hume, esta é uma expressão perfeitamente respeitável, "contiguidade temporal", porque podemos observar uma coisa acontecendo imediatamente após outra no tempo e, portanto, isso é perfeitamente significativo.

Mas a contiguidade espacial e temporal, afinal, ainda não nos dá a essência da relação causal. Uma coincidência pode ter essas duas características. Por exemplo, suponha que eu toco casualmente este púlpito e enquanto estou em contato direto com ele espacialmente, no instante seguinte uma bomba explode e todo o edifício desaba. Você diria que talvez os dois eventos estivessem conectados espacial e temporalmente, mas isso é apenas uma coincidência, já que não há conexão causal, e talvez alguém na sala ao lado tenha soltado uma bomba no mesmo instante. **Qual é o fator crucial, o ingrediente vital, no conceito de "conexão causal"? Hume diz que é** *conexão necessária*. **Não apenas contiguidade espacial e temporal, mas conexão necessária.** Quando dizemos "A causa B", queremos dizer mais do que que os dois caminham juntos no *espaço* e os dois caminham juntos no *tempo*. Queremos dizer que o primeiro *necessita* do segundo, que os dois têm uma ligação obrigatória um com o outro, que dado o primeiro, o segundo *deve acontecer*, que o primeiro *produz* o segundo, que o primeiro *faz acontecer* o segundo, etc., tudo isso sendo esses sinônimos de "conexão necessária".

Coloquemos agora essa vertente de "conexão necessária" à prova da teoria do significado. Alguma vez percebemos ou formamos uma imagem de conexão necessária entre eventos? Observe bem de perto. Não tenho janela aqui para demonstrar, então é só projetar que eu pegue uma pedra e jogue na janela. Você vê a rocha navegando lentamente pela sala. Você poderia ficar ali perto da parede com uma lupa para observar — você vê a pedra se movendo, tocar a janela — até agora não há necessidade, só uma pedra, certo? — a próxima coisa que você vê é que os fragmentos se quebram, certo? Nenhuma bandeirinha apareceu e disse: "O próximo evento é inevitável." Não houve nenhuma voz estrondosa vinda do céu que dissesse: "O que vem agora tem que acontecer." Não houve Doris Day cantando "Que será, será". Percebemos que os dois acontecimentos caminham juntos no espaço e no tempo, só isso. Nunca entramos em contato com nenhum fenômeno como a necessidade. Como é a necessidade? É vermelha? É alta? É quente? Você pode formar uma imagem disso? Com o que se parece? Qual seria o gosto? Obviamente, não podemos formar uma percepção de necessidade; não podemos formar uma imagem de necessidade. Deve, portanto, ser um termo totalmente sem sentido. A frase "conexão necessária" deve ser apenas ruído, como "gloop", e o mesmo deve acontecer com qualquer um de seus sinônimos — os sinônimos de absurdo são absurdos. Portanto, quando você diz que uma coisa produz outra, ou a faz acontecer, ou dada a primeira, a segunda deve acontecer, todas essas coisas são igualmente sem sentido. Agora vamos fazer com que Hume fale por si mesmo sobre isso. Primeiro, ele afirma, em *Investigação Sobre o Entendimento Humano*, seu nominalismo e sensualismo:

> **Parece uma proposição que não admite muita disputa de que todas as nossas ideias nada mais são do que cópias de nossas impressões** [Peikoff: Esse é o seu sensualismo — uma ideia é uma cópia desbotada de sua experiência sensorial.] ... Para estarmos plenamente familiarizados, portanto, com a ideia de poder ou conexão necessária, examinemos sua impressão; e para encontrarmos a impressão com maior certeza, procuremo-la em todas as fontes das quais pode possivelmente ser derivada.

Ele faz uma busca escrupulosa em todos os lugares, procurando a conexão necessária, se ao menos pudesse encontrá-la.

> Quando olhamos ao nosso redor em direção aos objetos externos e consideramos a operação das causas, nunca somos capazes, num único caso, de descobrir qualquer poder ou conexão necessária, qualquer qualidade que ligue o efeito à causa e torne aquele uma consequência infalível do outro. **Descobrimos apenas que um realmente segue o outro... Não existe em nenhum caso particular de causa e efeito nada que possa sugerir a ideia de poder ou de conexão necessária.**

Se uma ideia é o nome de uma experiência que se desvanece, uma cópia de uma experiência, e não há *experiência* de conexão necessária, então não há *ideia* de conexão necessária, portanto a frase deve ser sem sentido. Portanto, quando você pega uma faca e a coloca no coração de alguém e a torce, um evento é observar a faca entrar, e o próximo evento é você ver o homem empalidecer e deitar no chão. Esses são dois eventos espacialmente e temporalmente contíguos, e é isso. Você não pode dizer que um fez o outro acontecer. Tudo o que você tem o direito de afirmar — na verdade, a única coisa que faz *sentido* afirmar — é que os dois eventos ocorrem juntos no espaço e no tempo. Você observa que um está bem ao lado do outro, que um está logo atrás do outro, mas não consegue observar que um é *por causa* do outro. É isso mesmo: **você não pode observar a causalidade**.

Por que você acha que existe uma relação necessária, se, na verdade, isso é um mito? Novamente, porque você tem uma imaginação hiperativa. Neste caso, você tem um mecanismo associativo hiperativo. Dois eventos que, na verdade, não têm conexão necessária (ou seria sem sentido dizê-lo), dois eventos acontecem por acaso e se juntam tantas vezes em sua experiência que depois de um tempo você forma o hábito por costume, por condicionamento, esperar o segundo quando você encontrar o primeiro. Essa é a fonte da ideia irracional de "conexão necessária". Você observa, diz Hume, conjunções repetidas — dois eventos que acontecem juntos repetidamente — e começa a associar os dois e espera o segundo após o primeiro. Por exemplo (e este não é o exemplo dele), suponha que você foi criado por uma mãe irracional, e sem motivo algum, todas as manhãs, quando você se senta para tomar café da manhã, para tomar um copo de suco de laranja, assim como você pega o copo de suco de laranja, ela tem uma cinta enorme e bate na mesa da cozinha com ela. Agora, isso aconteceu dia após dia, e não há nenhuma conexão causal, mas esse é exatamente o tipo de mãe que você tem. Depois de um tempo, ao pegar o suco de laranja, você estremece na expectativa da cinta e passa a associar os dois pela quantidade de repetição. Bem, diz Hume, esta é exatamente a relação em todos os casos em que afirmamos causa e efeito. **A causalidade é apenas uma expectativa subjetiva de nossa parte, completamente irracional e sem qualquer justificativa.** Você pode usar a palavra "causa" se quiser, mas tudo o que isso significa é que dois eventos estão repetidamente unidos até agora em nossa experiência, e nós, portanto, temos a expectativa irracional e infundada de que há alguma conexão entre eles, mas na verdade não há conexão. Aqui está a famosa conclusão de Hume:

> Todos os eventos parecem totalmente soltos e separados. Um evento segue outro, mas nunca podemos observar qualquer ligação entre eles. Eles parecem unidos, mas nunca conectados. Como não temos ideia de nada que nunca tenha

aparecido ao nosso sentido exterior ou sentimento interior, a conclusão necessária parece ser que não temos qualquer ideia de conexão ou poder, e que estas palavras são absolutamente sem qualquer significado quando empregadas ou no raciocínio filosófico ou na vida comum.

Essa é uma afirmação Humeana intransigente.

Suponha que você conteste isso e diga: "Oh, isso é ridículo. Causalidade não é apenas uma questão de hábito. Sequências causais são necessárias. Seus opostos são literalmente inconcebíveis. Não podíamos nem imaginar seus opostos acontecendo." Hume volta com um exemplo famoso. Ele diz que você pode perfeitamente imaginar o oposto acontecendo. Ele dá o exemplo de Adão como o primeiro homem. Do outro lado do jardim, Adão vê uma chama. Será Adão capaz de saber, antes de experimentar o comportamento da chama, que a chama irá consumi-lo se ele colocar a mão nela? Não, Adão não tem a menor ideia de como essa língua laranja que está piscando vai se comportar quando ele colocar a mão nela. Antes da experiência, se tivéssemos perguntado a Adão: "Isso vai deixar você mais alto, queimar sua mão ou transformá-lo em uma abóbora?", Adão teria dito: "Não tenho a menor ideia." Bem, diz Hume, o que ele ganha *depois* da experiência? Depois da experiência, ele ficou com a mão queimada. Mas ele não tem mais compreensão porque isso aconteceu. Pelo que ele pode ver, o fogo poderia muito bem tê-lo transformado em gelo ou em abóbora. Em outras palavras, é um fato bruto — acontece que é o caso — que o fogo até agora queima ou aquece. Mas é ininteligível por que isso acontece, e podemos facilmente conceber o contrário. Se alguém dissesse que poderíamos explicar por referência à lei científica por que o fogo faz o que faz, Hume diria: "Direito científico? **A lei científica é baseada em causa e efeito. Causa e efeito dependem da conexão necessária, e isso não tem sentido. Chega de leis científicas. Tudo o que fazemos é deixar que a nossa familiaridade com certas sequências arbitrárias nos iluda, fazendo-nos pensar que a ligação é inteligível, quando na verdade é completamente ininteligível.**

Suponha que você tentasse dar a Hume uma prova lógica de que todo evento deve ter uma causa que o necessita. Hume diz: vá em frente e tente, e eu lhe mostrarei que você não pode me dar tal prova. A sua prova vai depender da razão?, diz ele. Você responde: "Certamente, vou dar uma prova racional." **Bem, diz Hume,** *pela razão só podemos provar verdades cujos opostos seriam contraditórios, contradições lógicas.* A razão nos ensina que devemos acreditar em algo porque o contrário seria uma contradição. Então, poderíamos provar que dois mais dois são quatro porque se alguém negasse, poderíamos mostrar-lhe que estava a contradizer-se. Qualquer coisa que seja uma contradição é inconcebível

— não se pode conceber um quadrado redondo, por exemplo, porque os dois lados se aniquilam. Existe alguma dificuldade em conceber que a lei de causa e efeito é falsa? Estaria envolvida alguma contradição, pergunta ele, em concebê-la? Não. O oposto da lei de causa e efeito, diz ele, é perfeitamente concebível. É fácil de entender. Não é como um quadrado redondo, que se apaga. É perfeitamente concebível. **Considere a ideia: "Existem eventos que não têm causas." Se isto fosse uma contradição, nem sequer seríamos capazes de compreendê-la; deveria ser como "solteiro casado".** Mas, diz Hume, não há dificuldade em compreender isto. Imagine (estou inventando o exemplo, mas a ideia é dele), imagine que você está andando na rua e de repente uma maçã surge do nada. Nada a precedeu, não é uma alucinação, apenas existe sem causa alguma. Walt Disney poderia desenhá-la. Hume diz que isto é perfeitamente concebível: não há contradição nisso — se houvesse uma contradição, você não poderia concebê-la, mas você entendeu minha história, então você deve ser capaz de concebê-la, ao passo que se eu dissesse: "Um quadrado redondo apareceu", você diria: "Não sei o que é isso." **Se for concebível, não há contradição. Se não há contradição, a razão não pode provar isso. A razão só prova algo se o seu oposto for uma contradição. Portanto, a lei de causa e efeito não pode ser provada.** Uma vez que não pode ser provada pela razão, e sabemos que não há base para isso em referência à experiência, concluímos que a lei de causa e efeito é desprovida de qualquer fundamento de qualquer tipo, na razão ou na experiência. É, portanto, um mito.

As objeções a este ponto de vista Humeano são inúmeras, o que irei apenas indicar brevemente. **Observe que Hume assume que se ele consegue visualizar um evento que supostamente ocorre sem causa, isso é o mesmo que dizer que ele o concebe sem contradição.** Se Aristóteles ouvisse esse argumento, ele diria: **"Você está visualizando um evento que implica uma contradição e, portanto, na verdade não está concebendo nada além de uma** *invenção irracional de sua própria imaginação.* **Você tem uma imagem, mas não um conceito lógico." Qual seria a resposta de Hume se ouvisse isso? "Qual é a diferença? Uma imagem** *é* **um conceito. Se consigo formar uma** *imagem* **de algo, formei um conceito disso."** *Esse é o seu nominalismo — um conceito é uma imagem.* **Então, se você pode formar uma imagem, você pode formar um conceito, e se você pode formar um conceito, então é obviamente logicamente possível. Portanto, se você puder formar uma imagem — qualquer imagem arbitrária e fantástica — aquilo que ela representa é logicamente possível. Esse é o resultado final da redução de conceitos a imagens, como fazem os nominalistas.**

Você poderia pensar que satisfaria Hume se lhe desse a prova da causa e efeito que desenvolvemos a partir da filosofia de Aristóteles. Você se lembra do argumento que tinha essencialmente duas premissas — **"Ações são ações de entidades" e "Entidades têm identidade", em outras palavras, elas são o que são, a lei da identidade e, portanto, para resumir uma longa história, elas só podem agir de acordo com sua natureza.** Se você reencarnasse David Hume e lhe desse esse argumento, ele nem piscaria. Porque, observe cada premissa — "Entidades?", ele diria: "O que é isso? Tudo o que temos são feixes soltos e flutuantes de qualidades." Isso é tudo o que ele, como nominalista-sensualista, pode encontrar. Portanto, a premissa sobre a existência de entidades já foi eliminada e também a base de qualquer prova de causa e efeito, dado o seu nominalismo. E quanto à lei da identidade, ela deveria ser uma verdade geral necessária? Então, como nominalista, isso deve ser linguístico, semântico, apenas a maneira como você usa as palavras — não diz nada. Em outras palavras, a causalidade já desceu bastante na filosofia. Em primeiro lugar, você precisa ter o nível conceitual para validar seu conhecimento de qualquer coisa, inclusive de causalidade. Portanto, na verdade não há nada de novo para responder no ataque de Hume à causa e efeito. **Se pudermos responder ao seu nominalismo e sensualismo, se pudermos defender uma teoria válida dos conceitos, então todo o seu ataque à causa e efeito cairá por terra juntamente com todo o resto da sua filosofia. Por outro lado, se você não consegue responder ao seu nominalismo e sensualismo, então você está perdido e tudo está perdido. E você vê novamente a importância crucial de uma teoria de conceitos válida.**

De qualquer forma, para Hume, o colapso da causa e do efeito leva a problemas esmagadores e insolúveis. Isso o leva ao ceticismo completo e total porque, se não houver causa e efeito, como podemos prever o futuro? **Como podemos generalizar? Como podemos dizer que porque as coisas aconteceram de uma certa maneira no passado, portanto, acontecerão dessa maneira no futuro? Como podemos formular leis científicas? Como podemos** *ter* **ciência? A tudo isso a resposta de Hume é: "Você não pode."** Não temos, diz ele, nenhuma razão na terra para assumir que a natureza segue a lei. Não temos razão para supor que a natureza seja uniforme. Não temos motivos para supor que o futuro será como o passado. **Isto é conhecido como** *o problema da indução*: **o que o faz pensar que, porque algo aconteceu repetidamente de uma determinada maneira no passado, irá, portanto, acontecer dessa maneira no futuro?** Se houver conexões necessárias na realidade — se houver leis reais às quais a natureza deva obedecer — então você poderá generalizar validamente a partir da experiência nas circunstâncias apropriadas. Mas se destruirmos a causalidade e reduzirmos a natureza ao ininteligível, a uma conjunção bruta de acontecimentos sem qualquer necessidade, então tudo será possível no instante seguinte, e o fato de algo ter acontecido mil vezes não prova nada sobre o futuro; foi uma coincidência.

As pessoas muitas vezes interpretam mal Hume e pensam que ele está a dizer: "Bem, nunca se pode ter certeza sobre o futuro, só se pode ter um certo grau de probabilidade." Ele vai muito além disso. Ele diz que não se pode ter nem o mais leve traço de probabilidade em relação ao futuro. Cada ocorrência é um evento totalmente novo, todos os eventos são soltos e separados, não há necessidade de qualquer conjunção de eventos e, portanto, você não tem a menor razão para supor que o futuro se assemelhará ao passado em qualquer aspecto. Se eu jogar uma moeda para o alto, até agora, a moeda caiu, e você pode estar inclinado a dizer: "Bem, há uma boa chance de que ela caia novamente." Mas na filosofia de Hume, só há uma chance no infinito de que isso aconteça. Pode simplesmente ficar parada. Pode subir direta. Pode se transformar em Hegel. Pode se tornar um dado. Poderia fazer *qualquer coisa*. Você diz: "Mas isso aconteceu tantas vezes no passado." Bem, ouvi Humeanos dizerem que isso só serve para mostrar que tivemos uma maré de sorte tão grande que não deveríamos esperar que ela continuasse.

Então, chegamos a um beco sem saída, a um universo absolutamente destruído. Temos qualidades vagamente flutuantes, nenhuma entidade, nenhuma realidade, nenhum eu, nenhuma causalidade, tudo é um fato bruto e contingente. Vamos limpar alguns pontos finais.

Existe algum conhecimento necessário, segundo Hume? Algo que possamos saber como necessário? Sim, ele diz, mas não é uma questão de fato. Qualquer coisa que fale sobre como as coisas realmente são, qualquer afirmação fatual, é contingente. Derivamo-lo da experiência — é empírico, *a posteriori* (usando o termo que introduzi da última vez, que significa "dependente da experiência"). **Onde, então, obtemos o conhecimento necessário? Somente no que Hume chama de "relações de ideias".** Se eu proferir a afirmação: "Os solteiros são homens", posso saber que isso tem de ser verdade porque, diz Hume, é uma questão de definição — *defino* "solteiro" como "uma entidade, de cujas características uma é ser homem". Esta é uma verdade necessária; alguém com quem posso contar. Mas isso não me diz nada sobre os fatos. Seria verdade mesmo que não houvesse solteiros. É necessário porque o fazemos através das nossas definições nominalistas arbitrárias. Se declarasse um fato real da realidade, ele diria, como você saberia que isso é necessário? **Portanto, chegamos a esse tipo de verdade, as chamadas relações de ideias, pela razão, pelo pensamento ou pela análise. No caso delas, o oposto seria uma contradição. Elas são aprendidas por definição, não por experiência, por isso são chamadas *a priori*.** Assim, temos a dicotomia padrão que vimos em tantas formas diferentes: tal como existe em Hume, as verdades linguísticas versus as verdades existenciais ou fatuais, as verdades lógicas versus as verdades fatuais, as verdades da razão (que são necessárias, mas desligadas da realidade) e as verdades da experiência (que pertencem aos fatos, mas são contingentes). Você vê que esta é uma variante da dicotomia padrão, e essa dicotomia é o que Kant então pegou e chamou de *verdades analíticas versus verdades sintéticas*, sendo as analíticas aquelas a que você chega pela análise, as chamadas verdades lógicas, e as sintéticas sendo aquelas que fornecem informações empíricas reais.

Diante disso (que não é original de Hume), o que acontece com a metafísica se você aceitar essa dicotomia de relações necessárias de ideias que são linguísticas versus as verdades empíricas fatuais contingentes? A metafísica deveria ser fatual? Os defensores da metafísica dizem com certeza: **a metafísica conta fatos sobre a realidade**. Se for fatual, tem que ser empírico. A metafísica deveria lhe apresentar hipóteses empíricas contingentes? Não, os defensores dos princípios metafísicos, como causa e efeito, por exemplo, dizem que são necessários. Bem, não existe tal possibilidade alternativa como uma verdade fatual necessária. Se for necessário, é linguístico; se for fatual, não é necessário. A metafísica deveria ser linguística? Não, dizem seus defensores. A metafísica deveria então ser contingente? Não, dizem seus defensores. Pois bem, diz Hume, a metafísica como tal está fora de questão. Não há espaço para tal assunto. Se você disser a Hume: "Mas e quanto a 'A existência existe', 'A é A', 'A consciência é a faculdade de perceber a realidade', 'Todo evento tem uma causa'?", ele diria: "Você quis dizer essas proposições como expressões do seu uso linguístico arbitrário?" Você diria: "Certamente não, quero dizer que esses são fatos da realidade." Ele diria: "Você chegou a eles por meio da percepção sensorial e os considera simplesmente como verdades contingentes?" Você diria: "Certamente não, essas são leis e princípios da realidade." Ele diria: "Essa categoria não existe. Ou é uma relação subjetiva de ideias, ou é um fato contingente bruto do tipo sensualista." Portanto, no que diz respeito à metafísica, jogue-a no fogo — um ponto de vista ecoado no século XX por muitas escolas que são neo-Humeanas. **O resultado do ponto de vista de Hume é o seguinte: se tivermos certeza sobre uma proposição, se compreendermos por que ela deve ser verdadeira, se for realmente confiável, ela estará desligada da realidade; e por outro lado, se tem algo a dizer sobre o mundo real, você não pode ter certeza sobre isso e não consegue entendê-lo. Se você sabe que deve ser verdade, então não se trata do mundo — não diz nada sobre fatos, mas apenas expressa convenções linguísticas. Se diz algo sobre fatos, então é contingente, incerto, não fiável.** *Se você provar isso pela experiência, é contingente e não confiável, e se você provar isso pela lógica, é uma convenção arbitrária.* **Então, você está preso de qualquer maneira, não pode vencer e acaba em completo ceticismo.**

Vejamos brevemente alguns tópicos finais, que podemos percorrer brevemente porque agora você conhece a essência da filosofia de Hume. Sobre Deus: Deus não pode sobreviver numa filosofia Humeana. Supõe-se que Deus seja uma substância espiritual que é a causa do mundo. Mas todos os itens dessa afirmação são eliminados — não existe "mundo", nem "substância espiritual" e nem "causalidade". Consequentemente, Deus está fora, e Hume tem grande prazer em demolir Deus. Ele está particularmente interessado no argumento do design e adora enfrentar pessoas religiosas e fazer picadinho de seu ponto de vista. Há passagens em Hume que indicam que a religião ainda é um assunto delicado e que ele reluta em se declarar um ateu completo, mas obviamente qualquer crença em Deus seria completamente incompatível com a sua filosofia. Em essência, sua visão seria que "Deus", como termo, é radicalmente diferente de qualquer coisa com que um sensualista possa entrar em contato e, portanto, é um ruído sem sentido. Portanto, Hume é essencialmente antirreligioso. Se você ler seus argumentos detalhados, posso dizer, você os achará uma mistura de objeções astutas — ele é um polemista bastante bom — mas ele é sempre um Humeano, e para desembaraçar suas boas objeções de seu Humeanismo louco, que são todas misturadas, é mais fácil refutar Deus sozinho, sem a ajuda de Hume.

O ataque de Hume a Deus contribuiu fortemente para o fato de, após este período, nenhum filósofo influente ter tentado novamente provar a existência de Deus com a razão. Kant era muito religioso, embora ele não achasse que fosse possível provar Deus pela razão. Hegel — bem, Hegel é Hegel, e seu Deus dificilmente é igual ao Deus de qualquer outra pessoa. Nietzsche disse, corretamente, no século XIX, "Deus está morto", significando que a religião era uma questão morta, e no século XX, toda uma escola derivada de Hume e Kant diz que Deus é um ruído como "gloop", representando absolutamente nada, e outra escola diz que se você acredita em Deus, você tem que se guiar por sentimentos absurdos porque Deus não é apreensível pela razão. Portanto, Deus não sobreviveu filosoficamente ao século XVIII e nunca mais teve a importância que teve em Descartes, Spinoza, Leibniz, Locke e Berkeley. Há pessoas que pensam que isto é bom e que Hume prestou um grande serviço (combinado com alguns outros filósofos) ao livrar-se de Deus. Eu não concordaria com isso. Porque, como Objetivista, eu diria que o conceito de "Deus" é ruim porque é antirrazão e antirrealidade, mas em Hume, Deus é eliminado juntamente com a razão e a realidade, pelos mesmos motivos. Esta é uma mistura muito, muito ruim. Lembro-me de uma vez ter perguntado a um atrevido estudante do segundo ano se ele acreditava em Deus, e ele disse: "Claro que não, Deus não existe; *nada* existe." Essa é a mentalidade Humeana. Ajuda a explicar por que é um erro chamar o Objetivismo de "ateísmo". Os objetivistas são ateus; negamos a existência de Deus. Mas *todos* os tipos de pessoas negam a existência de Deus, incluindo Hume e os comunistas, mas por razões diferentes. Portanto, saber que alguém é ateu é não dizer nada sobre a essência da sua filosofia. Diz apenas que há uma aberração que ele não cometeu. Mas isso deixa aberto um campo muito grande.

Para dizer uma palavra sobre a visão de Hume sobre a ética: deveria ser óbvio que a sua ética é compatível com o resto da sua filosofia. É uma ética completamente cética-subjetivista. A questão que ele levanta é: como você pode defender uma proposição ética ou avaliativa? Se tivermos que basear tudo na experiência, a experiência apenas nos diz qual *é* o caso. Como podemos obter conhecimento do que *deveria ser* o caso? Você já tocou em um desejo? Você já sentiu o cheiro da bondade? Obviamente, você não pode compreender ou absorver termos de valor através dos sentidos ou imagens. Se esse for o nosso único meio de cognição, obviamente não há forma de validar premissas de valor. Portanto, aqui temos o velho problema de derivar valores a partir de fatos e, claro, Hume declara que isso não pode ser feito. Na verdade, há um paralelo aqui — assim como ele afirma que não é possível extrair um "deve ser" de um "é", ou seja, não é possível obter uma conexão necessária de um fato, então, diz ele, não se pode obter uma avaliação de um "é", não se pode obter um "deve ser" de um "é", não se pode extrair um valor de um fato. **Portanto, os juízos de valor são gratuitamente arbitrários na sua fundamentação. Nenhuma ética racional é possível.** A ética deve começar com desejos e sentimentos subjetivos, e quando dizemos que algo está certo, ou algum termo de valor equivalente, em última análise, devemos querer dizer que é isso que desejamos. A ética é uma questão de sentimento. A razão, portanto, diz Hume, é e deve ser escrava das paixões. Em outras palavras, temos novamente, essencialmente, o ponto de vista Sofista em ética. Portanto, não há nada de novo na sua ética; é o mesmo ceticismo do resto de sua filosofia. A resposta à sua acusação específica de que não se pode extrair valores dos fatos está contida no discurso de John Galt, e também em "*A Ética Objetivista*", o ensaio da Sra. Rand, por isso não comentarei mais sobre isso.

Para resumir a filosofia de Hume, penso que o melhor é deixá-lo resumi-la ele mesmo. Isto vem de *O Tratado da Natureza Humana*, no qual ele expressa seu arquiceticismo. Eu leio essas passagens para você porque são famosas e explícitas e, porque ele é britânico, são inteligíveis:

> Não é apenas na poesia e na música que devemos seguir o nosso gosto e sentimento, mas também na filosofia. Quando estou convencido de qualquer princípio, é apenas uma ideia que me atinge com mais força. Quando dou preferência a um conjunto de argumentos em detrimento de outro, nada faço senão decidir com base no meu sentimento relativamente à superioridade da sua influência. Os objetos não têm

nenhuma conexão entre si que possa ser descoberta, nem é a partir de qualquer outro princípio, a não ser o costume que opera sobre a imaginação, que podemos tirar qualquer inferência da aparência de um para a existência de outro."

Em outras palavras, ninguém pode saber de nada. Isto é um ceticismo completo, uma falência absoluta: filosofia, ideia, ciência e teoria são todas uma questão de gosto e sentimento.

Você diz que não pode viver de acordo com esta filosofia e pensa que isso é uma objeção a Hume. Você pode ou não ficar surpreso ao saber que Hume concorda com você. Ele diz explicitamente: "Não, você não pode viver de acordo com esta filosofia." Ele diz em uma passagem famosa (que não vou perder tempo lendo, mas equivale a isso) — ele escreve que o "mundo externo" não tem sentido, e o "eu" não tem sentido, e a "causalidade" não tem sentido, e assim por diante, mas então ele diz que deixa de escrever, vai jantar com amigos, joga gamão (ele usa esse exemplo) e vive no mundo normal com todos os outros. Então ele diz que volta e lê o que escreveu, e parece-lhe tão estranho e ridículo que quer jogar tudo fora, mas não consegue encontrar nada de errado nisso. Qual é a solução dele para esse dilema? A solução, diz ele, é que o ceticismo é uma doença que advém de viver pela razão, e a única saída é não prestar atenção às conclusões da razão.

> Esta dúvida cética, tanto no que diz respeito à razão como aos sentidos, é uma doença que nunca pode ser radicalmente curada, mas deve regressar sobre nós a cada momento, por mais que a afugentemos ... Só o descuido e a desatenção podem proporcionar-nos qualquer remédio. Por esta razão, confio inteiramente neles e tenho como certo, qualquer que seja a opinião do leitor neste momento, que daqui a uma hora ele estará persuadido de que existe um mundo externo e um interno.

Você entendeu a ideia. Em outras palavras, você não pode viver pela filosofia. Você tem que ser descuidado e desatento a isso porque não consegue viver pela razão. Você não precisa, porque não somos apenas criaturas racionais, mas também criaturas *naturais*, o que significa que temos instintos, temos imaginação, temos sentimentos, e nossos sentimentos, imaginações e instintos inventarão as ficções que precisamos e nos conduzirão pela vida com prosperidade, enquanto não prestarmos atenção à razão e à filosofia. Se você acha que tem uma razão para acreditar no que acredita, você não tem. A verdadeira "cau" — não posso nem dizer "causa", porque não existem causas — mas a verdadeira coisa ou outra de suas crenças é simplesmente instinto. Uma frase famosa de Hume: "é apenas porque nos custa muito pensar o contrário". É apenas uma questão pragmática de instinto. Em outras palavras, em última análise, o instinto cego irracional, não filosófico e impensado é superior à razão, ao pensamento e à filosofia. Esse é o resultado final da filosofia de Hume. A razão é impotente, ninguém pode saber nada, a razão não pode lhe dar um conhecimento da realidade, a realidade externa é um mito, as entidades são um mito, o "eu" é um mito, causa e efeito é um mito, a lógica é uma construção subjetiva, ninguém tem motivos para acreditar em nada, você só pode viver se ignorar a razão e funcionar por instinto irracional, somente se jogar a razão e a filosofia no fogo e seguir suas paixões irracionais.

Este é o resultado final de tentar filosofar depois de ter invalidado a faculdade conceitual. Uma de duas coisas tinha que acontecer neste momento: ou um defensor da razão num sentido válido tinha que aparecer, alguém que finalmente validasse a faculdade conceitual do homem, ou o arquidestruidor de todos os tempos apareceria e colocaria o selo final na morte filosófica do homem. A segunda é o que aconteceu. O homem que entrou em cena logo depois de Hume, o homem que se propôs a tarefa de responder a Hume, o homem que disse que iria evitar as construções flutuantes dos racionalistas e o ceticismo dos empiristas — esse homem era Kant. No processo de dar suas respostas a essas escolas, ele removeu de uma vez por todas a razão do cenário filosófico. Essa, porém, é a história para outro curso, não este.

Traçamos a história desde a Grécia, começando com Tales e seus amigos tentando avidamente pela primeira vez investigar a natureza da realidade, e percorremos todo o caminho até David Hume, onde a tentativa finalmente desmorona com um gemido doentio. Com esta nota melancólica e até desastrosa, temos que concluir a nossa apresentação dos *Fundadores da Filosofia Ocidental: De Tales a Hume*. Na próxima e última palestra, ofereço-lhes um último raio de sol, para não os deixar no estado depressivo em que provavelmente se encontram agora. Nomeadamente, a resposta Objetivista a alguns dos problemas-chave que adiamos discutir até agora.

Palestra XI, Perguntas e Respostas

P: Você disse que Kant removeu completamente a razão de cena. É difícil ver como ele poderia ter ido além de Hume. Você poderia esboçar como ele fez isso?

R: Essa é uma boa pergunta, mas não sei como respondê-la brevemente. Hume ainda tem em funcionamento na sua mente a ideia de que a razão seria, ou a consciência seria, a faculdade de apreender a existência, só que acontece que ele não acredita na existência nem pensa que podemos apreendê-la. Mas pelo menos ele representa o último raio da ideia de que, se houvesse razão, ela consistiria em apreender a existência. **Kant nega isso completamente. Ele transforma a razão numa faculdade que** *cria* **a existência**, pelo menos a existência em que realmente vivemos, portanto corrói e corrompe a epistemologia humana muito mais profundamente do que Hume. Um cético diz: "Não sei." Kant vai muito mais longe e diz: "Eu sei, e o conhecimento consiste em criar, por meio de uma ilusão coletiva, que abrange toda a humanidade, um mundo mítico inventado em que vivemos." Isso é muito pior que Hume. Mas se isso não estiver claro para você, você terá que estudar Kant, e mesmo assim...

P: Como pode Hume perguntar se podemos conceber o oposto da lei de causa e efeito, uma vez que é uma concepção e, para começar, não teria sentido?

R: Não, a resposta é que por "conceito" ele significaria "formar uma imagem de" — você pode formar uma imagem do oposto de causa e efeito? Ele e seus seguidores diriam que sim, você pode, você pode formar uma imagem de um evento sem causa, nomeadamente, por exemplo, a maçã que mencionei durante a palestra. Contanto que você consiga imaginar isso, para eles, isso é formar um conceito disso.

P: De acordo com Berkeley, como pode Deus existir independentemente de ser percebido?

R: Deixei de fora um ponto de Berkeley. Existem duas maneiras de existir. Se for uma alma ou uma mente, a sua existência não consiste em *ser percebida*, mas em ser realmente capaz de *perceber*. Portanto, neste caso, *esse est percipiri*, "ser é perceber". Uma vez que Deus percebe, uma vez que tem experiências e ideias e assim por diante, ele existe da mesma forma que uma mente ou uma alma existe — como uma entidade que percebe.

P: Como Hume lidaria com 100% de previsibilidade? Por exemplo, uma certa massa de pedra atirada com certa força *sempre* quebrará uma janela de uma determinada maneira.

R: Hume diria que você não tem como saber disso. Tudo o que você saberia é que até agora esse tipo de rocha se comportou dessa maneira. Mas você não tem uma razão em um milhão para acreditar que isso se comportará dessa maneira no futuro. Então, ele diria: "Não considero cem por cento de previsibilidade; não há nem um por cento de previsibilidade." Ele está errado, mas é isso que ele diria.

P: A questão de termos significativos versus termos sem sentido, tal como usada pelos filósofos, é válida? Ou seja, o padrão da existência de um referente para significância é válido?

R: Você precisa desembaraçar muitas coisas. Mas, para ser breve, sim, certamente, um termo significativo tem de significar alguma coisa. Nesse aspecto, deve ter um referente. Está correto. Caso contrário, não significaria nada e não teria sentido. **Mas o ponto crucial é que o referente não tem de ser *perceptível*, desde que seja *concebível*. Por outras palavras, numa filosofia válida, um termo é significativo se representa algo com o qual a mente humana pode ter contato ou relação cognitiva. Mas esse contato não precisa se restringir à percepção sensorial ou às imagens. Há muitas coisas que não podemos saber por percepção direta, mas que podemos saber por meios conceituais (conceitos, sendo eles próprios derivados, em última análise, de percepções, mas não sendo o mesmo que percepções).** A este respeito, eu diria que um termo é significativo se tiver um referente que seja perceptível ou conceitualmente definível.

Quanto à questão mais ampla, não, não acredito que o critério do significado (se você quiser que seja mais específico do que acabei de lhe dar) seja uma questão filosófica válida. É uma questão que surgiu apenas sob o influxo de uma onda de nominalismo e sensualismo, que levou os filósofos à conclusão de que três quartos, se não mais, das questões que tinham sido tradicionalmente discutidas não tinham sentido. Então eles começaram a perguntar em que consiste o significado e se esqueceram das perguntas. Como Objetivista, considero que a definição de "significado", além do breve relato que lhe dei aqui, não é uma questão filosófica legítima. Se uma declaração não consistir em termos indefinidos ou não violar as leis da gramática, ela será significativa. Se você disser "A vaca e cima", isso não tem sentido. Se você disser: "O gloop acertou o triddle", isso não tem sentido. Mas se você disser "A vaca bateu na frigideira", isso faz sentido, porque os termos são definidos e a gramática é o inglês (ou qualquer outro idioma que você esteja falando). Não é da competência dos filósofos tornarem-se lexicógrafos, contrariamente às tendências modernas.

P: Pelas premissas de Hume, como podem as nossas experiências passadas levar-nos a formar um hábito e, portanto, chegar à nossa falsa ideia de causa?

R: Uma boa pergunta. Não há resposta para isso. Hume dá explicações causais (supostas explicações causais) das nossas falsas crenças — a nossa crença em entidades e no eu e no mundo externo e assim por diante. Tendo negado a causalidade, ele não tem nada a ver com dar tais explicações, um ponto que é comumente levantado em polêmicas contra ele. Portanto, ele tem que dizer que nossa crença na causalidade (se ele for consistente), como a própria causalidade, ou como qualquer fenômeno do mundo, é um fato inexplicável, bruto, ininteligível e contingente, do qual ele não pode entender. Ao cair na tendência de dar uma explicação causal da nossa crença errada na causalidade, ele está a usar a causalidade ao mesmo tempo que a nega, contradizendo assim a sua própria filosofia.

P: Você apresentará a diferenciação do Objetivismo entre um concreto e uma concretização?

R: Um "concreto" é um termo metafísico — significa qualquer coisa particular, qualquer coisa individual específica —, um homem concreto, um relógio de pulso concreto. "Concreto" aqui não significa "feito de cimento". É contrastado com uma abstração. O termo filosófico mais comum na história da filosofia é o que é chamado de "particular". Isso é o que o Objetivismo quer dizer com "concreto". Uma concretização é um processo epistemológico no qual, para esclarecer alguma teoria, você fornece um exemplo concreto, ou seja, nomeia ou identifica algum concreto que ilustraria ou esclareceria uma teoria. Assim, por exemplo, acabei de concretizar para você o conceito de "concreto" dando-lhe um exemplo específico — "um rio de concreto", "um homem de concreto". Ao oferecer esses exemplos, estou concretizando para vocês o conceito "concreto". Isso é tudo que há para fazer. A concretização é a oferta de algo concreto, intelectualmente, para esclarecer um ponto.

P: Se Hume diz que o significado de um conceito ou de uma palavra é o seu referente, como pode ele aceitar a distinção analítico-sintético, que depende da distinção entre significado e referente?

R: Deixe-me ignorar o que Hume diz sobre isso e dizer-lhe o que dizem os seus seguidores modernos, que é que você deve distinguir dois tipos diferentes de significado. Se se pretende que um termo seja "fatual" — isto é, se refira à experiência real —, então deve ter um referente na experiência real. Mas, por outro lado, se um termo estiver a ser usado como parte daquilo a que Hume chama "uma relação de ideias", então o seu significado é totalmente diferente — é significativo se o equipararmos a *outras* palavras. Assim, por exemplo, se eu disser que um solteiro é um homem não casado, o significado da palavra "solteiro" é "homem não casado", tudo isso, um pequeno mundo de definições totalmente isolado da realidade. **Isso é o que muitos filósofos chamam de** *significado semântico* **e é contrastado com o** *significado fatual*. É claro que não existe um fenômeno como significado semântico nesse sentido (falando racionalmente). Mas então, se você falasse racionalmente, não aceitaria a distinção analítico-sintético. Mas, por outras palavras, eles dizem que existem dois tipos de significado: alguns termos são significativos porque se relacionam diretamente com a experiência, e alguns termos são significativos porque os construímos numa teia de construções, definições arbitrárias, e o seu significado é a definição arbitrária que nós damos.

P: Como pode Hume afirmar que a sua filosofia é uma filosofia da razão quando afirma ser um arquiempirista e é contra a razão por princípio?

R: Não tenho certeza se a intenção desta pergunta está clara. **Um empirista, se esse termo for usado de forma muito ampla, não é alguém que nega a razão, mas alguém que declara que a razão deve partir da experiência, em vez de construir sobre ideias inatas.** Nesse sentido, o fato de você dizer que é empirista não significa que você seja contra a razão. A filosofia de Hume deriva do empirismo, do sensualismo, do nominalismo e do ceticismo e, nesse sentido, acaba sendo contra a razão. Não é por ser um empirista, mas pela interpretação particular que ele apresenta. Ele dizia: "Não sou contra a razão. Toda a minha filosofia é perfeitamente racional. Dei a prova racional de que a razão é inútil."

P: Se Hume tiver que recorrer ao conceito de criaturas naturais com instintos, emoções, e assim por diante, ele não refuta necessariamente a sua premissa empirista original de ausência de ideias inatas? Se sim, ele não viu isso e ofereceu alguma explicação?

R: Você deve compreender que, para Hume, instintos, emoções, etc., fazem parte das impressões que recebemos diretamente. Assim como nos são dadas diretamente ideias simples, incluindo certas emoções, paixões e sentimentos, que para Hume não derivam de forma alguma das nossas ideias ou do nosso intelecto. São primárias irredutíveis. Elas fazem parte do nosso equipamento empírico. Portanto, ele não sente nenhuma compulsão de oferecer qualquer explicação sobre as emoções. As emoções estão simplesmente lá. Quaisquer emoções que tenhamos, nós temos, e é isso. São elementos brutos como sensações, sem nenhuma explicação adicional oferecida. Como ele não oferece nenhuma explicação sobre nada, não deveria surpreender você que ele também não ofereça nenhuma explicação sobre as emoções.

P: Se você pedisse a Hume para colocar a mão no fogo algumas vezes e ver se esse seria o momento em que sua mão não seria queimada, ele faria isso? Supondo que não, qual seria o motivo?

R: Sem dúvida ele não faria isso, e diria porque é uma criatura de instinto. Sendo uma criatura instintiva, ele está condicionado a esperar irracionalmente que a chama o queime e prefere viver de acordo com seu instinto irracional.

P: Por que certos filósofos desenvolveram uma preferência por certos processos psicológicos (nomeadamente, sensações e percepções), que consideravam válidos e significativos, e rejeitaram como sem sentido ou inexistentes outros processos psicológicos, como a conceitualização e a compreensão, cuja existência é igualmente identificável introspectivamente?

R: Tentei explicar isso no processo de ministração do curso. Eles acreditavam que os conceitos não eram baseados na realidade. Portanto, reconstruíram o que está, de fato, disponível introspectivamente. (Se isso fizer você se sentir melhor, pense no ruído vindo da sala ao lado como uma qualidade secundária e, portanto, não é realmente real.) Em outras palavras, os conceitos apresentam um certo problema que as percepções não apresentam. Não estou dizendo que as conclusões dos filósofos sejam válidas, mas os conceitos não são diretamente perceptíveis na realidade da mesma forma que as percepções. **As percepções representam um contato direto com a realidade, mas os conceitos são indiretos.** Portanto, se um filósofo diz: "Sim, posso compreender a percepção, mas não sei o que é a concepção", isso representa, sem dúvida, um profundo abandono na sua tarefa filosófica, uma vez que a essência da filosofia é a teoria de conceitos. Mas, à primeira vista, é mais inteligível do que se ele dissesse: "Compreendo conceitos, mas nego percepções", porque as percepções são muito mais simples e fáceis de compreender. Neste sentido, eu ofereceria isso como uma explicação parcial. Mas a história completa é toda a argumentação nominalista.

P: Nas premissas de Berkeley, é suficiente que um objeto seja percebido por qualquer mente para que exista, ou deve ser percebido pela sua mente?

R: Não, pode ser por qualquer mente, diz ele. Como Deus está sempre percebendo, tudo sempre existe e é sustentado por Deus. Seus seguidores se livraram de Deus e, no processo, ficaram cada um contemplando apenas suas próprias experiências, que não tinham origem. (Isso não os incomodou, porque seguiram Hume, por isso dispensaram causa e efeito.) Mas então a questão era: como é que eles sabiam que existiam quaisquer outros seres humanos? Mesmo quaisquer outras mentes humanas? Porque o seu único contato com outras mentes humanas era através da experiência dos seus corpos, e os seus corpos eram apenas experiências nas suas próprias mentes. Assim acabaram com a ideia de que tudo o que existe é a própria mente e o seu conteúdo, e que todos os outros eram simplesmente uma invenção da sua imaginação. Esse é o ponto de vista conhecido como *solipsismo*, "eu-mesmo-somente-ismo", que é o resultado do idealismo de Berkeley. Mas o próprio Berkeley, um bispo, não aceitaria este ponto de vista.

P: A metafísica ou a epistemologia, como dois ramos da filosofia, são um efeito da adesão à dicotomia mente-corpo na filosofia?

R: Não. Você não precisa subscrever a dicotomia mente-corpo — dicotomia, veja bem, estou usando a palavra do questionador, que significa "dois opostos" — para defender uma distinção entre metafísica e epistemologia. Tudo o que você precisa aceitar é uma distinção entre conhecimento e o objeto do conhecimento, entre consciência e existência, agora de forma bastante independente da composição da consciência, ou se a existência é física ou não física. Se há algo para conhecer — uma realidade — e algo para conhecê-la — uma consciência — isso já levanta duas questões: Qual é a natureza da realidade? Quais são os meios de conhecimento? Consequentemente, a metafísica e a epistemologia derivam da distinção entre existência e consciência, não importa *como* sejam interpretadas. Desse ponto de vista, os próprios assuntos não pressupõem qualquer dicotomia entre mente e corpo.

---

40 Windelband, *História da Filosofia*, Volume 2, p. 472.
41 "*God in the Quad*" (1913) por Monsenhor Ronald Knox, um notável estudioso da Bíblia. A memória do poema de Leonard Peikoff era quase perfeita, com a principal diferença sendo que "percebido" na última linha deveria ser "observado".
42 A opinião do poeta americano laureado Richard Wilbur em 1950 sobre a refutação de Johnson: "Chute na rocha, Sam Johnson. Quebre seus ossos. Mas nublado, nublado é o material da pedra."

PALESTRA XII

RESPOSTAS OBJETIVISTAS A PROBLEMAS FILOSÓFICOS SELECIONADOS

Nosso tema são as respostas objetivistas a certos problemas selecionados que surgiram na história da filosofia no período que vai da Grécia até David Hume. Devo desde o início delimitar nossa tarefa. O Objetivismo nega que qualquer questão filosófica possa ser respondida no vácuo. Afirma que todos os problemas e questões filosóficas estão interligados e, portanto, que uma resposta completa a qualquer questão filosófica exigiria a apresentação de um sistema completo de filosofia. Tal apresentação da filosofia Objetivista é obviamente impossível em uma palestra, portanto, ao longo desta apresentação, conto com um conhecimento considerável de sua parte sobre a filosofia do Objetivismo. Presumo que você esteja geralmente familiarizado com a literatura Objetivista, particularmente com a *Introdução à Epistemologia Objetivista* de Ayn Rand, com sua apresentação da teoria Objetivista da formação de conceitos, e que esteja familiarizado com o discurso de John Galt, com sua visão geral e resumo de Objetivismo. **Presumo que você entenda em particular as visões Objetivistas que já abordamos ou mencionamos neste curso — acima de tudo, os três axiomas fundamentais do Objetivismo: (1) "A existência existe", o que temos chamado de "primazia" da existência"; (2) O axioma de que alguém existe possuindo consciência, sendo consciência a faculdade de perceber o que existe; (3) "A é A", a lei da identidade (juntamente com suas reformulações), a lei da contradição e a lei do terceiro excluído. Conto também com o seu conhecimento da falácia do conceito roubado — a falácia de usar um conceito enquanto nega ou ignora um conceito mais básico do qual ele depende.**

Estou assumindo um conhecimento geral do Objetivismo para poder me concentrar em três questões básicas. Primeiro, *os sentidos* e todas as questões emaranhadas que adiamos agora para esta palestra. Em seguida, uma discussão sobre o problema do *caso limítrofe* que surge na teoria dos universais. Finalmente, uma breve discussão sobre o *problema da certeza* e o que há de errado com o método da dúvida Cartesiana.

A VALIDADE DOS SENTIDOS

Por que a questão da percepção sensorial é tão crucial para a epistemologia? Porque o homem nasce *tabula rasa* — ele não tem ideias inatas. Os sentidos são o primeiro e principal meio do homem de entrar em contato com a realidade, de perceber o que existe. Os sentidos fornecem ao homem a evidência básica que constitui a base de toda a nossa estrutura cognitiva. Tudo o que sabemos deriva, em última análise, da evidência fornecida pelos nossos sentidos. Em particular, todos os conceitos são formados com base em evidências sensoriais. Conceitos são formas de organizar, relacionar, integrar e unificar a experiência sensorial. Como tal, a validade dos conceitos humanos — a questão da sua relação com a realidade — depende da validade das percepções sensoriais do homem. Se os sentidos forem inválidos, então, de um só golpe, todo o edifício do conhecimento humano desmorona, e todos os conceitos — *todos* os conceitos — são imediatamente invalidados.

Por um momento, esqueça todas as objeções levantadas contra os sentidos ao longo dos séculos. Imagine, se puder, que você estava em uma aula racional de filosofia e o professor estava discutindo a questão da validade dos sentidos. O que ele teria a dizer de positivo, além de responder às inúmeras objeções acumuladas ao longo dos tempos? Em essência, ele teria muito pouco a dizer. Ele diria que a proposição de que "os sentidos do homem são válidos" é uma expressão do axioma de que o homem é consciente.

Por quê? **Bem, o que significa o termo "percepção válida"? A resposta é: significa uma percepção da existência, da realidade, uma percepção cujo objeto é um existente, algo que é.** Observe que não digo que uma percepção válida é uma percepção da realidade "como ela realmente é". **A frase "como realmente é", neste contexto, é uma redundância.** Não existe tal coisa como realidade como realmente não é. Não existe realidade irreal, nem existência inexistente. Perceber a realidade "como ela realmente é" é simplesmente perceber a realidade, a única realidade que existe.

Qual seria o estatuto de uma suposta percepção sensorial que não era válida, uma percepção que não era uma percepção de existência? Teria que ser uma percepção de inexistência, ou seja, de nada, ou seja, não seria de forma alguma uma percepção, não seria uma forma de consciência ou percepção. Se "percepção inválida" significa (como significa) "uma percepção de algo diferente da existência", significa um estado de consciência do nada. Como tal, é uma contradição em termos. Isto é verdade para qualquer espécie que percebe, quaisquer que sejam seus órgãos e meios de percepção. Se percebe, percebe algo que é. Em outras palavras, suas percepções são válidas. **Dizer que as percepções do homem são *inválidas* é**

dizer que o homem não tem meios de ter consciência da realidade, isto é, que ele está inconsciente. *Por esta razão, a questão da validade dos sentidos está contida no axioma fundamental da consciência.* Ao afirmar que o homem é consciente, implica-se que os meios de consciência do homem são meios de consciência. Em outras palavras, seus sentidos são válidos.

Não se confunda aqui com o fenômeno dos sonhos ou das alucinações. Sonhos, alucinações e fenômenos equivalentes não são percepções sensoriais. Não são exemplos de que o homem percebe sensorialmente algo diferente da existência. Uma vez que um homem adquire um certo conteúdo de experiências a partir de sua percepção da realidade, é possível para ele, sob certas circunstâncias, temporariamente, desligar sua consciência da *percepção* da realidade e contemplar, em vez disso, as imagens *sensoriais* armazenadas e lembradas em sua mente, o conteúdo que ele adquiriu originalmente da percepção da realidade. Nesse caso, ele não está envolvido de forma alguma na percepção sensorial. Ele está voltando sua consciência para si mesmo e contemplando seu próprio conteúdo armazenado de experiências, imagens, etc. Tal fenômeno só é possível porque ele inicialmente adquiriu esse conteúdo — adquiriu-o ou, pelo menos, seus constituintes finais — por percepção direta de realidade. Os fenômenos dos sonhos, das alucinações, etc., pressupõem um contato prévio com a realidade. Tais fenômenos não provam que a consciência possa perceber sensorialmente algo diferente da realidade. Eles provam o contrário: somente porque o homem *percebe* a realidade quando sente, ele é capaz, sob certas circunstâncias, de adquirir o tipo de conteúdo mental que torna então possível que sua consciência se volte temporariamente para si mesma e contemple os dados inicialmente adquiridos a partir de uma consciência direta da realidade. Portanto, durante o restante desta palestra, por favor, esqueça os sonhos, as alucinações e os fenômenos dessa natureza. Estou falando sobre percepção sensorial, e a percepção sensorial é sempre percepção da existência, da realidade, das coisas que existem.

Contra este pano de fundo, voltemo-nos para o argumento central contra os sentidos — aquele levantado por Protágoras na Grécia antiga e aceito em várias formas pela esmagadora maioria dos filósofos desde então. Você se lembra do argumento: "Como você pode afirmar que percebe a realidade por meio dos seus sentidos? Afinal, você percebe a realidade apenas por meio de seus órgãos sensoriais específicos, seu aparelho sensorial. Se seus órgãos sensoriais fossem diferentes, sua percepção seria diferente. Tudo o que você pode dizer é: 'É assim que a realidade me aparece, dado o meu aparato sensorial particular.' Você nunca pode saber como as coisas realmente são em si mesmas."

Portanto, gostaria que você considerasse este argumento, que encontramos repetidamente no curso, e o considerasse cuidadosamente do ponto de vista do

Objetivismo. O argumento objeta ao fato de que o homem só pode perceber a realidade por meios específicos, os órgãos dos sentidos. Sendo assim, afirma o argumento, você nunca poderá perceber a realidade "diretamente", ou nunca perceber a realidade "em si", apenas a realidade conforme processada pelo seu aparelho sensorial, apenas como a sua consciência obtém a realidade. Pergunte a si mesmo: Qual é o ideal desse ponto de vista? O que seus expoentes considerariam como uma percepção real da realidade? O que eles chamariam de "perceber a realidade diretamente"? Apenas uma coisa: se o homem pudesse saltar para fora dos seus próprios sentidos, isto é, para fora dos seus meios de percepção, para fora da sua consciência, e de alguma forma sair para contatar as coisas sem o benefício dos órgãos dos sentidos, sem ter qualquer meio específico de percepção. Esta, segundo o argumento, seria uma percepção verdadeira. A percepção que este argumento anseia, e em nome da qual condena a percepção humana, não é de forma alguma percepção e, portanto, não assume nenhuma forma específica. Percepção de jeito nenhum. Contanto que você perceba por qualquer meio específico, eles consideram isso inválido. Isso, dizem eles, é apenas o *seu* tipo de mecanismo sensorial, o *seu* tipo específico de consciência. Essa é apenas a forma pela qual uma consciência da *sua* espécie percebe. **Visto que a consciência do homem é algo específico, visto que opera por órgãos e agências específicas, por meios específicos e em formas específicas, ela é inválida. Esse é o significado do argumento.**

Observe que este argumento é mais amplo do que um ataque à consciência *humana*. **Na verdade, é um ataque a toda consciência, de qualquer tipo — animal, humana, marciana (se tal coisa existir), divina (assumindo, para fins pedagógicos, que ela existe).** As percepções de um animal são válidas por este argumento — qualquer animal agora, independentemente da natureza ou da agudeza dos seus órgãos dos sentidos? A resposta estrondosa é *não*. Afinal, o animal ainda possui órgãos sensoriais específicos. Ele também percebe a realidade apenas como a percebe, a realidade como ela afeta sua consciência. E o marciano? Suponha que ele tenha aparatos sensoriais radicalmente diferentes — ele não tem olhos, nem ouvidos — imagine que ele tem um receptáculo bulboso em sua testa, que se contrai, e um apêndice equivalente ao nariz que zumbe, de modo que o marciano percebe a realidade não em termos de cor ou som, mas de algum tipo de contração ou zumbido. Obviamente, estes são de um tipo que não obtemos através dos nossos sentidos, por isso não posso descrevê-los mais detalhadamente para você. Mas a questão é: de acordo com o argumento de Protágoras, será que este marciano perceberia a realidade? Não: o marciano perceberia a realidade apenas na medida em que ela afetasse a consciência do tipo marciano, apenas como processada pelos órgãos marcianos. Mesmo a consciência de Deus, assumindo que ele existe e assumindo que ele percebe de alguma forma, é invalidada por este argumento. Seja qual for a forma como Deus percebe, Protágoras poderia voltar para ele e dizer: "Você, Deus, percebe a realidade apenas como ela aparece para Deus. Você percebe apenas os efeitos da realidade nos meios divinos de percepção. Você percebe a realidade apenas em uma forma divina. Então, novamente, você não percebe a realidade de forma direta, verdadeira e válida."

Que tipo de consciência poderia então perceber a realidade de forma válida, mesmo em teoria? A resposta teria que ser: uma consciência que não esteja limitada a nenhum meio específico de percepção, uma consciência sem qualquer meio de consciência, uma consciência que não perceba de nenhuma forma específica, uma consciência que não seja este tipo de consciência como distinta desse tipo, uma consciência que não é nada em particular — em outras palavras, que não tem identidade. **Este é o ideal do argumento Protagórico e este é o seu padrão para a epistemologia. A única consciência que poderia perceber a realidade é uma consciência sem identidade, uma consciência que não é nada — em outras palavras, que não existe. O argumento Protagórico ataca a consciência humana não em nome de uma consciência supostamente** *superior*, **mas em nome de um zero, um nada, uma entidade sem natureza ou identidade.** Como tal, o argumento invalida *toda* consciência, qualquer consciência, consciência *como tal*, humana ou de qualquer outro tipo.

É por este meio que os filósofos passaram a aceitar a seguinte ideia desastrosa: se uma consciência tem identidade, ela não pode perceber a realidade. Ou, dito de outra forma, se a consciência é alguma coisa, ela não pode perceber nada. Então, como sempre, dada esta falsa premissa, os filósofos procedem à divisão em dois campos opostos, ambos aceitando a mesma premissa básica. Um lado são os céticos, que mais tarde se tornaram os Kantianos (mais tarde, isto é, depois de Hume), e eles declararam que a consciência *tem* **uma identidade, é algo e, portanto, não percebe a realidade. O outro lado, desesperado por defender a validade da consciência — e a maioria dos chamados realistas ingênuos está deste lado — diz: "Ah, sim, a consciência pode perceber a realidade, porque não tem natureza, não é nada em si mesma." O que é comum a ambas as teorias? O seguinte absurdo: se a consciência é algo — se tem uma natureza, se tem meios específicos de percepção — a percepção é impossível.** Parafraseando Ayn Rand, é ter olhos que atrapalham a visão, ter ouvidos que atrapalham a audição, ter órgãos de percepção específicos que tornam a percepção impossível.

Por outro lado, qual é a posição Objetivista? A é A. Tudo o que existe é o que é, com natureza específica, delimitada, definida, finita. Tudo está rigidamente limitado pelas leis da identidade e da causalidade. Tudo isso se aplica não apenas aos fatos do mundo físico, mas também à consciência. A consciência — *qualquer* consciência — é alguma coisa. Tem uma natureza específica. Cada espécie consciente percebe por meios específicos e de uma forma específica, uma forma que é determinada pelos seus meios particulares de percepção. Esta é a base a partir da qual toda a epistemologia deve proceder, e através da qual todos os conceitos e padrões epistemológicos devem ser definidos. Como a consciência tem identidade, devemos sempre entender "percepção" como significando "perceber a realidade por algum meio e de alguma forma". Não existe tal coisa como perceber a realidade de nenhuma maneira, de forma alguma, de nenhuma forma. Por exemplo, falando da percepção humana, percebemos um objeto, digamos, por meio de ondas de luz refletidas da sua superfície para os nossos olhos. Esse é o meio, e a forma resultante é a cor. Percebemos um aspecto diferente da existência por meio de certas vibrações que atingem nossos ouvidos. Esse é o meio, e a forma resultante é sólida. Percebemos ainda outro aspecto da existência colocando certos receptores sensoriais em contato com os estados de energia de várias combinações moleculares. Esse é o meio e, portanto, a forma é quente ou fria. Em todos os casos, o objeto da nossa percepção, isto é, o que percebemos, é um fato lá fora, um fato na realidade. Mas em todos os casos, estamos percebendo-o por um determinado meio e, portanto, de uma determinada forma. **O contraste entre a visão Objetivista e o que chamarei de visão "tradicionalista" é o seguinte: a visão tradicionalista sustenta que se você percebe a realidade por um determinado meio, então você não está percebendo a realidade, apenas os seus efeitos sobre você; um meio de percepção é incompatível com a percepção da existência. O Objetivismo diz exatamente o oposto. Diz que somente a existência de um meio de percepção torna possível a consciência. O fato de que a consciência deve perceber de uma certa forma não invalida a consciência — é isso que torna isso possível.** Os tradicionalistas dizem que a identidade é o obstáculo à percepção da realidade. O Objetivismo diz que somente porque a consciência tem identidade ela pode perceber a realidade. Como isso é verdade em qualquer processo de conhecimento, **devemos sempre distinguir o objeto (o que você conhece) e o *como* (os meios pelos quais você o conhece). O objeto é a realidade. O "como" determina apenas a forma da sua percepção da realidade.** Mas todas as formas de percepção são *formas de percepção*, isto é, formas de consciência da realidade. Como tal, todas as formas de percepção são válidas.

Você pode ver o erro fundamental da teoria causal da percepção conforme a discutimos. É verdade que a realidade é a causa das nossas percepções, mas também é verdade que as nossas percepções são percepções da realidade. Distinga aqui duas afirmações que podem parecer semelhantes, mas há uma diferença de vida ou morte entre elas. A visão Objetivista é: o homem percebe a realidade *por meio* de seus efeitos em sua consciência. A teoria causal da percepção diz que o homem *não* percebe a realidade, mas apenas os seus efeitos na sua consciência. O Objetivismo diz que o objeto é a realidade. A teoria causal da percepção transforma os *meios* de percepção no *objeto* da percepção, invalidando assim a consciência do homem, isolando-a da realidade. A verdade é que não percebemos efeitos enquanto estamos trancados na consciência. Percebemos a realidade diretamente, e fazemos isso por meio das operações dos nossos órgãos dos sentidos. **A propósito, o mesmo se aplica à teoria representativa da percepção. Nossa experiência não "representa", "copia" ou "representa" a realidade. É diretamente *da* realidade.** Não é que um mundo separado seja reproduzido na consciência e que estejamos confinados a esse mundo de consciência, e então tenhamos de nos envolver em argumentos sobre se ele corresponde ou não a uma realidade externa que nunca percebemos. Todo esse ponto de vista é falso. **Nossa experiência é diretamente da realidade.**

Se você pensar bem, verá que os defensores da teoria causal da percepção e da teoria representativa da percepção usam conceitos roubados em todos os lugares. O que é uma "experiência" ou uma "percepção" ou uma "sensação" ou qualquer termo equivalente? **Estes termos designam *estados* de consciência, não *objetos* de consciência.** Uma percepção sensorial é um estado de consciência, uma consciência não analisável da realidade mediada diretamente por um órgão dos sentidos. Definições equivalentes são aplicáveis a uma percepção, a uma sensação, etc. *Ninguém percebe experiências.* **Deixe-me repetir: ninguém percebe experiências. Percebemos *coisas*, coisas na realidade, e então damos o nome de "percepção" à nossa consciência dessas coisas.** Falar em perceber percepções ou vivenciar experiências é falar em estar consciente de sua consciência. **O que imediatamente levanta a questão: sua consciência *do quê*? A consciência requer um objeto.** Não ficamos presos em nossas consciências, percebendo suas percepções das suas percepções, e assim por diante, até o infinito, sem que nada seja percebido. Percebemos a realidade. Podemos ser autoconscientes, isto é, podemos estar conscientes de que estamos conscientes, conscientes de que estamos percebendo. Mas para que isso seja possível, devemos primeiro ter consciência de algo, de um objeto, de um existente.

Passemos agora a uma série de questões e objeções levantadas pelos filósofos a respeito do fato de que nem todas as consciências percebem a realidade nas mesmas formas sensoriais. Isto é verdade: os animais têm capacidades de percepção sensorial diferentes das dos humanos. Existem variações na estrutura dos órgãos dos sentidos humanos. Se você quiser, para fins pedagógicos, vá em frente e projete uma raça de marcianos que percebem a realidade na forma dos tremores e zumbidos que mencionei anteriormente. Em outras palavras, admitamos o fato de que existem muitas formas diferentes de percepção sensorial possíveis, dependendo dos diferentes tipos de consciência que existem. **Muitos filósofos pensam que isto representa uma grave objeção aos sentidos. Que objeção? A mais comum é esta: se duas consciências diferentes percebem o mesmo objeto em formas diferentes, devido aos seus diferentes meios de percepção, isso não leva a uma contradição?** Tomando o exemplo padrão, um homem com visão normal olha para um determinado objeto e diz: "É vermelho." O daltônico olha e diz: "É cinza." Então surge a pergunta: isso não é uma contradição? Não pode ser vermelho e não vermelho, pode? Portanto, a experiência sensorial de alguém deve estar errada.

A resposta a esta objeção é: Nenhuma contradição entre qualquer forma de percepção e qualquer outra é logicamente possível. Quando uma pessoa diz: "Este objeto é vermelho", o que ela tem o direito de querer dizer com essa afirmação, tendo em mente tudo o que eu disse até agora? Ela deve reconhecer que está percebendo o objeto de uma certa forma, determinada pelos seus meios específicos de percepção. Ela não pode fugir à questão dos meios e fingir que tem algum tipo de revelação mística do objeto, e que a natureza dos seus meios específicos de percepção é irrelevante. O que então ela pode significar validamente com a afirmação: "É vermelho"? A resposta é a seguinte: **"É uma entidade na realidade de uma natureza específica tal que quando atua sobre os *meus sentidos*, eu a percebo na forma de cor vermelha." Isso é verdade — é isso que é.** Agora o daltônico diz: "É cinza." O que ele pode validamente querer dizer com essa afirmação? "É uma entidade na realidade de uma natureza específica tal que quando atua sobre os *meus sentidos*, eu a percebo na forma de cor cinza." Isso é verdade, é isso que é. Ambas são afirmações verdadeiras. Nenhuma delas está em conflito nem contradiz a outra. Se o marciano chega e diz: "É inquieto", o mesmo se aplica a ele — é uma entidade na realidade de uma natureza específica tal que quando atua sobre os seus sentidos, ele a percebe na forma de inquietude. Em suma, cada homem e cada marciano deve reconhecer que as suas percepções são percepções da realidade. Elas não são caprichos. Não são invenções ou distorções subjetivas. Um homem não tem escolha quanto à natureza de suas percepções. Cada uma de suas percepções é um efeito inexoravelmente determinado causado por um objeto na realidade agindo sobre seus órgãos particulares de percepção. Se cada observador definir adequadamente o que tem o direito de afirmar sobre o objeto, não haverá contradição alguma. Onde está a aparência de uma contradição? Só se um deles pensar: "Tenho um contato místico com a realidade; percebo sem o benefício dos órgãos dos sentidos; eu apenas (por assim dizer) envolvo minha consciência em torno do objeto e o vejo 'realmente', enquanto todo mundo o vê de forma inválida." Mas esta atitude representa um erro crucial e é a causa do problema.

Aqui está outra questão que deriva do fato das diferenças de formas sensoriais: se as consciências podem perceber de diferentes formas, e derivam todas as suas conclusões conceituais sobre a realidade a partir de suas experiências sensoriais, isso não significa que as várias consciências chegarão a diferentes conclusões conceituais sobre a natureza da realidade? A resposta é não. As diferenças de forma sensorial não importam e não têm qualquer importância epistemológica. As conclusões conceituais — *as conclusões conceituais* — **a que você chegará sobre a realidade serão idênticas, seja você humano ou marciano, possuidor de visão normal ou daltônico, ou o que quiser.** Considere o ser humano normal. Percebemos a realidade em termos de cores, sensações táteis e assim por diante. Temos esses dados sensoriais. Agora, o que fazemos com eles cognitivamente? Eles são o *material* do conhecimento, mas ainda não são conhecimento conceitual. O que fazemos com nossos dados sensoriais para construir a estrutura do conhecimento humano?

Como você sabe na *Introdução à Epistemologia Objetivista*, observamos semelhanças e diferenças em nossos materiais perceptivos e então procedemos à abstração, omitimos medidas, integramos, formamos conceitos — em outras palavras, subimos ao nível conceitual e então procedemos conceitualmente para descobrir as leis da realidade, formular nossas teorias científicas e assim por diante. Qual é a função dos sentidos neste processo? Duplo. Um, para nos dar a evidência básica da existência, do que é. Dois, mais especificamente, para nos dar a evidência de semelhanças e diferenças entre os existentes, evidência essa que é então a base que nos permite subir ao nível conceitual. Agora pergunte-se: que diferença faz a *forma* como você percebe os dados iniciais da realidade, as semelhanças e diferenças iniciais, e assim é capaz de evoluir para o próximo estágio cognitivo? **Enquanto a sua forma perceptiva lhe permitir desenvolver um conhecimento de semelhanças e diferenças — e toda forma perceptiva faz isso — o resto é trabalho da mente, da faculdade conceitual, não dos sentidos. As diferenças de forma sensorial são irrelevantes.**

O caso mais simples de ver isso é o caso da chamada inversão vermelho-verde. Esta é uma pergunta que às vezes é feita: como você sabe que sempre que percebe o que chama de "vermelho", o homem ao seu lado, percebendo o mesmo objeto, *não tem* a experiência que você tem, mas tem a experiência do verde daquilo que você chamaria de "vermelho" e vice-versa? Portanto, suas percepções de vermelho e verde estão invertidas. Além do fato de que esta é uma fantasia infundada, suponhamos por enquanto que seja verdade. E daí? Ele ainda classifica objetos exatamente como você. Ele reúne todos os objetos de um determinado grupo com cores semelhantes, exatamente aqueles que você monta. Ele contrasta este grupo com o outro, e você também. Vocês classificam e conceituam exatamente da mesma maneira. Então, que diferença faz se você compreender esses dois grupos inicialmente em formas sensoriais diferentes? Não faz diferença. Na verdade, isso nem surgiria, já que você nunca saberia dessa diferença se ela existisse, porque todas as suas atividades conceituais seriam iguais às dele em relação a esses objetos. Você as chamaria pela mesma palavra (já que as palavras são, em última análise, definidas ostensivamente, apenas apontando), e toda a construção, em suma, não significa absolutamente nada. O mesmo princípio se aplica ao marciano com seus tremores e zumbidos. Quaisquer que sejam as semelhanças que ele perceba em sua forma inquieta e agitada, existem, elas são reais, e seus conceitos, portanto, refletem fatos objetivos da realidade, assim como os seus, exceto que o que você mantém na forma de cor, o marciano mantém na forma de contrações. Que significado mais amplo isso tem? Nenhum. A este respeito, e apenas como analogia, você pode comparar as percepções sensoriais a uma linguagem.

Uma linguagem é um sistema unificado de signos pelo qual você mantém todos os seus conceitos. Toda língua é capaz, em princípio, de dizer tudo o que há para ser dito. Não há contradição entre francês e inglês, por exemplo. Ambas as línguas se referem à mesma realidade, aos mesmos fatos, ambas são igualmente válidas. A diferença está apenas na forma dos sinais. **Bem, de forma análoga (e isto é apenas uma analogia), você pode pensar na forma sensorial como uma linguagem.** Você pode pensar em suas percepções da realidade como escritas — mantidas por você — em uma forma sensorial específica, um código específico pelo qual você mantém e tem suas percepções da existência. Em contraste com a linguagem, este não é um código feito pelo homem. É completamente determinado pelos fatos da realidade e pela natureza da sua consciência, seus meios de percepção. Não há escolha neste caso, como existe no caso do idioma que você falará. Mas o ponto relevante de que pode haver muitos desses códigos sensoriais possuídos por espécies diferentes é tão irrelevante como no caso da linguagem, onde *existem muitos*, porque todos eles são apenas tantos códigos sensoriais que permitem ao observador apreender os mesmos fatos da realidade. Por esta razão, todos os que percebem concordarão sobre a natureza da realidade e nenhum contradirá os outros.

Na verdade, existem apenas duas diferenças entre as várias formas sensoriais que existem — ou que teoricamente poderiam existir. Primeiro, quanta informação é dada diretamente pelos sentidos de uma espécie específica, e segundo, que informação *particular* é dada diretamente. Por outras palavras, algumas formas sensoriais são superiores, não em termos de validade — todas são igualmente válidas — mas em termos da *quantidade* de provas que fornecem diretamente ao observador. Algumas podem variar em termos do tipo de informação que fornecem.

Consideremos brevemente cada um desses casos. O primeiro é o caso dos sentidos que fornecem diferentes quantidades de informação. Vejamos o caso de um homem totalmente daltônico, que não será capaz de discriminar diretamente as diferenças que outros conseguem pela simples percepção. Suponha que ele perceba tudo como o mesmo tom de cinza. Ele, portanto, obtém menos informações diretas sobre as diferenças na realidade do que nós. Segue-se então que ele tem sua própria física? Não. Ele deve então aprender, por inferência daquilo que percebe diretamente, que existem fatos aqui fora do seu alcance de percepção direta. O estudo do fenômeno da luz lhe dará ampla evidência de tais fatos. No final de sua busca cognitiva, ele acabará com a mesma física que a pessoa com visão normal. Assim como, por exemplo, aprendemos sobre as faixas do infravermelho e do ultravioleta do espectro *por inferência a partir do que* percebemos, mesmo que esta informação não nos seja dada diretamente. Ou assim como somos capazes de descobrir frequências sonoras fora do alcance da audição humana, frequências que os cães, por exemplo, podem ouvir.

Considere o segundo ponto de diferença. Se você quiser um exemplo de um tipo completamente diferente de informação fornecida por um aparelho sensorial, sejamos bizarros por um momento: imagine uma espécie de átomos com consciência. Dada a escala de tamanho de um átomo, digamos que eles percebem diretamente a estrutura atômica das coisas. Assim, para eles, o fato de a matéria ser atômica não é uma teoria a ser alcançada por inferência, como no nosso caso, mas sim que eles realmente percebem apenas nuvens rodopiantes de partículas. Você pode ficar tentado a dizer: "Bem, então a forma de percepção deles é mais válida que a nossa — eles realmente veem as coisas." Mas isso seria totalmente falso. Pelo próprio fato de a sua consciência (como estamos a supor) operar numa gama submicroscópica de percepção, por esse mesmo fato eles não obtêm dos sentidos o tipo de informação que obtemos diretamente. Obtemos informações diretamente — informações reais sobre a realidade — que eles não conseguem. Temos que inferir objetos submicroscópicos, mas eles têm que inferir objetos macroscópicos como esta mesa ou o Empire State Building. Dada a escala dos seus sentidos, eles não conseguem captar diretamente objetos físicos de grande escala. Portanto, é necessário que haja um gênio entre suas espécies para raciocinar e chegar à conclusão de que deve haver forças especiais na realidade unindo essas partículas rodopiantes em objetos grandes demais para serem apreendidos diretamente. Com efeito, o gênio da sua espécie é necessário para chegar às conclusões disponíveis aos idiotas da nossa, e vice-versa. Nenhuma forma de percepção pode perceber tudo diretamente. Por quê? Porque A é A. Qualquer aparelho sensorial é finito, isto é, limitado. Em virtude de sermos capazes de perceber um aspecto da realidade com um tipo de aparelho sensorial, não podemos então esperar perceber diretamente algum outro aspecto se isso depender de um escopo ou tipo diferente de aparelho sensorial.

Portanto, concluo que todas as formas de percepção sensorial — todas — são válidas. Que não há contradições possíveis entre elas. Que todos os que percebem, independentemente das diferenças na forma, independentemente da informação específica que obtêm diretamente da percepção e do que devem alcançar por inferência, terminarão, se forem racionais, com a mesma explicação conceitual da natureza e das leis da realidade.

Terminamos com a questão da validade dos sentidos? Ainda não. Há uma última questão crucial. Esta questão pode ser mais bem formulada: Qual é o estatuto metafísico das qualidades sensoriais que percebemos? Para deixar a questão clara nos seus termos mais cruéis, se você discutir os sentidos com alguém, muitas vezes lhe perguntarão: "*Onde* **estão as qualidades que você percebe ou experimenta?**" *Onde*, por exemplo, está a cor, o calor, a solidez, o calor, o tamanho, a forma, etc.? Elas estão apenas aqui, na mente, apenas subjetivas? Ou estão lá fora, na realidade, intrínsecas às coisas, parte das coisas em si mesmas? Os idealistas subjetivos, como o Bispo Berkeley, dizem que todas as qualidades sensoriais são subjetivas; elas estão todas na mente. O típico realista ingênuo diz que todas as qualidades sensoriais são intrínsecas aos objetos na realidade. Então o eixo Descartes-Locke, que geralmente é chamado de *realismo crítico* — eles são uma espécie de republicanos, ou conciliadores, da teoria dos sentidos, **que dizem que existem dois tipos de qualidades sensoriais — as primárias (extensão, incluindo tamanho, forma, etc.), que são intrínsecas às coisas na realidade, e as secundárias (cor, sons, cheiros, sabores, etc.), que são subjetivas, existindo apenas na mente.**

O que quero ressaltar é que o Objetivismo discorda de todas essas três teorias. Antes de criticá-las, quero primeiro explicar o ponto de vista Objetivista sobre esta questão tal como definido por Ayn Rand, e que ela me comunicou numa longa série de discussões. Então, depois de apresentar a visão Objetivista, podemos passar brevemente à crítica dessas teorias.

O primeiro ponto a notar é que a sensação é o produto de uma *interação*, **uma interação física e fisiológica entre duas entidades — o objeto físico e os órgãos dos sentidos relevantes de quem percebe.** Cada uma dessas entidades é essencial para o produto final, que é a sensação. Sem o objeto físico não há nada para perceber, ou seja, nenhuma sensação. Sem os órgãos dos sentidos, não há meios de percepção, isto é, não há sensação. **O processo de sensação é um processo de interação física entre duas entidades na realidade.**

Se você pensar sobre esse ponto de vista, verá que ele invalida imediatamente qualquer pergunta que pergunte: "Onde está a sensação ou a qualidade sensorial?" Não há resposta porque a pergunta é inválida. Você não pode fazer tal pergunta sobre algo que seja produto de uma interação física. Tomemos um exemplo simples que não tem nada a ver com os sentidos: um Oldsmobile e um Cadillac colidem. Uma colisão é um tipo de interação entre os dois carros. Faz sentido perguntar onde está a colisão? Está no Oldsmobile? Está no Cadillac? Nos cinzeiros? Sob as capas dos bancos? Todas essas respostas são sem sentido porque a pergunta não tem sentido. A colisão designa uma relação entre as duas entidades e não pode ser declarada como estando em uma ou na outra. Em certo sentido, não está em nenhum dos dois; é um processo do qual ambos participam, mas que não é uma coisa localizada em nenhum deles por si só. Em outro sentido, a colisão ocorre em ambos, porque é um processo do qual ambos participam. Ou tomemos outro exemplo, desta vez envolvendo os sentidos. Toco um disco fonográfico de uma opereta vienense e pergunto: "Onde está a opereta? Está no registro? Está nos meus ouvidos? Está no meu cérebro? Está em minha mente?" Estas são perguntas claramente tolas, porque a resposta a todas elas é sim e não, dependendo do aspecto em questão. A opereta está no disco, no sentido de que o disco é tão estruturado que quando uma determinada agulha se move sobre sua superfície de uma certa maneira, um observador humano ouvirá a música. Mas a opereta não está no disco por si só, como se uma espécie de soprano submicroscópica estivesse aninhada entre as ranhuras, cantando pequenas notas para si mesma. O mesmo se aplica aos ouvidos — a opereta está nos seus ouvidos? Se sim, onde — o ouvido externo, o ouvido médio ou o ouvido interno? Está no seu cérebro? Está em sua mente? Bem, em certo sentido, obviamente, não. Ao ouvir a opereta, você não está cantarolando subvocalmente para si mesmo. Você não está apenas imaginando ou alucinando, mas ouvindo um evento na realidade. Não está apenas "na sua mente". Num outro sentido, obviamente, a opereta está na sua mente, no sentido de que se ninguém estivesse consciente, o disco poderia girar para sempre e ninguém ouviria qualquer som. Então, onde está a opereta? No registro? Nas vibrações do ar? Nas contrações do ouvido? Nas células nervosas? Na massa cinzenta do cérebro? Na consciência? A resposta é: em todos estes e/ou nenhum destes lugares. A pergunta é inválida.

 O mesmo princípio se aplica a todas as experiências sensoriais. Visto que são produtos de uma interação física entre entidades e a realidade, é um erro fundamental perguntar: "Onde estão as qualidades dos sentidos — no objeto lá fora ou na mente aqui dentro?" A resposta, como no caso anterior, é em ambos ou nenhum. Em outras palavras, a pergunta é inválida. O que você *pode* dizer são apenas dois fatos incontestáveis: primeiro, sem consciência, não há sensação — em outras palavras, nenhum estado de consciência existiria. Estados de consciência são *estados* de consciência e não existiriam sem consciência. Nesse sentido, se não existissem seres perceptivos, não haveria percepções, nem sensações. Em segundo, igualmente óbvia e importante, a consciência é a consciência de algo, de um objeto na realidade, e sem o "algo", sem o objeto, também não haveria sensações ou percepções. **A sensação ou percepção não é uma invenção da consciência, mas sim uma forma de consciência do objeto.**

Isto me leva ao próximo ponto: como forma de consciência, a sensação é um processo cognitivo. Por meio desta interação física entre objeto e órgão dos sentidos, o homem obtém informação, informação real, uma enorme quantidade de informação, sobre os fatos da realidade. Uma sensação não é um efeito subjetivo divorciado do objeto. Não é uma criação da consciência que nada tem a ver com o objeto. Pelo contrário, a natureza precisa da sua sensação é um resultado das propriedades totais do objeto em questão e levará às descobertas conceituais finais dessas propriedades. Você pode, a esse respeito, pensar nos sentidos do homem como entidades que operam para resumir — esse é o termo-chave aqui — para resumir uma enorme gama de fatos sobre o objeto que está sendo sentido na realidade, para lhe fornecer todo um conjunto de informações, condensado na forma de uma única sensação. Toda a ciência, na verdade, nada mais é do que o desvendar da identificação conceitual das informações resumidas implicitamente em nossas sensações. Por exemplo, você abre os olhos e vê que um cinzeiro é vermelho. Aqui, na forma de uma única sensação de vermelhidão, você recebe uma vasta quantidade de informações sobre o objeto, embora seja necessário subir ao nível científico conceitual para poder identificar essas informações. O que há no objeto que é indicado pela percepção dele como vermelho? Que é um objeto que absorve certos tipos de ondas de luz e não consegue absorver outras, e que para isso tem que ter um certo tipo de estrutura superficial, e que isso envolve um certo tipo de constituição físico-química da sua parte, etc. Se for uma maçã vermelha, o vermelho indica, além disso, que a maçã está madura, ou seja, que sofreu um certo desenvolvimento biológico, atingiu um certo estágio de maturidade, com tudo o que isso implica. **Assim, longe de ser verdade que a vermelhidão seja apenas um estado subjetivo de consciência, divorciado da realidade, a vermelhidão é na verdade um resumo, na forma de uma sensação única, de toda uma série de propriedades possuídas pelos objetos na realidade.**

Não é necessário que todos os que percebem no universo obtenham esta informação na forma de uma sensação vermelha. Poderia haver, como vimos, diferentes formas de percepção, diferentes tipos de sensação, como resultado da interação do objeto com diferentes tipos de sentidos. Mas o ponto cognitivo aqui permanece inalterado por isso. Qualquer que seja a forma da sensação, as nossas sensações resumem uma série de fatos sobre a entidade na realidade. Elas são o produto da entidade total na realidade. Toda a ciência consiste no desvendar da informação que elas contêm implicitamente.

Esse papel cognitivo é verdadeiro para *todas* as sensações. Considere o caso das cócegas. Os defensores da distinção entre qualidade primária e secundária adoram comparar as chamadas qualidades secundárias com as cócegas que você sente com uma pena. As cócegas, dizem, são subjetivas e não dizem nada sobre a pena; é apenas o efeito subjetivo em você. Na verdade, isso é completamente falso. As cócegas fornecem informações definitivas sobre a pena. Resumem, na forma de uma única sensação, todo um conjunto de informações sobre as propriedades, a estrutura, a textura, etc., da pena. Se você duvida disso, um experimento simples lhe mostrará isso — tente encostar uma variedade de objetos diferentes em seu corpo e você obterá um resumo diferente de suas sensações, revelando-lhe a natureza de objetos radicalmente diferentes. Encoste um espinho de rosa em seu braço e você não sentirá cócegas, mas sim um arranhão. Isso indica algo sobre a natureza do espinho da rosa na realidade, em comparação com a pena? Fornece informações sobre um fato real da realidade? Experimente passar a ponta de uma lâmina de barbear pela pele e você não sentirá cócegas ou arranhões, mas um corte agudo. Experimente passar uma pipeta pingando ácido sulfúrico em sua pele e você não sentirá cócegas, nem arranhão, nem corte, mas uma agonia lancinante. Em todos esses casos, você está obtendo informações sobre a entidade. Você está percebendo toda uma série de fatos sobre a entidade, resumidos nos diferentes casos na forma de diferentes sensações. Serão as sensações, então, apenas invenções ou produtos da consciência, divorciadas dos fatos da existência, e não indicativas dos fatos da existência? Não. São elementos cognitivos. Se isso é verdade para as cócegas, que é o bastião das pessoas de qualidade secundária, é obviamente igualmente verdadeiro para todas as chamadas qualidades secundárias. Elas não são independentes dos objetos que as produzem. Não são efeitos subjetivos não cognitivos sobre nós "aqui dentro", mas são indicadores objetivos, de certa forma, do que está lá fora.

Ao ter uma sensação, você não pode adquirir todo o conhecimento implicitamente resumido por essa sensação. Se eu toco um bebê com a ponta de uma faca e ele sente dor, ele tem apenas uma única — e para ele inexplicável — sensação, e até agora não aprendeu nenhum fato sobre a faca. Ele apenas sente o efeito subjetivo da faca sobre ele. Enquanto estivermos no nível mais primitivo de consciência — o nível de sermos bombardeados com sensações únicas — enquanto não fizermos nada cognitivamente com elas, então, nessa medida, a sensação é simplesmente um sentimento na consciência que não gera nenhuma informação sobre as entidades na realidade. O que o bebê deve fazer para começar a desvendar, e adquirir de fato, a informação implícita em sua sensação de dor? Ele deve utilizar todos os seus sentidos em relação à faca — ele deve olhar para ela e observar seu formato, manuseá-la e observar seu fio afiado, pegá-la e sentir sua solidez, deixá-la cair e ouvir o baque que ela faz ao cair, etc. Depois de tal pesquisa sensorial ser realizada adequadamente, o cérebro do bebê aprende a integrar todas essas sensações separadas em uma entidade, e o bebê sobe ao nível perceptual, onde ele está ciente não apenas de sensações separadas, mas também de percepções integradas — em outras palavras, de entidades. Nesta fase, ele está em condições de apreender pelo menos parte da informação inicialmente implícita na sensação de dor. A faca lhe causa dor, e ele consegue agarrá-la porque é sólida e afiada, ao contrário da pena, que tem textura e estrutura muito diferentes.

Neste ponto, num nível primitivo, por ter integrado as suas sensações numa entidade, o bebê pode começar a desvendar a informação dada pelas suas sensações separadas e a compreender o que na entidade causou essas sensações. Uma sensação separada por si só não lhe dá informações diretas sobre o objeto. Por si só, é um sentimento na consciência. Mas quando o integra com todos os restantes dados sensoriais do objeto, o indivíduo eleva-se ao nível em que pode apreender entidades e, assim, estar em posição de começar a extrair das suas sensações a informação que elas contêm implicitamente. **Aqueles que declaram como teoria formal em epistemologia que as sensações nada mais são do que sentimentos subjetivos, efeitos subjetivos desprovidos de informação sobre a realidade, estão assim atribuindo à humanidade como um todo a primitividade cognitiva de um bebê recém-nascido.** O seu modelo epistemológico do homem é: "Ele possui apenas o conhecimento disponível para um recém-nascido que ainda não atingiu o nível perceptivo." A criança, declaram eles, obtém apenas efeitos subjetivos de suas sensações, nenhuma informação sobre a realidade. **Portanto, o adulto também não, que integrou suas sensações e atingiu o nível perceptivo.**

Além do nível perceptivo está o nível conceitual, o nível distintamente *humano*, o nível no qual a explicação científica se torna possível. Uma vez atingido esse nível, o homem pode começar a definir explicitamente a informação sobre a faca implícita nas suas sensações, e apenas parcialmente acessível mesmo no nível perceptivo. Agora ele pode iniciar uma análise da estrutura e densidade da faca e da natureza dos receptores e nervos do corpo, e assim por diante — em outras palavras, o tipo de análise necessária para compreender plenamente as causas da sensação de dor, os fatos sobre a faca, que a tornam uma fonte de dor ao contrário de uma pena. **Mas o nível conceitual, como você sabe, é um desenvolvimento do perceptual, que por sua vez é uma integração do estágio sensacional. A questão é que a informação alcançada explicitamente no nível conceitual estava presente no estágio sensacional, implicitamente contida e resumida em**

nossas sensações. Se não estivesse lá, nunca poderíamos ter subido ao nível conceitual. Chega-se à ideia de que as chamadas qualidades secundárias nada mais são do que efeitos sensoriais subjetivos na mente, desprovidos de significado cognitivo em relação aos objetos.

Dito tudo isto, satisfizemos agora os defensores das chamadas qualidades secundárias? Já os convencemos de que a cor, o som, etc., são reais e não subjetivos? Você pode pensar que sim, mas a resposta ainda é não. Neste ponto eles argumentarão o seguinte: tomemos o vermelho como exemplo de todas as chamadas qualidades sensoriais secundárias. O vermelho, dirão, não é uma qualidade intrínseca das coisas em si. Você mesmo admite que o vermelho é um efeito, um efeito na consciência humana, do que existe na realidade. Portanto, concluem eles, a vermelhidão não é uma qualidade das coisas em si, mas apenas um efeito produzido por fatores mais básicos da realidade (ondas de luz e assim por diante) que operam nos órgãos dos sentidos. Esse é o argumento ao qual queremos recorrer.

Vamos acompanhar as implicações deste argumento tal como Ayn Rand as apontou para mim. Declara-se que o vermelho não é um atributo das coisas em si, porque não é uma causa primária, em outras palavras, um fato irredutível sem qualquer causa mais profunda subjacente. Como a nossa percepção do vermelho tem uma causa, uma causa que envolve tanto o objeto na realidade como os nossos órgãos dos sentidos, por essa razão a vermelhidão é excluída do estatuto de atributo real das coisas em si. Assim, por este padrão, os únicos fatos que se qualificam como atributos das coisas em si são primários causais, por outras palavras, atributos que não podem ser explicados por referência a nada mais fundamental, atributos que são irredutíveis, fatos últimos da realidade, que não são de forma alguma o produto de causas mais profundas. Se ser um primário causal neste sentido é o padrão de ser "realmente real", como podemos dizer o que é um primário causal, e o que não é? A certa altura do conhecimento humano, as pessoas *pensavam* que a vermelhidão era uma causa primária. Eles pensavam que a vermelhidão era uma propriedade intrínseca das coisas, sem qualquer causa subjacente. Então descobriu-se que as ondas de luz estão subjacentes ao vermelho, e que o vermelho é um efeito das ondas de luz no nosso órgão dos sentidos. As ondas de luz são causais primárias? São fatos irredutíveis da realidade sem explicação mais profunda? Obviamente não. De acordo com a teoria mais recente, as próprias ondas de luz são efeitos, expressões, de várias combinações de energia e/ou partículas. A energia, as partículas subatômicas, é uma causa primária? A questão é: como você saberia? Só há uma maneira: você teria que conhecer cada atributo da matéria, cada constituinte da realidade física, para poder dizer: "Eu examinei a totalidade; eu sei tudo o que há para saber sobre o mundo físico e, portanto, vejo que X (seja lá o que for) é o ingrediente final, a causa básica de todo o resto, o constituinte real do qual todo o resto é feito e do qual todo o resto reflete." Você teria que ser onisciente, literalmente onisciente, para compreender que este X é a unidade última e a causa de todos os outros fenômenos na realidade. **Declarar que apenas as primárias causais se qualificam como atributos reais da realidade é declarar que o homem nunca pode reivindicar qualquer conhecimento seu como conhecimento da realidade — em outras palavras, como conhecimento — até que ele seja onisciente. O que significa que ele não pode saber nada até saber tudo.** Se sim, como ele deverá chegar ao estágio de saber tudo? Negar à vermelhidão o estatuto de realidade alegando que é um efeito de causas mais profundas, denunciar os sentidos do homem porque eles apenas nos fornecem efeitos, é declarar: "Não aceitarei a validade dos sentidos a menos que o que eles nos fornecem sejam primárias causais da realidade, os elementos ou atributos últimos que fundamentam todo o resto, os blocos de construção irredutíveis do universo. Exijo que os sentidos me deem causas últimas, não efeitos, e como me dão efeitos, são inválidos." Esse é o significado da afirmação.

    Este é um exemplo clássico do que Ayn Rand chama *de falácia de reescrever a realidade*. O fato é que a realidade não nos dá, por meio da percepção, as primárias causais últimas da existência. *Dá-nos efeitos, qualidades que são reais*, mas que são produtos de causas subjacentes complexas que atuam sobre os nossos sentidos, causas que a ciência moderna ainda não está nem perto de desvendar completamente. Com que direito lógico um indivíduo bate o pé num estado petulante e declara: "Se *eu* tivesse criado a realidade, teríamos recebido as causas últimas pela percepção direta; já que não nos são dadas e são apenas efeitos, nossos sentidos não servem e o conhecimento é impossível e eu vou embora"? Isto é obviamente um afastamento grotesco da realidade e um padrão grotesco pelo qual julgar os sentidos. Mas vamos acompanhar esta construção por alguns minutos porque será esclarecedora em vários pontos.

    Para começar, se a vermelhidão é um efeito e, portanto, não intrínseca às coisas em si, isto obviamente se aplica a *qualquer coisa* que possa ser explicada causalmente da mesma maneira. Aplica-se ao som, à temperatura, à textura, etc. E quanto à própria extensão no espaço, esse bastião dos Cartesianos e dos Lockeanos? A extensão é uma causa primária? Será a extensão tridimensional no espaço — com os seus correlatos de tamanho, forma, solidez, etc. — uma causa primária no sentido que defini anteriormente? No nosso atual estado de conhecimento, não podemos dizer. Pode muito bem haver causas mais profundas na realidade, fatores últimos que constituem a realidade, que assumem a forma de objetos extensos quando percebidos pelo homem, assim como assumem a forma de objetos vermelhos, verdes, quentes, frios, etc. Como assinalou o Bispo Berkeley — e neste aspecto ele está correto — não existe atualmente nenhum padrão conhecido pelo qual se possa distinguir metafisicamente entre o status das qualidades de extensão e as cores, cheiros, etc. Elas estão no mesmo barco metafísico. Quero ser claro aqui — não pretendo sugerir que sei que a extensão *não* é uma causa primária. A questão é que você teria que ser onisciente para saber de uma forma ou de outra. No atual estádio do conhecimento humano, é inteiramente arbitrário traçar uma linha e declarar que o vermelho é um efeito, mas a extensão é irredutível e intrínseca à realidade.

Então, quero dar um salto ousado para fins pedagógicos. Suponhamos que a extensão — e isso significa, portanto, que o tamanho, a forma e assim por diante — seja um efeito, da mesma maneira que o vermelho, o verde, o quente, o frio, etc. Suponhamos que todo o mundo da matéria, como o percebemos, seja um efeito, um efeito produzido pela operação em nosso aparato sensorial das primárias causais últimas que constituem a realidade em si.

Suponhamos que descobrimos as verdadeiras causas primárias na realidade, os elementos últimos das coisas em si, os blocos básicos irredutíveis da realidade em si, que fundamentam e dão origem a tudo o que percebemos, dando origem a todo o mundo físico como nós o conhecemos. Quais são essas primárias finais, não pretendo saber. Para efeitos desta construção, vamos chamá-los de "sopros de metaenergia". Escolho deliberadamente algo esotérico e indefinido, sem fingir saber o que significa. Suponhamos, em suma, que alcançamos a onisciência, penetramos no âmago da realidade em si e descobrimos que as coisas em si são sopros de metaenergia e que o que percebemos como um mundo material de objetos tridimensionais — com cor, forma, tamanho, etc. — é tudo um efeito sobre nós de várias combinações de sopros de energia agindo em nossos meios de percepção. Assim, as coisas em si são, na verdade, combinações de vários sopros de energia. Suponhamos agora que toda esta construção fosse verdadeira. A questão crucial é: o que isso provaria sobre a validade dos sentidos ou o status das qualidades sensoriais que percebemos? A resposta é: nada de qualquer significado epistemológico. A questão aqui é esta: se tudo é feito de sopros de energia em diversas combinações, o mesmo ocorre com os seres humanos. Ainda é um fato férreo e inescapável da realidade que quando os sopros de energia que compõem a realidade externa interagem com os sopros de energia que compõem os seres humanos, quando todos esses sopros entram em todas as combinações em que entram, o resultado inexorável é o mundo material como o percebemos com todos os tipos de entidades e qualidades que possui. Isto é um fato, um fato da realidade, não uma criação da consciência. É fato que quando tais e tais sopros de energia se unem em tal e tal combinação com outras, o resultado é um homem com todas as suas propriedades, ou uma laranja, ou um búfalo, ou um planeta, ou uma pena, etc. Assim, sempre que percebemos um desses objetos materiais, estamos percebendo a realidade. Em outras palavras, a energia sopra em uma determinada combinação. Cada percepção sensorial nos dá informações reais sobre essa combinação específica de sopros de energia. Significa isso que a extensão, o tamanho, a forma, a cor, etc., são irreais apenas porque são efeitos dos sopros de energia em certas combinações? Certamente não. O exato oposto é verdadeiro: se são efeitos dos sopros de energia, por isso mesmo são produtos reais, produtos reais dos sopros reais que constituem a realidade. Não fomos nós que inventamos os sopros. Não inventamos a sua capacidade de se unirem em formas que originam um mundo material alargado. Não criamos o mundo físico por nenhum ato subjetivo de nossa consciência. É um fato metafísico da realidade que certos sopros, em certas combinações, produzem, quando percebidos por um ser humano, um mundo físico extenso, e que cada percepção sensorial que temos nos dá informações sobre as combinações de sopros que existem. É um fato intrínseco das coisas em si que os sopros X combinados com os sopros Y combinados com os sopros Z — os sentidos do homem — produzem objetos sólidos, tridimensionais e extensos.

Por esse motivo, se o perseguirmos, todo o mundo material seria um efeito, um efeito das próprias coisas agindo sobre os sopros de energia que nos constituem e constituem o nosso aparelho sensorial. Mas o mundo material seria um efeito — um efeito real — e, portanto, um fato real. Você não nega a realidade de algo explicando-o. Você não torna algo subjetivo dando uma explicação causal disso. Você não o separa da realidade mostrando que algo na realidade o produziu. O oposto é verdadeiro. Se você mostrou que a causa de algo existe *na realidade* — se você mostrou que a própria realidade produziu certos fatos — então você deu a base metafísica mais sólida que existe para esses fatos. Você mostrou que eles são inerentes à própria realidade metafísica. Se toda a construção que lhe dei fosse verdadeira, nada mudaria na validade dos sentidos ou no status de realidade das qualidades sensoriais que percebemos. Desta forma, todas as qualidades sensoriais que percebemos são inerentes à realidade, às coisas em si. Elas são reais. Não são invenções humanas ou produtos subjetivos da consciência.

Agora você pode ver por que o Objetivismo rejeita a distinção entre qualidade primária e secundária. Não é verdade que a extensão exista intrinsecamente, e que a cor e o resto sejam apenas efeitos subjetivos sobre nós. *Todas* **as qualidades que percebemos são fatos da realidade independente, conforme percebidos pela consciência humana. Não há qualquer base para dividir as propriedades que percebemos nas propriedades conectadas à extensão e nas cores, sons, texturas, etc.** Não há garantia para reivindicar dois tipos de propriedades sensoriais, aquelas que pertencem ao objeto e aquelas que são criadas pela consciência. Os fatos reais são: existem objetos na realidade independente que possuem vários atributos em si mesmos. Os seres humanos têm a faculdade de ter consciência e perceber esses objetos por certos meios e, portanto, em certas formas, formas inexoravelmente ditadas e determinadas pela natureza dos objetos em si, parte da qual inclui a natureza do aparelho sensorial do homem.

 A única distinção *válida* que você pode fazer neste contexto é entre as causas primárias na realidade — os sopros de energia na minha construção — e as manifestações derivadas desses sopros (todas as suas expressões, efeitos, resultados). Você pode distinguir entre causa e efeito desta forma. Mas essa não é a distinção entre qualidades primárias e secundárias, como fazem os filósofos tradicionais. Aqui você deve ser preciso sobre o significado dos termos. Se a frase "qualidade primária" significa "qualidade intrínseca na realidade" — em outras palavras, qualidade que é um fato real, em oposição a um produto subjetivo da consciência — então, como vimos, todas as qualidades que percebemos são fatos, todas são reais, todas são primárias, vermelhos e verdes, tanto quanto o tamanho e a forma. Por outro lado, se por "qualidade primária" você quer dizer "existe nos objetos que são primários irredutíveis na realidade, os objetos em si, independentemente de seus efeitos, combinações e interações", então nenhuma das qualidades que percebemos é primária nesse sentido. Em qualquer dos casos, a tradicional distinção entre qualidade primária e secundária entra em colapso. **Não há base para assumir que as primárias causais na realidade possuem em si mesmas exatamente a mesma forma que os nossos dados dos sentidos, uma vez que sabemos que os nossos dados dos sentidos são efeitos e que percebemos por certos meios. Mas, da mesma forma, você não pode declarar nossos dados dos sentidos como inválidos com base nisso.** É apenas *partindo* dos nossos dados sensoriais que podemos, em última análise, desvendar conceitualmente a informação que eles contêm e, finalmente, chegar a uma explicação conceitual dos sopros de energia ou do que quer que seja que alcançamos no cume da busca cognitiva.

 Você pode ver também por que o Objetivismo nega não apenas o idealismo subjetivo do Bispo Berkeley — ou todo o ponto de vista da qualidade primária-secundária — mas também o realismo ingênuo. O que o realista ingênuo faz é tratar todas as qualidades que percebemos como primárias causais, intrínsecas aos objetos, independentes da forma de percepção do homem. Ele não explica os fatos da percepção do homem. Ele não leva em conta o fato de que os homens percebem de uma certa forma, que a consciência requer *meios* de consciência, que as propriedades que percebemos são o produto de uma interação entre os objetos na realidade e nosso aparelho sensorial. Como resultado, assim que o realista ingênuo confronta o fato de dois observadores perceberem o mesmo objeto em formas diferentes — por exemplo, o daltônico versus a pessoa com visão normal — o realista ingênuo se perde e volta à afirmação que um de seus sentidos deve ser enganoso. Assim que a ciência oferece a explicação causal de alguma qualidade que percebemos, o realista ingênuo também fica perdido e sente que isso ameaça a realidade da qualidade que ele percebe. Em suma, o realismo ingênuo tem um nome apropriado — é ingênuo. A sua intenção básica — preservar a validade da consciência humana — está correta. Se você quiser colocar desta forma, seu cerne está no lugar certo. Mas não tem meios para implementar ou defender esta intenção ou para apoiar ou justificar a sua afirmação de que os sentidos do homem revelam a realidade. O Objetivismo não é realismo ingênuo. Não é o chamado realismo crítico. Não é idealismo subjetivo. É o Objetivismo.

Espero que, após esta longa discussão, as questões envolvidas neste problema estejam agora claras para vocês. Quero observar, para concluir, que várias das minhas formulações sobre esta questão são novas nesta palestra, e acredito que sejam mais claras do que as formulações que dei sobre a questão dos sentidos no passado, onde acredito que as minhas declarações em vários casos podem ter sido enganosas. Portanto, gostaria de deixar registrado que os pontos que apresentei substituem quaisquer outras formulações minhas que você possa ouvir se ouvir fitas minhas mais antigas tratando do assunto dos sentidos, e isso inclui especificamente minha palestra sobre Objetivismo no curso de Filosofia Moderna, que acompanha esta palestra.

O PROBLEMA DO CASO LIMÍTROFE

Passemos agora ao problema do caso limítrofe, que é um dos principais argumentos apresentados pelos filósofos modernos para defender a sua teoria nominalista dos universais. Uma resposta completa a esta questão exigiria que eu lhe oferecesse uma apresentação da teoria Objetivista dos conceitos e a comparasse com as teorias Platônica, Aristotélica e Nominalista. Não tentarei tal apresentação agora. Presumo que você já tenha lido e entendido *Introdução à Epistemologia Objetivista*, que entende a visão Objetivista da natureza e formação de conceitos (porque há um limite para o que pode ser feito em três horas) e, acima de tudo, de por que os conceitos não são intrínsecos (à maneira Platônica ou Aristotélica) ou subjetivos (à maneira Nominalista), mas, antes, objetivos. Se você entender isso, não terá qualquer dificuldade com a questão do caso borderline e, de fato, essa questão é mencionada no livro da Sra. Rand.

O argumento do caso limite é um dos argumentos básicos utilizados pelos nominalistas para justificar a sua afirmação de que *não* existe um método objetivo para determinar onde traçar os limites quando se agrupam concretos no processo de formação de conceitos. Um exemplo típico do argumento, como discutimos no curso, é: onde você traça a linha entre o vermelho e o laranja? Os tons intermediários são vermelhos ou laranja, ou nenhum dos dois? Nenhuma decisão é arbitrária e subjetiva? O que a realidade tem a dizer sobre esta questão? Ou, para dar um novo exemplo: alguém inventa um objeto que é exatamente como uma mesa em todos os aspectos — é um objeto manufaturado, tem uma superfície plana e nivelada para segurar outros objetos — mas é preso ao teto e pendurado nele por correntes. Então o nominalista pergunta: "Bem, é uma mesa ou não?" Como você decidiria? Em alguns aspectos, é muito parecido com as mesas como as definimos originalmente — "objetos manufaturados, superfície plana e nivelada com suportes para segurar outros objetos", e assim por diante, mas em certos aspectos óbvios, é diferente. Quão diferente pode ser da nossa concepção original de mesas e ainda assim se qualificar? Onde você desenha a linha? Não é, perguntam os nominalistas, tudo arbitrário e subjetivo? Existem infinitos exemplos desse tipo. Vamos primeiro colocar e responder à questão em termos gerais e depois aplicar a resposta a estes exemplos.

O problema em sua forma mais geral pode ser colocado da seguinte forma: classificamos os concretos com base em semelhanças e diferenças, mas os concretos de uma determinada classe diferirão entre si de várias maneiras e serão semelhantes de várias maneiras aos concretos de outras classes. Por qual padrão, então, traçamos o limite? Ou, como é mais comum, formamos alguma classe, algum conceito, com base nas semelhanças que detectamos entre um determinado conjunto de concretos, e definimos o conceito de acordo. Então descobrimos um novo concreto que é em alguns aspectos semelhante aos membros da classe original e em alguns aspectos diferente. Como decidimos o que fazer com esse novo concreto? Deveríamos colocá-lo na classe original, o que pode envolver ampliar e redefinir a classe original, ou deveríamos formar um novo conceito para o novo concreto para distingui-lo dos concretos já conceituados, ou ainda existe outra alternativa, e se assim for, o que é?

A resposta geral é determinada pela função de formação de conceitos no conhecimento humano. **Conceitos, segundo o Objetivismo, são integrações de perceptos. Permitem-nos isolar um conjunto de concretos, que podemos então tratar como uma unidade de estudo especializado.** A formação ou não de um novo conceito, portanto, para abranger algum concreto recém-encontrado, depende do grau, ou extensão, das diferenças que separam os novos concretos dos outros que conhecemos, isto é, depende de as diferenças em questão serem ou não fundamentais. Quando as diferenças são suficientemente significativas ou fundamentais para que já não seja praticável estudar os novos concretos em termos dos conceitos que se têm até à data, e quando o fenômeno é suficientemente difundido para que seja necessário lidar com ele, então cunha-se um novo conceito.

Observe que não há como especificar em termos numéricos até que ponto uma diferença pode ser qualificada como significativa ou fundamental. Nesse aspecto, existe um elemento opcional na formação de novos conceitos. Em alguns casos, é obrigatória a formação de um novo conceito para cobrir um concreto recém-descoberto. Em outros casos, é inválido e inadmissível formar um novo conceito. Em alguns casos, é opcional. Agora quero ilustrar para vocês esses três tipos de situações.

Em primeiro lugar, o obrigatório. Peço-lhe que se lembre do argumento da Sra. Rand de que as definições são contextuais. A função de uma definição é distinguir, em termos de fundamentos, os existentes numa determinada classe de todos os outros conhecidos num determinado estágio do conhecimento. *As definições dependem do contexto do conhecimento*, **porque as características que servem para diferenciar um grupo de concretos dos demais dependem em parte da natureza dos concretos e em parte do contexto do conhecimento de alguém.** Lembre-se do exemplo da Sra. Rand da definição implícita inicial da criança de "homem" como "uma coisa que se move e faz sons", a criança ainda não tendo descoberto e discriminado vários animais, automóveis, etc., apenas a distinção entre objetos inertes e silenciosos (como cadeiras e mesas) e as pessoas ao seu redor. Ela pode selecionar "mover-se e fazer sons" como a característica que diferencia os homens de todos os outros objetos que conhece. Dentro do contexto do seu conhecimento, ela isolou com sucesso os homens do resto do que ela conhece. Nessa medida, a sua definição está correta — é contextualmente válida.

Agora vamos encurtar um processo complexo para voltar ao caso limítrofe a partir deste ponto de partida. Vamos supor que a criança descubra locomotivas e deslizamentos de terra. Neste ponto é obrigatório para ela formar um novo conceito (na verdade, conceitos) para cobrir os novos fenômenos, e obrigatório redefinir "homem" de modo a manter esse conceito separado das suas novas descobertas. Se ela tentasse não formar um novo conceito — incluir locomotivas, deslizamentos de terra e homens sob um conceito com um nome, tratá-los como uma unidade em suas futuras negociações e estudos sobre eles — ela se veria derrotada em suas tentativas de expandir seu conhecimento, derrotada pelo fato de haver muitas diferenças profundas na realidade entre as coisas com as quais ela está tentando lidar como uma única classe. Ela descobriria que alguns "homens" falam, enquanto outros assobiam e fazem barulho, que alguns "homens" andam sobre pernas, enquanto outros funcionam sobre rodas. Em suma, as suas características, estrutura, componentes e comportamento são radicalmente diferentes e, portanto, praticamente nada aprendido sobre alguns "homens" seria aplicável a outros. Para acompanhar o seu conhecimento seria necessário, a seu pesar, distinguir os homens que falam dos que rolam, e assim por diante. O que significa que ela seria forçada, se fosse racional, a formar conceitos separados para as entidades que agrupou. Neste tipo de caso, as diferenças são demasiado fundamentais e de grande alcance. Este é o tipo de caso em que é obrigatório formar novos conceitos para abranger um concreto recém-encontrado.

Agora veja o caso inadmissível. Comece novamente com a criança do exemplo acima, com a mesma definição inicial de "homem" como "uma coisa que se move e faz sons", e suponha que ela até agora tenha visto apenas homens brancos e agora encontre negros pela primeira vez, e decida erigir uma nova classe para que agora existam "homens" e "negros" como dois conceitos separados. Aqui está o erro oposto: tomar uma diferença insignificante como base para formar um conceito distinto. Novamente, a criança descobriria que os fatos da realidade a forçariam a alterar os seus conceitos aqui, porque a cor, neste caso, não afeta praticamente nada nas entidades envolvidas. É uma característica não significativa e não fundamental. Quer um determinado tom de cor esteja presente ou ausente, inúmeras características permanecerão semelhantes nas duas classes supostamente diferentes que ela formou. Se ela se dedicar a estudar os homens e depois os negros, descobrirá que virtualmente tudo o que aprende sobre um deles — em anatomia, psicologia, fisiologia, etc. — é verdade também para o outro, de modo que a distinção que ela erigiu é, na verdade, inútil para lhe permitir organizar o seu campo de conhecimento. Isto não significa que não se possa subdividir o conceito "homem" de acordo com diversas características especiais, por meio de conceitos específicos, como "Negro", "Caucasiano", etc. Isso significa, no entanto, que tais conceitos devem ser reconhecidos como subdivisões de uma classe mais ampla e que, como tal, todos compartilham características cruciais que requerem ser conceitualizadas em conjunto em uma unidade, a saber, o conceito "homem".

Voltemos agora para o caso opcional. Imagine finalmente que, tendo formado um determinado conceito, você encontra um concreto que não é nem crucialmente diferente (como as locomotivas e os deslizamentos de terra são dos homens), nem crucialmente semelhante (como são os homens negros e brancos), mas algo intermediário. Aqui podemos usar a mesa suspensa como exemplo. Neste tipo de caso, precisamente porque a natureza do concreto não *exige* um conceito, nem o *proíbe*, o procedimento é opcional. Você tem três opções neste tipo específico de caso: (1) Como sua finalidade e estrutura geral são as mesmas das mesas, exceto por ser fixado no teto e não no chão, você pode decidir incluí-lo na classe de "mesas", o que exigirá então uma alteração apropriada na sua definição inicial de "mesa", no padrão usual de redefinição contextual. Se necessário, você pode então decidir subdividir as "mesas" em duas espécies — "mesas de chão" e "mesas de teto" — e até mesmo dar nomes separados aos dois tipos. Essa é uma possibilidade. (2) Como sua construção envolverá uma série de diferenças em relação às mesas — por exemplo, normalmente você não pode usar esta mesa suspensa ao ar livre, ela requer alguns meios específicos de fixação ao teto e não é facilmente movida — você pode decidir formar um novo conceito para designar este tipo de entidade, tratando-a assim como um conceito ao nível das mesas, e não como um tipo de mesa. Essa é uma segunda possibilidade. (3) Você não precisa fazer nenhuma dessas coisas. Você não precisa ter nenhum conceito para designar tal entidade. Você não precisa incluí-lo no conceito antigo nem inventar um novo, mas apenas identificar seu status como intermediário por meio de uma *frase descritiva* — "entidade como mesas de tal e tal maneira, e diferente delas de tal e tal maneira".

Por favor, note este fato: não é verdade que todos os fenômenos devam, em última análise, ser subsumidos num único conceito. Existem fenômenos que podem ser tratados cognitivamente, de forma totalmente adequada, através de uma descrição formulada em termos de uma série de outros conceitos, fenômenos que não requerem a formação de um único conceito para os cobrir, nem agora nem nunca. Para resumir, vou me referir a isso como o *tratamento descritivo* de certos concretos, distinto do *tratamento conceitual* deles. Essa descrição será em termos de conceitos já formados. O ponto da distinção é apenas que *nenhum* conceito único precisa ser formado para lidar com tais fenômenos. **Em outras palavras, não formamos um único conceito, uma única palavra, para tudo no universo. Todos os tipos de fenômenos são tratados descritivamente em termos de vários outros conceitos.** Na verdade, todas as conversas e escritos são descritivos no presente sentido. Por exemplo, se eu disser: "É uma linda noite de inverno; o ar está fresco e o sol se põe com um brilho dourado", terei usado toda uma série de conceitos — "bonito", "inverno", "noite", "sol", "brilho", etc., para comunicar um determinado fenômeno. Não existe um conceito *único* que represente "belas noites de inverno com ar fresco e pôr do sol dourado", nem há necessidade de tal conceito único. O tratamento descritivo serve todos os propósitos cognitivos de forma perfeitamente satisfatória. Quando você tem um caso como o da "mesa suspensa", portanto, não há nada que diga que você deva ter um conceito para identificá-lo, seja um conceito antigo ou um novo especificamente formado para ele. Nesse caso, é opcional tratá-lo conceitualmente ou descritivamente.

Em casos como o da mesa suspensa, o Objetivismo reconhece uma série de alternativas opcionais — incluindo a possibilidade de tratamento descritivo. Esta abordagem diferencia claramente o Objetivismo dos realistas tradicionais como Platão e Aristóteles. Na visão realista tradicional dos universais, seja Platônica ou Aristotélica, as essências são intrínsecas às coisas: cada entidade tem uma essência intrínseca a ela e, como vimos neste curso, uma essência separada de qualquer relação com o conhecimento ou modo de cognição do homem. Portanto, na visão tradicional, "*mesisse*" é um fenômeno que habita intrinsecamente todas as mesas — está presente em todas as mesas, ausente em todo o resto, e dado qualquer concreto, ou tem a essência em si mesmo ou não tem a essência em si. Consequentemente, não pode haver opções — nenhuma opção, por exemplo, no caso da mesa suspensa; ou ele contém a essência intrínseca da mesa, caso em que *deve* ser incluído no conceito de "mesa", ou *não* o possui, mas tem uma essência intrínseca *diferente*, caso em que deve ser incluído em algum único *novo* conceito nomeando essa essência. Em ambos os casos, não pode haver opção nem possibilidade de tratamento descritivo. Consequentemente, tanto os Platônicos como os Aristotélicos consideram os exemplos de casos limítrofes um sério embaraço, porque não têm meios de decidir, em tais casos, quais entidades têm quais essências intrínsecas. Em última análise, se você os pressionar o suficiente, eles terão que confiar na "intuição". O que significa que a teoria deles acaba sendo subjetiva, apesar deles mesmos. São os defensores das essências intrínsecas que consideram difícil, se não impossível, responder ao problema do caso limítrofe.

Mas a teoria Objetivista é que as essências são *objetivas*, não intrínsecas e, portanto, não existe tal problema. Os conceitos, de acordo com o Objetivismo, são formas humanas de cognição, formas de organizar nosso material perceptivo com o objetivo de nos permitir expandir nosso conhecimento além do nível perceptivo. As essências, segundo o Objetivismo, são características determinadas contextualmente e servem para diferenciar nossos conceitos. Não há nada nesta posição que diga que *todo* concreto deva, em algum momento, ser conceitualizado separadamente. Pode haver muitos concretos para os quais não há sentido cognitivo em lidar com um único conceito. Pode haver concretos que não sejam tão fundamentalmente semelhantes a algum grupo conceitualizado anteriormente que seja obrigatório incluí-los em um conceito antigo. Estes concretos podem não ser suficientemente difundidos e/ou de importância cognitiva suficiente para que tenhamos de conceitualizá-los separadamente. Se você me perguntar: "Mas em que classe esses concretos se enquadram, qual é a sua essência?", a resposta é: não *formamos* uma classe para eles — no sentido de um conceito único com sua própria definição e características essenciais — e não há necessidade. Eles podem ser tratados de forma descritiva, identificando suas relações com as classes relevantes mais próximas. Mais uma vez, admitindo que as essências não são intrínsecas, não é verdade que deva haver um conceito único para cobrir todos os aspectos concretos que encontramos. Há certos casos em que o procedimento é opcional — em que se pode subsumir um fenômeno a um conceito antigo, formar um novo ou simplesmente tratar o fenômeno de forma descritiva.

Surge a questão: "A existência de casos opcionais não significa que a formação de conceitos nestes casos é subjetiva e arbitrária?" Ao que a resposta é: não. Observe os seguintes fatos aqui. Para começar, os casos em que é opcional são ditados pelos fatos. É a própria natureza dos concretos em questão que determina que é opcional o tratamento deles no caso particular. Se quisermos ter a opção de incluí-lo ou não num conceito previamente formado, um novo concreto não deve ser nem crucialmente diferente nem crucialmente semelhante aos concretos já encontrados. Se for crucialmente diferente, *não se pode* incluí-lo no antigo conceito, e se for crucialmente semelhante, *deve-se* incluí-lo. Observe também isto: precisamente porque estes concretos opcionais limítrofes não são de fato crucialmente semelhantes ou diferentes daqueles já conhecidos, os modos alternativos de lidar com os novos concretos estão todos corretos, e não faz diferença qual política é adotada em um caso particular. Por exemplo, se você colocar as mesas suspensas na antiga classe de "mesas", isso implicaria que existem algumas semelhanças significativas entre as mesas penduradas e as mesas. Isso é verdade; há. Ou se você criar um novo conceito para as mesas penduradas, isso implicaria que existem algumas diferenças significativas em relação às mesas. Isso é verdade; há. Ou se você não fizer nada e não formar um conceito único para elas, tratando-as apenas em uma frase descritiva, isso implicaria que nem as semelhanças nem as diferenças são predominantes. Isso também é verdade. Consequentemente, todas as três escolhas estão de acordo com os fatos, nenhuma contradiz as outras e, em suma, não há nenhuma base para o subjetivismo entrar neste ponto.

Pode-se notar, neste contexto, que diferentes línguas muitas vezes manifestam o fato de haver uma área opcional na formação de conceitos e, no entanto, isto não implica de forma alguma subjetivismo ou contradição de uma língua para outra. A maioria das palavras-chave pode ser traduzida em uma única palavra de um idioma para outro. Mas a maioria das línguas tem certas palavras que não podem ser traduzidas por uma palavra em outras línguas. Estas palavras ainda são traduzíveis, mas, noutra língua, a tradução pode necessitar de uma frase ou até mais para comunicar o fenômeno identificado na primeira língua por um conceito, numa palavra. **Este é um caso em que uma linguagem trata conceitualmente o que outra trata descritivamente.** Você vê que nenhuma das línguas está errada — nenhuma contradiz a outra — cada uma é traduzível na outra. O princípio é o mesmo quando aplicado a exemplos de casos-limite. Nenhuma opção nesses casos contradiz as outras, cada uma é legítima e válida, e não há nada nisto que justifique uma conclusão subjetivista.

Deixe-me fazer uma analogia: suponha que você tenha uma pilha de livros para classificar nas prateleiras da biblioteca. O intrinsicista diria: "A ordem correta desses livros na estante é ditada exclusivamente pelo caráter intrínseco dos livros. Por exemplo, intuo que devem ser ordenados em ordem alfabética por autor." Se você disser a ele: "Bem, não poderia ser por assunto ou título?", a resposta dele será apenas: "Não, tive a intuição, o fator intrínseco aqui é X, é isso que deve ditar a organização." Então entra o nominalista (o subjetivista), e seu ponto de vista é que qualquer método de os organizar é tão bom quanto qualquer outro. Decida de acordo com seu capricho arbitrário ou faça uma pesquisa na sociedade. Coloque os livros vermelhos em uma prateleira e coloque alguns tomates se quiser. Coloque os livros lisos na frente com lenços de papel e assim por diante. **A abordagem objetiva Objetivista, em contraste — dizendo que as essências não são intrínsecas nem subjetivas — sustenta que seria necessário ter em mente duas coisas: o propósito da classificação e a natureza do material a ser classificado. Em outras palavras, o propósito consciente e os fatos.** Tendo em conta estes, certos acordos serão absurdos e inválidos. Mas em certas circunstâncias pode haver uma opção — talvez num determinado caso o propósito seja igualmente servido se for colocado em ordem alfabética por autor ou por título. Você vê a analogia. O propósito cognitivo da conceitualização e a natureza fatual dos concretos em questão determinam conjuntamente quando conceitualizar e quando existe uma área de opcionalidade.

Vamos aplicar esta discussão ao exemplo do laranja e do vermelho. Aqui estamos lidando com um continuum literal, portanto nenhum ponto de corte exato é ditado pela realidade como linha de demarcação. Consequentemente, um determinado intervalo é deixado opcional. Se você decidir, para algum propósito, traçar uma linha, então, dentro de certos limites, não faria diferença cognitiva onde a linha foi traçada. É um fato que o ponto exato não faz diferença e que há um intervalo limitado onde é opcional. **Observe, entretanto, que nenhuma linha específica *precisa* ser traçada. Você pode muito bem lidar com os tons intermediários de forma descritiva, sem tentar reparti-los entre vermelho ou laranja.** Você pode simplesmente descrever "aqueles estágios de transição intermediários entre o vermelho e o laranja, progredindo de um laranja muito avermelhado para um vermelho muito alaranjado". Ou você poderia, como fazem os pintores, dar a cada tonalidade discriminável um nome separado e distinto, isto é, formar um conceito separado para cada tonalidade distinguível. Todas essas opções existem e, pelos motivos que já discutimos, todas seriam válidas, nenhuma contradiria as outras, nenhuma implica subjetivismo na formação de conceitos.

Então, para resumir a questão do caso limítrofe: o caso limite confunde as pessoas porque elas acreditam implicitamente que as essências são intrínsecas e, consequentemente, sentem que não deveria haver qualquer área opcional na formação de conceitos. Depois, quando descobrem que em certos casos específicos existe uma opção, elas oscilam para o eixo nominalista e estão prontas para a depenagem subjetivista. A verdade é que as essências são objetivas. Isto explica o fato dos casos opcionais sem implicar qualquer forma de subjetivismo. Nesta questão, como em tantas outras, a falsa dicotomia entre intrínseco versus subjetivo causou a sua habitual destruição e confusão. Chega de casos limítrofes e de nominalismo, pelo menos para esta palestra.

O ERRO DO MÉTODO DA DÚVIDA CARTESIANA

Para concluir, voltemos brevemente a Descartes e ao erro do método da dúvida Cartesiana. Numa alegada busca pela certeza, Descartes raciocinou: **"Para estabelecer a certeza, devo primeiro refutar a possibilidade de estar errado."** Ele observa que as pessoas cometem erros — enlouquecem, confundem os seus sonhos com a realidade, interpretam mal as evidências sensoriais, cometem falácias, etc. — então, ele pensa: "Como posso ter certeza de alguma coisa, mesmo de 'Dois mais três é igual a cinco'? Como posso saber que não estou cometendo um erro num determinado caso, por mais claro e distinto que me pareça? Como posso saber se um demônio não está me enganando, de modo que a verdade está para sempre além do meu alcance?"

Em essência, qual é o seu procedimento? Ele toma o fato dos erros humanos — por outras palavras, da falibilidade humana — e utiliza-o para concluir que é, portanto, impossível ao homem ter a certeza de qualquer dos seus conhecimentos. A essência do argumento implícito na dúvida Cartesiana é esta: ter certeza significa que você *não pode* estar errado, ser falível significa que você pode estar errado e, portanto, um ser falível nunca pode atingir a certeza.

O próprio Descartes, como vimos, pensava ter escapado a este problema através do *Cogito*, e que "Penso, logo existo" era completamente certo. Mas como também vimos, o *Cogito* não escapa ao demônio se o demônio existe. Se o argumento de Descartes que invalida a cognição humana estiver correto, ele invalida o *Cogito* juntamente com todo o resto. Invalida a consciência humana em todos os aspectos. Nada escapa deste argumento.

Então, o que há de errado com a abordagem de Descartes? De todas as inúmeras falácias que poderíamos mencionar, vou me limitar a alguns breves pontos.

Para começar, não resisto a apontar-lhes os conceitos roubados usados por Descartes. Ele argumenta: "As pessoas erraram; portanto, o homem nunca poderá saber se ou quando está certo em alguma questão." A questão óbvia é: se o homem nunca pode saber o que é certo, como poderia saber que esteve ou esteve errado, que alguma vez foi enganado ou cometeu um erro? Como ele poderia formar um conceito como "erro" se fosse privado de qualquer conhecimento do que é correto? "Erro" significa "afastamento da verdade". Se a verdade for incognoscível, você nunca poderia formar o conceito de afastamento dela. Inerente a chamar uma ideia de errada está algum conhecimento do que é verdadeiro, através do qual se condena uma dada ideia como falsa. Assim, por exemplo, um homem lhe diz: "Dois mais três é igual a sete" — você pode dizer que isso não é verdade. Por que não? Porque você sabe, neste caso, que dois mais três são cinco e, com referência a isso, condena como falsa a afirmação de que são sete. Mas se a verdade não fosse cognoscível por nós — se não pudéssemos saber quanto é dois e três — como estaríamos em posição de dizer sobre qualquer resposta: "Não está correto"? Agora, você pode dizer: "Bem, você não poderia saber que uma determinada resposta era falsa porque é inerentemente contraditória, mesmo que você não soubesse a verdade?" Você não está fugindo do assunto, porque ainda está se referindo ao seu conhecimento da verdade — neste caso, ao seu conhecimento da verdade das leis da lógica. Se literalmente não pudéssemos conhecer a verdade, como implica o argumento de Descartes, não poderíamos sequer dizer que uma contradição é um erro. O próprio processo de classificar algo como um erro pressupõe que você tenha descoberto a verdade em algum aspecto sobre essa questão, a verdade pela qual você vê que a velha crença estava errada. Prive uma pessoa do conhecimento da verdade e você a privará do conceito de não verdade e da capacidade de reconhecê-la. **Portanto, a posição de Descartes aqui é exatamente o oposto da posição correta. Ele usa os erros para minar a possibilidade de conhecimento da verdade, quando, na verdade, é apenas o conhecimento da verdade que nos permite formar o conceito de "erro" e reconhecer erros específicos quando são cometidos.** Ele sustenta que o homem é falível e pode errar e, portanto, a verdade é inatingível. O fato é que para poder identificar a existência de erros pressupõe logicamente que o homem seja capaz de conhecer a verdade.

    O que correu mal, então, com o argumento de Descartes? Parte da premissa de que o homem é falível. Então, perguntemos: qual é o verdadeiro significado de dizer que o homem é falível? Significa apenas uma coisa: o homem não está *automaticamente* **certo** (sublinhe essa palavra). Ele não foi construído de tal maneira que o erro seja impossível para ele por sua natureza, não importa como ele use sua consciência. Ele não foi construído de tal maneira que a mera presença de uma ideia em sua consciência exija que essa ideia seja verdadeira. O fato de o homem ser falível não implica de forma alguma que as suas ideias não possam estar certas, ou que ele não possa ter a certeza de que *estão* certas nas circunstâncias apropriadas. **O fato de o homem ser falível significa apenas que você não pode confiar na mera presença de uma ideia em sua mente como garantia da verdade. Você deve fazer algo com uma ideia antes de saber se ela está certa.**

O que você deve fazer? Bem, o homem deve tirar suas conclusões por meio de um método específico, um método que distinguirá as ideias verdadeiras das falsas. Ele deve submeter suas ideias a um teste destinado a distinguir quais ideias são corretas e quais são incorretas. Ele deve, numa palavra, *validar* as suas conclusões. Isto e somente isto é o que está envolvido no fato de o homem ser um ser falível. Se ele fosse infalível — se o erro fosse uma impossibilidade metafísica para a consciência humana — não precisaríamos de nenhum teste para distinguir as ideias verdadeiras das falsas. Não poderia haver nenhuma falsa. Não precisaríamos passar por nenhum processo de validação de nossas ideias. Você poderia formá-las da maneira que quisesse, porque ideias errôneas não poderiam entrar em sua consciência. Mas como o homem não é constitucionalmente infalível, a sua responsabilidade antes de endossar qualquer conclusão é assegurar que realizou um processo de validação dela. "Falibilidade" não significa que o homem nunca possa saber o que é verdade. Isso significa que ele não pode saber o que é verdade só porque uma ideia está em sua cabeça. Novamente, para saber que é verdade, ele deve validá-la através de um determinado método.

Qual é o método de validação de ideias humanas? Esse é o tema de toda uma ciência, nomeadamente a epistemologia. A questão da epistemologia é: "Por que método o homem valida as suas ideias e, portanto, reivindica-as como conhecimento?" Aqui vou lembrá-lo do que você já sabe sobre esta questão. **Em essência, o processo de validação é: o homem deve fundamentar seu conhecimento na evidência direta dos sentidos (essa é a base), e deve então derivar escrupulosamente todas as suas conclusões conceituais da evidência sensorial inicial, guiado passo a passo por um processo de lógica, de inferência lógica, remontando em última análise aos fatos diretamente acessíveis à percepção sensorial.** *A inferência lógica, em forma conceitual, baseada na percepção sensorial — este é o método humano para validar conclusões.* Claro, esta é apenas uma frase resumida e você não deve simplificar demais aqui. No momento, porém, presumo que você entenda que o processo de validação em casos particulares pode ser extraordinariamente complexo. Quando falo em validar uma ideia usando a lógica ou a razão, presumo que você entenda que a aplicação desse processo pode envolver uma complexidade de fatores, e não pressupõe que um argumento simples provará qualquer conclusão sobre qualquer coisa fora do contexto.

Qual é então a resposta ao problema de como o homem, um ser falível, pode alcançar o conhecimento? A resposta é: ele pode obter conhecimento validando suas conclusões por um processo de razão e lógica. Quando ele usa a razão e a lógica em alguma ideia, ele não está mais confiando no mero fato de que a ideia lhe ocorreu. Assim, o fato de a sua consciência não ser automaticamente infalível é agora irrelevante, irrelevante para a sua capacidade de alcançar a certeza. Ele agora demonstrou que sua ideia é verdadeira e, portanto, pode ter certeza disso.

Vou lhe dar um exemplo simples: uma criança está somando os mesmos números, dois e três. Antes que ela seja capaz de raciocinar e ver a prova, você simplesmente lhe pergunta: "Quanto é dois mais três?"; qualquer número antigo poderia ter lhe ocorrido e ela poderia muito bem estar errada. É isso que significa dizer que o homem é falível — ele é capaz de errar. Mas agora suponhamos que ele estudou aritmética, definiu os termos e entendeu a prova, entende lógica e vê como se dois mais três fossem algo diferente de cinco, isso seria uma contradição. Neste ponto, quando ele diz que dois e três são cinco, ele eliminou a possibilidade anterior de estar errado nesta questão, porque agora tomou medidas racionais para validar a sua resposta e agora ele, nesta questão, já não pode estar em erro.

Portanto, o que a abordagem Cartesiana representa é a seguinte falácia grosseira *non sequitur*: como o homem não pode ter certeza *sem usar* um processo de validação de suas ideias, ele não pode ter certeza mesmo quando *tiver usado* um processo de validação. Podemos colocar a abordagem Cartesiana de outra forma. Isso equivale a dizer: é possível que o homem metafisicamente esteja errado; portanto, é possível que todos e cada um dos homens — incluindo os homens que usaram escrupulosamente a razão e a lógica em algumas questões — estejam errados em todas as questões. Isto é claramente uma falácia *non sequitur* grosseira. Quando você diz que o erro é possível para o homem, você quer dizer que ele é possível *sob certas condições*, ou seja, supondo que o homem não tenha empregado o processo de validação apropriado. Não se segue que o erro seja possível *sob todas as condições*, incluindo as condições que permitem a um homem saber que está certo. Nessas condições, ele pode saber que está certo.

Quero dar-lhe um exemplo diferente para ilustrar o ponto geral sobre afirmar que algo é possível, porque o erro depende da ideia: "Mas é *possível* que você esteja errado, não é?" Então, considere este exemplo: sabemos que é possível para um ser humano correr um quilômetro em menos de 4 minutos. É possível porque foi feito repetidamente. Sabemos que é possível que um ser humano engravide — isso acontece o tempo todo. Suponha agora que eu vá até um senhor idoso aleijado, balançando em sua cadeira de rodas, e diga: "Talvez você dê à luz uma criança na próxima semana, depois de terminar de correr um quilômetro até o hospital em 3,7 minutos.

Afinal, você é um ser humano e essas coisas são possíveis para os seres humanos." Se eu dissesse isso, o senhor idoso teria todo o direito de presumir que eu havia enlouquecido. Se ele se dignasse a responder-me, responderia: "O que é possível aos seres humanos em geral, como espécie, e em algumas circunstâncias, não é necessariamente possível a cada ser humano individual em cada conjunto específico de circunstâncias." O mesmo princípio é aplicável à questão do erro e não é menos fantástico quando cometido nessa questão. Se quiser usar o argumento de Descartes, você pode muito bem invertê-lo e argumentar da seguinte forma: Afirmo que esta sala está repleta neste momento de sopa de cogumelos cremosos Campbell's. Você não pode ter certeza de que isso é um erro; afinal, o ser humano é capaz de chegar à verdade, não é? Eu sou um ser humano. Então, talvez esta seja a verdade. É possível, não é? **Essa é exatamente a mesma falácia de Descartes. Não se pode derivar de uma afirmação generalizada do que é possível para uma espécie sob algum conjunto de circunstâncias a conclusão de que esse evento é necessariamente possível para todos os membros da espécie sob qualquer conjunto de circunstâncias.** Neste caso, o indivíduo, o indivíduo que afirmou sobre a sopa Campbell, não está e não pode estar certo, tal como sabemos em inúmeros casos, porque provamos nas nossas respostas que não estamos e não podemos estar errados.

Uma conclusão é certa, de acordo com o Objetivismo, quando *todas* as evidências disponíveis num determinado contexto de conhecimento levam a essa conclusão, e nenhuma evidência sugere sequer a possibilidade de uma conclusão alternativa. Existem inúmeros casos em que isto acontece e, portanto, existem inúmeros casos de certeza humana válida.

Para completar até mesmo o essencial da resposta a Descartes, preciso fazer uma última observação. Precisamente porque o homem é falível e precisa validar as suas ideias através de um processo lógico, a afirmação de ideias arbitrárias é cognitivamente inútil. Por "ideia arbitrária" queremos dizer "uma ideia apresentada sem qualquer evidência ou prova", isto é, epistemologicamente falando, sem qualquer fundamento. **Visto que a lógica é o padrão do homem para chegar ao conhecimento, nenhuma ideia apresentada na ausência de respaldo lógico merece qualquer consideração ou atenção.** Um homem não tem o direito epistemológico de defender uma ideia sem mostrar as suas credenciais, isto é, sem lhe dar pelo menos alguma evidência a favor da sua possível verdade. Se ele lhe der provas, então você poderá considerar a ideia, discuti-la, pesar as provas e decidir se ele está certo ou não. Mas se ele não lhe der provas, não é sua responsabilidade refutar a sua afirmação arbitrária. A sua resposta adequada é reconhecer que, desprovido de provas, a sua alegação deve ser racionalmente rejeitada, e quero dizer rejeitada — sem qualquer consideração — até e a menos que surjam provas em seu favor.

Este é o ponto que está resumido no princípio lógico crucial de que *o ônus da prova recai sobre quem afirma o positivo*. Não é sua responsabilidade provar uma negativa, refutar a afirmação arbitrária de um homem de que tal ou tal é o caso. Não é sua responsabilidade e não é possível provar que não é assim se ele afirmar isso arbitrariamente. **É sua responsabilidade provar que assim é.** Terei todo o gosto em desenvolver, no período de perguntas, o princípio do ônus da prova, o que gostaria de fazer, para o definir de forma mais completa e para explicar a sua justificação mais profunda. Por enquanto, quero mostrar como ela surge numa discussão sobre a dúvida Cartesiana. A melhor maneira de ver isso é dar-lhes um exemplo de diálogo com um desses céticos Cartesianos.

Digamos que você apresentou uma prova de algum ponto — você especificou suas premissas, definiu os conceitos, verificou todos os fatos relevantes, etc., você apresentou um caso lógico e racional para sua conclusão que integra todas as evidências conhecidas. O cético então diz: "Bem, está tudo muito bem, mas você não pode ter certeza." Você pergunta a ele por que não. Ele diz: "Bem, como você sabe que não cometeu um erro ao aplicar a lógica? Como você sabe que não cometeu uma falácia em algum lugar? Como você sabe que não errou ao aplicar o processo de validação?" Você então diz: bem, onde está sua evidência de que cometi uma falácia? Vá em frente, aponte uma falha no meu raciocínio, apresente um contra-argumento, mencione um fato que esqueci. O cético diz: "Não posso fazer isso. Não discuto sua conclusão específica. Não tenho nenhuma evidência contra sua conclusão específica. O que eu quero saber é: como você sabe *que não* cometeu um erro? É possível, não é? Prove que você não cometeu um erro." Se sua paciência persistir, você pode perguntar a ele neste momento: "Você tem algum erro específico em mente que devo provar que não cometi?" Aqui o cético tem de dizer: "Não, não posso especificar o erro; eu não sei o que é. Meu ponto de vista é que talvez esteja lá. Quero que você prove que não cometeu um erro não especificável e indetectável. Não consigo dizer a diferença entre o seu argumento e um perfeitamente válido. Mas ainda assim, não tenho certeza. Quero que você prove que esse erro imperceptível não existe." **Este é o ponto em que a afirmação do arbitrário e a exigência de provar uma negativa surgem com força total.** Aqui está o caso de um homem, o cético, entregando-se a uma afirmação completamente gratuita, devassa e arbitrária, nomeadamente: "Talvez haja um erro", sem um pingo de evidência para apoiá-la, e exigindo que você refute sua afirmação infundada. Este é o ponto da discussão, se você durou tanto tempo, em que você renuncia ao princípio do ônus da prova em face do cético, indica sucintamente o status epistemológico de afirmações arbitrárias, abstém-se, se puder, do comentário moral, e vá embora.

Resumindo: Descartes primeiro concede a qualquer pessoa o direito de levantar qualquer afirmação arbitrária que desejar, no sentido de que talvez ele, Descartes, esteja errado, e então decide que só poderá ter certeza se puder refutar essas dúvidas arbitrárias. Então, é claro, ele não consegue e acaba refugiando-se na dúvida como seu único absoluto. **O procedimento válido reconheceria que** *duvidar* **sem base é o equivalente epistemológico de — e é, de fato, uma forma de —** *afirmar* **sem base.** Ambos são arbitrários, ambos são epistemologicamente desqualificados pela própria natureza da cognição humana. A verdade é que, para estabelecer a certeza, tudo o que tem de fazer é provar positivamente, com base no contexto completo das provas disponíveis, que a sua conclusão é verdadeira. Em outras palavras, você tem que provar que está certo; não cabe a você provar que não está errado quando nenhuma evidência de erro foi produzida. Portanto, aconselho você a rejeitar imediatamente todas as perguntas que começam com "Como você sabe que não é...?" Como em "Como você sabe que não está... errado, louco, insano, enganado, sonhando, tendo alucinações, etc.?". A resposta a todas essas perguntas deveria ser: "O que faz você pensar que eu sou?" Na epistemologia, como na lei, você é inocente até e a menos que sua culpa seja provada. Rejeite imediatamente todas as afirmações que comecem com "Mas é possível, não é?", "É possível que você esteja errado, louco, insano, sonhando, tendo alucinações, etc.". A resposta é que nada pode ser reivindicado, mesmo como possibilidade, na ausência de provas específicas e definidas.

Todos os ataques à certeza são feitos evitando um ponto que mencionei brevemente anteriormente, nomeadamente, que a certeza é contextual. Uma proposição é certa quando, no contexto completo das provas disponíveis, todas as provas, sem exceção, apontam para essa conclusão. Então, quero concluir esta discussão sobre Descartes dando um exemplo de certeza. Este é um exemplo que usei antes, mas acho que é útil porque torna algo concreto.

Dadas as evidências que você tem à sua disposição agora, você pode ter certeza, objetivamente certo, de que sou eu, Peikoff (não um impostor), quem está dando palestras. Uso esse exemplo porque tive um instrutor na faculdade que era fanático pela ideia de que não poderia haver certeza. Ele entrou um dia e disse: "Vocês acham que sou eu", disse ele para a turma, "eu" sendo o Professor X (não vou usar o nome dele), "mas como vocês sabem que não sou um impostor, um ator brilhante tomando o lugar do Professor X?". Bem, vamos aplicar isso ao presente caso por um momento. Como você pode ter certeza de que sou eu e não um ator brilhante? A resposta é que todas as evidências, tudo o que está disponível para você, leva consistentemente e sem exceção à conclusão de que sou eu — a ocasião, o tom de voz, o conteúdo, minha aparência, etc., e diz: "Mas é possível que seja um ator, não é?" A pergunta que você deve fazer é: "Com base em que você afirma que isso é possível? Você pode fornecer pelo menos alguma evidência disso, mesmo que seja uma base tênue de um fio frágil do início de uma insinuação?" A resposta é: absolutamente nenhuma. Compare isso (apenas para nos envolvermos na ficção científica por um momento) com uma situação em que você poderia estar incerto naquele contexto. Você me vê dando palestras, mas minha voz ocasionalmente falha, parece engraçada. Em certos ângulos pareço parecer diferente do passado. Ocasionalmente, faço algumas observações bastante duvidosas, e assim por diante. Com base nisso, você pode começar a considerar algumas hipóteses. Você ainda não tem evidências conclusivas. Mas você tem pelo menos *alguma* evidência que estaria em consonância com uma série de hipóteses diferentes. Então, agora você poderia afirmar validamente neste contexto: "Bem, talvez ele esteja doente, ou talvez esteja muito chateado", ou algo assim. Estas declarações de que tal e tal é uma possibilidade são agora garantidas por alguma base probatória. Mas até agora você não poderia levantar a hipótese válida de que eu era um impostor.

Mas agora vamos seguir o exemplo — suponha que de repente eu tenha me apresentado como o maior filósofo da história para Immanuel Kant, e você percebe que uma orelha começa a cair um pouco, e eu não reconheço pessoas que conheço há anos, e assim por diante. Agora você tem evidências para levantar um monte de possibilidades: "Talvez ele tenha enlouquecido", "Talvez ele seja um impostor". Então, para encerrar esta história epistemológica, a máscara cai repentinamente e Boris Karloff é revelado. Você pode dizer: "Agora tenho certeza de que era um impostor."

A questão é que a certeza é contextual, e não se pode contestar qualquer pretensão de certeza com a declaração arbitrária de que algo mais é possível. Então, se você me perguntar: "A certeza é atingível?", eu responderia apropriadamente: "Certamente a certeza é atingível." Chega da dúvida Cartesiana e dos problemas que ela levanta.

Bem, senhoras e senhores, concluímos agora este curso sobre os fundadores da filosofia ocidental. Acompanhamos o desenvolvimento da filosofia desde o seu início na Grécia antiga até ao seu colapso com David Hume. Tentei, dentro dos limites do tempo disponível, indicar-lhes os fundamentos das respostas Objetivistas a alguns dos problemas centrais colocados pela filosofia tradicional. Acredito que agora pelo menos toquei em todos os pontos que prometi ao longo do curso que iria discutir. Então quero aproveitar esta última oportunidade para agradecer a todos pela participação neste curso e pelo interesse. Espero que vocês tenham gostado. Gostei de ter vocês como classe. Obrigado.

Palestra XII, Perguntas e Respostas

P: Dada a sua breve declaração de significado, você consideraria o conceito de "Deus" significativo ou sem sentido?

R: No sentido que penso que esta questão significa, considero o conceito significativo, mas inválido, no sentido de que não designa nenhuma entidade na realidade. Você pode distinguir entre metafisicamente significativo e epistemologicamente significativo. Um conceito é metafisicamente significativo se designa algo real ou possível na realidade. Por outro lado, se for desprovido de ligação com a realidade, é, nessa medida, metafisicamente sem referente, metafisicamente sem sentido. Isto não significa, contudo, que o termo "Deus" esteja na categoria da palavra "gloop", que acabei de inventar e que não significa absolutamente nada. Quando uma pessoa fala sobre a questão de Deus, posso entender o que ela pensa que está dizendo sobre a realidade, e posso apontar as contradições, os problemas, as falhas no seu raciocínio. Eu não poderia fazer isso se ele dissesse: "Ish da triddle de tweedle, verdadeiro ou falso?" Portanto, penso que devemos admitir que o termo é significativo no sentido epistemológico — isto é, que podemos compreender qual é a intenção, mas na verdade não tem referente na realidade.

P: Qual é a resposta ao argumento de Berkeley de que não faz sentido dizer que a sua experiência de algo se assemelha, ou é exatamente igual, à coisa real?

R: Bem, não há resposta para isso porque, se você *estivesse* preso em um mundo de consciência estudando apenas suas próprias sensações, não faria sentido dizer que suas sensações se assemelham a coisas reais. As sensações não são entidades que possam ser comparadas ou contrastadas com as coisas. Você não pode dizer que sua sensação tem 7 centímetros de comprimento e que a coisa que você está percebendo tem 15 centímetros de comprimento; portanto, sua sensação tem metade do tamanho. O ponto da visão Objetivista dos sentidos é que na sensação *não* estamos contemplando o conteúdo da consciência, mas estamos contemplando diretamente a coisa, portanto *não* há duas coisas para comparar entre si, a entidade e a consciência da entidade. **A consciência da entidade é apenas a consciência da entidade e não possui características intrínsecas que você possa colocar lado a lado e dizer que é igual ou diferente da entidade.** Esse foi o ponto da minha rejeição da teoria representativa da percepção.

P: Você poderia explicar a relação do conceito "causal primário" com a teoria objetivista de causa e efeito? Quais são as causas primárias causais?

R: Um "primário causal", neste sentido, significa "os elementos últimos irredutíveis da realidade, aquilo do qual todo o resto é composto, e cuja operação produz todos os efeitos derivados". Assim, por exemplo, podemos decompor a matéria, a matéria sólida macroscópica, analisá-la em termos de moléculas, suas leis e comportamento, moléculas em termos de átomos, átomos em termos de elétrons, e assim por diante. No sentido em que eu quis dizer isso, o sopro de energia (e lembre-se, isso foi apenas uma construção) é o que você alcança no final da linha. Nesse aspecto, ao chamá-lo de "primário causal", quero dizer na análise dos ingredientes da realidade, este é o irredutível final que você alcança e que não pode ser analisado em termos de nada mais primitivo. Qual é a sua relação com causa e efeito? É uma causa, e o resto dos fenômenos na realidade seriam seus efeitos. Não sei que outro significado haveria para essa pergunta em particular.

P: Como é compreendida a lei da não contradição e qual é a sua relação com o conceito axiomático de "identidade"?

R: Isso está um pouco fora dos nossos pontos principais esta noite, mas acho que é mais ou menos um vale-tudo esta noite. Depois de compreender a lei da identidade (A é A), a lei da não contradição é um corolário evidente da lei da identidade. A lei da não contradição é simplesmente uma reafirmação da lei da identidade e tem exatamente o mesmo estatuto de verdade autoevidente. Você me diz: "Por que é que nada pode ser A e não A ao mesmo tempo e no mesmo aspecto?" A resposta óbvia é: porque se fosse A e não A, as duas partes se obliterariam e não seria nada, não teria identidade. O exemplo que uso nas aulas, por exemplo, é dizer a um aluno que deseja ver esse ponto: "Você tirou nota 74 na prova." E ele diz: "Tudo bem, pelo menos tirei C." E eu digo: "Mas deixei de fora o fato de que você também não conseguiu 74." E ele diz: "O que, você quer dizer que você avaliou em dois momentos diferentes?" E eu digo: "Não, ao mesmo tempo, você conseguiu 74 e não." E ele diz: "Bem, você quer dizer que você estava usando dois padrões diferentes, e por um padrão um e outro pelo outro?" E eu digo: "Não, ao mesmo tempo, a mesmo respeito, e ao mesmo padrão, você conseguiu e não conseguiu 74." E então ele levanta as mãos e diz: "Mas eu não tirei nenhuma nota!" E esse é o ponto — ele não o fez. O 74 aniquila o não 74 e vice-versa. A nota não tem identidade. **Em outras palavras, uma contradição é uma violação de identidade.** Uma coisa que é A e não A é uma coisa que não é nada e, portanto, a lei da não contradição é uma reafirmação para fins epistemológicos — para guiar o pensamento humano — da lei metafísica básica da identidade.

P: Qual é a visão Objetivista da natureza da mente? É uma faculdade, uma entidade ou um processo?

R: Você aceitaria a seguinte resposta de uma frase (porque isso é tudo que vou lhe dar): é uma faculdade possuída por uma entidade (o ser humano) cuja essência é realizar um processo (ou seja, o processo de consciência, que é um estado de ação — de sentir, integrar, conceituar, etc.). Então, sob diferentes aspectos, é tudo isso.

P: A clarividência e a leitura da mente existem?

R: Se você quiser uma resposta de uma palavra, não. Aqui está um caso perfeito do princípio do ônus da prova. Existem dez mil fenômenos inexistentes e desacreditados que têm os seus campeões no mundo de hoje. Se você compreender o princípio do ônus da prova, terá um fardo epistemológico removido de seus ombros, de um tipo que é quase inigualável ao compreender qualquer outro ponto. Se você não compreender o princípio do ônus da prova, você pensará, quando alguém afirma ter clarividência ou leitura de mentes, estigmas, escalada em corda indiana e toda uma série de coisas, etc.: "Bem, agora eu tenho que ir, e provar que elas não existem." O fato é que o ônus da prova recai sobre as pessoas que afirmam que tais entidades ou processos existem.

Várias pessoas me perguntaram se eu poderia elaborar o princípio do ônus da prova. Para lhe dar brevemente uma indicação mais profunda de por que esse princípio é verdadeiro: é porque o homem não é infalível e onisciente que ele nunca pode afirmar validamente declarações arbitrárias. É porque ele não é infalível que deve aderir às regras epistemológicas corretas para afirmar que qualquer coisa é verdadeira. Aqui você deve entender o que há de errado com uma afirmação arbitrária. Por "arbitrário" queremos dizer "uma ideia apresentada na ausência de qualquer tipo de evidência" — nenhuma evidência perceptual, nenhuma evidência conceitual, uma pura afirmação desprovida de qualquer tentativa de validação. Na verdade, um capricho cognitivo cego, que não adere a regras ou padrões lógicos, apenas proferido por decreto.

Eu disse durante a palestra que tal afirmação não merece qualquer consideração ou atenção epistemológica. Sua atitude adequada em relação a isso deveria ser como se a afirmação não tivesse sido feita (cognitivamente falando), o que significa que não é sua responsabilidade refutar afirmações arbitrárias — em outras palavras, quebrar a cabeça para tentar encontrar ou imaginar argumentos que demonstrem que o que está sendo dito é falso. Será um erro fundamental de sua parte se você tentar fazer isso. O procedimento racional diante de uma afirmação arbitrária é rejeitá-la imediatamente, sem mais discussão ou argumentação, apenas identificando que é arbitrária e, como tal, inadmissível. É aqui que entra o princípio do ônus da prova. O que significa dizer que "o ônus da prova recai sobre quem afirma o positivo"? A primeira coisa a entender é o que significa "positivo". Não é necessariamente positivo gramatical ou linguisticamente, pois você pode expressar um conteúdo negativo com um termo afirmativo. Por exemplo, posso dizer: "O homem é inocente", "O homem é culpado" — ambas as afirmações são gramaticalmente afirmativas, mas a positiva é a afirmação: "O homem é culpado", ele cometeu um determinado crime, existiu um certo fenômeno; a afirmação negativa é "O homem é inocente", ele *não* cometeu o crime, determinado fenômeno *não* existe. Em outras palavras, o positivo é uma afirmação que afirma a existência, uma afirmação que diz que uma coisa ou outra existe. A negativa correspondente seria uma afirmação negando que a coisa existe. Se você entende isso, então o princípio do ônus da prova lhe diz que se uma pessoa afirma uma afirmação positiva de que X existe, ela é obrigada a apresentar evidências que apoiem sua afirmação. Se ela o fizer, você deverá refutar as evidências ou aceitar a declaração. Mas se ela não oferece nenhuma prova da existência de X, a sua afirmação deve ser rejeitada sem argumentação. Nesse caso, a negativa correspondente de que X não é verdadeiro, ou não existe, deve ser racionalmente endossada, e nenhuma evidência ou prova da negativa em tal caso precisa ou pode ser dada. Por quê?

A razão básica é metafísica — é o fato de que a existência existe, e *somente* a existência existe. Em outras palavras, não existe o nada. (Isso remonta a Parmênides.) A distinção entre algo e nada é fundamental neste contexto. Uma coisa que existe é algo, é, está lá fora, no mundo, e como tal, tem efeitos, consequências, resultados, pelos quais, num estágio apropriado de conhecimento, é pelo menos possível, em princípio, que alguém compreenda e prove, quer diretamente pela simples percepção, quer indiretamente pelas suas consequências secundárias (como, por exemplo, a forma como descobrimos e provamos a existência dos átomos). Mas um inexistente é nada. Não é um tipo de existente. Não é um constituinte especial da realidade que produz efeitos ou consequências especiais que se poderia esperar detectar. Por exemplo, alguém afirma que há uma convenção de gremlins verdes no canto da sala. Ora, os gremlins não existem, não são nada, não são constituintes da realidade. Qual seria uma possível resposta para quem diz: "Prove-me agora que esses gremlins não existem. Dê-me um argumento. Aponte-me os efeitos ou consequências dos não gremlins na realidade"? Obviamente, não pode haver efeitos especiais, consequências, vestígios, sinais ou manifestações de não gremlins. É absurdo dizer: "Mostre-me os fatos da realidade que decorrem da inexistência dos gremlins", porque os gremlins não são nada e, portanto, nada decorre do nada. A visão racional das proposições negativas é: nada é nada.

Uma proposição negativa deve ser estabelecida mostrando que não há evidência para a proposição positiva correspondente. Isso é tudo em que pode consistir a validação de uma negativa. Como você estabeleceria, por exemplo, que não há nenhum rato nesta sala agora? A única maneira de o fazer é mostrar que não há provas da existência de um rato, nenhuma prova do positivo, e assim o negativo é validado, não diretamente, mas indiretamente pela ausência de provas do positivo. Não é como se você tivesse uma evidência perceptual especial de um não rato, como algum tipo de visão escura especial que revela a não ratoidade. Não há nenhuma evidência perceptual positiva especial contra o rato. Não há visão antirrato que você possa ter. Simplesmente não há evidências do rato e nada mais é necessário. Esse é o princípio a ter em mente quando aplicado a todas as questões, seja no nível perceptivo ou conceitual. **Se não houver argumento, nenhuma evidência para declarar que ocorreu um assassinato, que existe uma doença, clarividência ou que Deus existe, então a ausência de evidência positiva é tudo o que é necessário para validar a negativa correspondente. É por isso que você não pode provar uma negativa.** Tudo o que você pode fazer é mostrar que não há evidências positivas correspondentes. Você pode refutar uma afirmação positiva se ela for falsa, presumindo que a pessoa dê provas de que ela interpretou mal — você pode então mostrar-lhe sua interpretação errada. Refutar uma afirmação positiva consiste em mostrar que não há provas disso, em mostrar que alguma suposta prova não é realmente prova. Dessa forma, você pode refutar um positivo. Mas você não pode provar ou estabelecer diretamente uma negativa. Tudo o que você pode fazer é mostrar que o positivo correspondente não se baseia em nenhuma evidência. É por isso que uma pessoa que profere uma afirmação arbitrária positiva, por esse mesmo fato, refutou-se a si mesma e invalidou a sua posição.

P: É filosoficamente necessário que existam primárias causais?

R: Eu diria que sim, nas premissas em que não existe infinito e, portanto, em última análise, a realidade deve consistir em algo. Mas, por favor, não me pergunte em que consiste, porque não sou físico.

P: Qual é a visão Objetivista sobre a lógica simbólica?

R: O mesmo que a visão Objetivista sobre numerologia. Por outras palavras, se entendermos por "lógica simbólica" aquela mistura que deve a sua origem a Bertrand Russell e aos seus vários antepassados, derivados, contemporâneos e sucessores, o Objetivismo rejeita todo o campo como inválido. Ele a rejeita como inválida por vários motivos, o único dos quais mencionarei é que o Objetivismo nega que a lógica seja arbitrária, que você pode começar com qualquer construção ou sistema lógico que desejar, criar quaisquer regras lógicas que desejar e então prossiga para tirar as conclusões que desejar. O Objetivismo sustenta que se esse é o procedimento que você deseja adotar, dê-lhe o nome que quiser, exceto "lógica" ou qualquer coisa que tenha a ver com filosofia. Digamos que você tenha uma predileção por jogar um jogo particularmente tolo e sem sentido. Então, tudo bem, se você quiser fazer isso no seu tempo livre e não contar a outras pessoas sobre isso, não há nada de errado com isso. Mas fazer disso um suposto assunto — definir "implicação" e assim por diante da maneira grosseiramente arbitrária que essas pessoas fazem, e então declarar: "Esta é apenas outra alternativa a Aristóteles, e de fato é superior à lógica Aristotélica." — Nada poderia ser mais incompatível com o ponto de vista Objetivista.

P: Quando uma pessoa diz: "É possível que este avião caia", posso usar validamente o princípio do ônus da prova, uma vez que é metafisicamente possível que os aviões caiam? Como posso responder?

R: Bem, esse é um exemplo que usei em outra palestra, então não sei se é apenas uma coincidência. Aqui você tem que distinguir duas afirmações diferentes — é metafisicamente possível que algo aconteça, o que não garante que você diga que é epistemologicamente possível que isso aconteça. Essas não são as mesmas afirmações. Quando você diz que algo é metafisicamente possível, você está atribuindo uma certa capacidade a uma entidade sob certas circunstâncias. Por exemplo: "O homem tem a possibilidade de caminhar. É possível que ele ande." Este não é um uso epistemológico do termo "possibilidade", mas sim metafísico. Você está descrevendo uma faculdade, capacidade ou potencialidade do homem, e é certo que ele possui essa potencialidade. Quando você diz que é possível que tal e tal aconteça (e o uso normal em inglês é que é possível que algo aconteça, indica a possibilidade metafísica, a capacidade), mas quando você diz que é possível que tal e tal *irá* acontecer, você está dando agora uma avaliação das evidências; você está dizendo que há alguma evidência, mesmo que a evidência não seja conclusiva, de que o fenômeno em questão ocorrerá. Aqui você contrasta "possível" com outros dois — "provável" e "certo". Existe uma escala de avaliação probatória. No nível mais baixo, quando você tem alguma evidência, você diz: "É possível que isso ou aquilo aconteça." À medida que as evidências aumentam, a certa altura você diz: "É mais do que possível; é provável que isso e aquilo aconteça." Quando a evidência se torna conclusiva, de modo que tudo aponta para esta conclusão e nada aponta para qualquer outra direção, nesse ponto você diz que é certo.

O ponto relevante é que não se pode passar de uma afirmação generalizada de que algo é metafisicamente possível para um determinado tipo de entidade, para a conclusão epistemológica de que, portanto, se tem alguma evidência de que essa possibilidade está a ser concretizada. Agora compare esses dois tipos de situações usando o exemplo do avião. Você está em um avião. É verdade que um avião tem metafisicamente a capacidade de cair. Nesse sentido, é possível que ele caia. Afinal, não é uma pena, tem peso, é grande, está no ar, existe uma lei da gravidade e assim por diante. Os aviões têm a capacidade metafísica de cair. Têm também a capacidade metafísica de *não* cair, de aterrizar com segurança e sem qualquer dificuldade no aeroporto. Ambas são possibilidades metafísicas. Você está em um avião específico. Com que direito você se apega a "É possível que ele caia" e diz: "Portanto, é possível que ele caia"? Você se baseia nas evidências reais. Aqui, a evidência real é muito mais complexa. Supondo que você tenha embarcado no avião em algum lugar que tenha um sistema de triagem decente, que seja uma companhia aérea respeitável, que esteja em um dia ensolarado, etc., então você dirá normalmente: "É possível que este avião caia; também é possível que não caia, e todas as evidências que tenho apontam para o fato de que pousará com segurança, e nada contra." Nesse caso, é inválido dizer de repente, do nada, sem qualquer base: "Talvez ele caia." Por outro lado, suponha que o motor comece a bater e o piloto anuncie: "Estamos ficando sem combustível", e as nuvens estejam se aproximando, e assim por diante, em um determinado ponto, você pode dizer: "Você sabe, é realmente possível que este avião caia." Nesse ponto, quando você tiver alguma evidência, você terá o direito de dizer: "É possível que ele caia." Mas você deve ter alguma evidência. A possibilidade abstrata de que aviões em geral possam cair sob algumas circunstâncias não lhe dá o direito de dizer sobre qualquer avião em particular, na ausência de qualquer evidência específica, que é possível que caia neste voo.

P: Você pode ter certeza de uma conclusão se souber que existe conhecimento relevante para ela que você não examinou?

R: Não. A pergunta que gostaria de entender é: como você sabia que existe conhecimento relevante para isso? Você descobriu isso porque fez um estudo parcial do assunto e você mesmo sabe que os fatos que possui são muito fragmentários e não sugerem nenhuma conclusão particular e que há muito mais material já conhecido? Isso é uma coisa. Ou você descobriu porque fez um estudo exaustivo de um assunto, você tem um caso completo, e alguém arbitrariamente lhe diz: "Se você estudasse mais cinquenta anos descobriria que está errado, só não pergunte-me como ou onde. Mas supondo que você realmente tenha motivos para acreditar que existe conhecimento relevante que você não examinou, então não, você não pode ter certeza. **A certeza é contextual, mas isso significa que você deve** ter todas as evidências do conhecimento disponível para você. O que se *pode* dizer num caso assim é: "Com base no conhecimento que investiguei até agora, tudo o que vejo aponta para esta conclusão, e não sei nada que aponte para outro lado. Mas, se eu também souber, por razões específicas, que pode haver provas noutros lugares, então mantenho isso em mente e não declaro que tenho certeza até investigar o conhecimento relevante."

P: O padrão final para a formação de novos conceitos (em vez de apenas inclusão em um grupo) é "utilidade para posterior conceitualização"?

R: Não, eu certamente não diria "utilidade", se você quiser dizer isso em qualquer uso pragmático do termo. O padrão último que tentei indicar é: os fatos da realidade interpretados de acordo com o método de uma consciência conceitual. O propósito da conceitualização não é alimentar-se de si mesmo; o propósito da conceitualização não é uma conceitualização adicional. O propósito de *toda* conceituação é a compreensão dos fatos da realidade. Portanto, você forma um novo conceito ou não, dependendo se isso, dados os fatos da realidade, promoverá objetivamente um conhecimento da realidade.

P: Existe alguma diferença entre a afirmação "Esta é a forma aparente de X" e "Esta é a forma de X tal como me aparece"?

R: Sim, posso entender a diferença entre os dois — suponha que você esteja olhando para algo de uma grande distância e seu ponto de vista esteja obscurecido, e você diga: "Parece-me que o homem a distância tem uma barriga muito grande, mas não consigo ver isso claramente a esta distância e não tenho certeza. Então, sua forma aparente é uma rotundidade obesa, mas não tenho certeza." Por outro lado, você vai até ele e o vê, e fica bem ali, investiga e diz: "A forma de Sr. X tal como o percebo, tal como me aparece, é, digamos, definitivamente circular." Se for esse o caso, não há dúvida. Em outras palavras, a palavra "aparente" poderia ser usada para expressar dúvida sobre a natureza real do que você está percebendo.

P: Se as diferenças nas formas de percepção são atribuídas a diferentes quantidades de informações disponíveis para quem percebe, isso não contradiz a sua afirmação de que todas as percepções são igualmente válidas?

R: Eu disse que pode haver diferenças nas formas de percepção e que uma forma pode ser diferente na quantidade de informação. Como isso contradiz minha afirmação de que todas as percepções são igualmente válidas? O fato de não receber tudo não significa que o que lhe é dado seja inválido. Não há relação entre quantidade e validade. Se os seus sentidos lhe dão — vamos apenas escolher um número arbitrário no ar — cinco mil fatos, e os sentidos de outra pessoa lhe dão dez mil fatos, com base em que você diria que seus cinco mil fatos não são bons porque você tem menos fatos do que ele? Um fato é um fato. A validade é uma questão da relação do seu mecanismo cognitivo com a realidade. O máximo que se pode dizer é que a pessoa com visão normal, em comparação com aquela que não percebe gradações ou mudanças de cor, obtém mais informações, assim como a pessoa que tem visão 20/20 obtém mais informações do que aquela cujos olhos deixam entrar muito menos informações sem a correção dos óculos. Nesse sentido, uma forma de percepção sensorial pode ser superior a outra, mas isso é uma questão de quanto lhe é dado diretamente e quanto você tem que alcançar por inferência. Não é uma questão de validade.

P: Sobre a questão da certeza, no caso hipotético em que um ator consegue representar com sucesso, pode-se dizer que o enganado tinha conhecimento e estava contextualmente certo?

R: Sim. Suponha que todos vocês acreditassem que era eu, mas eu era um impostor, e então, depois que vocês estavam completamente convencidos e escreveram isso com sangue e estavam dispostos a assinar sua vida nisso, descobriu-se que vocês cometeram um erro. Isso não prova que você realmente estava errado? Isso prova que você cometeu um erro. Mas lembre-se, você não pode tirar disso a conclusão de que talvez esteja errado na próxima vez. O fato de você estar errado uma vez indica que há uma determinada área onde você deve ter um pouco mais de cuidado, repassar onde errou e definir para si mesmo o que você deixou de fora no momento anterior que lhe permitiu cometer um erro. Quando você identifica esse fator e o corrige, seja ele qual for ou por mais complexo que seja nomeá-lo, quando você o compreende, você sabe, você pôs fim a essa fonte de erro. Você saberá disso daqui em diante e procederá com maior confiança em decorrência do erro. Não pretendo impugnar os motivos do questionador, mas esse tipo de pergunta é normalmente usada para supostamente provar que você não pode ter certeza, porque você disse que tinha certeza e descobriu que estava errado. Inerente à pergunta está a revelação: dizer que você estava errado significa que o questionador sabia qual era realmente a verdade. Se ele é capaz de saber, você também é capaz de saber. Assim, mesmo que se descubra que você está completamente errado em alguma questão, não há nenhuma justificativa lógica para que isso prejudique a sua autoconfiança epistemológica no futuro, se você proceder de acordo com um método lógico no futuro.

P: Em que contexto e com referência a que ações ou atributos de entidades especificamente humanas o termo "subjetivo" pode ser usado de forma válida?

R: Bem, para não lhe dar uma análise totalmente detalhada, o termo "subjetivo" pode ser validamente usado para designar um tipo de erro, um tipo de afastamento da realidade por parte de uma consciência conceitual. Para começar, o termo "subjetivo" não pode, por todas as razões que mencionei na palestra, ser aplicado ao nível perceptual. **Nada no nível perceptivo pode ser subjetivo.** Tudo no nível perceptivo é produto de uma interação física inexorável entre o objeto e o órgão dos sentidos. **O conceito "subjetivo" é aplicável apenas no nível conceitual e apenas porque o homem tem livre-arbítrio, porque a consciência não é automaticamente infalível.** É-lhe, portanto, possível usar a sua consciência no nível conceitual de uma forma que se afaste dos fatos da realidade. Não quero dizer aqui um erro. Se uma pessoa é racional e baseia as suas conclusões na evidência, mas comete um erro honesto, essa pessoa não é subjetiva; ela está simplesmente enganada. Exatamente da mesma forma que uma pessoa pode ser completamente honesta numa questão moral e ainda assim estar enganada, ela está errada, mas não imoral. "Subjetivo" como termo epistemológico não é sinônimo de "errado". Significa "um conteúdo equivocado proveniente de um método que representa um afastamento da realidade em sua raiz". Por exemplo, um homem diz a você: "Eu acredito que a Terra é plana" — você sabe, a Sociedade da Terra Plana, da qual acho que ainda existem vestígios em algum lugar da Grã-Bretanha — e você pergunta a ele por que, e ele diz: "Eu sinto isso, eu sinto isso com muita força, e é isso." Você pode dizer que esta crença é subjetiva, e este homem está sendo subjetivo, o que significa que ele está colocando o sujeito acima do objeto. **Isso significa que ele está tratando sua consciência como uma entidade que dita a realidade, de modo que seus sentimentos arbitrários criam os fatos correspondentes. Esse é o verdadeiro subjetivismo. O subjetivismo é a visão da primazia da consciência aplicada aos seres humanos, de que os sentimentos humanos podem moldar os fatos.** Nesse sentido, o termo "subjetivo" pode ser validamente usado para designar um tipo de afastamento da realidade. Não pode, contudo, ser validamente utilizado para designar qualquer *fato* da realidade. Observe que mesmo o *fenômeno* da consciência em si não é subjetivo. A faculdade de consciência do homem existe. Isso é um fato. Existe não porque queremos que exista ou não queremos que exista. Existe de fato. Nesse sentido, é um fato objetivo da mesma forma que qualquer fato é objetivo.

ASSINE NOSSA NEWSLETTER E RECEBA INFORMAÇÕES DE TODOS OS LANÇAMENTOS

www.faroeditorial.com.br

CAMPANHA

Há um grande número de pessoas vivendo com HIV e hepatites virais que não se trata. Gratuito e sigiloso, fazer o teste de HIV e hepatite é mais rápido do que ler um livro.
FAÇA O TESTE. NÃO FIQUE NA DÚVIDA!

FARO EDITORIAL

ESTA OBRA FOI IMPRESSA EM ABRIL DE 2025